Kaier
Martin
Bertsch
Speth

Betriebswirtschaftslehre

für das berufliche Gymnasium – wirtschaftswissenschaftliche Richtung (WG)

Band 2: Jahrgangsstufen 1 und 2

Martin | Schmidthausen

Arbeitsheft BWL

für die Jahrgangsstufen 1 und 2
am beruflichen Gymnasium (WG)

ISBN 978-3-8120-1454-0

Konzeption

Das Arbeitsheft richtet sich **exakt nach dem aktuellen Bildungsplan** für die Jahrgangsstufen 1 und 2 **in Baden-Württemberg.**

- Die Bildungsplaneinheiten werden in Form von **Lernsituationen** konkretisiert.
- Das Arbeitsheft vertieft auf diese Weise den Gedanken der Kompetenzorientierung: **situationsbezogen – problemorientiert – kompetenzfördernd.**
- Aufgrund seines **Workbook-Charakters** dokumentiert das Arbeitsheft den Kompetenzerwerb.
- Die Lernsituationen des Arbeitsheftes sind passgenau **mit dem Merkur-Schulbuch abgestimmt.**
- Die **Kapitelverweise** am Rande der Einstiegssituationen **erleichtern** die eventuell notwendige **Informationsbeschaffung.**

Merkur
Verlag Rinteln

Kaier
Martin
Bertsch
Speth

Betriebswirtschaftslehre

für das berufliche Gymnasium – wirtschaftswissenschaftliche Richtung (WG)

Band 2: Jahrgangsstufen 1 und 2

Merkur
Verlag Rinteln

Wirtschaftswissenschaftliche Bücherei für Schule und Praxis
Begründet von Handelsschul-Direktor Dipl.-Hdl. Friedrich Hutkap †

Verfasser:
Alfons Kaier, Dipl.-Handelslehrer
Michael Martin, Dipl.-Handelslehrer
Mathias Bertsch, Dipl.-Finanzwirt (FH), Dipl.-Handelslehrer
Dr. Hermann Speth, Dipl.-Handelslehrer, Autor von Bildungsplaneinheit 7 „Internes Rechnungswesen"

Coverbild (links oben): CandyBox Images – Fotolia.com
(links unten): Robert Kneschke – Fotolia.com
(rechts): Sergey Nivens – www.colourbox.de

* * * * *

16. Auflage 2022

Gesamtherstellung:
MERKUR VERLAG RINTELN Hutkap GmbH & Co. KG, 31735 Rinteln

E-Mail: info@merkur-verlag.de
lehrer-service@merkur-verlag.de
Internet: www.merkur-verlag.de

Merkur-Nr. 0454-16
ISBN 978-3-8120-0454-1

Vorwort

Das Schulbuch deckt die im **neuen Bildungsplan** formulierten Ziele und Inhalte der **BWL für die Jahrgangsstufen 1 und 2** am Wirtschaftsgymnasium in Baden-Württemberg ab.

Jahrgangsstufe 1 – Betriebswirtschaft	
Bildungsplaneinheit 6:	Beschaffung
Bildungsplaneinheit 7:	Internes Rechnungswesen
Bildungsplaneinheit 8:	Absatzmarketing
Bildungsplaneinheit 9:	Investitionsentscheidungen

Jahrgangsstufe 2 – Betriebswirtschaft	
Bildungsplaneinheit 10:	Rechtsformunabhängige Finanzierungsentscheidungen
Bildungsplaneinheit 11:	Aktiengesellschaft mit rechtsformabhängiger Finanzierung
Bildungsplaneinheit 12:	Jahresabschluss der Aktiengesellschaft
Bildungsplaneinheit 13:	Automatisierung und Digitalisierung im Unternehmen (Wahlthema)
Bildungsplaneinheit 14:	Unternehmensführung (Wahlthema)

Für Ihre Arbeit mit dem vorliegenden Schulbuch möchten wir auf Folgendes hinweisen:

- Der Bildungsplan zeichnet sich durch eine **Inhalts- und Kompetenzorientierung** aus. Um den damit einhergehenden didaktischen Ansprüchen gerecht zu werden, bietet das Schulbuch **einleitende Handlungssituationen** und **kompetenzorientierte Arbeitsaufträge**. Im Regelfall steht eine **betriebliche Problemstellung** im Vordergrund. Ausgangspunkt sind dabei (Modell-)Unternehmen aus verschiedenen Branchen, die sich im (fiktiven) **Gewerbepark Ulm** niedergelassen haben. Der Gewerbepark Ulm wird zu Beginn vorgestellt.
- Die Bearbeitung der kompetenzorientierten Arbeitsaufträge setzt die **Aneignung von Wissen** voraus. Dieses wird in Form von klar strukturierten Einheiten dargeboten. Viele Merksätze, Beispiele und Schaubilder tragen zur Veranschaulichung bei. Fachwörter, Fachbegriffe und Fremdwörter werden grundsätzlich im Text oder in Fußnoten erklärt. Mit der **Erarbeitung der Strukturzusammenhänge** können Zielkonflikte herausgestellt und Problemlösungsansätze (Rückbezug zur Handlungssituation) aufgezeigt werden.
- Am Ende eines jeweiligen Abschnitts bietet ein **Kompetenztraining** umfangreiche Möglichkeiten, die angestrebten Kompetenzen zu trainieren. In den Arbeitsaufträgen finden die **fachspezifischen Operatoren** Anwendung. Auf diese Weise wird der Erwartungshorizont für die Aufgabenbearbeitung umrissen, das Anforderungsniveau definiert und adäquat auf die Leistungsfeststellung vorbereitet.
- Das Symbol *Vorlage* zeigt an, dass zur Bearbeitung der nebenstehenden Aufgabe eine Vorlage (Blankotabelle, Rechenschema o. Ä.) zum **Download** zur Verfügung steht. Die Vorlagen finden Sie unter **www.merkur-verlag.de,** Suche „0454“, Mediathek „Vorlagen“.

- Durch die folgenden **Icons** werden Hinweise auf **digitales Zusatzmaterial für die Lehrpersonen** gegeben, das zusätzlich zum Lehrerbegleitheft zur Verfügung steht.

  Excel Zur Aufgabe passende Excel-Datei vorhanden.

  PPT Schaubild wird im Rahmen einer Präsentation sukzessiv entwickelt.

  PDF Übersicht, die als PDF-Datei bereitgestellt wird.

Folgende Ergänzungen zum vorliegenden Buch sind zu empfehlen:

- Für die Hand der Lehrkraft gibt es ein **Lösungsbuch** (Merkurbuch 3454) mit **digitalem Zusatzmaterial** (Vorlagen, Excel-Tabellen, PowerPoint-Präsentationen und PDF-Übersichten).
- Zur Vertiefung, zum individualisierten Lernen und zum Projektunterricht **(„VIP-Bereich")** sowie als weitere Möglichkeit zum kompetenzorientierten Lernen eignet sich das mit dem Schulbuch abgestimmte **„Arbeitsheft BWL"** (Merkurheft 1454).
- Für die Inhalte der Eingangsklasse steht das Merkurbuch 0453 zur Verfügung.
- Für die VWL-Inhalte der Jahrgangsstufen 1 und 2 steht das Merkurbuch 0690 zur Verfügung.

Wir wünschen Ihnen einen guten Lehr- und Lernerfolg!

Die Verfasser

Bilderverzeichnis

S. 3: CandyBox Images – Fotolia.com • **S. 3**: Sergey Nivens - www.colourbox.de • **S. 3**: Robert Kneschke – Fotolia.com • **S. 22**: #257659 – www.colourbox.de • **S. 229**: Industrieblick – Fotolia.com • **S. 230**: pressmaster - www.colourbox.de • **S. 232**: Picture-Factory – Fotolia.com • **S. 245**: #1970 – www.colourbox.de • **S. 275**: Diego Cervo – www.colourbox.de • **S. 285**: Dean Drobot – www.colourbox.de • **S. 289**: Ingo Bartussek – Fotolia.com • **S. 353**: www.colourbox.de • **S. 353**: www.colourbox.de • **S. 360**: pressmaster - www.colourbox.de • **S. 482**: Natalie Hora – www.colourbox.de • **S. 483**: Kzenon - www.colourbox.de • **S. 484**: alexlmx - www.colourbox.de • **S. 485**: ProImageContent – www.colourbox.de • **S. 486**: AUDI AG • **S. 486**: AUDI AG • **S. 486**: AUDI AG • **S. 486**: AUDI AG • **S. 486**: AUDI AG • **S. 486**: AUDI AG • **S. 486**: www.stefan-warter.com • **S. 486**: AUDI AG •

Inhaltsverzeichnis

Kurzbeschreibung des Industrie- und Gewerbeparks Ulm und seiner Unternehmen

Jahrgangsstufe 1

6 Beschaffung

Jahrgangsstufe 2

10 Rechtsformunabhängige Finanzierungsentscheidungen

11 Aktiengesellschaft mit rechtsformabhängiger Finanzierung

12 Jahresabschluss der Aktiengesellschaft

Kurzbeschreibung des Industrie- und Gewerbeparks Ulm und seiner Unternehmen

1 Grundkonzept des Industrie- und Gewerbeparks Ulm

Die Stadt Ulm hatte vor 10 Jahren einen Industrie- und Gewerbepark erschlossen. Im Südwesten des Stadtgebietes gelegen, umfasst er rund 90 ha und liegt in unmittelbarer Nähe eines Autobahnanschlusses. Inzwischen sind die verfügbaren Flächen des Industrie- und Gewerbeparks zu etwa 70 % verkauft. Rund 30 Betriebe unterschiedlicher Art haben sich dort angesiedelt und beschäftigen ca. 1 200 Mitarbeiter.

Der Vorteil für die Unternehmen liegt darin, dass sie viele Dienste wie z. B.

- Notfalldienste (Werkfeuerwehr, ärztliche Versorgung),
- soziale Einrichtungen (Kindertagesstätten, Kantine),
- Logistik innerhalb des Parks sowie
- Ver- und Entsorgungseinrichtungen

vom Parkmanagement in Anspruch nehmen können. Büro- und Gewerbeflächen können mit wachsender Unternehmensgröße hinzugemietet werden.

2 Überblick über die im Industrie- und Gewerbepark angesiedelten Unternehmen (Auswahl)

Unternehmen	Unternehmenszweck	Unternehmenstyp
Weber Metallbau GmbH Alfred-Nobel-Str. 8 89079 Ulm	Planung, Fertigung und Montage von ■ Brandschutztüren, ■ Fassaden aus Stahl und Glas, ■ Geländer und Treppen, ■ Wintergärten, ■ Sonderkonstruktionen.	Handwerk 
Ulmer Büromöbel AG Industriepark 5 89079 Ulm	Büromöbel, insbesondere ■ Schreibtische, ■ Bürostühle, ■ Büroschränke.	Industrie 
Stefanie Osann e. Kfr. Industriepark 25 89079 Ulm	■ Bürobedarf, ■ Computertechnik, ■ Drucker, ■ Kopiergeräte, ■ Business-Papier ■ usw.	Handel 
MicroTex Technologies GmbH Alfred-Nobel-Straße 42 89079 Ulm	Hersteller technischer Garne.	Industrie 
Beauty Moments Emmy Reisacher e. Kfr. Neuwerk 10 89079 Ulm	Kosmetikinstitut für Anti-Aging mit ■ Gesichtsbehandlung, ■ Sauerstofflifting, ■ Körper & Figur, ■ Wellnessmassagen.	Dienstleister 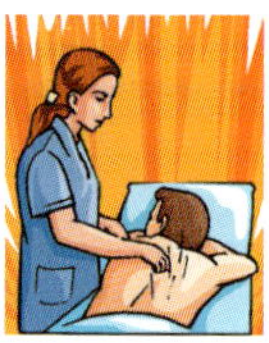

Unternehmen	Unternehmenszweck	Unternehmenstyp
CLEAN-TEC KG Alfred-Nobel-Straße 17 89079 Ulm	Facility Management, insbesondere ■ Gebäude-, Fassaden- und Fensterreinigung, ■ Grünanlagenpflege, ■ Hausmeisterservice.	Dienstleister 
Anlagen- und Maschinenbau AG Industriepark 18 89079 Ulm	■ Saugbandbeschickung, ■ Roboter, ■ Stapelrollenbahnen, ■ Bandförderer.	Industrie 
Kramer GmbH Neuwerk 21 89079 Ulm	■ Lagerhaltung, ■ Transport, ■ Logistik.	Dienstleister 
Motorenbau Anton Thomalla e. Kfm. Alfred-Nobel-Straße 24 89079 Ulm	Herstellung von Motoren zum Betrieb von Blockheizkraftwerken.	Industrie 
Stolz & Krug KG Industriepark 10 89079 Ulm	■ Reparatur, ■ An- und Verkauf von Kraftfahrzeugen samt Zubehör.	Handwerk 
Sport-Burr AG Neuwerk 15 89079 Ulm	Herstellung von Winter- und Sommersportgeräten: ■ Skier, ■ Snow-Swinger, ■ Skibobs, ■ Tennisschläger, ■ Nordic-Walking-Stöcke.	Industrie 

6 Beschaffung

6.1 Beschaffungsziele beschreiben, Sourcing-Strategien beurteilen und Cross Docking erklären

BPE 6 Handlungssituation 1: Beschaffung eines Werkstoffs organisieren

Die Ulmer Büromöbel AG benötigt bei der Produktion ihrer Rollcontainer das technische Schmiermittel Molybdändisulfid (MoS_2). Der bisherige Lieferant des Hilfsstoffs aus Nigeria hält seine Liefertermine oft nicht ein und hat außerdem vor einigen Wochen seine Preise erhöht.

Ulmer Büromöbel AG

Kompetenzorientierte Arbeitsaufträge:

1. Sie sind Sachbearbeiter/-in in der Einkaufsabteilung der Ulmer Büromöbel AG.

   Überprüfen Sie, ob der Lieferant noch zu den Zielen einer wirtschaftlichen, sozial gerechten und ökologischen Beschaffung passt!

2. In der Corona-Krise wurde sich die Ulmer Büromöbel AG der Bedeutung funktionierender Lieferketten bewusst.

   Beurteilen Sie, ob das Unternehmen seine Sourcing-Strategien überdenken sollte!

6.1.1 Beitrag des Einkaufs zum Unternehmenserfolg erarbeiten

„Das Geld wird im Einkauf verdient." Dies ist ein gängiger Spruch von Kaufleuten. Es lässt sich durch das nachfolgende Beispiel leicht nachweisen, dass günstigere Bedingungen im Einkauf zur Verbesserung des Gewinns führen, ohne dass die Verkaufspreise erhöht oder durch teure Marketingmaßnahmen die Anzahl der Kunden erweitert werden muss.

Beispiel:

	Vorher (in EUR)	Nachher (in EUR)
Umsatzerlöse	110,00	110,00
– Bezugspreis	50,00	48,00
– Kosten im eigenen Unternehmen	50,00	50,00
= Gewinn	10,00	12,00
Gewinnzuschlag in %	$= \frac{10,00 \cdot 100}{100,00} = \underline{\underline{10\,\%}}$	$= \frac{12,00 \cdot 100}{98,00} = \underline{\underline{12,245\,\%}}$

Erläuterungen:

Die Minderung des Bezugspreises um 2,00 EUR entspricht einer Preissenkung von 4 %. Eine solche Preissenkung führt zu einer Erhöhung des Gewinnzuschlagssatzes von 10 % auf 12,245 %. Bezogen auf 100,00 EUR Selbstkosten beträgt der Gewinn nachher 12,25 EUR statt 10,00 EUR. Er steigt also um 22,5 %.[1]

Alternativ kann bei gleichbleibendem Gewinnzuschlag aufgrund des günstigeren Einkaufspreises der Absatzpreis gesenkt werden. Dadurch steigen die Absatzmenge, der Umsatz und somit auch hier der Gesamtgewinn des Unternehmens.

Beispiel:

Wir führen das Beispiel von S. 22 fort. Angenommen, durch eine Senkung des Verkaufspreises auf 107,80 EUR (98,00 EUR + 10 % Gewinn) würde die Absatzmenge von 2000 Stück auf 2300 Stück steigen und damit die Umsatzerlöse von 220000,00 EUR auf 247940,00 EUR. Die Umsatzsteigerung läge bei 27940,00 EUR.

6.1.2 Beschaffung im Wertschöpfungsprozess

6.1.2.1 Begriff Beschaffung

Die **Beschaffung** umfasst die Bereitstellung von Materialien, Dienstleistungen, Betriebsmitteln, Rechten sowie Informationen über den Beschaffungsmarkt für den Leistungsprozess eines Unternehmens.

6.1.2.2 Einordnung in den Wertschöpfungsprozess

Beispiel:

Angenommen, eine Möbelfabrik stellt lediglich Labormöbel her.

Zu beschaffen sind (neben den bereits vorhandenen bebauten und unbebauten Grundstücken, Maschinen, Fördereinrichtungen und der Betriebs- und Geschäftsausstattung):

- **Rohstoffe:** Holz, Spanplatten, Kunststofffurniere;
- **Vorprodukte** (Fertigteile, Fremdbauteile): Scharniere, Schlösser;
- **Hilfsstoffe:** Lacke, Farben, Schrauben, Muttern, Nägel;
- **Betriebsstoffe:** Schmiermittel, Reinigungsmittel.

Außerdem sind die erforderlichen Mitarbeiter, sowie die notwendigen Geldmittel, die zum Teil aus Erlösen (dem Umsatz), zum Teil aus Krediten und Beteiligungen bestehen, bereitzustellen.

Die Fertigerzeugnisse werden anschließend geprüft und bis zur Auslieferung in das Fertigerzeugnislager genommen.

1

Nachher:	Gewinn bei 98,00 EUR Kosten	12,25 EUR
Vorher:	Gewinn bei 100,00 EUR Kosten	10,00 EUR
Gewinnerhöhung		2,25 EUR

Alter Gewinn 10,00 EUR ≙ 100 %
Gewinnerhöhung 2,25 EUR ≙ x %

$$x = \frac{2{,}25 \cdot 100}{10} = 22{,}5\,\%$$

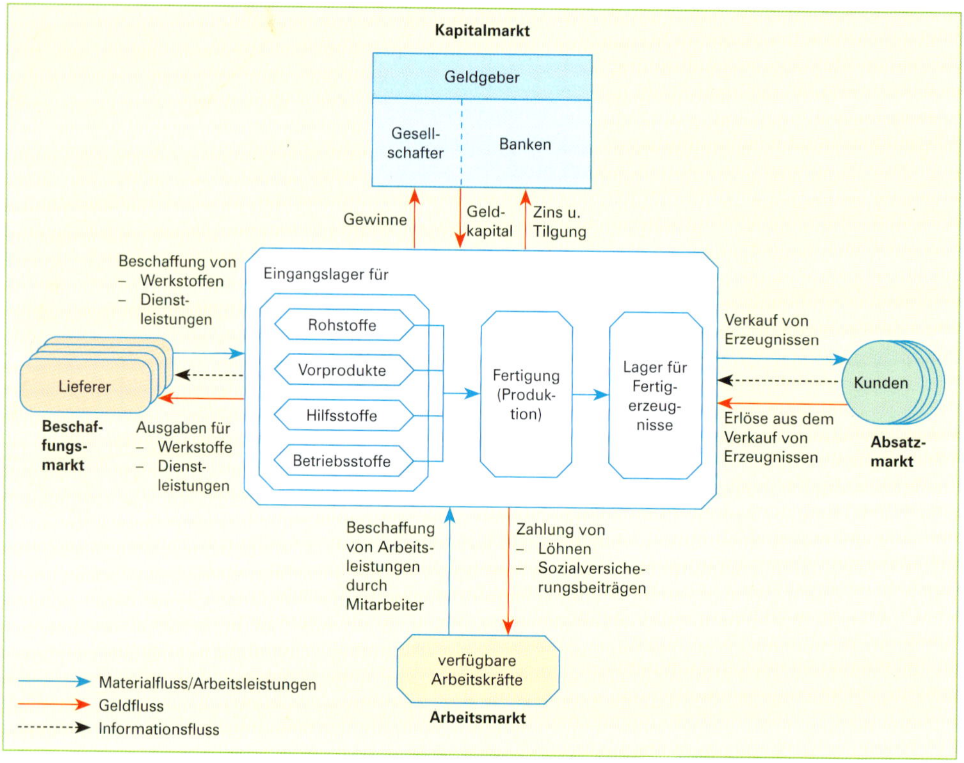

6.1.3 Beschaffungsziele beschreiben und deren Zielbeziehungen diskutieren

6.1.3.1 Wirtschaftliche Ziele der Beschaffung

Ziele	Beispiele
Sicherung des Produktionsablaufs	Die Materialien sind so zu beschaffen, dass jederzeit ein reibungsloser Fertigungsablauf gesichert ist.
Minimierung der Beschaffungskosten	■ Niedrige Einstandspreise; ■ günstige Lieferungs- und Zahlungsbedingungen; ■ Minimierung der Bestellkosten; ■ große Bestellmengen, um günstige Einkaufspreise und hohe Mengenrabatte zu erhalten.
Minimierung der Lagerhaltungskosten	■ Geringe Bestellmengen, dadurch niedrige Zinskosten für das in den Materialbeständen gebundene Kapital; ■ Senkung der Lagerpersonalkosten; ■ geringe Lagerrisiken durch kleine Lagerbestände; ■ Minimierung der Lagerraumkosten.

Ziele	Beispiele
Minimierung der Fehlmengen-kosten	■ Kosten für Produktionsstillstand wegen fehlendem Material; ■ Vertragsstrafen für verspätete Lieferungen an Kunden; ■ entgangener Gewinn wegen Kundenabwanderung.
Hohe Beschaf-fungsflexibilität	Lagermengen so festlegen, dass die Beschaffung jederzeit an die Bedarfsanforderungen der Fertigung oder an eine Marktveränderung angepasst werden kann.

6.1.3.2 Soziale Ziele der Beschaffung

Ziele	Beispiele
Soziale Gerechtigkeit	Einkauf bei Unternehmen, die faire Löhne zahlen und ihren Mitarbeitern Aufstiegsmöglichkeiten bieten.
Achtung der Menschenrechte	Beschaffung von Lieferern mit guten Arbeitsbedingungen und ohne Kinderarbeit.

6.1.3.3 Ökologische Ziele der Beschaffung

Ziele	Beispiele
Einhaltung der Klimaschutzziele	■ Bezug von Lieferanten, die klimaneutral produzieren; ■ Auswahl von regionalen Lieferanten (kurze Transportwege).
Ressourcen-effizienz	Verminderung von Abfallbelastungen durch den Bezug umweltschonender Materialien.
Nachhaltigkeit	■ Vom Lieferer garantierte Wiederaufforstung im Falle von Holzrohstoffen; ■ Langlebigkeit der gelieferten Materialien.

6.1.3.4 Mögliche Zielkonflikte der Beschaffung

Zwischen den einzelnen Zielen der Beschaffung bestehen i.d.R. **Zielkonflikte.** Man sagt auch, dass es sich um **konkurrierende**[1] **Ziele** handelt.

Beispiele:

- Wird der Lagerbestand sehr niedrig gehalten, kann dies zulasten der Lieferbereitschaft gehen.
- Minimierung der Lagerkosten durch fertigungssynchrone Belieferung (viele Transporte) konkurriert meist mit dem Ziel des Klimaschutzes.
- Billige Rohstoffe sind vielfach nicht mit dem Nachhaltigkeitsziel vereinbar.
- Werden geringe Mengen eingekauft, sind die Bestellkosten hoch, aber die Lagerhaltungskosten niedrig.
- Preisgünstige Einkäufe können dem Ziel, bei einem Lieferer mit fairen Löhnen zu bestellen, entgegenstehen.

1 **Konkurrenz** (lat.): Wettbewerb. Konkurrierende Ziele sind Ziele, die nicht gleichzeitig erreicht werden können. Die Erreichung eines Ziels geht immer zulasten eines anderen Ziels.

Zielkonflikte können nur durch Kompromisse gelöst werden. Dabei sollte der Kompromiss eine bestmögliche (optimale) Lösung darstellen.

6.1.4 Sourcing-Strategien darstellen und beurteilen

Innerhalb der Bezugsquellenermittlung benötigt das Unternehmen zunächst einen Überblick über mögliche **Beschaffungsstrategien.** Da die Industrieunternehmen zunehmend ihre Fertigungstiefe (Leistungstiefe) reduzieren und die **Globalisierung** der Märkte die Beschaffungsaufgaben für den Einkäufer vielschichtiger werden lassen, sollten langfristig orientierte Beschaffungsstrategien in jedem Unternehmen beachtet werden.

6.1.4.1 Global Sourcing und Local Sourcing

- **Global Sourcing** ist eine Beschaffungsstrategie, bei der das einkaufende Unternehmen auf alle potenziellen Lieferanten auf dem Weltmarkt zurückgreift.
- Beim **Local Sourcing** werden die Materialien in geografischer Nähe zum einkaufenden Unternehmen beschafft.

	Global Sourcing	**Local Sourcing**
Vorteile/ Chancen	■ Günstigere Einstandspreise realisierbar. ■ Beschaffung bei weltweiten Qualitätsführern möglich. ■ Verminderung von Abhängigkeiten. ■ Größere Ressourcenvielfalt. ■ Ausnutzung von Konjunktur-, Wachstums- und Inflationsunterschieden. ■ Zugang zu neuen Absatzmärkten möglich.	■ Geringere Frachtkosten. ■ Kurze Kommunikationswege aufgrund örtlicher Nähe zum Lieferanten. ■ Kurze Transportwege und damit geringerer Emissionsausstoß. ■ Imagegewinn durch Bevorzugung lokaler Anbieter und Sicherung von Arbeitsplätzen. ■ Ökologisch nachhaltiger und bessere Kontrolle der Einhaltung von Sozial- und Umweltstandards möglich.
Nachteile/ Risiken	■ Hoher Informationsbedarf sowie Koordinations- und Kommunikationsaufwand. ■ Hohe Transport- und Logistikkosten. ■ Höhere Emissionen durch längere Transportwege. ■ Eventuell geringere Sozial- und Umweltstandards der Lieferer. ■ Längere Reaktionszeiten bei Fehlern oder Qualitätsproblemen. ■ Währungsrisiken. ■ Rechtsunsicherheiten durch unterschiedliche Rechtssysteme oder Rechtsauffassungen. ■ Längere Lieferzeiten.	■ Häufig höhere Preise, da geringere Wettbewerbssituation und hohe Lohnkosten in Deutschland. ■ Begrenzt verfügbare Ressourcen und Kapazitäten. ■ Der Blick „über den Tellerrand" ist eingeschränkt (z. B. bezüglich innovativer Technologien).

6.1.4.2 Single, Double und Multiple Scourcing

Beschaffungsstrategie	Kurzdefinition	Merkmale
Single bzw. Double Sourcing (Einzelquellen- bzw. Doppelquellenbeschaffung) *Single Sourcing:*  *Double Sourcing:* 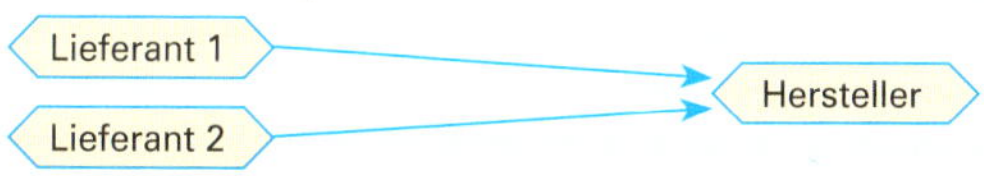	Beim Single Sourcing oder Double Sourcing wird beim Einkauf einer Materialart auf einen bzw. zwei Lieferanten zurückgegriffen.	■ Auf Dauer angelegte Geschäftsbeziehungen mit einer engen Zusammenarbeit mit dem Lieferanten. ■ Für Just-in-time-Lieferungen geeignet. ■ Geringer Verhandlungs-, Kommunikations- und Logistikaufwand durch langfristige Geschäftsbeziehungen. ■ Kooperationsbereitschaft muss vorhanden sein. ■ Lieferer ist in die Produktentwicklung eingebunden. ■ Gefahr einer zu starken Abhängigkeit von einem oder zwei Lieferanten.
Multiple Sourcing (Mehrquellenbeschaffung) *Multiple Sourcing:* 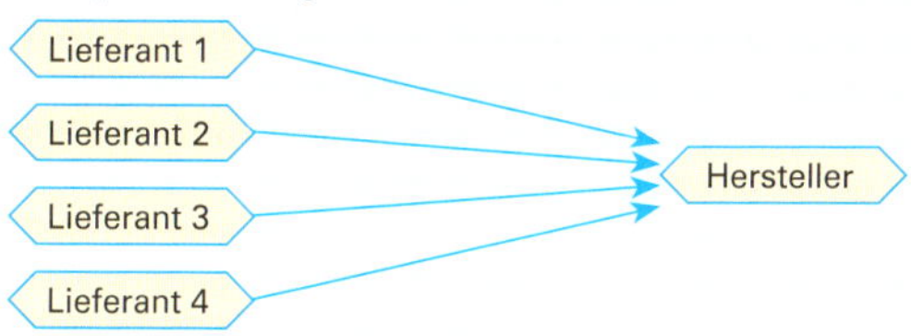	Beim Multiple Sourcing wird beim Einkauf von Materialien auf mehrere Lieferanten zurückgegriffen.	■ Durch einen hohen Wettbewerb zwischen den Lieferanten können günstigere Einkaufspreise ausgehandelt werden. ■ Keine Abhängigkeit von einem bestimmten Lieferer. ■ Nur für einfachere Materialien oder Güter sinnvoll. ■ Hoher Informationsbedarf.

6.1.4.3 Modular Sourcing über einen Systemlieferanten

Beschaffungsstrategie	Kurzdefinition	Merkmale
Modular Sourcing (Modulbeschaffung) *Modular Sourcing:* 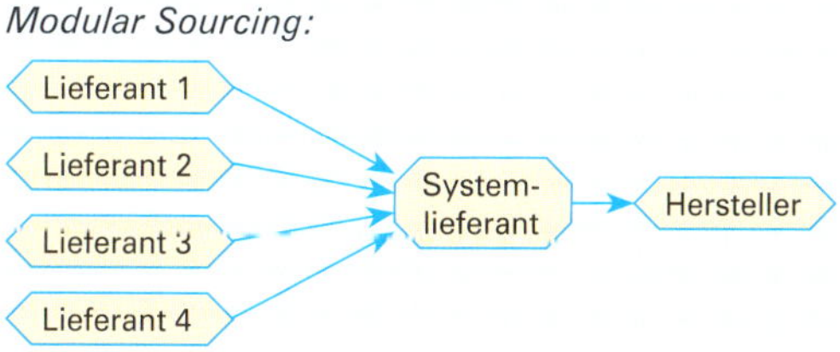	Beim Modular Sourcing werden keine Einzelteile, sondern komplexe Beschaffungsobjekte (Baugruppen bzw. Module) vom Lieferanten beschafft.	■ Reduzierung der Lieferantenanzahl durch Bezug von Modulen bzw. Baugruppen. ■ Verlagerung von lohn- und montageintensiven Tätigkeiten auf den Lieferanten. ■ Enge Zusammenarbeit mit dem Lieferanten und dabei gegenseitiger Austausch von Know-how. ■ Starke Abhängigkeit zwischen dem einkaufenden Unternehmen und dem Lieferanten. ■ Hersteller kann sich auf seine Kernkompetenzen konzentrieren.

6.1.5 Ablauf und Bedeutung von Cross Docking erklären

6.1.5.1 Begriff Cross Docking

Cross Docking[1] bezeichnet eine Warenumschlagsart, bei der Waren vom Lieferer bzw. mehreren Lieferern über ein Logistikzentrum (Cross-Docking-Punkt) **vorkommissioniert**[2] **geliefert** werden.

Die Lieferung in dieser vorkommissionierten Form kann direkt in die Produktion oder Montage einfließen, weil die Vorprodukte genau **in der benötigten Zusammensetzung** vorliegen. Das bedeutet, dass die entsprechenden **Lagerarbeiten** (Einlagerung, Verwaltung, spätere Lagerausgabe) im Gegensatz zur direkten Anlieferung **entfallen.** Cross Docking eignet sich vor allem für den Umschlag großer Warenmengen.

Nachfolgende Abbildung zeigt die Warenlieferung vor und nach der Einführung von Cross Docking.

Vor der Einführung von Cross Docking	Nach der Einführung von Cross Docking
Die Ware wird von den Lieferern (L 1 bis L 3) direkt zu allen Bestellern (B 1 bis B 3) gebracht.	Die Ware wird durch die Lieferer (L 1 bis L 3) bereits vorkommissioniert an den **Cross-Docking-Punkt** gebracht, dort direkt den entsprechenden Warenausgängen zugeordnet und weiter an die Besteller (B 1 bis B 3) versendet.

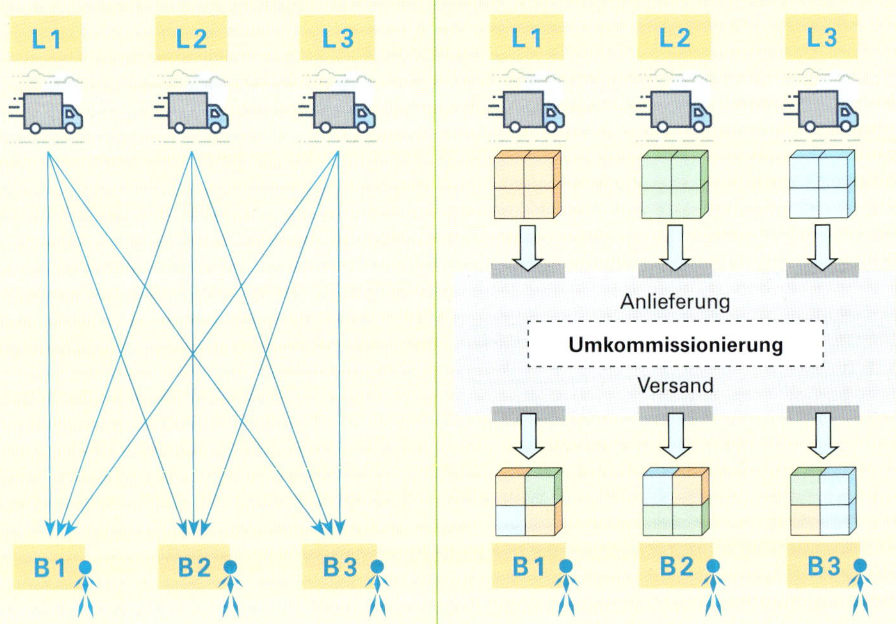

1 **Cross Docking** (engl.): Kreuzverkupplung.

2 **Kommissionieren:** Zusammenstellen von bestimmten Teilmengen (Artikeln) aus einer bereitgestellten Gesamtmenge (Sortiment) aufgrund von Aufträgen.

6.1.5.2 Cross-Docking-Systeme

(1) Einstufiges Cross Docking

Die Lieferer kommissionieren die logistischen Einheiten (Waren) meist palettenweise, versehen mit den Adressen der Besteller. Im einstufigen System werden diese logistischen Einheiten **unverändert** über die Umschlagpunkte des Logistikzentrums an den Besteller weitergeleitet.

(2) Zweistufiges Cross Docking

Die Lieferer kommissionieren bezogen auf den Cross-Docking-Punkt. Im zweistufigen System werden die logistischen Einheiten unverändert nur bis zum Umschlagpunkt geleitet. Am Umschlagpunkt erfolgt dann der eigentliche **Umschlag in neue logistische Einheiten (Umkommissionierung),** welche erst ab diesem Zeitpunkt an die verschiedenen Besteller adressiert werden.

Beispiel:

Ein Autohersteller bestellt die Vorprodukte für die Reifenmontage bei vier verschiedenen Zulieferern, erwartet jedoch eine zeitlich abgestimmte kommissionierte Anlieferung.

Angenommen, es wird immer der Bedarf für 10 Autos zusammengefasst: Es müssen nun im Logistikzentrum 40 Kompletträder, 200 Radschrauben, 200 Radschraubenkappen und 40 Radnabenabdeckungen der vier Zulieferer kommissioniert und an die Montage des Autoherstellers geliefert werden.

(3) Mehrstufiges Cross Docking

Ein mehrstufiges System beinhaltet noch weitere Prozessschritte neben der eigentlichen **Umkommissionierung,** auch **Value Added Services** (Mehrwertdienstleistung) genannt, wie z. B. Konfektionierung[1] oder Etikettierung von Artikeln. Das zweistufige System ist somit der einfachste Fall des mehrstufigen Systems.

6.1.5.3 Vor- und Nachteile von Cross Docking

Vorteile/Chancen	Nachteile/Risiken
■ Reduzierung der Lagerhaltungskosten (Platzersparnis, Einsparungen von Mietkosten, Nebenkosten und Personalkosten, Einsparungen bei Sicherheitsmaßnahmen). ■ Vereinfachung der Prozessabläufe (interne Lagerlogistik entfällt, kürzere Durchlaufzeiten, höhere Flexibilität bei der Berücksichtigung von Kundenwünschen).	■ Störungen in der Lieferkette führen sofort zum Stillstand in der Produktion/Montage. ■ Synchronisation der IT-Systeme, d. h., der Daten- und Informationsfluss muss in „Echtzeit" gewährleistet sein.

1 **Konfektionierung** ist das Zusammensortieren und -verpacken unterschiedlicher Teile. Auch einfache Komplettierungen (z. B. Anbringen von Steckern an Kabel) laufen unter dem Schlagwort der Konfektionierung.

Kompetenztraining

1 Beschaffungsziele und -strategien

1. Formulieren Sie je ein wirtschaftliches, soziales und ökologisches Beschaffungsziel eines Autoherstellers!
2. Prüfen Sie, ob die genannten Ziele miteinander konkurrieren!
3. Bei der Beschaffung von Informationen über Lieferer spielt auch der Standort des Lieferers eine Rolle.

   Aufgabe:

   3.1 Nennen Sie je zwei Vor- und Nachteile von Global Sourcing und Local Sourcing!

   3.2 Begründen Sie, ob Global Sourcing oder Local Sourcing unter Nachhaltigkeitsaspekten vorteilhafter ist!
4. Aus dem Umweltbericht eines Herstellers von Fußbällen:

   Transportkilometer für die Beschaffung von Rohstoffen für die Serienfertigung der Fußballschuhe und für die Ballproduktion sowie die Verlagerung der Schaftproduktion und des Ballnähens:

Rohstoffeinkauf Fußballschuhe:	179633 km
Rohstoffeinkauf Fußbälle:	22075 km
Schaftproduktion:	69163 km
Ballnähen:	164416 km

Aufgabe:

Zeigen Sie auf, welche Konsequenzen in diesem Fall die Globalisierung für den Standort Deutschland hat!

2 Cross Docking

Ein Elektronik-Unternehmen vertreibt Produkte, deren Hauptkomponenten durch die eigene Produktion hergestellt und die Netzteile zugekauft werden. Bei der klassischen Lagerlogistik werden neben den Produkten aus eigener Herstellung auch die Netzteile eingelagert. Kundenaufträge werden im Versandbereich des Lagers gepackt und versandfertig gemacht.

Aufgabe:

Beschreiben Sie, welche Verbesserungen durch Cross Docking möglich sind!

3 Zusammenfassung

Fassen Sie die Erkenntnisse aus dem Kapitel 6.1 zur Beschaffung in einer Mindmap zusammen!

6.2 Berechnungen hinsichtlich Materialeinsatz und Materialbereitstellung durchführen und Handlungsempfehlungen herausarbeiten

6.2.1 Materialeinsatz hinsichtlich des Wertes sowie der Regelmäßigkeit ermitteln

BPE 6 **Handlungssituation 2: ABC-Analyse durchführen und Konsequenzen ableiten**

Anton Thomalla, Inhaber der Motorenbau Anton Thomalla e. Kfm., sucht eine Möglichkeit, Kosten zu reduzieren. Er schickt Lena Heine, die Leiterin der Beschaffung, zu einem Seminar mit dem Thema „Einkaufsmanagement – Materialkosten senken, Gewinn erhöhen".

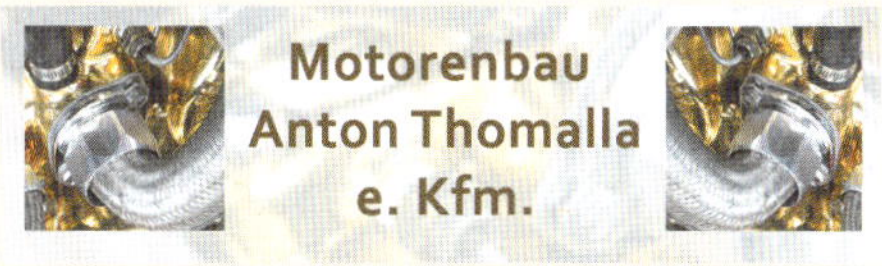

Bei dem Seminar erfährt Lena Heine, dass sich die Bedeutung der Beschaffung in der Vergangenheit entscheidend verändert hat: vom Dienstleister für die Produktion zu einem Unternehmensbereich mit erheblicher Wertschöpfung.

Durch das Seminar wird Lena Heine bewusst, dass in der Motorenbau Anton Thomalla e. Kfm. beim Einkauf von günstigen Gütern, beispielsweise Büromaterial, der gleiche Zeitaufwand investiert wird wie bei der Beschaffung von hochpreisigen Gütern.

Für die Artikelgruppen sind folgende Zahlenwerte gegeben:

Artikelgruppe	Jahresbedarf in Stück	Preis je ME in EUR	Artikelgruppe	Jahresbedarf in Stück	Preis je ME in EUR
A01	100	290,00	A06	700	7,10
A02	9000	1,60	A07	100	22,00
A03	5000	2,80	A08	18000	0,05
A04	5000	1,50	A09	20000	0,08
A05	700	5,50	A10	32500	0,07

Kompetenzorientierte Arbeitsaufträge:

1. Führen Sie – gegebenenfalls mithilfe einer Tabellenkalkulation – eine ABC-Analyse entsprechend der angegebenen Zahlenwerte durch (siehe Folgeseite, Tabelle 1 und 2)!
2. Legen Sie fest, welche Artikelgruppen jeweils in die Klasse der A-, B- bzw. der C-Güter gehören und begründen Sie Ihre Entscheidung!
3. Setzen Sie die gewonnenen Erkenntnisse in eine aussagefähige Grafik um!
4. Nach Durchführung der ABC-Analyse ergeben sich für die Firma Motorenbau Anton Thomalla e. Kfm. zwangsläufig Schlussfolgerungen im Bereich der Materialwirtschaft, die geeignet sind, einen Beitrag zur Kostensenkung zu erbringen. Nennen Sie – getrennt für die A- und die C-Güter – jeweils solche Maßnahmen!

Vorlage

ABC-Analyse, Tabelle 1

Artikelgruppe	Jahresbedarf in Stück	Preis je ME in EUR	Verbrauchsmenge in % des Gesamtverbrauchs	Verbrauchswert in EUR	Verbrauchswerte in % des gesamten Verbrauchswertes	Rang nach Verbrauchswert
A01	100	290,00				
A02	9000	1,60				
A03	5000	2,80				
A04	5000	1,50				
A05	700	5,50				
A06	700	7,10				
A07	100	22,00				
A08	18000	0,05				
A09	20000	0,08				
A10	32500	0,07				
Summe						

Vorlage

ABC-Analyse, Tabelle 2

Artikelgruppe	Jahresbedarf in Stück	Preis je ME in EUR	Verbrauchsmenge in % des Gesamtverbrauchs	Verbrauchswert in EUR	Verbrauchswerte in % des gesamten Verbrauchswertes	Kumulierter Wertanteil in %	Kumulierter Mengenanteil in %	ABC-Klasse	Wertanteil in %	Mengenanteil in %
Summe										

6.2.1.1 ABC/XYZ-Analyse

Die ABC/XYZ-Analyse vereint die beiden Instrumente ABC-Analyse (Klassifikation des Lagerbestandes nach dem Jahresverbrauch) und die XYZ-Analyse (Klassifikation nach der Schwankung des Verbrauchs).

Zunächst sind beide Verfahren getrennt voneinander durchzuführen. Danach kann jeder Artikel/jede Artikelgruppe in eine kombinierte Matrix eingeordnet werden.

(1) Begriff ABC-Analyse

Die **ABC-Analyse** ist ein Verfahren, Materialien zu erkennen, die aufgrund ihres **hohen wertmäßigen Anteils** am Gesamtbedarf von **besonderer Bedeutung** sind.

Die aus der Analyse gewonnenen Informationen helfen dabei,

- sich auf wirtschaftlich bedeutende Materialien zu konzentrieren (A-Güter),
- hohen Arbeitsaufwand bei Materialien untergeordneter Bedeutung (C-Güter) zu vermeiden und damit
- die Wirtschaftlichkeit der gesamten Materialwirtschaft zu steigern.

In vielen Unternehmen wird häufig eine große Anzahl verschiedenartiger Fertigungsmaterialien (Roh-, Hilfs-, Betriebsstoffe, Halbfabrikate) bzw. Handelswaren beschafft, die nur einen geringen Anteil (Prozentsatz) am gesamten Beschaffungswert der eingekauften Materialien haben.

Die ABC-Analyse wurde entwickelt, um zu entscheiden, bei welchen Fremdbezugsteilen es erforderlich ist,

- **ausführliche Beschaffungsmarktanalysen** vorzunehmen,
- intensive **Einkaufsverhandlungen** zu führen,
- **Mengen und Lieferzeit** genau zu planen,
- die **Materialbereitstellungsverfahren** dem Materialbedarf anzupassen und
- die **Lagerbestände** laufend zu überwachen.

Beispiel (siehe auch S. 34):

Ein Industriebetrieb benötigt zehn verschiedene Materialarten. Statistisch erfasst werden die monatlichen Verbrauchsmengen in Stück und die Einstandspreise (Bezugspreise) je Stück.

Diese Maßnahmen verursachen den Unternehmen viel Zeitaufwand und Kosten.

(2) Durchführung der ABC-Analyse

Tabelle 1:

Materialart	Verbrauchsmenge in Stück	Verbrauchsmenge in % des Gesamtverbrauchs	Einstandspreis je Stück in EUR	Verbrauchswert in EUR	Verbrauchswerte in % des gesamten Verbrauchswertes	Rang nach Verbrauchswert
T_1	4500	13,24	25,00	112500,00	15,85	2
T_2	700	2,06	145,00	101500,00	14,30	3
T_3	2700	7,94	15,00	40500,00	5,71	7
T_4	600	1,76	300,00	180000,00	25,36	1
T_5	450	1,32	150,00	67500,00	9,51	6
T_6	3000	8,82	25,00	75000,00	10,57	5
T_7	8200	24,12	2,00	16400,00	2,31	8
T_8	1000	2,94	95,00	95000,00	13,38	4
T_9	7150	21,03	1,00	7150,00	1,01	10
T_{10}	5700	16,76	2,50	14250,00	2,01	9
	34000	100,00[1]		709800,00	100,00[1]	

1 Bedingt durch die Beschränkung auf zwei Nachkommastellen können geringe Rundungsdifferenzen in der Summenzeile auftreten.

Tabelle 2:

Rang nach Verbrauchswert	① Materialart	Verbrauchsmenge in Stück	② Verbrauchsmenge in Prozent des Gesamtverbrauchs	③ Kumulierte Verbrauchsmenge in Prozent	Einstandspreis je Stück in EUR	④ Verbrauchswert in EUR	⑤ Verbrauchswerte in Prozent des gesamten Verbrauchswertes	⑥ Kumulierter Verbrauchswert in Prozent	⑦ ABC-Klasse
1	T_4	600	1,76	1,76	300,00	180 000,00	25,36	25,36	A
2	T_1	4 500	13,24	15,00	25,00	112 500,00	15,85	41,21	A
3	T_2	700	2,06	17,06	145,00	101 500,00	14,30	55,51	A
4	T_8	1 000	2,94	20,00	95,00	95 000,00	13,38	68,89	A
5	T_6	3 000	8,82	28,82	25,00	75 000,00	10,57	79,46	B
6	T_5	450	1,32	30,15	150,00	67 500,00	9,51	88,97	B
7	T_3	2 700	7,94	38,09	15,00	40 500,00	5,71	94,68	B
8	T_7	8 200	24,12	62,21	2,00	16 400,00	2,31	96,99	C
9	T_{10}	5 700	16,76	78,97	2,50	14 250,00	2,01	98,99	C
10	T_9	7 150	21,03	100,00	1,00	7 150,00	1,01	100,00	C
		34 000	100,00[1]			709 800,00	100,00[1]		

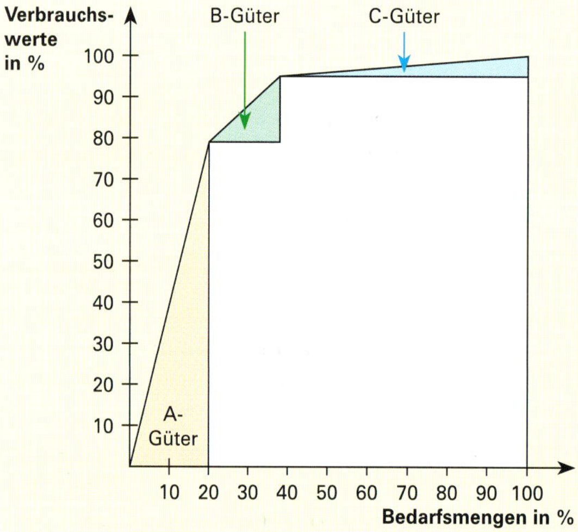

Auswertung:

A-Güter: 20 % des mengenmäßigen Bedarfs haben einen Anteil von fast 70 % (genau: 68,9 %) am gesamten wertmäßigen Verkauf an Handelswaren (Beschaffungswert).

B-Güter: 18,1 % des mengenmäßigen Bedarfs entsprechen einem Anteil von 25,8 % am gesamten wertmäßigen Bedarf.

C-Güter: Die meisten Handelswaren (61,9 %) sind C-Güter. Auf sie entfällt nur ein Warenwertanteil von 5,3 %.

Erläuterungen zu den Arbeitsschritten für eine ABC-Analyse (Tabelle 2):

① Materialien nach dem Rang ihres Verbrauchswertes ordnen.

② Prozentanteil jedes Materials an der Gesamtverbrauchsmenge berechnen.

③ Errechnete Prozentanteile schrittweise aufaddieren (kumulieren).

④ Verbrauchswert berechnen.

⑤ Prozentanteil jedes Materials am Gesamtverbrauchswert berechnen.

⑥ Errechnete Prozentanteile schrittweise aufaddieren (kumulieren).

⑦ Nach den kumulierten Prozentanteilen Gruppen bilden.

1 Bedingt durch die Beschränkung auf zwei Nachkommastellen können geringe Rundungsdifferenzen in der Summenzeile auftreten.

Die Festlegung der Schranken, mit deren Hilfe eine **Zuordnung zu den einzelnen Klassen** getroffen wird, liegt im **Ermessen der Unternehmen.** Erfahrungsgemäß liegt die Schranke für A-Güter bei den ersten 75–80 % der kumulierten Verbrauchswerte in Prozent, die C-Güter bei den letzten 5 % der kumulierten Verbrauchswerte in Prozent. Dazwischen liegen die B-Güter.

(3) Schlussfolgerungen aus der ABC-Analyse

Die Auswertung der ABC-Analyse zeigt der Geschäftsführung, bei welchen Gütern ein größerer Beschaffungsaufwand wirtschaftlich sinnvoll ist, um größere Kostensenkungen (z. B. durch vereinbarte Rabatte bei größeren Bestellmengen, Einsatz billigerer Substitutionsgüter[1]) zu erreichen.

Die Tätigkeiten (Aktivitäten) in der Materialwirtschaft konzentrieren sich in erster Linie auf die **A-Güter.** Sie bestehen zwar aus wenigen Lagerpositionen, stellen aber den überwiegenden Teil des Verbrauchswertes dar. Daher führen bereits geringe prozentuale Verbesserungen zu Einsparungen in hohen absoluten Euro-Beträgen.

Die Aktivitäten können sich z. B. auf folgende **Maßnahmen** richten:

- Intensive Bemühungen um Preis- und Kostensenkungen.
- Exakte Untersuchungsergebnisse darüber, ob Eigenproduktion oder Fremdbezug günstiger ist.
- Einkauf der Materialien bei Bedarf.
- Möglichst geringer Lagerbestand in Verbindung mit Sondervereinbarungen über Lieferzeiten.
- Beschaffung in bedarfsnahen, auftragsspezifischen kleinen Losen (Liefermengen) und damit Tendenz zur fertigungssynchronen Beschaffung.[2]
- Verzicht auf Wareneingangskontrolle im eigenen Haus und Verlagerung der Qualitätsprüfung zum Lieferanten unter Vorgabe von Qualitätsstandards.
- Strenge Kontrolle der Bestände, des Verbrauchs und gegebenenfalls der Lagerverluste.

Bei den **B-Gütern** darf der Berechnungsaufwand für eine optimale Bestellung nicht so hoch sein. Hier kann es sinnvoll sein, optimale Bestellmengen und Lagermengen für ganze **Materialgruppen** zu berechnen und Fehler in Kauf zu nehmen.

Die **C-Güter** bestehen aus vielen Lagerpositionen, stellen aber nur einen geringen Verbrauchswert dar. Zu hohe Lagerbestände beeinflussen daher die Wirtschaftlichkeit des Materialwesens in geringerem Umfang. Sie können daher großzügiger und mit einfacheren Verfahren geplant werden.

(4) Begriff XYZ-Analyse

Die in vielen Unternehmen angewandte Klassifikation des Lagerbestandes anhand der ABC-Analyse unterteilt die Artikel meist nicht differenziert genug. Sie beurteilt lediglich die Artikel nach ihrem Anteil am wertmäßigen Beschaffungsvolumen. Daneben ist aber für die Beschaffung auch die Schwankung des Verbrauchs eines Artikels ein relevanter Aspekt, den die XYZ-Analyse beleuchtet.

---

1 **Substitutionsgüter** sind Güter, die problemlos durch andere Güter ersetzt werden können. Diese Güter erfüllen denselben Zweck (z. B. Schafwolle – Baumwolle, Butter – Margarine).

2 Vgl. hierzu Kapitel 6.2.1.3, S. 40 f.

- Die **XYZ-Analyse** ist ein Verfahren zur Klassifikation der Artikel nach ihren zeitlichen **Materialverbrauchsstrukturen.** Es wird analysiert, ob ein bestimmter Artikel **regelmäßig oder unregelmäßig** im Produktionsprozess verbraucht wird.
- Die aus der Analyse gewonnenen Informationen helfen dabei, den optimalen Lagerbestand des jeweiligen Artikels zu ermitteln, um einen ungestörten Produktionsprozess zu gewährleisten.

(5) Durchführung der XYZ-Analyse

Tabelle 3: Verbrauch in Stück pro Monat des Vorjahres

Artikel	Jan	Feb	Mär	Apr	Mai	Jun	Jul	Aug	Sept	Okt	Nov	Dez
T_1	4290	4500	4530	4600	4670	4600	4550	4300	4620	4500	4480	4360
T_2	870	890	950	380	450	790	410	1020	860	450	800	530
T_3	2700	2670	2740	2670	2630	2750	2700	2610	2660	2760	2680	2830
T_4	350	690	660	350	800	780	900	720	770	440	390	350
T_5	460	480	450	450	430	470	440	520	430	440	420	410
T_6	3100	2910	2960	3100	2960	2890	2970	3080	2900	3110	3080	2940
T_7	8230	8200	8220	8240	8280	8190	8300	8130	8200	8070	7980	8360
T_8	1450	1570	600	790	650	400	680	750	1500	1660	1440	510
T_9	7500	6900	6960	6920	7200	6990	7080	6910	7300	7600	7390	7050
T_{10}	8500	7900	5700	2400	0	0	5500	5700	7500	8400	8300	8500

Tabelle 4: XYZ-Analyse

Artikel	Summe des Verbrauchs in Stück ①	Mittelwert ②	Standardabweichung ③	Variationskoeffizient	Klassifikation ④
T_1	54000	4500,00	119,30	2,65 %	X-Artikel
T_3	32400	2700,00	66,71	2,47 %	X-Artikel
T_5	5400	450,00	28,58	6,35 %	X-Artikel
T_6	36000	3000,00	83,07	2,77 %	X-Artikel
T_7	98400	8200,00	97,98	1,12 %	X-Artikel
T_9	85800	7150,00	234,02	3,27 %	X-Artikel
T_2	8400	700,00	226,20	32,31 %	Y-Artikel
T_4	7200	600,00	198,87	33,15 %	Y-Artikel
T_8	12000	1000,00	456,27	45,63 %	Y-Artikel
T_{10}	68400	5700,00	3078,42	54,01 %	Z-Artikel

Erläuterungen zu den Arbeitsschritten für eine XYZ-Analyse (Tabelle 4):

(1) Summe des Verbrauchs im gesamten Jahr ermitteln.

(2) Mittelwert des Verbrauchs (Durchschnittsverbrauch) pro Monat berechnen.

(3) Standardabweichung bestimmen:

Da die Abweichungen vom Mittelwert sowohl in positiver (+) als auch in negativer (–) Richtung gegeben sind, würden sie sich bei einfacher Summenbildung gegenseitig aufheben.

Deshalb wird zunächst die Varianz, d. h. der Durchschnitt der quadrierten Abweichungen, ermittelt und anschließend wieder die Wurzel gezogen. Das Ergebnis ist die Standardabweichung. Wird die Standardabweichung zum Durchschnittsverbrauch in Beziehung gesetzt, erhält man den Variationskoeffizienten, der für die Einteilung in XYZ-Artikel herangezogen wird.

Rechenweg für T_1:

$$\text{Varianz} = \frac{\text{Summe der Quadrate der Abweichungen vom Mittelwert}}{\text{Anzahl der Werte}}$$

$$\text{Varianz} = \frac{(-210)^2 + 0^2 + 30^2 + 100^2 + 170^2 + 100^2 + 50^2 + (-200)^2 + 120^2 + 0^2 + (-20)^2 + (-140)^2}{12}$$

$$= \underline{\underline{14\,233{,}33}}$$

$$\text{Variationskoeffizient} = \frac{\text{Standardabweichung}}{\text{Mittelwert}} \cdot 100$$

$$= \frac{\sqrt{14\,233{,}33}}{4\,500} \cdot 100 = \underline{\underline{2{,}65\,\%}}$$

(4) Klassifikation der Artikel:

Im Fall von T_1 liegt ein X-Artikel vor, d. h., die Verbrauchsmengen können sehr genau vorhergesagt werden.

Der Variationskoeffizient ist entscheidend für die Einteilung in die Klassen X, Y und Z und gibt Auskunft über die Vorhersagegenauigkeit des Materialverbrauchs.

Die folgende Tabelle zeigt die Klassifikation nach der XYZ-Analyse:[1]

Klassifikation	Variationskoeffizient	Verbrauchsmengen	Vorhersagegenauigkeit
X	0–25 %		Hoch, d. h., Verbrauch ist konstant bei nur gelegentlichen und dann auch nur schwachen Schwankungen.
Y	25–50 %		Mittel, d. h., Verbrauch unterliegt stärkeren Schwankungen (Saison, Trend).
Z	ab 50 %	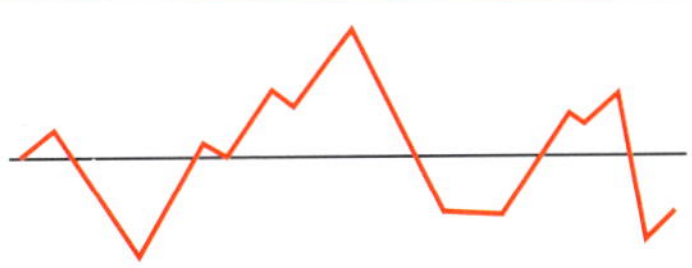	Niedrig, d. h., Verbrauch verläuft sehr unregelmäßig.

1 Vgl. Ziegenbein, Klaus: Controlling, 9., überarbeitete und aktualisierte Auflage, Ludwigshafen (Rhein) 2007, S. 337.

(6) Schlussfolgerungen aus der XYZ-Analyse

Zum Ausgleich der Verbrauchsschwankungen und damit zur Sicherung der Verfügbarkeit benötigter Materialien werden **Bestände** angelegt, deren Höhe abhängig ist von der Breite des Sortiments, Anzahl von Produkttypen, Beschaffungs- und/oder Fertigungslosgrößen, Sicherheitsbeständen und Durchlaufzeiten.

Bei den planbaren X-Artikeln, teilweise auch den Y-Artikeln können die Lagerbestände auf kleine Sicherheitsbestände reduziert werden. Hier bietet sich eine Just-in-time-Belieferung[1] an.

Die nicht planbaren Y-Artikel und die Z-Artikel werden bei kurzen Lieferzeiten nur noch bei konkretem Bedarf beschafft. Bei langen Lieferzeiten sind entsprechend große Sicherheitsbestände anzulegen.

(7) Schlussfolgerungen aus der kombinierten ABC/XYZ-Analyse

Aus den Ergebnissen der ABC/XYZ-Analyse und der Kategorisierung der Materialien lassen sich unterschiedliche Strategien für deren Planung ableiten. Wenn es beispielsweise um die Beschaffung und die Zusammenarbeit mit Lieferern geht, können Beschaffungsstrategien und Formen der Zusammenarbeit sinnvoll sein, wie sie in der nachfolgenden Übersicht dargestellt sind.

		Wertigkeit		
		A hoher wertmäßiger Anteil, meist geringer mengenmäßiger Anteil	**B** mittlerer wertmäßiger Anteil, mittlerer mengenmäßiger Anteil	**C** geringer wertmäßiger Anteil, hoher mengenmäßiger Anteil
Vorhersagegenauigkeit	**X** hohe Vorhersagegenauigkeit wegen konstantem Verbrauch	■ fertigungssynchrone Beschaffung (z. B. Just-in-sequence-Verfahren)	■ fertigungssynchrone Beschaffung oder ■ optimierte Lagerhaltung	■ optimierte Lagerhaltung (z. B. Bestellrhythmusverfahren)
	Y mittlere Vorhersagegenauigkeit wegen schwankendem Verbrauch	■ fertigungssynchrone Beschaffung (z. B. Just-in-time-Verfahren)	■ fertigungssynchrone Beschaffung oder ■ optimierte Lagerhaltung	■ optimierte Lagerhaltung (z. B. Bestellpunktverfahren)
	Z niedrige Vorhersagegenauigkeit wegen sehr unregelmäßigem Verbrauch	■ bedarfsorientierte Beschaffung (z. B. Delivery on demand)	■ bedarfsorientierte Beschaffung (z. B. KANBAN-Konzept)	■ bedarfsorientierte Beschaffung (z. B. KANBAN-Konzept)

1 Vgl. hierzu Kapitel 6.2.1.3, S. 40f.

Beispielhafte Erläuterungen zur 9-Felder-Matrix auf S. 38:

- **Feld A–X**

In dieses Feld fällt z. B. der oben betrachtete Artikel T_1. Hier kommt es auf die enge und langfristige logistische Abstimmung (z. B. Just-in-time-, Just-in-sequence- oder fertigungssynchrone Beschaffung[1]) mit ein bis drei Lieferern an. Die Artikel werden insbesondere hinsichtlich Qualität und Preis optimiert.

- **Feld B–Z**

Die Artikel werden nur bei Bedarf bestellt oder die Bestellung wird nach dem KANBAN-Konzept[2] gesteuert. Die Lieferer (am besten mehrere) sollten durch ihre Planungs- und Produktionsverfahren oder durch ihre Lagerpolitik in der Lage sein, den Bedarf in kurzer Zeit zu decken.

- **Feld C–X**

Meist beschränkt sich hier die Zusammenarbeit auf einen Lieferer. Im Vordergrund steht die Minimierung der Kosten für das gekaufte Produkt und für die Abwicklung. Bei Bedarf wird ein eigener Lagerbestand geführt, um Lieferengpässe zu vermeiden. Bestellt wird bedarfsorientiert, wodurch sich das Lager zu festgelegten Bestellpunkten füllt.[3]

Wenn alle Produkte und Dienstleistungen, die von Lieferern zu beschaffen sind, mithilfe der ABC/XYZ-Analyse betrachtet und bewertet sind, wird die optimale Strategie für Beschaffung und Lagerhaltung festgelegt. So lässt sich die Kapitalbindung minimieren.

6.2.1.2 Delivery on demand

Bei der **Einzelbeschaffung (delivery on demand)** erfolgt die Materialbeschaffung erst dann, wenn ein Auftrag vorliegt, der einen Bedarf auslöst.

Beispiel:

Ein Warenhaus bestellt bei der Möbelfabrik Rohrer GmbH Gartenmöbel aus Robinienholz. Die Möbelfabrik Rohrer GmbH bestellt das Holz erst nach Bestätigung des Auftrags.

Vorteile	Nachteile
▪ Die Kapitalbindungs- und Lagerkosten werden gesenkt oder entfallen ganz, weil die Materialien nach der Wareneingangs- und Qualitätsprüfung nur sehr kurze Zeit im Lager bleiben oder sofort in die Fertigung gehen. ▪ Verderb und Veralten sind ausgeschlossen (geringere Lagerrisiken).	▪ Mit dem Bezug kleiner Mengen ist mit höheren Preisen, höheren Verpackungskosten und höheren Transportkosten (Bezugskosten) zu rechnen. ▪ Je nach Material kann es schwierig sein, die benötigten Mengen termingerecht und in der erforderlichen Qualität zu beschaffen.

1 Vgl. Kapitel 6.2.1.3, S. 40 f.

2 Vgl. Kapitel 6.2.1.4, S. 42.

3 Vgl. Kapitel 6.2.2, S. 45 ff.

6.2.1.3 Just-in-time[1]- und Just-in-sequence[2]-Verfahren

(1) Begriffe

- Die **lagerlose Sofortverwendung** ist Bestandteil eines Logistiksystems, bei dem die Materialbereitstellung genau zu dem von der Fertigungsplanung vorher bestimmten Zeitpunkt erfolgt. Man spricht von **fertigungssynchroner**[3] **Beschaffung** oder vom **Just-in-time-Verfahren.**
- Beim **Just-in-sequence-Verfahren** wird zusätzlich zur zeitgenauen Anlieferung auch sequenzgerecht geliefert, d.h. in exakt der Reihenfolge, in welcher die Teile oder Baugruppen schließlich in der Montage beim Kunden verbaut werden.[4]

Das Prinzip der lagerlosen Sofortverwendung der angelieferten Teile wird vor allem von Industriebetrieben angewendet, die ihren Bedarf an großvolumigen und hochwertigen Werkstoffen und Fertigteilen genau vorausberechnen können (z.B. vormontierte Armaturenbretter in der Autoindustrie). Die Kapitalbindungs- und Lagerkosten werden auf die Zulieferbetriebe abgewälzt, die im Gegenzug einen sicheren Abnehmer bekommen.

(2) Voraussetzungen der Bereitstellungsverfahren ohne Vorratshaltung

Um die Lieferung nach dem Just-in-time- oder Just-in-sequence-Verfahren einführen zu können, sind folgende Voraussetzungen erforderlich:

- ständiger Bedarf des beschaffenden Unternehmens für das betreffende Material,
- langfristige Planung der Absatzmengen,
- wirksame Maßnahmen zur ständigen Qualitätskontrolle,
- ständige Lieferbereitschaft der beteiligten Lieferanten,
- genaue Abstimmung der Produktions- und Lieferpläne zwischen Lieferer, Spediteur und dem abnehmenden Industrieunternehmen,

1 **Just in time** (engl.): gerade rechtzeitig.

2 **Just in sequence** (engl.): genau in der Reihenfolge.

3 **Synchron**: gleichzeitig.

4 Vgl. Klaus, P.; Krieger, W.; Krupp, M. (Hrsg.): Gabler Lexikon Logistik: Management logistischer Netzwerke und Flüsse, 5. Auflage, Wiesbaden 2012, S. 253.

- Datenaustausch zwischen allen Beteiligten, z. B. über Electronic Data Interchange,
- langfristige Verträge zwischen allen Beteiligten,
- ein Transportsystem, das jederzeit den ununterbrochenen Materialzufluss gewährleistet.

(3) Vor- und Nachteile der lagerlosen Bereitstellungsverfahren

Vorteile

- Die **Lagerkosten und -risiken entfallen,** weil das benötigte Material sofort zum Ort der Weiterverarbeitung bzw. -verwendung gebracht wird.
- Es wird **weniger Kapital gebunden,** das dann für andere Unternehmensaufgaben bereitsteht.
- Das Unternehmen kann sich rasch auf einen **Wechsel des Kundenbedarfs** einstellen und seine **Lieferbereitschaft erhöhen.**
- Die Gefahr, Produkte **nicht absetzen** zu können, **sinkt.**
- Sie vermindern den Flächenverbrauch für Lagerkapazitäten.

Nachteile

- Verwundbarkeit des Unternehmens gegenüber Störungen im Nachschub, z. B. durch Streiks, Zugverspätungen, Staus **(Terminrisiko).**
- Umweltbelastung bei der Belieferung durch Lastkraftwagen, z. B. durch Versiegelung der Landschaft durch Straßenbau, Belastung der Luft durch Reifenabrieb und Abgase **(Umweltrisiko).** Die Kosten für die Beseitigung der Umweltbelastung trägt jedoch nicht der Besteller der Werkstoffe (Kostenverursacher), sondern die Allgemeinheit. Man spricht dann von **„Social Costs".**
- Gefahr, dass es zu Produktionsstörungen kommt, da schadhafte Teile nicht durch eine Lagerentnahme ausgewechselt werden können **(Qualitätsrisiko).**
- Bestell- und Transportkosten steigen wegen häufiger Bestellungen **(Kostenrisiko).**
- Bei zahlreichen Werkstoffen ist die fertigungssynchrone Beschaffung nicht oder wenigstens nicht in ihrer extremen Anwendung durchführbar, weil die Vorlieferer ihre Produktion nicht an dem schwankenden Bedarf der Abnehmer ausrichten können oder wollen. Sie streben aus **kosten- und beschäftigungspolitischen Gründen** selbst eine kontinuierliche Produktion an.

Die Bereitstellungsverfahren ohne Vorratshaltung erfordern eine zuverlässige Lieferkette, die nur durch eine enge Abstimmung zwischen Zulieferer und Hersteller des Endprodukts zu erreichen ist. Üblicherweise wird mit dem Lieferanten ein **Rahmenvertrag** geschlossen.

Ein solcher Vertrag liegt in der Regel für eine bestimmte Periode den Gesamtbedarf für eine Werkstoffart oder eine Werkstoffgruppe fest. Für die geplante Abnahmemenge werden die Preise, die Lieferungs- und die Zahlungsbedingungen festgelegt. Die Einzelbestellungen verweisen dann jeweils auf den Rahmenvertrag und beinhalten nur noch nähere Festlegungen in Bezug auf Artikel, Menge und Termin.

Eine langfristige Bindung an einen Lieferanten über einen Rahmenvertrag setzt voraus, dass die Nachfragemenge über diesen Zeitraum vorhersehbar und in etwa konstant ist. Der **Vorteil** von Rahmenvereinbarungen liegt insbesondere darin, dass die Kosten für wiederholte Verhandlungsführungen über Preise, Lieferungs- und Zahlungsbedingungen entfallen. Der verbleibende Restprozess ist dann so weit reduziert, dass er sich relativ leicht automatisieren lässt.

6.2.1.4 KANBAN-Konzept

Das KANBAN-Konzept[1] beruht auf der **Holpflicht (Pull-Prinzip)** und besagt, dass bei Entnahme eines Teils oder bei Unterschreitung der zuvor festgelegten Mindestmenge in einem Lager die entsprechende Differenzmenge von der **vorgelagerten Arbeitsstation** nachzuliefern ist. Hierdurch entstehen selbstgesteuerte KANBAN-Regelkreise, wobei die Vorstufe sicherstellen muss, dass das angeforderte Material in der vorgegebenen Zeit und in der vorgeschriebenen Menge beschafft bzw. hergestellt wird. Diese flexible Organisationsform soll vermeiden, dass unnötige Zwischenläger geführt werden.

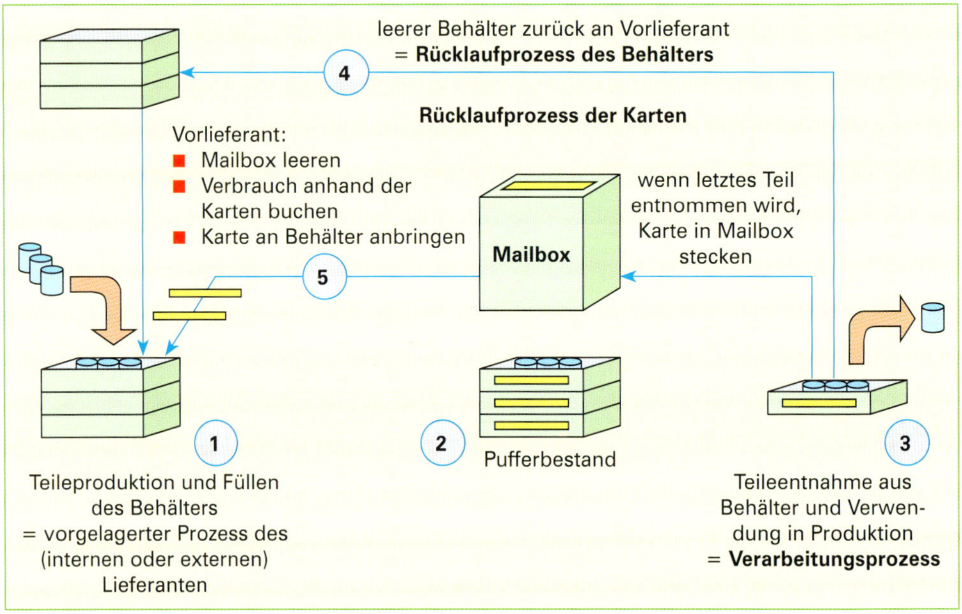

KANBAN ist ein sich selbst regulierender Beschaffungskreislauf, der sich sowohl für interne als auch für externe Lieferanten eignet. Der **Vorteil** liegt darin, dass es ein einfaches, leicht zu durchschauendes Prinzip ist. Die Arbeitskräfte verstehen sehr schnell den Zusammenhang: Werden Karten nicht in die Mailbox gesteckt, fehlt das Material. Aufwendige und intransparente[2] Software-Lösungen sind nicht erforderlich. Im Grunde genügt eine Kiste mit einem Zettel. Erweiterungen um elektronische Medien wie Intranet oder Internet dienen der Beschleunigung des Informationsflusses und zur Überbrückung größerer Entfernungen zum Lieferanten. Das KANBAN-System bleibt im Grunde unverändert – im vorgelagerten Prozess wird nicht mehr produziert als im Verarbeitungsprozess benötigt wird. Die Bestellung erfolgt mithilfe der **KANBAN-Karte.**

Zwischen der angeforderten Stelle und der vorgelagerten Arbeitsstation besteht eine Art Kunden-Lieferanten-Beziehung. Beim KANBAN-Konzept steuert somit die letzte Stufe der Fertigung den Beschaffungsvorgang. In der Praxis hat es sich gezeigt, dass eine solche rein **dezentrale Beschaffungssteuerung** (Produktionsprozesssteuerung) nur bei bis zu maximal acht Arbeitsgängen möglich ist. Bei einer größeren Anzahl von Arbeitsvorgängen muss das KANBAN-Konzept durch eine zentrale Steuerung ergänzt werden.

1 **Kanban** bedeutet Karte. Das Kanban-Konzept stammt ursprünglich aus Japan.

2 **Intransparent:** nicht durchschaubar, nicht verstehbar.

Kompetenztraining

4 ABC-Analyse

1. Charakterisieren Sie A- und C-Materialien und erklären Sie jeweils ihre Bedeutung für die Beschaffung!

2. Die Auswertung der Bestellungen eines Industriebetriebs zur Ermittlung der Bestellgrößenstruktur im Geschäftsjahr 20 . . ergab folgende Kennzahlen:

Anteile der Bestellgruppen an der Gesamtzahl der Bestellungen in % (kumuliert)	Anteile der Bestellgruppen an der Gesamtzahl der Bestellungen in %	Anzahl der Bestellungen	Bestellwerte (Auftragswerte) je Bestellung in EUR (Bestellgruppen)	Bestellwerte (Auftragswerte) je Bestellgruppe in EUR	Anteile der Bestellgruppen am Gesamtbestellwert in %	Anteil der Bestellgruppen am Gesamtbestellwert in % (kumuliert)	ABC-Kennzeichnung
62,3 %	27,9	1 240	1 – 50	37 200,00	0,36	2,83 %	C
	20,0	890	51 – 100	60 310,00	0,59		
	14,4	640	101 – 500	192 000,00	1,88		
30,1 %	16,0	712	501 – 1 000	462 820,00	4,52	16,89 %	B
	9,5	420	1 001 – 2 000	632 400,00	6,18		
	4,6	204	2 001 – 5 000	634 200,00	6,19		
7,6 %	2,3	103	5 001 – 10 000	824 000,00	8,05	80,28 %	A
	1,9	84	10 001 – 20 000	1 344 000,00	13,12		
	1,4	61	20 001 – 50 000	2 190 000,00	21,38		
	2,0	87	über 50 000	3 864 200,00	37,73		
100,0 %	100,00	4 441		10 241 130,00	100,00	100,00 %	

Aufgaben:

2.1 Vereinfachen Sie die Tabelle, indem Sie für folgende Bestellgruppen deren Anteile an der Gesamtzahl der Bestellungen und am Gesamtbestellwert (Gesamtauftragswert) vergleichend gegenüberstellen:

2.1.1 Bestellgruppe A mit Auftragswerten von 5 001,00 EUR bis über 50 000,00 EUR je Bestellung,

2.1.2 Bestellgruppe B mit Auftragswerten von 501,00 EUR bis 5 000,00 EUR je Bestellung und

2.1.3 Bestellgruppe C mit Auftragswerten von 1,00 EUR bis 500,00 EUR je Bestellung!

2.2 Veranschaulichen Sie die ABC-Analyse der Bestellungen, indem Sie die Anteile der Bestellgruppen A, B und C an der Gesamtzahl der Bestellungen und am Gesamtbestellwert (Gesamtauftragswert) jeweils in einem Säulendiagramm vergleichend gegenüberstellen!

2.3 Beurteilen Sie die Strukturanalyse der Bestellungen und begründen Sie, inwieweit die hierdurch gewonnenen Informationen zur Aktivierung der in der Beschaffungswirtschaft liegenden Gewinnreserven beitragen können![1]

1 **Lösungshilfe:** Lange Bearbeitungszeiten der Bestellungen im Einkauf und die anfallenden Bestellkosten, z. B. durch Angebotseinholungen, Angebotsvergleiche, Einkaufsverhandlungen, Formular- und Portokosten, können die Materialkosten beträchtlich erhöhen, vor allem bei vielen Kleinbestellungen.

5 Schlussfolgerungen aus einer ABC/XYZ-Analyse[1]

Die ABC/XYZ-Analyse eines Bekleidungsherstellers hat folgende Ergebnisse hervorgebracht:

	Verbrauch in m	Preis in EUR/m	Gesamtwert in EUR	Wertanteil	Wertanteil kumuliert	ABC-Klasse	XYZ-Klasse
Jeansstoff	4200	7,00	29400,00	31 %	31 %	A	X
Dekostoff	2000	9,70	19400,00	20 %	51 %	A	Y
Mischgewebe	2700	7,20	19440,00	20 %	71 %	B	Z
Baumwolljersey	2850	5,00	14250,00	15 %	87 %	C	X
Futterstoff	6400	2,00	12800,00	13 %	100 %	C	Y
Summe			95290,00				

Aufgaben:

Vorlage

1. Ordnen Sie die zu beschaffenden Stoffe in einer ABC/XYZ-9-Felder-Matrix ein!
2. Formulieren Sie Handlungsempfehlungen für die Beschaffung der verschiedenen Stoffe!

6 Lagerlose Beschaffungsverfahren

1. Stellen Sie in einer Tabelle die Vor- und Nachteile der Vorratshaltung und der lagerlosen Verfahren einander gegenüber!
2. Beschreiben Sie den Unterschied zwischen dem Just-in-time-Verfahren und dem Just-in-sequence-Verfahren!
3. Erläutern Sie Vor- und Nachteile der Just-in-time-Beschaffung für Abnehmer und Zulieferer!
4. Stellen Sie dar, welche „Social Costs" durch die Verwirklichung des Just-in-time-Verfahrens entstehen können! (Social Costs sind Kosten, die nicht der Verursacher trägt, sondern die Allgemeinheit.)
5. 5.1 Nennen Sie zwei Güter, die besonders für den Einsatz des Just-in-sequence-Verfahrens geeignet sind!

   5.2 Nennen Sie die jeweils größte Gefahr der Just-in-sequence-Beschaffung für den Zulieferer und den Abnehmer!
6. Die Auto AG hat sich dazu entschlossen, mit dem Zulieferer der Bremsanlage eine Just-in-time-Lieferung zu vereinbaren.

   Aufgaben:

   6.1 Erläutern Sie, warum es sinnvoll ist, für die Abwicklung der Bestellungen einen Rahmenvertrag abzuschließen!

   6.2 Nennen Sie vier Voraussetzungen, die die Auto AG von dem Zulieferer erwartet!

   6.3 Im Rahmen der Just-in-time-Lieferung können Umstände eintreten, die den Materialfluss empfindlich stören können. Zeigen Sie an zwei Beispielen solche Störmöglichkeiten auf!

1 Vgl. https://www.weclapp.com/de/lexikon/xyz-analyse/ [Zugriff am 17.05.2021].

6.2.2 Verfahren zur Materialbereitstellung unterscheiden, Berechnungen durchführen sowie die Ergebnisse grafisch darstellen und erklären

BPE 6 **Handlungssituation 3: Ein Materialbereitstellungsverfahren auswählen**

Emmy Reisacher, die Inhaberin des Kosmetikinstituts „Beauty Moments", hat einen zuverlässigen Lieferer für zertifizierte Bio-Kosmetik gefunden, der Mengenrabatte gewährt.

Werden die Bio-Kosmetik-Produkte kühl und trocken gelagert, sind sie laut Hersteller ungeöffnet 6 Monate haltbar.

Emmy Reisachers Lagerraum ist relativ klein und reicht gerade aus, um Kosmetikprodukte für einen Monat unterzubringen.

Kompetenzorientierte Arbeitsaufträge:

1. Erklären Sie Emmy Reisacher den Zusammenhang zwischen Bestellmenge und Lagerkosten, indem Sie die Auswirkung der zwei folgenden Varianten beschreiben:

   Variante 1: Emmy Reisacher bestellt zu Jahresbeginn die voraussichtliche Jahresmenge.

   Variante 2: Emmy Reisacher bestellt alle zwei Tage den voraussichtlichen Bedarf für zwei Tage.

2. Beraten Sie Emmy Reisacher bei ihrer Überlegung, im Industriepark einen zusätzlichen Lagerraum bei Stefanie Osann e. Kfr. zu mieten. Fertigen Sie ein Diskussionspapier mit Gründen für und gegen die Anmietung eines zusätzlichen Lagerraums an.

3. Emmy Reisachers Kosmetikinstitut hat inzwischen wegen der qualitativ hochwertigen Produkte, die sie benutzt, einen sehr guten Ruf und ihr Kundenstamm hat sich entsprechend vergrößert.

   Aus diesem Grund ist es ihr zeitlich nicht mehr möglich, jeden Abend ihr Lager zu kontrollieren und bei Bedarf die fehlenden Produkte nachzubestellen.

   Halten Sie schriftlich fest, welches Bestellverfahren für Emmy Reisacher geeignet ist, wenn sie Kunden mit sehr unterschiedlichen Produktvorlieben hat und folglich der Tagesverbrauch eines Produkts nur sehr ungenau bestimmt werden kann!

6.2.2.1 Grundlegendes

Die Bestellzeitpunkte für die Werkstoffe müssen unter Berücksichtigung der Wiederbeschaffungszeit so bestimmt werden, dass einerseits die **Kundenwunschtermine nicht gefährdet sind,** andererseits aber auch keine **unnötigen Lagerzeiten** in Kauf genommen werden müssen.

6.2.2.2 Bestellpunktverfahren

Beim **Bestellpunktverfahren** wird mit jeder Entnahme geprüft, ob damit der **Meldebestand unterschritten** wurde. Ist dies der Fall, wird eine Nachbestellung ausgelöst.

Im Folgenden wird von einer schwankenden Lagerabgangsrate zwischen zwei Auffüllzyklen ausgegangen. Es wird mit variabler Auffüllmenge immer bis zum Höchstbestand aufgefüllt.

Beispiel:

Der Tagesbedarf schwankt, beträgt aber nicht mehr als 4 Elektromotoren. Der Mindestbestand wurde so dimensioniert, dass er für mindestens 2 Tage reicht, also 8 Stück. Die Wiederbeschaffungszeit beträgt 4 Tage. Bei einem maximalen Tagesbedarf von 4 Stück ermittelt sich der Meldebestand wie folgt:

Meldebestand = Mindestbestand + Tagesverbrauch · 4 Tage
= 8 Stück + 4 Stück · 4 Tage
= 8 Stück + 16 Stück
= 24 Stück

Die Auffüllmenge ist variabel, da aus Gründen der Vorsicht immer bis zum Höchstbestand aufgefüllt wird! Der Höchstbestand ist durch die Größe des Lagers begrenzt und beträgt 40 Stück.

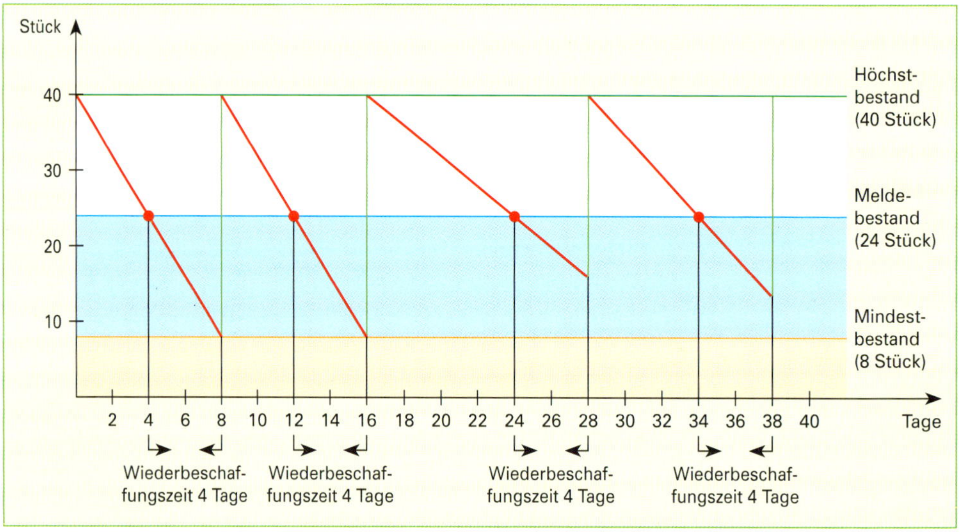

Erläuterungen:

- **Mindestbestand (Sicherheitsbestand):** Er dient zur Abdeckung von Bestands-, Bedarfs- und Bestellunsicherheiten. Er steht nur für unvorhergesehene Ereignisse zur Verfügung und darf daher nicht zur laufenden Disposition[1] verwendet werden. Im Beispiel beträgt der festgelegte Mindestbestand 8 Stück.
- **Meldebestand:** Erreicht der Lagerbestand diese Bestandshöhe, ist eine neue Bestellung auszulösen. Im Beispiel beträgt der Meldebestand 24 Stück.

1 **Disposition**: freie Verwendung.

- **Höchstbestand:** Er gibt an, welcher Bestand maximal eingelagert wird. Der Höchstbestand wird immer nach Eintreffen der bestellten Materialien erreicht. Im Beispiel beträgt der festgelegte Höchstbestand 40 Stück.
- **Wiederbeschaffungszeit:** Summe der Zeitbedarfe für eigene Überlegungszeit (z. B. Liefererauswahl), Durchführung der Bestellung, Transportzeit, Lieferzeit, Zeit für Materialeingangskontrolle und Einlagerung.
- **Bestellzeitpunkt:** Zeitpunkt, zu welchem bestellt werden muss, um die Versorgung während der Lieferzeit sicherzustellen. Er ergibt sich mit dem Erreichen des Meldebestandes.
- **Auffüllmenge:** Es handelt sich um die Menge, die bestellt werden muss, um das Lager bis zum Höchstbestand aufzufüllen. Da die Lagerabgangsrate schwankt, ist die erforderliche Auffüllmenge variabel.

Das Bestellpunktverfahren ist auf Sicherheit ausgelegt, d. h., der **Servicegrad** des Lagers soll möglichst hoch sein.

$$\text{Servicegrad} = \frac{\text{Anzahl der bedienten Lageranforderungen} \cdot 100}{\text{Gesamtzahl der Lageranforderungen}}$$

Eine Verringerung der mit dem Sicherheitsdenken verbundenen hohen Lagerhaltungskosten ist nur durch eine Senkung des Servicegrads zu erreichen. Das ist allerdings nur möglich, wenn der Produktionsablauf entsprechend flexibel gestaltet wird.

6.2.2.3 Bestellrhythmusverfahren

Beim **Bestellrhythmusverfahren** erfolgt die Nachbestellung in **bestimmten Zeitabständen.**

Aus Vereinfachungsgründen gehen wir davon aus, dass aufgrund eines **Rahmenvertrags** zwischen Hersteller und Zulieferer die vereinbarten Lieferungen in einem **gleichen Zeitabstand** (Rhythmus) und mit einer **konstanten Liefermenge** erfolgen.

Beispiel:

Eine Möbelfabrik vereinbart mit ihrem Zulieferer, dass in Abständen von jeweils 30 Tagen 200 m^2 Weisseichenfurnier geliefert werden.

In der Praxis entfällt bei einem solchen Rahmenvertrag eine ständige Bestellwiederholung.

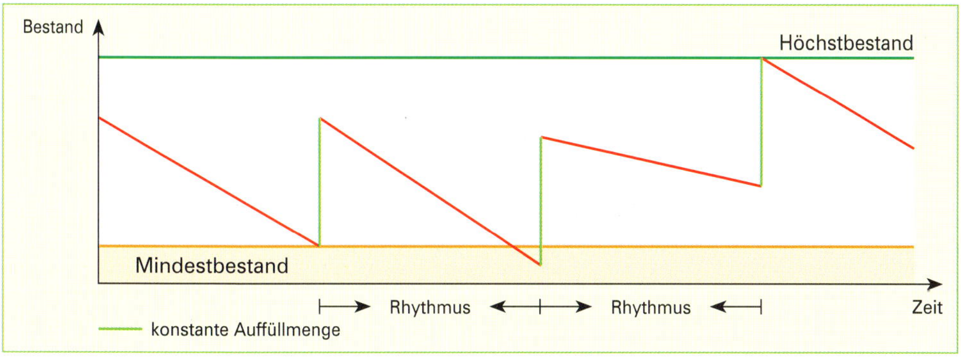

6.2.2.4 Bereitstellungsarten hinsichtlich situativer Eignung, Liefersicherheit und ökologischer Konsequenzen beurteilen

	Bestellpunktverfahren	Bestellrhythmusverfahren
Situative Eignung	Das Verfahren ist für Güter geeignet, bei denen ein **hoher Servicegrad** verlangt wird oder deren Lagerabgangsraten schwanken.	Das Verfahren ist nur sinnvoll, wenn die **Lagerabgangsraten relativ konstant** sind.
Liefersicherheit	**Sehr sicher,** da nach jeder Entnahme geprüft wird, ob der Meldebestand erreicht ist.	Bei unregelmäßigem Bedarf besteht hier die **Gefahr der Unterdeckung.**
Ökologische Konsequenzen	Das Unternehmen sollte das **Verfahren wählen,** welches insgesamt **weniger Bestellprozesse** und damit verbundene Lieferungen auslöst. Durch weniger Transporte können Emissionen und Verpackungsmüll reduziert werden.	

6.2.3 Optimale Bestellmenge bestimmen

BPE 6 Handlungssituation 4: Optimale Bestellmenge ermitteln

Die Sport-Burr AG bezieht für ihre Nordic-Walking-Stöcke die passenden Handschuhe von den Textilwerken Maiberger KG. Die Sport-Burr AG benötigt jährlich 2500 Paar Handschuhe.

Kompetenzorientierte Arbeitsaufträge:

Vorlage

1. Überlegen Sie, ob die Sport-Burr AG die Handschuhe in einem Beschaffungsvorgang bestellen oder mehrere kleinere Bestellungen vornehmen soll! Diskutieren Sie, welche Vorteile und Nachteile für die jeweilige Vorgehensweise sprechen!

Vorlage

2. Die Lagerhaltungskosten pro Paar betragen 0,50 EUR, die fixen Bestellkosten 50,00 EUR je Bestellung, unabhängig davon, welche Menge bestellt wird.

   Berechnen Sie die Bestellmenge, bei der die Beschaffungskosten (fixe Bestellkosten und Lagerhaltungskosten) am niedrigsten sind (optimale Bestellmenge)!

6.2.3.1 Begriff optimale Bestellmenge

Das Hauptproblem der Mengenplanung im Beschaffungsbereich liegt in der Festlegung der **kostengünstigsten (optimalen) Bestellmenge.** Um sie zu ermitteln, muss zwischen den **Lagerhaltungskosten** und den **fixen Bestellkosten** ein Ausgleich gefunden werden.

Die **optimale Bestellmenge** ist die Beschaffungsmenge, bei der die **Gesamtkosten** (Summe aus fixen Bestellkosten und Lagerhaltungskosten) **am niedrigsten** sind.

6.2.3.2 Fixe Bestellkosten

Sie fallen bei jeder Bestellung an, gleichgültig wie groß die Menge bzw. wie hoch der Wert der bestellten Werkstoffe ist.

Beispiele:

Kosten der Bearbeitung der Bedarfsmeldung, der Angebotseinholung, der Wareneingangsprüfung und der Rechnungsprüfung.

6.2.3.3 Lagerhaltungskosten

Hierunter fallen alle Kosten, die unmittelbar mit der Lagerung von Waren oder Roh- und Hilfsstoffen in Verbindung gebracht werden können.

Beispiele:

Kosten des Lagerrisikos (Verderb, Überalterung, Beschädigung, ...), Personalkosten, Zinsen für das gebundene Kapital.

6.2.3.4 Ermittlung der optimalen Bestellmenge

Beispiel:

Die fixen Bestellkosten je Bestellung betragen 50,00 EUR. Der Einstandspreis je Stück beläuft sich auf 30,00 EUR und der Lagerhaltungskostensatz[1] auf 25 %. Der Jahresbedarf beträgt 3600 Stück.

Außer Betracht bleibt, dass mit zunehmender Bestellgröße Mengenrabatte in Anspruch genommen werden können. Außerdem wird nicht berücksichtigt, dass bei größeren Bestellungen häufig Verpackungs- und Transportkosten eingespart werden können.

Aufgaben:

1. Ermitteln Sie rechnerisch die optimale Bestellmenge, indem Sie die Gesamtkosten für eine Bestellmenge von 50 bis 500 Stück jeweils in 50er-Schritten berechnen!
2. Stellen Sie die optimale Bestellmenge grafisch dar!

Excel

Lösungen:

Zu 1.: Berechnung der optimalen Bestellmenge

Bestellmenge in Stück	Anzahl der Bestellungen	Bestellkosten in EUR	Durchschn. Lagerbestand in Stück	Durchschn. Lagerbestand in EUR	Lagerhaltungskosten in EUR	Gesamtkosten in EUR
50	72	3600,00	25	750,00	187,50	3787,50
100	36	1800,00	50	1500,00	375,00	2175,00
150	24	1200,00	75	2250,00	562,50	1762,50
200	18	900,00	100	3000,00	750,00	1650,00
250	14,4	720,00	125	3750,00	937,50	1657,50
300	12	600,00	150	4500,00	1125,00	1725,00
350	10,29	514,29	175	5250,00	1312,50	1826,79
400	9	450,00	200	6000,00	1500,00	1950,00
450	8	400,00	225	6750,00	1687,50	2087,50
500	7,2	360,00	250	7500,00	1875,00	2235,00

1 Der **Lagerhaltungskostensatz** gibt an, wie groß die Lagerkosten gemessen am durchschnittlichen Lagerbestand sind, ausgedrückt in Prozent.

Erläuterung:

Werden z.B. 50 Stück bestellt, muss der Bestellvorgang 72-mal wiederholt werden, um den Jahresbedarf von 3600 Stück zu beschaffen. Die fixen Bestellkosten betragen dann 3600,00 EUR und die Lagerhaltungskosten 187,50 EUR. Mit zunehmender Bestellmenge verringert sich die Anzahl der Bestellungen und damit sinken auch die fixen Bestellkosten, während im Gegenzug die Lagerhaltungskosten steigen. Da der Betrieb **beide Kostenarten** berücksichtigen muss, ist das Optimum erreicht, wenn die **Summe beider Kosten das Minimum** erreicht hat. Dieses Minimum liegt bei den vorgegebenen Mengenintervallen bei 200 Stück und 18 Bestellungen. Eine exakte Berechnung (mithilfe der Andler-Formel)[1] ermittelt eine optimale Bestellmenge von 219 Stück bei Gesamtkosten von 1643,17 EUR.

Zu 2.: Grafische Darstellung der optimalen Bestellmenge

Trägt man an der x-Achse die jeweilige Bestellmenge und an der y-Achse die Kosten ab, erhält man folgendes Bild:

Excel

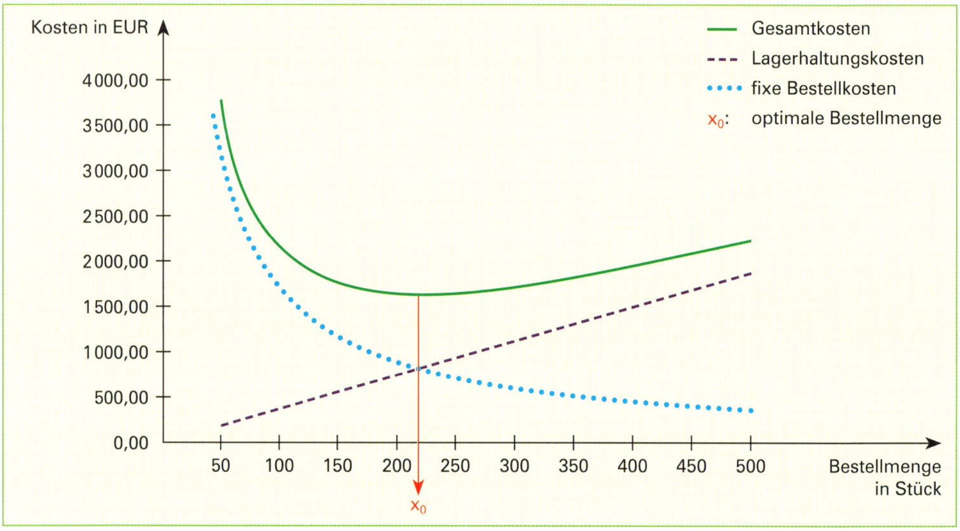

Bei der **optimalen Bestellmenge gleichen** sich die **sinkenden fixen Bestellkosten** und die **steigenden Lagerhaltungskosten aus.**

Werden bei steigender Bestellgröße Liefererrabatte gewährt und/oder Transport- und Verpackungskosten gespart, vergrößert sich die optimale Bestellmenge. An der grundsätzlichen Aussage des Modells ändert sich nichts.

Die Anwendung dieser Modellrechnung in der Praxis ist ungleich komplizierter, weil zahlreiche Bedingungen berücksichtigt werden müssen, die hier vernachlässigt wurden (z.B. unterschiedliche Zahlungs- und Lieferungsbedingungen bei verschiedenen Lieferern). Außerdem ist die Ermittlung der optimalen Bestellmenge teuer, zumal sich verändernde Daten (z.B. Veränderungen der durchschnittlichen täglichen Materialentnahme) zu Neuberechnungen führen müssen.

1 Siehe S. 53.

Die Ermittlung der optimalen Bestellmenge wird sich daher nur bei solchen Gütern lohnen, die einen **hohen wertmäßigen Jahresverbrauch** haben **(A-Güter).**[1] Voraussetzung zur Berechnung und Verwirklichung der optimalen Bestellmenge ist außerdem, dass der Lieferer die „optimale" Menge auch tatsächlich liefern kann, was nicht immer der Fall sein muss. Außerdem müssen die Lagergröße und die finanziellen Mittel ausreichen, die optimale Bestellmenge zu beschaffen.

Kompetenztraining

7 Bestellpunkt- und Bestellrhythmusverfahren

Eine Artikeldatei liefert folgende Zahlen:

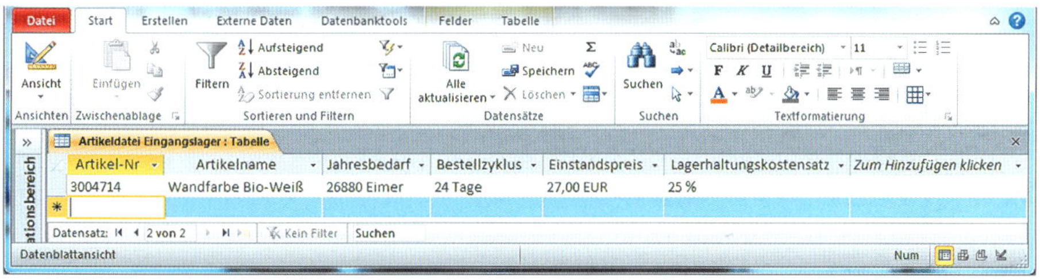

Artikel-Nr	Artikelname	Jahresbedarf	Bestellzyklus	Einstandspreis	Lagerhaltungskostensatz	Zum Hinzufügen klicken
3004714	Wandfarbe Bio-Weiß	26880 Eimer	24 Tage	27,00 EUR	25 %	

Die fixen Bestellkosten je Bestelleinheit belaufen sich auf 80,00 EUR. Die Geschäftsleitung möchte den Bestellzyklus auf 30 Tage erhöhen.

Aufgaben:

1. Prüfen Sie, ob diese Erhöhung zu einer Kostenersparnis führt!
2. Als typische Bestellstrategien kommen das Bestellpunkt- und das Bestellrhythmusverfahren infrage. Entscheiden Sie, welches der beiden Verfahren zu bevorzugen ist,
   2.1 bei unregelmäßigem Bedarf,
   2.2 wenn hohe Lieferbereitschaft sichergestellt werden soll,
   2.3 bei gleichmäßigem Bedarf,
   2.4 bei sehr teuren Produkten, von denen möglichst wenig auf Lager sein sollte!

1 Siehe S. 33f.

8 Bestellrhythmus- und Bestellpunktverfahren

1. Beschreiben Sie anhand der nachfolgenden Grafik, welche Problematik mit dem Bestellrhythmusverfahren einhergehen kann!

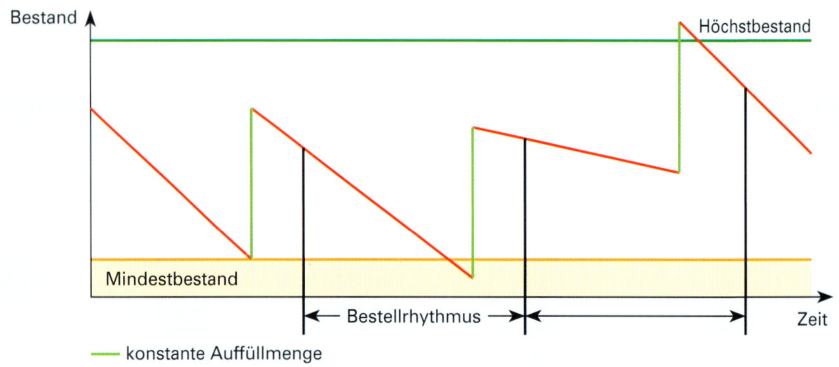

2. Die Ulmer Büromöbel AG verbraucht täglich 100 Stahlrahmen für die Herstellung von Schreibtischen.

   Die Wiederbeschaffungszeit der Stahlrahmen beträgt 5 Tage, der Mindestbestand 600 Stück. Der Höchstbestand, der auf Lager genommen werden kann, beträgt 2000 Stück.

   Aufgaben:

   2.1 Berechnen Sie den Meldebestand!

   2.2 Fertigen Sie eine Grafik über einen Zeitraum von 30 Tagen an!

3. Der Bedarf für das Fremdteil B 312 beträgt 30 Stück je Kalendertag, die Wiederbeschaffungszeit 8 Tage und der Mindestbestand 80 Stück. Die konstante Bestellmenge beträgt 480 Stück. Am Abend des 4. März beträgt der Lagerbestand 440 Stück.

   Aufgaben:

   3.1 Planen Sie die Bestellzeitpunkte (Daten angeben) für den Monat März!

   3.2 Zeichnen Sie die Bestandsentwicklung in ein Diagramm ein (vgl. S. 46)!

9 Optimale Bestellmenge

Das Hauptproblem der Mengenplanung ist die Ermittlung der optimalen Bestellmenge.

Aufgaben:

1. Erläutern Sie, was unter der optimalen Bestellmenge zu verstehen ist!

Vorlage Excel

2. Berechnen Sie mithilfe einer Tabelle (siehe S. 49) die optimale Bestellmenge aufgrund des Zahlenbeispiels von S. 49, wenn

   2.1 die fixen Bestellkosten sich auf 100,00 EUR verdoppeln und die übrigen Bedingungen gleich bleiben!

   2.2 der Lagerhaltungskostensatz auf 45 % steigt und die übrigen Bedingungen gleich bleiben!

3. Zeichnen Sie die entsprechenden Kostenkurven zu den Aufgaben 2.1 und 2.2!

4. Mithilfe der Andler-Formel lässt sich der exakte Wert für die optimale Bestellmenge bestimmen. Die Andler-Formel lautet:

$$Q_{opt} = \sqrt{\frac{200 \cdot F \cdot M}{P \cdot L}}$$

Q_{opt}: Optimale Bestellmenge
F: Fixe Bestellkosten
M: Jahresbedarf
P: Einstandspreis je Stück
L: Lagerhaltungskostensatz in Prozent

Überprüfen Sie die Richtigkeit Ihrer Ergebnisse von 2.1 und 2.2!

5. Fassen Sie Ihre Erkenntnisse aus den Aufgaben 2. und 3. in Form von Regeln zusammen!

6. Nennen Sie je drei Beispiele für fixe Bestellkosten und Lagerhaltungskosten!

7. Geben Sie Argumente an, welche die exakte Ermittlung der optimalen Bestellmenge in der Praxis erschweren!

10 Bestellpunktverfahren und optimale Bestellmenge

1. Die SHG GmbH in Freiburg produziert und vertreibt verschiedene hochwertige Fahrradmodelle. Im vergangenen Jahr wurde das Produktprogramm um Fahrräder mit Elektroantrieb der Marke „Boss" erweitert.

   Bei der Abteilungsleiterin in der Beschaffung, Frau Detzel, gehen immer wieder Beschwerden aus der Produktion ein: Einzelne Bauteile für das E-Bike „Boss" sind im Lager nicht ausreichend vorhanden. Durch die fehlenden Bauteile kann die Produktion der Fahrräder nicht wie geplant erfolgen.

   Aufgaben:

   1.1 Nennen Sie drei mögliche Ursachen für diese Engpässe bei den Bauteilen!

   1.2 Die Bestellungen für die Bauteile Elektromotoren werden nach dem Bestellpunktverfahren ermittelt. In der Produktion werden täglich 240 Stück verbraucht, es soll ein Sicherheitsbestand von 5 Tagen gehalten werden. Die Wiederbeschaffungszeit beträgt 4 Tage.

   Berechnen Sie den Meldebestand für die Elektromotoren!

   1.3 Nennen Sie zwei konkrete Vorschläge, wie in Zukunft diese Engpässe in der Produktion vermieden werden können!

2. Die Herbert Fels GmbH in Reutlingen vertreibt über ein bundesweites Filialnetz Drogerieartikel. In Reutlingen steht auch das Zentrallager, in dem die bestellten Produkte gelagert werden, bevor die Auslieferung an die Filialen erfolgt. Sie sind Mitarbeiter der Herbert Fels GmbH.

   Bei der Anlieferung des Waschmittels „Turboclean" stellt der Mitarbeiter im Wareneingang fest, dass eigentlich noch ausreichend Waschmittel auf dem dafür vorgesehenen festen Lagerplatz vorhanden gewesen wäre. Aufgrund dieses Fehlers beschließt der Einkauf, in Zusammenarbeit mit dem Vertrieb die Materialbeschaffung zu überprüfen und den Meldebestand und die Bestellmenge neu festzulegen. Der Einkauf geht dabei von folgenden weiteren Angaben aus:

Jahresbedarf:	60 000 Einheiten
Lagerhaltungskosten:	0,03 EUR pro Einheit
fixe Bestellkosten:	200,00 EUR pro Bestellung
Mindestbestand:	500 Einheiten
Wiederbeschaffungszeit bei der Unilever GmbH:	7 Tage
Arbeitstage im Jahr:	200 Tage

Vorlage

Excel

Aufgaben:

2.1 Ermitteln Sie die optimale Bestellmenge anhand der nachfolgenden Tabellenvorlage!

Bestell-menge	Bestell-häufigkeit pro Jahr	Durchschnitt-licher Lager-bestand	Lager-kosten	Fixe Bestell-kosten	Summe aus Lager- und Bestellkosten
10 000					
20 000					
30 000					
40 000					
50 000					
60 000					

2.2 Erläutern Sie die Entwicklung der fixen Bestellkosten und Lagerkosten in Abhängigkeit von der Bestellmenge und beschreiben Sie den Zielkonflikt, der sich aus dieser Entwicklung ergibt!

2.3 Künftig soll bei Erreichung des Meldebestands eine Bestellung ausgelöst werden. Ermitteln Sie den Meldebestand!

2.4 Ermitteln Sie im Rahmen dieses Verfahrens den Höchstbestand!

11 Zusammenfassung

Fassen Sie die Erkenntnisse aus dem Kapitel 6.2 zu den Berechnungen im Zusammenhang mit der Beschaffung zusammen!

6.3 Funktionen der Lagerhaltung darstellen, Lagersysteme vergleichen und die Wirtschaftlichkeit mithilfe von Lagerkennzahlen beurteilen

BPE 6 Handlungssituation 5: Lagerhaltung optimieren

Die Ulmer Büromöbel AG hat ihre Absatzbemühungen bisher auf die Bundesländer Baden-Württemberg und Bayern konzentriert. Im Rahmen einer Abteilungsleitersitzung diskutieren Herr Sutter (Leiter der Produktion), Frau Sigg (Leiterin des Verkaufs) und Herr Thanner (Leiter der Finanzabteilung) darüber, ob die unzureichende Auslastung der Produktion nicht dadurch verbessert werden könnte, dass das Lager vergrößert wird.

Herr Sutter: *„Gerade vor drei Jahren haben wir in eine Montagelinie investiert, die jetzt nur zu 60 % ausgelastet ist. Die hohen Fixkosten auf der einen Seite und die asiatischen Billiganbieter auf der anderen Seite – da bleibt nicht mehr viel an Gewinn übrig. Wir brauchen dringend die Kostendegression,[1] die mit größeren Produktionszahlen verbunden ist. Ich denke, wir sollten, nein, wir müssen uns etwas einfallen lassen."*

Frau Sigg: *„Daran habe ich auch schon gedacht – aus ganz anderen Gründen. Ich erhalte immer wieder Anfragen von Möbelhäusern, Büroausstattern oder Innenarchitekten. Aber: Die Auslieferung soll in der Regel möglichst schnell gehen, weil die ja ihrerseits ihre Lagerbestände niedrig halten wollen."*

Herr Sutter: *„Na also, das klingt ja ganz gut und käme mir sehr entgegen. Dann könnten wir endlich größere Serien auflegen, unsere Montagelinie auslasten und die Umrüstkosten[2] verringern. Das Lager müsste halt groß genug sein für unser gesamtes Sortiment."*

Herr Thanner: *„Da wäre ich mir nicht so sicher! So ein großes Lager – weit weg von uns –, das ist mit erheblichen Risiken verbunden. Bauen wir zu klein, dann platzt es aus allen Nähten, bauen wir zu groß, dann geht es ähnlich wie mit der Montagelinie. Der Raum wird nicht optimal genutzt und verlockt zu großen Lagerbeständen, nach dem Motto: ‚Es sind ja Plätze frei!'. Das ist genauso schlecht wie zu kleine Bestände. Ich denke, wir sollten überlegt an die Sache rangehen, weil sich mit dem Aufbau eines solchen Lagers unterschiedliche Erwartungen verbinden."*

Kompetenzorientierte Arbeitsaufträge:

1. Geben Sie wieder, welche Lagerfunktionen von Frau Sigg und Herrn Sutter angesprochen werden!
2. Erläutern Sie, welche Argumente für umfangreiche Lagerbestände und welche für geringe Lagerbestände sprechen!
3. Erklären Sie die Unterschiede zwischen Freiplatz- und Festplatzsystem der Lagerhaltung!
4. Herr Thanner spricht von unterschiedlichen Erwartungen, die sich mit dem Aufbau einer Lagerlogistik verbinden.

   Nennen Sie Erwartungen, die an ein solches Lagersystem gestellt werden!
5. Stellen Sie die Risiken dar, die mit einer fehlerhaften Lagerplanung verbunden sind!

1 **Degression:** hier Verminderung der Stückkosten mit steigender Auflage (Stückzahl). Vgl. hierzu auch Kapitel 7.1.2.2, S. 70.

2 **Rüstkosten:** Sie entstehen durch das Einrichten der Maschinen und Werkzeuge auf die Herstellung einer anderen Produktart.

6.3.1 Funktionen der Lagerhaltung im Überblick darstellen

Unter einem **Lager** versteht man einen Raum oder eine Fläche zum Aufbewahren von Sachgütern. Die Sachgüter werden mengen- und/oder wertmäßig erfasst.

Die Sachgüter werden im Wesentlichen aus vier Gründen gelagert:

Funktionen des Lagers[1]	Erläuterungen
Sicherungsfunktion	Die einzelnen Verbrauchsstellen eines Industriebetriebs müssen jederzeit über die notwendigen Werkstoffe verfügen, wenn die Produktion störungsfrei ablaufen soll. Aus diesem Grund wird in den Industriebetrieben meistens ein Sicherheitsbestand (eiserner Bestand) gehalten.
Zeitüberbrückungsfunktion/ Mengenausgleichsfunktion	■ Witterungseinflüsse (z. B. verspätete Ernten), Lieferausfälle, Transportschwierigkeiten, politische Entscheidungen (z. B. Ausfuhrstopps) können die Produktion zum Erliegen bringen. Ein Roh-, Hilfs- und Betriebsstofflager sichert die Funktionsfähigkeit des Betriebs. ■ Ein plötzlicher Nachfrageanstieg kann die Lieferbereitschaft beeinträchtigen. Das Lager an Fertigerzeugnissen gleicht die Marktschwankungen aus. Bei steigender Nachfrage werden die Lager abgebaut, bei sinkender Nachfrage aufgestockt.
Umformungsfunktion	Bei bestimmten Gütern hat die Lagerhaltung auch die Aufgabe, die Eigenschaften der Güter an die Anforderungen der Produktion und/ oder des Absatzes anzupassen. Hierzu gehört z. B. das Austrocknen von Holz, das Aushärten von Autoreifen oder das Reifen alkoholischer Getränke (z. B. Bier, Wein).
Spekulationsfunktion	Durch Großeinkäufe (z. B. durch das Ausnutzen von Mengenrabatten, Transportkostenvergünstigungen und Verbilligungen bei den Verpackungskosten) sowie durch Gelegenheitskäufe werden die Betriebe in die Lage versetzt, die Preise auch bei steigender Nachfrage stabil zu halten.

6.3.2 Festplatz- und Freiplatzsystem vergleichen

Für die Lagerbewirtschaftung gibt es zwei grundsätzlich verschiedene Lagerordnungssysteme.

6.3.2.1 Festplatzsystem

Die systematische Lagerplatzordnung bedeutet, dass bestimmten Lagergütern **festgelegte Lagerplätze** zugewiesen werden (Gleiches zu Gleichem). Für größere Lagerräume wird ein **Lagerplan** erstellt, mit dessen Hilfe die benötigten Güter schnell gefunden werden können. Jede Abteilung erhält eine Nummer, jede Unterabteilung und jeder Platz (z. B. Regal, Schrank) eine Unternummer. Die Grafik veranschaulicht den Sachverhalt, dass im Regalfach 1 (F1) der Artikel 1 gelagert wird usw. Die Regalfächer F6 und F8 sind leer, weil von

1 **Funktionen:** hier Aufgaben.

den zugehörigen Artikeln (Artikel 6 und Artikel 8) keine Lagervorräte vorhanden sind. Diese beiden Regalfächer bleiben jedoch reserviert. Weitere Artikel könnten in diesem Lager nicht untergebracht werden. Die Kapazität ist trotz freier Plätze bereits ausgeschöpft.

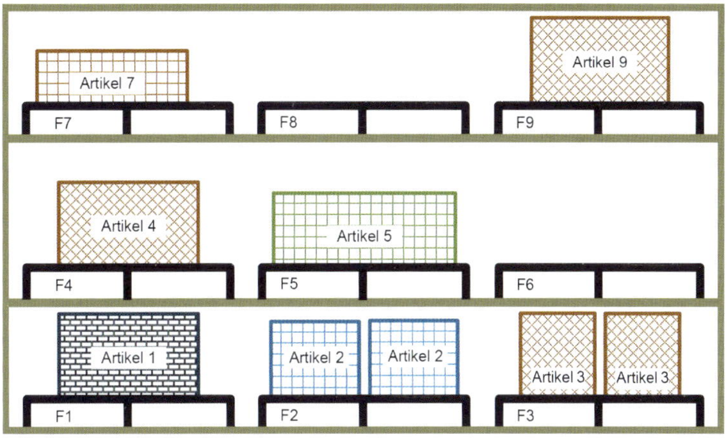

6.3.2.2 Freiplatzsystem

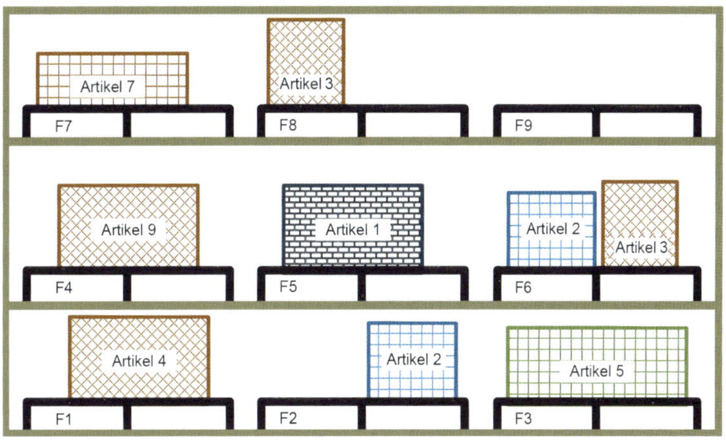

Das Freiplatzsystem kennt **keinen Lagerplan**. Eingehende Güter werden mittels EDV auf einen der zufällig gerade freien Lagerplätze zugewiesen und gespeichert (chaotische Lagerplatzvergabe). Nur das EDV-System kennt den Lagerort. Fällt es aus, ist es fast unmöglich, einen bestimmten Artikel zu finden. Ziel des Freiplatzsystems ist die **Optimierung der Lagerkapazität**. Da keine feste Lagerplatzzuordnung besteht, wird bei jedem Lagerzugang der nächste freie Platz belegt. Nicht belegte Plätze werden nicht reserviert. Weitere Artikel könnten problemlos in den Regalfächern F8 und F9 aufgenommen werden. Folge: Die Lagerkapazität wird besser genutzt.

Das Freiplatzsystem führt dazu, dass die Wege für die Ein- und Auslagerungsvorgänge deutlich länger als beim Festplatzsystem sind. In der Praxis wird deshalb die freie Lagerplatzvergabe häufig nur innerhalb fester Lagerbereiche zugelassen. Das führt zur Verringerung der Wege und Zeiten der Ein- und Auslagerung. Hierbei werden innerhalb des Lagers Zonen nach Umschlagshäufigkeit (Langsamdreher, Schnelldreher) gebildet. Die Schnelldreher lagern nahe am Ein- und Auslagerungspunkt, während die Langsamdreher fern von diesem Punkt gelagert werden.

6.3.3 Lagerkennzahlen berechnen und daraus Handlungsempfehlungen ableiten

BPE 6 Handlungssituation 6: Lagerkennzahlen berechnen und beurteilen

Die Sport-Burr AG produziert seit vielen Jahren erfolgreich Tennisschläger. Zu den beliebtesten Modellen im Sortiment zählt der Tennisschläger Pro Staff. Die Unternehmensleitung möchte mithilfe von Lagerkennzahlen die Lagersituation in Bezug auf Wirtschaftlichkeit und Qualität für dieses Modell erfassen. Die Selbstkosten je Tennisschläger betragen 95,00 EUR. Für die Lagerung der Tennisschläger wurden durch die Kostenrechnung Lagerkosten in Höhe von 15 000,00 EUR ermittelt.

Kompetenzorientierte Arbeitsaufträge:

1. Für das Tennisschlägermodell Pro Staff liegt eine noch unvollständige Lagerdatei vor. Die fehlenden Bereiche sind in der Lagerdatei gelb markiert. Berechnen Sie die fehlenden Werte der Lagerdatei!

Lagerdatei

Produktbezeichnung: **Tennisschläger Pro Staff**
Produktnummer: **431 500**

Datum	Zugänge (Stück)	Abgänge (Stück)	Bestand Monatsende (Stück)
31.12. des Jahres 01			500
Januar 02	2.500	2.300	
Februar 02		1.700	900
März 02	2.000	2.100	800
April 02	2.200	2.000	
Mai 02		2.200	600
Juni 02	2.100	2.050	650
Juli 02	2.450	2.360	740
August 02	2.660	2.500	900
September 02	2.100	2.100	900
Oktober 02	2.350		1.000
November 02	1.700	2.000	700
Dezember 02	2.300	2.600	400

2. Berechnen Sie den durchschnittlichen Lagerbestand für den Tennisschläger Pro Staff anhand der Quartalsendbestände aus der Lagerdatei!

3. Ermitteln Sie die Lagerumschlagshäufigkeit und erläutern Sie, was diese Kennzahl für die Sport-Burr AG aussagt!

4. Im Jahr 02 betrug die Lagerumschlagshäufigkeit der Branche für die Herstellung von Sportgeräten 45. Erläutern Sie, welche Bedeutung dies für die Sport-Burr AG hat und machen Sie der Unternehmensleitung zwei Vorschläge, um diese Lagerkennzahl zu verbessern!

6.3.3.1 Durchschnittlicher Lagerbestand

Der durchschnittliche Lagerbestand bildet die Grundlage für die Bestimmung der Lagerumschlagshäufigkeit und der durchschnittlichen Lagerdauer. Der durchschnittliche Lagerbestand kann z. B. als arithmetisches Mittel (Durchschnitt) aus dem **Jahresanfangsbestand** und dem **Jahresschlussbestand** berechnet werden.

Beispiel 1:

Anfangsbestand am 1. Januar:	72 000 Stück
Endbestand lt. Inventur zum 31. Dezember:	68 000 Stück

$$\text{Durchschnittlicher Lagerbestand} = \frac{\text{Anfangsbestand am 01.01.} + \text{Endbestand am 31.12.}}{2}$$

$$= \frac{72\,000 + 68\,000}{2} = \underline{\underline{70\,000 \text{ Stück}}}$$

Eine höhere Genauigkeit ergibt sich durch die Verwendung der **Monatsendbestände,** weil durch die häufigeren Beobachtungspunkte die Bestandsschwankungen innerhalb des Jahresverlaufes besser berücksichtigt werden.

$$\text{Durchschnittlicher Lagerbestand} = \frac{\text{Anfangsbestand am 01.01.} + \text{12 Monatsendbestände}}{13}$$

Multipliziert man den durchschnittlichen Lagerbestand mit den Selbstkosten, erhält man den **durchschnittlichen Lagerbestandswert.**

Beispiel 2:

Betragen die Selbstkosten je Stück 8,50 EUR, dann ermittelt sich der durchschnittliche Lagerbestandswert zu obigem Beispiel 1 wie folgt:

$$\text{Durchschnittlicher Lagerbestandswert} = \text{durchschnittlicher Lagerbestand} \cdot \text{Selbstkosten}$$

$$= 70\,000 \cdot 8{,}50 = \underline{\underline{595\,000{,}00 \text{ EUR}}}$$

Der **durchschnittliche Lagerbestand** gibt an, welche Menge oder welcher Wert (bewertet zu Selbstkosten) von einem Lagergut durchschnittlich auf Lager ist. In dieser Höhe ist ständig Kapital des Unternehmens gebunden.

6.3.3.2 Umschlagshäufigkeit

Die Umschlagshäufigkeit, auch **Lagerumschlagshäufigkeit** genannt, gibt an, wie oft die Menge oder der Wert des durchschnittlichen Lagerbestandes innerhalb einer Periode (i. d. R. ein Jahr) umgeschlagen wurde.

$$\text{Lagerumschlagshäufigkeit} = \frac{\text{Lagerabgang in Mengeneinheiten}}{\text{durchschnittlicher Lagerbestand in Mengeneinheiten}}$$

oder

$$\text{Lagerumschlagshäufigkeit} = \frac{\text{Lagerabgang bewertet zu Selbstkosten}}{\text{durchschnittlicher Lagerbestand bewertet zu Selbstkosten}}$$

Beispiel 3:

Beträgt der Lagerabgang zu Selbstkosten 7 437 500,00 EUR und der durchschnittliche Lagerwert (siehe Beispiel 2) 595 000,00 EUR, dann ergibt sich folgende Lagerumschlagshäufigkeit:

$$\text{Lagerumschlagshäufigkeit} = \frac{7\,437\,500}{595\,000} = \underline{\underline{12{,}5}}$$

Ergebnis: Die Zahl 12,5 besagt, dass der durchschnittliche Lagerbestand 12,5-mal innerhalb der Rechnungsperiode umgeschlagen wurde.[1]

Die Lagerumschlagshäufigkeit schwankt je nach Branche, Warenart und Organisationsstand der Lagerwirtschaft in einem Unternehmen.

> Die **Lagerumschlagshäufigkeit** sagt dem Unternehmer, wie oft der durchschnittliche Lagerbestand in einer Rechnungsperiode umgeschlagen wurde.

6.3.3.3 Durchschnittliche Lagerdauer

Sie gibt an, wie lange der durchschnittliche Lagerbestand auf Lager geblieben ist. Angestrebt ist ein möglichst geringer Wert, weil er Einfluss hat auf das im Lager gebundene Kapital und die hieraus zu zahlenden Lagerzinsen, auf das Risiko des Schwundes, des Verderbs, des Diebstahls und der technischen bzw. wirtschaftlichen Alterung.

$$\text{Durchschnittliche Lagerdauer in Tagen} = \frac{360}{\text{Lagerumschlagshäufigkeit}}$$

Beispiel 4:

Aus der im Beispiel 3 berechneten Lagerumschlagshäufigkeit von 12,5 errechnet sich eine durchschnittliche Lagerdauer wie folgt:

$$\text{Durchschnittliche Lagerdauer} = \frac{360 \text{ Tage}}{12{,}5} = \underline{\underline{28{,}8 \text{ Tage}}}$$

Ergebnis: Das Lagergut liegt durchschnittlich 28,8 Tage auf Lager.

> Aus der **durchschnittlichen Lagerdauer** erkennt der Unternehmer, wie lange die Erzeugnisse (oder Handelswaren) im Durchschnitt im Lager waren.

Lagerumschlagshäufigkeit und durchschnittliche Lagerdauer stehen in **umgekehrtem Verhältnis** zueinander. Je höher die Lagerumschlagshäufigkeit, desto kürzer die durchschnittliche Lagerdauer und umgekehrt.

1 Dies darf nicht gleichgesetzt werden mit der Häufigkeit des Auffüllens des Lagers. **Beispiel:** Monatlich wird das Lager mit 10 Stück aufgefüllt, die im Laufe des Monats abgehen. Dann beträgt der durchschnittliche Lagerbestand = 5, der Lagerabgang = 120 Stück. Hieraus ergibt sich eine Lagerumschlagshäufigkeit von 120 : 5 = 24, das Lager hingegen wurde 12-mal gefüllt.

6.3.3.4 Lagerzinsen und Lagerzinssatz

(1) Lagerzinsen

Die Lagerzinsen geben an, wie viel das im durchschnittlichen Lagerbestand gebundene Kapital während der durchschnittlichen Lagerdauer kostet. Diese **Opportunitätskosten**[1] entsprechen den **durch die Kapitalbindung entgangenen Zinsgewinnen** bei alternativer Anlage zu kapitalmarktüblichen Bedingungen.

(2) Lagerzinssatz

Der Lagerzinssatz gibt an, wie viel Prozent Zinsen für das in den Lagervorräten investierte Kapital pro Umschlag, also während der durchschnittlichen Lagerdauer, einkalkuliert werden müssen. Je kürzer die durchschnittliche Lagerdauer und damit je höher die Umschlagshäufigkeit, desto geringer ist der Lagerzinssatz.

$$\text{Lagerzinssatz} = \frac{\text{Marktzinssatz} \cdot \text{durchschnittliche Lagerdauer}}{360}$$

Beispiel 5:

Bei einer durchschnittlichen Lagerdauer von 28,8 Tagen (siehe Beispiel 4) und einem Marktzinssatz von 9 % ergibt sich folgender Lagerzinssatz:

$$\text{Lagerzinssatz} = \frac{9 \cdot 28{,}8}{360} = \underline{\underline{0{,}72\,\%}}$$

(3) Zusammenhang zwischen sinkender durchschnittlicher Lagerdauer (steigender Umschlagshäufigkeit) und sinkenden Lagerkosten am Beispiel des Lagerzinssatzes

Beispiel:

Die Selbstkosten der Erzeugnisse eines Unternehmens betragen konstant 600 000,00 EUR, der Marktzinssatz liegt bei 9 %.

Selbstkosten der Erzeugnisse in EUR	600 000,00	600 000,00	600 000,00	600 000,00
Umschlagshäufigkeit	1	2	4	8
durchschnittliche Lagerdauer	360	180	90	45
durchschnittlicher Lagerbestand	600 000,00	300 000,00	150 000,00	75 000,00
Lagerzinssatz	9	4,5	2,25	1,125
Lagerzins pro Umschlag	54 000,00	13 500,00	3 375,00	843,75
Lagerzins pro Jahr (Zins pro Umschlag · Umschlagshäufigkeit)	54 000,00	27 000,00	13 500,00	6 750,00

1 **Opportunitätskosten**: Fiktive Kosten durch eine entgangene Gelegenheit.

Da der Lagerabgang eine Größe ist, die vom Unternehmen nicht ohne Weiteres vergrößert werden kann, liegen die Optimierungsmöglichkeiten in Bezug auf die Kosten darin, dasselbe Absatzziel

- mit einer **höheren Umschlagshäufigkeit** und damit
- einer **kürzeren Lagerdauer** und folglich
- einem **geringeren durchschnittlichen Lagerbestand**

zu erreichen. Es ist nachvollziehbar, dass die damit verbundene Senkung des durchschnittlichen Lagerbestands auch einhergeht mit einer Senkung der übrigen Lagerkosten.

Lagerkennzahlen sind wichtige **Indikatoren,** die einen Hinweis darauf geben, ob die Optimierungsbemühungen in der Lagerhaltung zum gewünschten **Erfolg** führen.

Kompetenztraining

12 Funktionen und Ordnunssysteme des Lagers

1. Nennen Sie fünf Funktionen/Aufgaben der Lagerhaltung!
2. 2.1 Begründen Sie, inwiefern die Bezeichnung „chaotische" Lagerhaltung berechtigt ist!
   2.2 Nennen Sie den entscheidenden Vorteil der damit verbunden ist!
   2.3 Beschreiben Sie die systematische Lagerhaltung!
   2.4 Stellen Sie dar, worüber ein Lagerplan Auskunft gibt!

13 Lagerkennzahlen

Lagerkennzahlen sind wichtige Indikatoren, die einen Hinweis darauf geben, ob die Optimierungsbemühungen in der Lagerhaltung zum gewünschten Erfolg führten.

1. Berechnen Sie
   1.1 den durchschnittlichen Lagerbestand,
   1.2 die Lagerumschlagshäufigkeit,
   1.3 die durchschnittliche Lagerdauer
   1.4 den Lagerzinssatz (Marktzinssatz 9 %),
   wenn folgende Angaben vorhanden sind:

Anfangsbestand des Lagergutes	150 000,00 EUR
Zugänge	700 000,00 EUR
Schlussbestand	250 000,00 EUR

2. Eine Lageranalyse bei der Kleiner KG ergab folgende Situation:

Lagerabgang zu Selbstkosten	600 000,00 EUR
Der Lagerkostensatz beträgt	30 %

Aufgaben:

2.1 Stellen Sie tabellarisch dar, wie sich die Lagerkosten ändern, wenn es dem Betrieb gelingt, die Umschlagshäufigkeit schrittweise zu steigern von 3 über 4, 6, 8 bis 10! Vorlage

2.2 Erklären Sie, wie sich eine Erhöhung der Lagerumschlagshäufigkeit auf die Lagerkosten und das Lagerrisiko auswirkt!

2.3 Für die Lagerkosten gilt stets: „Je kürzer die Lagerdauer, desto geringer die Kosten." Nennen Sie zwei Maßnahmen, durch die eine Verkürzung der durchschnittlichen Lagerdauer erreicht werden kann!

3. Lagerkosten und Lagerrisiko stehen in engem Zusammenhang mit den Lagerkennzahlen. Die Lagerbuchhaltung liefert für das Holzlager folgende Informationen:

Anfangsbestand am 1. Januar	120 000,00 EUR
12 Monatsschlussbestände insgesamt	1 180 000,00 EUR

Berechnen Sie den durchschnittlichen Lagerbestand!

4. Bei der Holzart „Buche" werden folgende Zahlen angegeben:

Anfangsbestand am 1. Januar	80 000,00 EUR
Zugänge 1. Januar – 31. Dezember	960 000,00 EUR
Schlussbestand am 31. Dezember	240 000,00 EUR

Berechnen Sie die Lagerumschlagshäufigkeit und die durchschnittliche Lagerdauer!

5. Die Lagerzinsen sind vom Wert und von der Lagerdauer des eingelagerten Gutes abhängig.

Aufgabe:

Beweisen Sie diese Aussage anhand folgender Zahlen, indem Sie die Lagerzinsen bei einer Lagerdauer von 14, 16, 18 und 20 Tagen berechnen! Zugrunde gelegter Marktzins 10 %; Wert des durchschnittlichen Lagerbestandes 400 000,00 EUR.

14 Zusammenfassung

Fassen Sie die vorangegangenen Kapitel zu den Lagerfunktionen, Lagersystemen und Lagerkennzahlen übersichtlich zusammen!

7 Internes Rechnungswesen

7.1 Aufgaben der Kosten- und Leistungsrechnung erläutern, das Verhalten der Kosten bei Änderung des Beschäftigungsgrades analysieren sowie die Gewinnschwelle ermitteln und erklären

7.1.1 Aufgaben der Kosten- und Leistungsrechnung erläutern

BPE 7 **Handlungssituation 1: Internes und externes Rechnungswesen unterscheiden, Gesamtkosten berechnen und die Kostenfunktion aufstellen**

Die MicroTex Technologies GmbH stellt im Ulmer Gewerbepark technische Garne her.

Die Geschäftsleitung möchte sich einen Überblick über die Gesamtkosten des Zweigwerks verschaffen.

Gemäß den Informationen aus der Kosten- und Leistungsrechnung liegt für den Zweigbetrieb folgende lineare Kostenstruktur vor:

Die Fixkosten betragen 45 000,00 EUR/Monat. Die Gesamtkosten belaufen sich bei einer Ausbringungsmenge von 5 000 Einheiten auf 85 000,00 EUR.

Kompetenzorientierte Arbeitsaufträge:

1. Grenzen Sie die Kosten- und Leistungsrechnung von der Buchführung ab!
2. Das externe und das interne Rechnungswesen haben unterschiedliche Zielsetzungen. Erläutern Sie diese Aussage!
3. Beschreiben Sie – nach Ihrer Wahl – zwei Aufgaben des internen Rechnungswesens!
4. Vorlage Berechnen Sie für den Zweigbetrieb die Gesamtkosten für unterschiedliche Ausbringungsmengen! Verwenden Sie dazu die angegebene Tabelle!
5. Stellen Sie die Kostenfunktion auf!
6. Ermitteln Sie die Gesamtkosten, wenn die MicroTex Technologies GmbH für den kommenden Monat eine Ausbringungsmenge von 3 800 m Kleiderstoffe plant!

Technische Garne (Ausbringungsmenge in m)	K_{fix}	K_v	K
1 000			
2 000			
3 000			
4 000			
5 000			

7.1.1.1 Gliederung des betrieblichen Rechnungswesens

Nach dem **Informationsempfänger** unterscheidet man in **externes Rechnungswesen** und **internes Rechnungswesen**.

(1) Externes Rechnungswesen[1]

Im externen Rechnungswesen erfolgt für **außenstehende Informationsempfänger** (z. B. Eigentümer, Steuerbehörden, Banken, Gerichte) eine Rechenschaftslegung über die **Vermögens-, Finanz- und Ertragslage** des Unternehmens. Die zu liefernden Informationen sind, mit dem **Ziel der Kontrolle und Dokumentation,** an **gesetzliche Vorgaben gebunden.** Gesetzliche Bestimmungen finden sich insbesondere im HGB, AktG, GmbHG und EStG.

Das externe Rechnungswesen umfasst:

- **Buchführung,**
- **Jahresabschlussrechnung.**

(2) Internes Rechnungswesen

Das interne Rechnungswesen liefert für **interne Informationsempfänger** (z. B. Geschäftsführer, Arbeitnehmervertreter, Mitarbeiter) alle erforderlichen **Informationen zur Kontrolle und Steuerung der betrieblichen Abläufe.** Die Informationen richten sich an den **jeweiligen Erfordernissen der Informationsempfänger** aus und stellt ihnen betriebliche Daten in **vergangenheits- und zukunftsbezogener Form** bereit. Sie sind Grundlage für die **Produktions-, Absatz-, Investitions- und Finanzplanung.**

Das interne Rechnungswesen ist **nicht an gesetzliche Vorschriften gebunden.** Es umfasst:

- **Kosten- und Leistungsrechnung,**
- **Betriebsstatistik,**[2]
- **Planungsrechnung.**[2]

7.1.1.2 Notwendigkeit des internen Rechnungswesens

Die **Kosten- und Leistungsrechnung** hat folgende internen Aufgaben zu erfüllen:

Aufgaben	Erläuterungen
Ermittlung des Betriebsergebnisses	Das Betriebsergebnis erfasst nur die **betrieblichen Aufwendungen (Kosten)** und die **betrieblichen Erträge (Leistungen).**[3] Diese Gegenüberstellung drückt den Erfolg der eigentlichen betrieblichen Tätigkeit aus. Es gilt: Leistungen > Kosten = Betriebsgewinn Leistungen < Kosten = Betriebsverlust
Ermittlung der Selbstkosten	Die Berechnung der **Selbstkosten je Erzeugniseinheit (Stückkosten)** ist die **Grundlage der Preispolitik.** ■ Die berechneten Selbstkosten bilden für **den Verkauf** die **langfristige Preisuntergrenze.** ■ Liegt der Verkaufspreis aufgrund der gegebenen Markt- bzw. Konkurrenzsituation fest, kann durch eine kalkulatorische Rückrechnung **dem Einkauf** die **Preisobergrenze** für das zu beschaffende Material vorgegeben werden.

1 Das externe Rechnungswesen wurde im Band 1, Kapitel 5, ausführlich dargestellt.

2 Der Bildungsplan sieht die Behandlung dieser Themengebiete nicht vor.

3 Vgl. hierzu die Ausführungen auf S. 89 f.

Aufgaben	Erläuterungen
Kontrolle der Wirtschaftlichkeit	Der Konkurrenzkampf zwingt Unternehmen, die Kosten laufend zu planen und zu überwachen. Die Wirtschaftlichkeit ist das Verhältnis der Leistungen zu den für diese Leistungen aufgewendeten Kosten. $\text{Wirtschaftlichkeit} = \frac{\text{Leistungen}}{\text{Kosten}}$ Anhand der Wirtschaftlichkeit wird festgestellt, ob das Unternehmen die eingesetzten Mittel sparsam verwendet hat. Die Kontrolle der Wirtschaftlichkeit ist daher eine zentrale Aufgabe der Kosten- und Leistungsrechnung.
Bereitstellung von Unterlagen für Planungen und Entscheidungen	Die Kosten- und Leistungsrechnung hat die Aufgabe, Informationen für unternehmerische Entscheidungen bereitzustellen, z. B. ■ im **Beschaffungsbereich:** Ermittlung der Preisobergrenze für Beschaffungsgüter; Wahl zwischen verschiedenen Bezugsquellen. ■ im **Produktionsbereich:** Wahl zwischen verschiedenen Fertigungsverfahren; Entscheidung über Kauf oder Leasing; Ermittlung der Gewinnschwelle. ■ im **Absatzbereich:** Wahl der Vertriebswege; kostenorientierte Preise für die Erzeugnisse ermitteln.

Das **interne Rechnungswesen** ist **notwendig,** weil es die erforderlichen Daten zur **Ermittlung, Planung und Kontrolle des innerbetrieblichen Produktionsprozesses** liefert, die für Unternehmensentscheidungen bedeutsam sind.

7.1.1.3 Fixe Kosten, variable Kosten, Mischkosten

(1) Fixe und variable Kosten

Betrachtet man die Gesamtkosten einer Geschäftsperiode, so stellt man fest, dass sich ein Teil der Kosten bei einer Veränderung der Ausbringungsmenge nicht verändert, andere Kosten sich jedoch verändern. Es sind daher zwei Arten von Kosten zu unterscheiden: die **fixen Kosten** und die **variablen Kosten.**

Fixe Kosten

Fixe Kosten (K_{fix}) sind Kosten, die sich bei Änderung der Ausbringungsmenge in ihrer **absoluten Höhe nicht verändern.**

Fixe Kosten fallen an, unabhängig davon, ob und wie viel ein Unternehmen produziert. Man nennt sie daher auch **Kosten der Betriebsbereitschaft.**

Beispiele:

- Miete,
- Gehälter der Angestellten,
- Abschreibungen,
- Versicherungsbeiträge,
- Grundsteuern.

■ **Variable Kosten**

Variable Kosten (K_v) sind die Kosten, die sich bei Änderung der Ausbringungsmenge in ihrer **absoluten Höhe verändern.**

Beispiele:

- Leistungsabhängige Löhne,
- Verbrauch von Werkstoffen, Treibstoffen, Büromaterial,
- Versicherungsbeiträge,
- Reparaturen.

(2) Mischkosten

Beispiele:

- Telekommunikationskosten,
- Energiekosten,
- Gehälter mit Prämienzuschlag,
- kalkulatorische Abschreibungen,[1]
- Transportkosten.[1]

In der Praxis treten Kosten auf, die weder reine fixe Kosten noch reine variable Kosten sind. Diese Kosten bezeichnet man als **Mischkosten.**

Für verschiedene kostenrechnerische Entscheidungen (z. B. Deckungsbeitragsrechnung[2]) ist es erforderlich, die Mischkosten in ihre fixen und variablen Anteile aufzuteilen.

7.1.1.4 Gesamtkosten und Stückkosten

(1) Gesamtkosten

Gesamtkosten sind die Summe aller Kosten, die z. B. für ein Produkt, eine Dienstleistung, eine Abteilung oder einen Auftrag anfallen. Die Gesamtkosten **(K)** lassen sich in Abhängigkeit zur **Ausbringungsmenge (Beschäftigung)** darstellen. Allgemein werden sie als **Funktion der Ausbringungsmenge (x)** ausgewiesen.

$$K = f(x)$$

Die Gesamtkosten können, bezogen auf die Änderung der Ausbringungsmenge, in fixe Kosten **(K_{fix})** und variable Kosten **(K_v)** eingeteilt werden. Die Formel zur **Berechnung der Gesamtkosten (Funktionsgleichung)** lautet bei Annahme eines **linearen Gesamtkostenverlaufs:**

$$K = K_{fix} + K_v$$

(2) Stückkosten

Stückkosten **(k)** sind der Quotient von Gesamtkosten zur Ausbringungsmenge (z. B. EUR/Stück).

$$k = \frac{K}{x}$$

Die Stückkosten können auch für die fixen und die variablen Gesamtkosten ermittelt werden.

$$k_{fix} = \frac{K_{fix}}{x} \text{ bzw. } k_v = \frac{K_v}{x}$$

Die **Funktionsgleichung der Stückkosten** lautet:

$$k = k_{fix} + k_v$$

1 Kalkulatorische Abschreibungen enthalten zeit- und leistungsabhängige Kosten; Transportkosten enthalten Stand- und Fahrzeiten.

2 Vgl. hierzu Kapitel 7.5, S. 152 ff.

(3) Lineare Kostenfunktion

Wird ein **linearer Gesamtkostenverlauf** angenommen, ergibt sich zur Berechnung der Gesamtkosten die **Kostenfunktion.**

$$K = K_{fix} + k_v \cdot x$$

Durch die Aufteilung der Kosten in fixe und variable Kosten wird die **Aufstellung von Kostenfunktionen** zur **Berechnung von Gesamtkosten** bei **unterschiedlichen Ausbringungsmengen** ermöglicht.

7.1.1.5 Rechnerische Durchführung der Kostenauflösung

Die **Aufgabe der Kostenauflösung** besteht darin, Kosten, die fixe und variable Kostenbestandteile enthalten **(Mischkosten),** in ihre fixen und variablen Kostenbestandteile zu trennen. Zur Trennung genügt es – unter der **Annahme eines linearen Gesamtkostenverlaufs** –, die Gesamtkosten von mindestens zwei Ausbringungsmengen zu kennen.

Beispiel:

In einem Industriebetrieb fielen in den Monaten Oktober und November nebenstehende Ausbringungsmengen und Gesamtkosten an:

Monat	Ausbringungsmenge	Gesamtkosten
Oktober	800 Stück	34 000,00 EUR
November	1 000 Stück	40 000,00 EUR

Aufgabe:

Berechnen Sie die variablen Stückkosten und die fixen Gesamtkosten in den beiden Monaten!

Lösung:

Die Zunahme der Kosten im Monat November um 6 000,00 EUR bei einer Erhöhung der Ausbringungsmenge um 200 Stück kann nur auf einen Anstieg des variablen Teils der Gesamtkosten zurückzuführen sein.

Unter der Annahme eines linearen Gesamtkostenverlaufs können die variablen Stückkosten wie folgt errechnet werden:

Berechnung der variablen Stückkosten (k_v):

$$\text{Variable Stückkosten } (k_v) = \frac{K_2 - K_1}{x_2 - x_1} \text{ oder } \frac{\text{Kostendifferenz } (\Delta K)}{\text{Mengenänderung } (\Delta x)}$$

$$= \frac{40\,000 - 34\,000}{1\,000 - 800} = \frac{6\,000}{200} = \underline{\underline{30{,}00 \text{ EUR/Stück}}}$$

Berechnung der fixen Gesamtkosten (K_{fix}):

$$\text{Fixe Gesamtkosten} = \text{Gesamtkosten} - (\text{Ausbringungsmenge} \cdot \text{variable Stückkosten})$$

$$= 34\,000{,}00 \text{ EUR} - (800 \text{ Stück} \cdot 30{,}00 \text{ EUR/Stück}) = \underline{\underline{10\,000{,}00 \text{ EUR}}}$$

Probe:

Gesamtkosten bei 1000 Stück:

$K = K_{fix} + k_v \cdot x$

$K = 10\,000{,}00 + 30{,}00 \cdot 1000 =$ <u>40000,00 EUR</u>

Ergebnis: Die variablen Stückkosten betragen 30,00 EUR, die fixen Gesamtkosten 10000,00 EUR.

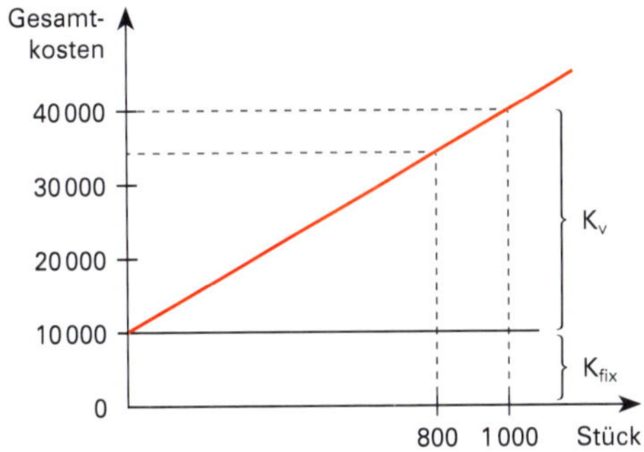

7.1.2 Verhalten der Kosten bei Änderung des Beschäftigungsgrades analysieren

BPE 7 Handlungssituation 2: Kosten- und Gewinnsituation darstellen

Die Sport-Burr AG in Ulm stellt Skateboards her. Ein Skateboard wird für 80,00 EUR verkauft. Bei vollkommener Ausnutzung der Kapazität können insgesamt 500 Skateboards produziert werden. Die Produktion erfolgt nur nach Bestellung. Die Kostenstruktur verläuft linear.

Die Geschäftsleitung will eine Analyse der Kosten durchführen und sich einen Überblick über die Gewinnsituation verschaffen.

Die monatlichen Fixkosten betragen 10000,00 EUR. Die variablen Stückkosten betragen konstant 40,00 EUR.

Vorlage

Ausbringungsmenge	Gesamtkosten			Stückkosten			Gesamterlös	Gesamt-	
x	K_{fix}	K_v	K	k_{fix}	k_v	k	E	gewinn	verlust
100	10000,00				40,00				
200									
300									
400									
500									

Kompetenzorientierte Arbeitsaufträge:

1. Ergänzen Sie die angegebene Tabelle!
2. Berechnen Sie die Gewinnschwelle (Break-even-Point)!
3. Ermitteln Sie das Gewinnmaximum!
4. Berechnen Sie die Ausbringungsmenge, bei der ein Gewinn von 3520,00 EUR erzielt wird!
5. Stellen Sie die Funktionen E, K, K_v und K_{fix} sowie die Funktionen k, k_v und e grafisch dar!
6. Erklären Sie die Bedeutung der Gewinnschwelle für das Unternehmen!
7. Beurteilen Sie, bei welcher Ausbringungsmenge das Gewinnmaximum erreicht ist!
   7.1 theoretisch,
   7.2 praktisch!

7.1.2.1 Kapazität und Beschäftigungsgrad

Jedes Unternehmen ist bezüglich seiner räumlichen, technischen und personellen Ausstattung auf eine bestimmte Ausbringungsmenge festgelegt. Diese Ausbringungsmenge je Zeiteinheit (Tag, Monat, Jahr) nennt man **Kapazität.** Von der Kapazität ist die **tatsächliche Ausbringungsmenge** zu unterscheiden, die man in einem Prozentsatz zur Kapazität angibt. Diesen Prozentsatz nennt man **Beschäftigungsgrad.**

- **Kapazität** ist die Ausbringungsmenge, die bei gegebener Ausstattung erreichbar ist.[1] An der Kapazitätsgrenze beträgt der Beschäftigungsgrad 100 %.
- Der **Beschäftigungsgrad** drückt das prozentuale Verhältnis der tatsächlichen Ausbringungsmenge **(Beschäftigung)** zur Kapazität aus.

$$\text{Beschäftigungsgrad} = \frac{\text{tatsächliche Ausbringungsmenge} \cdot 100}{\text{Kapazität}}$$

Beispiel:

Die Kapazität beträgt pro Monat 8000 Stück eines Erzeugnisses. Im Monat Mai betrug die tatsächliche Ausbringungsmenge 6000 Stück.

Aufgabe:

Berechnen Sie den Beschäftigungsgrad in Prozent!

Lösung:

$$\text{Beschäftigungsgrad} = \frac{6000 \cdot 100}{8000} = \underline{\underline{75\,\%}}$$

7.1.2.2 Kostenverläufe bei fixen Kosten

(1) Absolut fixe Kosten

Gesamtbetrachtung. Absolut fixe Kosten (K_{fix}) verändern sich von der Ausbringungsmenge 0 bis zur Kapazitätsgrenze nicht.

Stückbetrachtung. Bezieht man die angefallenen Fixkosten auf ein einzelnes Stück (k_{fix}), ergibt sich folgender Zusammenhang: Erhöht man die Ausbringungsmenge, verteilt sich der konstant hohe Block an Fixkosten auf eine größere Menge, d.h., die Fixkosten pro Stück sinken **(Fixkostendegression).** Eine sinkende Ausbringungsmenge hat die entsprechend umgekehrte Wirkung.

Beispiele:

- Miete,
- Abschreibungen,
- Gehälter,
- Löhne für die Überwachung des Betriebs,
- Grundsteuern.

$$\text{Fixkosten je Ausbringungseinheit } (k_{fix}) = \frac{\text{Fixkosten der Periode } (K_{fix})}{\text{Ausbringungsmenge}}$$

1 Unter **Kapazität** versteht man die technisch bedingte obere Leistungsgrenze eines Betriebes, also die höchste Ausbringungsmenge (maximale Beschäftigung).

Beispiel:

Ausbringungsmenge in Stück	Gesamtbetrachtung in EUR	Stückbetrachtung in EUR
10000	60000,00	6,00
20000	60000,00	3,00
30000	60000,00	2,00

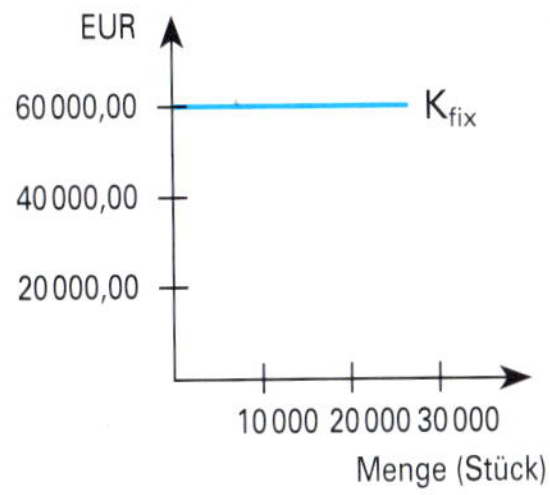

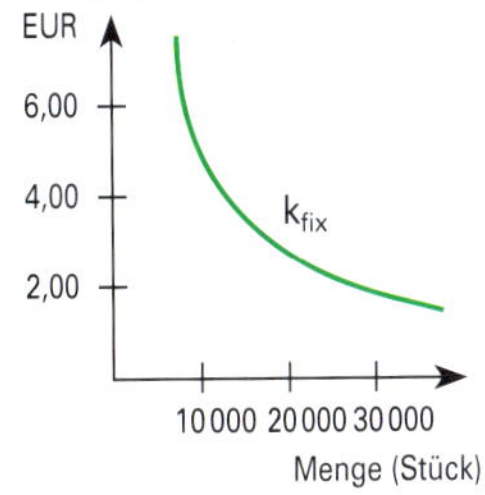

Schlussfolgerung: Ausbringungsmenge und Fixkosten je Stück verlaufen zueinander in entgegengesetzter Richtung.

Die **absolut fixen Kosten** bleiben **bis zur neuen Kapazitätsgrenze** trotz Änderung der Ausbringungsmenge **gleich hoch.**

(2) Sprungfixe Kosten[1]

Soll die Ausbringungsmenge gesteigert werden, erreicht sie irgendwann einen Punkt, von dem ab sie mit der vorhandenen technischen Ausstattung bzw. den beschäftigten Mitarbeitern nicht mehr erhöht werden kann. Es müssen neue Maschinen gekauft, zusätzliche Mitarbeiter eingestellt und/oder eine neue Fabrikhalle angemietet werden. In diesem Fall erhöhen sich die fixen Kosten sprunghaft. Die zusätzlich entstehenden Kosten nennt man **sprungfixe Kosten.**

Die sprungfixen Kosten bleiben innerhalb einer bestimmten Ausbringungsmenge konstant.

Beispiel:

Ausbringungsmenge in Stück	Gesamtbetrachtung in EUR	Stückbetrachtung in EUR
10000	60000,00	6,00
20000	60000,00	3,00
30000	60000,00	2,00
40000	120000,00	3,00
50000	120000,00	2,40

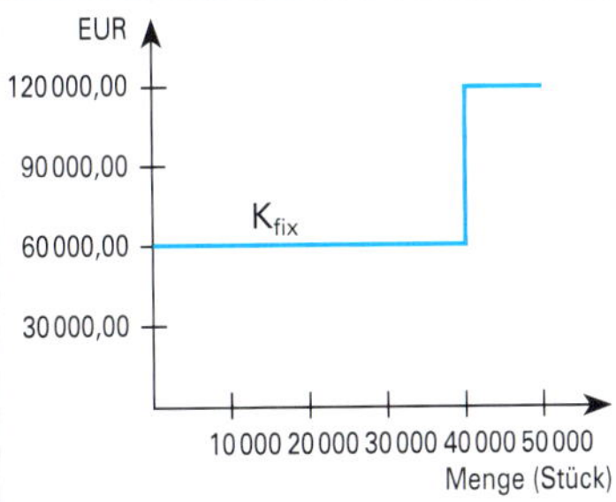

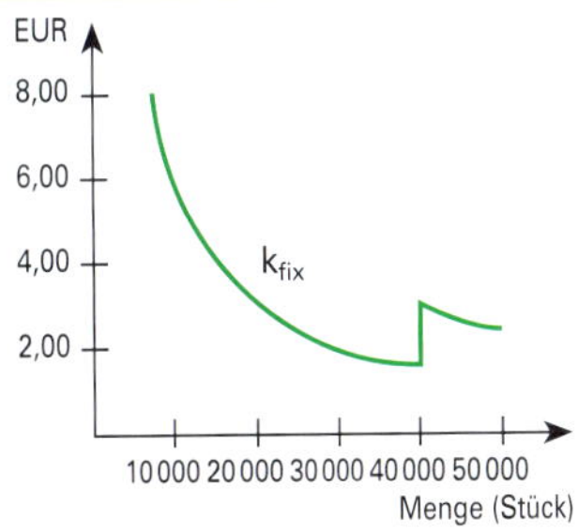

1 Man spricht auch von **intervallfixen Kosten.**

- Wird die **Kapazitätsgrenze überschritten, springen die absolut fixen Kosten** auf ein neues Niveau.
- Die auf eine **Ausbringungseinheit** umgerechneten **fixen Kosten verringern sich bei steigender Ausbringungsmenge** und erhöhen sich bei rückläufiger Ausbringungsmenge.

7.1.2.3 Kostenverläufe bei variablen Kosten

Hinweis:

- Die Veränderung der variablen Kosten kann im gleichen Verhältnis wie die Ausbringungsmenge **(proportionale Kosten),** in einem geringeren Verhältnis **(unterproportionale, degressive Kosten)** oder in einem stärkeren Verhältnis **(überproportionale, progressive Kosten)** erfolgen.
- Aufgrund des Bildungsplans werden nur die **proportional variablen Kosten** betrachtet. Im Folgenden wird daher nur der Begriff **variable Kosten** verwendet.

Gesamtbetrachtung. Die variablen Kosten (K_v) verändern sich im gleichen Verhältnis wie die Ausbringungsmenge.

Stückbetrachtung. Bezieht man die Summe der variablen Kosten einer Periode auf eine Ausbringungseinheit (k_v), dann ist der Anteil, der auf eine Ausbringungseinheit entfällt, bei jeder Ausbringungsmenge gleich hoch.

Beispiele:

- Fertigungsmaterial,
- Fertigungslöhne,
- Provisionen.

$$\text{Variable Kosten je Ausbringungseinheit } (k_v) = \frac{\text{Summe der variablen Kosten } (K_v)}{\text{Ausbringungsmenge}}$$

Beispiel:

Ausbringungsmenge in Stück	Gesamtbetrachtung in EUR	Stückbetrachtung in EUR
10000	50000,00	5,00
20000	100000,00	5,00
30000	150000,00	5,00

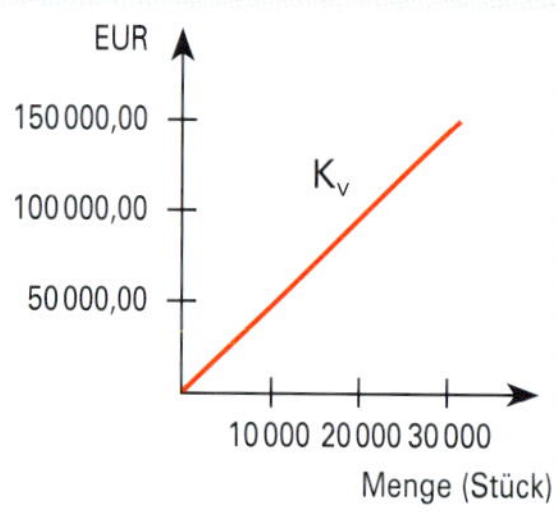

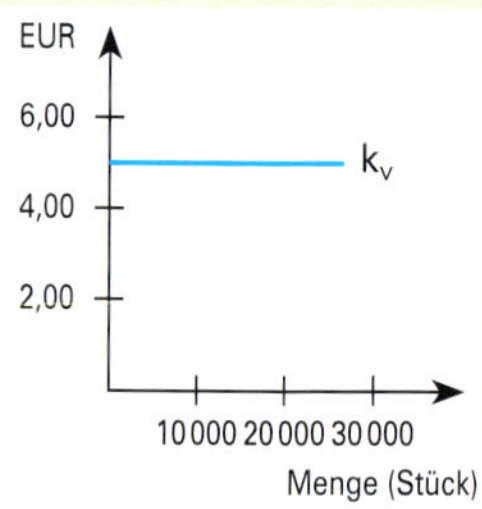

- In der **Gesamtbetrachtung** verändern sich die **variablen Kosten** im gleichen Verhältnis **wie die Ausbringungsmenge.**
- Auf eine **Ausbringungseinheit** (z.B. auf ein Stück) bezogen, bleiben die **variablen Kosten** bei jeder Ausbringungsmenge **gleich hoch** (konstant).

7.1.2.4 Gesamtkostenverlauf

Wird ein proportionaler Verlauf der variablen Kosten angenommen, steigen die Gesamtkosten mit jeder weiteren Einheit jeweils um die konstanten variablen Stückkosten. Sie geben die Steigung der Gesamtkostenkurve an. Da der Verlauf der Steigung konstant ist, verläuft die Gesamtkostenkurve linear.

Die **Gesamtkostenkurve** hat ihren **Ursprung auf der Höhe der Fixkosten** und **steigt mit zunehmender Ausbringungsmenge** proportional an. Die **Stückkostenkurve fällt mit zunehmender Ausbringungsmenge.** Grund: die Fixkosten verteilen sich auf eine größere Anzahl von Ausbringungseinheiten **(Fixkostendegression).**

Grafische Darstellung der linearen Kostenfunktion

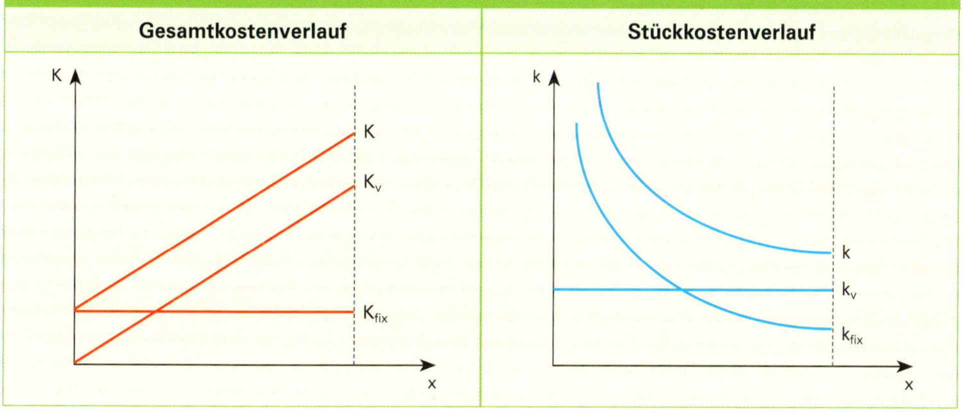

Geht die Ausbringungsmenge in einer Unternehmung zurück, müssten theoretisch auch die Gesamtkosten entsprechend sinken. In der Praxis bleibt der Kostenabbau jedoch hinter dem Rückgang der Ausbringungsmenge zurück. Diesen Sachverhalt nennt man **Kostenremanenz.**[1]

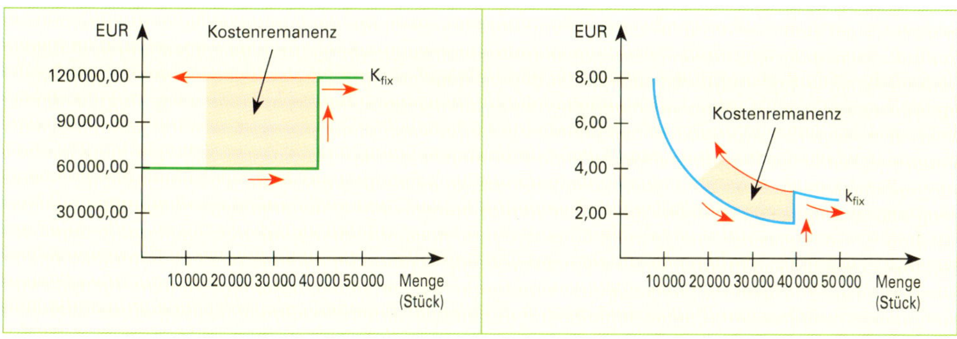

1 **Remanent** (lat.): zurückbleibend.

Bei den **fixen Kosten** sind hierfür insbesondere folgende **Gründe** verantwortlich:

- Einhalten der gesetzlichen Kündigungsbestimmungen und Tarifverträge für Arbeitnehmer, Sozialpläne, Abfindungszahlungen.
- Einhalten von Abnahmeverpflichtungen im Beschaffungsbereich.
- Verzögerungen beim Verkauf von stillgelegten Anlagen und Maschinen.
- Erhöhte Lagerkosten bei Absatzstockungen.
- Bindung an Grundmietzeit, falls Produktionsanlagen geleast werden.

Folgen der Kostenremanenz:

- Die Gesamtkostenkurve mit steigender Ausbringungsmenge hat einen anderen Kostenverlauf als bei abnehmender Ausbringungsmenge.
- Die Stückkosten steigen bei rückläufiger Ausbringungsmenge erheblich an.
- Die Unternehmung wird daran gehindert, dem sinkenden Absatz durch Preissenkungen entgegenzuwirken. Unter Umständen wird die Unternehmung zur Kostendeckung sogar dazu gezwungen, die Preise zu erhöhen.

Kompetenztraining

15 Kostenanalyse, Berechnung der Ausbringungsmenge bei vorgegebenem Verkaufspreis

1. Ein kleiner Industriebetrieb will eine Analyse seiner Kosten durchführen. Folgende Zahlenwerte liegen vor:

Vorlage Excel

Ausbringungsmenge	K_{fix}	K_v	K	k_{fix}	k_v	k
0	2000,00	–				
100		400,00				
200		800,00				
300		1200,00				
400		1600,00				
500		2000,00				

Aufgaben:

1.1 Berechnen Sie die fehlenden Werte in der Tabelle!

1.2 Nennen Sie je drei Beispiele für fixe Kosten und variable Kosten!

1.3 Erklären Sie die Ursache für den Verlauf von k!

1.4 Stellen Sie den Verlauf der Gesamtkosten (K) und der Stückkosten (k) jeweils grafisch dar!

2. Die Gesamtkosten bei der Ausbringungsmenge x_1 240 Einheiten betragen 7700,00 EUR, bei der Ausbringungsmenge x_2 260 Einheiten 8200,00 EUR. Es treten nur absolut fixe und variable Kosten auf.

Aufgaben:

2.1 Berechnen Sie die Fixkosten und die variablen Stückkosten!

2.2 Berechnen Sie die Ausbringungsmenge, die erreicht werden müsste, wenn die Stückkosten aus Wettbewerbsgründen 28,00 EUR nicht übersteigen sollen!

16 Kostenanalyse

Ein Metall verarbeitender Betrieb weist folgende Kostensituation auf:

Monat	Produktion (Stück)	Gesamtkosten (EUR)
September	1200	444000,00
Oktober	1800	570000,00

Aufgaben:

1. Ermitteln Sie die variablen Stückkosten!
2. Ergänzen Sie folgende Gesamtkostentabelle:

Monat	Ausbringungsmenge (Stück)	Variable Kosten (EUR)	Fixe Kosten (EUR)	Gesamtkosten (EUR)
September	1200			444000,00
Oktober	1800			570000,00
November	2100			

Vorlage

3. Im Monat Dezember sinkt die Ausbringungsmenge auf 1950 Stück ab.
   Erörtern Sie – bezogen auf die Kostensituation – die Problematik bei rückläufiger Ausbringungsmenge!

17 Beschäftigungsgrad, Gesamtkosten, Stückkosten

Die Kapazität für die Produktion von Auspuffanlagen in einem Autozulieferbetrieb beträgt je Monat 15000 Stück (100% Auslastung). Die variablen Gesamtkosten je Monat betragen 945000,00 EUR. Der Fixkostenanteil je Stück beträgt bei einer Kapazitätsauslastung von 80% 52,00 EUR.

Aufgaben:

1. Ermitteln Sie die monatlichen Gesamtkosten sowie die monatlichen Stückkosten bei den angegebenen Beschäftigungsgraden! Verwenden Sie dazu die nachfolgende Tabelle!

Auslastung		K_{fix}	K_v	K	k_{fix}	k_v	k
in %	in Stück						

Vorlage

2. Erläutern Sie den Verlauf der Stückkosten!
3. Stellen Sie dar, wie sich der Gewinn des Autozulieferbetriebs bei konstantem Verkaufspreis entwickelt!

18 Kostenverläufe

Vorlage

Aus der Kosten- und Leistungsrechnung eines Industrieunternehmens sind die nebenstehenden typischen Kostenverläufe entnommen:

Verkaufte Menge	(1) Fixe Kosten		(2) Variable Kosten	
	gesamt	Stück	gesamt	Stück
0	400,00		–	
100	400,00		50,00	
200	400,00		100,00	
300	400,00		150,00	
400	400,00		200,00	
500	400,00		250,00	
600	400,00		300,00	

Aufgaben:

1. Berechnen Sie die Stückkosten!
2. Nennen Sie je zwei Beispiele für die aufgeführten Kostenverläufe!
3. Stellen Sie den Verlauf der beiden Kostenarten (Gesamtkosten und Stückkosten) jeweils in einem Koordinatensystem grafisch dar!
4. Bei modernen Industriebetrieben ist der Anteil der fixen Kosten an den Gesamtkosten in der Regel hoch.

   Aufgaben:

   4.1 Erklären Sie, worauf dieser Sachverhalt zurückzuführen ist!

   4.2 Begründen Sie, warum diese Unternehmen verstärkt darauf achten müssen, dass die Anlagen stets gut ausgelastet sind!

7.1.3 Gewinnschwelle und Gewinnmaximum ermitteln und deren Bedeutung für das Unternehmen erklären

7.1.3.1 Lineare Erlösfunktion

Die **Erlösfunktion** wird in Abhängigkeit von der Ausbringungsmenge **(x)** dargestellt.

$$E = f(x)$$

Wird die Ausbringungsmenge mit dem Stückerlös **(e)** multipliziert, erhält man den **Gesamterlös (E).**

$$E = e \cdot x$$

Der **Stückerlös (e)** ergibt sich aus der Formel:

$$e = \frac{E}{x}$$

Die **Gesamterlöskurve** verläuft linear. Sie hat ihren **Ursprung im Nullpunkt** und **steigt mit zunehmender Ausbringungsmenge** linear an. Der **Stückerlös** bleibt bei einem linearen Verlauf der Erlöse **konstant.**

Grafische Darstellung der linearen Erlösfunktion	
Gesamterlöse	**Stückerlöse**
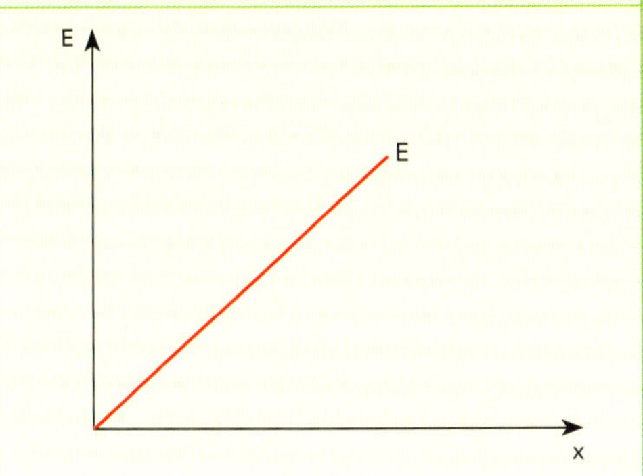	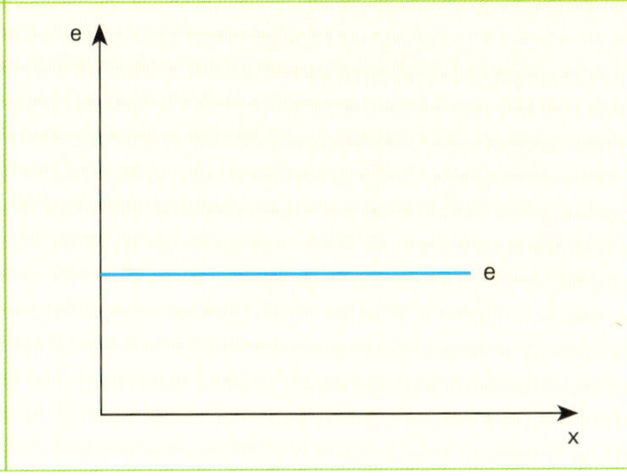

7.1.3.2 Gewinnschwelle und Gewinnmaximum

(1) Begriff Gewinnschwelle

Die **Gewinnschwelle (Break-even-Point)** liegt bei der Ausbringungsmenge, bei der die Gesamtkosten gleich dem Gesamterlös sind.

(2) Berechnung der Gewinnschwelle

Im Punkt der Gewinnschwelle **(x_0)** gilt folgende Gleichung:

(1) $E = K$

(2) $E = x \cdot e$

(3) $K = x \cdot k_v + K_{fix}$

(4) $x \cdot e = x \cdot k_v + K_{fix}$ | umgeformt ergibt sich

$x \cdot e - x \cdot k_v = K_{fix}$ | durch Ausklammern von x erhält man

$x\,(e - k_v) = K_{fix}$ | daraus folgt für x

$x_0 = \frac{K_{fix}}{e - k_v}$ | für g = 0 gilt: $e - k_v = k_{fix}$

Die letzte Gleichung besagt, dass sich die Gewinnschwelle aus dem Quotienten der gesamten Fixkosten und der Differenz zwischen Stückerlös und variablen Stückkosten ergibt.

(3) Gewinnmaximum (GM)

Unterstellt man einen linearen Verlauf der variablen Gesamtkosten und der Gesamterlöse, liegt das **Gewinnmaximum** an der **Kapazitätsgrenze des Betriebs.**

(4) Beispiel für die Berechnung und grafische Darstellung der Gewinnschwelle und des Gewinnmaximums

Excel

Beispiel:

Ein Industriebetrieb stellt Zubehörteile (Plastikbausätze) für Modelleisenbahnen her. Monatlich können maximal 1 000 Packungen (Inhalt 10 Bausätze) erzeugt werden. Es wird nur auf Bestellung gearbeitet.

- An **fixen Kosten** fallen monatlich an: für Gehälter 9 000,00 EUR, für Miete 1 600,00 EUR, für Nebenkosten (Heizung, Licht, Reinigung) 400,00 EUR, für die Verzinsung des investierten Kapitals 3 000,00 EUR und für die Abschreibung der Spritzgussmaschinen und der Werkzeuge 6 000,00 EUR. Die fixen Kosten betragen also insgesamt 20 000,00 EUR.
- Die **variablen Kosten** betragen 30,00 EUR je Verkaufspackung. Sie setzen sich aus den Roh- und Hilfsstoffkosten (6,00 EUR), den Akkordlöhnen (22,00 EUR) und den Energiekosten (2,00 EUR) zusammen.

Der Absatzpreis je Verkaufspackung beträgt 55,00 EUR.

Aufgaben:

1. Berechnen Sie in Intervallen von jeweils 100 Verkaufspackungen für die Herstellung von 100 bis 1 000 Verkaufspackungen die anfallenden Gesamtkosten, die Stückkosten, den Gesamtgewinn bzw. -verlust und den Stückgewinn bzw. -verlust! Erstellen Sie hierzu eine Kosten-Leistungs-Tabelle!
2. Berechnen Sie die Gewinnschwelle (Break-even-Point)!
3. Ermitteln Sie den optimalen Kostenpunkt (OKP) und das Gewinnmaximum (GM)!
4. Stellen Sie E, K, K_v und K_{fix}, k, k_v und e grafisch dar!

Lösungen:

Zu 1.:

Menge der Verkaufspackungen (x)	fixe Gesamtkosten in EUR (K_{fix})	variable Gesamtkosten in EUR (K_v)	Gesamtkosten in EUR (K)	Gesamterlös (abgesetzte Menge · Preis) (E)	Gewinn (grüne Zahlen) bzw. Verlust (rote Zahlen) (G/V)	variable Stückkosten (k_v)	fixe Stückkosten (k_{fix})	Stückkosten in EUR (k)	Stückerlös in EUR (e)	Stückverlust bzw. Stückgewinn (g/v)
100	20 000,00	3 000,00	23 000,00	5 500,00	17 500,00	30,00	200,00	230,00	55,00	175,00
200	20 000,00	6 000,00	26 000,00	11 000,00	15 000,00	30,00	100,00	130,00	55,00	75,00
300	20 000,00	9 000,00	29 000,00	16 500,00	12 500,00	30,00	66,67	96,67	55,00	41,67
400	20 000,00	12 000,00	32 000,00	22 000,00	10 000,00	30,00	50,00	80,00	55,00	25,00
500	20 000,00	15 000,00	35 000,00	27 500,00	7 500,00	30,00	40,00	70,00	55,00	15,00
600	20 000,00	18 000,00	38 000,00	33 000,00	5 000,00	30,00	33,33	63,33	55,00	8,33
700	20 000,00	21 000,00	41 000,00	38 500,00	2 500,00	30,00	28,57	58,57	55,00	3,57
800	20 000,00	24 000,00	44 000,00	44 000,00	–	30,00	25,00	55,00	55,00	–
900	20 000,00	27 000,00	47 000,00	49 500,00	2 500,00	30,00	22,22	52,22	55,00	2,78
1 000	20 000,00	30 000,00	50 000,00	55 000,00	5 000,00	30,00	20,00	50,00	55,00	5,00

Zu 2.: $x_0 = \frac{20\,000}{55 - 30} = \underline{\underline{800 \text{ Stück (Gewinnschwelle)}}}$

Zu 3.: Der optimale Kostenpunkt und das Gewinnmaximum liegen an der betrieblichen Kapazitätsgrenze von 1 000 Stück.

Zu 4.:

PPT

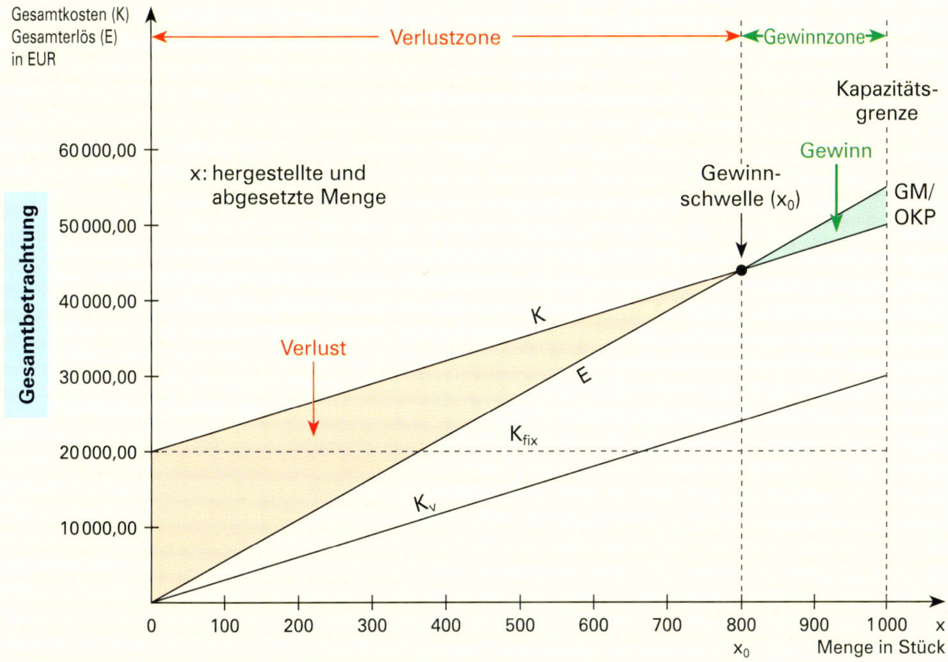
Gesamtkosten (K)
Gesamterlös (E)
in EUR
Verlustzone
Gewinnzone
Kapazitäts-
grenze
Gesamtbetrachtung
60 000,00
50 000,00
40 000,00
30 000,00
20 000,00
10 000,00
x: hergestellte und
abgesetzte Menge
Gewinn
Gewinn-
schwelle (x0)
GM/
OKP
K
E
Verlust
Kfix
Kv
0
100
200
300
400
500
600
700
800
900
1 000
x
x0
Menge in Stück

PPT

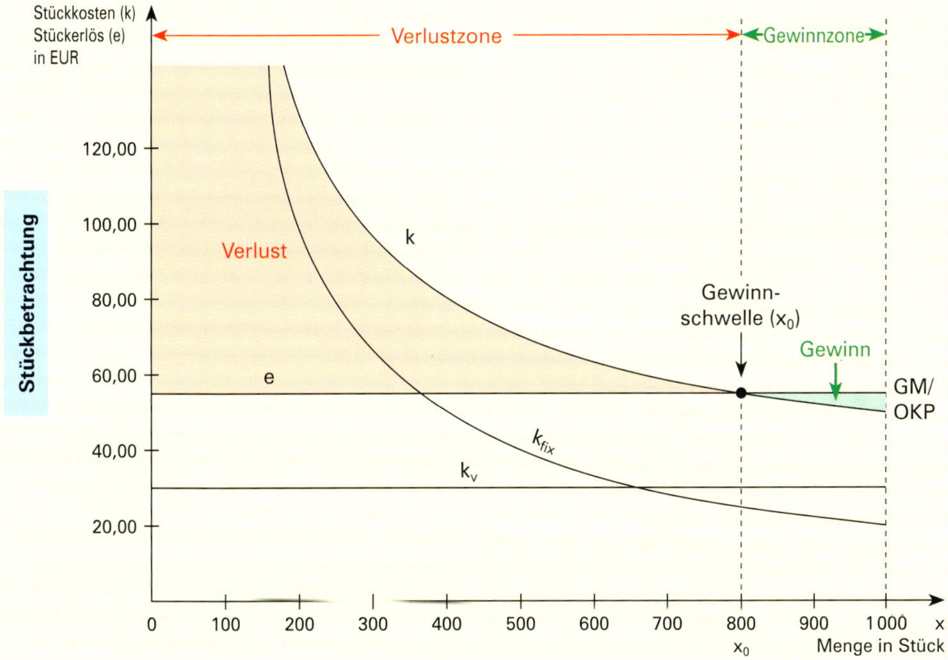
Stückkosten (k)
Stückerlös (e)
in EUR
Verlustzone
Gewinnzone
Stückbetrachtung
120,00
100,00
80,00
60,00
40,00
20,00
Verlust
k
Gewinn-
schwelle (x0)
Gewinn
e
GM/
OKP
kfix
kv
0
100
200
300
400
500
600
700
800
900
1 000
x
x0
Menge in Stück

Erläuterungen:

- Unterstellt man einen linearen Gesamtkostenverlauf, ergibt sich mit zunehmender Ausbringungsmenge eine Kostendegression, weil die variablen Kosten je Stück konstant bleiben, die fixen Kosten je Stück jedoch abnehmen **(Gesetz der Massenproduktion).**

> Das **Massenproduktionsgesetz** besagt: Je höher die Ausbringungsmenge zur Herstellung von Massengütern ist, desto geringer werden die fixen Kosten je Stück und umso niedriger werden damit die Stückkosten. Dadurch wird das Angebot auf dem Markt erhöht. Die Preise sinken, da sie sich den geringeren Stückkosten anpassen. Massengüter sind z. B. Kaugummi, Schrauben, Zement.
>
> Die Formel für das Massenproduktionsgesetz lautet: $k = k_v + \frac{K_{fix}}{x}$
>
> Das Stückkostenminimum liegt an der Kapazitätsgrenze.

- Bei linearem Gesamtkostenverlauf und gegebenem Absatzpreis liegt das **Gewinnmaximum** immer an der Kapazitätsgrenze, weil dort die Differenz zwischen Erlös (Umsatz) und Gesamtkosten (Gesamtbetrachtung) bzw. zwischen Absatzpreis je Stück und Stückkosten (Stückbetrachtung) am größten ist **(optimaler Kostenpunkt).**
- Die Ausbringungsmenge, bei der der Umsatz den Gesamtkosten bzw. der Absatzpreis je Stück den Stückkosten entspricht, bezeichnet man als **Gewinnschwelle,** mitunter auch als **Nutzenschwelle** oder als **„toten Punkt“ (Break-even-Point).** Kann der Betrieb seine Ausbringungsmenge über die Gewinnschwelle hinaus erhöhen, erzielt er Gewinn. Er tritt in die **Gewinnzone** ein. Liegt die Ausbringungsmenge unter der Gewinnschwelle, arbeitet der Betrieb mit Verlust. Er befindet sich in der **Verlustzone.**

(5) Gewinnschwelle als Umsatzgröße

Als Mengengröße hat die Gewinnschwelle nur bei Einproduktunternehmen eine sinnvolle Aussagekraft. In Mehrproduktunternehmen muss sie als Umsatzgröße ermittelt werden (Gewinnschwellenumsatz). Als Umsatzgröße klärt die Gewinnschwelle die Frage, bei welchem Umsatz ein Unternehmen die Gewinnschwelle erreicht.

Beispiel:

Der Einfachheit halber greifen wir auf unser bekanntes Beispiel von S. 78f. zurück und gehen davon aus, dass das Unternehmen in der Abrechnungsperiode einen Umsatzerlös von 55 000,00 EUR erzielt.

Aufgabe:

Ermitteln Sie den Gewinnschwellenumsatz!

Lösung:

Bei der Gewinnschwelle müssen die fixen Kosten durch entsprechende Erlöse abgedeckt werden. Im Beispiel werden die fixen Stückkosten in Höhe von 25,00 EUR durch den Stückerlös in Höhe von 55,00 EUR abgedeckt.

$$\text{Gewinnschwellenumsatz} = \frac{20\,000 \cdot 55}{25} = \underline{\underline{44\,000{,}00\ \text{EUR}}}$$

Ergebnis: Beim Umsatz von 44 000,00 EUR erreicht das Unternehmen die Gewinnschwelle. Sie entspricht der Menge von 800 Einheiten.

$$\textbf{Gewinnschwellenumsatz} = \frac{K_{fix} \cdot e}{k_{fix}} = x_0 \cdot e$$

7.1.3.3 Bedeutung der Gewinnschwelle für das Unternehmen

Die Gewinnschwelle zeigt an, wie viel Produkte abgesetzt werden müssen, damit die Gesamtkosten gedeckt sind. Bei dieser Feststellung wird davon ausgegangen, dass das Unternehmen **ein Produkt herstellt** und dass die **Kosten- und Erlösfunktion bei Änderung der Beschäftigung linear** verläuft.

Die Analyse der Gewinnschwelle ist für das Unternehmen wichtig. Sie zeigt die **Kostenstruktur des Unternehmens** und einen **eventuellen Änderungsbedarf** auf (z. B. ob das Verhältnis der fixen Kosten zu den variablen Kosten ausgewogen ist). Zudem zeigt die Gewinnschwelle die **erforderliche Absatzmenge** auf.

Kompetenztraining

19 Gewinnschwelle

Die Metallwerke AG Mannheim stellen Bohrmaschinen für den Handel her. Der Verkaufspreis der Bohrmaschinen CD 80 beträgt 322,00 EUR. Bei voller Auslastung kann das Unternehmen monatlich 960 Bohrmaschinen herstellen. Die fixen Kosten betragen monatlich 65 520,00 EUR, die variablen Kosten je Bohrmaschine belaufen sich auf 231,00 EUR.

Aufgaben:

1. Berechnen Sie die Ausbringungsmenge, bei der die Gewinnschwelle liegt!
2. Berechnen Sie den Beschäftigungsgrad!

20 Gewinnschwelle

Einer Möbelfabrik wird ein Regal, das sie bisher selbst produziert hat, zum Preis von 46,00 EUR angeboten. Der Verkaufspreis beträgt 50,00 EUR. Die Höhe der Eigenproduktion schwankt je nach den Bestellungen. In den Monaten April bis einschließlich August dieses Jahres wurden in der Kosten- und Leistungsrechnung folgende Zahlen ermittelt:

Monat	Stückzahl x	Gesamtkosten K	K_{fix}	K_v	k	e	E	G/V	g/v
April	70	4 500,00							
Mai	125	6 700,00							
Juni	210								
Juli	390								
August	185								

Vorlage

Aufgaben:

1. Vervollständigen Sie die Tabelle!
2. Berechnen Sie die Gewinnschwelle!
3. Erläutern Sie die betriebswirtschaftliche Bedeutung der Gewinnschwelle!

21 Kostenauflösung, Gewinnschwelle, Nachfrageänderung

Die Kostenanalyse für eine Fertigungsanlage ergibt folgendes Bild:

April: Hergestellte Menge 3400 Stück, Gesamtkosten 273000,00 EUR
Mai: Hergestellte Menge 3600 Stück, Gesamtkosten 282000,00 EUR

Der Verkaufserlös beträgt je Stück 77,00 EUR.

Aufgaben:

1. Ermitteln Sie die variablen Stückkosten, die Gewinnschwelle und den damit erzielbaren Umsatz!
2. Berechnen Sie den Gewinn/Verlust bei einem Beschäftigungsgrad von 72 % bzw. 100 % (Kapazitätsgrenze), wenn die Kapazitätsauslastung im Monat Mai 80 % beträgt!
3. Berechnen Sie die Absatzmenge, bei der ein Gewinn von 11200,00 EUR erwirtschaftet wird!
4. Ein Großkunde bestellt 800 Stück zur kurzfristigen Lieferung. Der Auftrag kann nur mit der Anordnung von Überstunden über das Wochenende abgewickelt werden. Dadurch erhöhen sich die variablen Kosten um 90 %. Aus Wettbewerbsgründen kann der Auftrag nicht abgelehnt werden.

   Berechnen Sie die Stückkosten bei einer hergestellten Menge von 5300 Stück! Begründen Sie den Verlauf der Stückkosten!

22 Kostenauflösung, Stückzahl bei Renditeziel

Der Elektromotorenspezialist Eberle KG liefert seit 5 Jahren Elektromotoren für einen baden-württembergischen Fahrzeughersteller. Aufgrund der besonderen Qualitätsanforderungen der Autoindustrie wurde dafür ein eigenes Werk am Standort Mannheim errichtet.

Der geschäftsführende Gesellschafter rechnet für das laufende Jahr mit einer erhöhten Nachfrage. Deshalb wurde die Kostensituation am Standort Mannheim einer aktuellen Analyse unterzogen. Diese ergab die nachfolgenden Werte:

Monat	produzierte Menge in Stück	Gesamtkosten in EUR
Januar	8000	2360000,00
Februar	8400	2408000,00

Der Verkaufspreis beträgt 310,00 EUR pro Stück. Kosten- und Erlösverlauf sind linear.

Aufgaben:

1. Ermitteln Sie die variablen Stückkosten und die monatlichen Fixkosten!
2. Aufgrund der guten Auftragslage erwartet die Eberle KG vom Zweigwerk Mannheim, dass nicht nur die Gewinnschwelle deutlich übertroffen werden kann, sondern auch eine Umsatzrendite in Höhe von 10 % erzielt wird.
   - 2.1 Ermitteln Sie, um wie viel Prozent die Produktionsmenge im Februar über der Gewinnschwelle lag!
   - 2.2 Weisen Sie rechnerisch nach, bei welcher monatlichen Stückzahl das Renditeziel der Eberle KG erreicht wird!

23 Kosten- und Gewinnsituation bei sinkender Ausbringungsmenge

Die Produktionskapazität der Strickwarenfabrik Nadler GmbH liegt bei 100 000 Pullover im Jahr. Die fixen Kosten belaufen sich auf 3,8 Mio. EUR, die variablen Stückkosten liegen bei 50,00 EUR.

Aufgaben:

1. Vervollständigen Sie folgende Tabelle!

Vorlage

	Ausbringungsmenge (Stück)	Fixe Kosten (Mio. EUR)	Variable Kosten (Mio. EUR)	Gesamtkosten (Mio. EUR)	Umsatz (Mio. EUR)
1. Jahr	96 000				10,00
2. Jahr	90 000				9,00
3. Jahr	81 000				7,65

2. Berechnen Sie den Verlust bzw. Gewinn für die drei Jahre und beurteilen Sie deren Entwicklung!
3. 3.1 Ermitteln Sie die durchschnittlichen Verkaufspreise für die drei Geschäftsjahre! Die produzierten Mengen entsprechen den jeweils verkauften Mengen.

   3.2 Berechnen Sie die Gewinnschwelle für das 3. Jahr!
4. Erläutern Sie drei Maßnahmen, die die Unternehmensleitung ergreifen kann, um die wirtschaftliche Situation zu verbessern!

24 Kostenauflösung mithilfe des Beschäftigungsgrades

Die Baden-Metall GmbH stellt unter anderem ein Spezial-Gusseisenteil her. Die Kapazität für dieses Produkt ist je nach Konjunkturlage zwischen 60 % und 90 % ausgenutzt. Die Gesamtkosten verlaufen bis zur Kapazitätsgrenze von 20 000 Stück/Monat linear. Bei einem Beschäftigungsgrad von 60 % betragen die monatlichen Gesamtkosten 50 000,00 EUR, bei 80 % sind es 60 000,00 EUR.

Aufgaben:

1. Berechnen Sie den Gewinn/Monat bei einem Beschäftigungsgrad von 75 %, wenn der Verkaufspreis 4,30 EUR je Stück beträgt!
2. In anderen Betriebsbereichen sind die Arbeitskräfte ebenfalls nicht voll ausgelastet. Es wäre möglich, die Kapazitätsausnutzung für das Spezial-Gusseisenteil auf 90 % bei einem gleichbleibenden Verkaufpreis zu erhöhen.

   2.1 Ermitteln Sie die durch die Mehrausnutzung erzielte Gewinnerhöhung in EUR und in Prozent, bezogen auf einen Beschäftigungsgrad von 75 %!

   2.2 Begründen Sie, worauf die Gewinnsteigerung bei zunehmender Kapazitätsausnutzung zurückzuführen ist!

   2.3 Angenommen, die Mehrproduktion ließe sich nur an einen neuen Großkunden absetzen, der einen Rabatt von 30 % auf den Verkaufspreis von 4,30 EUR je Stück verlangt.

   Ermitteln Sie die Gewinnsteigerung gegenüber dem Gewinn bei einem Beschäftigungsgrad von 75 %!

7.2 Stufen und Grundbegriffe der Kosten- und Leistungsrechnung beschreiben und voneinander abgrenzen sowie das Unternehmensergebnis, das neutrale Ergebnis und das Betriebsergebnis ermitteln und beurteilen

7.2.1 Stufen der Kosten- und Leistungsrechnung beschreiben

Eine Aufgabe der Kosten- und Leistungsrechnung (KLR) ist, alle Kosten, die ein Erzeugnis verursacht, zu erfassen, um – nach Einrechnung des Gewinns – dessen Preis festzulegen. Diese Form der Preisfindung bezeichnete man als **Vollkostenrechnung.**

Die Vollkostenrechnung umfasst drei Stufen:

Stufe I	**Welche Kosten sind angefallen?**	Diese Frage betrifft die systematische Erfassung aller Kosten, die bei der Erstellung und Verwertung betrieblicher Leistungen (Kostenträger) entstehen. Diese Frage betrifft den Teilbereich der **Kostenartenrechnung.**
Stufe II	**An welchen Stellen im Betrieb sind die Kosten angefallen?**	Die Beantwortung dieser Frage fällt in den Bereich der **Kostenstellenrechnung.**
Stufe III	**Wer hat die Kosten zu tragen?**	Bei dieser Frage geht es im Wesentlichen um das Problem der verursachungsgerechten Zurechnung der entstandenen Kosten auf die Kostenträger (Erzeugnisse). Diese Frage betrifft den Teilbereich der **Kostenträgerrechnung.**

7.2.2 Begriffe Aufwendungen und Kosten abgrenzen

BPE 7 Handlungssituation 3: Aufwendungen und Kosten abgrenzen

Anton Thomalla e. Kfm. produziert ein neuartiges Blockheizkraftwerk, das die Energiekosten drastisch reduziert und damit einen aktiven Beitrag zum Klimaschutz leistet.

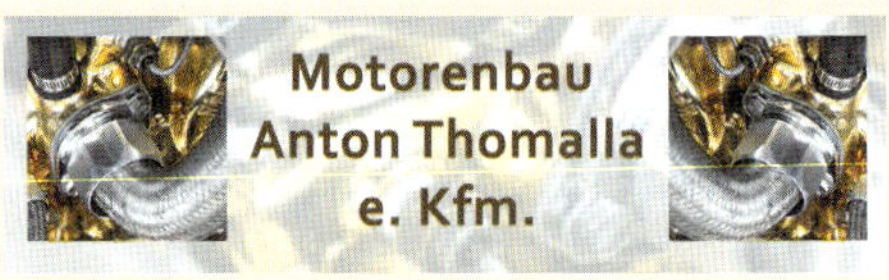

Die Abteilung „Kostenrechnung" hat für das Gerät die nachfolgenden Daten zur Abschreibung und zum Unternehmerlohn vorgelegt:

Abschreibungen

bilanzielle Abschreibungen	52 700,00 EUR
kalk. Abschreibungen	48 900,00 EUR

Unternehmerlohn

gezahlter Unternehmerlohn	0,00 EUR
kalk. Unternehmerlohn	15 000,00 EUR

Kompetenzorientierte Arbeitsaufträge:

1. Ermitteln Sie, in welcher Höhe jeweils neutraler Aufwand oder Zweckaufwand bzw. Grundkosten oder Zusatzkosten entstanden sind!

Verwenden Sie hierzu die folgende Tabelle:

Vorlage

	Buchführung		Kosten- und Leistungsrechnung	
Vorgang	Neutraler Aufwand	Zweckaufwand	Grundkosten	Zusatzkosten

2. Nennen Sie die Voraussetzungen, die erfüllt sein müssen, damit bei der bilanziellen bzw. der kalkulatorischen Abschreibung die reale Kapitalerhaltung gesichert ist!

3. Das Blockheizkraftwerk von Anton Thomalla e. Kfm. hat eine Nutzungsdauer von 8 Jahren. Es wird bilanziell linear von den Anschaffungskosten abgeschrieben. Der Buchwert des Blockheizkraftwerks am Ende des 1. Nutzungsjahres beträgt 10 937,50 EUR.
   3.1 Ermitteln Sie den Buchwert am Ende des 2. Nutzungsjahres!
   3.2 Kalkulatorisch wird das Blockheizkraftwerk linear vom Wiederbeschaffungswert abgeschrieben. Die kalkulatorische Nutzungsdauer beträgt 10 Jahre. Für das 2. Nutzungsjahr wird mit einer Preissteigerung von 8 % gerechnet. Berechnen Sie die Höhe der kalkulatorischen Abschreibung für das 2. Nutzungsjahr und ermitteln Sie den Wertansatz des Blockheizkraftwerks in der KLR am Ende des 2. Nutzungsjahres!

4. Nennen und erklären Sie Kriterien, nach denen die bilanzielle von der kalkulatorischen Abschreibung abgegrenzt werden kann!

(1) Aufwendungen, Kosten

In der **Buchführung** wird der Begriff **Aufwendungen** verwendet. Er erfasst **alle Geschäftsvorfälle,** die das **Eigenkapital mindern.** Dabei spielt es keine Rolle, ob die Ursache für die angefallenen Aufwendungen in der Verfolgung des eigentlichen Betriebszweckes zu sehen ist oder ob es sich um Aufwendungen handelt, die mit der Herstellung und dem Verkauf von Erzeugnissen nicht oder nur mittelbar in einem Zusammenhang stehen.

Aufwendungen sind alle in Geld gemessenen **Wertminderungen des Eigenkapitals** innerhalb einer Abrechnungsperiode.

In der **Kosten- und Leistungsrechnung** werden nur die **betrieblichen Aufwendungen** erfasst, die bei der Leistungserstellung bzw. dem Verkauf der Leistungen anfallen. Man bezeichnet die betrieblichen Aufwendungen als **Kosten.**

Kosten sind der **betriebliche Verbrauch von Gütern,** die zur **Leistungserstellung** oder **-verwertung** getätigt und in **Geld bewertet** werden.

(2) Zweckaufwand, Grundkosten

Stimmen die Beträge der Aufwendungen in der Buchführung mit den Beträgen der Kosten in der Kosten- und Leistungsrechnung überein, spricht man aus **Sicht der Buchführung** von **Zweckaufwand** und aus **Sicht der Kosten- und Leistungsrechnung** von **Grundkosten.**

Beispiele:

- Materialaufwand,
- Personalaufwand,
- betriebliche Steuern.

(3) Neutrale Aufwendungen

Aufwendungen, die **nicht betrieblich bedingt** sind oder aus anderen Gründen **nicht als Kosten verrechnet** werden, bezeichnet man als **neutrale Aufwendungen.**

Art der neutralen Aufwendungen	Beispiele
Betriebsfremde Aufwendungen sind alle Aufwendungen, die mit dem eigentlichen Betriebszweck nichts zu tun haben.	Verluste aus Wertpapierverkäufen, Reparaturkosten an nicht betrieblich genutzten Gebäuden, Kursverluste bei Auslandsgeschäften, Aufwendungen aus Beteiligungen.
Periodenfremde Aufwendungen sind Aufwendungen, die zwar betrieblich sind, deren Verursachung aber in einer vorangegangenen Geschäftsperiode liegt.	Steuernachzahlungen, Nachzahlungen von Gehältern, Garantieverpflichtungen für Geschäfte aus dem vorangegangenen Geschäftsjahr.
Außerordentliche Aufwendungen sind Aufwendungen, die zwar betrieblich sind, die aber ungewöhnlich hoch oder äußerst selten anfallen.	Verluste aus Enteignungen, Verluste aus nicht durch Versicherungen gedeckten Katastrophenfällen, Ausfall von Forderungen durch Zahlungsunfähigkeit des Kunden.
Aufwendungen aus einer **Umstrukturierung des Vermögens.** Die Abgänge von Anlagegütern fallen nicht planmäßig an. Sie können damit nicht in der Kostenrechnung verrechnet werden.	Verluste aus dem Abgang von Gegenständen des Sachanlagevermögens (Verkauf von Anlagegütern unter dem Buchwert).

- **Neutrale Aufwendungen** sind Aufwendungen, die in **keinem Zusammenhang mit dem Betriebszweck** stehen, die **nicht in der laufenden Periode,** die **unregelmäßig** oder in **außergewöhnlicher** Höhe anfallen.
- Die neutralen Aufwendungen werden in der **Kosten- und Leistungsrechnung** entweder **gar nicht** oder **nicht** in der in der **Buchführung ausgewiesenen Höhe** berücksichtigt.

7.2.3 Kalkulatorische Kosten erläutern

Bei der **Abgrenzung der Kosten von den Aufwendungen** können **zwei weitere Fälle** auftreten:

- Für die **Kosten** fallen in der Buchführung **keine Aufwendungen** an **(Zusatzkosten).**
- Für die **Kosten** fallen in der Buchführung **andere** Beträge an **(Anderskosten).**

- **Anderskosten** sind Aufwendungen, die in der **Kosten- und Leistungsrechnung** mit einem **anderen Betrag** als in der Buchführung angesetzt werden.
- **Zusatzkosten** sind Kosten, für die es **keine Aufwendungen** innerhalb der Buchführung gibt.
- **Anderskosten** und **Zusatzkosten** bilden zusammen den Umfang der **kalkulatorischen Kosten.**

Die Abgrenzung der Begriffe Aufwendungen und Kosten kann grafisch wie folgt dargestellt werden:

PDF

<table>
<tr><td colspan="3">Aufwendungen der Finanzbuchführung</td><td></td></tr>
<tr><td>neutrale Aufwendungen</td><td colspan="2">betriebliche Aufwendungen
Zweckaufwendungen</td><td>keine Aufwendungen</td></tr>
<tr><td rowspan="2">keine Kosten</td><td>Grundkosten</td><td>Anderskosten</td><td>Zusatzkosten</td></tr>
<tr><td colspan="3">Kosten der Kosten- und Leistungsrechnung</td></tr>
</table>

7.2.3.1 Kalkulatorische Abschreibungen

(1) Abgrenzung der kalkulatorischen Abschreibung von der bilanziellen Abschreibung[1]

Für die **Kosten- und Leistungsrechnung (KLR)** muss die **tatsächliche Wertminderung** angesetzt werden. Für die Berechnung der Abschreibungshöhe in der **Buchführung** sind **handelsrechtliche Vorschriften** vorgegeben. Dies bedeutet, dass die Abschreibungsbeträge in erster Linie bestimmt werden durch finanzpolitische Strategien des Gesetzgebers und im Hinblick auf den tatsächlichen Werteverzehr zu hoch oder zu niedrig sein können.

Da die Berechnung der Abschreibungshöhe innerhalb der Buchführung nach anderen Kriterien vorgenommen wird als in der KLR, ist zwischen **kalkulatorischer** und **bilanzieller Abschreibung** zu unterscheiden.

- Die **bilanzielle Abschreibung** wirkt sich in der **Buchführung** aus,
- die **kalkulatorische Abschreibung** in der **Kosten- und Leistungsrechnung.**

Die **unterschiedlichen Wertansätze** für die Abschreibung in der Buchführung und in der Kostenrechnung sind insbesondere auf folgende **drei Gründe** zurückzuführen:

- Bezugsgrundlage für die Berechnung der **bilanziellen Abschreibungen** sind nach dem HGB die **Anschaffungs- oder Herstellungskosten.** Die **kalkulatorischen Abschreibungen** werden von den **Wiederbeschaffungskosten** berechnet, um über die zurückfließenden Umsatzerlöse die Ersatzbeschaffung der Anlagegüter sicherzustellen.
- **Bilanziell** werden Anlagegüter bis zum **Restwert 0** abgeschrieben. Die **kalkulatorische Abschreibung** erfolgt so lange, wie das **Anlagegut betrieblich genutzt wird.**
- **Bilanziell abgeschrieben** werden **alle Wirtschaftsgüter des Anlagevermögens,** auch wenn sie dem eigentlichen Betriebszweck nicht dienen. **Kalkulatorisch** abgeschrieben werden nur **betriebsnotwendige Anlagegüter,** d. h. Anlagegüter, die dem eigentlichen Betriebszweck dienen.

Beispiel:

Ein Kombiwagen mit Anschaffungskosten von 45 000,00 EUR wird buchhalterisch linear über 6 Jahre abgeschrieben.

Aufgrund der laufenden Preiserhöhungen muss in der Kostenrechnung von den Wiederbeschaffungskosten in Höhe von 51 000,00 EUR abgeschrieben werden. Ein Restwert ist nicht zu erwarten.

Aufgabe:

Berechnen Sie die Höhe der bilanziellen und kalkulatorischen Abschreibungen!

1 Vgl. hierzu Band 1, S. 410 ff.

Lösung:

$$\text{Bilanzielle Abschreibung (linear)} = \frac{\text{Anschaffungskosten}}{\text{Nutzungsdauer}} = \frac{45\,000{,}00\text{ EUR}}{6\text{ Jahre}} = \underline{\underline{7\,500{,}00\text{ EUR/Jahr}}}$$

$$\text{Kalkulatorische Abschreibung} = \frac{\text{Wiederbeschaffungskosten}^{1} - \text{Restwert}^{2}}{\text{Nutzungsdauer}}$$

$$= \frac{51\,000{,}00\text{ EUR}}{6\text{ Jahre}} = \underline{\underline{8\,500{,}00\text{ EUR/Jahr}}}$$

Es entstehen somit jährlich um 1 000,00 EUR höhere Kosten als Aufwendungen.

- **Bilanzielle Abschreibungen** erfassen die **erfolgswirksamen Wertminderungen.**
- **Kalkulatorische Abschreibungen** erfassen – unabhängig von gesetzlichen Vorschriften – die **tatsächlichen Wertminderungen.**

(2) Bilanzielle und kalkulatorische Abschreibungen als Instrument der Finanzierung

Ziel der kalkulatorischen Abschreibung ist, Finanzmittel zu erwirtschaften, um für verbrauchte Anlagegüter eine Ersatzbeschaffung tätigen zu können. Die Finanzierung der Ersatzbeschaffung ist dadurch möglich, dass die **kalkulatorische Abschreibung** in die **Verkaufspreise einkalkuliert** wird und bei kostendeckenden Preisen über die **Umsatzerlöse zurückfließt.** Voraussetzung ist, dass die Absatzpreise die Kosten decken.

Soll	GuV-Konto Haben
Bilanzielle Abschreibungen 10 000,00 EUR	In die Umsatzerlöse eingerechnete kalkulatorische Abschreibungen 12 000,00 EUR
Gewinn 2 000,00 EUR	

Die **bilanzielle Abschreibung** wird in der Buchführung als **Aufwand gebucht.** Damit wird verhindert, dass die mit den Umsatzerlösen zurückfließenden Abschreibungsbeträge – bis zur **Höhe der bilanziellen Abschreibungen** – zu Gewinn und möglicherweise ausgeschüttet werden **(Gefahr der Substanzausschüttung).**

- Sind die **bilanzielle und die kalkulatorische Abschreibung gleich groß,** ist der **Vorgang erfolgsneutral.** Das Vermögen bleibt **nominell** erhalten.
- Ist die **bilanzielle Abschreibung größer als die kalkulatorische Abschreibung,** wird ein Gewinn verdeckt. Es werden **stille Rücklagen gebildet.**
- Ist die **bilanzielle Abschreibung kleiner als die kalkulatorische Abschreibung,** stehen dem Unternehmen zusätzliche Finanzmittel zur Verfügung. Es handelt sich um eine **offene Finanzierung aus dem Gewinn.**[3]

1 Bei Preisstabilität werden die Anschaffungskosten verwendet.

2 Ein Restwert wird angesetzt, wenn am Ende der Nutzungsdauer ein Liquidationserlös (z. B. Schrottwert) anfällt.

3 Die zusätzlichen Finanzmittel werden als **Scheingewinn** ausgewiesen, der versteuert werden muss und ausgeschüttet werden kann. Ein Teil der Abschreibungsgegenwerte ist in diesem Fall für Investitionen verloren.

7.2.3.2 Kalkulatorischer Unternehmerlohn

Die Arbeit des Unternehmers schlägt sich nicht bei allen Rechtsformen der Unternehmen als Aufwand in der Buchführung nieder. Ein **Einzelunternehmer** bzw. der **mitarbeitende Gesellschafter einer Personengesellschaft** (z.B. Komplementär) erhält für seine Arbeitsleistung **kein Gehalt.** Ihre Arbeit ist durch den **Gewinn abgegolten.** Demgegenüber zahlen vergleichbare Unternehmen aufgrund ihrer Rechtsform (z.B. GmbH) Geschäftsführergehälter, die sich als Aufwand niederschlagen.

Es ist daher – sowohl unter dem Gesichtspunkt einer exakten Kostenerfassung in der KLR als auch unter dem Gesichtspunkt der Vergleichbarkeit der Kostenstrukturen unterschiedlicher Unternehmen – unerlässlich, diese unternehmerische Tätigkeit in Geld zu bemessen und als Kosten zu erfassen. Die Höhe des Unternehmerlohns bestimmt sich nach dem Arbeitseinsatz des Unternehmers und dem jeweils bestehenden Lohnniveau. Der kalkulatorische Unternehmerlohn wird in die **Preise für die Erzeugnisse** einkalkuliert und fließt über die **Umsatzerlöse in das Unternehmen zurück.** Er darf nicht – wie z.B. das Gehalt eines Geschäftsführers in der GmbH – in der Buchhaltung gebucht werden.

Der **kalkulatorische Unternehmerlohn** erfasst bei **Einzelunternehmen** und **Personengesellschaften** die Kosten für die Arbeitsleistung der mitarbeitenden Unternehmer.

!

7.2.3.3 Kalkulatorische Zinsen

Die **gezahlten Zinsen** für das aufgenommene **Fremdkapital** stellen einen betrieblichen Aufwand dar. Sie werden in der Buchführung erfasst. Da ein Unternehmer jedoch für das **gesamte** eingesetzte betriebsnotwendige Kapital eine Verzinsung erwartet, werden in der Kosten- und Leistungsrechnung kalkulatorische Zinsen angesetzt. Sie werden vom **Fremdkapital und vom Eigenkapital** berechnet. Die Höhe des Zinssatzes richtet sich an dem im betreffenden Zeitraum geltenden durchschnittlichen Zinssatz für langfristige Darlehen aus.

$$\text{Kalkulatorische Zinsen} = \frac{\text{Anschaffungskosten} + \text{Restwert}}{2} \cdot \frac{\text{Zinssatz}}{100}$$

- **Kalkulatorische Zinsen** sind die **Kosten** für die **Nutzung des betrieblichen Kapitals.**
- In der **Kosten- und Leistungsrechnung** werden **sämtliche Zinsen** für das **betriebliche Kapital** angesetzt, in der **Buchführung** lediglich die **gezahlten Zinsen.**

!

7.2.4 Begriffe Erträge und Leistungen abgrenzen

(1) Erträge, Leistungen

Der Begriff **Erträge** wird in der **Buchführung** verwendet und erfasst **alle Geschäftsvorfälle,** die das **Eigenkapital erhöhen.** Dabei spielt es keine Rolle, ob die Ursache für die angefallenen Erträge in der Verfolgung des eigentlichen Betriebszweckes zu sehen ist oder ob es sich um Erträge handelt, die mit der Herstellung und dem Verkauf von Erzeugnissen nicht oder nur mittelbar in einem Zusammenhang stehen.

Erträge sind alle in Geld gemessenen **Wertzugänge des Eigenkapitals** innerhalb einer Abrechnungsperiode.

In der **Kosten- und Leistungsrechnung** werden nur die **betrieblichen Erträge** erfasst, die ursächlich in Zusammenhang mit der Verfolgung des eigentlichen Betriebszwecks stehen. Man bezeichnet die betrieblichen Erträge als **Leistungen.**

Leistungen sind das **Ergebnis** eines **betrieblichen Leistungserstellungsprozesses.**

(2) Zweckerträge/Grundleistungen

Stimmen die Beträge der Erträge in der Buchführung mit den Beträgen der Leistungen in der Kosten- und Leistungsrechnung überein, spricht man aus **Sicht der Buchführung** von **Zweckertrag** und aus Sicht der **Kosten- und Leistungsrechnung** von **Grundleistungen.**

Beispiele:

- Verkauf von Erzeugnissen,
- Vermietung von Erzeugnissen,
- Erbringen von Dienstleistungen.

(3) Neutrale Erträge

Erträge, die **nicht betrieblich bedingt** sind oder aus anderen Gründen **nicht als Leistungen verrechnet** werden sollen, bezeichnet man als **neutrale Erträge.**

Art der neutralen Erträge	Beispiele
Betriebsfremde Erträge sind alle Erträge, die mit dem eigentlichen Betriebszweck nichts zu tun haben.	Erträge aus Wertpapieren des Umlaufvermögens, Zinserträge, Erträge aus Beteiligungen, Erträge aus Finanzanlagen.
Periodenfremde Erträge sind Erträge, die zwar betrieblich sind, deren Verursachung aber in einer vorangegangenen Geschäftsperiode liegt.	Steuerrückerstattungen, Eingang einer bereits abgeschriebenen Forderung.
Außergewöhnliche Erträge sind Erträge, die zwar betrieblich sind, die aber ungewöhnlich hoch oder äußerst selten sind.	Erträge aus Gläubigerverzicht, Steuererlass, Erträge aus Schenkungen.
Erträge aus einer **Umstrukturierung des Vermögens.**	Erträge aus dem Abgang von Vermögensgegenständen (Verkauf von Anlagegütern über dem Buchwert).

- **Neutrale Erträge** sind Erträge, die in **keinem Zusammenhang mit dem Betriebszweck** stehen, die **nicht in der laufenden Periode,** die **unregelmäßig** oder in **außergewöhnlicher Höhe** anfallen.
- Die neutralen Erträge werden in der **Kosten- und Leistungsrechnung** entweder **gar nicht** oder **nicht** in der in **der Buchführung ausgewiesenen Höhe** berücksichtigt.

(4) Zusatzleistungen

Neben der Tatsache, dass es **Erträge** gibt, die **keine Leistungen darstellen,** nämlich die neutralen Erträge, gibt es auch **Leistungen,** die **keine Erträge** sind. Es handelt sich um die **Zusatzleistungen.** Ein Beispiel für Zusatzleistungen sind Verkaufsprodukte, die gespendet oder verschenkt werden.

Zusatzleistungen sind Leistungen, für die es **keine Erträge** innerhalb der Buchführung gibt **(ertragslose Leistungen).**

Die Abgrenzung der Begriffe Erträge und Leistungen kann grafisch wie folgt dargestellt werden.

PDF

Kompetenztraining

25 Grundbegriffe und Zuordnung von Beispielen

1. Notieren Sie, welche der Aussage zu den Aufgaben der Kosten- und Leistungsrechnung richtig ist!
   1.1 Durch sie wird der Erfolg des Unternehmens im Geschäftsjahr ermittelt.
   1.2 Sie vergleicht aufbereitete Daten, z. B. das Gesamtergebnis, mit denen anderer Unternehmen der gleichen Branche.
   1.3 Sie bucht Geschäftsvorfälle aufgrund der angefallenen Belege.
   1.4 Sie ermittelt den betrieblichen Erfolg des Geschäftsjahres.
   1.5 Sie hält alle Veränderungen der Vermögens- und Kapitalwerte fest.

2. Ordnen Sie die nachfolgenden Aufwandsarten den betrieblichen oder neutralen Aufwendungen zu!

   Gehaltszahlungen, Aufwendungen für Handelswaren, Verkauf eines Anlagegutes unter dem Buchwert, Abschreibungen auf Sachanlagen, hoher Forderungsausfall durch die Zahlungsunfähigkeit eines Kunden, Aufwendungen für die Altersversorgung der Arbeitnehmer, Verluste durch Brandschäden, die nicht durch eine Versicherung gedeckt sind, Arbeitgeberanteil zur Sozialversicherung, Mietzahlung für die Garage des Betriebs-Lkw, Aufwendungen für Rohstoffe, Steuernachzahlung für das vergangene Geschäftsjahr, Zahlung der Grundsteuer für das laufende Geschäftsjahr, Zahlung der Gebäudeversicherung für ein nicht betriebsnotwendiges Gebäude.

3. Ordnen Sie die nachfolgenden Ertragsarten den betrieblichen oder neutralen Erträge zu!

   Umsatzerlöse für Waren, Erträge aus Beteiligungen, Erträge aus dem Verkauf von Wertpapieren, Zinserträge, unerwarteter Eingang für eine bereits abgeschriebene Forderung, Mietertrag aus der Vermietung eines nicht betrieblich genutzten Gebäudes, Steuerrückvergütung für das vergangene Geschäftsjahr, Umsatzerlöse für eigene Erzeugnisse, Bestandsmehrung an unfertigen Erzeugnissen, Verkauf eines Anlagegutes über dem Buchwert, selbst hergestellte Regale für die Verwendung im eigenen Betrieb.

4. Beurteilen Sie, bei welchen der genannten buchhalterischen Begriffe es sich um Begriffe der Kostenrechnung handelt!

   Abschreibungen auf Sachanlagen; Kosten für Ausgangsfrachten; Umsatzsteuer auf den Verkauf von Erzeugnissen; Arbeitgeberanteil zur Sozialversicherung; Aufwendungen für Handelswaren; Aufwendungen für Roh-, Hilfs- oder Betriebsstoffe; Aufwendungen für Kommunikation.

5. Beurteilen Sie, bei welchen der genannten buchhalterischen Begriffe es sich um Begriffe der Leistungsrechnung handelt!

   Umsatzerlöse für Handelswaren; Provisionserträge; aktivierte Eigenleistungen; Rabatt beim Einkauf von Rohstoffen; Zinserträge; andere sonstige betriebliche Erträge; Erträge aus dem Abgang von Vermögensgegenständen; Erträge aus der Herabsetzung von Rückstellungen; Umsatzerlöse für eigene Erzeugnisse.

26 Abgrenzung von Aufwendungen und Kosten

1. Erklären Sie den Begriff Anderskosten und nennen Sie ein Beispiel!
2. Erläutern Sie, warum in der KLR kalkulatorische Abschreibungen angesetzt und nicht die in der Buchführung erfassten bilanziellen Abschreibungen übernommen werden!
3. Begründen Sie, warum es unter kostenmäßigen Gesichtspunkten berechtigt ist, für den Einzelunternehmer und für die mitarbeitenden Komplementäre einer KG jeweils entsprechende Kosten für deren Arbeitsleistung anzusetzen!
4. Erläutern Sie den Zweck der Verrechnung kalkulatorischer Kosten!
5. Unterscheiden Sie Anderskosten und Zusatzkosten!
6. Bei einer KG wird für die Mitarbeit des Komplementärs ein Unternehmerlohn in der Kalkulation berücksichtigt und über die Umsatzerlöse erwirtschaftet.

   Aufgabe:

   Erläutern Sie die Auswirkungen des einkalkulierten Unternehmerlohns auf das Betriebsergebnis und das Unternehmensergebnis!
7. Am 30. Juli 20.. haben wir einen Lkw angeschafft. Die Anschaffungskosten belaufen sich auf 81 000,00 EUR. Die Nutzungsdauer beträgt 9 Jahre. Es wird linear abgeschrieben.

   In der KLR wird der Lkw von den Wiederbeschaffungskosten abgeschrieben. Die Wiederbeschaffungskosten betragen 95 625,00 EUR. Die Abschreibung erfolgt ebenfalls linear.

   Aufgabe:

   Übertragen Sie das folgende Schema in Ihre Unterlagen und tragen Sie die ermittelten Abschreibungsbeträge ein:

Neutraler Aufwand	Zweckaufwand	Grundkosten	Zusatzkosten

8. Erklären Sie den Finanzierungseffekt, den die Abschreibung ermöglicht!

7.2.5 Abgrenzungsrechnung und Abgrenzungstabelle erstellen und beurteilen

BPE 7 Handlungssituation 4: Eine Abgrenzungstabelle erstellen und beurteilen

Die MicroTex Technologies GmbH, Ulm, weist zum 1. Januar 20.. folgende zusammengefasste Eröffnungsbilanz aus:

MicroTex Technologies GmbH

Aktiva — Bilanz zum 1. Jan. 20.. (in TEUR) — Passiva

Aktiva		Passiva	
Anlagevermögen		**Eigenkapital**	
Bebaute Grundstücke	2000	Kapital Kehl	3000
Maschinen, Fuhrpark	2400	Kapital Kohn	2480
(davon stillgelegte Maschinen 800)		**Rückstellungen**	200
Umlaufvermögen		**Verbindlichkeiten**	
Vorräte	2500	Darlehen	3000
Sonst. Umlaufvermögen	2580	Verbindl. a. Lief. u. Leist.	800
(davon Wertpapiere 680)			
	9480		9480

Am 31. Dezember 20.. liegen folgende Zahlen der Buchführung vor (Angaben in TEUR):

Umsatzerlöse für eig. Erzeugnisse	15000	Hilfslöhne	1000
Bestandsminderung Fertigerzeugnisse	400	Gehälter	1200
Aktivierte Eigenleistungen	120	Abschreibungen auf Sachanlagen	800
Zinserträge	20	Verl. a. d. Abg. v. Vermögensgegenst.	340
Erträge aus Wertpapieren des UV	160	Zinsaufwendungen	240
Aufwendungen für Werkstoffe	4600	Sonstige Kosten	1940
Fertigungslöhne	3800		

Berücksichtigen Sie außerdem die folgenden Angaben:

- Die bilanziellen Abschreibungen wurden nach handelsrechtlichen Gesichtspunkten vorgenommen. Der wirkliche Werteverzehr liegt um 15 % niedriger.
- Für die geschäftsführenden Gesellschafter Kehl und Kohn ist ein kalkulatorischer Unternehmerlohn zu verrechnen. Für zwei angestellte Geschäftsführer wäre vergleichsweise eine monatliche Vergütung von je 10000,00 EUR aufzuwenden.
- Als kalkulatorische Zinsen sind 8 % vom durchschnittlich gebundenen Kapital in Höhe von 7000 TEUR zu verrechnen.

Kompetenzorientierte Arbeitsaufträge:

1. Berechnen Sie die kalkulatorischen Abschreibungen, den kalkulatorischen Unternehmerlohn und die kalkulatorischen Zinsen!
2. Ermitteln Sie mithilfe einer Abgrenzungstabelle das Unternehmensergebnis, das neutrale Ergebnis sowie das Betriebsergebnis! Vorlage
3. Eine Betriebsvereinbarung sieht vor, dass die Belegschaft am Betriebsgewinn beteiligt wird. Im Betriebsrat wurden Stimmen laut, wonach die Unternehmensleitung versucht habe, das Betriebsergebnis und damit den Gewinnanteil der Belegschaft durch Berücksichtigung von Zusatzkosten zu verringern.

   Beurteilen Sie den Vorwurf unter kalkulatorischen Gesichtspunkten!

7.2.5.1 Aufbau der Abgrenzungstabelle zur Trennung der Kosten und Leistungen von den Aufwendungen und Erträgen

Mithilfe der **Abgrenzungstabelle** werden aus den erfassten Aufwendungen und Erträgen der Buchführung die Höhe der Kosten und Leistungen ermittelt.

Im **linken Teil** der Abgrenzungstabelle **(Rechnungskreis I)** werden die **Aufwendungen und Erträge** der Buchführung einander gegenübergestellt und damit das **Unternehmensergebnis** ausgewiesen.

Im **Mittelteil** der Abgrenzungstabelle werden die **neutralen Aufwendungen und Erträge** erfasst **(unternehmensbezogene Abgrenzungen)** und den **betrieblichen Aufwendungen** die zu **verrechnenden Kosten** gegenübergestellt **(kostenrechnerische Korrekturen).** Damit lässt sich das **neutrale Ergebnis** feststellen.

Im **rechten Teil** der Abgrenzungstabelle **(Rechnungskreis II)** werden – unter Berücksichtigung der Ergebnisse des Abgrenzungsbereichs – die **Kosten und Leistungen** ermittelt und daraus das **Betriebsergebnis** berechnet.

PDF

Vorlage

Rechnungskreis I			Rechnungskreis II					
Buchführung			Abgrenzungsbereich				Kosten- und Leistungsrechnung	
			unternehmensbezogene Abgrenzung		kostenrechnerische Korrekturen			
Konten	Aufw.	Erträge	neutrale Aufw.	neutrale Erträge	betriebl. Aufw.	verrechn. Kosten	Kosten	Leistungen
⋮	⋮	⋮	⋮	⋮	⋮	⋮	⋮	⋮
Summen:								
Salden (Ergebnisse):								
	Unternehmensergebnis		Ergebnis aus unternehmensbezogener Abgrenzung		Ergebnis aus kostenrechnerischen Korrekturen		Betriebsergebnis	
			neutrales Ergebnis					

7.2.5.2 Abgrenzungstabelle mit unternehmensbezogener Abgrenzung

Ausgangspunkt für die unternehmensbezogene Abgrenzung der Aufwendungen und Erträge sind die Zahlen der Buchführung. Diese Werte werden **unverändert in den Rechnungskreis I** der Abgrenzungstabelle übernommen.

Die eigentliche Abgrenzung erfolgt im **Rechnungskreis II.** Dabei werden die Zahlen der Buchführung, die in den Rechnungskreis I übernommen wurden, unter dem Gesichtspunkt betrieblich oder neutral sortiert.

- Die **neutralen Aufwendungen und neutralen Erträge** werden innerhalb des Rechnungskreises II in die Spalte **unternehmensbezogene Abgrenzung** übernommen.
- Die **betrieblichen Aufwendungen (Kosten)** und die **betrieblichen Erträge (Leistungen)** werden in die Spalte **Kosten- und Leistungsrechnung** übernommen. Weichen die betrieblichen Aufwendungen von den ermittelten Kosten ab, werden sie als verrechnete Kosten in die Spalte **kostenrechnerische Korrekturen** übernommen.

Der Abgrenzung der Kosten von den Aufwendungen und der Leistungen von den Erträgen liegen **vier Grundfälle** zugrunde.

Grundfälle	**Beispiele**	
① Die Aufwendungen sind gleich hoch wie die Kosten.	Aufwendungen für Büromaterial Kosten für Büromaterial	12 000,00 EUR 12 000,00 EUR
② Die Aufwendungen sind keine Kosten.	Periodenfremde Aufwendungen Kosten	4 000,00 EUR 0,00 EUR
③ Die Erträge sind gleich hoch wie die Leistungen.	Erträge aus Umsatzerlösen Leistungen aus Umsatzerlösen	20 000,00 EUR 20 000,00 EUR
④ Die Erträge sind keine Leistungen.	Periodenfremde Erträge Leistungen	1 500,00 EUR 0,00 EUR

Rechnungskreis I			Rechnungskreis II					
Buchführung			Abgrenzungsbereich				Kosten- und Leistungsrechnung	
			unternehmensbezogene Abgrenzung		kostenrechnerische Korrekturen			
Konten	Aufw.	Erträge	neutrale Aufw.	neutrale Erträge	betriebl. Aufw.	verrechn. Kosten	Kosten	Leistungen
Büromaterial	12 000,00						12 000,00	
Periodenfremde Aufw.	4 000,00		4 000,00					
Umsatzerlöse		20 000,00						20 000,00
Periodenfremde Erträge		1 500,00		1 500,00				

Beispiel: Abgrenzungstabelle mit unternehmensbezogener Abgrenzung

Das Industrieunternehmen Max Kluge KG weist beim Jahresabschluss nebenstehende Werte aus:

Aufgabe:

Ermitteln Sie das Unternehmensergebnis, das neutrale Ergebnis und das Betriebsergebnis!

Konten	**Betrag**
Umsatzerl. für eig. Erzeugn.	750 000,00 EUR
Periodenfremde Erträge	43 800,00 EUR
Zinserträge	17 950,00 EUR
Aufw. für Rohstoffe	480 000,00 EUR
Löhne	135 000,00 EUR
Mieten, Pachten	5 610,00 EUR
Büromaterial	48 950,00 EUR
Reisekosten	9 460,00 EUR
Verl. a. d. Abg. v. VG	2 850,00 EUR
Periodenfremde Aufwendungen	25 750,00 EUR

Lösung:

Rechnungskreis I			Rechnungskreis II					
Buchführung			Abgrenzungsbereich				Kosten- und Leistungsrechnung	
			unternehmensbezogene Abgrenzung		kostenrechnerische Korrekturen			
Konten	Aufw.	Erträge	neutrale Aufw.	neutrale Erträge	betriebl. Aufw.	verrechn. Kosten	Kosten	Leistungen
Umsatzerl. f. eig. Erzeugn.		750 000,00						750 000,00
Periodenfremde Erträge		43 800,00		43 800,00				
Zinserträge		17 950,00		17 950,00				
Aufw. f. Rohstoffe	480 000,00						480 000,00	
Löhne	135 000,00						135 000,00	
Mieten, Pachten	5 610,00						5 610,00	
Büromaterial	48 950,00						48 950,00	
Reisekosten	9 460,00						9 460,00	
Verl. a. d. Abg. v. VG[1]	2 850,00		2 850,00					
Periodenfremde Aufw.	25 750,00		25 750,00					
Summen:	707 620,00	811 750,00	28 600,00	61 750,00			679 020,00	750 000,00
Salden (Ergebnisse):	104 130,00		33 150,00				70 980,00	
	811 750,00	811 750,00	61 750,00	61 750,00			750 000,00	750 000,00
	Unternehmensergebnis		Ergebnis aus unternehmensbezogener Abgrenzung		Ergebnis aus kostenrechnerischen Korrekturen		Betriebsergebnis	
			neutrales Ergebnis					

Unternehmensergebnis	–	**neutrales Ergebnis**	=	**Betriebsergebnis**
104 130,00 EUR	–	33 150,00 EUR	=	70 980,00 EUR

Erläuterungen zur unternehmensbezogenen Abgrenzung:

- Alle betrieblichen Aufwendungen und betrieblichen Erträge werden im Rechnungskreis II als Kosten und Leistungen in die Kosten- und Leistungsrechnung übernommen (Fall (1) und Fall (3)). Der Saldo ergibt das **Betriebsergebnis.**
- Die neutralen Aufwendungen und neutralen Erträge werden im Rechnungskreis II in die unternehmensbezogene Abgrenzung übernommen und dadurch von der Kosten- und Leistungsrechnung abgegrenzt, weil sie das Betriebsergebnis verfälschen würden (Fall (2) und Fall (4)).
- Auf das Beispiel bezogen, betrifft das
  - **auf der Ertragsseite:** die **periodenfremden Erträge** sowie die **Zinserträge.**
  - **auf der Aufwandsseite:** die **Verluste aus dem Abgang von Vermögensgegenständen** und die **periodenfremden Aufwendungen.** Der Saldo ergibt das Ergebnis aus unternehmensbezogener Abgrenzung.

1 **Verluste aus dem Abgang von Vermögensgegenständen** liegen dann vor, wenn Vermögensgegenstände unter dem Buchwert verkauft werden. (Zum Beispiel: Der Buchwert eines Firmen-Pkw beträgt 17 850,00 EUR. Der Erlös für den Firmen-Pkw beträgt 15 000,00 EUR. Es entsteht ein „Buchverlust" von 2 850,00 EUR).

7.2.5.3 Abgrenzungstabelle mit kostenrechnerischen Korrekturen

Der Abgrenzung der Anderskosten und der Zusatzkosten in der Abgrenzungstabelle liegen zwei Grundfälle zugrunde. Sie ergänzen die vier Grundfälle der unternehmensbezogenen Abgrenzung.

Grundfälle	Beispiele	
(5) Kosten und Aufwendungen fallen nicht in gleicher Höhe an.	bilanzielle Abschreibung kalkulatorische Abschreibung	7300,00 EUR 8700,00 EUR
(6) Kosten sind keine Aufwendungen.	Aufwendungen für Unternehmerlohn kalkulatorischer Unternehmerlohn	0,00 EUR 40000,00 EUR

Rechnungskreis I			Rechnungskreis II					
Buchführung			Abgrenzungsbereich				Kosten- und Leistungsrechnung	
			unternehmensbezogene Abgrenzung		kostenrechnerische Korrekturen			
Konten	Aufw.	Erträge	neutrale Aufw.	neutrale Erträge	betriebl. Aufw.	verrechn. Kosten	Kosten	Leistungen
bilanz. Abschreibung	7300,00				7300,00	8700,00	8700,00	
kalk. Unternehmerlohn						40000,00	40000,00	

Beispiel: Abgrenzungstabelle mit kostenrechnerischen Korrekturen

Das Industrieunternehmen Max Kluge KG weist beim Jahresabschluss nebenstehende Werte aus:

Konten	Betrag
Umsatzerl. für eig. Erzeugn.	750000,00 EUR
Aufw. für Rohstoffe	43800,00 EUR
Vertriebsprovisionen	17950,00 EUR
Fremdinstandhaltung	480000,00 EUR
Löhne	135000,00 EUR
Abschr. auf Sachanlagen	5610,00 EUR
Mieten, Pachten	48950,00 EUR
Büromaterial	9460,00 EUR
Reisekosten	2850,00 EUR
Zinsaufwendungen	25750,00 EUR

Angaben für kostenrechnerische Korrekturen:

- Statt der gezahlten Zinsen in Höhe von 6450,00 EUR werden kalkulatorische Zinsen in Höhe von 9780,00 EUR angesetzt.
- Statt der bilanziellen Abschreibungen in Höhe von 10870,00 EUR sollen kalkulatorische Abschreibungen in Höhe von 8950,00 EUR in Ansatz gebracht werden.
- Für die Abgeltung der Arbeitskraft des Komplementärs wird mit einem kalkulatorischen Unternehmerlohn in Höhe von 50000,00 EUR gerechnet.

Aufgaben:

1. Erstellen Sie eine Abgrenzungstabelle unter Berücksichtigung der Angaben für die kostenrechnerischen Korrekturen!
2. Ermitteln Sie das Unternehmensergebnis, das neutrale Ergebnis sowie das Betriebsergebnis!

Lösungen:

Rechnungskreis I			Rechnungskreis II					
Buchführung			Abgrenzungsbereich				Kosten- und Leistungsrechnung	
			unternehmensbezogene Abgrenzung		kostenrechnerische Korrekturen			
Konten	Aufw.	Erträge	neutrale Aufw.	neutrale Erträge	betriebl. Aufw.	verrechn. Kosten	Kosten	Leistungen
Umsatzerl. f. eig. Erzeugn.		547 820,00						547 820,00
Aufw. f. Rohstoffe	230 400,00						230 400,00	
Vertriebsprovisionen	20 320,00						20 320,00	
Fremdinstandhaltung	6 940,00						6 940,00	
Löhne	85 000,00						85 000,00	
Abschr. a. Sachanlagen	10 870,00				10 870,00	8 950,00	8 950,00	
Mieten, Pachten	12 500,00						12 500,00	
Büromaterial	46 810,00						46 810,00	
Reisekosten	9 480,00						9 480,00	
Zinsaufwendungen	6 450,00				6 450,00	9 780,00	9 780,00	
Kalk. Unternehmerlohn						50 000,00	50 000,00	
Summen:	428 770,00	547 820,00				50 000,00	50 000,00	
Salden (Ergebnisse):	119 050,00				51 410,00		67 640,00	
	547 820,00	547 820,00			68 730,00	68 730,00	547 820,00	547 820,00
	Unternehmensergebnis		Ergebnis aus unternehmensbezogener Abgrenzung		Ergebnis aus kostenrechnerischen Korrekturen		Betriebsergebnis	
			neutrales Ergebnis					

Unternehmensergebnis	–	neutrales Ergebnis	=	Betriebsergebnis
119 050,00 EUR	–	51 410,00 EUR	=	67 640,00 EUR

Erläuterungen zu den kostenrechnerischen Korrekturen:

- **Zu den Anderskosten** (5)

Sollen die **Abschreibungen** in der KLR anders verrechnet werden, als es dem Betrag von 10 870,00 EUR in der Buchführung entspricht, dann wird zunächst der Betrag der Buchführung in Höhe von 10 870,00 EUR als betrieblicher Aufwand in den Bereich der kostenrechnerischen Korrekturen übernommen.

Der Betrag der **kalkulatorischen Abschreibungen** in Höhe von 8 950,00 EUR wird als **Kosten in der KLR erfasst** und als **verrechnete Kosten** bei den **kostenrechnerischen Korrekturen.** Er wird als verrechnete Kosten erfasst, weil die Abschreibungen in den Verkaufspreis einkalkuliert werden. Die kalkulatorischen Abschreibungen werden durch den Verkauf der Erzeugnisse erwirtschaftet, wenn diese zumindest zu kostendeckenden Preisen verkauft werden können.

Die bilanzielle Abschreibung ist 1 920,00 EUR (10 870,00 EUR – 8 950,00 EUR) höher angesetzt als die kalkulatorische Abschreibung. Die Folge ist, der höhere bilanzielle Aufwand **mindert den ausgewiesenen Gewinn des neutralen Ergebnisses.**

■ **Zu den Zusatzkosten** ⑥

Da es für den **kalkulatorischen Unternehmerlohn** keinen Aufwandsposten in der Buchführung gibt, kann auch kein Aufwand in die kostenrechnerischen Korrekturen übernommen werden. Der Unternehmerlohn wird in die Verkaufspreise einkalkuliert und kommt über die Umsatzerlöse als Geldbetrag zurück, sofern beim Verkauf der Erzeugnisse kostendeckende Preise erzielt werden.

Weil der kalkulatorische Unternehmerlohn einerseits Kosten darstellt und andererseits als verrechnete Kosten über die Umsatzerlöse als Ertrag zurückfließt (sofern die erzielten Verkaufspreise kostendeckend sind), hat er **keinen Einfluss auf das Betriebsergebnis**. Im **Unternehmensergebnis** und im **neutralen Ergebnis** bewirkt der Unternehmerlohn dagegen eine **Ertragserhöhung**.

Kompetenztraining

27 Berechnung von Unternehmensergebnis, neutralem Ergebnis und Betriebsergebnis

Übertragen Sie die nachfolgende Abgrenzungstabelle in Ihre Unterlagen! Berechnen Sie aufgrund der vorliegenden Werte das Unternehmensergebnis, das Betriebsergebnis und das neutrale Ergebnis!

Vorlage

Buchführung			Abgrenzungsbereich unternehmensbezogene Abgrenzung		Kosten- und Leistungsrechnung	
Konten	Aufwend.	Erträge	neutrale Aufwend.	neutrale Erträge	Kosten	Leistungen
Umsatzerlöse für eigene Erzeugnisse Aufw. für Rohstoffe ⋮						
	581 980,00	654 710,00	23 705,00	39 140,00	558 275,00	615 570,00

28 Unternehmensbezogene Abgrenzung in einer Abgrenzungstabelle

Die Industriewerke Holzer & Wetzel KG weisen für den Monat Juli in der Buchführung folgende Aufwendungen und Erträge aus:

Konten	Beträge
Umsatzerlöse für eigene Erzeugnisse	1 050 000,00 EUR
Sonstige Umsatzerlöse	3 175,00 EUR
Erträge aus dem Abgang von Vermögensgegenständen	17 500,00 EUR
Erträge aus der Herabsetzung von Rückstellungen	8 500,00 EUR
Erträge aus Beteiligungen	25 820,00 EUR
Aufwendungen für Rohstoffe	580 510,00 EUR
Löhne/Gehälter	120 750,00 EUR
Arbeitgeberanteil zur Sozialversicherung	48 690,00 EUR
Abschreibungen auf Sachanlagen[1]	60 510,00 EUR
Büromaterial	28 525,00 EUR
Versicherungsbeiträge	30 970,00 EUR
Abschreibungen auf Finanzanlagen	85 480,00 EUR

Aufgaben:

Vorlage

1. Übernehmen Sie die angegebenen Aufwendungen und Erträge in eine Abgrenzungstabelle!
2. Ermitteln Sie das Betriebsergebnis, das neutrale Ergebnis und das Unternehmensergebnis!

29 Kalkulatorische Kosten, Erstellen einer Abgrenzungstabelle mit kostenrechnerischen Korrekturen

1. Ein Industriebetrieb weist in der Abgrenzungstabelle folgende kostenrechnerische Korrekturen auf:

	Kostenrechnerische Korrekturen	
	Aufwendungen	Erträge
Abschreibung auf das Betriebsgebäude	42 000,00 EUR	63 000,00 EUR
Abschreibung auf technische Anlagen	252 000,00 EUR	189 000,00 EUR
Unternehmerlohn		234 000,00 EUR
	294 000,00 EUR	486 000,00 EUR

Aufgaben:

1.1 Ermitteln Sie das Betriebsergebnis, wenn keine unternehmensbezogenen Abgrenzungen vorgenommen werden mussten! Das festgestellte Unternehmensergebnis beträgt 717 000,00 EUR.

1.2 Erläutern Sie, unter welchen Voraussetzungen die kalkulatorischen Kosten zu betrieblichen Erträgen (Leistungen) werden!

1 Sofern zwischen bilanziellen Abschreibungen und kalkulatorischen Abschreibungen nicht unterschieden wird, sind die angegebenen Abschreibungen auf Sachanlagen in die KLR zu übernehmen.

1.3 Geben Sie für die Anderskosten der beiden Abschreibungsposten jeweils die Höhe der Grundkosten und neutralen Aufwendungen bzw. Zusatzkosten an!

1.4 Begründen Sie, warum Abschreibungen nicht zu Auszahlungen führen!

2. Die Buchführung eines Industriebetriebs weist für den Monat Mai folgende Aufwendungen und Erträge auf (Auszug):

Umsatzerlöse für eigene Erzeugnisse	470 000,00 EUR
Aufwendungen für Rohstoffe	300 000,00 EUR
Löhne, Gehälter	100 000,00 EUR
Abschreibungen auf Sachanlagen	20 000,00 EUR
Mieten, Pachten	2 000,00 EUR
Reisekosten	4 000,00 EUR
Verluste aus Wertpapiergeschäften	15 000,00 EUR
Kfz-Steuer, Verbrauchssteuern	30 000,00 EUR

Angaben zur Kosten- und Leistungsrechnung

– Kalkulatorische Abschreibungen auf Sachanlagen	35 000,00 EUR
– Kalkulatorische Zinsen	36 000,00 EUR
– Kalkulatorischer Unternehmerlohn	12 000,00 EUR

Aufgabe:

Erstellen Sie eine Abgrenzungstabelle und ermitteln Sie das Unternehmensergebnis, das Betriebsergebnis sowie das neutrale Ergebnis! Vorlage

30 Erstellen einer Abgrenzungstabelle mit kostenrechnerischen Korrekturen

In einem Industrieunternehmen sind folgende Sachverhalte gegeben:

1. Die Anschaffungskosten des betrieblichen Kapitals betragen 4 940 000,00 EUR. Der kalkulatorische Zinssatz wird mit 8 % angesetzt.
2. Der Unternehmerlohn wird mit 120 000,00 EUR festgesetzt.
3. Auf den Fuhrpark mit Anschaffungskosten in Höhe von 560 000,00 EUR werden aus steuerlichen Gründen 20 % bilanzmäßig abgeschrieben (Abschreibungen auf Sachanlagen).

   Die verbrauchsbedingte kalkulatorische Abschreibung beträgt 15 % von den Wiederbeschaffungskosten in Höhe von 600 000,00 EUR.
4. Die Lohnkosten belaufen sich auf 84 700,00 EUR.
5. Die Umsatzerlöse für eigene Erzeugnisse betragen 500 000,00 EUR.

Aufgabe:

Stellen Sie die Vorgänge in einer Abgrenzungstabelle dar und ermitteln Sie das Unternehmensergebnis, das Betriebsergebnis und das neutrale Ergebnis! Vorlage

7.2.5.4 Abgrenzungstabelle mit unternehmensbezogener Abgrenzung und kostenrechnerischen Korrekturen

Im folgenden Beispiel werden die beiden zunächst getrennt dargestellten Abgrenzungsstufen zusammengefasst.

Excel

Rechnungskreis I			Rechnungskreis II					
Buchführung			Abgrenzungsbereich				Kosten- und Leistungsrechnung	
			unternehmensbezogene Abgrenzung		kostenrechnerische Korrekturen			
Konten	Aufw.	Erträge	neutrale Aufw.	neutrale Erträge	betriebl. Aufw.	verrechn. Kosten	Kosten	Leistungen
Umsatzerl. f. eig. Erzeugn.		1 297 820,00						1 297 820,00
Periodenfremde Erträge		43 800,00		43 800,00				
Zinserträge		17 950,00		17 950,00				
Aufw. f. Rohstoffe	710 400,00						710 400,00	
Vertriebsprovisionen	20 320,00						20 320,00	
Fremdinstandhaltung	6 940,00						6 940,00	
Löhne	220 000,00						220 000,00	
Abschr. a. Sachanlagen	10 870,00				10 870,00	8 950,00	8 950,00	
Mieten, Pachten	18 110,00						18 110,00	
Büromaterial	95 760,00						95 760,00	
Reisekosten	18 940,00						18 940,00	
Verl. a. d. Abg. v. VG	2 850,00		2 850,00					
Periodenfremde Aufw.	25 750,00		25 750,00					
Zinsaufwendungen	6 450,00				6 450,00	9 780,00	9 780,00	
Kalk. Unternehmerlohn						50 000,00	50 000,00	
Summen:	1 136 390,00	1 359 570,00	28 600,00	61 750,00	17 320,00	68 730,00	1 159 200,00	1 297 820,00
Salden (Ergebnisse):	223 180,00		33 150,00		51 410,00		138 620,00	
	1 359 570,00	1 359 570,00	61 750,00	61 750,00	68 730,00	68 730,00	1 297 820,00	1 297 820,00
	Unternehmensergebnis		Ergebnis aus unternehmensbezogener Abgrenzung		Ergebnis aus kostenrechnerischen Korrekturen		Betriebsergebnis	
			neutrales Ergebnis					

Unternehmensergebnis	–	**neutrales Ergebnis**[1]	=	**Betriebsergebnis**
223 180,00 EUR	–	84 560,00 EUR	=	138 620,00 EUR

1	Ergebnis unternehmensbezogene Abgrenzung (Gewinn)	33 150,00 EUR
+	Ergebnis kostenrechnerische Korrekturen (Gewinn)	51 410,00 EUR
=	neutrales Ergebnis	84 560,00 EUR

Kompetenztraining

31 Erstellen einer vollständigen Abgrenzungstabelle

Die Buchführung eines Industriebetriebes weist folgende Quartalszahlen aus:

Konten	Beträge
Umsatzerlöse für eigene Erzeugnisse	1420000,00 EUR
Bestandsveränderungen an unfert. Erzeugnissen (Bestandsmehrung)	80700,00 EUR
Eigenverbrauch	15500,00 EUR
Periodenfremde Erträge	8500,00 EUR
Erträge aus Beteiligungen	28000,00 EUR
Zinserträge	5100,00 EUR
Aufwendungen für Rohstoffe	767900,00 EUR
Frachten und Fremdlager	31500,00 EUR
Löhne, Gehälter	204400,00 EUR
Arbeitgeberanteil zur Sozialversicherung	84370,00 EUR
Abschreibungen auf Sachanlagen	71230,00 EUR
Leasing	28910,00 EUR
Büromaterial	48700,00 EUR
Grundsteuer	32850,00 EUR
Abschreibungen auf Finanzanlagen	24600,00 EUR
Zinsaufwendungen	12870,00 EUR
Kapitalertragsteuer	1900,00 EUR

Angaben zur Kosten- und Leistungsrechnung:

- In den Löhnen ist eine Lohnnachzahlung in Höhe von 24300,00 EUR enthalten
  Im Arbeitgeberanteil zur Sozialversicherung entspricht das einem Betrag von 4680,00 EUR
- Kalkulatorische Abschreibungen auf Sachanlagen 56800,00 EUR
- In dem Betrag für die Grundsteuer ist eine Steuernachzahlung in Höhe von 28000,00 EUR enthalten
- Kalkulatorische Zinsen 42800,00 EUR
- Kalkulatorischer Unternehmerlohn 34000,00 EUR

Aufgabe:

Ermitteln Sie mithilfe einer Abgrenzungstabelle das Unternehmensergebnis, das neutrale Ergebnis und das Betriebsergebnis! *Vorlage*

7.3 Verhalten von Einzel- und Gemeinkosten analysieren, die Gemeinkosten anhand des Betriebsabrechnungsbogens ermitteln, die Gesamtkalkulation einer Abrechnungsperiode durchführen sowie die Maschinenstundensatzrechnung unter Berücksichtigung der Gemeinkostenproblematik anwenden

BPE 7

Handlungssituation 5: Kosten unterschiedlichen Kostenarten zuordnen, einen BAB erstellen und die Gemeinkostenzuschlagssätze berechnen

Lasse Birkner absolviert zurzeit ein Praktikum bei der MicroTex Technologies GmbH. Derzeit ist er in der Abteilung Kostenerfassung tätig. In dieser Abteilung wird er von Alex Rufnik betreut. Zunächst beginnt Lasse Birkner damit, zwischen Einzel- und Gemeinkosten zu unterscheiden.

Lasse erfährt von Alex Rufnik, dass die Gemeinkosten auf die einzelnen Kostenstellen verteilt werden müssen. Ziel ist, diese Gemeinkosten mithilfe des Betriebsabrechnungsbogens (BAB) in Zuschlagssätze umzurechnen. Alex Rufnik ist ein begeisterter Kostenrechner

und schwärmt davon, auf Basis der Kostenrechnung die gesamte Preiskalkulation der MicroTex-Produkte durchführen zu können.

Alex Rufnik legt Lasse Birkner den nachfolgenden BAB der MicroTex Technologies GmbH vor, der die Gemeinkosten des Monats Februar enthält.

	Zahlen der KLR	Material	Fertigung	Verwaltung	Vertrieb
Hilfsstoffkosten	145 700,00	2 050,00	129 450,00	3 500,00	10 700,00
Betriebsstoffkosten	22 400,00	1 700,00	14 400,00	4 100,00	2 200,00
Gehälter	130 500,00	4 100,00	98 900,00	18 600,00	8 900,00
Sozialkosten					
Mieten, Pachten	84 200,00	650 m²	2 720 m²	330 m²	510 m²
Büromaterial	91 100,00	3	2	11	4
Sonst. betr. Kosten	70 560,00	3	4	2	3
Kalk. Abschreibungen		2	8	4	1
Leasing	45 800,00	2	4	2	2

Weitere Angaben:

- Verbrauch von Fertigungsmaterial: 1 046 553,80 EUR
- Fertigungslöhne: 560 702,50 EUR
- Die Sozialkosten betragen 80 % der Gehaltssumme.
- Kalkulatorische Abschreibungen je Jahr:
  auf das Betriebsgebäude 2 % von den Anschaffungskosten 3 100 000,00 EUR
  auf die technischen Anlagen und Maschinen 10 % vom Buchwert 1 690 600,00 EUR
  auf den Fuhrpark 15 % vom Wiederbeschaffungswert 600 000,00 EUR

Kompetenzorientierte Arbeitsaufträge:

1. In der folgenden Tabelle sind verschiedene Kosten aufgeführt. Ordnen Sie die Kosten den unterschiedlichen Kostenarten zu! Präsentieren und begründen Sie die von Ihnen vorgenommene Zuordnung!

Kostenarten / Kosten	Einzelkosten	Sondereinzelkosten		Gemeinkosten
		Fertigung	Vertrieb	
Verbrauch von Kunststoffgranulat				
Verbrauch von Schmiermitteln				
Konstruktionszeichnung für eine neue Garnmaschine				
Ausgangsfracht für einen Großkunden				
Brennstoffe/Energie				
Aufw. für Kommunikation				
Kfz-Versicherung				
Kalk. Abschreibungen				
Fertigungslöhne				
Miete für eine weitere Lagerhalle				
Vertriebsprovision für einen Handelsvertreter				
Kosten für Entsorgung				
Spezialwerkzeug für eine Sonderanfertigung				

Vorlage

2. Erstellen Sie den Betriebsabrechnungsbogen und verteilen Sie aufgrund der angegebenen Verteilungsschlüssel die Gemeinkosten auf die einzelnen Kostenstellen!
3. Berechnen Sie den Zuschlagssatz je Kostenstelle für den Monat Februar!
4. Ermitteln Sie die Herstellkosten der Produktion!

Vorlage

Excel

7.3.1 Verhalten von Einzel- und Gemeinkosten bei Änderung des Beschäftigungsgrades analysieren

Erzeugnisse, für die Kosten angefallen sind, werden **Kostenträger** genannt, weil sie die Kosten zu tragen haben. Nach der Zurechenbarkeit der Kosten auf die Kostenträger unterscheidet man in **Einzelkosten** und **Gemeinkosten**.

(1) Einzelkosten (direkte Kosten)

Einzelkosten sind Kosten, die **direkt** einem **einzelnen Erzeugnis** zugerechnet werden können.

Beispiele:

Die wichtigsten **Einzelkosten** sind die **Aufwendungen für Fertigungsmaterial** (z. B. Rohstoffe, Fertigteile) sowie die **Fertigungslöhne**. Daneben sind zu unterscheiden:

- **Sondereinzelkosten der Fertigung (SEKF):** Das sind Kosten für Sonderfertigungen oder zusätzliche Sonderwünsche der Besteller. Ferner zählen hierzu sonstige auftrags- oder serienweise erfassbare Kosten z. B. für Spezialwerkzeuge, Modelle, Stücklizenzgebühren usw.
- **Sondereinzelkosten des Vertriebs (SEKV):** Das sind insbesondere Vertreterprovisionen, Spezialverpackungen, besondere Transportkosten, Zölle.

(2) Gemeinkosten (indirekte Kosten)

Gemeinkosten sind Kosten, die gemeinsam für alle Erzeugnisse anfallen und nur **indirekt** einem **einzelnen Erzeugnis** zugerechnet werden können.

Beispiele:

Gehälter, soziale Abgaben des Arbeitgebers, Mieten, betriebliche Steuern, Energiekosten, Werbe- und Reisekosten, Abschreibungen, Verbrauch von Betriebsstoffen, Verbrauchswerkzeuge, Instandhaltung.

- Die **Einzelkosten** können den Erzeugnissen **direkt** zugeordnet werden.
- **Gemeinkosten** fallen für alle Erzeugnisse gemeinsam an. Sie können den einzelnen Erzeugnissen nur **indirekt** zugerechnet werden.
- **Sondereinzelkosten** sind Kosten, die einzelnen Kostenträgern, einem Auftrag oder einer Erzeugnisgruppe zugerechnet werden können.

(3) Verhalten der Einzel- und Gemeinkosten bei Änderung der Ausbringungsmenge[1]

Ändert sich die Ausbringungsmenge, verändern sich auch die Einzel- und Gemeinkosten. In welcher Weise sie sich ändern, hängt vom Einzelfall ab.

- Setzen sich die **Gemeinkosten** aus einem variablen und einem fixen Anteil zusammen, verändern sich die Gemeinkosten **unterproportional** bei einer **Erhöhung** und **überproportional** bei einem **Rückgang** der Ausbringungsmenge.

Beispiele:

Die Mietkosten für ein Auslieferungslager betragen monatlich 8 000,00 EUR. Werden 16 000 Einheiten einer Ware ausgeliefert, so fallen Mietkosten von 0,50 EUR je Einheit an. Werden nur 10 000 Einheiten ausgeliefert, betragen die Mietkosten je Einheit 0,80 EUR.

1 Zu Einzelheiten siehe S. 70 ff.

Der Grund ist, dass sich der Fixkostenanteil der Gemeinkosten

- bei einer **höheren Ausbringungsmenge** auf mehr Produkte verteilt, d. h., der **Gemeinkostenanteil pro Produkt sinkt.**
- bei einer **geringeren Ausbringungsmenge** auf weniger Produkte verteilt, d. h., der **Gemeinkostenanteil pro Produkt steigt.**

Werden die Gemeinkosten in einem Zuschlagssatz auf die Einzelkosten aufgeschlagen, verändern diese sich proportional. Damit verändert sich auch der Fixkostenanteil der Gemeinkosten proportional, obwohl sie konstant bleiben, weil sie auf Veränderungen der Beschäftigung nicht reagieren. Der Gemeinkostenanteil und damit die Selbstkosten des Erzeugnisses werden damit nicht kostengerecht ausgewiesen.

- **Einzelkosten** sind in der Regel voll variabel.

  Sie können allerdings auch einen Fixkostenanteil enthalten. In diesem Fall ergeben sich für die Einzelkosten die gleichen Auswirkungen wie für die Gemeinkosten.

Beispiele:

- Werden für einen Mantel 2,5 m Stoff benötigt, so sind es bei zwei Mänteln des gleichen Modells 5 m Stoff.
- Mehrfacher Import von Fertigungsmaterial, für den eine einmalige Einfuhrgenehmigung erforderlich ist.

Für dieses Schulbuch wird vorausgesetzt:

- Die **Einzelkosten** sind variabel.
- Die **Gemeinkosten** können sowohl **fixe** als auch **variable Anteile** enthalten.

Kompetenztraining

32 Kostenarten

1. 1.1 Nennen Sie das Kriterium, nach welchem die Aufgliederung der Kosten in Einzel- und Gemeinkosten erfolgt!

   1.2 Erklären Sie an zwei Beispielen den Unterschied zwischen Einzel- und Gemeinkosten!

   1.3 Erläutern Sie, warum die Unternehmen möglichst viele Kostenarten als Einzelkosten zu erfassen versuchen!

   1.4 Ordnen Sie die folgenden Kostenarten den Einzelkosten bzw. Gemeinkosten zu!

   Miete für den Ausstellungsraum, Aufwendungen für Rohstoffe, Kraftfahrzeugsteuer, freiwillige soziale Aufwendungen, Gehälter, Aufwendungen für Handelswaren, bilanzielle Abschreibungen, Werbeanzeigekosten für ein Sonderangebot, Zustellentgelt für die Lieferungen der Erzeugnisse an die Kunden, Provisionsaufwendungen, Aufwendungen für Betriebsstoffe, kalkulatorische Abschreibungen.

2. Erklären Sie die Aussage des nebenstehenden Schemas!

Fixe Kosten (K_{fix})	Gemeinkosten
Variable Kosten (K_v)	Einzelkosten

7.3.2 Kostenstellenrechnung darstellen

7.3.2.1 Bildung von Kostenstellen

(1) Begriffe Kostenstelle und Kostenstellenrechnung

Produziert ein Unternehmen mehrere Erzeugnisse, so hat die Kostenrechnung die Aufgabe, die **anfallenden Gemeinkosten** am Ort ihrer Entstehung **(Kostenstelle) zu erfassen** und auf die einzelnen Erzeugnisse **(Kostenträger) verursachungsgerecht zuzurechnen.** Damit wird erreicht, dass den einzelnen Erzeugnissen und Dienstleistungen der Anteil an Gemeinkosten zugerechnet wird, den diese verursacht haben. Die Zurechnung erfolgt mithilfe von **Zuschlagssätzen.**

- Eine **Kostenstelle** ist ein Teilbereich eines Betriebs zur Erfassung der Gemeinkosten am Ort ihrer Entstehung.
- Die **Kostenstellenrechnung** erfasst die Gemeinkosten an den Stellen im Betrieb, an denen sie entstanden sind.

(2) Kriterien für die Bildung von Kostenstellen

Kriterien	Erläuterungen	Beispiele
Räumlich-geografische Gesichtspunkte	Hier werden räumliche bzw. geografisch abgegrenzte Betriebsteile als Kostenstelle erfasst.	Halle I, Halle II, Filiale Dresden, Filiale Hamburg, Werkstatt I, Werkstatt II.
Verantwortungsbereiche	Hier werden Organisationseinheiten zu Kostenstellen zusammengefasst. Damit wird ermöglicht, den Kostenstellenleiter für die angefallenen Kosten verantwortlich zu machen.	Abteilung, Produktgruppe, Beschaffung, Werk, Vertrieb.
Funktionsbereiche	Hier werden gleichartige Arbeitsgänge zu einer Kostenstelle zusammengefasst.	Material-, Fertigungs-, Verwaltungs- und Vertriebskostenstelle.

Im Folgenden wird unterstellt, dass die **Kostenstellen nach Funktionsbereichen** gebildet werden.

Die Leistungserstellung eines Industriebetriebs vollzieht sich im Wesentlichen in den folgenden **vier Funktionsbereichen (Kostenbereichen):**

Material	z. B. Einkauf, Werkstoffabnahme, Werkstoffprüfung, Lagerung der Werkstoffe
Fertigung	z. B. Holzverarbeitung, Metallverarbeitung, Fräserei, Montage
Verwaltung	z. B. Personal, Buchhaltung, Kalkulation, Import und Export
Vertrieb	z. B. Verkauf, Werbung, Fertiglager, Versand

Jedem Kostenbereich können **Teilbereiche** zugeordnet werden. So zählen z. B. zum Kostenbereich

Material
- → Einkauf
- → Werkstoffabnahme und -prüfung
- → Materialverwaltung und Lagerung
- → Materialausgabe

7.3.2.2 Begriff und Aufbau des Betriebsabrechnungsbogens

Der **Betriebsabrechnungsbogen (BAB)** ist ein abrechnungstechnisches Hilfsmittel für die **Verteilung der Gemeinkosten** auf die einzelnen Kostenstellen.

Der **Betriebsabrechnungsbogen** hat folgende Grundstruktur:

Auf der rechten Hälfte des BABs werden horizontal die **einzelnen Kostenstellen** angeordnet. Auf der linken Seite werden vertikal die **Gemeinkosten** aufgelistet. Bei der Verteilung der Gemeinkosten auf die Kostenstellen wird in einer Zwischenspalte ein Hinweis darauf gegeben, auf welcher Grundlage die Verteilung der jeweiligen Gemeinkostenart auf die verschiedenen Kostenstellen erfolgen soll. Man spricht daher vom **Verteilungsschlüssel.**

Gemein-kostenarten	EUR	Verteilungs-schlüssel	Kostenstellen			
			Material	Fertigung	Verwaltung	Vertrieb

Verteilungsschlüssel:

- Es gibt Gemeinkosten, die einen direkten Bezug zu den einzelnen Kostenstellen haben und sich daher auch direkt auf die einzelnen Kostenstellen verrechnen lassen. Man nennt sie **Kostenstelleneinzelkosten.**

  Beispiele:

  - Gehälter, Sozialkosten mithilfe von Gehaltslisten.
  - Stromkosten mithilfe von Zählern.
  - Materialgemeinkosten mithilfe von Materialentnahmescheinen.
  - Instandhaltung anhand von Belegen.

- Bei einem großen Teil der Gemeinkosten ist eine direkte Verrechnung nicht möglich. Dann bleibt nur noch die Möglichkeit, die angefallenen Kosten mithilfe eines **Verteilungsschlüssels** auf die einzelnen Kostenstellen umzulegen. Man nennt sie **Kostenstellengemeinkosten.**

  Der Verteilungsschlüssel ist so zu wählen, dass ein hohes Maß an Abhängigkeit zwischen dem Verteilungsschlüssel und den zu verrechnenden Kosten besteht. Im Idealfall – und der wird hier unterstellt – ist die Abhängigkeit proportional.

  Beispiele:

  - Miete nach gemieteter Fläche in m^2.
  - Heizung nach umbautem Raum in m^3.
  - Kfz-Kosten nach gefahrener Strecke in km.

- Der **BAB** ist ein abrechnungstechnisches Hilfsmittel für die Verteilung der **Gemeinkosten** auf die einzelnen Kostenstellen.
- Die **Verteilung der Gemeinkosten** erfolgt entweder
  - direkt aufgrund der einer Kostenstelle zurechenbaren Belege **(Kostenstelleneinzelkosten)** oder
  - indirekt über Verteilungsschlüssel **(Kostenstellengemeinkosten)**.

Kompetenztraining

33 Grundlagen der Kostenstellenrechnung

1. Nennen Sie die wichtigsten Aufgaben der Kostenstellenrechnung!
2. Erläutern Sie die Begriffe Kostenstelle und Funktionsbereich!
3. Nennen Sie Kriterien, die Sie bei der Bildung von Kostenstellen beachten sollten!
4. Begründen Sie, warum die Gemeinkosten auf die Kostenstellen verteilt werden!
5. Grenzen Sie die Kostenstelleneinzelkosten von den Kostenstellengemeinkosten ab!
6. Beschreiben Sie den Fall, der eintreten würde, wenn die Gemeinkosten nicht verursachungsgemäß auf die verschiedenen Produkte zugerechnet werden würden!
7. Beschreiben Sie die Grundstruktur eines Betriebsabrechnungsbogens!
8. Nennen Sie beispielhaft vier Gemeinkosten und geben Sie dafür die mögliche Verteilungsgrundlage an!
9. Formulieren Sie den Grundsatz, der bei der Wahl eines Verteilungsschlüssels beachtet werden muss!

7.3.2.3 Aufstellen eines einstufigen Betriebsabrechnungsbogens und die Ermittlung der Gemeinkostenzuschlagssätze

(1) Wahl der Zuschlagsgrundlagen (Bezugsgrößen)

Die Festlegung der verursachungsgerechten Zuschlagsgrundlagen ist maßgebend für die richtige Verrechnung der angefallenen Gemeinkosten auf die Kostenträger. In der Regel greift man in der Praxis auf **Wertgrößen** zurück.

Im Folgenden werden die im Materialbereich anfallenden Gemeinkosten **(Materialgemeinkosten)** entsprechend dem **Verbrauch an Fertigungsmaterial,** die in der Fertigung anfallenden Gemeinkosten **(Fertigungsgemeinkosten)** entsprechend den **Fertigungslohnkosten** auf die einzelnen Kostenträger verrechnet. Dabei werden die jeweiligen Gemeinkosten in Prozenten zu den gewählten Zuschlagsgrundlagen ausgedrückt und mit diesen Zuschlagssätzen werden die einzelnen Gemeinkostenarten bei der Kalkulation erfasst.

Während zwischen Materialgemeinkosten und Materialeinzelkosten sowie zwischen Fertigungsgemeinkosten und Fertigungseinzelkosten eine Abhängigkeit unterstellt werden kann, ist die Wahl der Zuschlagsgrundlage für die **Verwaltungs- und Vertriebsgemeinkosten** problematisch. In Ermangelung geeigneter Bezugsgrößen wählt man für diese Gemeinkosten als gemeinsame Zuschlagsgrundlage die **Herstellkosten der Produktion.**[1]

(2) Ermittlung der Gemeinkostenzuschlagssätze

Beispiel:

Die Kostenartenrechnung der Weber Metallbau GmbH weist für den Monat Januar folgende Kosten aus:

Verbrauch von Fertigungsmaterial	85 000,00 EUR
Hilfsstoffkosten	6 000,00 EUR
Betriebsstoffkosten	4 000,00 EUR
Fertigungslöhne	56 600,00 EUR
Gehälter	9 000,00 EUR
Sozialkosten	1 300,00 EUR
Instandhaltung	11 500,00 EUR
Betriebssteuern	2 500,00 EUR
Kalk. Abschreibungen	12 000,00 EUR
Energiekosten	3 000,00 EUR
Sonstige Kosten	4 800,00 EUR

Bezugsgrößen für die Gemeinkosten:

- Die Materialgemeinkosten sind auf den Verbrauch von Fertigungsmaterial zu beziehen.
- Die Fertigungsgemeinkosten sind auf die Fertigungslöhne zu beziehen.
- Die Verwaltungs- und Vertriebsgemeinkosten sind auf die Herstellkosten der Produktion zu beziehen.

Für die Erstellung des BAB ist folgender Verteilungsschlüssel zu verwenden:

Gemeinkostenarten	I. Material	II. Fertigung	III. Verwaltung	IV. Vertrieb
Hilfsstoffkosten lt. Entnahmescheinen	1 800,00	3 000,00	–	1 200,00
Betriebsstoffkosten lt. Entnahmescheinen	900,00	2 300,00	100,00	700,00
Gehälter lt. Gehaltsliste	400,00	1 000,00	5 400,00	2 200,00
Sozialkosten	1	2	7	3
Instandhaltung lt. Arbeitsstunden	20	84	2	9
Betriebssteuern	–	4	1	–
Kalk. Abschreibungen	1	7	3	1
Energiekosten lt. kWh	4 000	40 000	10 000	6 000
Sonstige Kosten lt. Belegen	1	6	2	3

Aufgaben:

1. Verteilen Sie aufgrund der angegebenen Verteilungsschlüssel die Gemeinkosten auf die einzelnen Kostenstellen! Excel
2. Ermitteln Sie für jede Kostenstelle die Zuschlagssätze für die Gemeinkosten!
3. Ermitteln Sie die Selbstkosten der Produktion (Monat: Januar)!

1 Man verwendet hierfür auch den Begriff **Herstellkosten der Rechnungsperiode**.

Lösungen:

Zu 1.: Verteilung der Gemeinkosten mithilfe des Betriebsabrechnungsbogens (BAB)

Gemeinkostenarten	Zahlen der KLR	Verteilungs-schlüssel	Kostenstellen			
			I. Material	II. Fertigung	III. Verwaltung	IV. Vertrieb
Hilfsstoffkosten	6 000,00	Entnahmescheine	1 800,00	3 000,00	–	1 200,00
Betriebsstoffkosten	4 000,00	Entnahmescheine	900,00	2 300,00	100,00	700,00
Gehälter	9 000,00	Gehaltsliste	400,00	1 000,00	5 400,00	2 200,00
Sozialkosten	1 300,00	1 : 2 : 7 : 3	100,00	200,00	700,00	300,00
Instandhaltung	11 500,00	Arbeitsstunden	2 000,00	8 400,00	200,00	900,00
Betriebssteuern	2 500,00	0 : 4 : 1 : 0	–	2 000,00	500,00	–
Kalk. Abschreibungen	12 000,00	1 : 7 : 3 : 1	1 000,00	7 000,00	3 000,00	1 000,00
Energiekosten	3 000,00	Kilowatt-Std.	200,00	2 000,00	500,00	300,00
Sonst. Kosten	4 800,00	1 : 6 : 2 : 3	400,00	2 400,00	800,00	1 200,00
Summe der Gemeinkosten	54 100,00	aufgeschlüsselt	6 800,00	28 300,00	11 200,00	7 800,00
		Zuschlagsgrundlagen:				
		Verbrauch v. Fertigungsmat.	85 000,00			
		Fertigungslöhne		56 600,00		
		Herstellkosten der Produktion			176 700,00	176 700,00
		Zuschlagssätze[1]	8 %	50 %	6,34 %	4,41 %

Zu 2.: Ermittlung der Zuschlagssätze

- **Zuschlagssatz für die Materialgemeinkosten**

Es wird unterstellt, dass die Materialgemeinkosten (MGK) vom Verbrauch an Fertigungsmaterial abhängen. Daher werden die MGK für ihre Verrechnung auf die Kostenträger in Prozenten zum Verbrauch von Fertigungsmaterial angegeben.

Verbrauch von Fertigungsmaterial	85 000,00 EUR ≙	100 %
MGK	6 800,00 EUR ≙	x %

$$x = \frac{6800 \cdot 100}{85000} = \underline{\underline{8\,\%}}$$

Der MGK-Zuschlagssatz von 8 % besagt, dass immer dann, wenn für 100,00 EUR Fertigungsmaterial verbraucht wurde, parallel und gleichzeitig 8,00 EUR Gemeinkosten im Materialbereich (z. B. Einkauf, Warenabnahme ...) anfallen.

$$\text{MGK-Zuschlagssatz} = \frac{\text{Materialgemeinkosten}}{\text{Verbrauch von Fertigungsmaterial}} \cdot 100$$

- **Zuschlagssatz für die Fertigungsgemeinkosten**

Die Fertigungsgemeinkosten werden auf die aufgewendeten Fertigungslöhne bezogen. Dabei wird unterstellt, dass die anfallenden Fertigungsgemeinkosten von der Höhe der aufgewendeten Fertigungslöhne abhängen. Dies ist in der Praxis nur **bedingt der Fall,** und zwar insbesondere dann **nicht, wenn der Betrieb maschinenintensiv ist.**

Fertigungslöhne	56 600,00 EUR ≙	100 %
FGK	28 300,00 EUR ≙	x %

$$x = \frac{28300 \cdot 100}{56600} = \underline{\underline{50\,\%}}$$

$$\text{FGK-Zuschlagssatz} = \frac{\text{Fertigungsgemeinkosten}}{\text{Fertigungslöhne}} \cdot 100$$

1 Mit diesen Zuschlagssätzen werden im Rahmen der Kalkulation die Gemeinkosten erfasst.

In maschinenintensiven Betrieben werden in der Praxis in aller Regel die maschinenabhängigen Kosten gesondert erfasst und dafür Maschinenstundensätze errechnet.[1]

Zuschlagssatz für die Verwaltungsgemeinkosten

Bei den Verwaltungs- und Vertriebsgemeinkosten wird eine Abhängigkeit von der Höhe der Herstellkosten der Produktion unterstellt.

Berechnung der Herstellkosten der Produktion

	Verbrauch von Fertigungsmaterial	85 000,00 EUR	
+	Materialgemeinkosten (MGK)	6 800,00 EUR	
=	Materialkosten		91 800,00 EUR
	Fertigungslöhne	56 600,00 EUR	
+	Fertigungsgemeinkosten (FGK)	28 300,00 EUR	
=	Fertigungskosten		84 900,00 EUR
=	Herstellkosten der Produktion		176 700,00 EUR

Herstellkosten der Produktion	176 700,00 EUR ≙	100 %
VerwGK	11 200,00 EUR ≙	x %

$$x = \frac{11\,200 \cdot 100}{176\,700} = \underline{\underline{6{,}34\,\%}}$$

$$\text{VerwGK-Zuschlagssatz} = \frac{\text{Verwaltungsgemeinkosten}}{\text{Herstellkosten der Produktion}} \cdot 100$$

Zuschlagssatz für die Vertriebsgemeinkosten

Herstellkosten der Produktion	176 700,00 EUR ≙	100 %
VertrGK	7 800,00 EUR ≙	x %

$$x = \frac{7\,800 \cdot 100}{176\,700} = \underline{\underline{4{,}41\,\%}}$$

$$\text{VertrGK-Zuschlagssatz} = \frac{\text{Vertriebsgemeinkosten}}{\text{Herstellkosten der Produktion}} \cdot 100$$

Zu 3.: Ermittlung der Selbstkosten der Produktion (Monat: Januar)

Aufgrund der Zahlenangaben des Beispiels ergeben sich die Selbstkosten der Produktion durch folgende Berechnung:

	Herstellkosten der Produktion	176 700,00 EUR
+	Verwaltungsgemeinkosten	11 200,00 EUR
+	Vertriebsgemeinkosten	7 800,00 EUR
=	Selbstkosten der Produktion	195 700,00 EUR

Bei der Ermittlung der Zuschlagssätze wurde zugrunde gelegt, dass es sich um Zahlenwerte der vergangenen Geschäftsperiode handelt, d. h. um **Istkosten.** Die berechneten Zuschlagssätze stellen somit **Istzuschlagssätze**[2] dar.

1 Vgl. hierzu Kapitel 7.3.3, S. 121 ff.

2 Vgl. hierzu die Ausführungen auf S. 140.

Kompetenztraining

34 Grundlagen zur Kostenstellenrechnung

1. Erläutern Sie die Einordnung der Kostenstellenrechnung in den Gesamtbereich der Kosten- und Leistungsrechnung!
2. Beschreiben Sie den rechnungstechnischen Ablauf der Kostenstellenrechnung!
3. Nennen Sie die wichtigsten Kriterien bei der Einrichtung von Kostenstellen!
4. Notieren Sie die richtige(n) Aussage(n) zur Kostenstellenrechnung!
   - 4.1 Sie ermittelt für jede Kostenstelle das Betriebsergebnis.
   - 4.2 Sie gliedert die Aufwendungen auf in unternehmens- und betriebsbezogene Aufwendungen.
   - 4.3 Sie ermittelt den Verkaufspreis für ein Produkt.
   - 4.4 Sie erfasst für die einzelnen Betriebsabteilungen die Gemeinkosten.
   - 4.5 Sie errechnet für jede Kostenstelle die angefallenen Aufwendungen.
5. Das Verursachungsprinzip ist ein wichtiges Prinzip bei der Verteilung der Gemeinkostenarten. Prüfen Sie, welche Art der Verteilung am ehesten dem Verursachungsprinzip entspricht!
   - 5.1 Verteilung nach Zuschlagssätzen.
   - 5.2 Verteilung nach zuvor festgelegten Prozentsätzen.
   - 5.3 Verteilung aufgrund von Belegen.
   - 5.4 Gleichmäßige Verteilung aller Gemeinkosten auf die einzelnen Kostenstellen.

   Aufgabe:

   Übertragen Sie jeweils die richtige(n) Aussage(n) in Ihre Unterlagen!

35 Betriebsabrechnungsbogen, Zuschlagssätze

Ein Industriebetrieb führt die vier Kostenstellen Material, Fertigung, Verwaltung und Vertrieb. Aus den Zahlen der Kosten- und Leistungsrechnung ergeben sich folgende Gemeinkostenbeträge:

	TEUR
Hilfslöhne	500
Gehälter	1 000
Gesetzlicher Sozialaufwand	500
Stromkosten	100
Raumkosten	300
Kalk. Abschreibungen auf Anlagen	500
Kalk. Zinsen auf Anlage- und Umlaufvermögen	900

Aufgaben:

1. Ermitteln Sie mithilfe eines Betriebsabrechnungsbogens die Gemeinkosten der vier Kostenstellen unter Verwendung der nachfolgend genannten Schlüssel:

Vorlage Excel

	Material	Fertigung	Verwaltung	Vertrieb
Hilfslöhne	40 %	40 %	12 %	8 %
Gehälter	20 %	20 %	32 %	28 %
Gesetzlicher sozialer Aufwand nach der Zahl der Mitarbeiter	160	560	152	128
Stromverbrauch im Verhältnis	2	6	1	1
Raumkosten nach Fläche in m^2	500	1500	600	400
Anlagevermögen TEUR	1500	3000	300	200
Umlaufvermögen TEUR (Material- und Erzeugnisbestände)	3000	2000	4000	1000

2. Berechnen Sie die Zuschlagssätze (auf- bzw. abgerundet auf volle Prozentsätze)!

Zusatzangaben hierfür: Verbrauch von Fertigungsmaterial 4850 TEUR
Fertigungslöhne 1000 TEUR

7.3.2.4 Auswirkungen von Bestandsveränderungen an fertigen und unfertigen Erzeugnissen auf die Ermittlung der Gemeinkostenzuschlagssätze

(1) Grundlegendes

Bisher wurden die Verwaltungs- und Vertriebsgemeinkosten auf die **Herstellkosten der Produktion** bezogen. Dabei wurde unterstellt, dass die hergestellten Erzeugnisse in der gleichen Geschäftsperiode verkauft worden sind. Werden nicht alle Erzeugnisse verkauft (**Bestandsmehrung der Fertigerzeugnisse**[1]) oder werden Erzeugnisse noch zusätzlich aus dem Lager verkauft (**Bestandsminderung der Fertigerzeugnisse**[1]), ändern sich Herstellkosten der verkauften Erzeugnisse um die Höhe der Bestandsveränderungen. Die Herstellkosten der verkauften Erzeugnisse unter Berücksichtigung der Bestandsveränderungen bezeichnet man als **Herstellkosten des Umsatzes.** Sie bilden die neue Bezugsgrundlage für die Ermittlung der Verwaltungs- und Vertriebsgemeinkostenzuschlagssätze.

Bezugsgrundlage für die Ermittlung des Zuschlagssatzes für die **Verwaltungs-** und **Vertriebsgemeinkosten** sind die **Herstellkosten des Umsatzes.**

!

1 Dies gilt auch für die Bestandsveränderungen bei unfertigen Erzeugnissen.

(2) Berechnung der Herstellkosten des Umsatzes

Einbeziehung von Bestandsmehrungen an fertigen Erzeugnissen[1]

Eine **Bestandsmehrung** an fertigen Erzeugnissen bedeutet, dass innerhalb der Geschäftsperiode mehr Produkte hergestellt als verkauft wurden. Ein Teil der Produkte ging in das Lager, wodurch sich der Lagerbestand erhöht hat. Um von den Herstellkosten der Produktion zu den Herstellkosten des Umsatzes zu gelangen, müssen die Bestandsmehrungen von den Herstellkosten der Produktion abgezogen werden:

Herstellkosten der Produktion
– Bestandsmehrungen bei fertigen Erzeugnissen
= Herstellkosten des Umsatzes

Einbeziehung von Bestandsminderungen an fertigen Erzeugnissen

Eine **Bestandsminderung** an fertigen Erzeugnissen bedeutet, dass innerhalb der Geschäftsperiode mehr Güter verkauft wurden als hergestellt worden sind. Neben den in der Geschäftsperiode hergestellten Produkten wurden auch Lagerbestände verkauft. Dadurch vermindert sich der Lagerbestand. Um zu den Herstellkosten des Umsatzes zu gelangen, müssen die Bestandsminderungen zu den Herstellkosten der Produktion hinzuaddiert werden.

Herstellkosten der Produktion
+ Bestandsminderungen bei fertigen Erzeugnissen
= Herstellkosten des Umsatzes

Da sich die Bestandsveränderungen bei fertigen Erzeugnissen in unterschiedliche Richtungen bewegen können und die Bestandsveränderungen bei den unfertigen Erzeugnissen in der gleichen Weise einbezogen werden müssen, erfolgt die **Berechnung der Herstellkosten des Umsatzes** nach folgendem Schema:

Herstellkosten der Produktion
– Bestandsmehrungen
+ Bestandsminderungen
= Herstellkosten des Umsatzes

Beispiel:

Die Kostenartenrechnung eines Industriebetriebs weist für das 1. Quartal folgende Daten aus:

Verbrauch von Fertigungsmaterial	256 000,00 EUR
Materialgemeinkosten	32 000,00 EUR
Fertigungslöhne	695 825,00 EUR
Fertigungsgemeinkosten	672 300,00 EUR
Verwaltungsgemeinkosten	77 000,00 EUR
Vertriebsgemeinkosten	64 800,00 EUR

1 Zu den Bestandsveränderungen siehe Band 1, Bildungsplaneinheit 5, Kapitel 5.7.1.

Bestandsangaben:	Unfertige Erzeugnisse (UE)	Fertige Erzeugnisse (FE)
Anfangsbestände Schlussbestände lt. Inventur	175 000,00 EUR 140 000,00 EUR	214 000,00 EUR 236 000,00 EUR

Aufgaben:

1. Ermitteln Sie die Herstellkosten des Umsatzes für das 1. Quartal!
2. Berechnen Sie für jede Kostenstelle die Zuschlagssätze für die Gemeinkosten!

Hinweise:

Die Materialgemeinkosten sind auf den Verbrauch von Fertigungsmaterial, die Fertigungsgemeinkosten auf die Fertigungslöhne, die Verwaltungsgemeinkosten und die Vertriebsgemeinkosten auf die Herstellkosten des Umsatzes zu beziehen.

Lösungen:

Zu 1.: Berechnung der Herstellkosten des Umsatzes

	Verbrauch v. Fertigungsmaterial	256 000,00 EUR
+	MGK	32 000,00 EUR
+	Fertigungslöhne	695 825,00 EUR
+	FGK	672 300,00 EUR
=	Herstellkosten der Produktion	1 656 125,00 EUR
+	Bestandsminderung UE	35 000,00 EUR
–	Bestandsmehrung FE	22 000,00 EUR
=	Herstellkosten des Umsatzes	1 669 125,00 EUR

Zu 2.: Berechnung der Zuschlagssätze

Gemeinkosten insgesamt	Kostenstellen			
	Material	Fertigung	Verwaltung	Vertrieb
846 100,00	32 000,00	672 300,00	77 000,00	64 800,00
	256 000,00 (≙ 100 %)	695 825,00 (≙ 100 %)	1 669 125,00 (≙ 100 %)	1 669 125,00 (≙ 100 %)
	12,5 %	96,62 %	4,61 %	3,88 %

Erläuterungen:

- **Bestandsmehrungen** an fertigen und unfertigen Erzeugnissen **vermindern die Herstellkosten des Umsatzes** und **erhöhen** damit den **Verwaltungs- und Vertriebsgemeinkostenzuschlagssatz.**
- **Bestandsminderungen** an fertigen und unfertigen Erzeugnissen **erhöhen die Herstellkosten des Umsatzes** und **senken** damit den **Verwaltungs- und Vertriebsgemeinkostenzuschlagssatz.**

Kompetenztraining

36 Berechnung von Zuschlagssätzen

1. In einem Industriebetrieb werden der KLR bzw. der Buchführung folgende Zahlen entnommen: Verbrauch von Fertigungsmaterial 310 700,00 EUR, MGK 24 856,00 EUR, Fertigungslöhne 205 800,00 EUR, FGK 174 930,00 EUR, SEKF 22 900,00 EUR, VerwGK 81 310,46 EUR, VertrGK 48 047,09 EUR.

	Fertige Erzeugnisse (FE)	Unfertige Erzeugnisse (UE)
Anfangsbestand	175 600,00 EUR	25 800,00 EUR
Schlussbestand lt. Inventur	150 100,00 EUR	46 400,00 EUR

Aufgabe:

Berechnen Sie die Zuschlagssätze für die Gemeinkosten!

2. Im BAB eines Industrieunternehmens wurden für die Kostenstellen folgende Gemeinkosten errechnet:

Material	Fertigung	Verwaltung	Vertrieb
25 625,00	671 646,00	247 202,10	156 094,67

Für den gleichen Zeitraum wurden außerdem folgende Daten ermittelt: Verbrauch von Fertigungsmaterial 205 000,00 EUR, Fertigungslöhne 471 000,00 EUR, Bestandsmehrung an fertigen Erzeugnissen 51 000,00 EUR, Bestandsminderung an unfertigen Erzeugnissen 35 000,00 EUR.

Aufgabe:

Berechnen Sie die Zuschlagssätze für die Gemeinkosten!

3. Erläutern Sie, warum Bestandsveränderungen an fertigen und unfertigen Erzeugnissen bei der Berechnung der Verwaltungs- und Vertriebsgemeinkostenzuschlagssätze im BAB zu berücksichtigen sind!

4. Begründen Sie, warum eine Bestandsmehrung zu einer Erhöhung des Verwaltungsgemeinkostenzuschlagssatzes führt!

37 Erstellen eines Betriebsabrechnungsbogens, Berechnung der Zuschlagssätze

In einem Industriebetrieb fallen folgende Gemeinkosten an, die wie folgt aufzuteilen sind:

	Zahlen der KLR	Verteilungsschlüssel			
		Material	Fertigung	Verwaltung	Vertrieb
Hilfs- u. Betriebsstoffkosten	67 200,00	3	12	1	–
Energie	78 300,00	2	5	1	1
Hilfslöhne	23 800,00	3	4	–	–
Gehälter	91 200,00	1	2	7	2
Sozialkosten	43 510,00	4	6	7	2
Fremdreparaturen	24 150,00	1	5	1	–
Steuern	63 000,00	1	4	1	1
Kalkulatorische Kosten	88 200,00	2	8	3	1

Verbrauch von Fertigungsmaterial: 683 416,66 EUR; Fertigungslöhne 196 795,08 EUR

Bestände an fertigen und unfertigen Erzeugnissen:

	FE	UE
Anfangsbestand Schlussbestand lt. Inventur	58600,00 EUR 45100,00 EUR	18800,00 EUR 24400,00 EUR

Aufgaben:

1. Erstellen Sie den Betriebsabrechnungsbogen!
2. Berechnen Sie den Zuschlagssatz je Kostenstelle!
3. Ermitteln Sie die Herstellkosten des Umsatzes!

Excel Vorlage

7.3.2.5 Gesamtkalkulation einer Abrechnungsperiode

Neben der Berechnung der Herstellkosten der Produktion ist für jeden Unternehmer von Bedeutung, die **Selbstkosten des Umsatzes (Selbstkosten der Abrechnungsperiode)** zu kennen. Diese ergeben sich, wenn man in die Herstellkosten die im BAB ermittelten **Verwaltungs- und Vertriebsgemeinkosten einrechnet.** Stellt man den Selbstkosten des Umsatzes die **Nettoverkaufserlöse der Rechnungsperiode** gegenüber, erhält man das **Umsatzergebnis.**[1]

Beispiel:

Die Kosten- und Leistungsrechnung eines Industrieunternehmens weist für den Monat Oktober folgende Gesamtdaten auf.

Verbrauch von Fertigungsmaterial	480000,00 EUR	SEKF	8100,00 EUR
Fertigungslöhne	210000,00 EUR	SEKV	4800,00 EUR

Die Zuschlagssätze betragen: MGK 12 %, FGK 85 %, VerwGK 18 %, VertrGK 7 %.

Bezugsgrundlagen: Die VerwGK und die VertrGK sind auf die Herstellkosten des Umsatzes zu beziehen.

Bestände an FE und UE:

	UE	FE
Anfangsbestand Schlussbestand lt. Inventur	31400,00 EUR 26000,00 EUR	62800,00 EUR 85100,00 EUR

Aufgabe:

Ermitteln Sie die Selbstkosten des Umsatzes!

1 Zu Einzelheiten vgl. hierzu Kapitel 7.4.3, S. 140ff.

Lösung:

Bezeichnungen	Beträge der Rechnungsperiode
Verbrauch von Fertigungsmaterial	480 000,00
+ 12 % Materialgemeinkosten	57 600,00
= **Materialkosten**	537 600,00
Fertigungslöhne	210 000,00
+ 85 % Fertigungsgemeinkosten	178 500,00
+ Sondereinzelkosten der Fertigung	8 100,00
= **Fertigungskosten**	396 600,00
= **Herstellkosten der Produktion**	934 200,00
+ Bestandsminderung UE	5 400,00
− Bestandsmehrung FE	22 300,00
= **Herstellkosten des Umsatzes**	917 300,00
+ 18 % Verwaltungsgemeinkosten	165 114,00
+ 7 % Vertriebsgemeinkosten	64 211,00
+ Sondereinzelkosten des Vertriebs	4 800,00
= **Selbstkosten des Umsatzes**	1 151 425,00

Kompetenztraining

38 Berechnung der Selbstkosten des Umsatzes

In der Kalkulation eines Industriebetriebs ergeben sich für den Monat Januar folgende Daten:

Verbrauch von Fertigungsmaterial 598 700,00 EUR, Fertigungslöhne 697 650,00 EUR, Sondereinzelkosten des Vertriebs 6 100,00 EUR, MGK 11 %, FGK 160 %, VerwGK 13 %, VertrGK 8 %.

Bezugsgrundlagen: Die VerwGK und die VertrGK sind auf die Herstellkosten des Umsatzes zu beziehen.

Bestände an fertigen und unfertigen Erzeugnissen:

	UE	FE
Anfangsbestand	72 450,00 EUR	99 490,00 EUR
Schlussbestand lt. Inventur	129 050,00 EUR	44 480,00 EUR

Aufgabe:

Ermitteln Sie die Selbstkosten des Umsatzes!

39 Berechnung von Zuschlagssätzen, Gesamtkalkulation

Der Betriebsabrechnungsbogen eines Industriebetriebs enthält für den Monat März folgende Zahlen:

Verbrauch von Fertigungsmaterial	272 000,00 EUR
Materialgemeinkosten	35 360,00 EUR
Fertigungslöhne	167 080,00 EUR
Fertigungsgemeinkosten	222 836,00 EUR
Sondereinzelkosten der Fertigung	9 874,00 EUR
Bestandsmehrung an unfertigen Erzeugnissen	60 000,00 EUR
Bestandsminderung an fertigen Erzeugnissen	50 000,00 EUR
Verwaltungsgemeinkosten	70 715,00 EUR
Vertriebsgemeinkosten	55 772,00 EUR
Sondereinzelkosten des Vertriebs	9 480,00 EUR

Aufgaben:

1. Berechnen Sie die Gemeinkostenzuschlagssätze und beziehen Sie dabei die Materialgemeinkosten auf den Verbrauch von Fertigungsmaterial, die Fertigungsgemeinkosten auf die Fertigungslöhne, die Verwaltungsgemeinkosten und die Vertriebsgemeinkosten auf die Herstellkosten des Umsatzes!
2. Erstellen Sie die Gesamtkalkulation für die Selbstkosten des Umsatzes!

7.3.3 Maschinenstundensatzrechnung unter Berücksichtigung der Gemeinkostenproblematik anwenden

BPE 7 Handlungssituation 6: Maschinenkosten berechnen

In der MicroTex Technologies GmbH sind drei Maschinengruppen vorhanden.

Maschinengruppe	Anzahl	Wiederbeschaffungswert/Stück	Nutzungsdauer in Jahren	kWh-Verbrauch	m^2-Bedarf
Ringzwirnmaschine	10	42 000,00 EUR	8	12	24
Spulmaschine	8	28 000,00 EUR	10	14	16
Färbemaschine	14	56 000,00 EUR	12	16	26

Die Quartalsabrechnung der Kostenrechnung weist folgende Gemeinkosten aus:

Werkstattgebäude (4 200 m^2)	37 800,00 EUR
Heizung (beheizte Fläche 3 700 m^2)	13 320,00 EUR

Die kalkulatorischen Zinsen betragen 9 %. Sie werden jeweils vom durchschnittlich gebundenen Kapital, d. h. von den halben Anschaffungskosten berechnet. Die Anschaffungskosten betragen: Ringzwirnmaschine 33 600,00 EUR, Spulmaschine 25 200,00 EUR, Färbemaschine 49 280,00 EUR. Die gesamten (geschätzten) Instandhaltungskosten belaufen sich bei der Maschinengruppe

Ringzwirnmaschine auf 20 %, bei der Maschinengruppe Spulmaschine auf 25 % und bei der Maschinengruppe Färbemaschine auf 30 % des Wiederbeschaffungswertes. Es wird die lineare Abschreibungsmethode verwendet.

Der Strompreis beträgt 0,16 EUR je kWh.

Kompetenzorientierte Arbeitsaufträge:

1. Berechnen Sie die Maschinenstundensätze, wenn jährlich je Maschine 2 400 Laufstunden anfallen!
2. Berechnen Sie die monatlichen Maschinenkosten, wenn alle Maschinen je Monat 200 Betriebsstunden gelaufen sind!

7.3.3.1 Gemeinkostenproblematik der Maschinenstundensatzrechnung

Durch die fortschreitende Automatisierung der Betriebe gewinnt die Maschinenstundensatzkalkulation immer größere Bedeutung. In dem Maße wie Personal immer mehr durch Maschinen ersetzt wird, vergrößert sich der Anteil der maschinenabhängigen Gemeinkosten gegenüber den lohnabhängigen Gemeinkosten.

Damit weisen in vielen Betrieben die Fertigungsgemeinkosten nur noch eine **geringe Abhängigkeit** von den Fertigungslöhnen auf. Im Vordergrund stehen die Kosten für die Maschinen (z. B. kalkulatorische Abschreibungen, kalkulatorische Zinsen, Betriebsstoff- und Energiekosten, Raumkosten). Bei einem hohen Maschinenanteil in der Produktion sind damit die **Fertigungslöhne als alleinige Zuschlagsgrundlage** für die Fertigungsgemeinkosten **ungenau und damit ungeeignet.**

Im Sinne einer genaueren Kalkulation ist es daher erforderlich, die **Fertigungsgemeinkosten** in **maschinenabhängige** und in **lohnabhängige Fertigungsgemeinkosten (Rest-Fertigungsgemeinkosten)** aufzuteilen.

Für die **maschinenabhängigen Fertigungsgemeinkosten** werden die **Maschinenlaufzeiten** als Bezugsgrundlage gewählt, für die **lohnabhängigen Rest-Fertigungsgemeinkosten** die **Fertigungslöhne.**

Fertigungsgemeinkosten

Maschinenabhängige Fertigungsgemeinkosten

- kalk. Abschreibungen je Maschine
- kalk. Zinsen für das in die Maschine investierte Kapital
- Energiekosten der Maschine
- Instandhaltungskosten (einschließlich Werkzeugkosten) je Maschine
- Raumkosten der Maschine

Zuschlagsgrundlage: Maschinenlaufzeit

Lohnabhängige Fertigungsgemeinkosten (Rest-Fertigungsgemeinkosten)

- Gehälter
- Hilfslöhne
- soziale Kosten

Zuschlagsgrundlage: Fertigungslöhne

Sind in einem Betrieb **unterschiedlich teure Maschinen** vorhanden, die bei der Herstellung der einzelnen Erzeugnisse aufgrund der verschiedenartigen Produktionsverfahren **unterschiedlich lange beansprucht** werden, ist es erforderlich, die Maschinenkosten für **jede Maschine bzw. Maschinenart** gesondert zu erfassen.

Werden die anfallenden maschinenabhängigen Gemeinkosten auf die Maschinenlaufzeit bezogen, erhält man den **Maschinenstundensatz.**

7.3.3.2 Berechnung der maschinenabhängigen Gemeinkosten

(1) Berechnung der effektiven Maschinenlaufzeit

Der erste Schritt bei der Berechnung der Maschinenstundensätze besteht in der Ermittlung der effektiv für die Produktion der Erzeugnisse angefallenen Maschinenlaufzeit.

<table>
<tr><td rowspan="2">Maximale Laufzeit</td><td>Ausfallzeit</td></tr>
<tr><td>Effektive Laufzeiten</td></tr>
</table>

Beispiel:

Die geplante Maschinenlaufzeit pro Jahr beträgt 1950 Std. An Wartungs- und Reparaturarbeiten fallen 85 Std. an, für Umrüst- und Einrichtungszeiten 40 Std. und für Betriebsurlaub und Krankheit werden 225 Std. angesetzt.

Aufgabe:

Berechnen Sie die effektive Maschinenlaufzeit!

Lösung:

	geplante Maschinenlaufzeit	1950 Std.
–	Ausfallzeiten:	
	maschinenbedingt (Wartungs-, Reparaturarbeiten)	85 Std.
	auftragsbedingt (Umrüst-, Einrichtungszeiten)	40 Std.
	personalbedingt (Betriebsurlaub, Krankheit)	225 Sd.
=	effektive Maschinenlaufzeit/Jahr	1600 Std.

(2) Berechnung des Maschinenstundensatzes

Beispiel:

Die Anschaffungskosten der Beschichtungsmaschine belaufen sich auf 214500,00 EUR. Es wird von einem Wiederbeschaffungswert in Höhe von 234000,00 EUR ausgegangen. Die Nutzungsdauer wird mit 13 Jahren angesetzt. Die jährliche Maschinenlaufzeit beträgt 1600 Stunden. Kalkulatorisch wird nach der linearen Abschreibungsmethode abgeschrieben. Es wird mit einem kalkulatorischen Zinssatz von 8% gerechnet. Für die Gesamtnutzungsdauer der Maschine werden die Instandhaltungskosten auf 62400,00 EUR geschätzt. Der Raumkostensatz beträgt pro Jahr und m^2 212,00 EUR. Die Maschine hat einen Raumbedarf von 24,50 m^2. Der Strombedarf der Maschine beträgt 45 kWh, der Strompreis 0,15 EUR je kWh.

Aufgabe:

Berechnen Sie den Maschinenstundensatz der Beschichtungsmaschine!

Lösung:

- **Kalkulatorische Abschreibungen je Maschinenstunde:**

Bei der linearen Abschreibung wird ein jährlich gleichbleibender Betrag von den Kosten des Anlagegutes abgeschrieben. Berechnungsgrundlage ist der **Wiederbeschaffungswert.**

$$\text{Abschreibungsbetrag je Maschinenstunde} = \frac{234\,000}{13 \cdot 1\,600} = \underline{\underline{11{,}25 \text{ EUR/Std.}}}$$

$$\textbf{Abschreibungsbetrag je Maschinenstunde} = \frac{\textbf{Wiederbeschaffungswert}^{1}}{\textbf{Nutzungsdauer} \cdot \textbf{Laufzeit/Jahr}}$$

- **Kalkulatorische Zinskosten[2] je Maschinenstunde:**

Für die Berechnung der kalkulatorischen Zinsen wird von den **halben Anschaffungskosten** ausgegangen.

$$\text{Zinskosten je Maschinenstunde} = \frac{214\,500 \cdot 8}{2 \cdot 100 \cdot 1\,600} = \underline{\underline{5{,}36 \text{ EUR/Std.}}}$$

$$\textbf{Zinskosten je Maschinenstunde} = \frac{{}^{1}/_{2}\ \textbf{Anschaffungskosten} \cdot \textbf{kalk. Zinssatz}}{100 \cdot \textbf{Laufzeit/Jahr}}$$

- **Instandhaltungskosten je Maschinenstunde:**

Die auf eine Maschine entfallenden Instandhaltungskosten (Reparaturen, Werkzeuge, Wartung) sind nicht exakt voraussehbar. Man muss daher auf die Angaben des Herstellers oder auf Erfahrungswerte der Vergangenheit zurückgreifen.

$$\text{Instandhaltungskosten je Maschinenstunde} = \frac{62\,400}{13 \cdot 1\,600} = \underline{\underline{3{,}00 \text{ EUR/Std.}}}$$

$$\textbf{Instandhaltungskosten je Maschinenstunde} = \frac{\textbf{gesamte Instandhaltungskosten}}{\textbf{Nutzungsdauer} \cdot \textbf{Laufzeit/Jahr}}$$

- **Raumkosten je Maschinenstunde:**

Die Raumkosten einer Maschine sind abhängig vom Raumbedarf und vom Raumkostensatz.

- Der **Raumbedarf** einer Maschine (gemessen in m^2) umfasst die Grundfläche der Maschine, Bedienungsflächen sowie die Abstellfläche für die Werkstücke.
- Im **Raumkostensatz** werden die anteiligen Abschreibungen, Zinsen, Instandhaltungskosten für Gebäude, ferner die anteiligen Heizungs-, Licht-, Klimatisierungs- und Versicherungskosten sowie die anteiligen personellen Kosten erfasst.

$$\text{Raumkosten je Maschinenstunde} = \frac{24{,}50 \cdot 212{,}00}{1\,600} = \underline{\underline{3{,}25 \text{ EUR/Std.}}}$$

$$\textbf{Raumkosten je Maschinenstunde} = \frac{\textbf{Raumbedarf je Maschine} \cdot \textbf{Raumkostensatz je Maschine}}{\textbf{Laufzeit/Jahr}}$$

---

1 $\text{Wiederbeschaffungswert} = \frac{\text{Anschaffungskosten} \cdot \text{Preisindex}}{100}$

2 Siehe auch S. 89.

- **Energiekosten je Maschinenstunde:**

Der Energieverbrauch einer Maschine ist je nach Energieart in Litern/Stunde (z. B. Diesel, Benzin), in m^3/Stunde (z. B. Gas, Dampf) oder in kWh (Strom) anzugeben. Der durchschnittliche Energieverbrauch wird vom Hersteller der Maschine in aller Regel in der Betriebsanleitung ausgewiesen. Allerdings ist in der Praxis davon auszugehen, dass der tatsächliche Energieverbrauch nicht mit 100 % anzusetzen ist, da eine Maschine im Durchschnitt nicht mit der vollen Leistungsfähigkeit belastet wird.

Bei der Berechnung der Energiekosten geht man von der Annahme aus, dass sich die Energiekosten proportional zu der tatsächlichen Leistungsaufnahme verhalten.

Energiekosten je Maschinenstunde[1] = 45 · 0,15 = 6,75 EUR/Std.

Der **Maschinenstundensatz** ergibt sich aus der Addition der einzelnen maschinenabhängigen Kosten je Stunde.

Maschinenstundensatz: 11,25 + 5,36 + 3,00 + 3,25 + 6,75 = 29,61 EUR/Std.

7.3.3.3 Behandlung der Rest-Fertigungsgemeinkosten

Im Rahmen des BAB werden die **Gemeinkosten der Fertigung** aufgeteilt in **maschinenabhängige Gemeinkosten** und in **lohnabhängige Rest-Fertigungsgemeinkosten**. Als Bezugsgrundlage für die maschinenabhängigen Fertigungsgemeinkosten werden die Maschinenlaufzeiten gewählt, für die lohnabhängigen Rest-Fertigungsgemeinkosten die Fertigungslöhne.

Fertigung					
Gemeinkosten	**Maschinenabhängige Gemeinkosten**			**Lohnabhängige Gemeinkosten (Rest-Fertigungsgemeinkosten)**	
	Maschine I	**Maschine II**	**Maschine III**		
Summe der Gemeinkosten	13 632,00 EUR	14 892,00 EUR	7 728,00 EUR		21 981,60 EUR
effektive Laufzeit	160 Std.	120 Std.	140 Std.	Fertigungslöhne	28 400,00 EUR
Maschinen-Std.-Satz	85,20 EUR	124,10 EUR	55,20 EUR	Rest-FGK-Satz	77,4 %

- $$\text{Maschinenstundensatz} = \frac{\text{maschinenabhängige Gemeinkosten}}{\text{effektive Maschinenlaufzeit}}$$

- $$\text{Rest-Fertigungsgemeinkostensatz} = \frac{\text{Rest-FGK} \cdot 100}{\text{Fertigungslöhne}}$$

1 Eine allgemeine Formel zur Berechnung der Energiekosten je Maschinenstunde kann nicht angeboten werden.

Kompetenztraining

40 Berechnung der Maschinenstundensätze

1. Die Kosten- und Leistungsrechnung einer Metallwarenfabrik weist für die Maschinengruppe Formpresse folgende Daten aus:

   Das Unternehmen arbeitet mit 8 gleichartigen Formpressen. Die Anschaffungskosten einer Formpresse betragen 32600,00 EUR. Die jährliche Arbeitszeit in der Abteilung beträgt 240 Tage, die tägliche Arbeitszeit $8\,^1/_2$ Stunden. An Ausfallzeit (Leerstunden) sind für die Abteilung 220 Arbeitsstunden anzusetzen.

   Die kalkulatorische Nutzungsdauer beträgt 8 Jahre. Die Wiederbeschaffungskosten je Maschine werden mit 36400,00 EUR angesetzt. Kalkulatorisch wird linear abgeschrieben.

   Als Zinssatz für das in die Maschinen investierte Kapital sind 7,5 % von den halben Anschaffungskosten zu veranschlagen.

   Für die Instandhaltung aller Formpressen sind jährlich 48594,00 EUR zu berücksichtigen. Der Raumbedarf je Formpresse beträgt 32 m^2. Als Raumkostensatz werden je m^2 164,00 EUR pro Jahr angesetzt.

   Der Strombedarf der Formpresse beträgt 72 kWh, der Strompreis 0,16 EUR je kWh.

   Aufgabe:

   Berechnen Sie den Maschinenstundensatz!

2. Eine Schlosserei benutzt eine Schweißanlage vom Typ Kuka. Aus dem technischen Handbuch und dem Kaufvertrag sind folgende Informationen zu entnehmen.

Wiederbeschaffungskosten	467500,00 EUR
Wirtschaftliche Nutzungsdauer	10 Jahre
Flächenbedarf	23,2 m^2
Scheinleistung[1]	19,8 kVA
Betriebskosten	9,25 EUR/Std.
Maschinenlaufzeit	5875 Std./Jahr

   Es erfolgt eine lineare Abschreibung, die sich an der wirtschaftlichen Nutzungsdauer orientiert.

   Die kalkulatorischen Zinsen bestimmen sich aus dem über die Nutzungsdauer durchschnittlich gebundenen Kapital, bewertet mit einem Zinssatz von 12 %.

   Pro Jahr fallen Instandhaltungskosten i. H. v. 2 % der Anschaffungskosten in Höhe von 450000,00 EUR an.

   Für die Raumnutzungskosten wird ein monatlicher Verrechnungssatz von 22,00 EUR/m^2 angesetzt.

   Die Schweißanlage hat im Durchschnitt eine elektrische Wirkleistung von 70 % der als Scheinleistung angegebenen Belastungsgrenze.

   Der Preis pro Kilowattstunde beträgt 0,18 EUR.

   Die Betriebskosten beinhalten u. a. den Verbrauch an Schweißmaterial.

   Aufgabe:

   Berechnen Sie den Maschinenstundensatz!

1 Die Scheinleistung beschreibt, auf welche Leistung elektrische Betriebsmittel, wie Transformatoren, angelegt sein müssen. Sie wird in Voltampere gemessen (VA) (DIN 40110-1).

41 Berechnung Maschinenstundensatz, Maschinenkosten und Rest-Fertigungsgemeinkostensatz

Die Zinngießerei Clemens Altaner GmbH möchte ihre Kosten genauer erfassen und deshalb den BAB in Maschinenkosten und Rest-Fertigungsgemeinkosten aufgliedern. Die Kosten- und Leistungsrechnung weist bisher folgende Daten auf:

Ausschnitt aus dem BAB:

Vorlage

Kostenarten	Fertigung		
	Summe der Gemeinkosten	Maschinenkosten	Rest-Fertigungsgemeinkosten
Hilfsstoffe	571 800,00		
Betriebsstoffe	223 400,00		
Energiekosten	114 980,00	______	
Personalkosten	739 545,00		
Instandhaltungskosten	268 820,00	______	
Betriebssteuern	96 300,00		
Raumkosten	77 245,30	______	
Abschreibungen	1 591 885,12	______	
Zinsen	81 140,00	______	

Maschinenbestand (gleiche Kostenstruktur)	Wiederbeschaffungskosten je Maschine	Nutzungsdauer	Raumbedarf in m^2 je Maschine	Strombedarf in kWh je Maschine
12	62 000,00	8	30	18

Die jährliche Arbeitszeit beträgt 260 Tage, die tägliche Arbeitszeit 8 Stunden. An Leerstunden sind monatlich 8 Arbeitsstunden anzusetzen.

Der Zinssatz für das investierte Kapital beläuft sich auf 7,5 %. Die Anschaffungskosten je Maschine betragen 60 500,00 EUR.

Die jährlichen Instandhaltungskosten betragen 4 600,00 EUR je Maschine (Schätzung).

Es wird kalkulatorisch nach der linearen Abschreibungsmethode abgeschrieben.

Der Raumkostensatz je m^2 beträgt 99,20 EUR jährlich. Der Strompreis beträgt 0,19 EUR je kWh.

Aufgaben:

1. Berechnen Sie den Maschinenstundensatz je Maschine!
2. Übertragen Sie den BAB in Ihre Unterlagen. Berechnen Sie die Maschinenkosten und die Rest-Fertigungsgemeinkosten und tragen Sie die Beträge in den BAB ein! Dabei wird vorausgesetzt, dass sämtliche Maschinen die Sollleistung erbracht haben.
3. Berechnen Sie den Rest-Fertigungsgemeinkostensatz, wenn 4 114 506,00 EUR an Fertigungslöhnen angefallen sind!

7.4 Kostenträgerstückrechnung unter Einbeziehung von Maschinenstundensätzen anwenden, im Zuge der Kostenkontrolle mögliche Kostenabweichungen analysieren sowie preis- und sortimentspolitische Fehlentscheidungen der Zuschlagskalkulation herausarbeiten

7.4.1 Kostenträgerstückrechnung als Vorkalkulation anwenden

BPE 7 **Handlungssituation 7: Angebotspreis und Gewinn ermitteln**

Lasse Birkner hat in der Abteilung Kostenerfassung mithilfe von Alex Rufnik bereits die Gliederung der Kosten nach der Zurechenbarkeit auf die Kostenträger kennengelernt, um so die innerbetriebliche Rechnung vorzubereiten. Gerade ist eine Anfrage für Schutz- und Abdeckmatten für den Einsatz als Arbeits- und Hitzeschutz eingegangen. Alex Rufnik bittet Lasse, den Angebotspreis auf Basis nachfolgender Angaben zu berechnen.

Verbrauch von Fertigungsmaterial:		9400,00 EUR		
Fertigungslöhne:		16200,00 EUR		
Gemeinkostenzuschläge:	MGK	12,4 %	VerwGK	6 %
	FGK	104 %	VertrGK	8 %

Es wird mit 18 % Gewinn und 2 % Kundenskonto gerechnet.

Kompetenzorientierte Arbeitsaufträge:

1. Unterstützen Sie Lasse beim Berechnen des Angebotspreises (Listenverkaufspreis)!
2. Einige Zeit später erfährt Alex Rufnik, dass ein Konkurrenzunternehmen ein Angebot von 62084,97 EUR unterbreitet hat. Ermitteln Sie, wie viel Gewinn in EUR und in Prozent der MicroTex Technologies GmbH verbleiben, wenn der Angebotspreis der Konkurrenz um 800,00 EUR unterboten werden soll!

7.4.1.1 Aufbau und Arten der Zuschlagskalkulation

(1) Aufbau der Zuschlagskalkulation

Werden unterschiedliche Produkte hergestellt – und davon wird im Folgenden ausgegangen – ist eine **individuelle Kostenermittlung** für jedes Produkt bzw. für jede Produktgruppe erforderlich. Diese Form der Kostenträgerstückrechnung bezeichnet man als **Zuschlagskalkulation**.

Da bei der Zuschlagsrechnung **alle Kosten,** die bei der Herstellung des Produktes anfallen, in die **Preisberechnung eingehen,** liegt eine **Vollkostenrechnung** vor.

Aufbau der Zuschlagskalkulation:

- Die **Einzelkosten** werden aus der Kostenartenrechnung ermittelt und anschließend **direkt** den Kostenträgern zugerechnet. Das betrifft im Wesentlichen das Fertigungsmaterial und die Fertigungslöhne.
- Die in der Kostenstellenrechnung erfassten **Gemeinkosten** werden den Kostenträgern **indirekt** über Zuschlagssätze zugeordnet.

!

- **Einzelkosten** werden **direkt** auf die **Kostenträger** verrechnet.
- **Gemeinkosten** werden **indirekt** den Kostenstellen zugeschlagen und mithilfe von **Gemeinkostenzuschlagssätzen** auf die **Kostenträger** verrechnet.
- **Kostenträger** sind Leistungseinheiten, für die Kosten angefallen sind.
- Als Kostenträger können einzelne **Produkte** oder auch die Zusammenfassung gleichartiger Produkte zu einer **Produktgruppe** dienen.
- Die **Kostenträgerstückrechnung (Kalkulation)** ermittelt die **Kosten für ein Produkt** bzw. eine **Produktgruppe.**

(2) Festlegung der Bezugsgrößen für die Gemeinkostenzuschlagssätze

Die Gemeinkosten werden mithilfe folgender Gemeinkostenzuschlagssätze in die Angebotskalkulation eingerechnet.

Materialgemeinkosten	Es wird unterstellt, dass die Materialgemeinkosten (MGK) vom Verbrauch an Fertigungsmaterial abhängen. **Bezugsgröße** ist das **Fertigungsmaterial.**
Fertigungsgemeinkosten	Es wird unterstellt, dass die Fertigungsgemeinkosten (FGK) von der Höhe der aufgewendeten Fertigungslöhne abhängen. **Bezugsgröße** sind die **Fertigungslöhne.**
Verwaltungs- und Vertriebsgemeinkosten	Hier wird eine Abhängigkeit von der Höhe der Herstellkosten unterstellt. **Bezugsgrundlage** sind die **Herstellkosten.**

(3) Arten der Zuschlagskalkulation

Die Zuschlagskalkulation ermittelt die Kosten, die für die Herstellung einer einzelnen Erzeugnisart voraussichtlich entstehen werden bzw. entstanden sind. Im ersten Fall liegt eine **Angebotskalkulation (Vorkalkulation),** im zweiten Fall eine **Nachkalkulation**[1] vor.

1 Vgl. hierzu Kapitel 7.4.3, S. 140ff.

7.4.1.2 Vorwärtskalkulation mit Normalgemeinkostenzuschlagssätzen

Um einen Verkauf tätigen zu können, ist es in der Praxis oft notwendig, ein Angebot mit einem verbindlichen Angebotspreis abzugeben. Das Unternehmen ist dann gezwungen, vor Beginn der Produktion eine Angebotskalkulation vorzunehmen.

Bei der Angebotskalkulation wird mit **voraussichtlichen Kosten (Normalkosten)** gerechnet. Ausgehend von den Istkosten der Vergangenheit müssen daher alle bis zum Leistungsabschluss zu erwartenden Veränderungen einschließlich eines Risikozuschlags für nicht vorhersehbare Veränderungen einkalkuliert werden.

> **Normalkosten** sind die aus den Istkosten vergangener Perioden abgeleiteten durchschnittlichen Kosten.[1]

Bei der Berechnung der Vorwärtskalkulation werden die Einzel- und Gemeinkosten unterschiedlich ermittelt und eingerechnet:

Zu den Einzelkosten	■ Bei einer Angebotskalkulation kann der **Verbrauch von Fertigungsmaterial** aufgrund von Stücklisten ermittelt werden. Die benötigten Preise ergeben sich aus vorliegenden Preisen der Vergangenheit bzw. derzeitigen Angebotspreisen, wobei die zu erwartenden Preisänderungen zu berücksichtigen sind. ■ Die **Lohnkosten** ergeben sich aufgrund der Fertigungszeiten, bei denen auf Erfahrungen der Vergangenheit bzw. auf vorhandene Zeitvorgaben zurückgegriffen werden kann. Zu erwartende Lohnänderungen sind auch hier zu berücksichtigen.
Zu den Gemeinkosten	Die Gemeinkosten werden über Zuschlagssätze einkalkuliert. Diese werden innerhalb des Betriebsabrechnungsbogens ermittelt. Da man bei einer Angebotskalkulation nicht bis zum Abschluss der laufenden Geschäftsperiode warten kann, wird mit **Normalzuschlagssätzen** gearbeitet.

Beispiel:

Eine Maschinenfabrik errechnet zur Abgabe eines Angebots für eine Abfüllmaschine den Listenverkaufspreis. Es wird mit folgenden Kosten kalkuliert:

Verbrauch von Fertigungsmaterial	17 200,00 EUR	SEKF	1 400,00 EUR
Fertigungslöhne	21 400,00 EUR	SEKV	890,00 EUR

Normalzuschlagssätze: MGK 9 %, FGK 110 %, VerwGK 18 %, VertrGK 6 %.

Bei der Angebotskalkulation der Abfüllmaschine sollen 15 % Gewinn, 10 % Kundenrabatt und 2 % Skonto einkalkuliert werden.

Aufgabe:

Berechnen Sie den Listenverkaufspreis (Nettoverkaufspreis)!

1 Zu Einzelheiten siehe S. 140.

Excel

Lösung:

Vorwärtskalkulation

	100 %	Materialeinzelkosten	17 200,00 EUR	
	9 %	+ Materialgemeinkosten	1 548,00 EUR	
		Materialkosten		18 748,00 EUR
100 %	←	Fertigungslöhne	21 400,00 EUR	
110 %		+ Fertigungsgemeinkosten	23 540,00 EUR	
		Zwischensumme	44 940,00 EUR	
		+ Sondereinzelkosten der Fertigung (SEKF)	1 400,00 EUR	
		Fertigungskosten		46 340,00 EUR
	100 %	**Herstellkosten**		65 088,00 EUR
	18 %	+ Verwaltungsgemeinkosten	11 715,84 EUR	
	6 %	+ Vertriebsgemeinkosten	3 905,28 EUR	
		+ Sondereinzelkosten des Vertriebs (SEKV)	890,00 EUR	16 511,12 EUR
100 %	←	**Selbstkosten**		81 599,12 EUR
15 %		+ Gewinn		12 239,87 EUR
→	98 %	**Barverkaufspreis**		93 838,99 EUR
	2 %	+ Kundenskonto		1 915,08 EUR
90 %	100 %	**Zielverkaufspreis**		95 754,07 EUR
10 %		+ Kundenrabatt		10 639,34 EUR
100 %		**Listenverkaufspreis (Angebotspreis)**		106 393,41 EUR

Erläuterungen zur Berechnung von Kundenskonto und Kundenrabatt

- **Kundenskonto**

  Die Kunden erwarten im Allgemeinen bei Zahlung innerhalb der Skontofrist einen Preisnachlass. Soll dieser Preisnachlass nicht zulasten des Gewinnes gehen, muss er im Angebotspreis vorher einkalkuliert werden.

  Da der Kunde den **Skonto** vom **Zielverkaufspreis** berechnet, dieser also aus der Sicht des Kunden 100 % ausmacht, entspricht der Barverkaufspreis aus der Sicht des Anbieters dem verminderten Grundwert (100 % – Prozentsatz des Skontos). Der Skonto muss somit durch eine „im Hundertrechnung" auf den Barverkaufspreis aufgeschlagen werden.

- **Kundenrabatt**

  Aus dem gleichen Grund muss auch der vom Kunden erwartete Rabatt in den Angebotspreis einkalkuliert werden. Da der Kunde den Rabatt vom **Listenverkaufspreis (Angebotspreis)** abzieht, muss der Anbieter ihn durch eine „im Hundertrechnung" aufschlagen. Beträgt der Kundenrabatt z. B. 10 %, entspricht der Zielverkaufspreis 90 %.

Kompetenztraining

42 Vorwärtskalkulation

Zur Herstellung einer Spezialmaschine rechnet ein Industriebetrieb mit folgenden Kosten: Verbrauch von Fertigungsmaterial 8420,00 EUR; Fertigungslöhne 3720,00 EUR. Aus der Kostenstellenrechnung werden die folgenden Zuschlagssätze (Normalzuschlagssätze) entnommen: Materialzuschlag (MGK) 10,5 %, Lohnzuschlag (FGK) 145 %, Verwaltungs- und Vertriebsgemeinkostenzuschlag 13,7 %. Die Sondereinzelkosten der Fertigung betragen 890,00 EUR.

Aufgaben:

1. Berechnen Sie die Selbstkosten!
2. Die Maschine wird unter Einrechnung von 12 % Gewinn, von 15 % Kundenrabatt und 2 % Kundenskonto angeboten.
   Berechnen Sie den Listenverkaufspreis!

43 Berechnung der Zuschlagssätze, Vorwärtskalkulation

Im BAB einer Möbelfabrik wurden für die Kostenstellen folgende Gemeinkosten errechnet:

Material	Fertigung	Verwaltung	Vertrieb
9180,00 EUR	179400,00 EUR	60955,92 EUR	37693,50 EUR

Für den gleichen Zeitraum wurden außerdem folgende Daten ermittelt: Fertigungslöhne 195000,00 EUR, Verbrauch von Fertigungsmaterial 108000,00 EUR, Bestandsmehrung an unfertigen Erzeugnissen 14000,00 EUR, Bestandsminderung an fertigen Erzeugnissen 25000,00 EUR.

Bezugsgrundlage: VerwGK und VertrGK werden auf die Herstellkosten des Umsatzes bezogen.

Aufgaben:

1. Berechnen Sie die Zuschlagssätze für die Gemeinkosten!
2. Ermitteln Sie mit den errechneten Zuschlagssätzen den Listenverkaufspreis für eine Büroanbauwand, wenn mit folgenden Daten gerechnet wird: Fertigungsmaterial 480,00 EUR, Fertigungslöhne 760,00 EUR, SEKF 120,00 EUR, Gewinnzuschlag 20 %, Kundenskonto 3 %, Kundenrabatt 15 %!

7.4.1.3 Rückwärtskalkulation

Liegt der Listenverkaufspreis aufgrund der gegebenen Markt- bzw. Konkurrenzsituation fest, so eignet sich das Kalkulationsschema in umgekehrter Richtung **von unten nach oben** zur Errechnung der aufwendbaren Materialeinzelkosten **(retrograde Kalkulation; Rückwärtskalkulation).** Dabei werden bei vorgegebenen Kalkulationsbedingungen die Materialeinzelkosten errechnet, die höchstens gezahlt werden dürfen, um den angestrebten Gewinn zu erreichen.

Beispiel:

Aufgrund der Marktsituation muss die Maschinenfabrik Ottmar Zeh KG eine Schleifmaschine zum Listenverkaufspreis in Höhe von 127480,00 EUR anbieten. Die Maschinenfabrik muss branchenüblich 10 % Kundenrabatt und 2 % Kundenskonto gewähren. Es soll ein Gewinn von 15 % erzielt werden.

Es wird mit folgenden Kosten kalkuliert:

Fertigungslöhne 19800,00 EUR, SEKF 900,00 EUR, SEKV 940,00 EUR

Zuschlagssätze lt. BAB dieser Abrechnungsperiode:

MGK 8,5 % FGK 108 % VerwGK 19 % VertrGK 6,8 %

Aufgabe:

Ermitteln Sie, wie teuer die Materialeinzelkosten höchstens sein dürfen!

Lösung: [1]

Excel

100 %		Materialeinzelkosten	32155,46 EUR	
8,5 %		– Materialgemeinkosten	2733,21 EUR	
108,5 %		**Materialkosten**		34888,67 EUR
	100 %	Fertigungslöhne	19800,00 EUR	
	108 %	+ Fertigungsgemeinkosten	21384,00 EUR	
	208 %	Zwischensumme	41184,00 EUR	
		+ Sondereinzelkosten der Fertigung	900,00 EUR	
		Fertigungskosten		42084,00 EUR
100 %		**Herstellkosten**		76972,67 EUR
19 %		– Verwaltungsgemeinkosten	14624,81 EUR	
6,8 %		– Vertriebsgemeinkosten	5234,14 EUR	19858,95 EUR
125,8 %		Zwischensumme		96831,62 EUR
		– Sondereinzelkosten des Vertriebs		940,00 EUR
	100 %	**Selbstkosten**		97771,62 EUR
	15 %	– Gewinn		14665,74 EUR
98 %	115 %	**Barverkaufspreis**		112437,36 EUR
2 %		– Kundenskonto		2294,64 EUR
100 %	90 %	**Zielverkaufspreis**		114732,00 EUR
	10 %	– Kundenrabatt		12748,00 EUR
	100 %	**Listenverkaufspreis (Angebotspreis)**		127480,00 EUR

Rückwärtskalkulation

Allgemeiner Rechenweg:

- Stellen Sie zuerst das Kalkulationsschema von **oben nach unten** auf und tragen Sie die in der Aufgabe vorgegebenen Prozentsätze und Beträge ein.
- Überlegen Sie bei jedem Rechenschritt, ob es sich bei der Rückwärtsrechnung um eine Rechnung **vom Hundert** (Kundenrabatt, Kundenskonto) oder **auf Hundert** (Gewinn, VerwGK, VertrGK, MGK) handelt.
- **Sonderfall: Berechnung der Fertigungskosten.** Sofern Sondereinzelkosten der Fertigung vorliegen, müssen zunächst die Fertigungskosten in einer Zwischenrechnung im Rahmen einer Vorwärtskalkulation ermittelt (Fertigungslöhne + Fertigungsgemeinkosten = Zwischensumme + Sondereinzelkosten der Fertigung) und von den in der Rückwärtsrechnung ermittelten Herstellkosten subtrahiert werden.
- **Überprüfen** Sie das Ergebnis durch eine **Vorwärtskalkulation**.

1 Die Rechenzeichen verstehen sich aus der Sicht der Rückwärtsrechnung.

Kompetenztraining

44 Rückwärtskalkulation

Eine Druckerei erhält eine Anfrage, ob ein Posten Prospekte zu einem Nettopreis von 15 500,00 EUR gedruckt werden kann.

Excel

Es entsteht die Frage, wie viel EUR dürfen die Papierkosten höchstens betragen, wenn folgende Kosten anfallen: Fertigungslöhne 2 800,00 EUR, FGK 94 %, MGK 8 %, SEKF 560,00 EUR, VerwGK 18 %, VertrGK 7 %. Der Kunde erwartet einen Nachlass von 2 % Skonto.

Aufgabe:

Berechnen Sie die höchstmöglichen Papierkosten, wenn ein Gewinn von 10 % erwirtschaftet werden soll!

45 Bestimmung der Kosten für das erforderliche Fertigungsmaterial

Excel

Die Ulmer Wohn-Mobil GmbH bietet den Händlern den neuen Wohnwagen „Family" zum Listenverkaufspreis von 24 450,00 EUR an. Die Kalkulationssätze des Wohnwagenherstellers sind: 7 % Materialgemeinkosten, 110 % Fertigungsgemeinkosten, 10 % Verwaltungsgemeinkosten, 6 % Vertriebsgemeinkosten, 9 % Gewinn, 2 % Kundenskonto und 20 % Kundenrabatt. Die anfallenden Fertigungslöhne betragen 4 360,00 EUR.

Aufgabe:

Ermitteln Sie die Kosten für das erforderliche Fertigungsmaterial!

7.4.1.4 Differenzkalkulation

Häufig verhindert es die „Marktlage", dass das Unternehmen weder die Kosten des Materialeinsatzes noch den Listenverkaufspreis selbst bestimmen kann. In diesem Fall muss es das Ziel der Kalkulation sein festzustellen, ob der so erwirtschaftete Gewinn ausreichend ist.

Wird die Höhe des anfallenden Gewinnes errechnet, spricht man von **Differenzkalkulation**. Da sowohl die **Kosten** als auch der **Listenverkaufspreis** festliegen, muss von **beiden** Werten aus mit dem Rechenweg begonnen werden, und zwar einmal als **Vorwärtskalkulation** (von den Materialeinzelkosten bis zu den Selbstkosten) und zum anderen als **Rückwärtskalkulation** (vom Listenverkaufspreis bis zum Barverkaufspreis).

Beispiel:

Bei der Herstellung eines Wäschetrockners fielen 280,00 EUR Materialeinzelkosten und 160,00 EUR Fertigungslöhne an. Es wird mit folgenden Zuschlagssätzen gerechnet: MGK 11 %, FGK 120 %, VerwGK 10,5 %, VertrGK 6 %, SEKV 40,00 EUR.

Aufgabe:

Berechnen Sie, mit welchem Gewinn in EUR und in Prozent der Hersteller rechnen kann, wenn er 3 % Kundenskonto und 15 % Kundenrabatt einrechnet und einen Listenverkaufspreis von 1 059,00 EUR ansetzt!

Lösung:

100 %		Materialeinzelkosten	280,00 EUR	
11 %		+ Materialgemeinkosten	30,80 EUR	
		Materialkosten		310,80 EUR
⟶	100 %	Fertigungslöhne	160,00 EUR	
	120 %	+ Fertigungsgemeinkosten	192,00 EUR	
		Fertigungskosten		352,00 EUR
100 %	⟵	**Herstellkosten**		662,80 EUR
10,5 %		+ Verwaltungsgemeinkosten	69,59 EUR	
6 %		+ Vertriebsgemeinkosten	39,77 EUR	109,36 EUR
		Zwischensumme		772,16 EUR
		+ Sondereinzelkosten des Vertriebs (SEKV)		40,00 EUR
⟶	100 %	**Selbstkosten**		812,16 EUR
	x %	– Gewinn		60,99 EUR
97 %		**Barverkaufspreis**		873,15 EUR
3 %		– Kundenskonto		27,00 EUR
100 %	85 %	**Zielverkaufspreis**		900,15 EUR
	15 %	– Kundenrabatt		158,85 EUR
	100 %	**Listenverkaufspreis (Angebotspreis)**		1 059,00 EUR

Excel

Vorwärtskalkulation (+)

Berechnung des Gewinnzuschlagssatzes

812,16 EUR ≙ 100 %
60,99 EUR ≙ x %

$$x = \frac{100 \cdot 60{,}99}{812{,}16} = \underline{\underline{7{,}5\,\%}}$$

Rückwärtskalkulation (–)

Ergebnis: Der Hersteller kann mit einem Gewinn von 7,5 %, das sind 60,99 EUR, rechnen.

Allgemeiner Rechenweg:

- Stellen Sie zuerst das Kalkulationsschema **von oben nach unten** auf und tragen Sie die in der Aufgabe vorgegebenen Prozentsätze und Beträge ein!
- Kennzeichnen Sie den Rechenweg durch Pfeile und errechnen Sie stufenweise durch **Vorwärtskalkulation** die **Selbstkosten** bzw. durch **Rückwärtskalkulation** den **Barverkaufspreis**!
- Ermitteln Sie den **Gewinn** als **Differenz zwischen dem Barverkaufspreis und den Selbstkosten**!
- Berechnen Sie anschließend den **Gewinn in Prozent zu den Selbstkosten** (Gewinnzuschlagssatz)!

Kompetenztraining

46 Differenzkalkulation

Eine Maschinenfabrik kalkuliert eine Fräsmaschine nach folgenden Angaben:

– Verbrauch von Fertigungsmaterial	7 350,00 EUR	– MGK	12 %
– Fertigungslohn 58 Std. zu je	52,00 EUR	– FGK	15 %
– Fremdarbeiten 48 Std. zu je	95,00 EUR	– VerwGK + VertrGK	25 %
– Konstruktionszeichnung	400,00 EUR	– Kundenskonti	3 %

Die Maschinenfabrik verkauft die Fräsmaschine für 24 500,00 EUR netto.

Aufgabe:

Ermitteln Sie den Gewinn in EUR und in Prozent!

47 Vorwärtskalkulation, Angleichung des Angebotspreises an ein Konkurrenzangebot, Berechnung der Selbstkosten

Aufgrund der Anfrage der Schreinerei Stuckenberg KG kalkuliert die Maschinenfabrik Peter GmbH den Angebotspreis für den Schnelltrenn-Säge-Automaten UNI 9 mit folgenden Kalkulationsdaten:

Verbrauch von Fertigungsmaterial:	4900,00 EUR			
Fertigungslöhne:	1260,00 EUR			
Gemeinkostenzuschläge:	MGK	8,4 %	VerwGK	11 %
	FGK	106 %	VertrGK	7 %

Es wird mit 20 % Gewinn, 2 % Kundenskonto und 15 % Kundenrabatt gerechnet.

Aufgaben:

1. Berechnen Sie den Angebotspreis!
2. Ein Konkurrenzunternehmen hat ein Angebot von 13980,00 EUR unterbreitet.
   Ermitteln Sie, welcher Gewinn in EUR und in Prozent verbleiben, wenn der Angebotspreis der Konkurrenz um 600,00 EUR unterboten werden soll!

Überblick

Vergleich der Kalkulationsverfahren

Art	Vorwärtskalkulation (Verkaufskalkulation)	Rückwärtskalkulation (retrograde Kalkulation)	Differenzkalkulation
Zweck	Ermittlung des Verkaufspreises (Angebotspreises)	Ermittlung der höchstmöglichen Kosten für das Fertigungsmaterial	Ermittlung von Gewinn/Gewinnzuschlag bei gegebenem Listenverkaufspreis und gegebenen Einzelkosten
Rechenweg	Fertigungsmaterial + MGK v. H. = **Materialkosten** Fertigungslöhne + FGK v. H. + Sondereinzelkosten der Fertigung = **Fertigungskosten** **Herstellkosten** + VerwGK v. H. + VertrGK v. H. + Sondereinzelkosten des Vertriebs = **Selbstkosten** + Gewinn v. H. = **Barverkaufspreis** + Kundenskonto i. H. = **Zielverkaufspreis** + Kundenrabatt i. H. = **Listenverkaufspreis** (Angebotspreis)	Fertigungsmaterial − MGK a. H. = **Materialkosten** Fertigungslöhne + FGK v. H. + Sondereinzelkosten der Fertigung = **Fertigungskosten** **Herstellkosten** − VerwGK a. H. − VertrGK a. H. − Sondereinzelkosten des Vertriebs = **Selbstkosten** − Gewinn a. H. = **Barverkaufspreis** − Kundenskonto v. H. = **Zielverkaufspreis** − Kundenrabatt v. H. = **Listenverkaufspreis** (Angebotspreis)	Fertigungsmaterial + MGK v. H. = **Materialkosten** Fertigungslöhne + FGK v. H. + Sondereinzelkosten der Fertigung = **Fertigungskosten** **Herstellkosten** + VerwGK v. H. + VertrGK v. H. + Sondereinzelkosten des Vertriebs = **Selbstkosten** − Gewinn v. H. = **Barverkaufspreis** − Kundenskonto v. H. = **Zielverkaufspreis** − Kundenrabatt v. H. = **Listenverkaufspreis** (Angebotspreis)

7.4.2 Kalkulation mit Maschinenstundensätzen

7.4.2.1 Ermittlung der Selbstkosten mit Maschinenstundensätzen

Beispiel:

Für einen Auftrag, bei dem die Maschinenstundensätze von Maschine I 85,20 EUR/Std. und Maschine II 124,10 EUR/Std. zum Einsatz kommen, ist der Selbstkostenpreis aufgrund folgender Angaben zu berechnen:

Verbrauch von Fertigungsmaterial	1 210,00 EUR	Maschine I	3 Std. zu je	85,20 EUR
Fertigungslöhne	820,00 EUR	Maschine II	2 Std. zu je	124,10 EUR

Die Zuschlagssätze betragen:	MGK	8 %	VerwGK	12 %
	Rest-FGK	77,4 %	VertrGK	8 %

Aufgabe:

Berechnen Sie die geplanten Selbstkosten des Auftrags!

Lösung:

	Materialeinzelkosten	1 210,00 EUR	
+	8 % Materialgemeinkosten	96,80 EUR	
=	**Materialkosten**		1 306,80 EUR
+	Fertigungslöhne	820,00 EUR	
+	77,4 % Rest-FGK	634,68 EUR	
+	Maschine I: 3 Std. · 85,20 EUR/Std.	255,60 EUR	
+	Maschine II: 2 Std. · 124,10 EUR/Std.	248,20 EUR	
+	**Fertigungskosten**		1 958,48 EUR
=	**Herstellkosten**		3 265,28 EUR
+	12 % Verwaltungsgemeinkosten		391,83 EUR
+	8 % Vertriebsgemeinkosten		261,22 EUR
=	**Selbstkosten**		3 918,33 EUR

7.4.2.2 Kalkulation mit Maschinenstundensätzen bei unterschiedlicher Maschinenlaufzeit

Dadurch, dass der Maschinenstundensatz mit der Laufzeit der Maschinen multipliziert wird, wird unterstellt, dass alle maschinenabhängigen Fertigungsgemeinkosten proportional verlaufen. Ein Teil der maschinenabhängigen Fertigungskosten ist jedoch unabhängig von der Maschinenlaufzeit. Die Folge ist: Der Maschinenstundensatz **steigt unterproportional** bei einer **Ausweitung der Maschinenlaufzeit** (die fixen Kosten verteilen sich auf eine längere Laufzeit) und **steigt überproportional** bei einem **Rückgang der Maschinenlaufzeit** (die fixen Kosten verteilen sich auf eine kürzere Laufzeit).

Für eine **differenzierte Maschinenstundensatzrechnung**, in der die Laufzeitschwankungen berücksichtigt werden, ist es notwendig, die maschinenabhängigen Fertigungsgemeinkosten in **fixe und variable Kosten** aufzuteilen.[1]

Zu den **fixen maschinenabhängigen Fertigungsgemeinkosten** zählen insbesondere die **Platzkosten der Maschinen** sowie die **kalkulatorischen Kosten. Teilweise fix und teilweise variabel** sind vor allem **Energiekosten** und die **Wartungskosten.**

1 Für die Aufteilung der fixen und variablen Fertigungsgemeinkosten kann im BAB eine besondere Kostenstelle gebildet werden.

- Ändert sich die Maschinenlaufzeit, kommt es zu **Abweichungen beim Maschinenstundensatz.**
- **Ursache der Abweichungen** ist der **Fixkostenanteil** in den maschinenabhängigen Fertigungsgemeinkosten, der den Maschinenstundensatz – je nach Maschinenlaufzeit – in unterschiedlicher Höhe beeinflusst.
- Die **variablen maschinenabhängigen Fertigungsgemeinkosten** verändern sich **proportional zur Maschinenlaufzeit.**

Beispiel:

Die Kostenstelle Fertigung eines Industriebetriebs mit fixen und variablen maschinenabhängigen Fertigungsgemeinkosten weist die in der Tabelle aufgeführten Gemeinkosten auf.

Gemeinkosten	Gesamte Fertigungsgemeinkosten Monat Juni	Maschinenabhängige Fertigungsgemeinkosten	
		fix	variabel
Reparaturkosten	14800,00	3200,00	11600,00
Wartungskosten	18400,00	12100,00	6300,00
Kalk. Abschreibung	32500,00	32500,00	
Kalk. Zinsen	14700,00	14700,00	
Platzkosten	52900,00	52900,00	
Betriebsstoffkosten	26300,00		26300,00
Energiekosten	34200,00	8300,00	25900,00
Werkzeuge	12900,00	12900,00	
Versicherung	9600,00	9600,00	
Summe	216300,00	146200,00	70100,00

Aufgaben:

1. Berechnen Sie den Maschinenstundensatz, wenn die Maschinenlaufzeit im Juni 1600 Laufstunden und im August ferienbedingt 1500 Laufstunden beträgt! Die variablen Kosten im August betragen 65718,75 EUR.[1]
2. Analysieren Sie die Höhe des Maschinenstundensatzes bei sich ändernden Maschinenlaufzeiten!

Lösungen:

Zu 1.: Berechnung der Maschinenstundensätze

	Juni	August
Fixe Maschinenkosten je Stunde	$\frac{146\,200}{1\,600}$ = 91,38 EUR	$\frac{146\,200}{1\,500}$ = 97,47 EUR
+ Variable Maschinenkosten je Stunde	$\frac{70\,100}{1\,600}$ = 43,81 EUR	$\frac{65\,718{,}75}{1\,500}$ = 43,81 EUR
= Maschinenstundensatz	135,19 EUR	141,28 EUR

Zu 2.: Analyse der Ergebnisse

Bei einer kürzeren Maschinenstundenlaufzeit verringern sich die variablen Maschinenkosten proportional. Die fixen Maschinenkosten je Stunde steigen an, da sich die Fixkosten auf eine geringere Maschinenlaufzeit verteilen. Im umgekehrten Fall verlaufen diese Kostenarten entgegengesetzt (Fixkostendegression).

1 Es wird von einem proportionalen Verlauf der variablen Kosten ausgegangen.

Kompetenztraining

48 Berechnung des Maschinenstundensatzes und des Restgemeinkostensatzes, Vorwärtskalkulation mit Maschinenstundensatz

Aus der Kosten- und Leistungsrechnung eines Industriebetriebs stehen folgende Zahlen und Angaben zur Verfügung (Gemeinkosten lt. BAB):

Material	Fertigung			Verwaltung	Vertrieb
	maschinenabhängige FGK		Rest-FGK		
	fix	variabel			
380 000,00 EUR	159 225,00 EUR	207 400,00 EUR	148 500,00 EUR	308 688,75 EUR	228 161,25 EUR

Einzelkosten: Verbrauch von Fertigungsmaterial: 304 000,00 EUR
Fertigungslöhne: 135 000,00 EUR

Bestände	Anfangsbestand	Schlussbestand
Unfertige Erzeugnisse	48 000,00 EUR	46 000,00 EUR
Fertige Erzeugnisse	57 000,00 EUR	51 000,00 EUR

Laufzeit der Maschine
1 650 Stunden

Aufgaben:

1. Berechnen Sie die Gemeinkostenzuschlagssätze und den Maschinenstundensatz (Ergebnisse auf ganze Zahlen aufrunden)! Bezugsgröße für die Verwaltungsgemeinkosten und die Vertriebsgemeinkosten sind die Herstellkosten des Umsatzes und für die Rest-Fertigungsgemeinkosten die Fertigungslöhne.
2. Ein Kunde des Betriebs bestellt 150 Stück eines Produkts, dessen Herstellung (pro Stück) Maschinenkosten von 27 Min. in Anspruch nimmt. Pro Stück wird Fertigungsmaterial im Wert von 16,50 EUR benötigt, die Fertigungslöhne betragen 24,00 EUR.

   Ermitteln Sie den Listenverkaufspreis je Stück, wenn 7,93 % Gewinn und 2 % Kundenskonto zu berücksichtigen sind!

49 Gemeinkostenzuschlagssätze, Berechnung des Maschinenstundensatzes, Berechnung der Selbstkosten der Produktion

Der Betriebsabrechnungsbogen eines Industriebetriebs weist nach Verteilung der Gemeinkosten auf die Kostenstellen folgende Werte (EUR) aus:

Gemeinkostenarten	Kosten lt. KLR	Material	Drehautomat			Übrige Fertigungsstellen	Verwaltung	Vertrieb
			maschinenab. FGK		Restgemeinkosten			
			fix	variabel				
Summe	503 248,00	18 160,00	19 500,00	26 880,00	28 600,00	306 760,00	57 726,00	45 622,00

Die Materialkosten betragen 330 180,00 EUR, die Fertigungslöhne Drehautomat 189 200,00 EUR, Fertigungslöhne Übrige Fertigungsstellen 318 546,00 EUR, Maschinenlaufzeit 600 Stunden.

Aufgaben:

1. Berechnen Sie die Gemeinkostenzuschlagssätze und den Maschinenstundensatz!
2. Ermitteln Sie die Selbstkosten der Produktion!
3. Ermitteln Sie, mit welchem Maschinenstundensatz gerechnet werden kann, wenn wegen Zusatzaufträgen die Maschinenlaufzeit auf 820 Stunden erhöht werden muss. Aufgrund des größeren Verschleißes der Maschinen und damit einem größeren Wartungs- und Reparaturaufwand steigen die variablen maschinenabhängigen Fertigungsgemeinkosten um 8 %.

7.4.3 Kostenträgerstückrechnung als Nachkalkulation anwenden

7.4.3.1 Nachkalkulation mit Normal- und Istkostenzuschlagssätzen, Kostenüber- und Kostenunterdeckung

(1) Istkosten und Normalkosten

■ **Istkosten**

Istkosten sind die **tatsächlich angefallenen Kosten** einer abgelaufenen **Rechnungsperiode.**

Werden die Istkosten auf die in der gleichen Abrechnungsperiode hergestellten und verkauften Erzeugnisse weiterverrechnet, dann wirken sich alle Zufallsschwankungen, denen die Kosten unterliegen können (z. B. Preisschwankungen auf den Rohstoffmärkten, erhöhter Ausschuss, Großreparaturen, erhöhter Energieverbrauch, Überstunden usw.), auf die Preiskalkulation in dieser Rechnungsperiode aus.

■ **Normalkosten**[1]

Normalkosten sind **Durchschnittswerte der Istkosten** mehrerer Abrechnungsperioden.

Beispiel für die Berechnung von Normalzuschlagssätzen:

Für das erste Halbjahr liegen folgende monatliche Ist-Fertigungsgemeinkostensätze vor:

Januar:	57,8 %	März:	58,5 %	Mai:	62,7 %
Februar:	60,1 %	April:	59,8 %	Juni:	56,9 %

Aufgabe:

Berechnen Sie aus den sechs vorliegenden Istzuschlagssätzen den Normalzuschlagssatz für die Fertigungsgemeinkosten!

Lösung:

$$\text{Normalzuschlagssatz} = \frac{57{,}8\,\% + 60{,}1\,\% + 58{,}5\,\% + 59{,}8\,\% + 62{,}7\,\% + 56{,}9\,\%}{6} = \underline{\underline{59{,}3\,\%}}$$

Die Durchschnittswerte gleichen die im Zeitablauf auftretenden Schwankungen der Kosten aus. Außerdem werden in die Normalkosten in der Regel auch zukünftig zu erwartende Schwankungen der Kosten (z. B. Lohnsteigerungen, Steigerung von Rohstoffpreisen) eingerechnet. Angebote werden überwiegend zu Normalkosten kalkuliert **(Angebotskalkulation).** Durch den Vergleich der Normalkosten mit den Istkosten lässt sich die Kostenentwicklung in einer Rechnungsperiode kontrollieren **(Nachkalkulation).**

(2) Ermittlung von Kostenabweichungen

In der **Angebotskalkulation** konnte nur mit voraussichtlichen Kosten **(Normalkosten)** gerechnet werden. Nach **Fertigstellung des Auftrags** können die tatsächlich angefalle-

1 Vgl. hierzu auch die Ausführungen auf S. 130.

nen Kosten **(Istkosten)** ermittelt und den vorkalkulierten Kosten gegenübergestellt werden **(Nachkalkulation)**.

Beispiel für eine Nachkalkulation:

Die Nachkalkulation für die erstellte Abfüllmaschine (vgl. S. 130 f.) ergab folgende Kosten:

Verbrauch von Fertigungsmaterial	17 500,00 EUR	SEKF	900,00 EUR
Fertigungslöhne	19 800,00 EUR	SEKV	940,00 EUR

Zuschlagssätze lt. BAB dieser Abrechnungsperiode:

MGK 8,5 % FGK 108 % VerwGK 19 % VertrGK 6,8 %

Der in der Angebotskalkulation auf S. 131 f. ermittelte Listenverkaufspreis in Höhe von 106 393,41 EUR ist der verbindliche Angebotspreis

Aufgabe:

Berechnen Sie den Gewinn und den Gewinnsatz, der an dem abgewickelten Auftrag erwirtschaftet wurde!

Lösung:

Excel

	Angebotskalkulation (Vorkalkulation)			**Nachkalkulation**		
Materialeinzelkosten		17 200,00 EUR			17 500,00 EUR	
Materialgemeinkosten	9 %	1 548,00 EUR		8,5 %	1 487,50 EUR	
Materialkosten			18 748,00 EUR			18 987,50 EUR
Fertigungslöhne		21 400,00 EUR			19 800,00 EUR	
Fert.-Gemeinkosten	110 %	23 540,00 EUR		108 %	21 384,00 EUR	
Sondereinzelkosten der Fertigung (SEKF)		1 400,00 EUR			900,00 EUR	
Fertigungskosten			46 340,00 EUR			42 084,00 EUR
Herstellkosten			65 088,00 EUR			61 071,50 EUR
Verw.-Gemeinkosten	18 %	11 715,84 EUR		19 %	11 603,59 EUR	
Vertr.-Gemeinkosten	6 %	3 905,28 EUR		6,8 %	4 152,86 EUR	
Sondereinzelkosten des Vertriebs (SEKV)		890,00 EUR	16 511,12 EUR		940,00 EUR	16 696,45 EUR
Selbstkosten			81 599,12 EUR			77 767,95 EUR
Gewinn	15 %		12 239,87 EUR			16 071,04 EUR
Barverkaufspreis			93 838,99 EUR			93 838,99 EUR
Kundenskonto	2 %		1 915,08 EUR			
Zielverkaufspreis			95 754,07 EUR			
Kundenrabatt	10 %		10 639,34 EUR			
Listenverkaufspreis (Angebotspreis)			106 393,41 EUR			

Berechnung des Gewinnsatzes:

77 767,95 ≙ 100 %
16 071,04 ≙ x %

x = 20,67 %

Die **Nachkalkulation** dient zum einen der **Kostenkontrolle** und zum anderen ist sie Anlass, die **Abweichungen** zwischen Vor- und Nachkalkulation zu überprüfen und die Ursachen hierfür zu analysieren.

7.4.3.2 Gründe für Kostenabweichungen

(1) Preisabweichungen

Preiserhöhungen (Preissenkungen) bei Werkstoffen bzw. Energie, Gehaltserhöhungen (Rückgang der Gehälter durch Entlassungen) oder Erhöhungen der Versicherungsbeiträge (Rückgang der Versicherungsbeiträge durch Absenken der Versicherungssummen) u.Ä. führen zu einer höheren (niedrigeren) Belastung der Kostenstellen mit Gemeinkosten und damit zu höheren (niedrigeren) Zuschlagssätzen.

Beispiel:

Bei einem Hersteller von Tiefkühlkost erhöhen sich die Strompreise um 5% gegenüber den Normalkosten. Dies führt zu erhöhten Kosten bei der Lagerhaltung der Fertigprodukte und damit zu einer Kostenunterdeckung bei den Vertriebskosten. Eine solche Kostenabweichung hat der Leiter des Vertriebs nicht zu vertreten.

(2) Verbrauchsabweichungen

Beispiel:

Bei Überlastung der Produktion fallen mehr qualitativ mangelhafte Erzeugnisse als gewöhnlich an. Damit erhöhen sich die Fertigungskosten. Es kommt zu einer Kostenunterdeckung. Diese Kostenabweichung hat der Leiter der Fertigung zu vertreten.

Es ist nicht immer möglich, geplante Fertigungszeiten bzw. Materialvorgaben einzuhalten. Ein Über- oder Unterschreiten der Planvorgaben führt zu steigenden oder fallenden Gemeinkosten und damit zu schwankenden Zuschlagssätzen.

(3) Änderung der Ausbringungsmenge (Beschäftigung)

Wird die Ausbringungsmenge z.B. ausgeweitet, so fallen mehr **Einzelkosten** wie Material- oder Lohnkosten an. Einzelkosten sind **variable Kosten**. Hier geht man davon aus, dass sich die Kosten **proportional zur Ausbringungsmenge** verhalten.

Bei den **Gemeinkosten** geht man davon aus, dass sie **variable und fixe Kosten enthalten.** Während die **variablen Kosten** bei einer Erhöhung der Ausbringungsmenge **proportional ansteigen,** bleibt der **Fixkostenanteil der Gemeinkosten unverändert.** Die Folge ist, die Gemeinkosten **steigen unterproportional** bei einer **Ausweitung der Ausbringungsmenge** (die fixen Kosten verteilen sich auf eine größere Menge; **Fixkostendegression**) und **steigen überproportional** bei einem **Rückgang der Ausbringungsmenge** (die fixen Kosten verteilen sich auf eine geringere Menge).

Beispiel:

Bei einem Industriebetrieb betragen die Fertigungslöhne 45000,00 EUR bei einer Produktion von 1500 Stanzteilen. An Fertigungsgemeinkosten fallen 24000,00 EUR an (18000,00 EUR fix, 6000,00 EUR variabel).

Durch einen Großauftrag erhöht sich die Ausbringungsmenge im Folgemonat auf 2800 Stanzteile. Der Großauftrag wird mit dem bisher verwendeten Normal-FGK-Zuschlagssatz kalkuliert.

Aufgaben:

1. Berechnen Sie den bei der Produktion von 1 500 Stanzteilen verwendeten Normal-FGK-Zuschlagssatz!
2. Berechnen Sie den bei der Produktion von 2 800 Stanzteilen tatsächlich anfallenden FGK-Zuschlagssatz!
3. Berechnen Sie die Kostenabweichung bei Berücksichtigung der Fixkostendegression!

Lösungen:

Zu 1.: Berechnung des Normal-FGK-Zuschlagssatzes

$$\text{Normal-FGK-Zuschlagssatz} = \frac{24\,000 \cdot 100}{45\,000} = \underline{\underline{53{,}33\,\%}}$$

Zu 2.: Berechnung des tatsächlichen FGK-Zuschlagssatzes bei 2 800 Stanzteilen

FGK fix	= 18 000,00 EUR
FGK variabel 2 800 Stück · 4,00 EUR/Stück	= 11 200,00 EUR
Fertigungsgemeinkosten	= 29 200,00 EUR

$$\text{FGK-Zuschlagssatz} = \frac{29\,200 \cdot 100}{84\,000} = \underline{\underline{34{,}76\,\%}}$$

Ergebnis: Mit zunehmender Ausbringungsmenge sinkt der FGK-Zuschlagssatz. Wird die erhöhte Ausbringungsmenge mit dem Normal-FGK-Zuschlagssatz kalkuliert, entsteht eine Kostenüberdeckung.

Zu 3.: Höhe der Kostenabweichung bei Berücksichtigung der Fixkostendegression

	Fertigungslöhne	84 000,00 EUR	
+	53,33 % Normal-FGK	44 797,20 EUR	
=	Fertigungsgemeinkosten		128 797,20 EUR
–	Fertigungslöhne	84 000,00 EUR	
+	34,76 % Tatsächlicher FGK	29 198,40 EUR	
=	Fertigungsgemeinkosten		113 198,40 EUR
=	Kostenabweichung (Kostenüberdeckung)		15 598,80 EUR

Die beispielhaft für die Fertigungsgemeinkosten dargestellte Entwicklung der Gemeinkosten bei einer Änderung der Ausbringungsmenge gilt in gleicher Weise für die übrigen Gemeinkosten.

- Ändert sich die Ausbringungsmenge, kommt es bei der Zuschlagskalkulation zu **Abweichungen** bei den **Zuschlagssätzen für die Gemeinkosten**.
- **Ursache der Abweichungen** ist der **Fixkostenanteil in den Gemeinkosten,** da bei der Zuschlagskalkulation unterstellt wird, dass sich auch die fixen Kosten proportional zu den Einzelkosten ändern. Fixkosten bleiben jedoch konstant.

Kompetenztraining

50 Vor- und Nachkalkulation, tatsächlich erzielter Gewinn, Handeln bei Preiskonkurrenz

1. Für die Ermittlung des Angebotspreises für einen Kühlschrank liegen bei der Frost GmbH folgende Kalkulationsunterlagen vor:

   Verbrauch von Fertigungsmaterial 275,80 EUR, Fertigungslöhne 330,40 EUR, Normalzuschlagssätze für MGK 35 %, FGK 85 %, VerwGK 20 %, VertrGK 18 %. Der Gewinnaufschlag wird mit 25 % angesetzt. Außerdem sollen noch 10 % Rabatt und 2 % Skonto einkalkuliert werden.

   Aufgabe:

   Ermitteln Sie den Angebotspreis!

Vorlage

2. Erstellen Sie die Nachkalkulation!

   An Istkosten fielen an: Verbrauch von Fertigungsmaterial 260,75 EUR, Fertigungslöhne 310,80 EUR. Die Istzuschlagssätze für die Gemeinkosten betrugen: MGK 32,5 %, FGK 79,5 %, VerwGK 21,5 %, VertrGK 17,2 %.

   Aufgaben:

Excel

   2.1 Ermitteln Sie den Gewinn in EUR und in Prozent, wenn sich der Angebotspreis nicht verändert!

   2.2 Berechnen Sie, auf welchen Betrag der Listenverkaufspreis (Nettoverkaufspreis) bei sonst gleichbleibenden Kalkulationsgrundlagen im Falle einer starken Preiskonkurrenz notfalls herabgesetzt werden könnte!

51 Vor- und Nachkalkulation, tatsächlich erzielter Gewinn

Erstellen Sie zur Aufgabe 42, S. 132, eine Nachkalkulation! Die Istkostenrechnung ergab folgende Kalkulationsdaten:

Verbrauch von Fertigungsmaterial 8 720,00 EUR; Fertigungslöhne 3 165,00 EUR; Istzuschlagssätze: MGK 10,4 %, FGK 151 %; VerwGK/VertrGK 14,9 %. Die Sondereinzelkosten der Fertigung betrugen 795,00 EUR. Kundenrabatt und Kundenskonto wurden mit den angegebenen Prozentsätzen gewährt. Der Listenverkaufspreis betrug 29 517,06 EUR.

Excel

Aufgabe:

Berechnen Sie den Gewinn in EUR und in Prozent, der tatsächlich erzielt wurde!

52 Berechnung der Istzuschlagssätze, Nachkalkulation

Erstellen Sie zur Aufgabe 43, S. 132, eine Nachkalkulation! Die Istkostenrechnung ergab folgende Kalkulationsdaten:

Gemeinkosten	Material	Fertigung	Verwaltung	Vertrieb
Istgemeinkosten	9 936,00 EUR	181 935,00 EUR	56 910,00 EUR	36 929,00 EUR

Die Einzelkosten und die Bestandsveränderungen bleiben unverändert.

Aufgaben:

1. Berechnen Sie die Istzuschlagssätze für die Gemeinkosten!

2. Führen Sie mit den errechneten Istzuschlagssätzen für die Büroanbauwand eine Nachkalkulation durch! Die übrigen Kalkulationsdaten bleiben unverändert. Es wurde ein Barverkaufspreis von 3021,48 EUR erzielt.

   Ermitteln Sie, ob der in der Vorkalkulation eingerechnete Gewinn erzielt wurde!

53 Vor- und Nachkalkulation, Kostenabweichungen, Ursachen der Kostenabweichungen

Eine Möbelfabrik stellt für die Ausstattung von zwei Büroräumen folgende Kalkulationsgrundlagen fest:

Verbrauch von Fertigungsmaterial:		9400,00 EUR		
Fertigungslöhne:		16200,00 EUR		
Normal-Gemeinkostenzuschläge:	MGK	12,4 %	VerwGK	6 %
	FGK	104 %	VertrGK	8 %

Es wird mit 18 % Gewinn und 2 % Kundenskonto gerechnet.

Aufgaben:

1. Berechnen Sie den Angebotspreis!
2. Ein Konkurrenzunternehmen hat ein Angebot von 58866,35 EUR unterbreitet.

   Ermitteln Sie den Gewinn sowie den Gewinnsatz, wenn der Angebotspreis der Konkurrenz um 800,00 EUR unterboten werden soll!
3. Überprüfen Sie die kalkulierten Normalselbstkosten für die Ausstattung der Büroräume durch Nachkalkulation mit Istzuschlagssätzen, wenn der aktuelle BAB folgende Istgemeinkosten aufweist:

Istgemeinkosten	Kostenstellen			
	I Material	II Fertigung	III Verwaltung	IV Vertrieb
Summe der Gemeinkosten	83800,00	589260,00	133620,00	163730,00

Gesamter Verbrauch an Fertigungsmaterial:	647700,00 EUR
Gesamte Fertigungslöhne:	561200,00 EUR

   3.1 Berechnen Sie die Istzuschlagssätze!

   3.2 Ermitteln Sie die Istselbstkosten und vergleichen Sie das Ergebnis von Angebots- und Nachkalkulation!

4. 4.1 Die Geschäftsleitung stellt fest, dass die tatsächlichen Kosten höher liegen als der kalkulierte Angebotspreis. Erläutern Sie zwei Ursachen von Kostenabweichungen, für die der jeweilige Kostenstellenleiter die Verantwortung übernehmen muss!

   4.2 Die Geschäftsleitung informiert sich beim Leiter der Kostenstelle Verwaltung, warum die Ist-Verwaltungskosten über den geplanten Verwaltungsgemeinkosten liegen.

   Der Leiter der Kostenstelle Verwaltung weist darauf hin, dass der Normal- und der Ist-Gemeinkostenzuschlagssatz gleich hoch sind. Deswegen habe er die vorliegende Kostenabweichung in der Kostenstelle Verwaltung nicht zu vertreten.

   Beurteilen Sie, ob die Aussage des Kostenstellenleiters zutreffend ist!

   4.3 Die Kostenstelle Material weist ebenfalls eine Kostenunterdeckung auf. Erläutern Sie zwei Ursachen von Kostenabweichungen, für die der Leiter der Kostenstelle keine Verantwortung übernehmen muss!

5. Die Auftragslage der Möbelfabrik ist stark ansteigend. Erläutern Sie die Auswirkungen einer ansteigenden Beschäftigung auf die Zuschlagskalkulation!

54 Bestimmung der Kosten für das Fertigungsmaterial

Die Werkzeugfabrik WEGA AG hat im Produktprogramm die Akku Schlagbohrmaschine 18 V im Programm. Aufgrund des hohen Wettbewerbsdrucks durch die fernöstliche Konkurrenz soll die Schlagbohrmaschine zum Listenverkaufspreis von 671,41 EUR angeboten werden. Aus diesem Grund dürfen die gesamten Fertigungskosten höchstens 293,50 EUR betragen. Die Kosten für das Fertigungsmaterial betragen derzeit 118,70 EUR. Die Kostenrechnungsabteilung wird beauftragt, sicherzustellen, dass trotz des niedrigen Listenverkaufspreises ein gewünschter Gewinnzuschlagssatz von 19 % erzielt werden kann.

Die WEGA AG rechnet mit folgenden Kalkulationsdaten (Normalkosten): VerwGK 4,8 %, VertrGK 2,2 %, MGK 15 %, SEKV 4,52 EUR, Kundenskonto 3 %, Kundenrabatt 17 %.

Aufgaben:

1. Berechnen Sie den Prozentsatz, um den das Fertigungsmaterial günstiger bezogen werden muss, damit der angestrebte Gewinn erreicht werden kann!
2. Die am Quartalsende ermittelten Istkosten ergeben folgende Kalkulationsdaten: MGK 18 %, Fertigungskosten 295,10 EUR, VerwGK 6,5 %, VertrGK 2,8 %, Sondereinzelkosten des Vertriebs 5,29 EUR. Beurteilen Sie das Ergebnis aus Aufgabe 1 unter Beachtung der beschriebenen Kostenentwicklung!

55 Berechnung der Fertigungsgemeinkosten und des Fertigungsgemeinkostenzuschlagssatzes

Die Electronic Ditzingen GmbH hat u. a. das Wireless Alarmsystem WS-100 im Programm. Im Monat April fallen Fertigungslöhne in Höhe von 9 400,00 EUR und Fertigungsgemeinkosten in Höhe von 10 340,00 EUR (Fixkostenanteil 65 %) an.

Im Mai werden alle Aufträge mit dem Fertigungsgemeinkostenzuschlagssatz des Monats April kalkuliert. Es kommt wegen Betriebsferien zu einem Beschäftigungsrückgang von 30 %.

Aufgaben:

1. Berechnen Sie die Höhe der Kostenabweichung für den Monat Mai!
2. Ermitteln Sie den Ist-FGK-Zuschlagssatz für den Monat Mai!

56 Vorwärtskalkulation, Kalkulation eines Sonderpreises

Eine Maschinenfabrik rechnet für einen neuen Maschinentyp mit folgenden Kalkulationsdaten:

Verbrauch von Fertigungsmaterial	1 040,00 EUR
Fertigungslöhne	870,00 EUR

Gemeinkostenzuschläge:	MGK	5 %	VerwGK	9 %
	Rest-FGK	85 %	VertrGK	7 %

Nutzung von Maschinen:	Maschine A:	25 Minuten 108,00 EUR Maschinenstundensatz
	Maschine B:	13 Minuten 78,00 EUR Maschinenstundensatz

Gewinnzuschlag $33\,^1/_3$ %, Kundenskonto $2\,^1/_2$ % und Kundenrabatt 20 %.

Aufgaben:

1. Berechnen Sie den Listenverkaufspreis!
2. Um den Absatz zu steigern, wird die Maschine zum Sonderpreis von 5 421,14 EUR angeboten. Berechnen Sie, wie viel Gewinn in EUR und in Prozent dem Unternehmen verbleiben!

57 Vor- und Nachkalkulation mit Maschinenstundensätzen, Kostenabweichung

1. Für einen Reparaturauftrag ist der Angebotspreis unter Berücksichtigung folgender Angaben zu kalkulieren:

Verbrauch von Reparaturmaterial		195,80 EUR	Normalzuschlagssätze:	
Fertigungslöhne	2,6 Stunden zu je	45,00 EUR	– MGK	7,5 %
Maschine I	0,6 Stunden zu je	104,90 EUR	– Rest-FGK	101,8 %
Maschine II	1,3 Stunden zu je	63,50 EUR	– VerwGK	9,4 %
Gewinnzuschlag	20 %		– VertrGK	8,8 %

Aufgaben:

1.1 Berechnen Sie den Angebotspreis für den Reparaturauftrag!

1.2 Die Istkostenrechnung für den Reparaturauftrag ergab folgende Kalkulationsdaten:

Verbr. v. Rep.-Mat.		210,50 EUR	Istzuschlagssätze:	
Fertigungslöhne	2,8 Stunden zu je	46,70 EUR	– MGK	9 %
Maschine I	0,75 Stunden zu je	104,90 EUR	– Rest-FGK	104 %
Maschine II	1,2 Stunden zu je	63,50 EUR	– VerwGK	10,3 %
			– VertrGK	7 %

1.2.1 Berechnen Sie die entstandenen Selbstkosten!

1.2.2 Berechnen Sie die Kostenabweichung in EUR und in Prozent!

2. Nennen Sie zwei Gründe, warum im Allgemeinen die Kalkulation der Fertigungskosten auf der Basis von Maschinenstundensätzen genauer wird!

7.4.4 Kritik an der Vollkostenrechnung in Form der Zuschlagskalkulation

7.4.4.1 Vorteile der Vollkostenrechnung in Form der Zuschlagskalkulation

Bei der Vollkostenrechnung werden **alle Kosten,** die bei der Erstellung und Verwertung von Leistungen anfallen, **erfasst** und auf die **Kostenträger verrechnet**. Die Kosten werden dabei untergliedert in **Einzel- und Gemeinkosten.** Zunächst wird mit **Normalkosten** kalkuliert, die anschließend in einer Nachkalkulation mit den angefallenen **Istkosten** überprüft werden.

Die **Vorteile der Vollkostenrechnung** sind:

- Sie zeigt die vollständige **Deckung der Selbstkosten** auf.
- Sie bietet einen guten Überblick über die gesamten anfallenden Kosten.
- Sie ist eine **gute Basis** für **mittel- und langfristige Unternehmensentscheidungen.** Um überleben zu können, muss ein Unternehmen mittel- und langfristig sämtliche Kosten durch seine Umsätze decken können.
- Sie ist das **gebräuchlichste Kostenrechnungsverfahren,** z. B. erfolgt die Bewertung des Vorrats- und Sachanlagevermögens zu Herstellkosten.
- Die Vollkostenrechnung ist mit **geringem Aufwand durchzuführen.**

7.4.4.2 Nachteile der Vollkostenrechnung in Form der Zuschlagskalkulation

Wird die Zuschlagskalkulation **allein** als Grundlage für die Kalkulation, Preispolitik oder Produktpolitik verwendet, ist rechnerisch nachweisbar, dass sie zu falschen Ergebnissen und Schlussfolgerungen führt und sich daher nicht als Steuerungsinstrument eines Unternehmens eignet.

Beispiel:

Ein Unternehmen kann bei Vollauslastung innerhalb einer Rechnungsperiode 1000 Stück eines Produktes zum Nettoverkaufspreis von 50,00 EUR je Stück absetzen.

Die Stückkosten setzen sich nach der Zuschlagskalkulation zusammen aus Einzelkosten in Höhe von 16,00 EUR und einem Gesamtkostenzuschlagssatz (GKZ) von 181,25 %. Der GKZ hat einen Fixkostenanteil von 15000,00 EUR und variable Gemeinkosten von 14,00 EUR.

Aufgabe:

Berechnen Sie den Gewinn der Rechnungsperiode nach der Zuschlagskalkulation zunächst ohne und anschließend mit Trennung der Gemeinkosten in fixe und variable Kosten bei unterschiedlichen Ausbringungsmengen!

Lösung:

Die Abrechnung der Rechnungsperiode führt zu folgendem Ergebnis:

	Nettoverkaufserlöse insgesamt		50000,00 EUR
–	Kosten		
	Einzelkosten (1000 Stück · 16,00 EUR)	16000,00 EUR	
	+ 181,25 % GKZ	29000,00 EUR	45000,00 EUR
=	Gewinn		5000,00 EUR

Die **Stückkosten** betragen 45000,00 EUR: 1000 Stück = 45,00 EUR

1. Kritikpunkt: Die Anwendung der einmal auf der Basis der Vollkosten errechneten Stückkosten führt bei abweichender Ausbringungsmenge zu falschen Ergebnissen.

Wird die Veränderung der Kosten aufgrund von Schwankungen der Ausbringungsmenge nicht berücksichtigt und weiterhin mit den einmal errechneten Selbstkosten von 45,00 EUR je Stück kalkuliert, kann das zu falschen Unternehmensentscheidungen hinsichtlich der Preispolitik führen, wie das in den folgenden Berechnungen gezeigt wird:

- **Fall 1: Die Ausbringungsmenge sinkt auf 600 Einheiten**

Berechnung **ohne Aufteilung der Kosten** und unter Beibehaltung der berechneten Stückkosten in Höhe von 45,00 EUR.

	Nettoverkaufserlöse	(600 Stück · 50,00 EUR)	30000,00 EUR
–	Gesamtkosten	(600 Stück · 45,00 EUR)	27000,00 EUR
=	Gewinn		3000,00 EUR

Berechnung **mit Aufteilung der Gesamtkosten in fixe und variable Kosten** und unter Berücksichtigung der Kostenveränderung bei Änderung der Ausbringungsmenge.

	Nettoverkaufserlöse	(600 Stück · 50,00 EUR)		30 000,00 EUR
–	Kosten			
	Einzelkosten	(600 Stück · 16,00 EUR)	9 600,00 EUR	
	variable Gemeinkosten	(600 Stück · 14,00 EUR)	8 400,00 EUR	
	fixe Gemeinkosten		15 000,00 EUR	33 000,00 EUR
=	Verlust			– 3 000,00 EUR

Erläuterungen:

Berechnung der Stückkosten unter Berücksichtigung der Kostenaufteilung:

Einzelkosten	16,00 EUR
variable Gemeinkosten	14,00 EUR
fixe Gemeinkosten (15 000,00 EUR : 600 Stück)	25,00 EUR
Stückkosten insgesamt	55,00 EUR

Bei einem Nettoverkaufserlös von 50,00 EUR führt das zu einem Stückverlust von 5,00 EUR. Das ergibt bei 600 Stück einen Gesamtverlust von 3 000,00 EUR.

Fall 2: Die Ausbringungsmenge steigt auf 1 200 Einheiten

Berechnung **ohne Aufteilung der Kosten** und unter Beibehaltung der einmal berechneten Stückkosten in Höhe von 45,00 EUR.

	Nettoverkaufserlöse	(1 200 Stück · 50,00 EUR)	60 000,00 EUR
–	Gesamtkosten	(1 200 Stück · 45,00 EUR)	54 000,00 EUR
=	Gewinn		6 000,00 EUR

Berechnung **mit Aufteilung der Gesamtkosten in fixe und variable Kosten** unter Berücksichtigung der Kostenveränderung bei Änderung der Ausbringungsmenge.

	Nettoverkaufserlöse	(1 200 Stück · 50,00 EUR)		60 000,00 EUR
–	Kosten			
	Einzelkosten	(1 200 Stück · 16,00 EUR)	19 200,00 EUR	
	variable Gemeinkosten	(1 200 Stück · 14,00 EUR)	16 800,00 EUR	
	fixe Gemeinkosten		15 000,00 EUR	51 000,00 EUR
=	Gewinn			9 000,00 EUR

Erläuterungen:

Berechnung der Stückkosten unter Berücksichtigung der Kostenaufteilung:

Einzelkosten	16,00 EUR
variable Gemeinkosten	14,00 EUR
fixe Gemeinkosten (15 000,00 EUR : 1 200 Stück)	12,50 EUR
Stückkosten insgesamt	42,50 EUR

Bei einem Nettoverkaufserlös von 50,00 EUR beträgt der Stückgewinn 7,50 EUR. Beim Verkauf von 1 200 Stück ergibt das einen Gesamtgewinn von 9 000,00 EUR.

- Die Annahme, dass sich die Gemeinkosten im gleichen Verhältnis wie die Einzelkosten ändern, ist nur richtig, wenn der **Fixkostenanteil bei den Gemeinkosten null bzw. gering** ist.
- Die Zurechnung der Gemeinkosten auf die Kostenträger in Form von Zuschlagssätzen ist insbesondere bei **hohen Zuschlagssätzen problematisch.**
- Wird eine Aufteilung des Kostenblocks in fixe und variable Kosten nicht berücksichtigt, führt das hinsichtlich des Stückkostensatzes zu **falschen Kalkulationsgrundlagen** und damit zu einer **falschen Preispolitik.**

2. Kritikpunkt: Die Vollkostenrechnung kann zu falschen Entscheidungen bei der Produktpolitik führen.

Beispiel:

Ein Unternehmen verkauft zwei Produkte (Produkt A und B).

Die Gesamtkosten betragen nach der Zuschlagskalkulation beim Produkt A 32 000,00 EUR und beim Produkt B 58 000,00 EUR. Gliedert man die jeweiligen Gesamtkosten auf in variable Kosten (Einzelkosten und variable Gemeinkosten) und Fixkosten, so ergeben sich folgende Werte: variable Kosten Produkt A 18 000,00 EUR, Produkt B 30 000,00 EUR, fixe Gemeinkosten 42 000,00 EUR. Die Nettoverkaufserlöse betragen beim Produkt A 30 000,00 EUR, beim Produkt B 90 000,00 EUR.

Die fixen Kosten sind auf Produkt A und B im Verhältnis 1 : 2 zu verteilen.

Aufgaben:

1. Berechnen Sie das Betriebsergebnis ohne und mit Aufteilung in fixe und variable Kosten!
2. Begründen Sie, ob ein Produkt, das mit Verlust verkauft wird, aus dem Produktprogramm ausscheiden sollte!

Lösungen:

Zu 1.: Berechnung des Betriebsgewinns

- **Zuschlagskalkulation**

	Produkt A	Produkt B
Nettoverkaufserlöse	30 000,00 EUR	90 000,00 EUR
– Gesamtkosten	32 000,00 EUR	58 000,00 EUR
= Verlust/Gewinn	– 2 000,00 EUR	+ 32 000,00 EUR

- **Aufteilung der Gesamtkosten in variable und fixe Kosten**

	Produkt A	Produkt B
Nettoverkaufserlöse	30 000,00 EUR	90 000,00 EUR
– variable Kosten	18 000,00 EUR	30 000,00 EUR
Zwischensumme	12 000,00 EUR	60 000,00 EUR
– fixe Kosten	14 000,00 EUR	28 000,00 EUR
Verlust/Gewinn	– 2 000,00 EUR →	32 000,00 EUR
		– 2 000,00 EUR
= Betriebsgewinn		30 000,00 EUR

Ergebnis: Beim Produkt A entsteht ein Verlust von 2 000,00 EUR, beim Produkt B ein Gewinn von 32 000,00 EUR. Dadurch beträgt der Gesamtgewinn des Unternehmens 30 000,00 EUR.

Zu 2.: Ausscheiden aus dem Produktprogramm

- **Empfehlung nach der Zuschlagskalkulation**

Das Produkt A muss als Verlustbringer aus Sicht der Vollkostenrechnung aus dem Produktprogramm herausgenommen werden, da ansonsten der Gesamtgewinn geschmälert wird.

- **Empfehlung bei Aufteilung der Kosten in fixe und variable Anteile**

	Nettoverkaufserlöse bei Produkt B	90 000,00 EUR
–	variable Kosten	30 000,00 EUR
=	Zwischensumme	60 000,00 EUR
–	fixe Kosten (insgesamt)[1]	42 000,00 EUR
=	Betriebsgewinn	18 000,00 EUR

Durch das Ausscheiden des Produktes A aus dem Produktprogramm hat sich die Gewinnsituation des Unternehmens um 12 000,00 EUR verschlechtert. Das ist genau der Betrag, um den die Nettoverkaufserlöse des Produktes A die variablen Kosten übersteigen. In dieser Höhe konnte nämlich das Produkt A an der Deckung der fixen Kosten beteiligt werden.

Eine **undifferenzierte Anwendung der Vollkostenrechnung** in Form der Zuschlagskalkulation führt zu einer **falschen Produktpolitik.**

Kompetenztraining

58 Kritik der Vollkostenrechnung

1. Nennen Sie Gründe, warum die Vollkostenrechnung als Instrument der Unternehmenssteuerung nicht geeignet ist!
2. Zeigen Sie auf, welche Kostenart für die Mängel der Vollkostenrechnung verantwortlich ist!
3. Begründen Sie, warum ein Artikel, bei dem sich auf der Basis der Vollkostenrechnung ein Verlust ergibt, nicht gleich aus dem Produktprogramm ausscheiden muss!

1 Durch das Ausscheiden eines Produktes verändert sich die Höhe der Fixkosten insgesamt **zunächst** nicht.

7.5 Mithilfe der Deckungsbeitragsrechnung das Betriebsergebnis ermitteln, sie für produktions- und absatzpolitische Fragestellungen als Entscheidungshilfe anwenden sowie die Deckungsbeitragsrechnung und Zuschlagskalkulation vergleichen und beurteilen

7.5.1 Deckungsbeitragsrechnung als Stück- und Periodenrechnung darstellen

BPE 7 Handlungssituation 8: Ergebnisse der Zuschlagskalkulation und der Deckungsbeitragsrechnung vergleichen

Die Kosten für einen Bürorollcontainer der Ulmer Büromöbel AG lassen sich bei einer Produktion von 100 Stück wie folgt aufteilen:

	Fertigungsmaterial (50,00 EUR · 100 Stück)	5 000,00 EUR
+	10 % Materialgemeinkosten	500,00 EUR
+	Fertigungslöhne (30,00 EUR · 100 Stück)	3 000,00 EUR
+	120 % Fertigungsgemeinkosten	3 600,00 EUR
=	Herstellkosten für 100 Stück	12 100,00 EUR
	Herstellkosten für 1 Stück	121,00 EUR

	variable Herstellkosten (80,00 EUR · 100 Stück)	8 000,00 EUR
+	fixe Herstellkosten	4 100,00 EUR
=	Herstellkosten für 100 Stück	12 100,00 EUR
	Herstellkosten für 1 Stück	121,00 EUR

Bei einer Produktion von 150 Bürorollcontainern ergeben sich folgende Kosten:

	Fertigungsmaterial (50,00 EUR · 100 Stück)	7 500,00 EUR
+	10 % Materialgemeinkosten	750,00 EUR
+	Fertigungslöhne (30,00 EUR · 150 Stück)	4 500,00 EUR
+	120 % Fertigungsgemeinkosten	5 400,00 EUR
=	Herstellkosten für 100 Stück	18 150,00 EUR
	Herstellkosten für 1 Stück	121,00 EUR

	variable Herstellkosten (80,00 EUR · 150 Stück)	12 000,00 EUR
+	fixe Herstellkosten	4 100,00 EUR
=	Herstellkosten für 100 Stück	16 100,00 EUR
	Herstellkosten für 1 Stück	107,33 EUR

Bei einer Produktion von 80 Bürorollcontainern ergeben sich folgende Kosten:

	Fertigungsmaterial (50,00 EUR · 80 Stück)	4 000,00 EUR
+	10 % Materialgemeinkosten	400,00 EUR
+	Fertigungslöhne (30,00 EUR · 80 Stück)	2 400,00 EUR
+	120 % Fertigungsgemeinkosten	2 880,00 EUR
=	Herstellkosten für 80 Stück	9 680,00 EUR
	Herstellkosten für 1 Stück	121,00 EUR

	variable Herstellkosten (80,00 EUR · 80 Stück)	6 400,00 EUR
+	fixe Herstellkosten	4 100,00 EUR
=	Herstellkosten für 80 Stück	10 500,00 EUR
	Herstellkosten für 1 Stück	131,25 EUR

Kompetenzorientierte Arbeitsaufträge:

1. Vergleichen Sie die vorgegebene Kalkulation für den Bürorollcontainer bei den verschiedenen Produktionsmengen und erläutern Sie, worauf die unterschiedliche Höhe der Herstellkosten beruht!
2. Erläutern Sie, welche Schlussfolgerung Sie aus dem Vergleich für die Kalkulation ziehen!

7.5.1.1 Abgrenzung der Teilkostenrechnung von der Vollkostenrechnung

Die Ausführungen unter Kapitel 7.4.4, S. 147 ff. haben deutlich gemacht, dass die **Mängel, die der Zuschlagskalkulation anhaften,** in den **Fixkosten begründet** liegen. Soll die Kostenrechnung in erster Linie als **Instrument der Unternehmenssteuerung** dienen, liegt es nahe, zunächst auf eine **Verrechnung der Fixkosten zu verzichten** und diese erst bei der Ergebnisermittlung wieder einzubeziehen. Eine solche Rechnung, die zunächst auf einen Teil bei der Weiterverrechnung der Kosten verzichtet, nennt man im Gegensatz zur Vollkostenrechnung eine **Teilkostenrechnung.**

Die **Teilkostenrechnung** geht von einer Aufgliederung der Kosten in **fixe Kosten** und **variable Kosten** aus.

Eine weitverbreitete Form der Teilkostenrechnung ist die **Deckungsbeitragsrechnung.**[1]

7.5.1.2 Aufbau der Deckungsbeitragsrechnung

Bei der Deckungsbeitragsrechnung werden **Deckungsbeiträge** ermittelt. Diese ergeben sich, indem man von den **Nettoverkaufserlösen** der Produkte die **variablen Kosten** abzieht. In Höhe der Deckungsbeiträge sind die Produkte an der Deckung der noch nicht verrechneten Fixkosten beteiligt.

Das **Grundschema der Deckungsbeitragsrechnung** lautet:

	Nettoverkaufserlöse
–	variable Kosten
=	Deckungsbeitrag

- **Nettoverkaufserlöse** sind die Erlöse, die dem Unternehmen nach Abzug der Umsatzsteuer und etwaiger Erlösschmälerungen (z.B. Kundenrabatt, Kundenskonto, Vertreterprovision) tatsächlich verbleiben.[2]
- Der **Deckungsbeitrag** ist der Überschuss der Nettoverkaufserlöse über die variablen Kosten.
- Der **Deckungsbeitrag** gibt an, welchen Beitrag ein Kostenträger zur **Deckung** der **fixen Kosten** leistet.

Kompetenztraining

59 Grundlagen der Deckungsbeitragsrechnung

1. Erläutern Sie den Begriff Deckungsbeitrag!
2. Erklären Sie, bei welchen wichtigen Unternehmensaufgaben die Deckungsbeitragsrechnung sinnvolle Hilfestellung leisten kann!
3. Begründen Sie, worin Sie den entscheidenden Unterschied zwischen der Vollkostenrechnung und der Deckungsbeitragsrechnung sehen!

1 Für den Begriff „Deckungsbeitragsrechnung" wird in der betriebswirtschaftlichen Literatur auch der Begriff **„Direct Costing"** verwandt.

2 Der Nettoverkaufserlös entspricht dem Barverkaufspreis im Kalkulationsschema.

4. Notieren Sie außerhalb des Buches, welche Aussage über den Deckungsbeitrag richtig ist!
   4.1 Er deckt höchstens die fixen Kosten ab.
   4.2 Er steigt, wenn bei konstanten Stückerlösen die variablen Stückkosten steigen.
   4.3 Er sinkt, wenn bei konstanten Stückerlösen die variablen Stückkosten steigen.
   4.4 Er errechnet sich als Differenz zwischen den variablen Kosten und den Selbstkosten.
   4.5 Verrechnete Gemeinkosten minus Istgemeinkosten ergibt den Deckungsbeitrag.

7.5.1.3 Deckungsbeitragsrechnung als Stückbetrachtung

Beispiel:

Aus Wettbewerbsgründen ist ein Hersteller gezwungen, den Listenverkaufspreis für ein Trimmgerät auf 816,32 EUR festzusetzen. Den Sportartikelgroßhändlern werden 25 % Rabatt und 2 % Skonto eingeräumt. Die variablen Kosten betragen 400,00 EUR.

Aufgaben:

1. Berechnen Sie den Deckungsbeitrag je Stück!
2. Stellen Sie den Deckungsbeitrag je Stück grafisch dar!

Lösungen:

Excel

Zu 1.: Berechnung des Deckungsbeitrags

	Listenverkaufspreis (netto)	816,32 EUR
–	25 % Rabatt	204,08 EUR
=	Zielverkaufspreis	612,24 EUR
–	2 % Skonto	12,24 EUR
=	Nettoverkaufserlös (Barverkaufspreis)	600,00 EUR
–	variable Kosten	400,00 EUR
=	Stückdeckungsbeitrag	200,00 EUR

Zu 2.: Grafische Darstellung

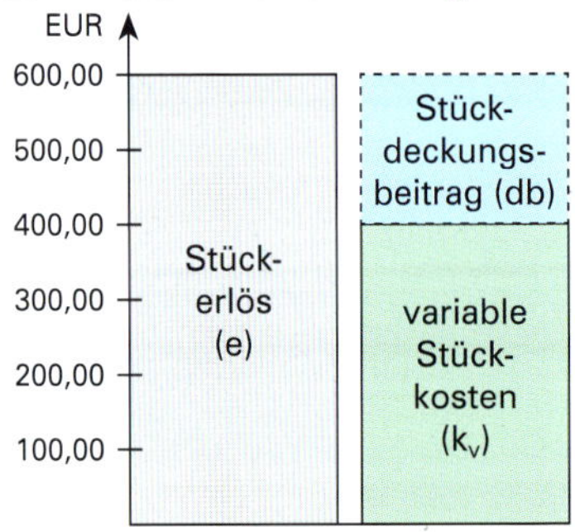

!

Nettoverkaufserlös je Stück
(Barverkaufspreis je Stück)
– variable Kosten je Stück
= Deckungsbeitrag je Stück

Erläuterung:

Der Deckungsbeitrag besagt, dass je Trimmgerät 200,00 EUR zur Deckung der Fixkosten zur Verfügung stehen. Ob der Deckungsbeitrag ausreicht, um neben der Deckung der fixen Kosten auch einen **Stückgewinn** zu erzielen, bleibt offen. Sicher ist aber, dass jeder Preis, der **über** den **variablen Kosten** liegt, zur Deckung der fixen Kosten beiträgt. Insofern dient der **Stückdeckungsbeitrag** als **Entscheidungshilfe** für die **Annahme oder Ablehnung von Aufträgen**.

!

Jeder positive Deckungsbeitrag trägt zur Verbesserung des Betriebsergebnisses bei.

Kompetenztraining

60 Stückdeckungsbeitragsrechnung

1. Aus Wettbewerbsgründen ist ein Betonwerk gezwungen, den Listenverkaufspreis für ein Bauelement auf 2448,96 EUR festzusetzen. Den Bauunternehmen werden 25 % Rabatt und 2 % Skonto eingeräumt. Die variablen Kosten betragen 1200,00 EUR.

   Aufgaben:

   1.1 Berechnen Sie den Deckungsbeitrag je Stück!

   1.2 Stellen Sie den Deckungsbeitrag je Stück grafisch dar!

   1.3 Beschreiben Sie die Rolle des Stückdeckungsbeitrags bei der Entscheidung über die Annahme oder Ablehnung eines Auftrages!

   1.4 Arbeiten Sie das Hauptproblem bei der Anwendung der Deckungsbeitragsrechnung heraus!

2. Die Teilkostenrechnung eines Unternehmens weist für ein bestimmtes Produkt folgende Ergebnisse aus:

   Aufgaben:

   2.1 Nettoverkaufserlös > variable Stückkosten.

   2.2 Nettoverkaufserlös < variable Stückkosten.

   2.3 Nettoverkaufserlös = variable Stückkosten.

   2.4 Stückdeckungsbeitrag = 0,00 EUR.

   Notieren Sie außerhalb des Buches, bei welchem Ergebnis das Produkt nicht mehr verkauft werden sollte!

3. Die Selbstkosten für eine Küchenmaschine betragen 540,00 EUR. Die Deckungsbeitragsrechnung ermittelt variable Kosten in Höhe von 290,00 EUR.

   Aufgabe:

   Begründen Sie, unter welcher Voraussetzung es langfristig sinnvoll ist, die Küchenmaschine in das Produktprogramm aufzunehmen!

7.5.1.4 Deckungsbeitragsrechnung als Periodenbetrachtung

Bei der Deckungsbeitragsrechnung als Periodenbetrachtung werden zur Ermittlung des Betriebsergebnisses die fixen Kosten in einem Block von der Summe der Deckungsbeiträge abgezogen.

Es liegt folgendes Berechnungsschema zugrunde:

Erzeugnis A		**Erzeugnis B**	**usw.**	
Nettoverkaufserlöse	+	Nettoverkaufserlöse		
– variable Kosten		– variable Kosten		
= Deckungsbeitrag von Erzeugnis A		= Deckungsbeitrag von Erzeugnis B	⟶	Summe der Deckungsbeiträge
				– fixe Kosten[1]
				= Betriebsergebnis (Betriebsgewinn/Betriebsverlust)

1 Die fixen Kosten lassen sich bei einem Mehrproduktunternehmen nicht verursachungsgerecht auf die einzelnen Produkte aufteilen.

Beispiel:

Die KLR eines Industrieunternehmens liefert uns für den Monat Juni für die Erzeugnisse A und B folgende Zahlen:

	Erzeugnis A	Erzeugnis B
Produktions- und Absatzmenge	300 Stück	400 Stück
Nettoverkaufserlös je Stück	500,00 EUR	750,00 EUR
variable Kosten je Stück	160,00 EUR	505,00 EUR
fixe Kosten des Unternehmens für den Monat Juni	150 000,00 EUR	

Aufgaben:

1. Berechnen Sie den Deckungsbeitrag je Erzeugnis und die Deckungsbeiträge insgesamt!
2. Ermitteln Sie das Betriebsergebnis für den Monat Juni!

Lösungen:

Zu 1. und 2.: Berechnung der Deckungsbeiträge und des Betriebsergebnisses

Excel

	Erzeugnis A	Erzeugnis B	Gesamtbeträge
Nettoverkaufserlöse (E)	150 000,00 EUR	300 000,00 EUR	450 000,00 EUR
– variable Kosten (K_v)	48 000,00 EUR	202 000,00 EUR	250 000,00 EUR
= Deckungsbeiträge (DB)	102 000,00 EUR	98 000,00 EUR	200 000,00 EUR
– fixe Kosten (K_{fix})			150 000,00 EUR
= Betriebsergebnis (Gewinn)			50 000,00 EUR

Die Gewinnermittlung bei der Deckungsbeitragsrechnung lässt sich schematisch wie folgt darstellen:[1]

PPT

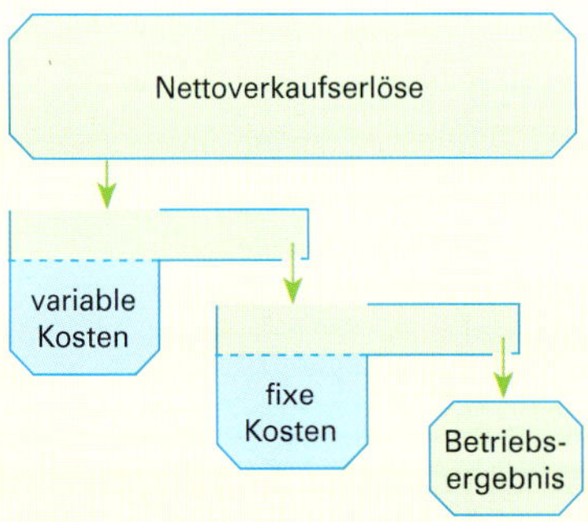

Nettoverkaufserlöse (Gesamterlöse)
– variable Kosten

= Deckungsbeiträge (Gesamtdeckungsbeitrag)
– fixe Kosten

= Betriebsergebnis

1 Vgl. Zdrowomyslaw, Norbert/Götze, Wolfgang: Kosten-, Leistungs- und Erlösrechnung, München/Wien 1995, S. 461.

Kompetenztraining

61 Deckungsbeitragsrechnung als Periodenbetrachtung

Ein Motorenwerk stellt von einem Motor drei verschiedene Modelle her. Die KLR liefert für den Monat Mai folgende Zahlen:

	Modell 1	Modell 2	Modell 3
Verbr. v. Fertigungsmaterial/Stück	900,00 EUR	780,00 EUR	410,00 EUR
Fertigungslöhne/Stück	420,00 EUR	525,00 EUR	190,00 EUR
variable Gemeinkosten/Stück	360,00 EUR	305,00 EUR	280,00 EUR
Summe d. variablen Kosten/Stück	1680,00 EUR	1610,00 EUR	880,00 EUR
produzierte u. verkaufte Anzahl	300 Stück	400 Stück	700 Stück
Nettoverkaufserlöse je Stück	2910,00 EUR	2200,00 EUR	1510,00 EUR

Die Fixkosten im Monat Mai betragen 820000,00 EUR.

Aufgabe:

Vorlage Excel

Ermitteln Sie das Betriebsergebnis für den Monat Mai!

62 Deckungsbeitragsrechnung als Periodenbetrachtung, Betriebsergebnis

Die Hohmann AG stellt drei verschiedene Typen von Gartenstühlen her. Für den Monat Oktober legt die Kosten- und Leistungsrechnung folgende Zahlen vor:

	Typ A	Typ B	Typ C
Nettoverkaufserlöse je Stück	120,00 EUR	85,00 EUR	76,00 EUR
variable Stückkosten	85,00 EUR	69,00 EUR	65,00 EUR
Verkaufsmengen in Stück	1500	3500	5200

Die fixen Kosten der Rechnungsperiode werden mit 95000,00 EUR veranschlagt.

Aufgaben:

Vorlage Excel

1. Berechnen Sie für jeden Typ den Deckungsbeitrag je Stück!
2. Stellen Sie unter dem Gesichtspunkt der erzielten Stückdeckungsbeiträge eine Rangfolge der Erzeugnisarten auf!
3. Stellen Sie den Stückdeckungsbeitrag für den Kostenträger A grafisch dar!
4. Ermitteln Sie für jeden Typ die Deckungsbeiträge der Rechnungsperiode! Vorlage
5. Führen Sie die Betriebsergebnisrechnung der Periode durch!
6. Der Produktionsleiter weist auf Rationalisierungsmöglichkeiten in der Produktion hin und empfiehlt der Geschäftsleitung, die Produktion auf zwei Modelle zu begrenzen. Begründen Sie aus Sicht der Kostenrechnung, ob die Geschäftsleitung diesem Vorschlag folgen soll!

63 Deckungsbeitragsrechnung als Periodenbetrachtung, Betriebsergebnis

Die Kludi GmbH stellt Haushaltskühlschränke und Wäschetrockner her. Auf dem Absatzmarkt gelten folgende Listenverkaufspreise: für Kühlschränke 600,00 EUR, für Wäschetrockner 420,00 EUR. An Einzelkosten fallen an: für einen Kühlschrank 220,00 EUR, für einen Wäschetrockner 185,00 EUR. Die variablen Gemeinkosten betragen jeweils 85 % der Einzelkosten.

Den Abnehmern werden 10 % Rabatt und 2 % Skonto gewährt. Die Fixkosten der Rechnungsperiode betragen 350 000,00 EUR. Die Absatzmengen betrugen bei den Kühlschränken 5 000 Stück, bei den Wäschetrocknern 3 500 Stück.

Aufgaben:

1. Ermitteln Sie die Deckungsbeiträge:
   - 1.1 für jedes Erzeugnis,
   - 1.2 für die Rechnungsperiode insgesamt!
2. Ermitteln Sie das Betriebsergebnis der Rechnungsperiode!

7.5.2 Deckungsbeitragsrechnung als Instrument zur Bestimmung von Preisuntergrenzen erläutern

BPE 7 Handlungssituation 9: Bei einem Auftrag die Preisuntergrenze ermitteln

Die Weber Metallbau GmbH kalkuliert einen Großauftrag für die Lieferung von Gartenzäunen an eine Baumarktkette. Angefragt sind 2 000 Einheiten mit jeweils 10 Elementen pro Zauneinheit. Die Gesamtkosten belaufen sich lt. Kalkulation auf 289 200,00 EUR, die variablen Stückkosten je Element auf 9,20 EUR. Je Zaunelement soll ein Nettoverkaufserlös von 20,20 EUR erzielt werden.

Kompetenzorientierte Arbeitsaufträge:

1. Berechnen Sie die Fixkosten!
2. Berechnen Sie den Deckungsbeitrag je Stück!
3. Ermitteln Sie die absolute Preisuntergrenze!
4. Die Baumarktkette akzeptiert je Zaunelement einen Listenverkaufspreis von 18,00 EUR. Berechnen Sie, ob die Weber Metallbau GmbH den Auftrag zu diesen Konditionen annehmen kann und welcher Gewinn gegebenenfalls noch erzielt werden kann!

7.5.2.1 Bestimmung der kurzfristigen und langfristigen Preisuntergrenze

Ein positiver Deckungsbeitrag kann das Unternehmen dazu nutzen, die Deckungsbeitragsrechnung als Instrument der Preispolitik einzusetzen. Kurzfristig kann das Unternehmen nämlich den Preis so absenken, dass lediglich die variablen Kosten abgedeckt sind. Für eine kurze Zeit kann es die fixen Kosten außer Acht lassen, denn diese fallen an, ob ein Verkauf getätigt wird oder nicht. Die **Summe der variablen Kosten** ist damit die **kurzfristige Preisuntergrenze (absolute Preisuntergrenze).** Liegt der erzielte Stückpreis unter den variablen Kosten, sollte die Produktion des Erzeugnisses eingestellt bzw. ein Auftrag abgelehnt werden.

Langfristig kann ein Unternehmen nicht mit Verlusten produzieren, es muss zumindest kostendeckend arbeiten. Die **langfristige Preisuntergrenze** wird daher durch die **Stückkosten** bestimmt.

!

- Die **kurzfristige (absolute) Preisuntergrenze** liegt bei dem Preis, bei dem der Stückerlös die **variablen Kosten je Einheit** abdeckt. Der Deckungsbeitrag ist in diesem Fall gleich null.

$$e = k_v$$

- Die **langfristige Preisuntergrenze** liegt bei dem Preis, bei dem der Stückerlös die entstandenen **Selbstkosten je Einheit** abdeckt.

$$e = \frac{K_{fix}}{\text{erzeugte Menge} + k_v}$$

Die Formeln zeigen, dass die **langfristige Preisuntergrenze** mit **zunehmender Ausbringungsmenge absinkt (Degressionseffekt der Fixkosten)**, während die **kurzfristige Preisuntergrenze** von der **jeweiligen Ausbringungsmenge unabhängig** ist.

Beispiel:

Ein Industrieunternehmen stellt nur ein Erzeugnis her. Für den Monat Februar weist die KLR folgende Daten aus: variable Stückkosten 60,00 EUR, Fixkosten 115 000,00 EUR, Produktionsmenge 7 000 Stück.

Aufgaben:

1. Ermitteln Sie die kurzfristige Preisuntergrenze!
2. Berechnen Sie die langfristige Preisuntergrenze!

Lösungen:

Zu 1.: Kurzfristige Preisuntergrenze: 60,00 EUR

Zu 2.: Langfristige Preisuntergrenze:

$$\frac{115\,000{,}00 \text{ EUR}}{7\,000 \text{ Stück}} + 60{,}00 \text{ EUR} = \underline{\underline{76{,}43 \text{ EUR/Stück}}}$$

Wird die Ausbringungsmenge erhöht, muss die **Fixkostenproblematik beachtet** werden, d. h., steigt die Ausbringungsmenge, nimmt der Fixkostenanteil je Einheit ab. Die Stückkosten sinken. Bei einer Verringerung der Ausbringungsmenge tritt der umgekehrte Effekt ein.

7.5.2.2 Vorteile und Gefahren der Bestimmung von Preisuntergrenzen

(1) Vorteile

- Eine Preissenkung bei einzelnen Erzeugnissen kann das Unternehmen dazu nutzen, auf sein **Produktprogramm aufmerksam zu machen.** Es hofft darauf, dass die niedrig kalkulierten Erzeugnisse Auslöser dafür sind, dass die Kunden auch die übrigen Erzeugnisse des Produktprogramms bestellen. Auf diese Weise erreicht das Unternehmen eine Umsatz- und Gewinnsteigerung.
- Durch die Vorgabe von Preisuntergrenzen bzw. festgelegten Stückdeckungsbeiträgen wird die **Absatzpolitik des Unternehmens flexibler** (beweglicher). So muss z.B. der Handelsvertreter für sein Verkaufsgebiet lediglich sein vorgegebenes Deckungssoll erreichen. Er ist also in der Lage, auf das Marktgeschehen einzugehen und in schlechten oder umkämpften Absatzgebieten geringere Preise in Kauf zu nehmen, sofern es ihm gelingt, in guten Absatzgebieten Preise zu erzielen, die über dem vorgegebenen Deckungsbeitrag liegen. Bei richtiger Anwendung können so Marktchancen besser wahrgenommen werden.
- Preisuntergrenzen ermöglichen es z.B. bei mangelnder Kapazitätsauslastung, Entscheidungen zu treffen, ob **Zusatzaufträge**[1] angenommen werden können.

(2) Gefahren

- Die große **Gefahr der Deckungsbeitragsrechnung als Stückbetrachtung** liegt darin, dass das Unternehmen insgesamt ein **zu niedriges Preisniveau akzeptiert.** Die Deckungsbeitragsrechnung verführt dazu, dass sich der Verkauf lediglich an einem positiven Deckungsbeitrag orientiert, ohne dabei genau zu wissen, ob die fixen Kosten insgesamt gedeckt sind bzw. ob ein Gewinn erwirtschaftet wird.
- Es besteht die Gefahr, den Blick auf „einen **Teil der Kosten** bzw. auf den **Gewinn zu vernachlässigen**". Erst die Deckungsbeitragsrechnung als Zeitrechnung offenbart dann, ob ein Betriebsgewinn oder ein Betriebsverlust erwirtschaftet wurde.

- Durch die **Vorgabe von Preisuntergrenzen** bzw. festgelegten Stückdeckungsbeiträgen wird die **Absatzpolitik des Unternehmens flexibler** (beweglicher).
- Bei der Deckungsbeitragsrechnung besteht die **Gefahr,** eine zu **nachgiebige Preispolitik** zu betreiben und eine vollständige Kostendeckung zu vernachlässigen.

---

1 Vgl. hierzu S. 163.

Kompetenztraining

64 Deckungsbeitrag, Preisuntergrenzen

1. Stellen Sie dar, wie die Begriffe „kurzfristige Preisuntergrenze" und „langfristige Preisuntergrenze" bestimmt sind!

2. Entscheiden Sie begründet, ob ein Industriebetrieb langfristig überleben kann, wenn er die Preise für seine Erzeugnisse an der langfristigen Preisuntergrenze ausrichtet!

3. Die Kostenrechnung eines Industriebetriebs liefert uns für den Monat Januar folgende Zahlen:

	Erzeugnis A	Erzeugnis B
Produktions- und Absatzmenge	700 Stück	1300 Stück
Listenverkaufspreis je Stück	580,00 EUR	410,00 EUR
Kundenrabatt	10 %	12 %
Kundenskonto	3 %	2 %
variable Kosten je Stück	280,00 EUR	302,00 EUR
fixe Kosten	98500,00 EUR	

Aufgaben:

3.1 Bestimmen Sie den Deckungsbeitrag für die Erzeugnisse A und B!

Excel

3.2 Errechnen Sie das Betriebsergebnis!

3.3 Nennen Sie die absolute Preisuntergrenze für die Erzeugnisse A und B!

3.4 Erläutern Sie, warum die Ausbringungsmenge keinen Einfluss auf die kurzfristige Preisuntergrenze hat!

65 Preisuntergrenzen, Kapazitätsänderungen, Preispolitik

Eine Maschinenfabrik stellt Abfüllmaschinen her. Vom Typ A werden im Monat Januar 10 Maschinen hergestellt. Hierfür sind folgende Kosten (linearer Kostenverlauf) in den einzelnen Kostenstellen angefallen:

Gesamtkosten / Kostenstellen	Einzelkosten	Gemeinkosten	
		fixe Kosten	variable Kosten
Material	170000,00 EUR	10000,00 EUR	18000,00 EUR
Fertigung	80000,00 EUR	35000,00 EUR	24000,00 EUR
Verwaltung/Vertrieb		15000,00 EUR	

Die Maschine des Typs A erzielt einen Nettoverkaufspreis von 36000,00 EUR. Von der Maschine A können maximal 10 Stück je Monat hergestellt werden.

Aufgaben:

1. Ermitteln Sie die kurzfristige Preisuntergrenze je Maschine des Typs A!

2. Berechnen Sie die langfristige Preisuntergrenze!

3. Die Maschinenfabrik plant eine Erweiterungsinvestition zur Herstellung des Maschinentyps A. Die Kapazität erhöht sich dadurch um 20 %.

   Die Kostenstruktur ändert sich wie folgt: Die fixen Kosten steigen um 40 %, die variablen Kosten sinken um 25 %.

   3.1 Berechnen Sie die neuen Stückkosten je Maschine!

   3.2 Bestimmen Sie den Gewinn, der sich dadurch je Maschine ergibt!

   3.3 Ermitteln Sie die Gewinnschwelle für den Fall, dass der Nettoverkaufserlös für die Maschine A um 15 % sinkt!

4. Die Preispolitik ist abhängig von der Entwicklung der Beschäftigung. Erläutern und begründen Sie die Preispolitik, die Sie umsetzen würden, wenn

   4.1 die Beschäftigung sinkt,

   4.2 die Beschäftigung steigt!

66 Vergleich Produkteliminierung, Vollkostenrechnung und Deckungsbeitragsrechnung, Preisuntergrenze

Sachverhalt

Die Geschäftsleitung der Kleiderfabrik Pforzheim GmbH vermutet, dass die Produktion der Hosen mit Verlust verbunden ist. Sie möchte deshalb herausfinden, ob sie nicht besser die Produktion der Hosen einstellen sollte.

Entscheidungshilfe hierzu erwartet sie von den Ergebnissen der Kosten- und Leistungsrechnung.

Am Ende eines Rechnungsabschnitts stehen folgende Zahlen zur Verfügung:

Einzelkosten	Hosen	Jacken
Verbrauch von Fertigungsmaterial	25 000,00 EUR	45 000,00 EUR
Fertigungslöhne	35 000,00 EUR	70 000,00 EUR
Sondereinzelkosten des Vertriebs	5 000,00 EUR	–

Gemeinkosten	fix	variabel
Materialstelle	2 000,00 EUR	1 500,00 EUR
Fertigungsstelle Hosen	18 000,00 EUR	14 000,00 EUR
Fertigungsstelle Jacken	53 000,00 EUR	35 000,00 EUR
Verw.- und Vertriebsstelle	25 000,00 EUR	–

Hergestellt wurden 2 100 Hosen, die zu 55,00 EUR/Stück und 3 500 Jacken, die zu 85,00 EUR/Stück verkauft wurden. Auf beide Produkte wurden 15 % Rabatt gewährt.

Aufgaben:

1. Überprüfen Sie mithilfe der Vollkostenrechnung, ob die Vermutung der Geschäftsleitung bezüglich der Hosen zutrifft!

   Kalkulieren Sie mit einem Material-Gemeinkostenzuschlagssatz von 5 % und einem Verwaltungs- und Vertriebs-Gemeinkostenzuschlagssatz von 8 %!

2. Stellen Sie eine Deckungsbeitragsrechnung für beide Produkte auf!

   Beurteilen Sie das Ergebnis dahingehend, ob die Hosen aus der Produktion genommen werden sollten!

   Verteilen Sie die variablen Materialgemeinkosten auf die Produkte Hosen und Jacken im Verhältnis 1 : 2!

3. Ermitteln Sie die kurzfristige Preisuntergrenze für die Hosen!

4. Erläutern Sie, welche Aufgaben nur die Vollkostenrechnung und welche nur die Teilkostenrechnung erfüllen kann!

7.5.3 Annahme eines Zusatzauftrags bei vorhandener Produktionskapazität rechnerisch begründen

BPE 7 Handlungssituation 10: Über die Annahme eines Zusatzauftrags entscheiden

Die Ulmer Büromöbel AG fertigt in einer Abteilung ausschließlich Büroregale. Die Kapazitätsgrenze liegt bei 1750 Stück pro Monat. Der durchschnittliche Verkaufspreis je Regal beträgt 161,00 EUR. Die variablen Stückkosten je Regal betragen 90,00 EUR. Die fixen Abteilungskosten betragen 45500,00 EUR.

Im Monat April erhält die Ulmer Büromöbel AG das Angebot einer Möbelhauskette, 120 Regale mit einem Nachlass von 25 % gegenüber dem üblichen Verkaufspreis abzunehmen. Die Möbelhauskette war bisher nicht Kunde der Ulmer Büromöbel AG.

Da die Kapazität voll ausgelastet ist, kann der Zusatzauftrag nur mit Überstunden der Belegschaft bewältigt werden. Der Überstundenzuschlag beträgt 20 %, der Lohnanteil an den variablen Kosten 26,00 EUR.

Kompetenzorientierte Arbeitsaufträge:

1. Berechnen Sie mit den angegebenen Daten das Betriebsergebnis des Monats April bei voller Kapazitätsauslastung!
2. Berechnen Sie, wie sich die Annahme des Zusatzauftrags auf das Betriebsergebnis auswirkt!
3. Erklären Sie, worauf es zurückzuführen ist, dass das Betriebsergebnis bei einem Anstieg der produzierten und verkauften Regale überproportional wächst!
4. Führen Sie jeweils ein weiteres Argument an, welches für bzw. gegen die Annahme des Auftrags der Möbelhauskette spricht!

Zusatzaufträge sind Aufträge, die **unterhalb der derzeitigen Verkaufspreise** angenommen werden. Bei **nicht ausgelasteter Produktionskapazität** kann dadurch unter bestimmten Bedingungen das Betriebsergebnis verbessert werden.

Ein Zusatzauftrag führt dann zu einer Verbesserung des Betriebsergebnisses, wenn die Nettoverkaufserlöse höher liegen als die variablen Kosten des Auftrages. Die fixen Kosten können außer Betracht bleiben, da sie ja unabhängig davon anfallen, ob der Zusatzauftrag angenommen wird oder nicht. Der erzielbare Deckungsbeitrag ist das Kriterium für die Annahme oder Ablehnung des Zusatzauftrages.

- Für die Annahme bzw. die Ablehnung eines Zusatzauftrages gilt:
  - Deckungsbeitrag > 0 → Annahme des Zusatzauftrages
  - Deckungsbeitrag < 0 → Ablehnung des Zusatzauftrages
- Zusatzaufträge tragen zur besseren Produktionsauslastung und zur Arbeitsplatzerhaltung bei.

Beispiel:

Im laufenden Monat ist folgende Produktions- und Absatzsituation gegeben:

	Erzeugnis I	Erzeugnis II
Nettoverkaufserlös	198,00 EUR	270,00 EUR
variable Stückkosten	112,00 EUR	120,00 EUR
fixe Kosten insgesamt	150 000,00 EUR	
Absatzmenge	700 Stück	950 Stück
Kapazität	900 Stück	1 200 Stück

Das Unternehmen hat die Möglichkeit, von Erzeugnis II 210 Stück zum Festpreis von 180,00 EUR als Sondermodell zu verkaufen.

Aufgabe:

Prüfen Sie, ob sich die Hereinnahme des Zusatzauftrages lohnt!

Lösung:

	Erzeugnis I	Erzeugnis II	Zusatzauftrag
Nettoverkaufserlöse	138 600,00 EUR	256 500,00 EUR	37 800,00 EUR
– variable Kosten	78 400,00 EUR	114 000,00 EUR	25 200,00 EUR
= Deckungsbeitrag	60 200,00 EUR	142 500,00 EUR	12 600,00 EUR
– fixe Kosten	150 000,00 EUR		
= Betriebsgewinn ohne Zusatzauftrag	52 700,00 EUR		
+ Deckungsbeitrag Zusatzauftrag	12 600,00 EUR		
= Betriebsgewinn mit Zusatzauftrag	65 300,00 EUR		

Ergebnis: Die Hereinnahme des Zusatzauftrages lohnt sich, da dadurch der Betriebsgewinn um 12 600,00 EUR gesteigert werden kann.

Hinweis:

Sofern ein positiver Deckungsbeitrag erzielt werden kann, lohnt sich die Hereinnahme des Zusatzauftrages auch im Fall eines Betriebsverlusts. Ein positiver Deckungsbeitrag trägt dann dazu bei, den Betriebsverlust zu verringern.

Kompetenztraining

67 Deckungsbeitragsrechnung, Zusatzauftrag

Ein Industrieunternehmen produziert drei verschiedene Erzeugnisse. Die KLR gibt uns hierfür folgende Daten an:

	Erzeugnis I	Erzeugnis II	Erzeugnis III
Nettoverkaufserlöse	1420,00 EUR	3390,00 EUR	7710,00 EUR
konstante Stückkosten	1600,00 EUR	2910,00 EUR	5850,00 EUR
Absatzmenge	20 Stück	30 Stück	15 Stück
Kapazität	25 Stück	50 Stück	30 Stück
fixe Kosten insgesamt	45100,00 EUR		

Das Unternehmen erhält einen Zusatzauftrag über 12 Stück des Erzeugnisses III zum Festpreis von 6200,00 EUR. Das Industrieunternehmen nimmt den Zusatzauftrag aus arbeitsmarktpolitischen Gründen an.

Aufgaben:

1. Berechnen Sie den Betriebsgewinn bzw. Betriebsverlust! *Vorlage*
2. Unterbreiten Sie einen Vorschlag zur Produktionsprogrammplanung!
3. Stellen Sie dar, unter welchen Voraussetzungen es sinnvoll ist, Zusatzaufträge anzunehmen, wenn dafür eine Kapazitätserweiterung erforderlich ist!

68 Betriebsergebnis, Zusatzauftrag

Ein Industrieunternehmen produziert drei verschiedene Typen einer Kaffeemaschine. Die KLR ermittelt für den Monat Juli folgende Zahlen:

	Typ A	Typ B	Typ C
produziert und verkauft	6500 Stück	9750 Stück	10400 Stück
Nettoverkaufserlös je Stück	58,50 EUR	88,40 EUR	104,00 EUR
konstante Stückkosten	49,40 EUR	73,45 EUR	89,70 EUR

Aufgaben:

1. Berechnen Sie für jeden Typ den Deckungsbeitrag je Stück und den Deckungsbeitrag insgesamt!
2. Ermitteln Sie das Betriebsergebnis für den Monat Juli, wenn die Fixkosten insgesamt 241150,00 EUR betragen!
3. Begründen Sie rechnerisch, ob es unter wirtschaftlichen Gesichtspunkten empfehlenswert ist, einen Zusatzauftrag von 3900 Stück von Typ B anzunehmen, wenn entsprechend von Typ C dann 3900 Stück weniger produziert werden können!
4. Kostensteigerungen beim Typ C führen zu einer Erhöhung der variablen Stückkosten um 2,30 EUR. Von einem Exporteur kommt gleichzeitig ein Zusatzauftrag über 5000 Kaffeemaschinen des Typs C. Der Exporteur verlangt einen Preisabschlag von 12 % auf den Nettoverkaufspreis.

   Berechnen Sie den zusätzlichen Betriebsgewinn/-verlust und begründen Sie, ob das Industrieunternehmen den Auftrag annehmen soll!

69 Entscheidung über Zusatzauftrag und Preis

Die Geschäftsleitung der Kunststoffwerke Erler GmbH beschließt, die Deckungsbeitragsrechnung einzuführen. Das Unternehmen erwartet für das kommende Quartal folgende Daten:

	Produkt A	Produkt B
Absatzmenge	350 Stück	800 Stück
Nettoverkaufserlös je Stück	450,00 EUR	325,00 EUR
variable Kosten je Stück	300,00 EUR	200,00 EUR
fixe Kosten	74000,00 EUR	

Aufgaben:

1. Ermitteln Sie das voraussichtliche Betriebsergebnis mithilfe der Deckungsbeitragsrechnung!
2. Mit der Absatzmenge des Produktes A ist die Kapazität des Produktbereichs A nicht ausgelastet. Daher kann noch ein Zusatzauftrag über 40 Einheiten A angenommen werden.

   Bestimmen Sie die Preisuntergrenze für diesen Zusatzauftrag, wenn aus diesem Auftrag noch ein zusätzlicher Gewinn von 2000,00 EUR erwirtschaftet werden soll!
3. Die Deckungsbeitragsrechnung ermöglicht eine marktorientierte Mengenplanung und Preispolitik. Begründen Sie diese Aussage!

7.5.4 Entscheidungen über Eigenfertigung oder Fremdbezug treffen

BPE 7 Handlungssituation 11: Über Eigenfertigung oder Fremdbezug begründet entscheiden

Die Ulmer Büromöbel AG benötigt für einen Großauftrag zusätzlich 1000 Bürotische. Ein Zulieferer bietet diese Tische zu einem Preis von 56,40 EUR je Stuhl an, wobei noch 1,15 EUR Versandkosten hinzukommen. Andererseits hat die Ulmer Büromöbel AG noch freie Kapazitäten.

UB Ulmer Büromöbel AG

Die Ulmer Büromöbel AG hat folgende Kostenstruktur ermittelt:

maximale Kapazität	14400 Stück	variable Selbstkosten je Stück	64,79 EUR
derzeitige Auslastung	83 %	variable Herstellkosten je Stück	52,20 EUR

Kompetenzorientierte Arbeitsaufträge:

1. Berechnen Sie, ob die Kapazität zur Produktion von 1000 Bürotischen ausreicht!
2. Begründen Sie, ob sich der Fremdbezug für die Ulmer Büromöbel AG lohnt!
3. Eine Maschinenfabrik bietet der Ulmer Büromöbel AG für die inzwischen abgenutzte eine moderne Anlage an. Die variablen Herstellkosten je Stück belaufen sich dann bei Vollauslastung auf 40,50 EUR. Die Fixkosten der Produktion pro Monat von bisher 551986,00 EUR würden allerdings auf 674836,00 EUR steigen.

Als Alternative käme eine Maschine infrage, die die gleiche Kostenstruktur aufweist wie die alte Anlage. Die Verwaltungs- und Vertriebsgemeinkosten sind in beiden Fällen gleich. Berechnen Sie, ab welcher Planmenge die modernere Anlage kostengünstiger ist!

7.5.4.1 Entscheidung bei vorhandenen Produktionskapazitäten

Im Fall noch freier Produktionskapazitäten muss ein Unternehmen prüfen, ob es nicht kostengünstiger wäre, bisher fremdbezogene Vorprodukte/Erzeugnisse künftig zur Auslastung der Kapazitäten selbst herzustellen. In den Vergleich dürfen nur die variablen Herstellkosten einbezogen werden, da die anteiligen Fixkosten auf jeden Fall anfallen – unabhängig davon, ob Eigenfertigung oder Fremdbezug gewählt wird.

Beispiel:

Ein Industriebetrieb hat noch freie Kapazität. Die Geschäftsleitung überlegt daher, ob sie das Getriebe für die neue Maschine selbst herstellen oder von einem Zulieferer beziehen soll. Folgende Daten liegen vor:

Fremdbezug: Bareinkaufspreis 148,00 EUR je Stück, Frachtkosten pauschal 1 % des Bareinkaufspreises.

Eigenfertigung: Verbrauch von Fertigungsmaterial 30,00 EUR, variable MGK 8 %, Fertigungslöhne 45,00 EUR, variable FGK 62 %.

Aufgabe:

Begründen Sie rechnerisch, ob sich die Eigenfertigung lohnt!

Lösung:

Kosten bei Fremdbezug

	Bareinkaufspreis	148,00 EUR
+	1 % Frachtkosten pauschal	1,48 EUR
=	Einstandspreis je Getriebe	149,48 EUR

Kosten bei Eigenfertigung[1]

	Materialeinzelkosten	30,00 EUR
+	8% variable MGK	2,40 EUR
	Fertigungslöhne	45,00 EUR
+	62 % variable FGK	27,90 EUR
=	variable Herstellkosten je Getriebe	105,30 EUR

Eigenfertigung oder Fremdbezug?

	Einstandspreis je Getriebe bei Fremdbezug	149,48 EUR
–	variable Herstellkosten je Getriebe bei Eigenfertigung	105,30 EUR
=	Kostenvorteil bei Eigenfertigung	44,18 EUR

Ergebnis: Bei der Eigenfertigung entsteht gegenüber dem Fremdbezug ein Kostenvorteil in Höhe von 44,18 EUR. Die Eigenfertigung ist daher vorteilhafter.

Bei **freier Kapazität** ist die Eigenfertigung dem Fremdbezug dann vorzuziehen, wenn die variablen Herstellkosten unter dem Einstandspreis bei Fremdbezug liegen.

1 Die fixen Kosten sind durch die bisherige Beschäftigung bereits in voller Höhe abgedeckt. Relevante Kosten sind daher ausschließlich die variablen Kosten.

7.5.4.2 Entscheidung bei notwendigen Kapazitätserweiterungen

Bei **ausgelasteter Kapazität** müssen neben den variablen Kosten auch die **zusätzlich entstehenden fixen Kosten** der Kapazitätserweiterung einbezogen werden.[1]

Die Frage, ob die Eigenfertigung Kostenvorteile bringt, hängt im Wesentlichen von der Ausbringungsmenge ab. Es gilt daher, die Ausbringungsmenge zu ermitteln, bei der die Kosten der Eigenfertigung und die Kosten des Fremdbezugs gleich hoch sind.

Diese Ausbringungsmenge bezeichnet man als **kritische Menge.** Sie wird wie folgt berechnet:

$$\text{Kosten bei Fremdbezug } (K_{FB}) = \text{Kosten bei Eigenfertigung } (K_{EF})$$
$$k \cdot x = k_v \cdot x + K_{fix}$$

Vor der kritischen Menge ist der Fremdbezug, danach die Eigenfertigung günstiger.

Beispiel:

Wir greifen auf das Beispiel von S. 167 zurück. Da die Kapazität ausgelastet ist, muss im Fall der Eigenfertigung die Kapazität für die Getriebefertigung erweitert werden. Es ist mit Anschaffungskosten in Höhe von 720 000,00 EUR zu rechnen. Die Nutzungsdauer für die neue Anlage liegt bei 8 Jahren. Ferner entstehen zusätzliche Fixkosten für Instandhaltung, Versicherung usw. in Höhe von 4 500,00 EUR.

Aufgaben:

1. Ermitteln Sie, ob sich die Eigenfertigung bei einer Fertigungsmenge von 2 000 Getrieben pro Jahr lohnt!
2. Bestimmen Sie rechnerisch und grafisch die kritische Menge, ab der sich die Eigenfertigung lohnt!

Lösungen:

Zu 1.:

Kosten bei Fremdbezug

Einstandspreis je Getriebe	149,48 EUR
Einstandspreis von 2 000 Getrieben	298 960,00 EUR

Kosten bei Eigenfertigung

variable Herstellkosten von 2 000 Getrieben	210 600,00 EUR	(2 000 · 105,30)
+ kalkulatorische Abschreibung	90 000,00 EUR	
+ zusätzliche Fixkosten	4 500,00 EUR	
305 100,00 EUR		

Ergebnis: Bei der Eigenfertigung entsteht bei einer Fertigungsmenge von 2 000 Getrieben gegenüber dem Fremdbezug ein Kostennachteil in Höhe von 6 140,00 EUR. Die Eigenfertigung lohnt sich nicht.

1 Auf die Eigenfertigung zulasten eines anderen Produkts, wodurch Opportunitätskosten (Verzichtskosten) entstehen würden, wird im Folgenden nicht eingegangen.

Zu 2.: Berechnung der kritischen Menge

$$K_{FB} = K_{EF}$$
$$149{,}48\,x = 105{,}30\,x + 94\,500$$
$$44{,}18\,x = 94\,500$$
$$x = \underline{\underline{2\,138{,}98 \text{ Stück}}}$$

Ergebnis: Die Eigenfertigung ist erst ab einer Fertigungsmenge von 2 139 Getrieben lohnend (siehe Grafik).

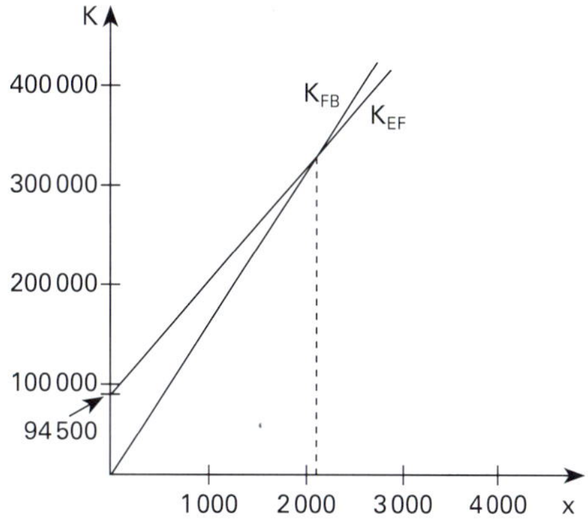

Bei einer **erforderlichen Kapazitätserweiterung** ist die Eigenfertigung dem Fremdbezug dann vorzuziehen, wenn die variablen und die zusätzlich entstehenden fixen Kosten unter den Kosten des Fremdbezugs liegen.

Neben den rein kostenrechnerischen Entscheidungskriterien sind z. B. noch folgende **weitere Entscheidungskriterien** hinsichtlich Eigenfertigung oder Fremdbezug zu beachten:

- Qualität und Zuverlässigkeit des Lieferanten,
- Abhängigkeit von Lieferanten,
- Verlust von Know-how bei vollständigem Outsourcing,[1]
- Beschäftigung der eigenen Mitarbeiter,
- mittelfristige Entwicklung der eigenen Kapazitätsauslastung.

Kompetenztraining

70 Deckungsbeitragsrechnung, Eigenfertigung oder Fremdbezug

Ein Baumaschinenhersteller plant aufgrund noch freier Kapazität ein bisher fremdbezogenes Motorengehäuse selbst herzustellen. Die Produktion des Motorengehäuses verursacht folgende Kosten: Materialkosten 195,00 EUR, variable MGK 7,5 %, Fertigungslohn je Stunde 43,80 EUR, variable FGK 101 %, Sondereinzelkosten der Fertigung 132,50 EUR, Produktionszeit je Motorengehäuse 50 Minuten. Der Einstandspreis des Zulieferers für das Motorengehäuse beträgt 564,95 EUR. Der Nettoverkaufserlös des Motorengehäuses beläuft sich auf 634,95 EUR.

Aufgaben:

1. Berechnen Sie die Gesamtkosten der Eigenproduktion für das Motorengehäuse!
2. Beurteilen Sie, ob sich die Eigenfertigung der Motorengehäuse lohnt!
3. Nennen Sie drei Entscheidungskriterien, die trotz eines Kostenvorteils gegen einen Fremdbezug sprechen!

1 **Outsourcing**: Fremdvergabe.

71 Eigenfertigung oder Fremdbezug bei einem Verlustprodukt

Im Zweigwerk des Autozulieferers Gustav Heine KG werden verschiedene Typen von Radkappen gefertigt.

Produkt	**Radkappe A**	**Radkappe B**	**Radkappe C**
Deckungsbeitrag pro Stück	26,00 EUR	10,00 EUR	30,00 EUR
Produktions- und Absatzmenge in Stück	3900	2500	8100
Anteil an den Fixkosten	25 %	14 %	61 %

Die gesamten Fixkosten betragen 280000,00 EUR pro Jahr. Der Preis von Radkappe A beläuft sich auf 40,00 EUR.

Aufgaben:

1. Ermitteln Sie die Deckungsbeiträge, das Betriebsergebnis je Produkt und das Betriebsergebnis insgesamt!
2. Die Gustav Heine KG überlegt, die Produktion des Verlustprodukts einzustellen. Dadurch könnten der Anteil der fixen Kosten für die Radkappe B um 80 % abgebaut werden.

   Berechnen Sie, wie sich das Betriebsergebnis durch diese Maßnahme verändern würde!
3. Die Produktion der Radkappe B wird nicht eingestellt. Die Radkappe B wird ausschließlich an die Autosport GmbH verkauft. Die Autosport GmbH würde langfristig von Radkappe B zwischen 7000 und 8000 Stück pro Jahr beziehen, wenn der bisherige Stückpreis (40,00 EUR) um 10 % gesenkt würde.

   Da die bisherige Kapazität für die Produktion der Radkappe B nicht ausreicht, fallen durch die Annahme des Auftrags zusätzliche Fixkosten in Höhe von 5800,00 EUR/Jahr an. Die variablen Stückkosten würden sich dadurch nicht ändern.

   Bestimmen Sie die Mindestabnahmemenge, die von der Autosport GmbH zugesagt werden müsste, damit die Radkappe B keinen negativen Beitrag zum Betriebsergebnis leistet!
4. Die Kapazitätserweiterung wird nicht durchgeführt. Eine Alternative wäre der komplette Fremdbezug der Radkappe B. Es liegt ein Angebot zum Preis von 50,00 EUR pro Stück vor. Die bisherigen Fixkosten für die Radkappe B könnten in diesem Falle nur um 45 % abgebaut werden.

   Berechnen Sie, bis zu welcher Menge der Fremdbezug vorteilhaft ist!

72 Deckungsbeitragsrechnung, Eigenfertigung oder Fremdbezug

Ein Industrieunternehmen hat folgende Kostenstruktur ermittelt:

Nettoverkaufserlöse insgesamt	1503000,00 EUR
Fixkosten insgesamt	551986,00 EUR
maximale Kapazität	14400 Stück
Beschäftigungsgrad	85 %
variable Selbstkosten je Stück	64,79 EUR
variable Herstellkosten je Stück	52,20 EUR

Aufgaben:

1. Ermitteln Sie den Break-even-Point (Gewinnschwelle)!
2. Berechnen Sie den gegenwärtigen Stückgewinn und das Betriebsergebnis mittels einer Deckungsbeitragsrechnung!
3. Ein Zulieferer bietet weitere benötigte Stücke zu einem Preis von 56,40 EUR je Stück an, wobei noch 1,15 EUR Bezugskosten hinzukommen. Entscheiden Sie mit Begründung zwischen Eigenfertigung und Fremdbezug!

7.5.5 Gestaltung des Produktionsprogramms begründen

BPE 7 Handlungssituation 12: Produktionsprogramm optimieren

Das Programm „Technische Garne" der MicroTex Technologies GmbH ist derzeit sehr nachgefragt. Die Geschäftsführung möchte daher das Produktionsprogramm optimieren. Die kurzfristige Erfolgsrechnung des Vormonats weist folgende Daten aus:

	Gesamt	Polyester Garne	Nylon 6 Garne	Polypropylen Garne
Nettoverkaufserlöse	2 362 000,00 EUR	780 000,00 EUR	936 000,00 EUR	646 000,00 EUR
variable Kosten	1 197 200,00 EUR	468 000,00 EUR	312 000,00 EUR	417 200,00 EUR
Deckungsbeitrag	1 164 800,00 EUR	312 000,00 EUR	624 000,00 EUR	228 800,00 EUR
fixe Kosten	910 000,00 EUR			
Betriebsgewinn	254 800,00 EUR			
hergestellte Stückzahl		1 560	2 080	1 040
Fertigungszeit pro Stück		25 Min.	30 Min.	15 Min.
verfügbare Kapazität	2 600 Stunden			

Kompetenzorientierte Arbeitsaufträge:

1. Berechnen Sie den Prozentsatz der freien Kapazität des Vormonats!
2. Ermitteln Sie den Deckungsbeitrag je Erzeugnis und Produktionsstunde und geben Sie die Reihenfolge der Förderungswürdigkeit der Produkte an:

   2.1 bei freier Kapazität und

   2.2 bei einer Engpasssituation!
3. Bestimmen Sie das Betriebsergebnis bei einer Kapazitätsausnutzung von 1 170 Stunden und einer entsprechenden Programmbereinigung, wenn die bisherigen Stückzahlen nicht erhöht werden können!
4. Angenommen, die Kapazität beträgt 1 690 Stunden.

   4.1 Ermitteln Sie das Betriebsergebnis!

   4.2 Geben Sie an, wie viel Stück von den einzelnen Produkten hergestellt werden!
5. Berechnen Sie das Betriebsergebnis bei einer Kapazitätsauslastung von 90 %, wenn das Produkt mit dem höchsten relativen Deckungsbeitrag zusätzlich hergestellt würde!

   Berücksichtigen Sie zur Lösung das Ergebnis von 1.

Dem Unternehmer stellt sich immer die Frage,

- welche Produkte er in sein Produktionsprogramm aufnehmen soll,
- welchen Produkten im Falle von Produktionsengpässen der Vorrang einzuräumen ist und
- welche Produkte eliminiert werden müssen.

Generell gilt, dass die Entscheidung zugunsten der Produkte zu fällen ist, die den höchsten Deckungsbeitrag liefern.

7.5.5.1 Optimierung des Produktionsprogramms bei freien Kapazitäten

Geht man davon aus, dass bei **nicht voll ausgelasteter Kapazität** noch weitere Produkte abgesetzt werden können, stellt sich die Frage, welche Produkte vorrangig produziert werden sollen. Es muss eine Rangfolge der Produktion festgelegt werden.

Bei nicht voll ausgelasteter Kapazität ist den Produkten der Vorrang einzuräumen, mit denen je Stück der **höchste Deckungsbeitrag** erwirtschaftet wird. Die Produktionsabfolge orientiert sich an der Höhe des absoluten Deckungsbeitrags (Deckungsbeitrag je Stück).

Beispiel:

Die Maschinenfabrik Sauter KG stellt vier verschiedene Motorentypen (A, B, C und D) zu folgenden Bedingungen her:

Motorentyp	Nettoverkaufserlös je Stück	variable Stückkosten	(absoluter) Stückdeckungsbeitrag
A	7120,00 EUR	2790,00 EUR	4330,00 EUR
B	13510,00 EUR	8220,00 EUR	5290,00 EUR
C	5090,00 EUR	2910,00 EUR	2180,00 EUR
D	18870,00 EUR	14330,00 EUR	4540,00 EUR

Aufgabe:

Ermitteln Sie, in welcher Rangfolge die Produktion der einzelnen Motoren erfolgt!

Lösung:

Rangfolge	Höhe des Deckungsbeitrags je Stück	Motorentyp
I	5290,00 EUR	B
II	4540,00 EUR	D
III	4330,00 EUR	A
IV	2180,00 EUR	C

Ergebnis: Die Rangfolge, in der die einzelnen Motorentypen produziert werden, lautet: B, D, A, C.

Kompetenztraining

73 Produktförderung, Produkteliminierung

Ein Industriebetrieb verfügt über freie Kapazität. Er fertigt die Produkte A, B und C. Das Produkt C ist bei den Kunden besonders gefragt. Eine Erhöhung von Produktion und Absatz lässt die Marktsituation zu. Eine Kapazitätserweiterung ist derzeit finanziell nicht zu stemmen. Die Geschäftsleitung fragt daher bei der Abteilung Kostenrechnung an, ob es kostenrechnerisch sinnvoll ist, die Produktion des Produkts A einzustellen und die freie Kapazität zur Produktion des Produkts C zu nutzen.

Die Kosten- und Leistungsrechnung liefert folgende Daten:

	Produkt A	Produkt B	Produkt C
Nettoverkaufserlöse	33,60 EUR	58,80 EUR	95,20 EUR
variable Stückkosten	25,20 EUR	39,20 EUR	60,20 EUR
Absatzmenge	1 400 Stück	3 000 Stück	2 100 Stück
Kapazität	1 500 Stück	6 000 Stück	2 700 Stück

Die fixen Kosten des Industriebetriebs betragen insgesamt 82 000,00 EUR.

Aufgaben:

1. Begründen Sie, warum die Geschäftsleitung das Produkt A zugunsten des Produkts C eliminieren möchte!
2. Prüfen Sie die Anfrage der Geschäftsleitung aus Sicht der Kostenrechnung und unterbreiten Sie der Geschäftsleitung einen begründeten Handlungsvorschlag!

7.5.5.2 Optimierung des Produktionsprogramms bei Engpasssituationen

(1) Überblick

Ist in einem Teilbereich des Betriebs, den alle Produkte durchlaufen müssen, die Kapazitätsgrenze erreicht, entsteht ein Engpass. Die Produktionsmenge kann dann nicht in der Weise gesteigert werden, wie es von der Absatzseite her möglich wäre **(Engpass in der Produktion).** In diesem Fall gilt:

> Bei **voll ausgelasteter Kapazität** müssen die Deckungsbeiträge auf **eine Einheit der Engpasskapazität** umgerechnet werden.

Damit wird eine neue Rangfolge der Produkte aufgestellt.

Die neuen Fragestellungen lauten:

- Wie lange wird die **Engpassabteilung** von den einzelnen Produkten während des Produktionsprozesses **in Anspruch genommen?**
- Welcher Deckungsbeitrag wird je beanspruchte Zeiteinheit von den einzelnen Produkten erzielt **(relativer Deckungsbeitrag)?**

(2) Engpass in der Produktion

Beispiel:

Bei der Maschinenfabrik Gottfried Sauter KG durchlaufen alle Motorentypen die Abteilung Qualitätsprüfung. Diese Abteilung bildet mit 2400 Stunden pro Monat den betrieblichen Engpass. Für die Qualitätsprüfung werden folgende Prüfzeiten aufgewendet:

Excel

	Motorentypen			
	A	B	C	D
Prüfzeiten in Minuten	30	40	15	20

Es sind die absoluten Stückdeckungsbeiträge von S. 172 zugrunde zu legen.

Aufgaben:

1. Berechnen Sie den relativen Deckungsbeitrag und ermitteln Sie die Rangfolge der Motorentypen bei der Produktionsentscheidung!
2. Bestimmen Sie das optimale Produktionsprogramm, wenn im Monat Juni folgende absetzbare Mengen möglich sind:

	Motorentypen			
	A	B	C	D
absetzbare Menge (Stück)	1260	1500	2280	2460

3. Berechnen Sie den im Monat Juni erzielten Betriebsgewinn, wenn Fixkosten in Höhe von 23071800,00 EUR anfallen!

Lösungen:

Zu 1.: Berechnung der relativen Deckungsbeiträge und die Rangfolge der Motorentypen bei der Produktionsentscheidung

Zunächst muss der absolute Stückdeckungsbeitrag auf eine Einheit der Engpasskapazität (hier: eine Stunde) umgerechnet werden. Das Ergebnis ist der **relative Deckungsbeitrag** pro Stunde.

$$\text{Relativer Deckungsbeitrag} = \frac{\text{absoluter Stückdeckungsbeitrag}}{\text{verbrauchte Engpasseinheit (z. B. Stunde, Stück)}}$$

Motorentyp	Prüfzeit je Motor	verbrauchte Engpasseinheit je Stück	(absoluter) Stückdeckungsbeitrag	relativer Deckungsbeitrag je Stunde	Rangfolge
A	30 Min.	30/60[1]	4330,00 EUR	8660,00 EUR	III
B	40 Min.	40/60	5290,00 EUR	7935,00 EUR	IV
C	15 Min.	15/60	2180,00 EUR	8720,00 EUR	II
D	20 Min.	20/60	4540,00 EUR	13620,00 EUR	I

Ergebnis: Die Rangfolge, in der die einzelnen Motorentypen produziert werden, lautet: D, C, A, B.

1 Pro Stunde können 2 Motoren geprüft werden.

Zu 2.: Bestimmung des optimalen Produktionsprogramms

Excel

Rang	Motorentyp	absetzbare Menge	geprüfte Stücke je Stunde	Prüfzeit insgesamt in Stunden	Produktionsmenge in Stück (optimales Produktionsprogramm)
I	D	2460 :	3 =	820	2460
II	C	2280 :	4 =	570	2280
III	A	1260 :	2 =	630	1260
				2020	
IV	B	1500	1,5 x	380 =	570
				2400	

Erläuterungen:

Die Motorentypen D, C und A können in der absetzbaren Menge produziert werden. Dafür werden in der Engpassabteilung Qualitätsprüfung 2020 Stunden benötigt. Für den mit dem niedrigsten relativen Deckungsbeitrag ausgestatteten Motorentyp B, der bei der absetzbaren Menge von 1500 Stück 1000 Prüfstunden benötigen würde (1500 Stück : 1,5 Stück/Std.), verbleibt nur noch eine Prüfzeit von 380 Stunden. In dieser Zeit können lediglich 570 Motoren (1,5 Stück/Std. · 380 Std. restliche Prüfzeit) dieses Motorentyps geprüft werden. Damit können auch nur 570 Stück dieses Motorentyps produziert werden.

Zu 3.: Berechnung des Betriebsgewinns

Motorentyp	produzierte Motoren	absoluter Stückdeckungsbeitrag	Deckungsbeitrag insgesamt
A	1260 Stück	4330,00 EUR	5455800,00 EUR
B	570 Stück	5290,00 EUR	3015300,00 EUR
C	2280 Stück	2180,00 EUR	4970400,00 EUR
D	2460 Stück	4540,00 EUR	11168400,00 EUR
	Summe aller Deckungsbeiträge		24609900,00 EUR
	– Fixkosten		23071800,00 EUR
	= Betriebsgewinn		1538100,00 EUR

- Liegt in einem Teilbereich der Produktion ein Engpass vor, sind die Deckungsbeiträge je verbrauchter Engpasseinheit (relative Deckungsbeiträge) zu ermitteln.
- Die Entscheidung, in welcher Menge eine Erzeugniseinheit produziert wird, richtet sich nach der Höhe des relativen Deckungsbeitrags.

(3) Engpass bei der Beschaffung

Eine weitere Ursache für eine Engpasssituation kann darin bestehen, dass ein für die Produktion benötigter Rohstoff nicht rechtzeitig in dem benötigten Umfang beschafft werden kann **(Engpass bei der Beschaffung)**. Allerdings ändert sich in diesem Fall die Problemsituation nicht grundlegend, da sich auch in diesem Fall das Produktionsprogramm am relativen Deckungsbeitrag ausrichtet.

Beispiel:

Eine Maschinenfabrik produziert Verpackungsmaschinen in vier verschiedenen Ausführungen. Für alle vier Maschinentypen werden Kugellager benötigt, die nur von einem Unternehmen bezogen werden können. Der Einstandspreis je Kugellager beträgt 7 200,00 EUR.

Die folgende Tabelle enthält die benötigte Menge an Kugellagern je Maschine, die Summe der übrigen variablen Kosten und die Nettoverkaufspreise je Maschine.

Maschinen-ausführung	Kugellager je Maschine	übrige variable Kosten	Nettoverkaufs-erlöse
I	6	24 000,00 EUR	69 900,00 EUR
II	4	31 400,00 EUR	61 760,00 EUR
III	1	14 700,00 EUR	22 110,00 EUR
IV	5	18 600,00 EUR	57 200,00 EUR

Aufgaben:

1. Berechnen Sie die gesamten variablen Kosten je Maschine!
2. Ermitteln Sie den Deckungsbeitrag je Maschine!
3. Bestimmen Sie den Deckungsbeitrag je Engpasseinheit!
4. Stellen Sie die Reihenfolge des gewinnoptimalen Produktionsprogramms auf, wenn kurzfristig nur 15 Kugellager bezogen werden können!

Lösungen:

Zu 1. bis 3.:

Maschinen-ausführung	gesamte variable Kosten je Maschine	Deckungsbeitrag je Maschine	Stückdeckungsbeitrag/ Engpasseinheit
I	67 200,00 EUR	2 700,00 EUR	450,00 EUR
II	60 200,00 EUR	1 560,00 EUR	390,00 EUR
III	21 900,00 EUR	210,00 EUR	210,00 EUR
IV	54 600,00 EUR	2 600,00 EUR	520,00 EUR

Lösungsschritte am Beispiel der Maschinenausführung I:

1. Schritt. Berechnung der gesamten variablen Kosten je Maschine

6 Kugellager zu je 7 200,00 EUR =	43 200,00 EUR
+ übrige variable Kosten	24 000,00 EUR
	67 200,00 EUR

2. Schritt:

Nettoverkaufserlöse	69 900,00 EUR
– variable Kosten	67 200,00 EUR
= Stückdeckungsbeitrag	2 700,00 EUR

3. Schritt: Stückdeckungsbeitrag/Engpasseinheit $= \frac{2\,700}{6} = \underline{\underline{450{,}00 \text{ EUR}}}$

Zu 4.: Die Reihenfolge des gewinnoptimalen Produktionsprogramms lautet:
Maschine IV (5 Kugellager), Maschine I (6 Kugellager), Maschine II (4 Kugellager).
Maschine III kann mangels eines Kugellagers nicht produziert werden.

Kompetenztraining

74 Optimierung des Fertigungsprogramms bei Engpass

In einer Möbelfabrik werden vier verschiedene Formen von Wohnzimmertischen (A, B, C, D) hergestellt. Für den Monat November liefert die KLR folgende Zahlen:

	Wohnzimmertische			
	A	**B**	**C**	**D**
Nettoverkaufserlöse je Stück	1 080,00 EUR	940,00 EUR	510,00 EUR	280,00 EUR
variable Stückkosten	720,00 EUR	690,00 EUR	370,00 EUR	115,00 EUR
absetzbare Stückzahlen	700 Stück	220 Stück	320 Stück	200 Stück
Zeitbedarf je Stück in der Engpassstufe	30 Minuten	12 Minuten	15 Minuten	20 Minuten
Fertigungsstd. insgesamt in der Engpassstufe	360 Stunden			
Fixe Gesamtkosten	279 900,00 EUR			

Aufgaben:

1. Berechnen Sie die relativen Deckungsbeiträge!
2. Bestimmen Sie das optimale Produktionsprogramm!
3. Ermitteln Sie den Betriebsgewinn im Monat November, wenn die gesamten Fixkosten 279 900,00 EUR ausmachen!

Vorlage Excel

75 Optimierung des Fertigungsprogramms bei Zusatzauftrag

Ein Industrieunternehmen stellt drei Produkte (A, B und C) her. Der Produktionsplan für die 24. Woche enthält folgende Daten:

Produktart	geplante Stückzahl	Stückzeit in Minuten	variable Stückkosten	Nettoverkaufserlös je Stück
A	240	30	40,00 EUR	56,00 EUR
B	120	40	64,00 EUR	90,00 EUR
C	50	48	84,00 EUR	120,00 EUR

Die Fixkosten betragen insgesamt 6 100,00 EUR. In der Montageabteilung, die die Engpassstufe darstellt, stehen pro Woche 240 Arbeitsstunden zur Verfügung.

Aufgaben:

1. Ermitteln Sie den absoluten Deckungsbeitrag je Stück sowie insgesamt für jede Produktart und berechnen Sie den Betriebsgewinn!
2. Für die 25. Woche ist folgendes Produktionsprogramm vorgesehen: A 120 Stück, B 30 Stück, C 200 Stück.

   Vor Beginn der Produktion fragt ein Kunde an, ob 200 Stück von dem Sondermodell D zum Stückpreis von 60,00 EUR kurzfristig geliefert werden können. Der Auftrag kann nur ganz oder gar nicht angenommen werden. Die variablen Stückkosten betragen hierfür 46,00 EUR und die Stückzeit beträgt 24 Minuten. Die Produktion des Sondermodells muss in der 25. Woche durchgeführt werden.

Vorlage

2.1 Ermitteln Sie, ob das Industrieunternehmen diesen Auftrag annehmen soll (rechnerischer Nachweis)!

2.2 Erstellen Sie, sofern der Auftrag angenommen wird, das neue Produktionsprogramm für die 25. Woche!

76 Optimierung des Produktionsprogramms bei Rohstoffengpass

Eine Schokoladenfabrik stellt vier Sorten Schokolade her (A, B, C, D). Für alle vier Sorten wird Kakao benötigt, der jedoch aufgrund von Ernteausfällen nur in beschränktem Umfang bezogen werden kann. Die Einkaufsabteilung erhielt insgesamt 960 kg Kakao zu 36,00 EUR/kg. Im vergangenen Quartal konnten von jeder Schokoladensorte 30 000 Tafeln zu je 100 g abgesetzt werden.

Die folgende Tabelle enthält (je 100-g-Tafel) die benötigte Menge Kakaobutter (in Gramm), die Summe der übrigen variablen Kosten und die Nettoverkaufserlöse:

Sorte	Menge Kakao	übrige variable Kosten	Nettoverkaufspreis
A	30 g	1,20 EUR	2,82 EUR
B	20 g	1,44 EUR	2,76 EUR
C	5 g	1,80 EUR	2,10 EUR
D	10 g	1,08 EUR	1,92 EUR

Aufgaben:

Vorlage

1. Berechnen Sie die gesamten variablen Kosten je 100-g-Tafel!
2. Ermitteln Sie den Deckungsbeitrag je 100-g-Tafel!
3. Bestimmen Sie den Deckungsbeitrag je Engpasseinheit!
4. Stellen Sie das gewinnoptimale Produktionsprogramm auf!

77 Optimierung des Fertigungsprogramms bei Preisdifferenzierung

Die Herzog GmbH hat ihre Produktpalette um das Steckspiel mit dem Markennamen Stick erweitert. Das Produkt Stick wird als Standardkasten vertrieben. Im vergangenen Geschäftsjahr verkaufte die Herzog GmbH ausschließlich im Inland über den Fachhandel 56 000 Kästen mit einem durchschnittlichen Nettoverkaufserlös von 25,00 EUR je Stück.

In einer Sitzung der Geschäftsleitung behauptet der Leiter des Rechnungswesens, dass Stick ein Flop sei; die anderen Produkte müssten Stick mitfinanzieren. Zum Beweis seiner Aussage legt er folgende Kostenanalyse aus dem vergangenen Geschäftsjahr vor:

Gesamte proportional-variable Kosten für Stick	812 000,00 EUR
Fixe Kosten der Produktions- und Verpackungsmaschinen, die ausschließlich dem Produkt Stick zuzuordnen sind:	388 000,00 EUR
Von den Fixkosten des Unternehmens wurden im Rahmen der Vollkostenrechnung auf das Produkt Stick verteilt:	700 000,00 EUR

Aufgaben:

1. Begründen Sie, ob es falsch war, das Steckspiel Stick in das Produktionsprogramm aufzunehmen! Belegen Sie Ihre Auffassung rechnerisch!
2. Erörtern Sie, welche Argumente unabhängig von Kostengesichtspunkten dagegen sprechen könnten, das Produkt Stick aus dem Produktionsprogramm zu nehmen!
3. Im Exportbereich ließe sich ein zusätzlicher Absatz von 22 000 Kästen Stick pro Jahr bei einem Nettoverkaufserlös von 18,50 EUR pro Stück erzielen.

   Prüfen Sie, ob die Herzog GmbH unter dem Gesichtspunkt der Gewinnmaximierung diese Strategie der Preisdifferenzierung realisieren sollte!

7.5.6 Zuschlagskalkulation und Deckungsbeitragsrechnung vergleichen und deren Bedeutung für ein Unternehmen beurteilen

Zuschlagskalkulation	Deckungsbeitragsrechnung
Aufbau und Zielsetzung	
■ Es werden alle **angefallenen Kostenarten** auf die Kostenträger verrechnet. ■ Ziel der Zuschlagskalkulation ist es, die Herstell- und Selbstkosten für die einzelnen Kostenträger zu ermitteln. Um alle Kostenarten auf die einzelnen Kostenträger aufteilen zu können, gliedert sie die Kostenarten nach der Zurechenbarkeit der Kostenarten auf die Kostenträger in **Einzelkosten** und **Gemeinkosten** auf. ■ **Ermittlung** der Herstellkosten, der Selbstkosten und des Angebotspreises ist **möglich.** ■ Für die **langfristige Produktions- und Absatzentscheidung** ist von Bedeutung, dass die Selbstkosten erwirtschaftet werden. Daher werden jeweils alle Kosten in die Kostenträger eingerechnet. ■ Die Zuschlagskalkulation ist geeignet für die **Preisbildung von Auftragsfertigungen** (öffentliche und private Auftraggeber), für **Preiskontrollen** (Erlöse – Selbstkosten – Vergleiche), für die **Ermittlung von Inventurwerten für die Handels- und Steuerbilanz** und für die **Ergebnisermittlung.**	■ Es wird nur **ein Teil der angefallenen Kosten** auf die Kostenträger verrechnet. ■ Die Gesamtkosten werden aufgespalten, und zwar in einen Teil, der durch die Produktion entstanden ist **(variable Kosten)** und in einen Teil, den die Aufrechterhaltung der Betriebsbereitschaft verursacht hat **(fixe Kosten).** ■ Herstellkosten, Selbstkosten und der Angebotspreis können **nicht ermittelt werden.** ■ Da für die **kurzfristige Produktions- und Absatzentscheidung** nur die variablen Kosten von Bedeutung sind, wird nur dieser Kostenbestandteil auf die Kostenträger verrechnet. ■ Die Deckungsbeitragsrechnung ist geeignet, **Preisuntergrenzen** zu bestimmen, das **Produktionsprogramm zu optimieren** und die **Anpassung des Betriebs an Beschäftigungsschwankungen** zu erleichtern.
Bedeutung für die Unternehmen	
■ Die Zuschlagskalkulation **geht von der innerbetrieblichen Kostenstruktur aus** und ermittelt für die einzelnen Leistungseinheiten einen Preis. Das Unternehmen versucht dann, diesen **Preis am Markt durchzusetzen.** Der **Preis wird als Funktion der Kosten gesehen.** ■ In der Zuschlagskalkulation lautet die **Fragestellung: Wie viel muss der Betrieb für jede Produktionseinheit mindestens erhalten, um die mit der Produktion direkt und indirekt verbundenen Kosten (Gesamtkosten) zu erwirtschaften?** ■ Die Zuschlagskalkulation liefert mit zeitlicher Verzögerung Informationsmaterial über die Vergangenheit. Sie kann damit **keine kurzfristigen Entscheidungshilfen** bereitstellen.	■ Die Deckungsbeitragsrechnung sieht die **Umsatzerlöse als Bezugsgröße** an. Sie geht von den erzielten Umsatzerlösen aus und subtrahiert hiervon die Kosten. Damit wird die **Marktorientierung** dokumentiert und ein retrograder Rechenweg ausgelöst. ■ In der Deckungsbeitragsrechnung lautet die Fragestellung: **Wie viel muss der Betrieb bei gegebener Betriebsbereitschaft mindestens erhalten, um die variablen Stückkosten für diese Produktionseinheit ersetzt zu bekommen?** ■ Durch die Orientierung der Deckungsbeitragsrechnung an den Umsatzerlösen kann sie **kurzfristige Entscheidungshilfen** anbieten. ■ Die Deckungsbeitragsrechnung ist **ein brauchbares Verfahren** im Rahmen der Preispolitik und Produktpolitik.

Erkenntnis:

Die Kostenrechnung kann die vielfältigen Aufgaben der modernen Wirtschaftspraxis (Entscheidungsvorbereitung, Kostenkontrolle, Preisbildung und Preiskontrolle, Inventurbewertung, Ergebnisermittlung, Daten für die Besteuerung und Bereitstellung von Informationsdaten) nur in der Form einer **Kombination** von **Zuschlagskalkulation** und **Deckungsbeitragsrechnung** bewältigen.

Kompetenztraining

Wiederholungsaufgaben zur Kostenanalyse, Zuschlagskalkulation und Deckungsbeitragsrechnung

78 Vergleich Zuschlagskalkulation, Deckungsbeitragsrechnung, Produktelimінierung, Zusatzauftrag

Die Sportgerätefabrik Spogefa GmbH hat sich auf die Fabrikation von Tennisschlägern spezialisiert. Gefertigt werden die Modelle Miniwing, Woodwing und Graphitwing.

In der letzten Rechnungsperiode wurden 1000 Miniwing, 2000 Woodwing und 1500 Graphitwing hergestellt und verkauft. Dies entsprach einer Auslastung von ca. 70 % der Fertigungskapazität.

Die Einzelkosten und Verkaufspreise betrugen:

	Fertigungsmaterial EUR/Stück	Fertigungslöhne EUR/Stück	Nettoverkaufserlöse EUR/Stück
Miniwing	20,00	30,00	80,00
Woodwing	25,00	40,00	120,00
Graphitwing	40,00	60,00	210,00

Das Unternehmen ist in die drei Kostenbereiche Material, Fertigung und Verwaltung/Vertrieb unterteilt.

Die Gemeinkosten verteilen sich in der letzten Rechnungsperiode gemäß Betriebsabrechnungsbogen auf diese Kostenbereiche wie folgt:

Materialbereich	13000,00 EUR (davon fix 100 %)
Fertigungsbereich	160000,00 EUR (davon fix 80 %)
Verwaltungs-/Vertriebsbereich	100600,00 EUR (davon fix 50 %)

Aufgaben:

1. Ermitteln Sie die Gemeinkostenzuschlagssätze für den Material-, Fertigungs- und Verwaltungs-/Vertriebsbereich!

Vorlage

2. Berechnen Sie das Betriebsergebnis der letzten Abrechnungsperiode insgesamt und je Kostenträger! Wählen Sie dazu eine geeignete tabellarische Form!
3. Herr Abele, der Verkaufsleiter der Spogefa GmbH, schlägt vor, den Verlustartikel Miniwing einzustellen.
   - 3.1 Weisen Sie Herrn Abele rechnerisch nach, um welchen Betrag sich das Betriebsergebnis des Unternehmens in der Abrechnungsperiode verändert, wenn die Unternehmensleitung seinem Vorschlag folgt!
   - 3.2 Erläutern Sie die Ursache der von Ihnen gefundenen Ergebnisveränderung!
   - 3.3 Führen Sie zwei Argumente an, weshalb die Sportgerätefabrik den Tennisschläger Miniwing im Produktprogramm belässt, unabhängig vom Ergebnis Ihrer Rechnung!
4. Ein Auslandskunde ist bereit, 500 Woodwing zum Nettoverkaufserlös von 110,00 EUR/Stück abzunehmen. Herr Abele lehnt ab, da der Nettoverkaufserlös nicht die Selbstkosten decken würde.

   Prüfen Sie rechnerisch, ob der Auftrag angenommen werden sollte, um das Betriebsergebnis insgesamt zu verbessern!

5. Die Unternehmensleitung der Spogefa GmbH erwägt, den Kostenbereich Verwaltung/ Vertrieb in zwei getrennte Kostenbereiche mit eigenen Zuschlagssätzen aufzuteilen. Der Versand erfolgt mittels Bahn frei Haus einschließlich Verpackung.

   Nennen Sie jeweils drei typische Kostenstellen des Verwaltungs- und Vertriebsbereiches!

6. Nennen Sie zwei Hauptmängel der Zuschlagskalkulation und erläutern Sie diese mithilfe von Beispielen!

79 Kosten- und Erlösfunktionen, Deckungsbeitragsrechnung

Der Autozulieferer Meurer KG hat einen neuartigen Ölfilter entwickelt. Die Nachfrage nach diesem Bauteil ist im letzten Monat gestiegen.

	Mai	Juni
Beschäftigungsgrad	71 %	91 %
Gesamtkosten	1 200 000,00 EUR	1 400 000,00 EUR

Die Kapazitätsgrenze für den Ölfilter liegt bei 200 000 Stück pro Monat. Der Verkaufspreis beträgt 9,90 EUR je Stück. Kosten- und Erlösverlauf sind linear.

Aufgaben:

1. Ermitteln Sie den Beschäftigungsgrad, bei dem die Gewinnschwelle erreicht wird!
2. Bestimmen Sie den maximalen Stückgewinn!
3. Stellen Sie den Sachverhalt grafisch dar (20 000 Stück = 1 cm; 3,00 EUR = 1 cm)! *Vorlage*
4. Die Meurer KG produziert auch drei verschiedene Wischerblätter als Ersatzteile für den Handel. Hierfür liegen folgende Daten vor:

Typ	A	B	C
Verkaufspreis (EUR)	19,50	30,20	17,40
Fertigungszeit (Min.)	6	12	8
sonstige variable Stückkosten (EUR)	9,10	15,60	6,60

Die Lohnkosten je Fertigungsstunde betragen 48,00 EUR.

4.1 Ein Großhändler bestellt insgesamt 1 200 Wischerblätter. Von jedem Typ verlangt er eine Mindestmenge von 260 Stück. Die Kapazität der Meurer KG ist für die Ausführung des Auftrags ausreichend. *Vorlage*

Ermitteln Sie aus Sicht der Meurer KG die optimale Zusammensetzung dieses Auftrags.

4.2 Von jedem Typ Wischerblätter können pro Monat 13 000 Stück abgesetzt werden. Für die Produktion stehen 3 900 Fertigungsstunden zur Verfügung.

Bestimmen Sie das optimale Produktionsprogramm!

4.3 Für das Wischerblatt Typ A soll eine Sonderaktion gestartet werden.

Bestimmen Sie die kurzfristige Preisuntergrenze!

4.4 Erläutern Sie, ob für das Wischerblatt Typ A mit den vorliegenden Daten eine langfristige Preisuntergrenze berechnet werden kann!

80 Deckungsbeitragsrechnung, Gewinnschwelle, Produktionsengpass

1. Die VELO AG fertigt im Werk Esslingen ein hochwertiges Rennrad. Bisher fallen monatliche Fixkosten in Höhe von 141 250,00 EUR an. Dabei ergibt sich eine Gewinnschwellenmenge von 625 Stück.

   Aufgaben:

   1.1 Ermitteln Sie den Stückdeckungsbeitrag für das Rennrad!

   1.2 Durch den Zukauf einer weiteren Fertigungsanlage fallen zusätzliche Fixkosten in Höhe von 38 750,00 EUR an.

   1.2.1 Berechnen Sie, in welcher Höhe die variablen Stückkosten mindestens gesenkt werden müssen, damit bei unverändertem Verkaufspreis die Gewinnschwellenmenge um höchstens 20 % zunimmt!

   1.2.2 Stellen Sie den Verlauf des Gesamtdeckungsbeitrags (DB) sowie des Gesamtgewinns (G) für die neue Produktionssituation in einer maßstabsgetreuen Zeichnung von 0 bis 1 200 Stück dar!
   (Maßstab: 100 Stück ≙ 1 cm, 60 000,00 EUR ≙ 1 cm).

2. Im Zweigwerk Biberach stellt die VELO AG unterschiedliche Fahrradreifen (A, B, C, D) her. Die vier Produkte müssen zwei Maschinengruppen durchlaufen. Im Monat Mai beträgt die Fertigungskapazität der Maschinengruppe I (M I) 4 500 Stunden und der Maschinengruppe II (M II) 2 000 Stunden. Damit besteht bei M II ein Produktionsengpass. Für die vier Produkte liegen im Monat Mai folgende Zahlen vor:

	A	B	C	D
Fertigungszeit auf M I (in Min.)	12	10	7	16,5
Fertigungszeit auf M II (in Min.)	8	3	4,8	8
variable Stückkosten (in EUR)	19,90	17,00	18,50	23,30
Stückerlöse (in EUR)	21,50	18,05	19,70	24,10
Lieferverpflichtungen (in Stück)	2 500	4 000	5 000	1 900
Höchstabsatzmenge (in Stück)	3 750	9 000	10 000	2 000

   Aufgabe:

   Bestimmen Sie das gewinnmaximale Produktionsprogramm!

3. Die VELO AG fertigt im Zweigwerk Friedrichshafen Fahrradtachos. Der Nettoverkaufserlös pro Stück liegt bei 28,00 EUR.

   Bei der Fertigung entstehen der VELO AG variable Stückkosten in Höhe von 12,00 EUR sowie Erzeugnisfixkosten in Höhe von 11 600,00 EUR monatlich.

   Die VELO AG könnte ein gleichwertiges Produkt bei einem Fremdlieferanten zu einem Stückpreis von 17,00 EUR beziehen. Dabei könnten die Erzeugnisfixkosten zu 40 % abgebaut werden.

   Aufgaben:

   3.1 Berechnen Sie die Menge, bei der Eigenfertigung und Fremdbezug Kosten in gleicher Höhe verursachen!

3.2 Der VELO AG liegen regelmäßige Aufträge in Höhe von 4000 Stück vor. Allerdings reichen die Produktionskapazitäten nur zur Fertigung von 2600 Stück; der Rest muss bei Fremdlieferanten zugekauft werden. Die VELO AG erwägt nun, die Produktion der Tachos ganz einzustellen und die benötigte Menge in voller Höhe fremdzubeziehen.

Ermitteln Sie den Preis, den der Fremdlieferant anbieten müsste, damit durch die Einstellung keine Verschlechterung des Betriebsergebnisses eintritt.

4. Die Baumann GmbH ist ein mittelständisches Unternehmen. Es stellt verschiedene Zubehörartikel für Duschköpfe in Badezimmern her. Bisher bestehen in der Produktion keine Engpässe. Das Rechnungswesen hat für das letzte Geschäftsjahr folgende Zahlen bereitgestellt:

Produkt	produzierte/ verkaufte Stück	Umsatzerlöse in EUR	variable Kosten in EUR/Stück
Standard	2340	119340,00	9,10
Eco	2600	117000,00	16,90
Optimum	2990	113620,00	6,50
Luxus	4030	76570,00	5,20

Die Fixkosten betrugen 208000,00 EUR.

Aufgaben:

4.1 Ermitteln Sie für jedes Produkt den Deckungsbeitrag pro Stück und die Reihenfolge der Fertigung bei freier Kapazität! Stellen Sie das Ergebnis in einer Tabelle dar! *Vorlage*

4.2 Berechnen Sie das Betriebsergebnis für das letzte Geschäftsjahr!

4.3 Im nächsten Geschäftsjahr setzen die Gewerkschaften eine Arbeitszeitverkürzung durch, sodass nur 54860 Minuten/Geschäftsjahr zur Verfügung stehen. Die Kapazitätsbeanspruchung der einzelnen Produkte wurde wie folgt gemessen: *Vorlage*

Produkt	Kapazitätsbeanspruchung Minuten/Stück
Luxus	8
Eco	4
Optimum	7
Standard	3

Stellen Sie die Ermittlung des optimalen Produktionsprogramms tabellarisch dar!

4.4 Berechnen Sie das Betriebsergebnis für das Unternehmen unter den nun geltenden Bedingungen!

81 Begriffserklärungen, Kostenanalyse, Produktprogramm

Sachverhalt

1. Die INTER AG erzielte im Monat Mai mit Ledergeldbörsen bei einem Nettoverkaufserlös von 6,40 EUR/Stück einen Gesamtumsatz von 115 200,00 EUR. Die Selbstkosten beliefen sich dabei auf 107 220,00 EUR. Vollkostendeckung wird bei einer Absatzmenge von 10 400 Stück/Monat erreicht. Der relative Stückdeckungsbeitrag liegt bei 19,20 EUR/Stunde.

   Aufgaben:

   Berechnen Sie

   1.1 den Stückdeckungsbeitrag,

   1.2 die gesamten Fixkosten,

   1.3 die kurzfristige Preisuntergrenze,

   1.4 die Fertigungszeit/Stück in Minuten und

   1.5 die Gewinnschwellenmenge nach einer Preiserhöhung um 10 %!

2. Die nebenstehende Grafik leistet Hilfestellung bei verschiedenen betriebswirtschaftlichen Fragestellungen:

   Aufgabe:

   Erläutern Sie kurz zwei betriebswirtschaftliche Problemstellungen, die mit einer solchen Grafik dargestellt werden können!

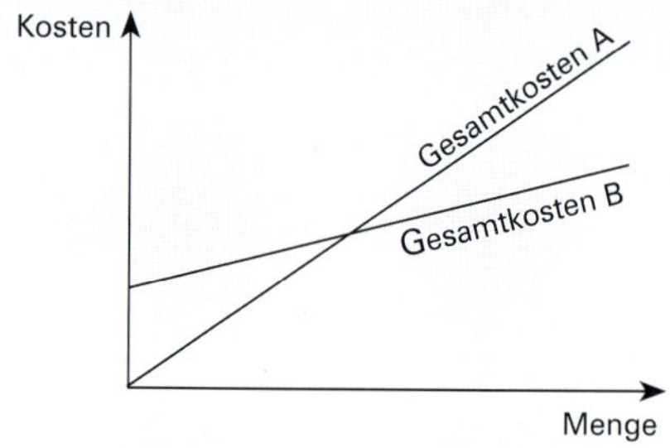

3. Im Werk II werden auf einer Maschine die Produkte P1 und P2 hergestellt, für die folgende Werte bekannt sind:

	P1	**P2**
Stückdeckungsbeitrag in EUR	160,00	150,00
Bearbeitungszeit je Stück in Minuten	25	20

   Bei voller Auslastung der Kapazität kann für jedes Produkt genau die maximale Absatzmenge produziert werden.

   Auf dieser Maschine könnte auch das Produkt P3 hergestellt werden. Das Produkt würde die Maschine 20 Minuten je Stück beanspruchen und könnte zu einem Barverkaufserlös von 200,50 EUR abgesetzt werden. Eine Kapazitätserweiterung ist in absehbarer Zeit nicht möglich.

   Aufgabe:

   Berechnen Sie die variablen Kosten, die das Produkt P3 maximal verursachen darf, damit sich die Produktion anstelle von Produkt P1 lohnt!

82 Betriebsergebnis, Break-even-Point, Engpass im Vertrieb

Sachverhalt

Eine Lebkuchenfabrik stellt in einem Zweigwerk drei Sorten Lebkuchen her (A, B und C). Für die vergangene Periode liegen folgende Zahlen vor:

Erzeugnis	erzeugte und verkaufte Menge in kg	Nettoverkaufserlös in EUR je kg	variable Kosten in EUR je kg
A	14000	14,00	8,40
B	21000	16,80	8,40
C	11200	21,00	9,10

Die Fixkosten betrugen im gleichen Zeitraum 224000,00 EUR.

Aufgaben:

1. Berechnen Sie die Deckungsbeiträge der drei Sorten sowie das Betriebsergebnis der vergangenen Rechnungsperiode!
2. Analysieren Sie das Betriebsergebnis der vergangenen Rechnungsperiode!
3. Weisen Sie rechnerisch nach, wie weit der Gesamterlös – bei gleichen Produktrelationen – zurückgehen könnte, bis kein Betriebsgewinn mehr entsteht!
4. Die Kostenstelle „Verpackung" stellt einen Engpass dar. Sie wird von den drei Produkten mit folgenden Zeiten beansprucht:

   A: 2 Min./kg, B: 1,5 Min./kg und C: 6 Min./kg.

   Untersuchen Sie, welche Bedeutung dies für die Disposition der Unternehmensleitung hat!

8 ABSATZMARKETING

8.1 Grundlagen des Absatzmarketings herausarbeiten

8.1.1 Bedeutung des Absatzmarketings beschreiben

BPE 8 **Handlungssituation 1: Marktforschung für ein neues Produkt durchführen**

Die Sport-Burr AG ist ein Unternehmen im Industrie- und Gewerbepark Ulm und stellt Winter- und Sommersportgeräte her. Unter anderem produziert die Sport-Burr AG Golfschläger von sehr hoher Qualität. Ein Modell ist der Golfschläger „Superstar" für Turnierspieler mit gehobenen Ansprüchen. Der Golfschläger ist seit zwei Jahren in Deutschland auf dem Markt.

Sie sind Mitarbeiter/-in in der Marketingabteilung der Sport-Burr AG und sollen geeignete Marketingmaßnahmen für den Golfschläger „Superstar" vorbereiten.

Kompetenzorientierte Arbeitsaufträge:

1. Nennen Sie drei Marketingziele, die die Sport-Burr AG in Bezug auf den Golfschläger „Superstar" verfolgen könnte!
2. Begründen Sie, ob es sich beim Markt für Golfschläger in Deutschland um einen Verkäufer- oder Käufermarkt handelt!
3. Geben Sie geeignete geografische, soziodemografische, psychografische und verhaltensbezogene Segmentierungskriterien an, nach denen der Markt für den Golfschläger „Superstar" segmentiert werden kann!
4. Die Sport-Burr AG möchte durch eine einmalige Befragung ihrer Kunden herausfinden, ob durch eine Preissenkung der Umsatz des Golfschlägers „Superstar" gesteigert werden kann. Begründen Sie, um welche Art der Marktforschung es sich hierbei handelt!

(1) Begriff Marketing

Die Marketingkonzeption besagt, dass der Schlüssel zur Erreichung des gesetzten Unternehmensziels darin liegt, die Bedürfnisse und Wünsche des Kunden zu ermitteln und diese dann wirksamer und wirtschaftlicher zufriedenzustellen als die Mitbewerber. Oberstes **Ziel des Marketings** ist die **Kundenzufriedenheit.**

Schlagworte zum Marketing

- Entdecke Kundenwünsche und erfülle sie!
- Erfülle Kundenbedürfnisse auf profitable Art!
- Wir richten es, wie Sie es wollen!
- Bei uns sind Sie der Boss!

(2) Aufgaben des Absatzmarketings

Der **Absatz** umfasst in der Betriebswirtschaftslehre **alle Aktivitäten** des Unternehmens, die darauf gerichtet sind, den **Abnehmern** die **betrieblichen Leistungen** zuzuleiten, also zu **verkaufen.** Um die betrieblichen Leistungen verkaufen zu können, muss sich ein Unternehmen an den Bedürfnissen der Kunden orientieren. Somit sind Unternehmen „vom Markt her" zu führen.

Absatzmarketing ist ein Grundsatz der Unternehmensführung, nach dem alle **Aktivitäten** eines **Unternehmens** konsequent an den **Bedürfnissen der Kunden** ausgerichtet werden.

Um das Unternehmen an den Kunden und dem Absatzmarkt auszurichten, hat das **Absatzmarketing** folgende **Aufgaben:**

- **Marktforschung:**[1] Es müssen Informationen über den Markt und die Situation des Unternehmens beschafft werden.
- **Planung der Marketingstrategie:** Der Einsatz der marketingpolitischen Instrumente[2] Produktpolitik, Preispolitik, Kommunikationspolitik und Distributionspolitik muss festgelegt werden.

  Der **Einsatz** einer bestimmten **Marketingstrategie** (Marketingmaßnahme) hängt insbesondere von zwei Faktoren ab:
  - von dem „Lebensalter" der Produkte **(Konzept des Produktlebenszyklus)**[3] und
  - vom Marktanteil des Produkts und den damit verbundenen Wachstumsaussichten **(Marktwachstums-Marktanteils-Portfolio)**.[4]
- **Entwicklung eines Marketingkonzepts:** Die marketingpolitischen Instrumente müssen sinnvoll miteinander kombiniert werden (Marketing-Mix).
- **Marketing-Controlling:**[5] Es werden der Unternehmensleitung Informationen über den Grad der Zielverwirklichung der Marketingziele geliefert. Außerdem bekommt die Unternehmensleitung Auskunft über weiteren Planungs- und Handlungsbedarf.

(3) Ziele des Absatzmarketings

Klare und sich **nicht widersprechende Ziele** sind eine wesentliche Voraussetzung, um die Aufgaben des Marketings wirkungsvoll zu erfüllen. Sie müssen mit den anderen Zielsetzungen des Unternehmens in Einklang stehen.

- **Marketingziele** beschreiben eine **angestrebte künftige Marktposition,** die durch den **Einsatz marketingpolitischer Instrumente** erreicht werden soll.
- Die Marketingziele **leiten** sich aus den **Unternehmenszielen ab.**

Ein Unternehmensziel ist beispielsweise die Gewinnsteigerung. Daraus leiten sich die Marketingziele ab. Marketingziele können z. B. sein:

Marketingsziele	Erläuterungen
Hoher Marktanteil	Der Marktanteil ist das Verhältnis des Absatzes eines Unternehmens zum Gesamtabsatz auf einem Markt. Er drückt die Bedeutung des Unternehmens am Markt aus.
Hohe Preise	Absatzmarketing kann durch Betonung der Alleinstellungsmerkmale und Maßnahmen zur Kundenbindung höhere Preise möglich machen.

1 Siehe Kapitel 8.1.3.
2 Siehe Kapitel 8.2ff.
3 Siehe Kapitel 8.1.5.1.
4 Siehe Kapitel 8.1.5.2.
5 **Controlling:** Von der Übernehmensführung ausgeübte Steuerungsfunktion.

Marketingsziele	Erläuterungen
Gutes Produkt- und Unternehmensimage	Viele Produkte sind austauschbar geworden. Deshalb werden Kaufentscheidungen häufig wegen des Produkt- und Unternehmensimages getroffen.
Hoher Bekanntheitsgrad	Der Bekanntheitsgrad kann sich auf ein Produkt oder auf das Unternehmen beziehen. Er kann durch Marktforschung ermittelt werden.

Bei der Festlegung der **Marketingziele** sollte darauf geachtet werden, dass diese **operationalisierbar** (überprüfbar) **definiert** werden. Die Zieldefinition sollte den **Zielinhalt,** die **Zieldimension** und die **Zielperiode** festlegen.

Beispiele:

- Die Auto AG möchte ihren Marktanteil (Zielinhalt) des Modells X5 innerhalb eines Jahres (Zielperiode) um 5 % (Zieldimension) erhöhen.
- Die Weber Metallbau GmbH möchte ihren Umsatz (Zielinhalt) im nächsten Geschäftsjahr (Zielperiode) um 10 % (Zieldimension) steigern.
- Die Kosmetik GmbH möchte ihren Bekanntheitsgrad erhöhen (Zielinhalt). Das Ziel ist erreicht, wenn der Bekanntheitsgrad innerhalb von zwei Jahren (Zielperiode) um 30 % (Zieldimension) gestiegen ist.

8.1.2 Verkäufermarkt, Käufermarkt und Marktsegmente darstellen

8.1.2.1 Verkäufermarkt versus[1] Käufermarkt

Im Laufe der Zeit hat sich der **Absatzmarkt** in Deutschland von einem Verkäufermarkt zu einem Käufermarkt **gewandelt.**

- In den Nachkriegsjahren – bis zu Beginn der 1960er-Jahre – gab es in Deutschland einen **Verkäufermarkt.** Er zeichnete sich dadurch aus, dass die angebotenen **Produkte** vom **Markt** vielfach ohne Weiteres **aufgenommen** wurden, da ein Bedarf vorhanden war. Die Nachfrage ist also auf einem Verkäufermarkt höher als das Angebot. Daher kommt der **Produktion** die **größte Bedeutung** in den Unternehmen zu. Die **Marktmacht** hat der **Verkäufer.**
- Mit zunehmender **Marktsättigung,** wachsendem Wohlstand und – den inzwischen technisch machbaren – größeren Stückzahlen in der Produktion, **veränderte** sich zu Beginn der 1960er-Jahre die **Marktsituation.** Es entwickelte sich allmählich ein **Käufermarkt.** Der **Absatz** der Produkte wurde **schwieriger.** Die Unternehmen mussten sich immer mehr an den **Wünschen** und **Erwartungen** der **Käufer orientieren,** wenn sie erfolgreich bleiben wollten. Die **Marktmacht** hat der **Käufer.**

Verkäufermarkt (N > A)
Nachfrage
Angebot

Käufermarkt (A > N)
Angebot
Nachfrage

1 **Versus:** gegenüber; im Gegensatz zu.

- Heutzutage bestimmen die Käufer, wofür sie ihr Geld ausgeben. Unter den Verkäufern herrscht ein großer Wettbewerb. Sie müssen nun eine Strategie entwickeln, um am Markt bestehen zu können.

Aufgrund dieses Wandels kommt dem Marketing als Konzept der Unternehmensführung eine besondere Bedeutung zu.

- Ein **Verkäufermarkt** ist dadurch gekennzeichnet, dass die **Nachfrage größer** als das **Angebot** ist. D. h., dass ein **Nachfrageüberhang** besteht. Der Verkäufer hat die stärkere Marktposition.
- Als **Käufermarkt** bezeichnet man einen Markt, auf dem das **Angebot** an Gütern die **Nachfrage übersteigt** und der Käufer auf dem Markt aus einer Vielzahl von Angeboten auswählen kann **(Angebotsüberhang).** Der Käufer hat die stärkere Marktposition.

8.1.2.2 Marktsegmentierung

(1) Hintergrund

Henry Ford[1] konnte über sein Auto noch sagen:

„Wir liefern Tin Lizzy[2] in jeder Farbe, sie muss nur schwarz sein."

Auf den Verkäufermärkten von früher war Massenproduktion und Massenmarketing die Regel, wobei ein fiktiver (angenommener) Durchschnittskunde angesprochen werden sollte. Heute gibt es „den Verbraucher" nicht mehr. Wer **Erfolg** haben will, muss sich mit **verschiedenen Lebenssituationen, Denkweisen, Gefühlslagen** und **Verhaltensweisen** der **Nachfrager** auseinandersetzen.

Angesichts der sich daraus ergebenden stark unterschiedlichen **Kundenwünsche** ist es für ein Unternehmen in der Regel **nicht vorteilhaft,** ein einheitliches Leistungsangebot auf den Markt zu bringen. Beispielsweise muss ein Autohersteller heutzutage Autos in unterschiedlichen Farben, Größen und Preisklassen anbieten.

Darum versuchen Unternehmen, die **Käufer** in **Zielgruppen** zu **segmentieren** (einzuteilen) und diesen dann **speziell zugeschnittene Produkte** oder **Dienstleistungen** anzubieten. Diese Produkte oder Dienstleistungen **unterscheiden** sich in **Preis, Gestaltung** oder **Leistungsumfang** usw.

(2) Begriff Marktsegmentierung

Die **Marktsegmentierung** unterteilt die **Gesamtheit der Nachfrager** nach bestimmten Kriterien in möglichst **gleichartige** (homogene) **Käufergruppen** (Marktsegmente), um diese gezielt mit speziellen Angeboten bedienen zu können.

1 Henry Ford (1863–1947) gründete den Autohersteller Ford Motor Company und perfektionierte die Fließbandfertigung.

2 **Tin Lizzy**: Umgangssprachlich („Blechliesel") das Modell T von Ford, welches bis 1972 das meistverkaufte Auto der Welt war.

Eine Marktsegmentierung ist nur möglich und sinnvoll, wenn die **Marktsegmente** (Käufergruppen) eine Reihe von **Anforderungen erfüllen**:

Homogenitätsbedingung[1]	Die Marktsegmente sollten **in sich** möglichst **gleichartig** sein, z. B. Kunden in einer bestimmten Stadt.
Heterogenitätsbedingung[2]	Im **Vergleich untereinander** sollten die Marktsegmente **klar unterscheidbar** sein, z. B. hinsichtlich ihrer Kaufkraft, Altersstruktur der Nachfrager.
Wirtschaftlichkeitsbedingung	Die Marktsegmente sollten **groß genug** sein, damit sich ihre gesonderte Bearbeitung auch lohnt.

(3) Kriterien zur Marktsegmentierung

Die **Aufteilung** der Gesamtheit der Nachfrager in einzelne **Marktsegmente** kann anhand **verschiedener Kriterien** erfolgen:

Kriterien	Erläuterungen	Beispiele
Geografische Kriterien	Land, Bundesland, Region, Stadt, Dorf, Wohngebiet	Ein Fitnessstudio möchte Kunden in einem Umkreis von 20 Kilometern gewinnen.
Soziodemografische Kriterien	Geschlecht, Alter, Beruf, Einkommen, Familienstand	Ein Fitnessstudio möchte Männer zwischen 25 und 49 Jahren ansprechen.
Psychografische[3] **Kriterien**	■ Persönlichkeit (z. B. kontaktfreudig), ■ Lebensstil (z. B. gesundheitsorientiert, umweltorientiert, abenteuerlustig)	Ein Fitnessstudio verteilt Flyer, auf denen muskulöse Männer abgebildet sind.
Verhaltensbezogene Kriterien	Preisbewusstsein, Markentreue, Qualitätsbewusstsein, Prestigebewusstsein[4]	Ein Fitnessstudio möchte qualitätsbewusste Männer ansprechen, die bereit sind, höhere Preise zu zahlen.

Die einzelnen Marktsegmente sind mit **geeigneten marketingpolitischen Instrumenten** zu **bearbeiten** (Marketing-Mix).[5] D. h., die Marketingaktivitäten können genau auf die Zielgruppe abgestimmt werden.

Marketing-Mix A für Marktsegment 1	Marketing-Mix C für Marktsegment 3
Marketing-Mix B für Marktsegment 2	Marketing-Mix D für Marktsegment 4

Beispiel:

Beim Marktsegment des Fitnessstudios könnte der Marketing-Mix im Bereitstellen von hochwertigen Fitnessgeräten, gehobenen Preisen und zielgruppenspezifischer Werbung usw. bestehen.

1 **Homogenität**: Gleichartigkeit.

2 **Heterogenität**: Verschiedenartigkeit.

3 **Psychografie**: psychologische Beschreibung einer Person und Erfassung ihrer psychischen und geistigen Einzeldaten.

4 **Prestige**: Ansehen, Geltung in der Öffentlichkeit.

5 Siehe Kapitel 8.6 Bedeutsamkeit eines abgestimmten Marketing-Mixes begründen.

Beispiel: Marktsegmentierung[1]

Ein Hersteller von Modelleisenbahnen teilt die Gesamtheit der Nachfrager in die zwei Marktsegmente „preisbewusste Einsteiger" und „leidenschaftliche Sammler" ein. Die Einteilung nimmt er anhand von psychografischen und verhaltensbezogenen Kriterien vor.

Für die Bearbeitung der Marktsegmente setzt der Hersteller verschiedene marketingpolitische Instrumente ein:

Für das Marktsegment „leidenschaftliche Sammler" ist eine 900,00 EUR teure Sonderedition einer Lokomotive das Richtige. Das limitierte Produkt wird über den Fachhandel vertrieben, aber nicht über Discounter. Für das Marktsegment der „preisbewussten Einsteiger" sind andere Marketinginstrumente sinnvoll: robuste Produkte, günstige Preise, auch Discounter als Vertriebskanal.

Die folgende Tabelle zeigt die Segmente des Marktes für Modelleisenbahnen:

Kriterien	Preisbewusste Einsteiger	Leidenschaftliche Sammler
Preisbewusstsein/ Zahlungsbereitschaft	sehr preisbewusst, begrenzte Zahlungsbereitschaft	wenig preisbewusst, hohe Zahlungsbereitschaft
Wesentliche Qualitätsanforderungen	robustes Spielzeug, Details der Nachbildung nicht wichtig	Detailtreue der Sammlerstücke sehr wichtig
Bevorzugte Einkaufsorte	auch Discounter als Einkaufsort	in der Regel Kauf über Fachhandel
Markenbewusstsein, Markentreue	keine ausgeprägte Markentreue	ausgeprägte Markentreue

(4) Strategien zur Bearbeitung von Marktsegmenten

Undifferenzierte Marktbearbeitungsstrategie

Bei dieser Strategie wird mit einem **standardisierten Angebot und einem Marketingprogramm** der **Gesamtmarkt ohne Differenzierung** in Marktsegmente bearbeitet. Dabei wird versucht, die Produktions- und Absatzkosten gering zu halten. **Ziel der Strategie** ist, möglichst viele **gemeinsame Bedürfnisse der Konsumenten** zu befriedigen. Verfolgen mehrere Unternehmen diese Strategie, entsteht ein äußerst harter Konkurrenzkampf mit hohen Marketingkosten.

Konzentrierte Marktbearbeitungsstrategie

Das Unternehmen ist bei dieser Strategie bemüht, mit **seinem Produktprogramm** eine **starke Marktstellung** in einem **Teilmarkt oder einer Marktnische** zu gewinnen. Dadurch ist es möglich, sich mit dem Produktprogramm und den Marketingmaßnahmen gezielt auf die Wünsche und Bedürfnisse des ausgewählten Marktsegments einzustellen. Diese Strategie verfolgen insbesondere Unternehmen mit geringen finanziellen Mitteln und einem eingeschränkten Produktprogramm. Nachteil dieser Strategie ist, dass das Unternehmen von der Nachfrageentwicklung eines einzigen Marktsegments abhängt und damit keine Risikostreuung möglich ist.

1 Wettengl. S. (2018). Einführung in die Betriebswirtschaftslehre, 1. Aufl., Wiley, Weinheim, S. 286.

Differenzierte Marktbearbeitungsstrategie

Bei dieser Strategie versorgt das Unternehmen **alle wichtigen Marktsegmente** mit **spezifischen Produktvarianten.** Diese Strategie ist nur für größere Unternehmen geeignet, da der hohe Differenzierungsgrad der Produkte umfangreiche finanzielle, produktionstechnische und verwaltungsmäßige Ressourcen beansprucht.

Differenzierte Marktbearbeitungsstrategie in ausgewählten Marktsegmenten

Diese Strategie unterscheidet sich von der vorherigen Strategie in der Weise, dass das Unternehmen sein **Produktprogramm** nur in **einzelnen, ausgewählten Marktsegmenten** anbietet. Dadurch, dass Varianten des Produktprogramms gezielt auf einzelne Marktsegmente ausgerichtet werden, kann das Unternehmen seine Position in den ausgewählten Marktsegmenten festigen und so das Produktprogramm-Risiko vermindern.

Kundenindividuelle Marktbearbeitungsstrategie

Ziel der kundenindividuellen Marktbearbeitungsstrategie ist, für **jeden Kunden** ein **maßgeschneidertes Angebot** zu erbringen. Das bedeutet, dass die Anbieter nicht nur die Segmente eines Marktes mit speziell auf diese Segmente zugeschnittene Produkte und Leistungen bedienen, sondern dass sie für jeden Kunden eine individuelle Problemlösung erbringen. Sie betrachten somit den **einzelnen Kunden als Segment.** Der Kunde soll durch individuelle Angebote lebenslang an das Unternehmen gebunden werden.

Diese Strategie wird insbesondere in Konsumgütermärkten eingesetzt. Die technologische Entwicklung in Produktion und Kommunikation (z. B. Computer Integrated Manufacturing, Electronic Data Interchange) ermöglicht das kundenindividuelle Marketing.

Um ein kundenindividuelles Angebot anbieten zu können, ist es sinnvoll die Dienstleistung von Adressverlagen oder die **mikrogeografische Datenbank microdialog** der **Deutschen Post Direkt**[1] in Anspruch zu nehmen.

Kurzinformation zu microdialog

microdialog wurde von der Deutsche Post Direkt entwickelt und ist eine der vollständigsten mikrogeografischen Datenbanken Deutschlands. Menschen mit ähnlichen Kaufgewohnheiten und Verhaltensmustern wohnen oft in räumlicher Nähe zueinander. Deutschlandweit werden daher durchschnittlich 6,6 Haushalte zu sogenannten **Mikrozellen** zusammengefasst und bewertet nach Lifestyle, Konsum- und Informationsverhalten. Die zu den Mikrozellen gespeicherten soziodemografischen Konsum-, Struktur- und regionalen Daten ermöglichen eine treffsichere Bestimmung der Zielgruppen. Dadurch optimiert **microdialog** die Direktwerbung, minimiert Streuverluste und damit die Kosten der Werbung (weniger Druckkosten, Porto).

1 Quelle: https://www.deutschepost.de/de/m/microdialog.html [06. 12. 2021].

Anwendungsbeispiel: Adressenauswahl für Neukundenakquisition

Ausgangssituation	Ein Fitnessstudio möchte neue Kunden werben.
Vorgehen	Das Fitnessstudio legt Auswahlkriterien zur Festlegung des Marktsegments fest, z. B. ■ Alter zwischen 25 und 45 Jahren ■ mittlere bis hohe Kaufkraft ■ Entfernung des Wohnorts vom Fitnessstudio: maximal 15 km Über POSTAKTUELL[1] werden diese Selektionskriterien vom Auftraggeber der Datenbank microdialog mitgeteilt. Diese ermittelt die Adressen der potenziellen Kunden und stellt diese dem Auftraggeber wiederum zum Import zur Verfügung.
Lösung	Mittels personalisierter Adresse oder Teiladressierung („An die Bewohner dieses Hauses" oder „An die Fitnessfreunde") wird im Umkreis von 15 km um das Fitnessstudio die Werbung zugestellt.

8.1.3 Begriff, Arten und Formen der Marktforschung

(1) Begriff Marktforschung

Unternehmen, die ohne grundlegende Kenntnisse der Märkte und ohne sinnvolle Abstimmung der Marketinginstrumente Produkte auf den Markt bringen, laufen Gefahr, auf ihren Produkten ganz oder teilweise „sitzen zu bleiben".

Werden hingegen vor dem Verkauf der Produkte Marktinformationen (z. B. über Kundenwünsche, Kaufkraft der Kunden, Verhalten der Konkurrenten, die Lage auf den Beschaffungsmärkten und allgemeine Marktdaten) beschafft, sind die Aussichten wesentlich besser, die Absatzpläne zu verwirklichen.

- **Marktforschung** ist die systematische Erforschung, Beschaffung und Aufbereitung von **Marktinformationen.**
- Marktforschung geschieht durch **Marktbeobachtung** und **Marktanalyse.**

1 Quelle: http://www.deutschepost.de/de/p/teiladressiert.html [06. 12. 2021]. POSTAKTUELL ist ein Dienstleistungsangebot der Deutschen Post, das die Verteilung von Werbemitteln und Prospekten an ausgewählte Haushalte unterstützt.

Meistens sind im Zusammenhang mit Marktforschung **Informationen** über **Absatzmärkte** gemeint, nicht über Beschaffungsmärkte.

In diesem Schulbuch werden folgende **Arten der Marktforschung** betrachtet:

Marktbeobachtung		**Marktanalyse**		
Haushalts-panels[1]	Einzelhandels-panels	Beobachtungen	Befragungen	Tests

(2) Marktbeobachtung

- Die **Marktbeobachtung** hat die Aufgabe, **Veränderungen** auf den Märkten **laufend** zu **erfassen** und auszuwerten.
- Beobachtet werden zum einen die vorhandenen bzw. neu zu gewinnenden **Kunden**, und zum anderen das Verhalten der **Konkurrenzunternehmen.**

Die **Marktbeobachtung** soll z. B. folgende **Fragen beantworten:**

- Wie entwickelt sich die Zahl der Nachfrager und die mengen- und wertmäßige Nachfrage nach einem bestimmten Produkt?
- Wie verändert sich die Einstellung der Käufer zum angebotenen Produkt?
- Wie entwickeln sich die Einkommens- und Vermögensverhältnisse der Abnehmer?
- Wie reagieren die Konkurrenzunternehmen auf absatzpolitische Maßnahmen (z. B. Preisänderungen, Werbemaßnahmen)?

Ziel der Marktbeobachtung ist die Ermittlung von Tendenzen, Veränderungen sowie Trends **innerhalb eines bestimmten Zeitraums.**

Bei der laufenden **Marktbeobachtung** kann die Methode einer **Panelerhebung** angewendet werden, z. B. **Haushaltspanels** und **Einzelhandelspanels**. D. h., es werden Haushalte und Einzelhandelsgeschäfte ausgewählt, die regelmäßig beobachtet bzw. befragt werden. Die Panels können mehrere Jahre dauern.

Beispiel für ein Haushaltspanel:[2]

Die Nürnberger Gesellschaft für Konsumforschung (GfK) analysiert das Verhalten von Personen aus 3500 Haushalten in einer bestimmten Region. Im Einzelhandel sind vorab Testprodukte erhältlich. Die Bürger sehen eigens gedrehte Werbespots und lesen in speziellen Zeitschriftenausgaben Anzeigen für diese Produkte. Um das Kaufverhalten zu erfassen, nutzen Panelteilnehmer bei ihren Einkäufen eine Chipkarte der GfK.

1 **Panel:** repräsentative Personengruppe für die Marktforschung.

2 Vgl. Wettengl. S. (2018). Einführung in die Betriebswirtschaftslehre, 1. Aufl., Wiley, Weinheim, S. 286.
Es handelt sich hier um eine Verhaltensuntersuchung („Behaviorscan") auf einem Testmarkt. Im Gegensatz zu anderen Testanlagen erlaubt diese Methode die Beobachtung realen, statt im Labor simulierten Kaufverhaltens.

(3) Marktanalyse

Die **Marktanalyse** untersucht die **Marktgegebenheiten** zu einem **bestimmten Zeitpunkt.**

!

Die Marktanalyse wird in der Regel vorgenommen, bevor **neue Produkte** oder **weiterentwickelte Produkte** auf den Markt gebracht werden. Es soll herausgefunden werden, wie die Konsumenten voraussichtlich reagieren.

Untersuchungsgegenstände sind z. B.:

- Anzahl der Personen, Unternehmen und Verwaltungen, die als Käufer infrage kommen,
- Einkommens- und Vermögensverhältnisse der mutmaßlichen Käufer,
- persönliche Meinung der (möglichen) Käufer zum angebotenen Produkt,
- Beschaffung von Daten über die Konkurrenzunternehmen, die den zu untersuchenden Markt bereits beliefern (z. B. deren Preise, Lieferungs- und Zahlungsbedingungen, Qualitäten der angebotenen Erzeugnisse, Werbung).

Zu den **Methoden** der einmaligen **Marktanalyse** zählen:

Methoden	Erläuterungen	Beispiele
Beobachtungen	Mit Beobachtungen wird das Verhalten von Personen erfasst. Der wesentliche Vorteil von Beobachtungen liegt darin, dass reale Handlungen registriert werden. Nachteilig ist jedoch, dass Einstellungen und Absichten beim reinen Beobachten verborgen bleiben.	Es könnte beobachtet werden, welches Regal die meisten Kunden in einem Supermarkt zuerst ansteuern, zu welcher Uhrzeit sich am meisten Kunden in einem Geschäft aufhalten oder die Reaktion von Kunden auf ein bestimmtes Produkt.
Befragungen	Durch Befragungen (schriftlich oder mündlich) sollen Personen aktiv Informationen beisteuern. Dabei können die Befragten auch ihre persönlichen Einstellungen und Motive offenlegen. Onlinebefragungen sind in den letzten Jahren aufgrund der hohen Effizienz in den Vordergrund getreten.	Ein Autohersteller möchte auch Autos mit Hybridmotor[1] verkaufen. Er lässt durch ein Marktforschungsinstitut erfragen, wie hoch die Nachfrage nach Hybridautos ist. Denkbar wäre auch, dass der Autohersteller Daten (z. B. Preis, Qualität) über Konkurrenzunternehmen beschafft, die bereits Hybridautos liefern.
Tests (Experimente)	Experimente dienen der planmäßigen Prüfung von Hypothesen[2] unter wiederholbaren, kontrollierten Bedingungen. Die Vorbereitung, Durchführung und Analyse von Experimenten ist jedoch aufwendig.	In einem Experiment könnte die Hypothese überprüft werden, dass gezuckerte Cola den meisten Menschen besser schmeckt als Cola mit Süßstoff. Dazu wird in einem Einkaufszentrum ein Versuchsstand aufgestellt.

1 **Hybridmotor:** Motor, der sowohl Verbrennungsmotor ist, als auch mit Batterieantrieb läuft.

2 **Hypothese:** Unbewiesene Annahme von Gesetzlichkeiten oder Tatsachen, mit dem Ziel, diese zu überprüfen.

(4) Formen der Marktforschung (Datenerhebungsverfahren)

Informationen über Marktdaten (z. B. über die Kunden eines Unternehmens) können unmittelbar am Markt erhoben oder es kann auf bereits vorhandenes Datenmaterial zurückgegriffen werden. Im ersten Fall spricht man von **Primärforschung**[1] **(Feldforschung).** Sie ermittelt **Primärdaten.** Im zweiten Fall spricht man von **Sekundärforschung**[2] **(Schreibtischforschung).** Sie geht von Daten aus, die häufig bereits für andere Zwecke ermittelt worden sind. Man bezeichnet diese Daten als **Sekundärdaten.**

Formen	Erläuterung und Beispiele
Primärforschung (Feldforschung)	Sie liegt vor, wenn unmittelbar **am Markt** Informationen gezielt zu einer bestimmten Fragestellung gewonnen und anschließend ausgewertet werden. ■ Befragung (Interviews), z. B. schriftlich (auch online), telefonisch ■ Beobachtung, z. B. Kundenlaufstudie ■ Experiment, z. B. Testkäufermärkte
Sekundärforschung (Schreibtischforschung)	Sie liegt vor, wenn aus **bereits vorhandenen Zahlenmaterialien (Daten)** Informationen zu einer bestimmten Fragestellung gewonnen und anschließend ausgewertet werden. ■ **Unternehmensinterne Quellen**, z. B. Umsatz- und Absatzstatistik, Kundendienstberichte, Kostenrechnung ■ **Unternehmensexterne Quellen**, z. B. – amtliche Statistiken (z. B. Berichte des Statistischen Bundesamtes zu Preisen) – Informationen von Wirtschaftsverbänden – Firmenveröffentlichungen (z. B. Geschäftsberichte)

Die Sekundärforschung ist im Vergleich zur Gewinnung von Primärdaten schneller und kostengünstiger. Außerdem erweitert die Verfügbarkeit weltweiter elektronischer Netze (z. B. Internet) und Datenbanken die Möglichkeiten der Sekundärforschung, bei vergleichsweise geringen Kosten, erheblich. Darüber hinaus sind bestimmte Daten (z. B. volkswirtschaftliche Gesamtgrößen, Branchenkennziffern, Entwicklungszahlen) auf anderem Wege für das einzelne Unternehmen praktisch nicht zugänglich.

1 **Primär:** an erster Stelle stehend, vorrangig.

2 **Sekundär:** an zweiter Stelle stehend, zweitrangig.

8.1.4 Ergebnisse der Marktforschung analysieren und Marktkennzahlen ermitteln

BPE 8 Handlungssituation 2: Marktkennzahlen erläutern

Die Sport-Burr AG im Industrie- und Gewerbepark Ulm stellt unter anderem Golfschläger her. Um die Produktgruppe der Golfschläger weiterzuentwickeln, sollen geeignete marketingpolitische Instrumente angewendet werden.

Deshalb beauftragt die Sport-Burr AG ein Marktforschungsinstitut, den Markt für Golfschläger in Deutschland zu analysieren. Der Bericht des Marktforschungsinstituts soll auch die Marktposition der Sport-Burr AG auf diesem Markt zeigen.

Der Bericht enthält folgende Kennzahlen:

- Marktpotenzial: 500 000 Stück pro Jahr

- Absatzpotenzial: 25 000 Stück pro Jahr
- Marktvolumen: 400 000 Stück pro Jahr
- Absatzvolumen: 15 000 Stück pro Jahr
- Marktanteil: 3,75 %

Sie sind Mitarbeiter/-in in der Marketing-Abteilung der Sport-Burr AG und sollen den Bericht des Marktforschungsinstituts analysieren.

Kompetenzorientierte Arbeitsaufträge:

1. Definieren Sie die im Bericht genannten Marktkennzahlen!
2. Erklären Sie die Bedeutung der Marktkennzahlen für die Sport-Burr AG!

8.1.4.1 Marktpotenzial, Marktvolumen, Marktanteil, Absatzpotenzial, Absatzvolumen

Um die Marktsituation als Ganzes oder auch die Positionierung des eigenen Unternehmens am Markt besser beurteilen zu können, ist der **Markt** in seiner **Gesamtheit** anhand von **quantitativen Marktkennzahlen** zu analysieren. Mithilfe der Marktkennzahlen können die folgenden Fragen beantwortet werden:

- Welche Menge der Erzeugnisse kann langfristig abgesetzt werden, bis der Markt gesättigt ist **(Marktpotenzial)?**
- Wie hoch ist die gegenwärtig realisierte Absatzmenge einer ganzen Branche für bestimmte Erzeugnisse **(Marktvolumen)?**
- Wie hoch ist das Verhältnis des Absatzvolumens zum Marktvolumen eines Unternehmens **(Marktanteil)?**
- Wie hoch ist die Absatzmenge, welche ein Unternehmen für sich als realistisch betrachtet **(Absatzpotenzial)?**
- Wie hoch ist die gegenwärtig realisierte Absatzmenge eines Unternehmens für bestimmte Erzeugnisse **(Absatzvolumen)?**

(1) Marktpotenzial

Im Zeitablauf kann das Marktpotenzial auch ausgeweitet werden, weil sich gegebenenfalls zunehmend neue Nachfrager für das Produkt als potenzielle Kunden interessieren. Ein Beispiel dafür ist der Markt für E-Bikes in Deutschland, der sich zunehmend vergrößert hat.

> Das **Marktpotenzial** ist die insgesamt **mögliche Absatzmenge** eines Produktes auf einem bestimmten Markt, bis der Markt gesättigt ist.

Die Berechnung des Marktpotenzials verlangt neben der Ermittlung des Marktvolumens die Abschätzung, welche zusätzlichen Mengen bzw. Umsätze realisiert werden können.

(2) Marktvolumen

Das **Marktvolumen** ist die gegenwärtig **realisierte Absatzmenge** einer **Branche** für eine bestimmte Produktgattung.

In einigen Branchen, wie z.B. der Automobilindustrie, ist das Marktvolumen durch die amtlich verfügbaren Statistiken über die Fahrzeugmeldungen gut zu erfassen. In anderen Märkten sind Marktvolumenermittlungen oft nur mit großen Schwierigkeiten durchzuführen. Vielfach bieten Marktforschungsinstitute Dienstleistungen an, Marktvolumendaten auf der Grundlage von Hersteller-, Handels- und Kundenbefragungen zu ermitteln.

(3) Marktanteil

Der **Marktanteil** ist das **Verhältnis** des **Absatzvolumens** eines **Unternehmens** zum **Marktvolumen:**

$$\text{Marktanteil} = \frac{\text{Absatzvolumen (pro Zeiteinheit)} \cdot 100}{\text{Marktvolumen (pro Zeiteinheit)}}$$

Der Marktanteil stellt die wichtigste Größe zur Ermittlung der Position eines Unternehmens auf dem Markt dar.

Vielfach wird auch der **relative Marktanteil** berechnet. Hierbei wird der Marktanteil des eigenen Unternehmens ins Verhältnis zum Marktanteil des Hauptwettbewerbers gesetzt.

$$\text{Relativer Marktanteil} = \frac{\text{Marktanteil des eigenen Unternehmens}}{\text{Marktanteil des stärksten Konkurrenten}}$$

(4) Absatzpotenzial

Das **Absatzpotenzial** ist der **Anteil** am **Marktpotenzial,** den ein **Unternehmen** glaubt, maximal **erreichen** zu können.

Es handelt sich um eine theoretische Zielgröße, beschränkt auf die Möglichkeiten eines Unternehmens.

(5) Absatzvolumen

Das **Absatzvolumen** ist die gegenwärtig **realisierte Absatzmenge** eines **Unternehmens** für eine bestimmte Produktgattung.

Das Absatzvolumen des eigenen Unternehmens kann problemlos ermittelt werden.

Die Erfassung der Absatzvolumina der Konkurrenten erfordert eine intensive Konkurrenzbeobachtung oder die Abschätzung auf Grundlage von Kundenbefragungen.

8.1.4.2 Ermittlung der Marktkennzahlen

Im folgenden Beispiel werden die zurvor dargestellten Marktkennzahlen ermittelt.

Beispiel:

Die Adler-Brauerei in Überlingen setzt jährlich in Deutschland 5,5 Mio. hl[1] Bier ab. Experten schätzen, dass im deutschen Markt maximal jährlich 130 Mio. hl Bier verkauft werden können. Der Hersteller hat sich zum Ziel gesetzt, 10 % davon auszuschöpfen. Zum augenblicklichen Zeitpunkt deckt die gesamte Branche 80 % des geschätzten Gesamtbedarfs ab.

Aufgaben:

1. Ermitteln Sie folgende Marktkennzahlen für die Adler-Brauerei in Überlingen: Marktpotenzial, Marktvolumen, Marktanteil, Absatzpotenzial und Absatzvolumen!
2. Erklären Sie, was die ermittelten Marktkennzahlen aussagen!

Lösungen:

Zu 1./2.:

- **Marktpotenzial** = 130 Mio. hl (jährlich)

  Auf dem deutschen Biermarkt könnten insgesamt 130 Mio. hl Bier binnen eines Jahres verkauft werden, bis der Markt gesättigt ist.

- **Marktvolumen** $= 130 \text{ Mio. hl} \cdot \frac{80}{100} = \underline{\underline{104 \text{ Mio. hl}}}$

  Die gegenwärtig realisierte Absatzmenge der Bierbranche liegt bei 80 % des geschätzten Gesamtbedarfs, d. h. 104 Mio. hl Bier.

- **Marktanteil** $= \frac{5{,}5 \text{ Mio. hl} \cdot 100}{104 \text{ Mio. hl}} = \underline{\underline{5{,}29\,\%}}$

  Die Adler-Brauerei hat einen Anteil am Biermarkt in Höhe von 5,29 %.

- **Absatzpotenzial** $= 130 \text{ Mio. hl} \cdot \frac{10}{100} = \underline{\underline{13 \text{ Mio. hl}}}$

  Die Adler-Brauerei hat das Ziel, eine Biermenge von 10 % des Marktpotenzials in Deutschland verkaufen zu können, d. h. 13 Mio. hl Bier jährlich.

- **Absatzvolumen** = 5,5 Mio. hl

  Die Adler-Brauerei hat bislang aber nur 5,5 Mio. hl Bier im Jahr verkauft.

Kompetenztraining

83 Aufgaben und Ziele des Absatzmarketings, Verkäufermarkt vs. Käufermarkt

1. Beschreiben Sie die Aufgaben des Absatzmarketings!
2. Definieren Sie den Begriff Marketingziele und bilden Sie Zieldefinitionen für vier Marketingziele! Die Zieldefinitionen müssen den Zielinhalt, die Zieldimension und die Zielperiode enthalten.
3. Erklären Sie den Unterschied zwischen einem Käufer- und einem Verkäufermarkt. Beschreiben Sie auch, welche Rolle das Marketing jeweils spielt.

1 **hl:** Hektoliter. Ein Hektoliter sind 100 Liter.

84 Marktsegmentierung

Um die marketingpolitischen Instrumente optimal an die Bedürfnisse der Konsumenten anzupassen und so einen Wettbewerbsvorteil zu erreichen, werden im Rahmen der Marktsegmentierung Gruppen mit möglichst homogenen Eigenschaften gebildet. An jedes Segment wird die Forderung gestellt, dass es in sich möglichst homogen (gleichartig), im Vergleich zu anderen Segmenten hingegen möglichst heterogen (unterschiedlich) ist.

Aufgaben:

1. Erläutern Sie allgemein, welche Voraussetzung erfüllt sein muss, damit sich Kriterien zur Bildung von Marktsegmenten eignen! Bilden Sie dazu je ein eigenes Beispiel für soziodemografische und psychografische Kriterien!
2. Geben Sie an, welche Kriterien zur Segmentierung des Automobilmarktes sich aus der Sicht eines Automobilherstellers besonders eignen! Begründen Sie Ihre Aussagen!

85 Marktforschung

Die Clever & Schnell AG bietet Marktforschung als Dienstleistung für andere Unternehmen an.

Aufgaben:

1. Beschreiben Sie, welche Dienste die Marktforschung bei der Informationsbeschaffung über einzelne Marktsegmente leisten kann und welche Informationen für marketingpolitische Maßnahmen (z. B. Werbung, Preisgestaltung) besonders benötigt werden!
2. Bei der Informationsgewinnung unterscheidet man nach der Form der Durchführung in primäre und sekundäre Marktforschung. Erläutern Sie die Unterschiede! Gehen Sie dabei auch auf die Begriffe Marktbeobachtung und Marktanalyse ein!
3. Vergleichen Sie die Vor- und Nachteile der Erhebungsarten Beobachtung und Befragung bei der Marktanalyse!
4. Erklären Sie, welche Informationen durch die Analyse von Kundenreklamationen[1] gewonnen werden können!
5. Sie arbeiten in der Clever & Schnell AG als Marktforscher/-in. Entscheiden Sie, welche Methoden bei den folgenden Gelegenheiten infrage kommen!
   - 5.1 Wirkung wöchentlicher Kaufaktivitäten der Haushalte im Hinblick auf Lebensmittel.
   - 5.2 Untersuchung der Aufmerksamkeit von Passanten, die an einem Schaufenster vorbeigehen.
   - 5.3 Bestimmte Wünsche von Kunden in einer Parfümerie.
   - 5.4 Wirkung einer neuen Verpackung eines Seifenproduktes.
   - 5.5 Meinungen von Kunden über bestimmte Funktionen einer Waschmaschine.

86 Marktkennzahlen

1. Berechnen Sie den Marktanteil eines Unternehmens, für das folgende Daten ermittelt wurden:

Marktpotenzial:	100 000 Stück,
Marktvolumen:	50 000 Stück,
Absatzvolumen:	10 000 Stück.

1 **Reklamation**: Beanstandung bestimmter Mängel (z. B. am Produkt).

2. Die Flips AG verkaufte im vergangenen Jahr für 400 Mio. EUR Softgetränke (Cola, Orangenlimonade usw.). Auf dem Markt wurden von den übrigen Konkurrenten im gleichen Zeitraum Softgetränke für 800 Mio. EUR verkauft. Die Flips AG glaubt, dass bei Ausschöpfung aller marketingpolitischen Mittel alle Anbieter zusammen Softgetränke für ca. 1,5 Mrd. EUR absetzen könnten.

   Aufgaben:

   2.1 Berechnen Sie den Marktanteil der Flips AG!

   2.2 Geben Sie an, wie weit das Marktpotenzial für Softgetränke schon ausgeschöpft ist. Verwenden Sie zur Berechnung die folgende Formel:

   $$\text{Marktsättigung} = \frac{\text{Marktvolumen} \cdot 100}{\text{Marktpotenzial}}$$

3. Die Backwaren GmbH verkaufte im Vorjahr für 500 Mio. EUR Backwaren. Die übrigen Konkurrenten am Inlandsmarkt verkauften für 1 500 Mio. EUR Backwaren. Die gesamte Aufnahmefähigkeit des Marktes für Backwaren wird auf 10 Mrd. EUR geschätzt.

   Aufgaben:

   3.1 Berechnen Sie das Marktvolumen!

   3.2 Ermitteln Sie den Marktanteil der Backwaren GmbH!

8.1.5 Konzepte des Produktlebenszyklus und der Portfolio-Analyse beschreiben und anwenden

BPE 8 **Handlungssituation 3: Produktlebenszyklus und Portfolio-Analyse gestalten**

Die Sport-Burr AG im Industrie- und Gewerbepark Ulm stellt unter anderem Golfschläger her. Der Golfschläger „Superstar“ für Turnierspieler mit gehobenen Ansprüchen, ist nun schon mehrere Jahre auf dem deutschen Markt.

Der „Superstar“ hat in Deutschland einen hohen relativen Marktanteil. Jedoch stagniert das Wachstum auf diesem Markt seit längerer Zeit. Die

Umsätze sind nur noch schwach steigend und die Gewinne konstant.

Sie sind Mitarbeiter/-in in der Marketingabteilung der Sport-Burr AG und zurzeit ist viel zu tun.

Kompetenzorientierte Arbeitsaufträge:

1. Beurteilen Sie, in welcher Phase des Produktlebenszyklus sich der Golfschläger „Superstar“ befindet! Unterbreiten Sie zwei Vorschläge, mit welchen Maßnahmen der Lebenszyklus verlängert werden könnte!
2. Ordnen Sie das Produkt Golfschläger „Superstar“ in die Marktwachstums-Marktanteils-Matrix ein und machen Sie eine Strategieempfehlung!
3. Erläutern Sie, wann die Sport-Burr AG durch den Golfschläger einen komparativen Konkurrenzvorteil hat!

8.1.5.1 Lebenszyklusmodell mit Umsatz- und Gewinnkurve

(1) Grundlegendes zum Konzept des Produktlebenszyklus

Hat ein Unternehmen ein neues Produkt entwickelt, steht es vor der Frage, mit welchen Marketingmaßnahmen es am Markt eingeführt und anschließend begleitet und gefördert werden soll. Die betriebswirtschaftliche Theorie hat hierzu das Konzept des Produktlebenszyklus entwickelt, das die „Lebensdauer" eines Produkts in verschiedene Phasen einteilt, und für jede der Phasen ein entsprechendes **Marketingziel** vorschlägt.

Das **Modell des Lebenszyklus von Produkten** möchte den „Lebensweg" eines Produkts, gemessen an Umsatz und Gewinnhöhe, **zwischen der Markteinführung** des Produkts und dem **Ausscheiden aus dem Markt** darstellen.

(2) Phasen des Produktlebenszyklus

Der **Lebenszyklus eines Produkts** lässt sich in **vier unterscheidbare Phasen** gliedern.

- **Einführungsphase**

Die Einführungsphase beginnt mit dem Eintritt des Produkts in den Markt. In dieser Phase dauert es einige Zeit bis die Kunden ihr bisheriges Konsumverhalten geändert haben und das Produkt am Markt eingeführt ist. In diesem Stadium werden zunächst **Verluste** oder nur **geringe Gewinne** erwirtschaftet, da das Absatzvolumen niedrig und die Aufwendungen für die Markteroberung hoch sind. Handelt es sich um ein absolut neues Produkt, gibt es zunächst noch keine Wettbewerber.

Um dem Produkt den Durchbruch auf dem Markt zu ermöglichen, ist die Werbung das wirksamste Instrument. Daneben gilt es, das Verkaufsnetz auszubauen. Das neue Produkt wird meist nur in der **Grundausführung** hergestellt.

Marketingziel in der **Einführungsphase** ist, das **Produkt bekannt zu machen** und Erstkäufe herbeizuführen.

- **Wachstumsphase**

Die Wachstumsphase tritt ein, wenn die Absatzmenge rasch ansteigt. Die Mehrheit der infrage kommenden Kunden beginnt zu kaufen. Die Chance auf hohe Gewinne lockt neue Konkurrenten auf den Markt. Die **Preise** bleiben aufgrund der regen Nachfrage **stabil** oder **fallen nur geringfügig.** Da sich die Kosten der Absatzförderung auf ein größeres Absatzvolumen verteilen und zudem die Fertigungskosten aufgrund der größeren Produktionszahlen sinken, **steigen die Gewinne** in dieser Phase.

Die Werbung wird in dieser Phase noch nicht nennenswert herabgesetzt. In der Produktpolitik wird in der Regel so verfahren, dass die **Produktqualität verbessert, neue Ausstattungsmerkmale** entwickelt und das **Design aktualisiert** wird.

Marketingziel in der **Wachstumsphase** ist, einen **größtmöglichen Marktanteil**[1] zu erreichen.

---

1 Der **Marktanteil** ist die Absatzmenge, die ein Unternehmen an der gesamten Absatzmenge des Marktes für ein Produkt hat, ausgedrückt als Prozentsatz. Vgl. hierzu S. 198.

Reife- und Sättigungsphase

Die Reife- und Sättigungsphase lässt sich in drei Abschnitte untergliedern. Im ersten Abschnitt **verlangsamt sich das Absatzwachstum,** im zweiten Abschnitt kommt es zur **Marktsättigung,** sodass der Umsatz in etwa konstant bleibt. Im dritten Reifeabschnitt wird der **Prozess des Absatzrückgangs** eingeleitet. Die Kunden fangen an, sich anderen Produkten zuzuwenden. Dies führt in der Branche zu Überkapazitäten und löst einen verschärften Wettbewerb aus. Die Gewinne gehen zurück. Die schwächeren Wettbewerber scheiden aus dem Markt aus.

Die Wettbewerber versuchen in der Reife- und Sättigungsphase insbesondere durch

- **Produktmodifikationen**[1] wie **Qualitätsverbesserungen** (z. B. bessere Haltbarkeit, Zuverlässigkeit, Geschmack, Geschwindigkeit), **Verbesserung der Produktausstattung** (z. B. Schiebedach, heizbare Sitze, Klimaanlage) und/oder **Differenzierung des Produktprogramms** (z. B. Schokolade mit unterschiedlichem Geschmack, Formen, Verpackungen) neue Nachfrager zu gewinnen.
- Daneben werden **preispolitische Maßnahmen** (z. B. Sonderverkauf, hohe Rabatte, Hausmarken zu verbilligten Preisen) und servicepolitische Maßnahmen (z. B. Einrichtung von Beratungszentren, kürzere Lieferzeiten, großzügigere Lieferungs- und Zahlungsbedingungen) ergriffen.
- Außerdem werden **spezielle Werbemaßnahmen** eingesetzt, um bestehende Präferenzen[2] zu erhalten bzw. neue aufzubauen.

- **Marketingziel** in der **Reife- und Sättigungsphase** ist, einen **größtmöglichen Gewinn** zu erzielen, indem die Umsatzkurve „gestreckt“ wird, bei gleichzeitiger **Sicherung des Marktanteils.**
- Da die hohen Kosten der Markteinführung und des Wachstums weitestgehend entfallen, verspricht diese Phase eine **hohe Rentabilität.**

Rückgangsphase (Degenerationsphase)

In der Rückgangsphase **sinkt die Absatzmenge** stark ab und **Gewinne** lassen sich nur noch **in geringerem Umfang** bzw. gar **nicht mehr erwirtschaften.** Die Anzahl der Wettbewerber sinkt. Die übrig gebliebenen Anbieter **verringern systematisch ihr Produktprogramm,** die Werbung wird zunehmend eingeschränkt, die **Vertriebssorganisation wird ausgedünnt**. Starke Preissenkungen können sinnvoll sein.

Als Ursachen für einen Rückgang der Absatzzahlen können der technische Fortschritt, ein veränderter Verbrauchergeschmack oder Änderungen in der Einkommensverteilung angesehen werden.

Marketingziel in der **Rückgangsphase** ist, die **Kosten zu senken** und gleichzeitig den **möglichen Gewinn** noch „mitzunehmen“.

---

1 **Modifikation:** Abwandlung, Veränderung.

2 **Präferenz:** Bevorzugung (z. B. bestimmte Produkte und/oder Verkäufer).

(3) Umsatz- und Gewinnverlauf im Produktlebenszyklus[1]

Den Beginn und das Ende der einzelnen Abschnitte festzulegen ist Ermessenssache. Je nach Produkttyp ist die Dauer der einzelnen Phasen und der Verlauf der Umsatz- und Gewinnkurven unterschiedlich. Der abgebildete Kurvenverlauf ist daher als ein Spezialfall unter verschiedenen möglichen Verläufen anzusehen.

PPT

Lebenszyklusmodell mit Umsatz- und Gewinnkurve

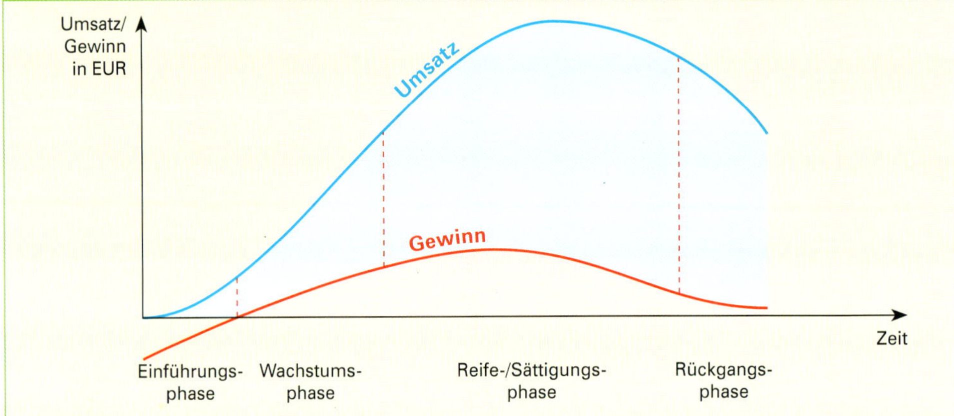

Die charakteristischen Merkmale der Produktlebenszyklus-Phasen sind in der nachfolgenden Übersicht zusammengestellt.[2]

PPT

	Phasen des Produktlebenszyklus			
Merkmale	**Einführungsphase**	**Wachstumsphase**	**Reife- und Sättigungsphase**	**Rückgangsphase**
Umsatz	gering	schnell ansteigend	Spitzenabsatz	rückläufig
Kosten	hohe Kosten pro Kunde	durchschnittliche Kosten pro Kunde	niedrige Kosten pro Kunde	niedrige Kosten pro Kunde
Gewinne	negativ	steigend	hoch	fallend
Konkurrenten	nur einige	Zahl der Konkurrenten nimmt zu	gleichbleibend, Tendenz nach unten setzt ein	Zahl der Konkurrenten nimmt ab
Marketingziele	Produkt bekannt machen, Erstkäufe herbeiführen	größtmöglicher Marktanteil	größtmöglicher Gewinn bei gleichzeitiger Sicherung des Marktanteils	Kostensenkung und „Gewinnmitnahme“
Marketinginvestitionen	sehr hoch	hoch (degressiv ansteigend)	mittel (sinkend)	gering
Kernbotschaft der Werbung	neu, innovativ	Bestätigung des Verhaltens	verlässlich, bewährt	Schnäppchen

1 Der **reale** Gewinn errechnet sich als Differenz zwischen dem Umsatz zu konstanten Preisen und den Kosten zu konstanten Preisen.

2 Die Tabelle ist angelehnt an Kotler, P., Bliemel, F.: Marketing-Management, 8. Aufl., Stuttgart 1995, S. 586.

8.1.5.2 Marktwachstums-Marktanteils-Portfolio[1]

Die Portfolio-Analyse[2] sieht das Unternehmen als eine Gesamtheit von strategischen Geschäftseinheiten (SGE).

- Eine **strategische Geschäftseinheit (SGE)** umfasst eine genau abgrenzbare Gruppe von Produkten, für die es einen **eigenen Markt** und **spezifische Konkurrenten** gibt.
- Die **Portfolio-Methode** untersucht die gegenwärtige Marktsituation einer strategischen Geschäftseinheit sowie deren Entwicklungsmöglichkeit und stellt dies grafisch dar.
- Mithilfe der Portfolio-Methode lassen sich **Strategien** entwickeln, mit deren Hilfe das Management eines Unternehmens entscheidet, welche **strategischen Geschäftseinheiten** gefördert, welche erhalten und welche abgebaut werden.

Um die Position der strategischen Geschäftseinheit im Unternehmen bzw. am Markt zu erfassen, wird üblicherweise eine **unternehmensexterne Erfolgsgröße** (z. B. Marktvolumen, Marktwachstum) auf der Ordinate und ein **unternehmensinterner Faktor** (z. B. Marktanteil, relative Wettbewerbsvorteile) auf der Abszisse eingetragen. Durch eine Untergliederung der beiden Komponenten (z. B. hoch, niedrig) ergeben sich in der Darstellung verschiedene Felder-Matrizen (z. B. bei zwei Untergliederungspunkten vier Felder-Matrizen).

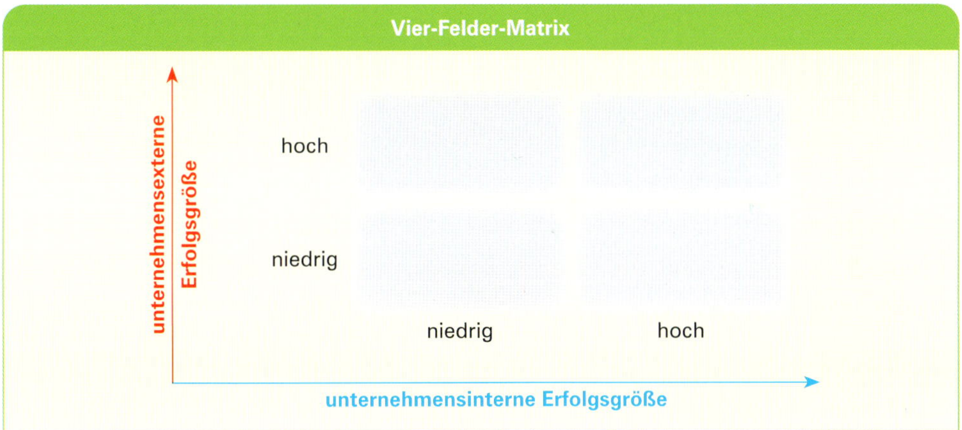

(1) Aufbau

Die **Vier-Felder-Portfolio-Matrix,** die dem Marktwachstums-Marktanteils-Portfolio zugrunde liegt, gliedert die SGE nach den Kriterien **Marktanteil** und **Marktwachstum** in eine Matrix ein. In der Matrix können die einzelnen SGE vier grundlegend unterschiedliche Positionen einnehmen, die in der Portfolio-Terminologie mit den Bezeichnungen **Questionmarks, Stars, Cashcows** und **Poor Dogs** belegt werden.

1 **Portfolio** (hier): schematische Abbildung zusammenhängender Faktoren im Bereich der strategischen Unternehmensführung.

2 Dieser Portfolio-Ansatz wurde von dem amerikanischen Beratungsunternehmen „Boston-Consulting-Group" entwickelt.

Marktwachstums-Marktanteils-Portfolio

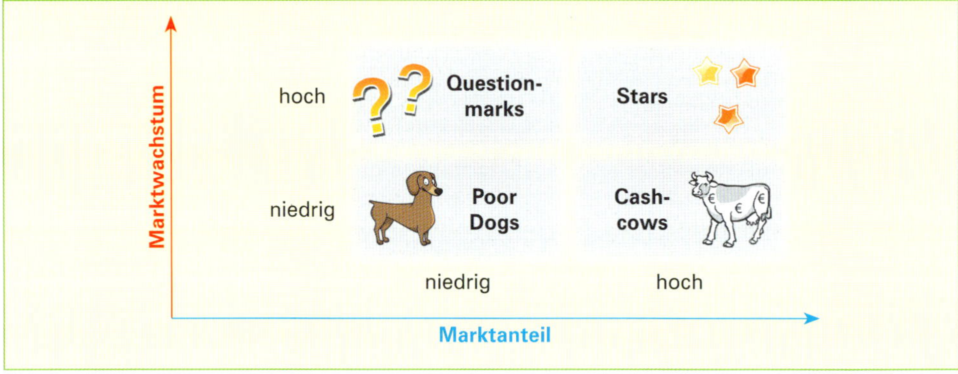

Erläuterungen:

- Die **horizontale Achse** zeigt den (relativen) **Marktanteil der strategischen Geschäftseinheit** auf, d. h. den eigenen Marktanteil im Verhältnis zu dem größten Konkurrenten. Der Marktanteil dient als Maßstab für die Stärke des Unternehmens im Markt. Er kann wie folgt berechnet werden:

$$\text{Relativer Marktanteil} = \frac{\text{eigener Marktanteil}}{\text{Marktanteil des stärksten Konkurrenten}}$$

- Die **vertikale Achse** zeigt den **Grad der Wachstumsphase** der Produkte an. Es wird wie folgt berechnet:

$$\text{Marktwachstum} = \frac{\text{erwartete Umsatzerhöhung des Gesamtmarktes} \cdot 100}{\text{derzeitiger Umsatz des Gesamtmarktes}}$$

Beispiel:

Ein Fahrradhersteller hat folgendes Produktportfolio:

Produkte	Eigener Umsatz (in EUR)	Umsatz marktführendes Unternehmen (in EUR)	Marktvolumen laufendes Geschäftsjahr (in EUR)	Marktvolumen Folgejahr (in EUR)
Citybike	150 000,00	99 000,00	320 000,00	350 000,00
Tourenrad	20 000,00	13 000,00	73 000,00	89 000,00
Mountainbike	80 000,00	100 000,00	185 000,00	220 000,00
Rennracer	9 000,00	63 000,00	108 000,00	122 000,00

Aufgabe:

Führen Sie eine Portfolio-Analyse durch!

Lösung:

Excel

Produkte	Eigener Umsatz (in EUR)	Umsatz marktführendes Unternehmen (in EUR)	Relativer Marktanteil (dezimal)	Marktvolumen lfd. Geschäftsjahr (in EUR)	Marktvolumen Folgejahr (in EUR)	Marktwachstum (in EUR)	Umsatzanteil (in %)
Citybike	150 000,00	99 000,00	1,5	320 000,00	350 000,00	9,4	57,9
Tourenrad	20 000,00	13 000,00	1,5	73 000,00	89 000,00	21,9	7,7
Mountainbike	80 000,00	100 000,00	0,8	185 000,00	220 000,00	18,9	30,9
Rennracer	9 000,00	63 000,00	0,1	108 000,00	122 000,00	13,0	3,5
	259 000,00						**100,0**

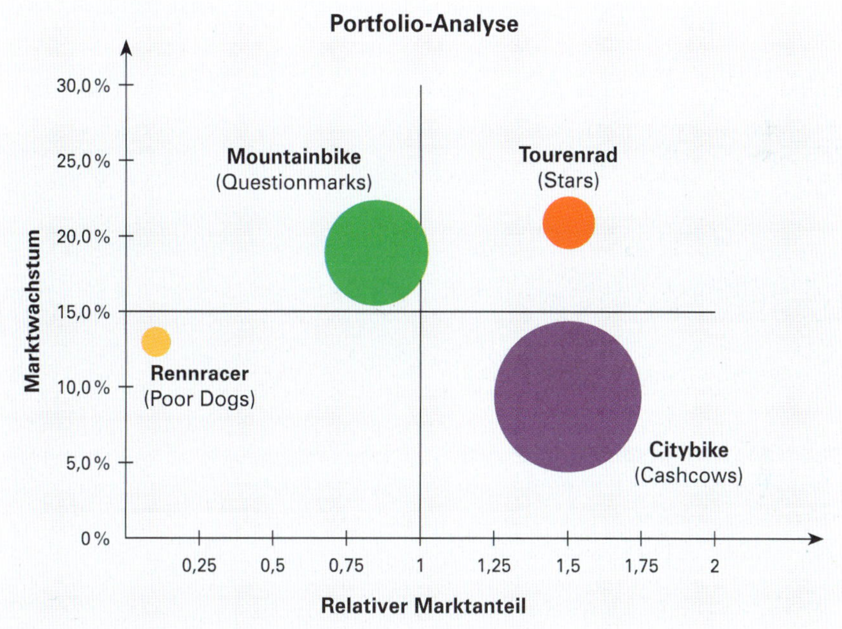

(2) Darstellung des Modells im Einzelnen

Questionmarks (Fragezeichen)

Strategieempfehlung: Offensivstrategie

Hierunter versteht man Produkte, die neu auf dem Markt sind. Der relative Marktanteil ist (noch) gering. Man verspricht sich bei ihnen gute Wachstumschancen. Sie sollen daher besonders stark gefördert werden, was bedeutet, dass die Questionmarks einen hohen Finanzmittelbedarf haben. Der Begriff „Fragezeichen" ist äußerst treffend, denn die Unternehmensleitung muss sich nach einer gewissen Zeit fragen, ob sie weiterhin viel Geld in diese SGE stecken oder den fraglichen Markt verlassen soll.

■ **Stars (Sterne)**

Aus dem anfänglichen „Fragezeichen", das Erfolg hat, wird ein „Star". Ein „Star" ist der Marktführer in einem Wachstumsmarkt. Er erfordert umfangreiche Finanzmittel, um mit dem Marktwachstum Schritt halten zu können. Im Allgemeinen bringen „Stars" schon Gewinne. Die generelle Strategie heißt, den Marktanteil leicht zu erhöhen bzw. zu halten.

Strategieempfehlung:
Investitionsstrategie (Wachstumsstrategie)

■ **Cashcows (Kühe, die bares Geld bringen)**

Da der Markt kaum wächst, kommt es darauf an, durch gezielte Erhaltungsinvestitionen die erreichte Marktposition zu halten. Dadurch lassen sich Finanzmittel erwirtschaften. Cashcows stellen deshalb die Finanzquelle eines Unternehmens dar. Man lässt sie so lange „laufen", wie sie noch Gewinn bringen.

Strategieempfehlung:
Defensivstrategie (Abschöpfungsstrategie)

■ **Poor Dogs (arme Hunde)**

Sie weisen nur noch einen geringen Marktanteil und eine geringe Wachstumsrate auf. Es bestehen keine Wachstumschancen mehr. Die Produktion der Poor Dogs sollte eingestellt werden.

Strategieempfehlung:
Desinvestitionsstrategie[1]

Beachte:

Der **Marktanteil** und das **Marktwachstum eines Produkts** sind immer auch aus der **Sicht der Mitbewerber** zu sehen.

- Wird z. B. ein Produkt von einem Unternehmen neu in den Markt eingeführt (Questionmark), so trifft es in aller Regel auf gleichartige Produkte von Mitbewerbern, die bereits auf dem Markt sind und dort eventuell schon die Stellung eines Stars besitzen. Das neue Produkt muss sich daher seinen Marktanteil erobern, indem es Mitbewerber teilweise oder ganz aus dem Markt drängt oder sich einen neuen Markt schafft.
  Umgekehrt muss sich ein Produkt, das bereits als Cashcow auf dem Markt ist, gegen „Angriffe" der Mitbewerber behaupten, die neue Produkte auf den Markt bringen.
- Bei der Auswahl der Marketingstrategie hat das Unternehmen somit immer zu berücksichtigen, dass der Mitbewerber mit einer Gegenstrategie antwortet, damit sich seine Produkte am Markt behaupten können.

1 **Desinvestition:** Verringerung des Bestandes an Gütern.

(3) Beziehungen zwischen der Portfolio-Analyse und dem Konzept des Produktlebenszyklus

Die folgende Darstellung zeigt, dass durch die Portfolio-Analyse das Konzept des Produktlebenszyklus ergänzt wird. Die Matrix zeigt den Zusammenhang zwischen den beiden Konzeptionen sowie die inhaltliche Aussage des Marktwachstums-Marktanteils-Portfolios auf.

Marktwachstum	Marktanteil: niedrig	Marktanteil: hoch
hoch	**„Fragezeichen"** **Lebenszyklus:** Einführungs- bzw. frühe Wachstumsphase **Strategie:** Offensivstrategie **Planungsziel:** Marktanteil des Produkts erhöhen oder Aufgabe	**„Stars"** **Lebenszyklus:** Wachstumsphase **Strategie:** Investitionsstrategie **Planungsziel:** Marktanteil halten bzw. leicht ausbauen
niedrig	**„Arme Hunde"** **Lebenszyklus:** Späte Reife- bzw. Degenerationsphase oder Flops in der Einführungsphase **Strategie:** Desinvestitionsstrategie **Planungsziel:** Abbau des Marktanteils bzw. Aufgabe des Produkts	**„Melkkühe"** **Lebenszyklus:** Reifephase **Strategie:** Defensivstrategie **Planungsziel:** Marktanteil halten bzw. leicht ausbauen

(4) Generelle Zielsetzung des Modells

Nachdem das Unternehmen alle seine strategischen Geschäftseinheiten in die Marktwachstums-Marktanteils-Matrix eingeordnet hat, gilt es festzustellen, ob das Portfolio ausgeglichen ist.

Das Portfolio ist dann **ausgeglichen,** wenn das Wachstum eines Unternehmens gesichert ist und ein Risikoausgleich zwischen den verschiedenen SGE besteht. Ein Portfolio wäre dann **nicht ausgeglichen,** wenn in der Matrix zu viele „arme Hunde" oder „Fragezeichen" bzw. zu wenig „Sterne" und „Melkkühe" existieren.

- **Ziel eines Unternehmens** muss es sein, die einzelnen **SGE so zu positionieren,** dass es zu einer möglichst optimalen Kombination von
  - **„kapitalliefernden" SGE** (Stars und Cashcows) in **zurückgehenden Märkten** und
  - **„kapitalverbrauchenden" SGE** (Questionmarks) in **Wachstumsmärkten** kommt.

- Nur in diesem Fall kann der Unternehmenserfolg langfristig als gesichert angesehen werden.

(5) Beurteilung des Marktwachstums-Marktanteils-Portfolios

Vorteile	Nachteile
Der Unternehmensleitung wird z. B. dazu verholfen, ■ zukunfts- und strategieorientiert zu denken, ■ die aktuelle Geschäftssituation zu erfahren, ■ Chancen und Risiken zu erkennen, ■ die Planungsqualität zu steigern, ■ die Kommunikation zwischen der Unternehmensleitung und den einzelnen strategischen Geschäftseinheiten zu verbessern, ■ die anstehenden Probleme schneller auszumachen, ■ die schwachen Geschäftseinheiten zu eliminieren und die vielversprechenden durch gezielte Investitionen zu fördern.	■ Eine Eingliederung der SGE in die Matrix hängt von der Gewichtung der einzelnen Faktoren ab und diese ist teilweise subjektiv. Man kann also eine SGE in eine gewünschte Position hineinmanipulieren. ■ Es kann geschehen, dass sich die Unternehmensleitung zu stark auf die Wachstumsmärkte konzentriert und dabei andere Geschäftseinheiten vernachlässigt. ■ Die Verflechtungen zwischen den einzelnen SGE bleiben völlig unberücksichtigt. Es kann somit riskant sein, für eine SGE unabhängige, von den übrigen Bereichen „losgelöste" Entscheidungen zu treffen. Eine solche Entscheidung kann nämlich für eine SGE eine positive und für eine andere SGE eine negative Wirkung haben.

8.1.6 Anforderungen eines komparativen[1] Konkurrenzvorteils beschreiben

Unternehmen möchten **Vorteile gegenüber** ihren **Konkurrenten** erzielen. Damit ein Unternehmen einen **komparativen** (vergleichsweisen) **Vorteil** gegenüber seinen Konkurrenten hat, müssen die folgenden **Dimensionen erfüllt** werden.

(1) Effektivitätsdimension

In **Käufermärkten** herrscht ein **Überangebot** an **Produkten.** Die Kunden können aus einer Vielzahl von Angeboten auswählen. Die Unternehmen müssen die Kunden von ihrem Angebot überzeugen. Viele Unternehmen bearbeiten die Märkte mit dem Prinzip der Marktsegmentierung, um die spezifischen Bedürfnisse der Kunden (Nachfrager) zu befriedigen. Der **Kundennutzen** steht **im Vordergrund.**

Perspektive der Nachfrager (Effektivitätsdimension):
Die **Nachfrager** müssen einen **Nutzenvorteil** für sich **erzielen** können.

1 **Komparativ:** vergleichsweise.

(2) Effizienzdimension

Es reicht jedoch nicht aus, dass sich ein Unternehmen ausschließlich am Kundennutzen orientiert. Selbst ein den Bedürfnissen und Anforderungen der Nachfrager entsprechendes Produkt kann die Existenz eines Unternehmens nicht absichern, wenn zahlreiche **Wettbewerber ähnliche Leistungen** anbieten. Denn **Neuerungen** von Unternehmen werden schnell von **Konkurrenten imitiert** und teilweise **billiger angeboten**. Anbietende Unternehmen müssen langfristig einen **Vorteil erzielen** können, z. B. Gewinn.

Perspektive der Anbieter (Effizienzdimension):

Die Anbieter müssen einen **Vorteil erzielen** können, der in **Gewinn** oder einer **Unternehmenswertsteigerung** besteht.

(3) Komparativer Konkurrenzvorteil

Ein **komparativer Konkurrenzvorteil** ist ein **Wettbewerbsvorteil** gegenüber Konkurrenten.

Um einen komparativen Konkurrenzvorteil zu erzielen, müssen die **Effektivitätsdimension** (Perspektive der Nachfrager) und die **Effizienzdimension** (Perspektive der Anbieter) **gleichzeitig erfüllt** werden.

Deshalb liegt ein **komparativer Konkurrenzvorteil** immer dann vor, wenn **vier Kriterien** erfüllt werden:

Wettbewerbsüberlegene Leistung	Wettbewerbsüberlegene Leistung bei einem für den Nachfrager **wichtigen** Produkt- bzw. Dienstleistungsmerkmal.
Wahrnehmbarkeit	Der Leistungsvorsprung wird vom Nachfrager **wahrgenommen.**
Dauerhaftigkeit	Der Leistungsvorsprung gegenüber der Konkurrenz kann **langfristig aufrechterhalten** werden.
Anbietervorteil	Der angebotene Leistungsvorsprung muss auch einen **Anbietervorteil** sicherstellen (z. B. Gewinnerzielung).

Komparativer Konkurrenzvorteil

- Wettbewerbsüberlegene Leistung
- Wahrnehmbarkeit
- Dauerhaftigkeit
- Anbietervorteil

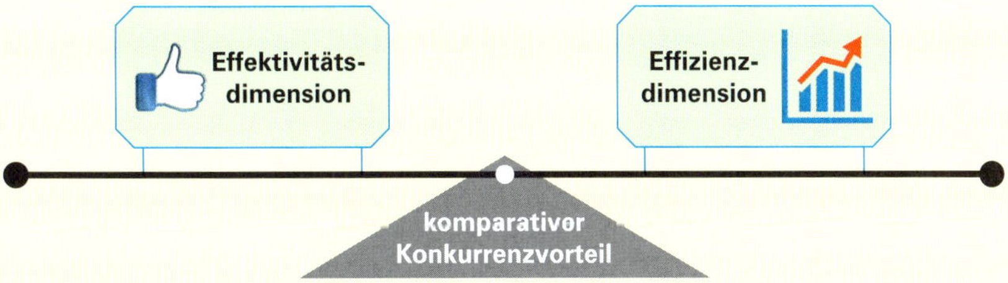

Beispiele: Komparative Konkurrenzvorteile

Wettbewerbsvorteile lassen sich in unterschiedlichen Bereichen realisieren:

hohe Produktqualität	Mercedes, Hugo Boss, Miele
hohe Servicequalität	American Express, Kempinski, Singapore Airlines
konsequente Markenpolitik	Coca-Cola, Ferrero, Nivea
kontinuierliche Innovationen	Amazon, Apple, Microsoft
exklusives Image	Rolex, Louis Vuitton, Porsche
attraktives Design	Tesla Models, Apple Watch, Microsoft Surface
konsequente Kundenorientierung	Amazon, Facebook, Zalando
niedriger Preis	Aldi, Fielmann, Ratiopharm

Kompetenztraining

87 Produktlebenszyklus, Portfolio-Analyse

1. Erklären Sie, welche Zielsetzungen das Konzept des Produktlebenszyklus verfolgt!
2. Zeigen Sie an einem Beispiel, wie der Lebenszyklus eines Produkts verlängert werden kann!
3. Die Lebensmittel Schelzig AG hat einen neuen Vollmilch-Schoko-Riegel auf den Markt gebracht. Der Schoko-Riegel hat die Einführungsphase glänzend überstanden und befindet sich jetzt am Beginn der Wachstumsphase.

   Aufgabe:

   Formulieren Sie mindestens drei Marketingstrategien, die in der Wachstumsphase von Bedeutung sind!
4. Stellen Sie den Zusammenhang zwischen dem Marktwachstums-Marktanteils-Portfolio und der Theorie der Lebenszyklen der Produkte her!

88 Produktlebenszyklus, Portfolio-Analyse, Bewertung einer Portfolio-Matrix

1. Beschreiben Sie die Grundidee der Portfolio-Methode!
2. Skizzieren Sie die Grundaussage der vier strategischen Geschäftseinheiten des Marktwachstums-Marktanteils-Portfolios!
3. Beschreiben Sie die generelle Strategie, die in den einzelnen Matrix-Feldern jeweils angemessen ist!
4. Die acht Kreise in dem vorgegebenen Marktwachstum-Marktanteils-Portfolio symbolisieren die acht Geschäftseinheiten der Chemie Überlingen AG.

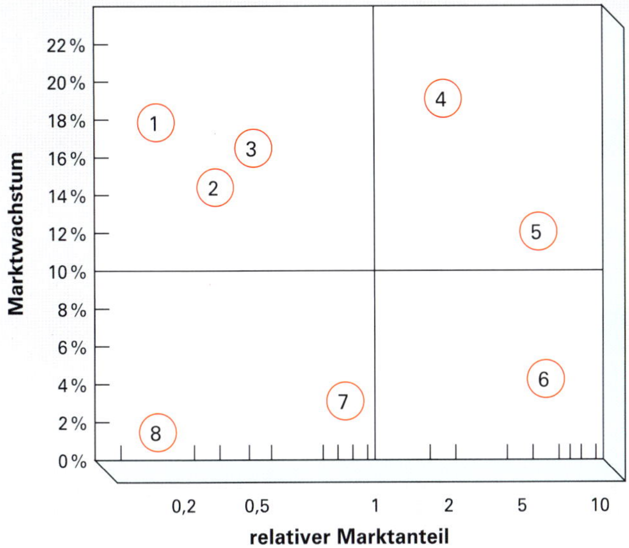

Hinweis:
- Die **vertikale Achse** zeigt das jährliche Marktwachstum der einzelnen Märkte.
- Die **horizontale Achse** zeigt den relativen Marktanteil im Verhältnis zu dem des Marktführers.

Aufgabe:
Bewerten Sie die langfristigen Erfolgsaussichten der Chemie Überlingen AG!

89 Erstellen einer Marktanteils-Marktwachstums-Matrix

Erstellen Sie eine Vier-Felder-Portfolio-Matrix. Tragen Sie anschließend die folgenden Daten der Getränkewerke Leberer GmbH in das Portfolio ein!

Nr.	Produkt	relativer Marktanteil	Marktwachstum
1	Zitronengetränk	4,0	16 %
2	Orangengetränk	0,5	14 %
3	Multivitaminsaft	0,2	12 %
4	Grapefruitsaft	0,8	5 %
5	Apfelsaft	2,0	6 %

Vorlage

Aufgaben:
1. Beurteilen Sie das Produktprogramm der Getränkewerke Leberer GmbH!
2. Formulieren Sie Empfehlungen für die zukünftig anzuwendenden Marketingstrategien!

90 Portfolio-Analyse

Die Fitnessgeräte AG in Stuttgart stellt hochwertige Fitnessgeräte her. Als Mitarbeiter/-in der Marketingabteilung sollen Sie die aktuelle Situation sowie die zukünftigen Chancen und Risiken der strategischen Geschäftseinheiten (SGE) der Fitnessgeräte AG beurteilen. Dazu wurde folgendes Marktwachstums-Marktanteils-Portfolio erstellt:

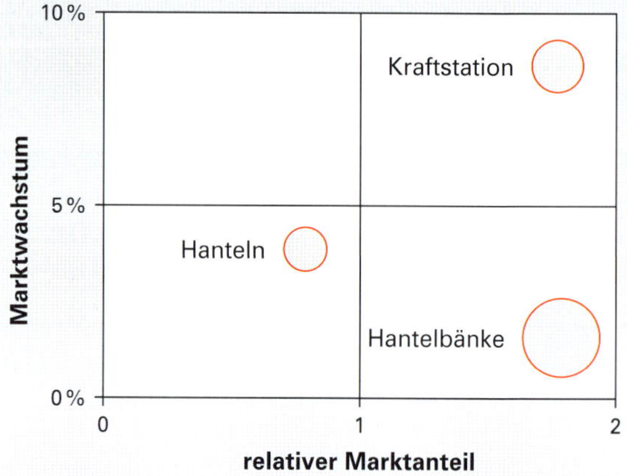

Der Vorstand der Fitnessgeräte AG denkt über den Erwerb einer zusätzlichen SGE zur Erweiterung des Produktprogramms nach. Bei dieser SGE handelt es sich um neuartige Fahrrad-Ergometer.

Folgende Daten liegen vor:

- Marktanteil der SGE Fahrrad-Ergometer: 6 %
- Marktanteil des größten Konkurrenten: 7,5 %
- Marktwachstum des Marktes für Fahrrad-Ergometer: 9,0 %

Aufgaben:

1. Beurteilen Sie die Gesamtsituation der Fitnessgeräte AG anhand des Marktwachstums-Marktanteils-Portfolios. Entscheiden Sie begründet über den Kauf der SGE Fahrrad-Ergometer!
2. Schlagen Sie eine geeignete Strategie für die SGE Kraftstationen vor!

91 Komparativer Konkurrenzvorteil

Die Daimler AG ist bekannt dafür, dass sie unter der Marke Mercedes-Benz Autos von sehr hoher Qualität baut. Die hohe Qualität äußert sich beispielsweise in der langen Haltbarkeit der Autos.

Aufgaben:

1. Definieren Sie den Begriff „komparativer Konkurrenzvorteil"!
2. Geben Sie die Voraussetzungen an, die erfüllt sein müssen, damit ein komparativer Konkurrenzvorteil vorliegt!
3. Beurteilen Sie in Bezug auf den einführenden Text, ob die Daimler AG einen komparativen Konkurrenzvorteil hat!

92 Zusammenfassung

Notieren Sie nach Überschriften gegliedert die wichtigsten hervorgehobenen Merksätze des Kapitels „8.1 Grundlagen des Absatzmarketings herausarbeiten" auf einer DIN-A4-Seite!

8.2 Verschiedene Maßnahmen der Produktpolitik unterscheiden, die Produktpolitik unter rechtlichen Gesichtspunkten beurteilen und produktnahe Dienstleistungen darstellen

8.2.1 Verschiedene Maßnahmen der Produktpolitik unterscheiden

BPE 8 Handlungssituation 4: Produktprogramm gestalten

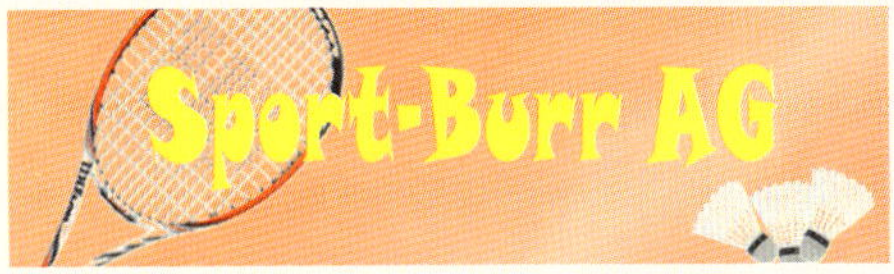

Die Sport-Burr AG im Industrie- und Gewerbepark Ulm stellt den Skibob[1] „Pistenflitzer" für Damen und Herren her. Der Skibob erfreut sich zunehmender Beliebtheit. Kunden sind meistens jüngere Männer. Es handelt sich um ein Lifestyle-Wintersportgerät, dessen Umsatz in den letzten zwei Jahren kontinuierlich angestiegen ist. Der Skibob hat zwei Skier, einen länglichen Sattel und einen Lenker. Er wird in der Farbe gelb-schwarz verkauft. Skibobs sind auch als Lenkschlitten oder Snowbikes bekannt.

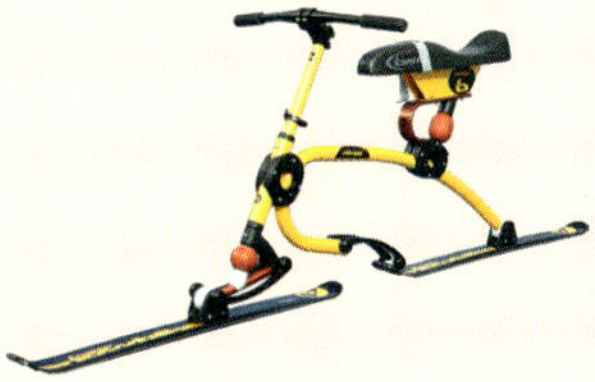

Kompetenzorientierte Arbeitsaufträge:

1. Beschreiben Sie den Grundnutzen des Skibobs und geben Sie an, welchen Zusatznutzen er den Kunden stiften könnte!
2. Die Sport-Burr AG stellt neben Skibobs Skier, Snow-Swinger,[2] Tennisschläger und Nordic-Walking-Stöcke her. Erklären Sie in diesem Zusammenhang die Begriffe Breite und Tiefe des Produktprogramms!
3. Unterbreiten Sie der Sport-Burr AG je einen Vorschlag für eine Produktinnovation, Produktvariation, Produktdifferenzierung, Diversifikation und Produkteliminierung in Bezug auf den Skibob!

8.2.1.1 Begriff Produktpolitik

Aus der Sicht des Marketings sind **Produkte** Sachgüter und Dienstleistungen, die ein Unternehmen erbringt, um die Bedürfnisse und Ansprüche der Abnehmer zu befriedigen.

Unter **Produktpolitik** versteht man die Produktgestaltung sowie die **art-** und **mengenmäßige Gestaltung** des **Absatzprogrammes** eines Unternehmens und die **produktnahen Dienstleistungen** (z. B. Kundendienst).

Der ökonomische **Erfolg** eines Anbieters ist umso **größer,** je besser die von ihm angebotenen Leistungen die **Bedürfnisse** der Nachfrager **befriedigen.**

1 Bildquelle: Bernd Brenter, CC BY-SA 3.0, via Wikimedia Commons.

2 **Snow-Swinger**: Schlitten mit zwei Skiern.

8.2.1.2 Produktgestaltung

Inwieweit Produkte den Bedürfnissen entsprechen, ist immer eine subjektive Entscheidung der Nachfrager. Insoweit umfasst das Produkt

- einen **Grundnutzen (objektiven Nutzen),** z. B. ein T-Shirt dient der Bekleidung, und
- einen **Zusatznutzen (subjektiven Nutzen),** z. B. das T-Shirt einer bestimmten Marke befriedigt das Modebewusstsein bzw. das Geltungsstreben des Trägers.

Bei der **Produktgestaltung** ist zu überlegen, mit welchem **Grundnutzen** und **Zusatznutzen** ein Produkt **ausgestattet** werden soll.

Folgende Komponenten kommen bei der Produktgestaltung in Betracht:

Grundnutzen	Zusatznutzen	
Materielle[1] Komponenten:	**Immaterielle[2] Komponenten:**	
■ Funktionsfähigkeit	■ Prestige[3]	■ Reputation[4]
■ Haltbarkeit	■ Auffälligkeit	■ umweltschonende Produktion und Entsorgung
■ Werthaltigkeit	■ Design	■ gerechte Entlohnung bei der Produktion
■ Sicherheit	■ Verpackung	■ gute Arbeitsbedingungen bei der Produktion
	■ Garantie	
	■ Image	

Während der **Grundnutzen** aus den **Gebrauchseigenschaften** des Produkts resultiert, sind vor allem das **Design**, das **Image** oder die **Reputation** eines Produkts **zusatznutzenstiftend.**

Beispiel für die Schaffung eines Zusatznutzens:[5]

Als Anton Graf von Faber-Castell vor genau 30 Jahren die Nachfolge seines Vaters beim Nürnberger Bleistiftkonzern antrat, waren die Geschäftsaussichten nicht gerade berauschend. Bleistifte galten als billiger Gebrauchsgegenstand, der den Gesetzen des Massenmarktes gehorcht: große Nachfrage, harte Konkurrenz, Produkte ohne Namen, kleine Margen.[6] Daher dachte der Graf über neue Märkte und neue Produkte nach. Ein historisches Set von Bleistiftschonern, das er sich für seine Sammlung gekauft hatte, brachte ihn auf die Idee, dem einfachen Gebrauchsgegenstand Prestige zu verleihen. Marketingexperten hatten seiner Idee, aus dem Bleistift ein Schmuckstück zu machen, keinen Erfolg bescheinigt. Dennoch kam 1993 ein Taschenbleistift mit versilbertem Verlängerer auf den Markt. Mittlerweile ist eine ganze Kollektion daraus geworden, mit Füllhaltern und Schreibtisch-Accessoires bis hin zum platinierten Spitzer. Sie tragen das Familienwappen und werden

1 **Materiell:** gegenständlich, körperlich greifbar.

2 **Immateriell:** unkörperlich, geistig.

3 **Prestige:** Ansehen, Geltung.

4 **Reputation:** Ruf, Ansehen.

5 Süddeutsche Zeitung vom 05. 06. 2008, S. 32.

6 **Marge:** Unterschied zwischen Selbstkosten und Verkaufspreis; Handelsspanne.

unter dem Markennamen „Graf von Faber-Castell" verkauft. Der „Pen of the Year", der in limitierter Auflage mit einem Schaft aus Bernstein oder Edelhölzern besteht, kostet mehrere Tausend Euro. Von den holzgefassten Stiften, die nur „Faber-Castell" heißen, stellt die Gruppe heute jährlich zwei Milliarden Stück mit weltweit 6000 Beschäftigten her.

8.2.1.3 Breite und Tiefe des Produkt- und Sortimentsprogramms

(1) Produktprogramm

Das **Produktprogramm** umfasst die vom Industrieunternehmen selbst hergestellten Produkte.

Bei der Gestaltung eines **Produktprogramms** unterscheidet man zwischen

- **Programmbreite**: Anzahl **Produktgruppen** (Anzahl eigenständiger Produkte).
- **Programmtiefe**: Anzahl einzelner **Produkttypen** innerhalb einer Produktgruppe.

Beispiel:

Ein Hersteller von Unterhaltungselektronik befasst sich mit vier Produktgruppen (Fernsehgeräte, Radiogeräte, DVD-Player, Spielekonsolen). Zu **jeder Produktgruppe** gehören **mehrere Produkttypen,** also Fernsehgeräte in unterschiedlichen Ausführungen, Radiogeräte in unterschiedlichen Ausführungen usw.

Für ein möglichst

- **großes Produktprogramm** plädiert die Marketingabteilung **(Umsatzmaximierung)**
- **kleines Produktprogramm** mit großen Stückzahlen plädiert die Fertigung (**Stückkostenminimierung** durch Großserienfertigung).

Das **optimale Produktprogramm** hat sich aber nicht an Umsatzmaximierung oder Stückkostenminimierung, sondern allein am **Ziel** der **langfristigen Gewinnmaximierung** auszurichten. Das gewinnmaximale Produktionsprogramm liegt üblicherweise **zwischen** dem kostenorientierten **Minimalprogramm** und dem umsatzorientierten **Maximalprogramm.**

(2) Sortimentsprogramm

Zur Ergänzung des Produktprogramms beziehen Industrieunternehmen meist noch Fremdprodukte. Diese Handelswaren bilden zusammen mit dem Produktprogramm das **Sortimentsprogramm** des Industrieunternehmens.

Bei der Gestaltung eines **Sortiments** spricht man von

- **Sortimentsbreite**: Anzahl verschiedener **Warengruppen.**
- **Sortimentstiefe**: Anzahl unterschiedlicher **Artikel innerhalb** einer **Warengruppe.**

Auch hier gilt: Die Bereitstellung eines **großen Sortiments** ist für die Nachfrager **attraktiv,** für den Anbieter aber **sehr teuer.**

(3) Produkt- und Sortimentsprogramm

Die folgende Abbildung veranschaulicht die Breite und Tiefe des Produkt- und Sortimentsprogramms:

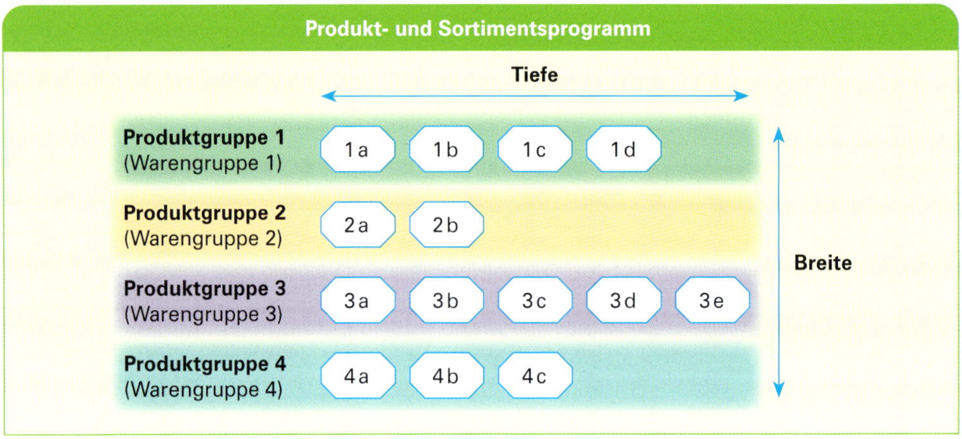

8.2.1.4 Ausweitung des Produktprogramms durch Produktinnovation, Produktdifferenzierung und Produktdiversifikation

(1) Produktinnovation

- **Produktinnovationen** sind die **Aufnahme neuer Produkte** als Ergebnis eigener oder fremder Forschung und Entwicklung in das Produktprogramm.
- Eine **Innovation** liegt vor, wenn das Produkt **bisher nicht vorhandene Eigenschaften besitzt** und/oder Herstellern oder Konsumenten neue Nutzungsmöglichkeiten bietet.

Wenn eine **Produktinnovation** auf dem Markt eingeführt wird, befindet sich das Produkt in der **Einführungsphase** des Produktlebenszyklus.

(2) Produktdifferenzierung

- **Begriff Produktdifferenzierung**

Bei der **Produktdifferenzierung** werden **Produkte** mit teilweise anderen Merkmalen bzw. Verpackungen auf den Markt gebracht, um eine **zusätzliche** Nachfrage zu schaffen, wobei die Hauptcharakteristika der Produkte **gleich** bleiben.

Die Motivation für die Produktdifferenzierung liegt darin, dass bisher noch nicht erreichte Käuferschichten durch die verschiedenen Produkttypen eines bereits auf dem Markt vorhandenen Produkts angesprochen werden können, welches in der Regel auf derselben Fertigungsapparatur hergestellt werden kann. Es handelt sich um eine **Ausweitung des Erzeugnisangebots,** da das bisherige Erzeugnis nicht ersetzt, sondern durch weitere ergänzt wird. Das Basisprodukt wird in seinem wesentlichen Zweck nicht verändert.

Arten der Produktdifferenzierung

Vertikale Produktdifferenzierung. Das Produkt unterscheidet sich **qualitätsmäßig** von den anderen Varianten. Auf diese Weise schöpfen z. B. Automobilhersteller durch Differenzierung in unterschiedliche Ausstattungsvarianten die Kaufkraft zahlungskräftiger Käufer ab. Insbesondere diese Art der Produktdifferenzierung lässt sich vorteilhaft mit der Preisdifferenzierung verknüpfen, wenn die Mehrkosten für das qualitativ bessere und prestigeträchtigere Erzeugnis (Premium-Version) mit deutlichen Mehrerlösen verbunden werden können.

Horizontale Produktdifferenzierung. Hier erfolgt die Differenzierung **innerhalb eines Qualitätsniveaus** durch unterschiedliche Farben, Formen, Materialien (z. B. Eis, Schokolade, Stoffe).

Die Produktdifferenzierung kann in **jeder Phase** des **Produktlebenszyklus** der bereits **bestehenden Produkte** durchgeführt werden. Das **differenzierte Produkt** befindet sich **zu Beginn** in der **Einführungsphase** des Produktlebenszyklus.

(3) Produktdiversifikation

Begriff Produktdiversifikation

Produktdiversifikation ist die **Erweiterung des Produktprogramms** durch Aufnahme weiterer Produkte.

!

Das Erzeugnisangebot erhält eine **Ausweitung in der Breite.** Die Angebotspalette wird gezielt ausgedehnt durch neue Produkte auf neuen Märkten. Damit erhält das Unternehmen ein weiteres „Standbein" auf dem Markt. Diese Handlungsstrategie beruht auf der Erkenntnis, dass eine Risikostreuung notwendig ist und dadurch erreicht wird, dass der Umsatz aus mehreren voneinander unabhängigen Quellen geschöpft wird. Die Produktdiversifikation ist das wirksamste und nachhaltigste Mittel zur Wachstumssicherung des Unternehmens.

Arten der Produktdiversifikation

Es ist üblich zwischen horizontaler, vertikaler und lateraler[1] Diversifikation zu unterscheiden:

Horizontale Diversifikation	Die Angebotspalette wird um Produkte auf der **gleichen Fertigungsstufe** erweitert, z. B. beginnt ein Pkw-Hersteller mit der Produktion von Motorrädern oder Lkws.

1 **Lateral**: seitlich.

Vertikale Diversifikation	Die Angebotspalette wird um Produkte aus **vor-** oder **nachgelagerten Fertigungsstufen** erweitert: ■ Vorgelagerte Fertigungsstufe: z. B. beginnt ein Pkw-Hersteller mit der Produktion von Reifen. ■ Nachgelagerte Fertigungsstufe: z. B. übernimmt ein Lebensmittelhersteller die Handelsfunktion und gründet eigene Einkaufsstätten für Endverbraucher.
Laterale Diversifikation	Es besteht mit dem **bisherigen Leistungsangebot kein Zusammenhang,** z. B. beginnt ein Pkw-Hersteller mit der Produktion von Smartphones.

Eine Diversifikation kann in **jeder Phase** des **Produktlebenszyklus** der bereits **bestehenden Produkte** durchgeführt werden. Das **diversifizierte Produkt** befindet sich zu **Beginn** in der **Einführungsphase** des Produktlebenszyklus.

8.2.1.5 Produktvariation

Bei der **Produktvariation** wird das **Produkt verändert** (modifiziert), um es in den Augen der Verbraucher weiterhin attraktiv erscheinen zu lassen.

Die Motivation für die Produktvariation ergibt sich durch die Änderung des Nachfrageverhaltens in einem Marktbereich (z. B. verbesserte Produkte der Konkurrenz, Änderung des Geschmacks). Ziel ist es, die Lebensdauer für ein Erzeugnis möglichst zu verlängern. Die mühsam aufgebauten positiven Einstellungen der Käufer zu einem Produkt lassen sich mit relativ geringem Aufwand auch auf das Nachfolgemodell übertragen. Es handelt sich um **keine Ausweitung des Erzeugnisangebots.**

Beispiel:

Ein Pkw-Modell erhält durch eine andere Anordnung der Scheinwerfer ein verändertes Aussehen. Das Modell mit der alten Scheinwerferanordnung wird vom Markt genommen.

Wenn eine Produktvariation erforderlich ist, befindet sich das Produkt in der **Reife-, Sättigungs-** oder **Degenerationsphase** des Produktlebenszyklus.

8.2.1.6 Produkteliminierung

Produkteliminierung ist die Herausnahme von Erzeugnissen und/oder Dienstleistungen aus dem Produktprogramm.

Der Eliminierung unterliegen insbesondere Produkte in der **Endphase des Lebenszyklus** oder jene, die sich nach der Markteinführung als **Flops** erwiesen haben. Die gezielte Aufgabe eines Erzeugnisses, insbesondere die Bestimmung des richtigen Zeitpunktes, ist eine produktpolitische Entscheidung, die in ihrer Schwierigkeit im Vergleich zu den anderen Maßnahmen leicht unterschätzt wird. Ohne bewusste Eliminierung auf der Basis einer systematischen Programmüberwachung würde die Angebotspalette eines Unternehmens immer größer werden mit verheerenden Folgen für die Kostenstruktur. Wenige „Stammabnehmer" für ein bestehendes Produkt, der Glaube, durch ein umfangreiches Programm „Kompetenz" beweisen zu müssen, sind emotionale Gründe für eine Verschiebung der Eliminierung. Verspätete Korrekturen sind schwieriger, teurer (Bevorratung von Ersatzteilen), bedeuten Imageverluste und belasten die Zukunftsperspektiven des Unternehmens.

Beispiel:

Ein Hersteller von Elektronikgeräten nimmt CD-Player, die keine Musik im MP3-Format abspielen können, aus dem Produktprogramm. Diese CD-Player erwirtschaften keinen positiven Deckungsbeitrag[1] mehr.

Kompetenztraining

93 Grundnutzen – Zusatznutzen

Geben Sie an, welchen Grundnutzen bzw. Zusatznutzen Nachfrager vom Erwerb der folgenden Produkte erwarten! Erstellen Sie dazu eine Tabelle nach folgendem Muster:

Vorlage

Produkt	Grundnutzen	Zusatznutzen
Rasenmäher		
Wintermantel		
Badezusatz		
Sitzgarnitur		
Pkw		
Wandfarbe		

94 Breite und Tiefe des Produkt- und Sortimentsprogramms

1. Die Elektrogeräte AG bietet sechs Produktgruppen A bis F in unterschiedlichen Ausführungsformen (Typen pro Produktgruppe) an:

A 1 A 2 A 3	B 1 B 2	C 1 C 2 C 3 C 4	D 1 D 2 D 3 D 4	E 1 E 2 E 3	F 1 F 2 F 3 F 4 F 5

Aufgaben:

Ergänzen Sie das Produktprogramm, wenn die Elektrogeräte AG

1.1 Produktdifferenzierung

1.2 Diversifikation

betreibt!

1 Zur Deckungsbeitragsrechnung siehe auch Kapitel 7.5, S. 152 ff.

2. Kunden suchen beim Einkauf Bequemlichkeit, Artenvielfalt in Form von großer Sortimentstiefe, emotionales Einkaufserlebnis, exklusive Produktqualität, gute Beratung und einen niedrigen Preis. Bestimmte Sortimentstypen erfüllen diese Kundenwünsche in besonderem Maße. Ordnen Sie die Kundenwünsche den folgenden Sortimentstypen zu:

Breites und flaches Sortiment (Warenhaus)	**Schmales und tiefes Sortiment (Industrie)**
...	...

95 Produktinnovation, Produktvariation, Produktdifferenzierung, Diversifikation und Produkteliminierung

1. Erläutern Sie die folgenden Maßnahmen der Produktpolitik: Produktdifferenzierung, Produktinnovation, Produkteliminierung.

2. Ein Unternehmen erzeugt als einziges Produkt ein Vitamingetränk, das in Portionsfläschchen zu drei Stück pro Packung über Fitnesscenter vertrieben wird. Geben Sie jeweils ein konkretes Beispiel dafür an, wie das Unternehmen Produktdifferenzierung und Diversifikation durchführen könnte!

3. Ein Unternehmen produziert Futter für Haustiere. Im letzten Geschäftsjahr wurde das Vogelfutter „Schrill" eliminiert. Nennen Sie Gründe, die zu dieser Maßnahme geführt haben könnten!

4. Die Angebotspalette der Flügge GmbH setzt sich aus eigenen Erzeugnissen (Dübeln) und Handelswaren (Bohrmaschinen) zusammen. In einer Abteilungsleiterkonferenz wird über eine Verbesserung des Produktprogramms gesprochen.

   Die Leiterin der Vertriebsabteilung, Frau Lanz, möchte das Produktprogramm erweitern. Sie schlägt vor, nicht nur Plastikdübel herzustellen, sondern auch Gips- und Metalldübel. Die Kapazität des Unternehmens müsse allerdings erweitert werden.

   Aufgaben:

   4.1 Nennen Sie die Bezeichnung für diese Erweiterung der Angebotspalette!

   4.2 Erklären Sie, welchen Zweck bzw. welche Zwecke Frau Lanz mit ihrem Vorschlag verfolgt!

   4.3 In der Abteilungsleiterkonferenz sagt Frau Lanz, dass das Produktprogramm keine feststehende Größe sein dürfe. Es müsse vielmehr immer wieder infrage gestellt und verändert werden. Begründen Sie, warum sich die Unternehmensleitung ständig überlegen muss, ob das Produktprogramm bereinigt und durch die Aufnahme neuer Produkte ergänzt werden soll!

   4.4 Der Leiter des Fertigungsbereichs, Herr Moll, meint, dass die Aufgabe eines Erzeugnisses leichter sei als die Aufnahme neuer Erzeugnisse in das Produktprogramm. Begründen Sie diese Aussage!

5. Ein mittelständisches Familienunternehmen (ca. 100 Mitarbeiter) ist einer der führenden Hersteller von Haarpflegemitteln und vertreibt seine 20 Produkte sowohl über Fachgeschäfte als auch über Verbrauchermärkte. Da die Verkaufspolitik der großen Konkurrenten immer aggressiver wird, entschließt sich die Firmenleitung zur Produktdiversifikation. Das Ziel ist eine Umsatzsteigerung von mindestens 15 % im nächsten Geschäftsjahr.

   Aufgaben:

   5.1 Beschreiben Sie mögliche Alternativen der Produktdiversifikation!

   5.2 Begründen Sie, welche Alternative Sie dem Unternehmen empfehlen würden und entwickeln Sie einen konkreten, begründeten Handlungsvorschlag!

8.2.2 Produktpolitik unter rechtlichen Gesichtspunkten beurteilen

BPE 8 **Handlungssituation 5: Rechtliche Aspekte zu einem Produkt klären**

Die Entwicklungsabteilung der Sport-Burr AG hat das Elektrofahrrad „Sun-E-Bike" erfunden, dessen Batterie sich durch Sonnenenergie auflädt. Bei Sonnenschein muss nur noch wenig Strom an der Steckdose geladen werden.

Eine Kundin stürzt mit dem „Sun-E-Bike", da der Rahmen gebrochen ist. Sie bricht sich den Knöchel am linken Fuß.

Sie sind Mitarbeiter/-in der Sport-Burr AG und lesen § 1 Absatz 1 Produkthaftungsgesetz:

„Wird durch den Fehler eines Produkts jemand getötet, sein Körper oder seine Gesundheit verletzt oder eine Sache beschädigt, so ist der Hersteller des Produkts verpflichtet, dem Geschädigten den daraus entstehenden Schaden zu ersetzen. Im Fall der Sachbeschädigung gilt dies nur, wenn eine andere Sache als das fehlerhafte Produkt beschädigt wird und diese andere Sache ihrer Art nach gewöhnlich für den privaten Ge- oder Verbrauch bestimmt und hierzu von dem Geschädigten hauptsächlich verwendet worden ist."

Kompetenzorientierte Arbeitsaufträge:

1. Erläutern Sie, ob die Sport-Burr AG für den Schaden der Kundin haftet!
2. Beraten Sie die Sport-Burr AG hinsichtlich der Vorteilhaftigkeit einer Patentanmeldung!
3. Notieren Sie wichtige Unterschiede des Gebrauchsmusters gegenüber dem Patent!

8.2.2.1 Produkthaftung nach dem Produkthaftungsgesetz

- Wenn ein **fehlerhaftes Produkt** einen **Schaden** verursacht, haftet der **Hersteller** des Produkts und muss dem Geschädigten den Schaden ersetzen. Dies gilt für **Personen-** und **Sachschäden.** Grundlage dafür ist das **Produkthaftungsgesetz** [ProdHaftG].
- Die Haftung tritt **unabhängig vom Verschulden** des Herstellers ein (Gefährdungshaftung).

Bei **Personenschäden** ist die Haftung (z.B. Heilkosten, Erwerbsminderung) auf einen **Höchstbetrag** von **85 Mio. EUR** begrenzt [§ 10 ProdHaftG].

Für **Sachschäden** gilt die Haftung des Herstellers nur, wenn eine **andere Sache** als das Produkt beschädigt wurde. Außerdem muss die beschädigte Sache **überwiegend privat verwendet** worden sein. Bei Sachschäden gibt es eine **Selbstbeteiligung** in Höhe von **500,00 EUR,** die der Geschädigte selbst zu tragen hat.

Für die Haftung spielt es **keine Rolle,** ob der Hersteller **schuld** an dem Produktfehler ist. Der Hersteller **haftet nicht,** wenn der Fehler nach dem **Stand** der **Wissenschaft** und **Technik** zum **Zeitpunkt** des **Inverkehrbringens** des Produkts noch **nicht erkannt** werden konnte.

Beispiele:

- Weil ein artfremder, harter Gegenstand in einer Konservendose war, geht ein Zahn verloren.
- Ein Hund verendet, nachdem er ein untaugliches Futtermittel gefressen hat.
- Eine chinesische Vase geht durch einen explodierenden Mixer im Haushalt zu Bruch.

Die **Ansprüche** aus dem Produkthaftungsgesetz können **nicht** durch vertragliche Vereinbarungen **abgeändert** werden. Der Schadensersatzanspruch **verjährt drei Jahre,** nachdem der **Schaden erkannt** wurde, und erlischt **zehn Jahre** nach dem **Inverkehrbringen** des fehlerhaften Produkts.

Fehlerarten, die für die Produkthaftung in Betracht kommen:

Konstruktionsfehler	Sie entstehen bei der **Konzipierung** und **Planung** eines Produkts; sie betreffen somit ganze Serien.
Fabrikationsfehler	Sie treten bei der **Herstellung** eines Produkts auf, und zwar nicht nur bei sogenannten Ausreißern.
Instruktionsfehler	Sie gehen auf eine **mangelhafte Gebrauchsanweisung** oder **unzureichende Warnung** vor gefahrbringenden Eigenschaften eines Produkts zurück.
Überwachungsfehler	Ein zunächst als unproblematisch angesehenes Produkt erweist sich einige Zeit **nach** der **Markteinführung** als **fehlerhaft.** Der Hersteller versäumt es, seine Produkte auf dem Markt zu beobachten, vor Gefahren zu warnen oder eine Rückrufaktion zu starten.

Schwierig dürfte im Einzelfall die Beurteilung der Fehlerhaftigkeit eines Produkts sein. Der **Fehler** muss vom Geschädigten **nachgewiesen** werden. Außerdem muss der Geschädigte **nachweisen,** dass eine **Kausalität**[1] zwischen dem **Produktfehler** und dem aufgetretenen **Schaden** besteht.

Für das **fehlerhafte Produkt selbst** hat der Käufer gegenüber dem Verkäufer die **Rechte** aus **mangelhafter Lieferung.**[2]

8.2.2.2 Patent- und Gebrauchsmusterschutz

Erfindungen können von Unternehmen als **Patent-** oder **Gebrauchsmuster** angemeldet werden. Diese gewerblichen Schutzrechte haben die Aufgabe, Unternehmen eine **Monopolzeit einzuräumen.** Während dieser Zeit haben Unternehmen das Recht, **alleine** ein bestimmtes Produkt **herzustellen** und zu **verkaufen.** Dadurch besteht die Möglichkeit, dass sie einen **hohen Gewinn** erwirtschaften.

Patent- und Gebrauchsmusterschutz sind **Anreize** für die **Innovationsentwicklung**[3] von Unternehmen.

- Ein **Patent** sichert einem Erfinder für eine **begrenzte Zeit** die **alleinige** wirtschaftliche **Nutzung** einer **technischen Erfindung.**
- Ein **Gebrauchsmuster** ist ein dem Patent **verwandtes Schutzrecht.** Es sichert dem Erfinder ebenfalls für eine **begrenzte Zeit** die **alleinige** wirtschaftliche **Nutzung** einer **technischen Erfindung.** Der Gebrauchsmusterschutz kann aber **schneller** und **kostengünstiger** als das Patent erlangt werden, da die Erfindung **nur formell geprüft** wird.

1 **Kausalität**: Zusammenhang von Ursache und Wirkung.

2 Vgl. hierzu Band 1 „Volks- und Betriebswirtschaftslehre für das berufliche Gymnasium (WG)", Kapitel 3.4.2.

3 **Innovation**: Neuheit.

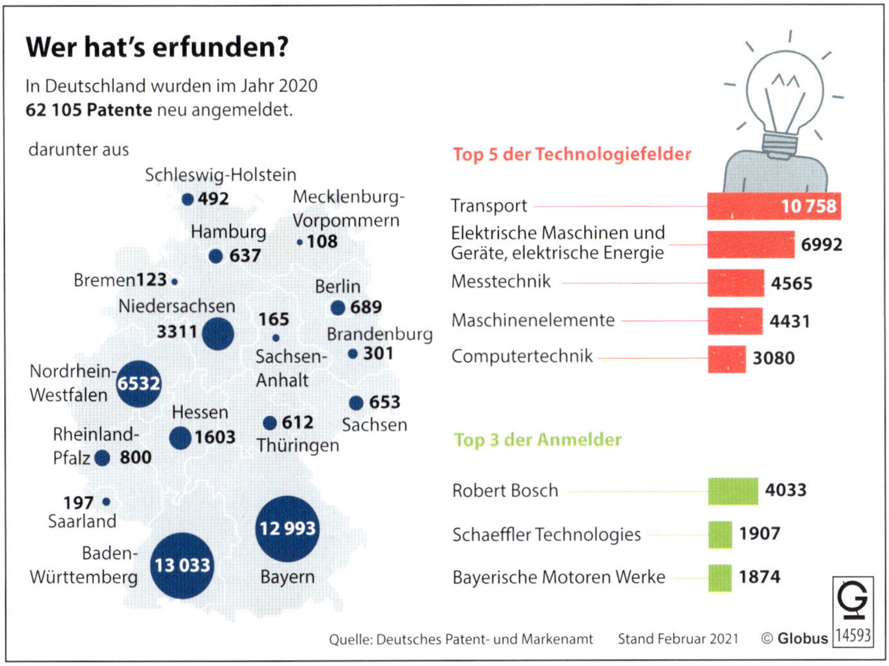

In der folgenden Tabelle werden Patent und Gebrauchsmuster gegenübergestellt.

	Patent	Gebrauchsmuster
Voraus-setzungen	Patentfähig sind nur **technische Erfindungen,** die eine **Neuheit** darstellen. ■ Eine Neuheit der Erfindung ist dann gegeben, wenn der Gegenstand der Erfindung **über** den **Stand der Technik hinausgeht.** ■ Die Neuheit muss auf einem **erfinderischen Schritt** beruhen (ein auf dem entsprechenden technischen Gebiet tätiger Fachmann darf nicht ohne Weiteres auf die entsprechende Lösung kommen). ■ Außerdem muss die Erfindung **ausführbar** und **gewerblich anwendbar** sein. Im Gegensatz zu Gebrauchsmustern können Patente auch für **Verfahrenserfindungen** erteilt werden. Bei Nahrungs-, Genuss- und Arzneimitteln kann **nur** das **Verfahren,** nicht das Erzeugnis patentiert werden.	Das Gebrauchsmuster ist ein Schutzrecht für **technische Erfindungen**, die eine Neuheit darstellen. Wie beim Patent müssen folgende drei Voraussetzungen erfüllt sein: ■ **Neuheit** (die Erfindung darf nicht zum Stand der Technik gehören), ■ **erfinderischer Schritt** (ein auf dem entsprechenden technischen Gebiet tätiger Fachmann darf nicht ohne Weiteres auf die entsprechende Lösung kommen), ■ **Ausführbarkeit** und **gewerbliche Anwendbarkeit.** Als Gebrauchsmuster kann man auch **chemische Stoffe, Nahrungs-** und **Arzneimittel** anmelden. Für **Verfahrenserfindungen** können keine Gebrauchsmuster erteilt werden.

	Patent	Gebrauchsmuster
Anmeldung	Patentschutz erteilt auf **schriftlichen Antrag** (Patentanmeldung) und gegen Gebühren das **Deutsche Patent- und Markenamt (DPMA)** in München. Grundlage hierzu ist das Patentgesetz [PatG]. Die **Beschreibung** der **Erfindung** muss so **präzise** sein, dass sie es einem Sachverständigen möglich macht, die Benutzung nachzuvollziehen. Die Anmeldung dauert 24 bis 30 Monate. Patente werden in das **Patentregister eingetragen** und im Patentblatt bekannt gemacht.[1] Für das Gebiet der Europäischen Union erteilt das **Europäische Patentamt** Patentschutz, welches seinen Sitz ebenfalls in München hat.	Gebrauchsmuster sind beim Deutschen Patent- und Markenamt (DPMA) **schriftlich anzumelden.** Grundlage hierfür ist das Gebrauchsmusterschutzgesetz [GebrMG]. Die **Voraussetzungen** Neuheit, erfinderischer Schritt, Ausführbarkeit und gewerbliche Anwendbarkeit werden **nicht geprüft.** Die Anmeldung dauert maximal 8 Monate. Die **Gebühren** sind **geringer** als beim Patent. Das Gebrauchsmuster wird in das **Gebrauchsmusterregister eingetragen** und im Patentblatt veröffentlicht.[1]
Wirkung	Das Patent gibt **allein** dem Inhaber das **Recht,** den Gegenstand der Erfindung gewerblich **herzustellen, in Verkehr** zu **bringen, anzubieten** oder zu **gebrauchen.** Über das verbriefte Recht erhält der Patentinhaber eine **Urkunde.**	Wie beim Patent hat **allein** der **Inhaber** des Gebrauchsmusters das Recht, die **Erfindung** gewerbsmäßig zu benutzen, diese herzustellen und in Verkehr zu bringen.
Schutzdauer	Die Schutzdauer beträgt rückwirkend von der Veröffentlichung im Patentblatt an **zwanzig Jahre.** Für das Patent sind mit zunehmender Laufzeit steigende Gebühren zu entrichten.	Die Schutzdauer gilt von der Eintragung in das Gebrauchsmusterregister an zunächst für **drei Jahre.** Gegen eine Verlängerungsgebühr kann der Schutz bis auf maximal **zehn Jahre** verlängert werden. Wegen der fehlenden Prüfung ist die Schutzfunktion des Gebrauchsmusters schwächer als die des geprüften Patents. Eine die Schutzvoraussetzungen umfassende Prüfung findet erst dann statt, wenn ein Dritter die Löschung des Gebrauchsmusters beantragt. Die Beständigkeit zeigt sich erst in einem Löschungsverfahren.
Beispiele für Erfindungen	■ Die Sport-Burr AG erfindet ein E-Bike, dessen Batterie sich durch die Sonne auflädt. ■ Ein Arzneimittelhersteller lässt sich das Verfahren zur Herstellung eines Impfstoffs gegen eine Viruskrankheit patentieren.	■ Ein Fahrradhersteller erfindet eine Fahrradbeleuchtung, die sich mithilfe eines Sensors automatisch bei Dunkelheit einschaltet. ■ Ein Hersteller für Gartengeräte erfindet einen Schlauch für Rasenmäher, der das abgeschnittene Gras absaugt.

1 Alle Eintragungen im Patent- und Gebrauchsmusterregister können unter https://register.dpma.de abgerufen werden.

Kompetenztraining

96 Produkthaftung

Die Schülerin Lisa Schmidt lädt in ihrem Zimmer zu Hause ihr Handy mit dem zugehörigen Ladekabel auf. Währenddessen verlässt sie das Zimmer, um mit ihren Eltern eine Fernsehsendung anzuschauen. Der Netzstecker des Handyladekabels fängt an zu brennen. Durch den Brandgeruch bemerkt Lisa das Feuer und kann es mit Wassereimern gerade noch löschen. Das Feuer hat ihren privaten PC, Bildschirm und Schreibtisch stark beschädigt.

Aufgaben:

1. Begründen Sie, ob Lisa einen Anspruch nach dem Produkthaftungsgesetz hat!
2. Lisa wendet sich an den Elektronikmarkt, in dem sie das Handy mit dem Ladekabel gekauft hat und verlangt Schadensersatz für den beschädigten PC, Bildschirm und Schreibtisch. Beurteilen Sie die Rechtslage!
3. Ein Sachverständiger schätzt den Schaden durch das fehlerhafte Ladekabel auf 1 200,00 EUR. Berechnen Sie den Betrag, den der Hersteller des Ladekabels Lisa ersetzen muss!
4. Erläutern Sie, wie die Beweispflicht in diesem Fall geregelt ist!
5. Der Fall spielt sich wie oben beschrieben ab, jedoch mit folgenden Änderungen: Lisa macht eine Ausbildung zur Industriekauffrau. Sie hat ihr Handy mit Erlaubnis des Ausbildungsleiters in den Geschäftsräumen ihres Ausbildungsbetriebes aufgeladen und den Raum kurz verlassen. Erläutern Sie die Rechtslage!

97 Patent- und Gebrauchsmusterschutz

Die Arzneimittel AG hat nach zweijähriger Forschungsarbeit einen Impfstoff gegen ein leicht zwischen Menschen übertragbares Virus gefunden. Klinische Tests haben bewiesen, dass die Menschen durch den Impfstoff nicht mehr an dem Virus erkranken. Die Behörden haben den Impfstoff zum Verkauf zugelassen. Einen solchen Impfstoff hat es bisher noch nicht gegeben. Die Arzneimittel AG möchte sich den Impfstoff patentieren lassen.

Aufgaben:

1. Prüfen Sie die Voraussetzungen für eine Patentanmeldung!
2. Erläutern Sie die Patentanmeldung!
3. Erklären Sie, warum es für die Arzneimittel AG vorteilhaft sein könnte, ein Patent anzumelden!
4. Die kaufmännische Leiterin der Arzneimittel AG, Hannah Clever, schlägt vor, den Impfstoff als Gebrauchsmuster schützen zu lassen. Beurteilen Sie diesen Vorschlag!

8.2.3 Wirkung produktnaher Dienstleistungen analysieren

BPE 8 Handlungssituation 6: Produktnahe Dienstleistungen prüfen

Stefanie Osann e. Kfr. handelt im Industrie- und Gewerbepark Ulm mit Bürobedarf aller Art. Unter anderem verkauft sie Büromaschinen wie Computer, Drucker und Kopierer. Diese möchte sie vor allem an Unternehmen, öffentliche Verwaltungen und Schulen verkaufen.

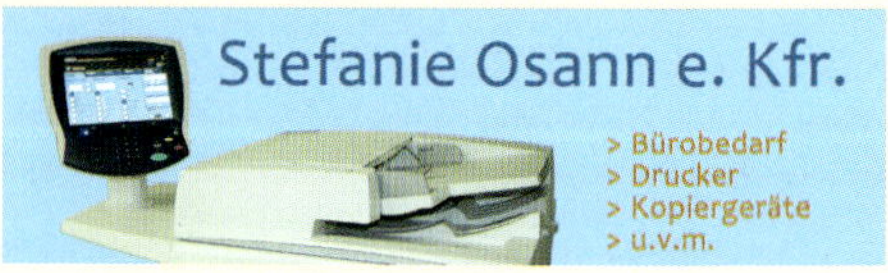

An die kaufmännische Schule in Ulm hat sie drei hochwertige Kopiergeräte verkauft. Ausschlaggebend für den Auftrag war, dass Stefanie Osann neben ihren Artikeln professionelle produktnahe Dienstleistungen anbietet.

Kompetenzorientierte Arbeitsaufträge:

1. Erläutern Sie, warum Stefanie Osann e. Kfr. zusätzlich zu ihren Artikeln produktnahe Dienstleistungen anbietet!
2. Geben Sie Beispiele für die produktnahen Dienstleistungen Kundendienst, Beratung und Schulungen, die Stefanie Osann zusätzlich zum Verkauf der Kopiergeräte anbieten könnte!
3. Erläutern Sie, warum produktnahe Dienstleistungen aus Umweltschutzgründen auch bei Stefanie Osann e. Kfr. eine zunehmende Bedeutung haben werden!

Nachfrager verlangen von einem Anbieter häufig nicht nur Produkte, sondern **Problemlösungen.** Der Käufer eines PCs ist in der Regel nicht zufriedengestellt, wenn ihm zwei Kisten Hardware über den Ladentisch geschoben werden. Neben dieser Hauptleistung erwartet er vom Hersteller bzw. Einzelhändler **Nebenleistungen** im Bereich von **produktnahen Dienstleistungen.**

- Zu den **produktnahen Dienstleistungen** zählen z. B. der **Kundendienst,** die **Beratung** und **Schulungen.**
- Mit dem Anbieten von produktnahen Dienstleistungen – entgeltlich oder unentgeltlich – wird versucht, gegenüber den Konkurrenten einen **Wettbewerbsvorteil** zu **erringen.**

8.2.3.1 Kundendienst

Der **technische Kundendienst** umfasst die **Einstellung** (z. B. von Skibindungen, Fernsehsendern), die **Einpassung** (z. B. von Büromöbeln), die **Installation** (z. B. von Maschinen und maschinellen Anlagen), die **Wartung** und **Pflege** (z. B. bei Heizungsanlagen, EDV-Anlagen) sowie die **Reparatur.** Wichtig dabei ist, dass die Reparaturleistungen (unter Umständen unter Einschaltung des Reparaturhandwerks) schnell erfolgen. Dies gilt vor allem für Investitionsgüter, denn Produktionsunterbrechungen sind teuer.

Als eine weitere wichtige Leistung des technischen Kundendienstes schiebt sich derzeit verstärkt die **Rücknahme** und **umweltgerechte** sowie **preisgünstige Entsorgung**

des alten Produkts in den Vordergrund. Oftmals verwandelt sich ein solcher Service in den Kern der Leistung, das heißt, der Käufer erwirbt das Produkt nur dann, wenn er annehmen kann, dass später die Entsorgung des Produkts sichergestellt ist.

Beispiel:

Der Computerhersteller Alpha wirbt unter anderem damit, dass seine Geräte zu 90 % wiederverwertbar seien. Er verpflichtet sich darüber hinaus, die Geräte nach Ablauf der Nutzungsdauer wieder zurückzunehmen. Falls der Hersteller Beta diese Zusicherungen nicht geben kann, hat Alpha einen Wettbewerbsvorteil bei umweltbewussten Abnehmern. Er kann möglicherweise einen höheren Preis verlangen als Beta, ohne dass seine Kunden abspringen.

Die Ausweitung des technischen Kundendienstes ist auch unter ökologischen Gesichtspunkten von Bedeutung, weil sie einen Schritt weg von der „Wegwerfgesellschaft" bedeutet.

Der **kaufmännische Kundendienst** hat das Ziel, dem Käufer den Kauf vor, während und nach dem Erwerb des Produkts zu erleichtern. Zu diesen Kundendienstleistungen werden im Allgemeinen gezählt: der **Zustelldienst,** die **Inzahlungnahme** eines alten Produkts, die Bereitstellung **zusätzlicher Informationen**.

8.2.3.2 Beratung

Ziel der **Beratung** ist, dem Kunden das für seine Bedürfnisse **optimale Produkt** anzubieten, den **Kundennutzen** zu **maximieren** und einen **Verkaufserfolg** zu **erzielen**.

Die Zielrichtung der Beratung besteht zunächst darin, dass der Anbieter einem potenziellen Abnehmer hilft zu erkennen, dass und woran er genau Bedarf hat. In der Nutzungsphase muss dem Käufer dann die Sicherheit gegeben werden, dass ihm im Störungsfall geholfen wird. Am Ende der Nutzungszeit schließlich zielt die Beratung darauf ab, dem Kunden beim Kauf eines neuen Produkts bzw. bei der Entsorgung des alten Produkts zu helfen.

Die Grenzen zwischen technischem und kaufmännischem Kundendienst sowie der Beratung sind fließend.

8.2.3.3 Schulungen

Schulungen sind Dienstleistungen für Kunden, die in der Regel zeitlich **nach** dem **Kauf** durchgeführt werden.

Ziel von **Schulungen** ist, dem Kunden die **optimale Nutzung** des **Produkts** zu **ermöglichen** und den **Kundennutzen** zu **maximieren**.

Bei technisch immer komplexeren Produkten, wie z.B. einer Unternehmenssoftware, muss der Kunde in die Lage versetzt werden, diese nutzen zu können. Schulungen sollen das Produkt **verständlich machen** und eine **einfache Anwendbarkeit** ermöglichen. Sie werden vom Anbieter meist für die Mitarbeiter des Kunden durchgeführt.

Beispiel für produktnahe Dienstleistungen:[1]

Einen spürbaren Anteil an den Umsatzerlösen haben produktnahe Dienstleistungen bei dem Unternehmen Airbus Helicopters. Das Unternehmen produziert Hubschrauber und bietet einen 24/7-Kundendienst (24 Stunden täglich und sieben Tage pro Woche) sowie Schulungen für Piloten an. Außerdem können sich die Kunden beraten lassen, wie die Betriebskosten während der Nutzungsdauer reduziert werden können.

Kompetenztraining

98 Produktnahe Dienstleistungen

Die Industriemaschinen GmbH stellt unter anderem Getränkeabfüllanlagen her. Das neueste Produkt der Industriemaschinen GmbH ist eine besonders geräuschlose, ökonomische und ökologische Abfüllanlage. Eine Winzergenossenschaft am Bodensee, die unterschiedliche Bodenseeweine herstellt, hat die neue Abfüllanlage bestellt. Die Winzergenossenschaft erhielt im Vorfeld eine umfangreiche kaufmännische Beratung über die Wirtschaftlichkeit der Anlage sowie technische Hinweise über Installationsmöglichkeiten. Inzwischen haben Mitarbeiter der Industriemaschinen GmbH die Anlage installiert und das künftige Bedienungspersonal der Winzergenossenschaft geschult.

Aufgaben:

1. Nennen und beschreiben Sie die produktnahen Dienstleistungen, die die Industriemaschinen GmbH erbringt!
2. Geben Sie weitere produktnahe Dienstleistungen an, die die Industriemaschinen GmbH bezüglich der Abfüllanlage anbieten könnte!
3. Begründen Sie, warum die Industriemaschinen GmbH zusätzlich zu der Abfüllanlage produktnahe Dienstleistungen anbietet!

99 Zusammenfassung

Schreiben Sie eine Zusammenfassung des Kapitels „8.2 Verschiedene Maßnahmen der Produktpolitik unterscheiden, die Produktpolitik unter rechtlichen Gesichtspunkten beurteilen und produktnahe Dienstleistungen darstellen", indem Sie jede Überschrift des Kapitels mit höchstens zwei Sätzen erklären!

1 Vgl. Wettengl, S. (2018). Einführung in die Betriebswirtschaftslehre, 1. Aufl., Wiley, Weinheim, S. 266.

8.3 Preisstrategien in Abhängigkeit vom Produkt und von der Marktposition des Unternehmens einsetzen

BPE 8 Handlungssituation 7: Preis für ein Produkt festlegen

Die Sport-Burr AG im Industrie- und Gewerbepark Ulm möchte dem stagnierenden Umsatz bei Skiern entgegenwirken. Deshalb möchte sie ihr Produktprogramm bei Skiern tiefer gestalten.

Die Sport-Burr AG bringt zusätzlich einen Ski für Erwachsene auf den Markt, der sehr gut im Tiefschnee geeignet ist. Die breitere Taille des neuen Skis „Tiefschnee-Blitz" sorgt im Tiefschnee für einen besseren Auftrieb. Außerdem zeichnet sich der Ski durch Drehfreudigkeit und Spurstabilität aus.

Für die Preisbestimmung des neuen Skis „Tiefschnee-Blitz" gibt es verschiedene Möglichkeiten.

Sie sind Mitarbeiter/-in der Sport-Burr AG und sollen sich mit der Preisbestimmung des neuen Skis befassen.

Bei der Preisbestimmung rechnet das Unternehmen für ein Paar Ski „Tiefschnee-Blitz" (mit Bindung) mit folgenden Angaben:

Verbrauch von Fertigungsmaterial:	150,00 EUR
Fertigungslohn:	100,00 EUR
Gemeinkostenzuschläge:	Materialgemeinkostenzuschlagssatz 10 % Fertigungsgemeinkostenzuschlagssatz 120 % Verwaltungsgemeinkostenzuschlagssatz 15 % Vertriebsgemeinkostenzuschlagssatz 5 %

Es wird mit 15 % Gewinn, 2 % Skonto und 5 % Rabatt gerechnet.

Kompetenzorientierte Arbeitsaufträge:

1. Berechnen Sie den Listenverkaufspreis!
2. Beschreiben Sie den Hauptunterschied zwischen der Handelskalkulation und der Industriekalkulation!
3. Unterbreiten Sie Vorschläge, wie die Sport-Burr AG bei dem neuen Ski Preisdifferenzierung betreiben könnte!
4. Geben Sie zwei Preise für den Ski „Tiefschnee-Blitz" an, die unter einer psychologischen Preisschwelle sind!
5. Entscheiden Sie begründet, ob sich für die Markteinführung des neuen Skis eher eine Hochpreis- bzw. Skimmingstrategie oder eine Niedrigpreis- bzw. Penetrationsstrategie eignet!

8.3.1 Aufgaben, Einflussgrößen und Instrumente der Preispolitik beschreiben

Die **Preispolitik** umfasst alle **Maßnahmen** des Unternehmens zur **Gestaltung der Preise**.

Einflussgrößen auf die Preispolitik

Kosten

Die Kosten fallen für die Produktion und den Verkauf der Produkte an. Die **Kosten** sind grundsätzlich zu **decken**.

Nachfrager

Die Nachfrager sind **bereit**, einen **bestimmten Preis** für die angebotenen Produkte zu **bezahlen**.

Konkurrenten

Die Konkurrenten haben durch ihre **Preise** ebenfalls **Einfluss** auf die Preise des anbietenden Unternehmens.

Für die Preisfindung haben sich deshalb **drei Instrumente** als nützlich erwiesen:

- die **kostenorientierte** Preisbestimmung,
- die **nachfrageorientierte** Preisbestimmung und
- die **konkurrenzorientierte** Preisbestimmung.

8.3.2 Kostenorientierte Preisbestimmung mit Berechnungen durchführen

Bei der **kostenorientierten Preisbestimmung** orientiert sich das Unternehmen an den **eigenen Kosten**. Es wird ein **Gewinnzuschlag** dazugerechnet.

- Sollen im Unternehmen **alle anfallenden Kosten** auf die Produkte (Kostenträger) verteilt werden, spricht man von einer **Vollkostenrechnung**.
- Werden zunächst nur solche Kosten berücksichtigt, die in einem direkten Verursachungszusammenhang mit den Kostenträgern stehen **(variable Kosten)**, handelt es sich um eine **Teilkostenrechnung**.

Die **Industriekalkulation** und die **Handelskalkulation** stellen Kalkulationen auf **Vollkostenbasis** dar.

8.3.2.1 Industriekalkulation

Das Kalkulationsschema der kostenorientierten Preisbestimmung im **Industriebetrieb** entspricht dem **Kalkulationsschema** der **Kostenträgerstückrechnung.**[1]

Beispiel:

Die Möbelfabrik Wintermeyer KG berechnet den Listenverkaufspreis eines auf Bestellung maßgefertigten Holzschreibtischs.

Es wird mit folgenden Kosten kalkuliert:		Die Gemeinkostenzuschlagssätze betragen:	
Verbrauch von Fertigungsmaterial:	300,00 EUR	Materialgemeinkostenzuschlag	9 %
Fertigungslöhne:	450,00 EUR	Fertigungsgemeinkostenzuschlag	110 %
Sondereinzelkosten der Fertigung:	150,00 EUR	Verwaltungsgemeinkostenzuschlag	18 %
Sondereinzelkosten des Vertriebs:	50,00 EUR	Vertriebsgemeinkostenzuschlag	6 %

Bei der Preisbestimmung sollen 15 % Gewinnzuschlag, 10 % Kundenrabatt und 2 % Kundenskonto einkalkuliert werden.

Aufgabe:

Berechnen Sie den Listenverkaufspreis!

Lösung: Industriekalkulation

	100 %	Materialeinzelkosten	300,00 EUR	
	9 %	+ Materialgemeinkosten	27,00 EUR	
		Materialkosten		327,00 EUR
100 %	←	Fertigungslöhne	450,00 EUR	
110 %		+ Fertigungsgemeinkosten	495,00 EUR	
		Zwischensumme	945,00 EUR	
		+ Sondereinzelkosten der Fertigung (SEKF)	150,00 EUR	
		Fertigungskosten		1 095,00 EUR
	100 %	**Herstellkosten**		1 422,00 EUR
	18 %	+ Verwaltungsgemeinkosten	255,96 EUR	
	6 %	+ Vertriebsgemeinkosten	85,32 EUR	
		+ Sondereinzelkosten des Vertriebs (SEKV)	50,00 EUR	391,28 EUR
100 %	←	**Selbstkosten**		1 813,28 EUR
15 %		+ Gewinn[2]		271,99 EUR
	98 %	**Barverkaufspreis**		2 085,27 EUR
	2 %	+ Kundenskonto		42,56 EUR
90 %	100 %	**Zielverkaufspreis**		2 127,83 EUR
10 %		+ Kundenrabatt		236,43 EUR
100 %		**Listenverkaufspreis (Nettoverkaufspreis)**		2 364,26 EUR

1 Siehe Kapitel 7.4.1, S. 128ff. Wiederholen Sie die dortigen Ausführungen.

2 Die Höhe des Gewinnzuschlags hängt von Faktoren wie beispielsweise der Produktgruppe, der Risikoneigung und den Erfahrungen des Unternehmens ab.

8.3.2.2 Handelskalkulation

(1) Überblick

Für Handelsbetriebe und die Handelswaren von Industrieunternehmen kommt die Handelskalkulation zum Einsatz.

Grundlage der Handelskalkulation ist die geordnete Erfassung aller Kosten, die die Handelswaren vom Einkauf über die Lagerung einschließlich der Verwaltung bis hin zum Vertrieb verursachen. Das Sammeln der Kosten erfolgt in der Kosten- und Leistungsrechnung.

Lieferer (Hersteller) → Bezug der Ware → **Handelsbetrieb** → Vertrieb der Ware → **Kunde**

Lieferer (Hersteller)	Handelsbetrieb	Kunde
z. B. ■ Listeneinkaufspreis (evtl. abzüglich Rabatt und Skonto) ■ Bezugskosten	z. B. ■ Wareneinsatz ■ Handlungskosten	■ Gewinnaufschlag ■ Kundenskonto ■ Kundenrabatt
Einkaufs- und Bezugskalkulation	Kalkulation der Selbstkosten	Kalkulation des Listenverkaufspreises

- **Bezugskosten** sind z. B. **Frachtkosten, Versandkosten** oder Kosten für eine **Transportversicherung,** die der Händler tragen muss.
- **Handlungskosten** sind die **Kosten** der **handelsbetrieblichen Tätigkeit,** z. B. Personalkosten, Heizung, Miete, Strom, Transport-, Kfz-, Verpackungskosten, Kosten für selbsterstellte Leistungen (Reparaturen, Installationen usw.), Zinsen für Kredite, kalkulatorische Abschreibungen, allgemeine Verwaltungskosten, Gewerbesteuer und kalkulatorischer Unternehmerlohn.
- Auf die Selbstkosten wird unter Berücksichtigung der Konkurrenzangebote ein **angemessener Gewinn aufgeschlagen.** Wird dem Kunden **Rabatt und Skonto** gewährt, müssen diese **in den Preis eingerechnet werden,** ansonsten gehen die Preisnachlässe zulasten des Gewinns.

(2) Kalkulationsschema der Handelskalkulation

Beispiel:

Der Fahrradhändler Michael Schnell e. Kfm. verkauft Fahrräder jeder Art. Das Mountainbike „Sprint" hat einen Listeneinkaufspreis von 500,00 EUR. Er selbst bekommt von seinem Lieferer 10 % Mengenrabatt und darf 3 % Skonto abziehen. An Fracht werden ihm 10,00 EUR berechnet. Michael Schnell gewährt seinen Kunden 2 % Skonto und 5 % Rabatt.

Aufgabe:

Berechnen Sie den Listenverkaufspreis, zu dem Michael Schnell das Mountainbike „Sprint" seinen Kunden anbieten kann, wenn er mit 20 % Handlungskosten und 15 % Gewinn rechnet!

Lösung: Handelskalkulation

	100 %		Listeneinkaufspreis	500,00 EUR	Rechenweg ↓
	10 %	–	Liefererrabatt	50,00 EUR	
100 %	←	=	Zieleinkaufspreis	450,00 EUR	
3 %		–	Liefererskonto	13,50 EUR	
		=	Bareinkaufspreis	436,50 EUR	
		+	Bezugskosten	10,00 EUR	
→	100 %	=	Einstandspreis (Bezugspreis)	446,50 EUR	
	20 %	+	Handlungskosten	89,30 EUR	
100 %	←	=	Selbstkosten	535,80 EUR	
15 %		+	Gewinnzuschlag	80,37 EUR	
→	98 %	=	Barverkaufspreis	616,17 EUR	
	2 %	+	Kundenskonto	12,57 EUR	
95 %	100 %	=	Zielverkaufspreis	628,74 EUR	
5 %		+	Kundenrabatt	33,09 EUR	
100 %		=	Listenverkaufspreis (Nettoverkaufspreis)	661,83 EUR	

8.3.3 Nachfrageorientierte Preisbestimmung darstellen

Bei der **nachfrageorientierten Preisbestimmung** orientiert sich das Unternehmen danach, wie sich die Nachfrage bei einem sich verändernden Preis entwickelt.

Um eine nachfrageorientierte Preispolitik betreiben zu können, bedarf es zuverlässiger Informationen über die Wechselwirkung zwischen der Höhe des Preises und der zu erwartenden Nachfrage. Mithilfe einer **Preis-Absatz-Funktion**[1] wird die Veränderung der Nachfragemenge nach einem Gut bei variierenden Preisen erfasst.

Zwei Instrumente der nachfrageorientierten Preisbestimmung sind die **Preisdifferenzierung** und die **psychologischen Preisschwellen.**

8.3.3.1 Arten der Preisdifferenzierung

- **Preisdifferenzierung** bedeutet, dass ein Anbieter für ein bestimmtes Produkt bzw. Dienstleistung von **verschiedenen Käufern unterschiedliche Preise** fordert.
- Die Preisdifferenzierung hat das **Ziel,** den **Gewinn zu erhöhen,** indem das anbietende Unternehmen Marktsegmente (Teilmärkte) bildet, auf welchen unterschiedliche Preise verlangt werden.

1 Siehe VWL BPE 15.1.

Die Bildung der **Marktsegmente (Teilmärkte)** setzt voraus, dass es gelingt, jene Kunden, die bereit sind, den höheren Preis zu bezahlen, am Übergang zum günstigeren Marktsegment zu hindern. Die Abgrenzung der Marktsegmente wird in erheblichem Maße dadurch erleichtert, dass sich die Konsumenten nicht konsequent rational verhalten, sondern sich relativ freiwillig in teurere Marktsegmente einordnen (z. B. bei Preisdifferenzierung in Verbindung mit Produktdifferenzierung).

Beispiel 1:

Die Weber Metallbau GmbH bietet ihren Artikel 220437 „Büroschere" an. Aufgrund exakter Marktforschung kennt es die Reaktionen seiner Kunden auf Preisänderungen. Es stellt fest, dass es sich einer normalen Nachfrage gegenübersieht, d. h., bei Preiserhöhungen nimmt die mengenmäßige Nachfrage ab, bei Preissenkungen nimmt sie zu.

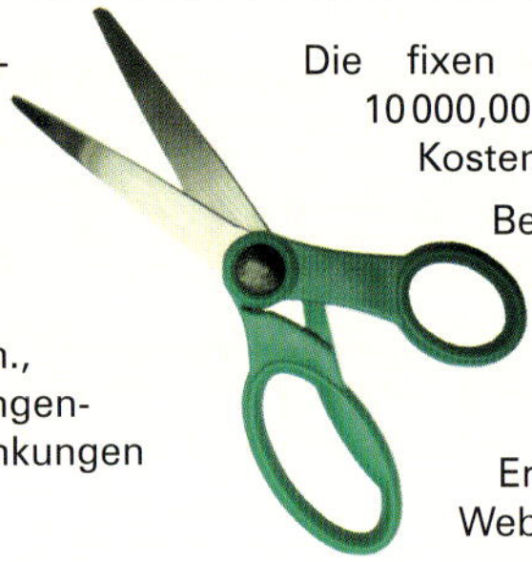

Die fixen Kosten belaufen sich auf 10 000,00 EUR je Periode, die variablen Kosten auf 6,00 EUR je Stück.

Bei einem Preis von 10,50 EUR können 4 500 Büroscheren abgesetzt werden.

Aufgabe:

Ermitteln Sie den Gewinn der Weber Metallbau GmbH

Lösung:

	Umsatzerlöse (4 500 Stück · 10,50 EUR)		47 250,00 EUR
–	Kosten		
	fixe Kosten	10 000,00 EUR	
	variable Kosten (4 500 Stück · 6,00 EUR)	27 000,00 EUR	37 000,00 EUR
=	Gewinn		10 250,00 EUR

Beispiel 2:

Angenommen, es gelingt, aus dem Gesamtmarkt zwei Teilmärkte zu bilden, auf welchen ein Preis von 12,00 EUR (Teilmarkt I für 3 000 Stück) und ein Preis von 10,50 EUR (Teilmarkt II für 1 500 Stück) verlangt werden kann.

Aufgabe:

Ermitteln Sie, ob durch die Bildung von zwei Teilmärkten eine Gewinnsteigerung eintritt!

Lösung:

	Erlöse ohne Preisdifferenzierung in EUR	Erlöse mit 2 Teilmärkten und differenzierten Preisen in EUR	
Umsatzerlös	47 250,00	Teilmarkt I (3 000 · 12,00)	36 000,00
		Teilmarkt II (1 500 · 10,50)	15 750,00
			51 750,00
Kosten	37 000,00		37 000,00
Gewinn	10 250,00		14 750,00
Gewinnsteigerung			4 500,00

Im Einzelnen lassen sich folgende **Arten der Preisdifferenzierung** unterscheiden:

Arten der Preisdifferenzierung	Beispiele
Preisdifferenzierung in Verbindung mit Produktdifferenzierung	Relativ geringfügige Produktunterschiede mit erheblich unterschiedlichem Prestigewert, z. B. Ausstattung, Lackierung, PS-Zahl eines Pkw
Preisdifferenzierung nach Abnehmergruppen oder nach Verwendungszweck	Strom für private Haushalte – Strom für gewerbliche Verbraucher; normale Fahrkarten – Schülerfahrkarten; Alkohol – Spiritus; Dieselkraftstoff – Heizöl
Räumliche Preisdifferenzierung	Pkw-Preise im Ausland günstiger als im Inland; Benzin an Autobahntankstellen ist teurer als Benzin an einer Tankstelle in der Stadt
Zeitliche Preisdifferenzierung	Preise für Ferienwohnungen je nach Jahreszeit
Zeitlich gestaffelte Preisdifferenzierung	Ein erfolgreiches Buch wird zunächst als Leinenband, dann in Halbleinen und anschließend als Taschenbuch verkauft
Preisdifferenzierung nach Abnahmemenge	Großabnehmer erhalten Sonderpreise im Vergleich zu Kleinabnehmern, insbesondere im Energiesektor (Aluminiumherstellung)

8.3.3.2 Psychologische Preisschwellen

Anbieter versuchen, durch das **Über- oder Unterschreiten** von **psychologischen Preisschwellen,** Produkte oder Dienstleistungen für den Käufer **preiswerter**[1] **erscheinen** zu lassen, als sie effektiv sind.

Es wurde festgestellt, dass Preise, die **unterhalb runder Preise** liegen, als preiswert angesehen werden, im Gegensatz zu runden Preisen und solchen, die knapp darüberliegen.

Diese älteste Methode psychologischer Preisgestaltung findet sich bei fast allen Verbrauchs- und Gebrauchsgütern.

Beispiel:

Ein Pkw, der 35 995,00 EUR kostet, ist im Urteil der Käufer wesentlich günstiger im Preis, als ein Pkw, der 36 005,00 EUR kostet.

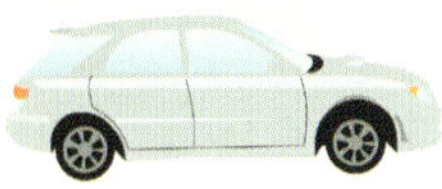

Ebenfalls zur Anwendung psychologischer Preisschwellen zählt, dass man z. B. bestimmte **Preisnormen,** das sind Vorstellungen über einen angemessenen oder akzeptablen Preis, für ein Produkt **nicht über- oder unterschreitet.**

Beispiel:

Lange Zeit wurde der Preis von 1,00 EUR für einen Liter Superbenzin als obere Preisschwelle bezeichnet, die sich heute jedoch längst nach oben verschoben hat.

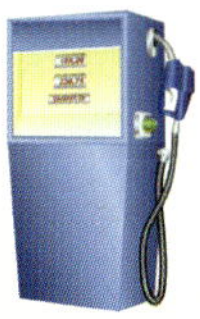

1 **Preiswert**: im Verhältnis zu seinem Wert nicht teuer.

Beispiel:

Der Preis von 5,00 EUR könnte für einen Markensekt eine Preisschwelle sein, die nicht unterschritten werden sollte. Der höhere Preis soll Qualität signalisieren.

Andere sogenannte Preisnormen findet man z. B. bei verschiedenen Automobilen, Zeitschriften, Markensekt und Schokolade.

Diese Preisnormen sind nicht konstant, sondern verändern sich dynamisch.

8.3.4 Formen konkurrenzorientierter Preisbestimmung unterscheiden

Bei der **konkurrenzorientierten Preisbestimmung** richten Anbieter ihre Preise an den **Preisen** der **Konkurrenten aus.**

Preisstrategien der konkurrenzorientierten Preisbestimmung sind

- die **Hochpreis-** und **Niedrigpreisstrategie** sowie
- die **Skimming-** und **Penetrationsstrategie.**

Ziel dieser Strategien ist, dass sich Anbieter preislich **gegenüber** ihren **Konkurrenten durchsetzen.**

8.3.4.1 Hochpreis- und Niedrigpreisstrategie

(1) Hochpreisstrategie

Bei der **Hochpreisstrategie** strebt der Anbieter an, **langfristig** einen **hohen Preis** für seine Produkte zu erzielen.

Bei der Hochpreisstrategie stattet der Anbieter die Produkte mit **besonderen Leistungsvorteilen** (Spitzenqualität) für die Kunden aus, z. B. gleichbleibend hoher Qualitätsstandard, hohes Image, Verkauf in Exklusivläden bzw. Beratungszentren, langfristige Garantiezeiten für Ersatzteile, Reparaturservice innerhalb 24 Stunden und Ähnliches. Voraussetzung für die Hochpreisstrategie ist, dass das Produkt ein **Alleinstellungsmerkmal** hat.

Beispiele:

Champagner, Hummer, Kaviar, Tafelsilber, Rolls-Royce, Porsche, Rolex-Uhren, Cartier-Schmuck, Bogner-Kleidung usw.

(2) Niedrigpreisstrategie

Bei der **Niedrigpreisstrategie** strebt der Anbieter an, dass der geforderte Preis **dauerhaft unter** dem **Preis** vergleichbarer Produkte liegt.

Ziele einer Niedrigpreisstrategie können sein: Verdrängung von Wettbewerbern, Verhinderung des Markteintritts neuer Anbieter, Auslastung der Kapazität, Aufbau eines Niedrigpreisimages.

Die Niedrigpreisstrategie wird vor allem zur **Verkaufsförderung (Promotion)** von **Massenwaren,** die keinen hohen Serviceanspruch haben, herangezogen.

Beispiele:

Eigenmarken von Aldi, Kleidung von H&M, Generika[1] von Ratiopharm.

(3) Vergleich zwischen der dauerhaften Hochpreis- und Niedrigpreisstrategie

In der folgenden Tabelle werden die **Merkmale** der dauerhaften Hochpreis- und Niedrigpreisstrategie einander gegenübergestellt.[2]

Merkmale	Dauerhafte Hochpreisstrategie	Dauerhafte Niedrigpreisstrategie
Art des Gutes	Luxusartikel	Massenwaren
Käuferschicht	prestigebewusst	preisbewusst
Marktsegment	klein	groß
Absatzpolitisches Instrument	Markenbildung durch Produktgestaltung und Werbung	Niedrigpreis
Vertriebsweg	Exklusivgeschäfte	Niedrigpreisläden

Hinter der **Hochprelsstrategle** stehen **hohe Stückgewinne** und **kleine Stückzahlen.** Hinter der **Niedrigpreisstrategie** stehen **geringe Stückgewinne** und **hohe Stückzahlen.**

8.3.4.2 Skimming- und Penetrationsstrategie

(1) Skimmingstrategie

Die **Skimmingstrategie** ist eine Preisstrategie, bei der das Unternehmen bei einem neuen Produkt mit einem hohen Preis startet und den Preis anschließend schrittweise senkt.

Eine Form der **Hochpreisstrategie** stellt die **Skimmingstrategie**[3] (Abschöpfungsstrategie) dar. Diese Preisstrategie setzt, insbesondere bei **Innovationsgütern,** den **Einführungspreis hoch** an, um die Forschungs- und Entwicklungskosten schnell abzudecken. Das Unternehmen **senkt** den **Preis** aber jedes Mal, wenn der Absatz zurückgeht, um jeweils die nächste Schicht preisbewusster Kunden für sich zu gewinnen. Ziel dieser Preisstrategie ist das Abschöpfen des Marktes.

1 **Generika:** Medikamente, deren Schutzrechte abgelaufen sind.

2 Vgl. Wöhe, G. (2020). Einführung in die Allgemeine Betriebswirtschaftslehre, 27. Aufl., Vahlen, München, S. 420.

3 **Skimming** (engl.): Abschöpfen.

Die **Skimmingstrategie** ist unter folgenden **Bedingungen sinnvoll:**

- Es besteht eine ausreichend große Kundenzahl, die bereit ist, das Produkt zu einem hohen Preis zu erwerben.
- Die kleine Absatzmenge bringt trotz hoher Stückkosten eine höhere Gewinnspanne.
- Der hohe Einführungspreis lockt keine weiteren Konkurrenten auf den Markt.
- Der hohe Preis unterstützt den Anspruch, dass die Ausstattungselemente des Produktes eine Alleinstellung einnehmen.

Beispiel:

Apple-Produkte genießen bei Fans der Marke Kultstatus. Zum Verkaufsstart neuer iPhones bilden sich vor manchen Apple-Stores Warteschlangen. Das Unternehmen beginnt mit hohen Einführungspreisen und senkt diese dann schrittweise.

(2) Penetrationsstrategie

Die **Penetrationsstrategie**[1] (Durchdringungsstrategie) stellt eine Form der **Niedrigpreisstrategie** dar.

Die Penetrationsstrategie versucht, mit **kurzfristig niedrigen Preisen** für **neue Produkte** schnell einen **hohen Marktanteil** zu erreichen. Nach der Markteinführung werden die **Preise** dann **angehoben.**

Beispiel:

Die Einführung der Toyota-Marke Lexus auf dem US-Automarkt Ende der 1980er-Jahre gilt als Musterbeispiel einer erfolgreichen Penetrationsstrategie. Der Preis des ersten Lexus-Modells kletterte innerhalb weniger Jahre von günstigen 35 000,00 auf über 50 000,00 US-Dollar.

Die Festsetzung eines **niedrigen Preises** ist **zweckmäßig,**

- wenn die Preissensibilität[2] des Marktes hoch ist,
- niedrige Preise ein Marktwachstum stimulieren und
- ein niedriger Preis den Markteintritt von Konkurrenten verhindert.

(3) Vergleich zwischen der Skimming- und Penetrationsstrategie[3]

Bei der **Einführung eines neuen Produktes** unterscheidet sich die **Vorgehensweise** bei der Skimming- und Penetrationsstrategie.

Skimmingstrategie	Penetrationsstrategie
■ hoher Einführungspreis ■ geringe Absatzmenge ■ hohe Stückkosten ■ der Preis wird nach einer gewissen Zeit schrittweise gesenkt	■ niedriger Einführungspreis ■ hohe Absatzmenge ■ niedrige Stückkosten ■ der Preis wird nach einer gewissen Zeit schrittweise erhöht

1 **Penetration**: Eindringen (in dem Markt).

2 **Sensibilität**: Empfindlichkeit.

3 Vgl. Wöhe, G. (2020). Einführung in die Allgemeine Betriebswirtschaftslehre, 27. Aufl., Vahlen, München, S. 419ff.

Die Skimming- und Penetrationsstrategie können anhand folgender **Merkmale** unterschieden werden:

Merkmale	Skimmingstrategie	Penetrationsstrategie
Unternehmen	Großes Potenzial für Innovationen (Neuheiten)	Große Kapitalkraft
Sonderstellung	Durch technischen Vorsprung, durch rechtlichen Schutz (z. B. Patent)[1]	Durch konkurrenzlos niedrigen Preis
Chance	Schnelle Amortisation[2] der Forschungs- und Entwicklungskosten über Abschöpfungspreis	Langsame Amortisation der Forschungs- und Entwicklungskosten über Massenabsatz
Risiko	Innovation nur von kurzer Dauer	Aufnahmefähigkeit des Marktes wird überschätzt

8.3.4.3 Preisstrategien in Abhängigkeit vom Produkt und von der Marktposition des Unternehmens

Der Einsatz der Preisstrategien hängt von der **Produktart** und der **Marktposition** des Unternehmens ab. Einen **idealtypischen Einsatz** der Preisstrategien zeigt folgende Tabelle. Die Realität kann davon abweichen.

Position im Marktwachstums-Marktanteils-Portfolio[3] bzw. Phase im Produktlebenszyklus[4]	Produkt mit technischem Vorsprung	Massenwaren
Fragezeichen (Einführungsphase) 	Hochpreisstrategie oder Skimmingstrategie (zu Beginn hoher Preis)	Niedrigpreisstrategie oder Penetrationsstrategie (zu Beginn niedriger Preis)
Sterne (Wachstumsphase) 	Hoher Preis wird beibehalten	Niedriger Preis wird beibehalten
Kühe (Reifephase) 	Preis wird schrittweise gesenkt	Preis wird schrittweise erhöht
Arme Hunde (Degenerationsphase) 	Niedriger Preis	Hoher Preis

1 Vgl. hierzu Kapitel 8.2.2.2.

2 **Amortisation:** Deckung der für ein Investitionsgut aufgewendeten Anschaffungskosten aus dem damit erwirtschafteten Ertrag.

3 Zum Marktwachstums-Marktanteils-Portfolio siehe Kapitel 8.1.5.2.

4 Zum Produktlebenszyklus siehe Kapitel 8.1.5.1.

Kompetenztraining

100 Überblick

Gestalten Sie eine Mindmap zum Thema Preispolitik, welches in die Mitte geschrieben wird! Die drei Hauptäste bilden die Unterthemen kostenorientierte, nachfrageorientierte und konkurrenzorientierte Preisbestimmung.

101 Kostenorientierte Preisbestimmung

1. Bei dem PC-Händler Julian Reichelt e. Kfm. hat ein Laptop einen Listeneinkaufspreis von 300,00 EUR. Er rechnet mit 15 % Handlungskosten und 12 % Gewinn. Er selbst bekommt von seinem Lieferer 10 % Rabatt und darf 3 % Skonto abziehen. An Versandkosten werden ihm 7,50 EUR berechnet. Seinen Kunden gewährt er 2 % Skonto und 5 % Rabatt.

   Aufgabe:

   Berechnen Sie den Listenverkaufspreis!

2. Beim dem PC-Händler Julian Reichelt e. Kfm. geht ein Angebot über PC-Bildschirme ein: Listenpreis 95,00 EUR pro Stück; bei Abnahme von 12 Stück 10 % Mengenrabatt und bei Barzahlung 3 % Skonto.

   Aufgaben:

   2.1 Berechnen Sie den Angebotspreis pro Stück, wenn er Rabatt und Skonto ausnutzt und mit 15 % Gewinn und 20 % Handlungskosten rechnet! Kundenskonto und Kundenrabatt will er bei den PC-Bildschirmen nicht geben.

   2.2 Berechnen Sie, um wie viel Prozent der Gewinn fallen würde, wenn die PC-Bildschirme aus Konkurrenzgründen zum gleichen Listenverkaufspreis angeboten werden müssen und der Einstandspreis 105,00 EUR beträgt!

3. Die Konkurrenz verkauft einen Desktop-PC für 350,00 EUR. Herr Reichelt möchte diesen Preis unterbieten. Berechnen Sie, wie hoch sein Einstandspreis höchstens sein darf, wenn

   3.1 er einen Desktop-PC für 345,00 EUR zum Festpreis (ohne Rabatt- und Skontomöglichkeit) anbieten und einen Gewinn von 10 % erzielen will! Seine Handlungskosten betragen 15%.

   3.2 er einen Desktop-PC für einen Werbepreis von 259,00 EUR bei einem Gewinn von 5 % und Handlungskosten von 20 % sowie Skontomöglichkeit von 2 % anbieten will!

4. Ein Kunde möchte sich einen PC-Arbeitsplatz einrichten lassen, der höchstens 600,00 EUR kosten darf.

   Aufgabe:

   Berechnen Sie, wie hoch der Einstandspreis der Teile höchstens sein darf, wenn der Händler Herr Reichelt 15 % Gewinn erzielen will, seine Handlungskosten 20 % betragen und er 12 % Kundenrabatt gewährt!

102 Nachfrageorientierte Preisbestimmung und Preisdifferenzierung

1. Erklären Sie kurz die Grundlagen der nachfrageorientierten Preisbestimmung!

2. Erläutern Sie, was unter einer räumlichen und zeitlichen Preisdifferenzierung sowie einer Preisdifferenzierung mit Produktdifferenzierung zu verstehen ist! Bilden Sie zusätzlich je ein Beispiel!

3. Beschreiben Sie die Ziele, die mit der Preisdifferenzierung verfolgt werden!

4. Kennzeichnen Sie, um welche Art(en) der Preisdifferenzierung es sich in folgenden Beispielen handelt!

Vorlage

	Preisdifferenzierung			
Beispiele	**räumlich**	**zeitlich**	**Abnehmergruppe**	**Verwendungszweck**
Merchandisingartikel[1] als Sportbekleidung (normaler Preis) oder Sonderedition (höherer Preis) vom VfB Stuttgart				
Verbilligte Bahnfahrten in der Nacht				
Saisonzuschläge in einem Hotel während der Urlaubszeit				
Unterschiedliche Preise für Autos der gleichen Marke im In- und Ausland				
Personenbeförderung bei der Deutschen Bahn AG in der 1. und 2. Klasse				
Verbilligte Fahrpreise für Schüler in den Sommerferien				
Verbilligte Flugpreise für Kinder				
Unterschiedliche Energietarife für Industrie und Privathaushalte				
Verbilligter Eintrittspreis für Schüler in einem Kino				

5. Die Bäckerei Huber und die Bäckerei Mayer stehen beim Verkauf von frischen Brötchen in Konkurrenz zueinander. Beide werden jeden Tag von etwa der gleichen Anzahl an Kunden besucht und beide öffnen um 8 Uhr ihr Geschäft. Die Brötchen kosten bei beiden Bäckereien 35 Cent pro Stück.

Aufgaben:

5.1 Zeigen Sie, wie die Bäckerei Huber durch zeitliche und räumliche Preisdifferenzierung beim Verkauf frischer Brötchen aktive Marketingpolitik betreiben kann, indem sie Kunden von der Bäckerei Mayer abzieht und bei manchen Kunden einen höheren Preis von 40 Cent je Brötchen verlangt!

5.2 Abwandlung von 5.1: Nachdem die Bäckerei Huber zeitliche und räumliche Präferenzen geschaffen hat, verlangt die Bäckerei Huber einen einheitlichen Preis von 40 Cent je Brötchen für alle Kunden. Also auch für die Kunden, die die Brötchen nach 8 Uhr in der Bäckerei kaufen.

Erläutern Sie, welche Auswirkung die generelle Preiserhöhung von Huber auf die Zusammensetzung des Kundenkreises von Mayer und Huber haben wird, wenn die beiden Bäckereien sich sonst nicht unterscheiden!

1 **Merchandising** (engl.): Verkaufsförderung im Einzelhandel. Es werden Artikel verkauft oder verschenkt, die Werbung einer Marke beinhalten.

6. Definieren Sie den Begriff „psychologische Preisschwellen"! Geben Sie zwei Beispiele an!
7. Entscheiden Sie, ob der PC-Händler Julian Reichelt e. Kfm. für seine Artikel eher runde oder psychologische Preise wählen sollte! Begründen Sie Ihre Antwort!

103 Konkurrenzorientierte Preisbestimmung

1. Unterscheiden Sie zwischen der dauerhaften Hochpreis- und Niedrigpreispolitik! Geben Sie je zwei Beispiele an!
2. Stellen Sie je zwei Vor- und Nachteile der dauerhaften Hochpreis- und Niedrigpreisstrategie tabellarisch gegenüber!
3. Unterscheiden Sie zwischen der Skimming- und Penetrationsstrategie! Nennen Sie jeweils einen Vor- und Nachteil!
4. Ein Unternehmen steht vor der Entscheidung, eine Zahncreme unter neuer Marke einzuführen.

   Aufgaben:

   4.1 Stellen Sie dar, nach welchen Kriterien der Einführungspreis bestimmt werden könnte!

   4.2 Entscheiden Sie begründet, für welchen Weg der Preisbestimmung Sie sich einsetzen würden!

104 Zusammenfassende Aufgabe zur Preispolitik

Das vor fünf Jahren gegründete und mittlerweile am Markt etablierte Fernbusunternehmen „Fernbusreisen GmbH", das vor allem Städteverbindungen für Geschäftsreisende innerhalb Deutschlands anbietet, überlegt, eine Veränderung der bisherigen Preispolitik vorzunehmen.

Aufgaben:

1. Beschreiben Sie mögliche Anlässe für derartige Überlegungen!
2. Erläutern Sie mögliche Strategien der Preispositionierung, die für das Fernbusunternehmen grundsätzlich infrage kommen!
3. Im Rahmen möglicher preispolitischer Strategien zielt das Fernbusunternehmen darauf ab, zukünftig die Möglichkeit der Preisdifferenzierung zu nutzen. Zeigen Sie unterschiedliche Differenzierungsmöglichkeiten auf!

8.4 Aufgaben und Formen der Distributionspolitik beschreiben

BPE 8 Handlungssituation 8: Absatzwege bewerten

Das Unternehmen Motorenbau Anton Thomalla e. Kfm. hat sich im Industrie- und Gewerbepark Ulm angesiedelt. Das Unternehmen stellt Motoren zum Betrieb von Blockheizkraftwerken her und ist seit zwei Jahren auf dem Markt. Seine Kunden sind deutsche und europäische Hersteller von Blockheizkraftwerken.

Sie sind Mitarbeiter/-in in der Distributionsabteilung und sollen mithelfen, die Distributionspolitik des Unternehmens optimal zu gestalten.

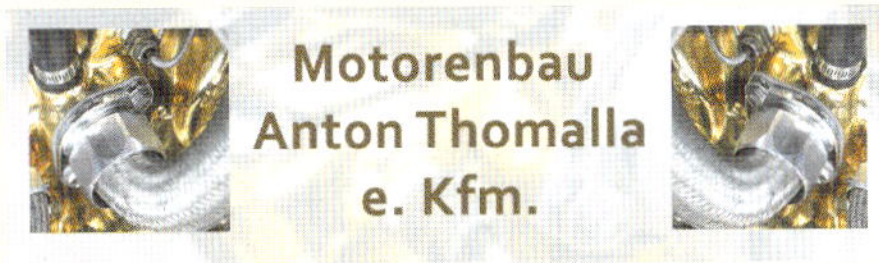

Kompetenzorientierte Arbeitsaufträge:

1. Begründen Sie, ob Anton Thomalla e. Kfm. direkte oder indirekte Absatzwege wählen sollte!
2. Finden Sie je vier Argumente, die für den Einsatz von Außendienstmitarbeitern und für den Einsatz von Handelsvertretern sprechen!
3. Angenommen, die Entscheidung zwischen Außendienstmitarbeitern und Handelsvertretern soll nur aufgrund eines Personalkostenvergleichs getroffen werden. Berechnen Sie, bis zu welchem Umsatz sich der Einsatz von Handelsvertretern lohnt! Die Handelsvertreter bekommen 10 % Provision, die Außendienstmitarbeiter bekommen insgesamt ein Fixum von 9 000,00 EUR und 4 % Provision.
4. Beurteilen Sie, ob für Anton Thomalla e. Kfm. die Vertriebskanäle „elektronische Marktplätze" oder „Onlineshop" infrage kommen!
5. Erläutern Sie allgemein Probleme durch die Zunahme des E-Commerce unter dem Aspekt der Umweltbelastung! Zeigen Sie zwei Lösungsmöglichkeiten auf!

Die **Distributionspolitik**[1] legt fest, auf welchem Weg das Produkt an den Käufer herangetragen werden kann (Absatzweg).

Aufgabe der Distributionspolitik ist es, die Absatzorgane zu bestimmen, die Absatzorganisation aufzubauen und die Durchführung des Gütertransports (Absatzlogistik) zu planen und abzuwickeln.

8.4.1 Direkte und indirekte Absatzwege darstellen

(1) Direkte Absatzwege

Direkte Absatzwege sind alle Absatzwege, die sich **nicht** des **Handels** bedienen.

1 **Distribution**: Verteilung.

Wenden sich Industriebetriebe bei der marktlichen Verwertung (Absatz) **unmittelbar** an die Verbraucher, Gebraucher und Weiterverarbeiter, liegt **direkter Absatz** vor. Beim direkten Absatz werden **keine** Zwischenhändler eingeschaltet.

- Der **Vorteil** des direkten Absatzes ist, dass Gewinnanteile, die fremden Unternehmen zufließen würden, dem Hersteller selbst zugute kommen.
- Der **Nachteil** ist, dass wegen der fehlenden räumlichen Nähe zum Kunden hohe Vertriebskosten entstehen.

Auch bei Einschaltung von Außendienstmitarbeitern oder Handelsvertretern[1] liegt in diesen Fällen ein **direkter** Absatzweg vor, da **keine Händler** zwischengeschaltet sind.

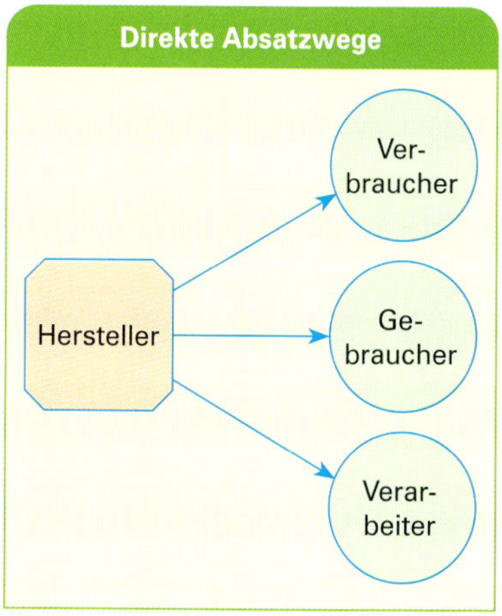

(2) Indirekte Absatzwege

Die **indirekten Absatzwege** schließen den **Handel** (Einzel- und Großhandel) in den Distributionsprozess ein.

Verkaufen Industriebetriebe an solche Personen oder Betriebe, die die Erzeugnisse nicht für ihren eigenen Verbrauch oder Gebrauch verwenden, sondern diese mehr oder weniger **unverändert weiterverkaufen** (Händler), spricht man von **indirektem Absatz.** Der Absatzweg ist länger, weil andere Unternehmen eingeschaltet werden.

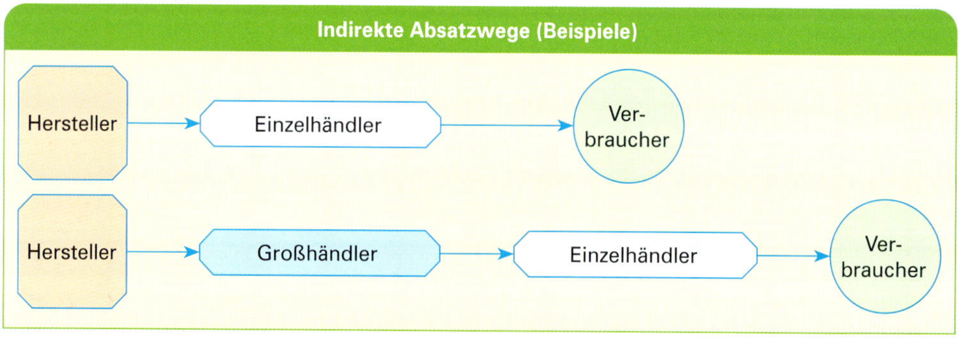

Auch bei Einschaltung von Außendienstmitarbeitern oder Handelsvertretern liegen beim **Verkauf an Händler indirekte** Absatzwege vor.

- **Vorteile für den Hersteller** sind, dass Vertriebskosten eingespart werden können, der Handel (meist) kurz- und mittelfristig das Absatzrisiko übernimmt und die Kunden die Erzeugnisse in den Lagern besichtigen können.
- Der **Nachteil** ist, dass der Handel Gewinnanteile beansprucht, die andernfalls (beim direkten Absatz) dem Hersteller zufließen würden.

1 Siehe Kapitel 8.4.2.

Beispiele:

- Die Küchen GmbH verkauft Küchen mithilfe von Außendienstmitarbeitern an private Verbraucher. Aus Sicht der Küchen GmbH liegt ein **direkter Absatzweg** vor, da der Handel nicht eingeschaltet wird.
- Die Handelsvertreterin Hanna Sorg vermittelt gewerbsmäßig Kaufverträge zwischen mehreren Mühlen und Bäckereien. Aus Sicht der Mühlen ist dies ein **direkter Absatzweg,** da der Großhandel nicht eingeschaltet wird.
- Ein Möbeleinzelhandelsgeschäft hat bei der Ulmer Büromöbel AG sieben Holzschreibtische bestellt. Aus Sicht der Ulmer Büromöbel AG liegt ein **indirekter Absatzweg** vor, da die Holzschreibtische über den Einzelhandel an die Endverbraucher verkauft werden.

8.4.2 Einsatz von Außendienst und Handelsvertretung vergleichen

8.4.2.1 Rechtliche Aspekte

(1) Außendienst

Außendienstmitarbeiter[1] sind **kaufmännische Angestellte,** die damit betraut sind, außerhalb des Unternehmens Geschäfte **im Namen** und **für Rechnung des Arbeitgebers** zu vermitteln oder abzuschließen [§ 55 I HGB].

Außendienstmitarbeiter sind weisungsgebundene Angestellte des Arbeitgebers. Sie schließen also in **fremdem Namen** und für **fremde Rechnung** Geschäfte (z. B. Kaufverträge) ab. Ist nichts anderes vereinbart, sind die Außendienstmitarbeiter nur ermächtigt zum **Abschluss von Kaufverträgen** und zur **Entgegennahme von Mängelrügen.**

Zur **Einziehung des Kaufpreises** (zum sogenannten „Inkasso") sind Handlungsreisende nur befugt, wenn hierzu vom Arbeitgeber ausdrückliche Vollmacht erteilt wurde [§ 55 III HGB].

Auf die Außendienstmitarbeiter treffen alle Merkmale der kaufmännischen Angestellten zu. Wie alle Angestellten erhalten die Außendienstmitarbeiter in aller Regel ein **festes Gehalt (Fixum).** Darüber hinaus steht den Handlungsreisenden als zusätzlicher Leistungsanreiz eine **Umsatzprovision** zu. Daneben werden ihnen die **Spesen** (Auslagen) erstattet.

Außendienstmitarbeiter haben folgende **Aufgaben**:

- Kunden und potenzielle Käufer aufsuchen,
- Kundengespräche führen,
- Waren oder Dienstleistungen anbieten,
- Bestellungen entgegennehmen,
- Erhaltung des bisherigen Kundenstamms,
- Werbung neuer Kunden (Erweiterung des Kundenstamms),
- Informationen des Arbeitgebers über die Marktlage (z. B. Berichte über Kundenwünsche),
- Entgegennahme von Mängelrügen.

1 Außendienstmitarbeiter werden auch als Handlungsreisende bezeichnet.

(2) Handelsvertretung

- **Handelsvertreter** sind **selbstständige Gewerbetreibende,** die ständig damit betraut sind, **im Namen** und **für Rechnung** eines **anderen Unternehmens** Geschäfte zu vermitteln oder abzuschließen (vgl. § 84 I S. 1 HGB).
- Der Handelsvertreter wird aufgrund eines **Vertretungsvertrags** (Agenturvertrags) tätig. Der Vertretungsvertrag ist auf **Dauer** ausgerichtet.

Die **Selbstständigkeit** des Handelsvertreters erstreckt sich im Wesentlichen auf die **freie Gestaltung** seiner **Tätigkeit** sowie **Bestimmung seiner Arbeitszeit,** wenn vertraglich keine anderen Vereinbarungen getroffen wurden.

Handelsvertreter **vermitteln** Geschäfte oder **schließen** Geschäfte **ab.** Je nachdem, ob eine Vermittlungs- oder Abschlussvertretung vereinbart ist, unterscheidet man **Abschlussvertreter** und **Vermittlungsvertreter.**

Handelsvertreter erhalten für ihre Tätigkeit in der Regel eine **umsatzabhängige Provision,** aber kein **Fixum.**

Zahlungen dürfen die Handelsvertreter nur dann entgegennehmen, wenn sie die **Inkassovollmacht** (Einzugsvollmacht) besitzen. Für den Einzug von Forderungen erhalten die Vertreter in der Regel eine **Inkassoprovision.** Verpflichten sich die Vertreter dazu, für die Verbindlichkeiten ihrer Kunden einzustehen, erhalten sie hierfür eine **Delkredereprovision**[1] [§ 86 b HGB].

Handelsvertreter haben folgende **Rechte** und **Pflichten** [§§ 84 ff. HGB]:

Rechte der Handelsvertreter	Pflichten der Handelsvertreter
■ Recht auf Bereitstellung von Unterlagen ■ Recht auf Provision ■ Ausgleichsanspruch[2] nach Beendigung des Vertragsverhältnisses ■ Anspruch auf Ersatz von Aufwendungen ■ gesetzliches Zurückbehaltungsrecht	■ Sorgfaltspflicht ■ Bemühungspflicht ■ Benachrichtigungspflicht über Geschäftsvermittlungen bzw. -abschlüsse ■ Interessenwahrungspflicht ■ Schweigepflicht über Geschäfts- und Betriebsgeheimnisse ■ Einhaltung der Wettbewerbsabrede

8.4.2.2 Qualitativer Vergleich zwischen Außendienst und Handelsvertretung

Unternehmen müssen entscheiden, ob sie **Außendienstmitarbeiter** oder **Handelsvertreter** zum Verkauf ihrer Produkte **einsetzen.** Um eine Entscheidung treffen zu können, müssen Hersteller die **Vor-** und **Nachteile** dieser Absatzwege abwägen.

Nachfolgend werden die **Vor-** und **Nachteile** von **Außendienst** und **Handelsvertretung** aus **Herstellersicht** dargestellt.

1 **Delkredere:** Haftung für den Eingang einer Forderung.

2 Der **Ausgleichsanspruch** hat den Zweck, den Kundenstamm, den der Handelsvertreter geworben hat und der von dem Unternehmer weiterhin genutzt werden kann, nach Beendigung des Handelsvertretervertrags zu vergüten. Er ist geregelt in § 89 b HGB.

(1) Außendienst

Vorteile	Nachteile
■ Bei guter Geschäftslage sind die Provisionskosten je Verkaufseinheit (z.B. Stück) verhältnismäßig niedrig. ■ Außendienstmitarbeiter sind weisungsgebunden (z.B. gut kontrollierbar). ■ Außendienstmitarbeiter stehen als Angestellte dem Unternehmen ständig zur Verfügung. ■ Außendienstmitarbeiter haben gute Produktkenntnisse durch innerbetriebliche Schulungen. ■ Außendienstmitarbeiter repräsentieren Unternehmen, da sie als Unternehmensvertreter auftreten. ■ Bei Vertragsauflösung entsteht kein Ausgleichsanspruch.	■ Bei zurückgehendem Absatz erhöhte Fixkosten, da das Gehalt (Fixum) nicht ohne Weiteres gekürzt werden kann. ■ Fixum und fester Arbeitsplatz können ggf. zu geringerer Leistungsbereitschaft führen. ■ Leistungssteigerung oft nur durch kostspielige Verkaufswettbewerbe und Prämien zu erreichen. ■ Außendienstmitarbeiter verkaufen Produkte nur eines Herstellers, daher entstehen keine Verbundeffekte.[1] ■ Evtl. Kontaktprobleme zu den Kunden, da Außendienstmitarbeiter oft nicht im Absatzgebiet wohnen.

(2) Handelsvertretung

Vorteile	Nachteile
■ Enger Kontakt zu den Kunden, da Handelsvertreter in der Regel im Absatzgebiet wohnen. ■ Bei möglichen Absatzrückgängen bleiben die Vermittlungskosten (Provisionen) je Verkaufseinheit konstant, da die Handelsvertreter nur Provision, aber kein Fixum erhalten. ■ Vergütung ist leistungsabhängig, deshalb besonders hohe Motivation der Handelsvertreter. ■ Breites, kundenorientiertes Sortiment verschiedener Hersteller führt zu Verbundeffekten.	■ Bei starken Umsatzerhöhungen können die Provisionskosten höher sein als beim Einsatz von Außendienstmitarbeitern. ■ Unter Umständen weniger gute Produktkenntnisse, da Handelsvertreter Produkte verschiedener Unternehmen verkaufen. ■ Handelsvertreter sind nicht weisungsgebunden (z.B. weniger kontrollierbar, Unternehmensstrategie weniger gut durchsetzbar). ■ Gefahr, dass Handelsvertreter sich nur um Produkte mit hoher Provision kümmern. ■ Unternehmen wird nur indirekt vertreten. ■ Bei Vertragsauflösung kann ein Ausgleichsanspruch entstehen.

8.4.2.3 Quantitativer Vergleich mit Personalkosten

Beim **quantitativen Vergleich** werden die **Personalkosten** des Außendienstes und der Handelsvertretung **rechnerisch verglichen.**

1 **Verbundeffekt:** Kunden kaufen bei einem Verkäufer, weil er auch andere Produkte hat, die benötigt werden oder weil seine anderen Produkte das gewünschte Produkt ergänzen.

Beispiel:

Ein Unternehmen steht vor der Wahl, entweder Außendienstmitarbeiter oder Handelsvertreter einzusetzen. Die Außendienstmitarbeiter erhalten ein Fixum von insgesamt 12 000,00 EUR im Monat und 4 % Provision, die Handelsvertreter lediglich 8 % Umsatzprovision. Es stellt sich die Frage, ab welchem Umsatz sich der Einsatz von Außendienstmitarbeiter lohnt.

Grafische Lösung

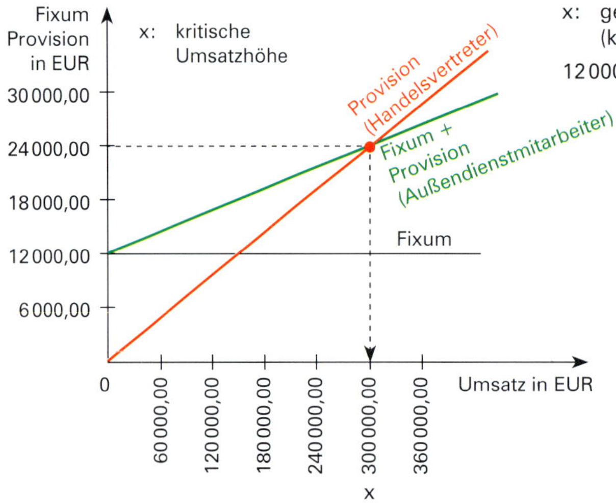

Mathematische Lösung

x: gesuchter Umsatz (kritische Umsatzhöhe)

$$12\,000{,}00 + 0{,}04\,x = 0{,}08\,x$$
$$0{,}04\,x = 12\,000{,}00$$
$$4\,x = 1\,200\,000{,}00$$
$$x = \underline{\underline{300\,000{,}00}}$$

Liegt der Umsatz über 300 000,00 EUR monatlich, lohnt sich der Einsatz von Außendienstmitarbeitern; liegt er darunter, ist der Einsatz von Handelsvertretern kostengünstiger.

Vorteile des Personalkostenvergleichs:

- relativ **einfache Berechnung,**
- Berechnung liefert **konkrete Zahlen** als **Entscheidungsgrundlage.**

Nachteile des Personalkostenvergleichs:

- Die Entscheidung für Außendienstmitarbeiter oder Handelsvertreter beruht auf einer **Prognose** des **Umsatzes.** Diese kann sich als **falsch** erweisen.
- Es wird **unterstellt,** dass Außendienstmitarbeiter und Handelsvertreter den **gleichen Umsatz** erzielen. Aufgrund der qualitativen Vor- und Nachteile der beiden Absatzwege können sich jedoch **unterschiedliche Umsatzhöhen** ergeben.
- Der Vergleich von Personalkosten lässt alle **qualitativen Vergleichsfaktoren unberücksichtigt.**

8.4.3 Distribution und Logistik im E-Commerce erläutern

E-Commerce (electronic commerce = elektronischer Handel) bezeichnet **Geschäftsvorgänge,** bei denen die Beteiligten auf **elektronischem Wege,** insbesondere auf dem Weg über das **Internet,** ihre Geschäfte anbahnen und abwickeln.

Die für Unternehmen wichtigsten Formen des E-Commerce sind Business-to-Business (B2B) und Business-to-Consumer (B2C).

8.4.3.1 Business-to-Business (B2B) auf elektronischen Marktplätzen

(1) Begriff Business-to-Business (B2B)

Business-to-Business (B2B) bezeichnet den **elektronischen Handel zwischen Unternehmen.**

Die meisten bedeutenden B2B-Anbieter bieten Produktinformationen, die Rechnungsstellung und Kundenservicedienstleistungen online[1] an. Durch B2B-Beziehungen ergeben sich **Möglichkeiten zur Kostensenkung**, z. B. bei der Ermittlung neuer Lieferquellen, im Austausch von Informationen, in der Abwicklung von Lieferungen und in der Ausführung von Zahlungen sowie im Supply Chain Management.[2]

B2B-Beziehungen finden sich in zahlreichen Industriezweigen, von der Automobil-, Flug- und Mineralölindustrie bis hin zur Chemie-, Nahrungs-, Energie- und Pharmaindustrie. Unternehmen nutzen B2B-Handelsnetzwerke, Auktionsseiten, Online-Produktkataloge und Tauschhandelsseiten, um **neue Kunden** zu **erreichen,** derzeitige **Kunden effektiver** zu **bedienen** und **bessere Preise** zu erzielen.

(2) Elektronische Marktplätze

- **Elektronische Marktplätze** sind **informationstechnische Systeme** (z. B. Internet), die die **marktmäßig organisierten Leistungen** unterstützen.
- Ein **elektronischer Marktplatz** liegt immer dann vor, wenn sich **Anbieter** und **Nachfrager** im **Internet** treffen.

B2B-E-Commerce findet auf **elektronischen Marktplätzen** im **Internet** statt.

B2B-E-Commerce findet auch in **offenen Handelsnetzwerken** statt. Das sind **riesige elektronische Marktplätze (B2B-Marktplätze),** auf denen sich Käufer und Verkäufer online treffen. Offene Handelsnetzwerke stellen eine **Spezialform elektronischer Marktplätze** dar, da sie für viele Anbieter und Nachfrager offenstehen.

Beispiele:

- Worldbid (www.worldbid.com) ist ein großes weltweites B2B-Handelsnetzwerk.
- Weitere B2B-Marktplätze sind die amerikanischen Plattformen Ariba (www.ariba.com) oder Commerce One (www.commerceone.com).
- Der **weltweit größte B2B-Marktplatz** ist die chinesische Handelsplattform **Alibaba** (www.alibaba.com).

Viele Unternehmen haben sich auf diesen Seiten registrieren lassen, in der Hoffnung, ihre **Verkäufe** zu **erhöhen** bzw. ihre **Einkaufskosten** zu **verringern** und **neue Geschäftskontakte** zu knüpfen.

1 **Online**: im Internet, an das Internet angeschlossen.

2 **Supply Chain Management**: Management, das den Fluss aller Materialien und Informationen in der Wertschöpfungskette koordiniert und optimiert (Lieferkettenmanagement), siehe Merkurbuch „Volks- und Betriebswirtschaftslehre – Eingangsklasse“, Kapitel 4.2.

Im B2B-Bereich ist das Kaufvolumen weltweit viel höher als im B2C-Bereich, obwohl die Medien ihre Berichterstattung meist auf das Onlinegeschäft im B2C-Bereich konzentrieren.

8.4.3.2 Business-to-Consumer (B2C) über Onlineshops

(1) Begriff Business-to Consumer (B2C)

Business-to-Consumer (B2C) bezeichnet den **elektronischen Handel** zwischen **Unternehmen** (Verkäufer) und **Endverbraucher** (Privatpersonen als Käufer).

(2) Onlineshops

Unternehmen bieten ihre Produkte und Dienstleistungen über **Onlineshops** den **Endverbrauchern** zum Kauf an.

Ein **Onlineshop** ist eine **Website**,[1] über die ein **Unternehmen Produkte** oder **Dienstleistungen** im Internet **anbietet** und **verkauft.**

Betreiber von **Onlineshops** sind zum einen **Hersteller,** die mit diesem Vertriebsweg (Direktvertrieb) den Handel als Absatzmittler umgehen. Um erfolgreich zu sein, muss der Hersteller seine **Produktpalette** angemessen im Internet **präsentieren** und die **Lieferung organisieren** können.

Betreiber von Onlineshops sind zum anderen aber auch **traditionelle Handelsbetriebe,** die das Internet als **zusätzliche Vertriebsschiene** verwenden.

1 **Website**: sämtliche hinter einer Internetadresse stehenden Seiten.

Für beide bisherigen Offline[1]-Akteure bietet der E-Commerce die Möglichkeit, ihr **Leistungsangebot weltweit** „im Netz" zu vermarkten. Internationale Angebote sind damit nicht mehr eine Frage der Betriebsgröße.

Eine dritte Gruppe von Onlineshop-Betreibern sind Anbieter, die **keine Offline-Wurzeln** haben, sondern als Onlineshop gegründet wurden. Manche haben sich in wenigen Jahren zu Welthandelskonzernen entwickelt, z. B. Amazon.

(3) Vor- und Nachteile von Onlineshops

	Für Käufer	Für Verkäufer
Vorteile	■ permanente Öffnungszeiten ■ rasche Suche nach Produkten durch Shop-eigene Suchmaschinen ■ umfangreiches Angebot ■ bequem von zu Hause aus erreichbar, keine Fahrten notwendig, keine Parkplatzsuche, Ware wird ins Haus gebracht ■ einfache Preisvergleiche	■ weltweites Absatzgebiet ■ leichtes Erfassen von Kundeninformationen für zukünftiges Marketing ■ aufwendige Warenpräsentation und Ladeneinrichtung entfällt
Nachteile	■ in Deutschland noch weitgehend Befangenheit bezüglich der Sicherheit beim Zahlungsvorgang ■ Einkaufserlebnis entfällt ■ kein Berühren des Produkts möglich ■ keine persönliche Produktberatung durch qualifiziertes Verkaufspersonal	■ hohe Unsicherheit bezüglich des Verkaufserfolgs ■ hohe Anfangsinvestitionen für Aufbau des Onlineshops

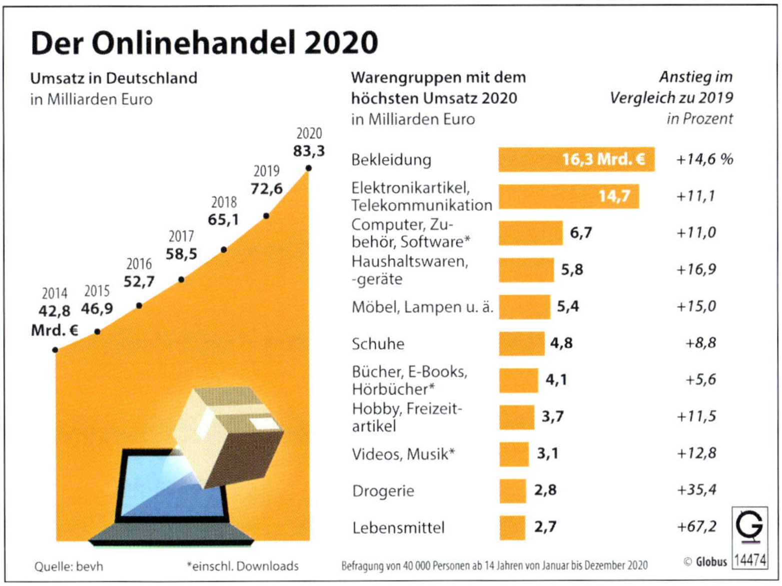

1 **Offline**: außerhalb des Internets, nicht ans Internet angeschlossen.

8.4.3.3 Logistik im E-Commerce

- **Logistik** im E-Commerce ist die **Zusammenstellung** und **Auslieferung** der verkauften Produkte.
- Die **Logistikabwicklung** ist **kostenintensiv** und **kompliziert.**

Probleme bestehen bei **nicht-digitalisierbaren Produkten,** die dem Käufer physisch zugestellt werden müssen:

- Es müssen oft **hohe Investitionen** in die **Warenwirtschaft** zur Kommissionierung der Produkte (Zusammenstellung der Produkte des Kaufauftrags aus dem Lager) getätigt werden.
- Die **Auslieferung** der Produkte verursacht **hohe Kosten**, z. B. für einen Paketdienst. Deshalb stellen viele Betreiber von Onlineshops ihren Kunden eine Versandgebühr in Rechnung, zumindest wenn die Bestellsumme unterhalb eines bestimmten Wertes liegt.
- Viele Onlineverkäufer setzen ihre **Mitarbeiter** und **Lieferer** unter einen **starken Kosten-** und **Leistungsdruck,** um die Logistikkosten niedrig zu halten.
- **Rücksendungen** durch private Endverbraucher, die innerhalb von 14 Tagen jederzeit möglich sind, sind sehr **kostenintensiv.** Solche Rücksendungen lassen sich oftmals ohne Aufbereitungsschritte (z. B. Reinigung) nicht mehr verkaufen.
- **Endverbraucher** sind aufgrund ihrer Berufstätigkeit tagsüber oft **nicht** zu Hause **anzutreffen.** Experimente wie die Einrichtung von Abholstationen mit kundenspezifischen Schließfächern, z. B. an Bahnhöfen oder Tankstellen, haben sich bisher als wenig geeignet erwiesen.

Im Gegensatz dazu ist die Logistik bei **digitalen Produkten,** wie z. B. Software, Zeitungsartikel und Musikstücke, die über das Internet geliefert werden können (Herunterladen, Streaming[1]), recht einfach und kostengünstig.

8.4.3.4 Grenzen im Hinblick auf den nachhaltigen Umgang mit der Natur

Ein weiteres **Problem** bei zunehmender Nutzung von E-Commerce ist die **Umweltbelastung,** die auf verschiedene **Ursachen** zurückzuführen ist:

- Es sind **viele Verpackungsmaterialien** nötig, um die bestellten Produkte auszuliefern.
- Durch **viele kleine Bestellungen** wird eine hohe Zahl an Auslieferungsfahrten verursacht.
- Die Produkte werden an geografisch **weit weg liegende Orte** ausgeliefert. Somit müssen lange Transportwege zurückgelegt werden.
- Die **hohe Anzahl** an **Rücksendungen** verursacht viele Transportfahrten.

Folgende **Lösungsansätze** in Bezug auf die **Umweltbelastung** kommen in Betracht:

- Einsatz von **umweltfreundlichen Transportfahrzeugen.**
- Benutzung von **größeren Transportfahrzeugen,** um zusätzliche Fahrten zu vermeiden.
- Einsatz von **wiederverwendbaren und umweltfreundlichen Verpackungsmaterialien**.

Wenig geeignet zur Reduzierung der Umweltbelastung erscheinen Maßnahmen wie z. B. die Erhöhung der Versandkosten oder die Einschränkung des 14-tägigen Rückgaberechts für Endverbraucher. Beide Maßnahmen würden die langfristige Gewinnmaximierung der Unternehmen und die Zufriedenheit der Endverbraucher beeinträchtigen.

1 **Streaming:** Datenübertragungsverfahren, bei dem die Daten bereits während der Übertragung angesehen oder angehört werden können (und nicht erst nach der vollständigen Übertragung der Daten).

Kompetenztraining

105 Überblick

Verschaffen Sie sich einen Überblick über das Kapitel 8.4. Nehmen Sie dazu ein DIN-A4-Blatt quer und gestalten Sie eine Mindmap. In der Mitte steht das Thema Distributionspolitik. Davon weg gehen sechs Hauptäste mit den Bezeichnungen direkter Absatzweg, indirekter Absatzweg, Außendienst, Handelsvertretung, elektronische Marktplätze und Onlineshops. Die Nebenäste sind frei gestaltbar.

106 Direkte und indirekte Absatzwege

1. Entscheiden Sie, ob aus der Sicht der Hersteller indirekter oder direkter Absatz vorliegt. Begründen Sie Ihre Antwort!

   1.1 Hersteller – Handelsvertreter – Einzelhändler – Verbraucher

   1.2 Hersteller – Außendienst – Einzelhändler – Verbraucher

   1.3 Hersteller – Außendienst – Verbraucher

2. 2.1 Beschreiben Sie die Aufgaben der Distributionspolitik!

   2.2 Zeigen Sie in einer schematischen Darstellung auf, welche Absatzwege grundsätzlich möglich sind!

   2.3 Sie sind Distributionsmanager eines Textilunternehmens. Ihnen wird der Auftrag übertragen, für das spezielle Produkt „Jagdbekleidung" einen Distributionsplan zu erstellen.

   Aufgabe:

   Entwickeln Sie unter Verwendung der verschiedenen distributionspolitischen Instrumente eine Distributionsvariante!

107 Außendienst und Handelsvertretung

Die Geschäftsleitung der Kolb KG steht vor der Entscheidung, entweder Handelsvertreter oder Außendienstmitarbeiter einzusetzen. Für die Außendienstmitarbeiter muss sie monatlich insgesamt 20000,00 EUR Fixum zahlen. Die Außendienstmitarbeiter erhalten 4% Umsatzprovision, die Handelsvertreter 9%. Der erwartete Monatsumsatz beträgt durchschnittlich 500000,00 EUR.

Aufgaben:

1. Weisen Sie rechnerisch nach, ob der Einsatz von Außendienstmitarbeitern oder von Handelsvertretern kostengünstiger ist!
2. Ermitteln Sie zeichnerisch den kritischen Umsatz!
3. Nennen Sie Gründe, die – unabhängig von Kostenüberlegungen –

   3.1 für die Einstellung von Außendienstmitarbeitern,

   3.2 für den Einsatz von Handelsvertretern sprechen!

108 Vergleich Außendienst und Handelsvertreter

1. Die Lux-GmbH rechnet aufgrund der erstellten Marktprognose mit einer beträchtlichen Umsatzsteigerung. Aus diesem Grund soll der bisher übliche Verkauf der Geschirrspülmaschinen durch Handelsvertreter überdacht werden. Es soll untersucht werden, ob der Einsatz von Außendienstmitarbeitern sinnvoll ist.

   - Kosten für Handelsvertreter: 9 % Umsatzprovision.
   - Kosten für Außendienstmitarbeiter: monatliche fixe Kosten (Fixum und Spesen) 3500,00 EUR und 3 % Umsatzprovision.

   Aufgaben:

   1.1 Berechnen Sie den kritischen Umsatz!

   1.2 Berechnen Sie die Kosten der beiden Absatzmittler bei einem geschätzten Jahresumsatz von 1,0 Mio. EUR!

   1.3 Erläutern Sie vier Gesichtspunkte, die außer den Kosten bei der Entscheidung für den günstigsten Absatzmittler zu berücksichtigen sind!

   1.4 Schlagen Sie der Geschäftsleitung den nach Ihrer Meinung für den Verkauf der neuen Geschirrspülmaschinen geeignetsten Absatzmittler vor. Berücksichtigen Sie dabei Ihre Lösungen zu den Aufgaben 1.2 und 1.3!

2. Eine Möbelfabrik verkauft ihre Produkte sowohl an Großhändler, Einzelhändler und Hotels als auch an Privatleute.

   Aufgaben:

   2.1 Erläutern Sie, welche Absatzwege beschritten werden!

   2.2 Nennen Sie Vor- und Nachteile, die die von Ihnen genannten Absatzwege haben!

109 E-Commerce

Das Unternehmen „Amelie Schröder Computerfachhandel e. Kfr." hat seinen Sitz in Überlingen. Amelie Schröder handelt mit Computern und Zubehör aller Art. Einen Großteil ihrer Waren beschafft sie in einem offenen Handelsnetzwerk im Internet. Dort bieten vor allem chinesische Hersteller ihre Waren zum Verkauf an. Die meisten Kunden von Frau Schröder sind Endverbraucher. Die Kunden können die Waren im Geschäft im Überlinger Industriegebiet oder über die firmeneigene Website erwerben.

Aufgaben:

1. Erläutern Sie, welche Formen des E-Commerce Frau Schröder betreibt!
2. Benennen Sie die von Frau Schröder benutzten Internetplattformen!
3. Begründen Sie, warum Frau Schröder E-Commerce betreibt!
4. Zeigen Sie Probleme auf, die Frau Schröder im E-Commerce bewältigen muss!

8.5 Aufgaben und Instrumente der Kommunikationspolitik beschreiben

BPE 8 Handlungssituation 9: Kommunikationspolitik gestalten

Die Sport-Burr AG stellt im Industrie- und Gewerbepark Ulm komfortable und hochwertige Nordic-Walking-Stöcke im oberen Preissegment her. Zielgruppe sind Frauen und Männer ab 60 Jahren. Hauptabsatzgebiet war bisher der süddeutsche Raum. Seit einem Jahr stagniert der Umsatz. Nun möchte die Sport-Burr AG die Nordic-Walking-Stöcke in ganz Deutschland bekannt machen und verkaufen. Ziel ist es, den Umsatz zu erhöhen und einen höheren Marktanteil zu erreichen.

Sie sind Mitarbeiter/-in in der Marketingabteilung der Sport-Burr AG und sollen sich um das Marketing der Nordic-Walking-Stöcke kümmern.

Kompetenzorientierte Arbeitsaufträge:

1. Entscheiden Sie begründet, welche Instrumente der Kommunikationspolitik geeignet sind, um die wirtschaftlichen Ziele zu erreichen!
2. Beurteilen Sie, welches die ethischen Grenzen des Einsatzes der Instrumente der Kommunikationspolitik sind, d. h., auf welche Weise deren Einsatz moralisch und sittlich nicht vertretbar ist! Notieren Sie drei Beispiele bezüglich der Nordic-Walking-Stöcke!

Kommunikationspolitik umfasst alle marketingpolitischen **Maßnahmen,** die das **Unternehmen** und seine **Produkte** in der **Öffentlichkeit darstellen** und **bekannt machen.**

8.5.1 Werbung in Radio, Fernsehen und Printmedien planen

8.5.1.1 Begriff Werbung

Werbung sind alle Maßnahmen, die dazu dienen, auf ein **Erzeugnis** und/oder eine **Dienstleistung aufmerksam** zu **machen** und **Kaufwünsche** zu **erzeugen.**

Um den Erfolg der Werbung sicherzustellen, ist für jede Form der Werbung das **Aufstellen** eines **Werbeplans** erforderlich.

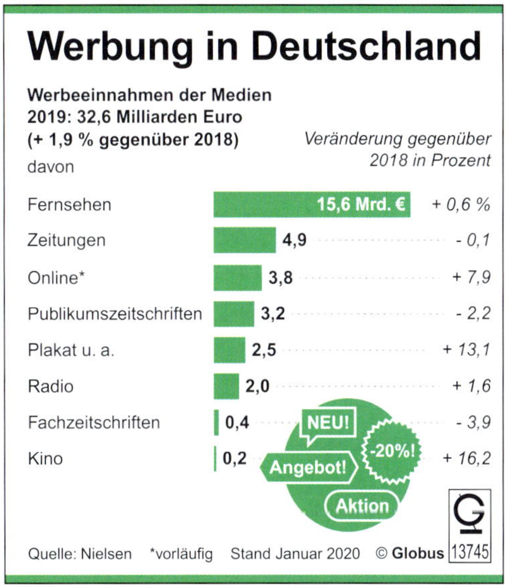

8.5.1.2 Werbeplan

Im Werbeplan sind insbesondere folgende Fragen zu beantworten:

- Welche **Art der Werbung** soll durchgeführt werden?
- Welche **Werbemittel** und **Werbeträger** sind einzusetzen?
- Welche **Streukreise** und **Streugebiete** sind auszuwählen?
- Welche **Streuzeit** wird festgesetzt?
- Welche Beträge können für die Werbung eingesetzt werden **(Werbeetat)?**

(1) Grundsätze und Arten der Werbung

Grundsätze der Werbung

Klarheit und Wahrheit
Die Werbung sollte sachlich unterrichten, die Vorzüge des Produkts herausheben und keine Unwahrheiten enthalten.

Wirksamkeit
Die Werbung muss die Motive der Umworbenen ansprechen und Kaufwünsche verstärken.

Einheitlichkeit
Die Werbung sollte stets einen gleichen Stil aufweisen, um beim Kunden einen Wiedererkennungseffekt zu erzielen.

Wirtschaftlichkeit
Der auf die Werbung zurückzuführende zusätzliche Ertrag muss höher sein als der Aufwand.

Zudem hat die Werbung eine **soziale Verantwortung,** d. h., sie darf keine Aussagen oder Darstellungen enthalten, die gegen die guten Sitten verstoßen, moralische oder religiöse Empfindungen verletzen.

Werbung nach der Anzahl der Umworbenen

Direktwerbung	Einzelne Personen, Unternehmen, Behörden werden unmittelbar angesprochen, z. B. durch Werbebriefe, Reisende.
Massenwerbung	■ Die **gezielte Massenwerbung** möchte eine bestimmte Gruppe durch die Werbung ansprechen (z. B. eine Berufs- oder Altersgruppe, die Nichtraucher, die Autofahrer). ■ Die **gestreute Massenwerbung** wird mithilfe von Massenmedien (Rundfunk, Fernsehen, Zeitungen) betrieben.

Werbung nach der Anzahl der Werbenden

Phasen	Erläuterungen	Beispiele
Alleinwerbung	Ein Unternehmen wirbt für seine Produkte.	*„Innovation ist Tradition seit über 100 Jahren"*, Maschinenbau Gelber AG.
Verbundwerbung	Mehrere Unternehmen führen gemeinsam eine Werbeaktion durch.	*„Danke Wasserkraft"*, Verband der Stromwirtschaft.
Gemeinschaftswerbung	Hier tritt ein ganzer Wirtschaftszweig als Werber auf.	Der Bundesverband der Deutschen Heizungsindustrie (BDH) wirbt mit dem Slogan: *„Unsere Branche weist in die Zukunft!"*

(2) Werbemittel und Werbeträger

Werbemittel

Werbemittel sind Kommunikationsmittel (z. B. Wort, Bild, Ton, Symbol), mit denen eine Werbebotschaft dargestellt wird (z. B. Anzeige, Rundfunkspot, Plakate usw.).

Je nachdem, **welche Sinne angesprochen** werden sollen, gliedert man die Werbemittel in:

Optische Werbemittel	Sie wirken auf das Sehen des Umworbenen (z. B. Plakate, Anzeigen, Schaufensterdekorationen, E-Mails und Short Message Service [SMS]).
Akustische Werbemittel	Sie sprechen das Gehör an (z. B. Verkaufsgespräch, Werbevorführungen, Werbespots im Radio).
Geschmackliche Werbemittel	Hier soll der Kunde durch eine Kostprobe von der Güte der Ware überzeugt werden. Die Kostproben sprechen den Geschmackssinn an.
Geruchliche Werbemittel	Sie wirken auf den Geruchssinn der Kunden (z. B. Parfümproben).

Werbeträger

Der **Werbeträger** ist das Medium, durch das ein Werbemittel an den Umworbenen herangetragen werden kann.

Wichtige Werbeträger sind:

Werbeträger

- Printmedien
- Hörfunk, Fernsehen, Kino
- Plakatanschlagstellen
- Internet, CD-Werbung[1], Social Media
- Werbegeschenke

1 **Corporate Design (CD-Werbung)** stellt den Einsatz von Firmenlogo, Gestaltungselemente, Verpackungsmaterial, Farben und Bilder und sogar die Architektur des Unternehmensgebäudes in den Dienst der Werbung.

(3) Streukreis und Streugebiet

- Der **Streukreis** beschreibt den Personenkreis, der umworben werden soll. Der Personenkreis wird häufig noch nach **Zielgruppen** (z. B. Berufs-, Alters-, Kaufkraftgruppen, Geschlecht) untergliedert.
- Das **Streugebiet** (Werbeverbreitungsgebiet) ist das Gebiet, in welchem die Werbemaßnahmen durchgeführt werden sollen.

Streugebiete sind deswegen festzulegen, weil Art und Umfang des Bedarfs in den einzelnen Gebieten (beispielsweise sei auf die andersartigen Bedürfnisse von Stadt- und Landgemeinden hingewiesen) unterschiedlich sein können.

(4) Streuzeit

Durch die **Streuzeit** wird Beginn und Dauer der Werbung sowie der zeitliche Einsatz der Werbemittel und Werbeträger festgelegt.

Grundsätzlich hat ein Unternehmen drei Möglichkeiten für die zeitliche Planung von Werbeaktionen:

- **einmalig** bzw. **zeitlich begrenzt** und intensiv zu werben,
- **regelmäßig** zu werben (pro Tag, pro Woche, pro Monat),
- in **unregelmäßigen Abständen** kurz, aber intensiv zu werben.

Vergessenheitskurve bei Werbeabbruch nach einmaliger Veröffentlichung

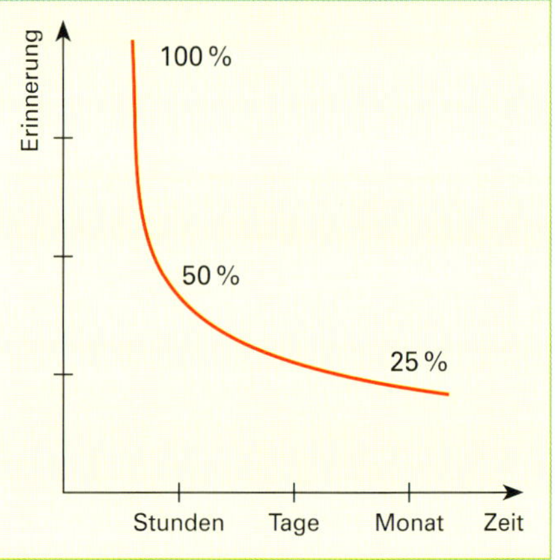

Vergleicht man die Wirkung von kurzzeitigen Werbeaktionen mit Werbeaktionen, die über einen längerfristigen Zeitraum angelegt sind, so gilt: Je länger und je häufiger geworben wird, desto schneller treten wirtschaftliche Werbewirkungen ein.

Die **Vergessenskurve** aus der Lernforschung zeigt, dass binnen weniger Stunden 50 % der empfangenen Informationen bereits wieder vergessen sind.

(5) Werbeetat

Da die Werbung in manchen Wirtschaftszweigen erhebliche Mittel verschlingt – der Prozentsatz der Werbekosten am Umsatz liegt in der deutschen Wirtschaft zwischen 1 % und 20 % –, ist ein genauer Haushaltsplan (Etat, Budget) für die Werbung aufzustellen. Die Höhe des Werbeetats kann sich nach der jeweiligen Finanzlage des Unternehmens, nach dem Werbeaufwand der Konkurrenz oder nach dem erwarteten Werbeerfolg richten.

Nachfolgend finden Sie ein **Beispiel** für einen **einfachen Werbeplan einschließlich der Werbeetatplanung**.

Beispiel:

Werbeplan der Ulmer Büromöbel AG einschließlich der Werbeetatplanung für das 2. Quartal

Nr.	Werbemittel/ Werbeträger	Reichweite in Tsd.	Umfang/ Dauer	Anzahl der Werbemaßnahmen	Kosten für 1 000 Kontakte	Kosten für Gestaltung/ Druckvorlagen/ Dekoration insg.	Kosten für Werbeverbreitung insg.	Werbedispositionen		
								April	Mai	Juni
1.	Anzeigen Titel/Ausgaben									
	1.1 Tageszeitung	180	1/4 Seite	10	8,40	1 800,00	16 920,00[1]	4	3	3
	1.2 Anzeigenblatt	210	1/2 Seite	4	5,10	2 200,00	6 484,00	2	1	1
2.	Prospekte Titel/Ausgaben									
	2.1 Gewerbliche Büromöbel	22	6 Seiten	2	5,40	7 200,00	7 437,60	1	1	
	2.2 Schulmöbel für Kinderzimmer	22	4 Seiten	2	4,10	4 400,00	4 580,40		1	1
3.	Hörfunk Sender									
	3.1 Regio TV 1	3 300	30 Sek.	5	1,12	3 800,00	22 280,00	2	2	1
	3.2 Regio TV 2	2 400	45 Sek.	8	1,30	4 900,00	29 860,00	2	3	3

8.5.1.3 Werbung im Radio

Radiowerbung ist nur für **Werbebotschaften** geeignet, die sich **akustisch gut darstellen** lassen.

Daher sollte man möglichst klare, unkomplizierte und rationale[2] Werbebotschaften senden.

Werbespots im Radio sind **wiederholt nutzbar.** Im Laufe des Tages können **verschiedene Zielgruppen** angesprochen werden. Darüber hinaus ist Werbung im Radio **kostengünstig** und **lokal**[3] bzw. **regional**[4] einsetzbar, je nach Sender. Beispielsweise hat „SWR3" ein Verbreitungsgebiet vom Rheinland bis zum Bodensee.

Allerdings ist Radio ein **flüchtiges Medium,** da die Wahrnehmung von Radiowerbung beim Zuhörer im Allgemeinen bei der Ausübung anderer Tätigkeiten erfolgt. Daher ist sie geeignet für

- den schnellen **Aufbau** von **Markenbekanntheit,**
- die Aufforderung zur Teilnahme an **Unternehmensaktionen** oder
- die schnelle Verbreitung **aktueller Informationen.**

1 Kosten für Werbeverbreitung insgesamt = 180 · 10 · 8,40 + 1 800,00 = 16 920,00 EUR.

2 **Rational:** hier: sachlich, verstandesgemäß.

3 **Lokal:** örtlich, für einen bestimmten Ort oder Bereich geltend, z. B. für Stuttgart.

4 **Regional:** eine bestimmte Region betreffend, z. B. Baden-Württemberg.

8.5.1.4 Werbung im Fernsehen

In Deutschland können über acht regionale ARD-Anstalten (z. B. „Südwestrundfunk"), das ZDF sowie private Fernsehsender (RTL, SAT1, DSF, RTL2 usw.) Werbung im Fernsehen ausstrahlen.

Der besondere **Vorteil** der **Werbung** im **Fernsehen** liegt in der **multisensorischen** (Text, Bild, Ton, Farbe) **Ansprache** der Zuschauer. Die Wahrnehmung durch die Zuschauer erfolgt in **häuslicher Atmosphäre.**

Die Nutzungspreise sind aufgrund der hohen Anzahl an Privatsendern sowie dem daraus resultierenden Angebot an Werbezeiten zwar gesunken, jedoch handelt es sich immer noch um eine relativ **teure Werbeform.** Außerdem ist das Medium Fernsehen nur **bedingt regional** einsetzbar (z. B. über ARD-Anstalten wie dem Südwestrundfunk). Es eignet sich deshalb eher für ein **großes Verbreitungsgebiet** (z. B. Deutschland).

Aufgrund der Werbeflut im Fernsehen besteht die **Gefahr** des **„Zapping",** d. h., Zuschauer schalten mit ihrer Fernbedienung auf andere Programme um, wenn Werbeblöcke gesendet werden.

Mit Fernsehwerbung können Unternehmen eine **breite Zielgruppe** ansprechen. Deshalb eignet sie sich besonders für

- **Konsumgüter** des täglichen Bedarfs,
- die Steigerung des **Bekanntheitsgrades** oder
- die **Imageprofilierung** von Marken bzw. Unternehmen.

8.5.1.5 Werbung in Printmedien

Printmedien sind Medien, die in **gedruckter Form** auf Papier erhältlich sind.

(1) Tageszeitungen

Tageszeitungen zeichnen sich durch eine breite Zielgruppe und ihre **Aktualität** aus.

Tageszeitungen werden, je nach Verbreitungsgebiet, für **lokale, regionale** und **überregionale** Werbekampagnen eingesetzt.

Eine Anzeigenwerbung ist **kurzfristig schaltbar,** verursacht relativ **niedrige Kosten** und bietet **vielfältige Gestaltungsmöglichkeiten.**
Sie eignet sich als Medium zur **Einführung neuer Produkte** und zur **Durchführung spezieller Aktionen** (z. B. Sonderangebote oder Preisausschreiben) etwa für Handelsunternehmen. Außerdem gibt es die Möglichkeit der **Beilagenwerbung**, z. B. lässt ein großer Elektromarkt einer regionalen Tageszeitung ein Prospekt beilegen.

Beispiele:

Frankfurter Allgemeine Zeitung, Schwäbische Zeitung, Süddeutsche Zeitung, Schwarzwälder Bote oder Südkurier.

Allerdings weisen Tageszeitungen eine **geringe Druckqualität** auf, **veralten schnell** und werden **rasch entsorgt**. Außerdem werden Tageszeitungen von Zielpersonen **unter 30 Jahren kaum gelesen**.

(2) Publikumszeitschriften

- **Publikumszeitschriften erscheinen periodisch** (monatlich, 14-tägig, wöchentlich usw.).
- Sie eignen sich als **Zielgruppenmedien**, da bestimmte Gruppen durch Frauen-, Wohn-, Hobby-, Automobil-, Eltern- und Familienzeitschriften sowie Wirtschafts- und Nachrichtenmagazine angesprochen werden.

Publikumszeitschriften haben eine **hohe Reichweite,** da sie meist in ganz Deutschland gekauft werden können. Außerdem haben sie eine **hohe Druckqualität** und es besteht die Möglichkeit der **wiederholten Betrachtung** von Anzeigen. Sie eignen sich als Werbeträger für **Konsumgüter** (z. B. Mineralwasser) und Gebrauchsgüter (z. B. Autos).

Jedoch ist die **Anzeigendichte** in Publikumszeitschriften oft hoch, was die Aufmerksamkeit für eine Werbeanzeige schmälert.

Beispiele:

Focus, Der Spiegel, Auto Bild oder Schöner Wohnen.

(3) Fachzeitschriften

Fachzeitschriften wenden sich an ein **besonders qualifiziertes Publikum**.

Untersuchungen haben gezeigt, dass Fachleute Fachzeitschriften als **unbedingt erforderliche Informationsquellen** ansehen. Mit Werbung in Fachzeitschriften können **bestimmte Zielgruppen wirkungsvoll erreicht** werden. Beworben werden Güter und Dienstleistungen, für die sich die Leser der Fachzeitschrift wahrscheinlich interessieren. Beispielsweise wird eine Werbeanzeige für ein Buchführungsprogramm in einer Fachzeitschrift für Steuerberater geschaltet.

Die Werbung in Fachzeitschriften hat jedoch in der Regel einen **hohen Preis pro Person** der anvisierten Zielgruppe.

Beispiele:

Fachzeitschriften für Wissenschaftler, Ingenieure oder Angehörige anderer Berufsgruppen.

8.5.2 Public Relations, Sponsoring und Salespromotion unterscheiden

8.5.2.1 Public Relations

(1) Begriff Public Relations

Durch **Public Relations (Öffentlichkeitsarbeit)** werben Unternehmen für ihren **guten Ruf** und ihr **Ansehen** in der Öffentlichkeit.

Mithilfe der Public Relations soll z. B. gezeigt werden, dass ein Unternehmen besonders fortschrittlich, sozial oder ein guter Steuerzahler ist oder dass es die Belange des Umweltschutzes in besonderem Maße berücksichtigt.

(2) Ziele der Public Relations

Aufbau eines **positiven Images** in der Öffentlichkeit	**Steigerung** des **Bekanntheitsgrades** des Unternehmens und seiner Produkte	Schaffung von **Vertrauen** und **Glaubwürdigkeit** für das Unternehmen	Gestaltung **guter** und **dauerhafter Beziehungen** zur Öffentlichkeit	**Motivation** von Mitarbeitern, Interessenten und Bewerbern

Beispielsweise kommen folgende **Instrumente** der **Public Relations** in Betracht:

- Abhaltung von Pressekonferenzen anlässlich wichtiger Ereignisse (z. B. Jahresabschluss, Neuentwicklungen)
- Geschäftsberichte, Firmenbroschüren
- Tage der offenen Tür (Betriebsbesichtigungen)
- Einrichtung von Sportstätten und Erholungsheimen
- Spenden
- Zeitungsanzeigen („Unsere Branche weist die Zukunft“)
- Rundfunk- und Fernsehspots („Das Beste oder nichts!“)
- Unterstützung öffentlicher Forschungsprojekte

Eine gute Public Relations bereitet den Boden für andere absatzpolitische Maßnahmen. So „kommt“ z. B. die Werbung besser „an“. Mögliche Preiserhöhungen werden akzeptiert, wenn die Gründe hierfür bekannt sind.

(3) Vor- und Nachteile der Public Relations

Vorteile	Nachteile
■ hoher oder niedriger finanzieller Einsatz möglich ■ Kosten meist niedriger als bei Produktwerbung ■ steigert Image und Glaubwürdigkeit des Unternehmens ■ Kommunikation ohne direkte Verkaufsabsicht	■ Erfolg schwer messbar ■ eignet sich nicht zur kurzfristigen Umsatzsteigerung

8.5.2.2 Sponsoring

(1) Begriff Sponsoring

Sponsoring basiert auf dem Prinzip des **gegenseitigen Leistungsaustauschs**. So stellt ein Unternehmen Fördermittel nur dann zur Verfügung, wenn es hierfür eine Gegenleistung vom Gesponserten (z. B. die Duldung von Werbemaßnahmen) erhält.

Beim **Sponsoring** stellt der Sponsor dem Gesponserten **Geld** oder **Sachmittel zur Verfügung.** Dafür erhält er **Gegenleistungen,** die zur Erreichung der Marketingziele beitragen sollen.

!

Gesponsert werden **Einzelpersonen** (z. B. ein Fußballer), **Gruppen** (z. B. Deutsche Fußball-Nationalmannschaft), **Organisationen** (z. B. Umweltschutzorganisationen) oder **Veranstaltungen** (z. B. Popkonzerte). Sponsor und Gesponserter sollen dabei **voneinander profitieren.**

(2) Ziele von Sponsoring-Aktivitäten

- Erzielung und Aufrechterhaltung von **Kontakten** zu bestimmten Zielgruppen.
- Steigerung des **Bekanntheitsgrades.**
- Individuelle Gestaltung des **Produkt-** und/oder **Unternehmensimages.**

(3) Arten des Sponsorings

Arten	Erläuterungen	Beispiele
Sportsponsoring	Der Sport bietet ein positiv besetztes Erlebnisumfeld mit Eigenschaften wie dynamisch, sympathisch und modern. Dieses Imageprofil möchte der Sponsor auf sein Unternehmen übertragen.	Der Software-Konzern SAP ist Hauptsponsor der TSG 1899 Hoffenheim.
Kultur- und Kunstsponsoring	Es umfasst die Förderung von Bildender Kunst, Theater, Musik, Film und Literatur. Arten der Förderung können die Unterstützung einzelner Künstler, einer Ausstellung oder eines Konzerts bis hin zur Errichtung eines eigenen Museums sein.	Die Kreissparkasse Ravensburg unterstützt die Erhaltung sakraler Kulturgüter.
Sozialsponsoring	Hier wird vor allem die gesellschaftliche Verantwortung eines Unternehmens in den Vordergrund gestellt. Ein Unternehmen kann z. B. direkte Zahlungen an Sozialorganisationen oder Ausbildungsstätten leisten, eine eigene Stiftung gründen oder eine Kampagne zur Unterstützung eines sozialen Projekts starten.	Eine Vielzahl von Unternehmen im süddeutschen Raum unterstützen die „Radio 7 Drachenkinder".
Umweltsponsoring	Es konzentriert sich vor allem auf die Unterstützung von Umweltschutzorganisationen, die Ausschreibung von Umweltpreisen oder das Starten von Natur- und Artenschutzaktionen.	Der Bergsport-Ausrüster VAUDE aus Tettnang unterstützt aktiv den Deutschen Alpenverein (DAV).

(4) Vor- und Nachteile des Sponsorings

Vorteile	Nachteile
■ vergleichsweise kostengünstig ■ vielfältige Möglichkeiten der kreativen Nutzung ■ oft hohe emotionale Wirkung ■ zielgruppenspezifisch einsetzbar (z. B. Sportarten) ■ Imagetransfer vom Gesponserten auf Produkt möglich (z. B. Sport) ■ hat oft eine hohe Reichweite ■ hohe Akzeptanz bei den Zielgruppen ■ umgeht ablehnende Haltung gegenüber Werbung (kein Umschalten mit Fernbedienung möglich)	■ Erfolg schwer messbar ■ informiert nicht über Unternehmen und Produkte ■ wirkt nur bei vorhandenem Bekanntheitsgrad ■ negativer Imagetransfer möglich (z. B. Fußballmannschaft steigt ab)

8.5.2.3 Salespromotion

(1) Begriff Salespromotion

- Die **Salespromotion** (Verkaufsförderung) hat das **Ziel,** durch **Maßnahmen** am **Ort des Verkaufs** (Point of Sale) den **Umsatz anzukurbeln.**
- Die **Aktionen** sind **kurzfristig** und dienen der **Profilierung** des **Unternehmens.**

Salespromotion (Verkaufsförderung) durch den **Hersteller** dient der **Unterstützung, Information** und **Motivation** aller am **Absatzprozess beteiligten Organe** (z. B. Außendienst, Groß- und Einzelhandel). In der Regel beinhaltet sie eine **enge Zusammenarbeit** zwischen **Hersteller** und **Händler.** Daneben sollen **Endverbraucher** absatzbezogen im Sinne des herstellenden Unternehmens **informiert** werden.

(2) Maßnahmen der Salespromotion

Salespromotion-Maßnahmen gegenüber dem Außendienst, dem Groß- und Einzelhandel sowie den Endverbrauchern können beispielsweise sein:

Außendienst	■ Mitarbeiterschulungen (z. B. Information über Produkte) ■ Verkaufstraining ■ Verkaufsunterstützung (z. B. durch Präsentationsmaterial, Proben) ■ Verkaufsmotivation (z. B. Prämien, Verkaufswettbewerbe)

Groß- und Einzelhandel	■ Ausbildung und Information des Handels (z. B. Händlerzeitschriften, Händlertreffen, Schulung der Händler) ■ Beratung bei der Ausgestaltung der Verkaufsräume (z. B. Warenplatzierung) ■ Preisliche Beratung und Förderung des Handels (z. B. Verkaufsaktionen, Sonderrabatte) ■ Motivation des Handels (z. B. Händlerwettbewerbe)
Endverbraucher	■ Produkt und Konsument am Ort des Verkaufs (Point of Sale) zusammenbringen (z. B. Proben) ■ Zusätzliche Anreize über das Produkt hinaus ausüben (z. B. Preisausschreiben, Befragungen) ■ besondere Vorteile beim sofortigen Kauf des Produkts aufzeigen (z. B. Sonderpreise)

Beispiele:

- Eine Parfümerie lädt zu einer Typ- und Hautberatung ein und hat als Berater einen Visagisten eines Kosmetikherstellers im Haus.
- In einem Haushaltswarengeschäft demonstriert ein bekannter Fernsehkoch im Rahmen einer Kochvorführung die Verwendung von Küchengerätschaften eines bestimmten Herstellers. Zugleich werden Bücher dieses Kochs verkauft und zudem führt das Haushaltswarengeschäft eine Umtauschaktion „Alt gegen Neu" für Kochtöpfe dieses Herstellers durch. Jeder Kochtopf – gleich welcher Marke – wird bei Kauf eines neuen Kochtopfs dieses einen Herstellers mit 8,00 EUR vergütet.

Quelle: © KaDeWe Presseabteilung, Berlin

(3) Vor- und Nachteile der Salespromotion

Vorteile	Nachteile
■ verschiedene Zielgruppen können angesprochen werden ■ Aktivierung und Motivation der Zielgruppen ■ Erfolgsmessung oft möglich ■ flexibel einsetzbar ■ eignet sich zur kurzfristigen Zielerreichung ■ eignet sich zur Unterstützung von anderen Marketinginstrumenten	■ nur in Kombination mit anderen Kommunikationsinstrumenten einsetzbar ■ kurzfristig wirksame Maßnahmen ■ Übernahme der Aktivität durch Konkurrenz möglich ■ erzeugt eine Erwartungshaltung nach weiteren Aktivitäten beim Handel und den Konsumenten

Kompetenztraining

110 Instrumente der Kommunikationspolitik

Die Pfau GmbH in Heilbronn stellt Haushaltsgeräte her. Weil der Absatz an Geschirrspülmaschinen stagniert, soll die Produktpalette erweitert werden. Die Geschäftsleitung der Pfau GmbH beschließt, einen neuen, energiesparenden „Ökospüler" auf den Markt zu bringen.

Aufgaben:

1. Schlagen Sie der Geschäftsleitung begründet drei Werbemittel bzw. -medien vor, die geeignet sind, das neue Produkt erfolgreich auf den Markt zu bringen!
2. Die Werbung sollte bestimmten Grundsätzen genügen. Nennen und erläutern Sie drei wichtige Werbegrundsätze!
3. Nennen Sie drei Werbeträger, die von der Pfau GmbH eingesetzt werden könnten und begründen Sie jeweils Ihre Entscheidung!
4. Die Geschäftsleitung der Pfau GmbH prüft, ob Maßnahmen der Salespromotion (Verkaufsförderung) bezüglich des neuen „Ökospülers" ergriffen werden sollen.

   Aufgaben:

   4.1 Erläutern Sie allgemein, was unter dem Begriff Salespromotion verstanden wird!

   4.2 Schlagen Sie der Geschäftsleitung der Pfau GmbH Maßnahmen aus dem Bereich Salespromotion vor, um den Absatz des „Ökospülers" zu fördern!
5. Der Leiter der Marketingabteilung der Pfau GmbH ist bemüht, insbesondere Fachjournalisten im Rahmen von quartalsweise stattfindenden Pressekonferenzen und begleitenden Pressemitteilungen zu informieren. Dabei liegt der Schwerpunkt auf der Vermittlung von Aktivitäten im Bereich Produktqualität (z. B. Auswahl und Verarbeitung neuer Materialien, Haltbarkeit und Stabilität, Umweltschutz).

   Aufgaben:

   5.1 Erläutern Sie, ob die genannten PR-Maßnahmen der Pfau GmbH geeignet sind, den neuen „Ökospüler" erfolgreich am Markt verkaufen zu können!

   5.2 Schlagen Sie der Geschäftsleitung der Pfau GmbH drei weitere Maßnahmen der Public Relations vor!
6. Die Geschäftsleitung der Pfau GmbH plant, zukünftig als Sponsor im Sportbereich aufzutreten. Bisher ist noch offen, welche Sportart gesponsert wird. Der Marketingleiter favorisiert den örtlichen Fußballverein. Ein Geschäftsführer möchte jedoch lieber das am Unternehmenssitz jährlich stattfindende internationale Tennisturnier sponsern.

   Aufgaben:

   6.1 Erklären Sie kurz wie Sponsoring funktioniert und welche Ziele die Pfau GmbH damit verfolgt!

   6.2 Entscheiden Sie begründet, welche der beiden Sportarten von der Pfau GmbH gefördert werden sollte! Gehen Sie davon aus, dass das Unternehmen vor allem seinen Bekanntheitsgrad erhöhen möchte.

111 Ausarbeitung eines einfachen Werbeplans

Die Getränke Müller AG in Stuttgart möchte ihre neu entwickelte „Energie-Cola" auf den Markt bringen. Die „Energie-Cola" ist eine Cola mit Vitaminen und wenig Zucker. Mit ihr sollen gesundheitsbewusste jüngere Menschen angesprochen werden. Sie soll in Baden-Württemberg beworben werden.

Sie arbeiten in der Marketingabteilung der Getränke Müller AG. Ihre Aufgabe ist es, einen Werbeplan für die „Energie-Cola" auszuarbeiten. Beachten Sie dabei die Werbegrundsätze.

Aufgaben:

1. Erstellen Sie einen einfachen Werbeplan für die „Energie-Cola" nach folgendem Muster:

Vorlage

Werbeplan	
Art der Werbung	
Werbemittel	
Werbeträger	
Streukreis	
Streugebiet	
Streuzeit	
Werbeetat	

2. Entwickeln Sie einen Werbeslogan für die „Energie-Cola"!
3. Folgende Werbeträger stehen zur Auswahl:

Werbeträger	Verbreitungsgebiet	Reichweite in Tsd.	Umfang/ Dauer	Kosten für 1 000 Kontakte	Kosten für Gestaltung/ Druckvorlagen
Tageszeitungen (erscheinen an sechs Tagen in der Woche)					
Deutschlandzeitung	Deutschland	300	1/4 Seite	8,40 EUR	2 000,00 EUR
Baden-Württemberg-Nachrichten	Baden-Württemberg	120	1/2 Seite	5,10 EUR	2 200,00 EUR
Zeitschriften (erscheinen wöchentlich)					
Seniorenzeitschrift	Baden-Württemberg	22	1/4 Seite	4,10 EUR	1 800,00 EUR
Fitness im Südwesten	Baden-Württemberg	25	1/2 Seite	5,40 EUR	2 100,00 EUR
Radiosender (höchstens drei Werbespots pro Woche möglich)					
Deutschlandradio	Deutschland	4 000	30 Sek.	2,00 EUR	400,00 EUR
Baden-Württemberg-Radio	Baden-Württemberg	2 500	45 Sek.	1,30 EUR	350,00 EUR

3.1 Suchen Sie die geeigneten Werbeträger heraus und erstellen Sie einen einfachen Werbeplan mit Werbeetatplanung für den Monat April! Gehen Sie davon aus, dass der April vier Wochen hat. Die mögliche Werbezeit im April soll voll ausgenutzt werden.

Erstellen Sie dazu eine Tabelle nach folgendem Muster:

Vorlage

Werbeträger	Reichweite in Tsd.	Umfang/ Dauer	Anzahl der Werbemaßnahmen	Kosten für 1 000 Kontakte in EUR	Kosten für Gestaltung/ Druckvorlagen in EUR	Kosten für Werbeverbreitung insgesamt in EUR
⋮	⋮	⋮	⋮	⋮	⋮	⋮
Summe						

3.2 Begründen Sie Ihre Auswahl!

8.5.3 Kommunikation im E-Commerce[1] erläutern

8.5.3.1 Klassische Webseiten

Der Begriff **Website** bezeichnet die **Gesamtheit** aller hinter einer Internetadresse stehenden Webseiten im World Wide Web[2] (WWW). Somit ist die Website der **gesamte Internetauftritt** eines Unternehmens. Und der Begriff **Homepage** meint die **Startseite** der Website, also die erste Seite des Internetauftritts eines Unternehmens. Der Begriff **Webseite** dagegen bezeichnet eine **einzelne Seite** des **Internetauftritts** eines Unternehmens. **Gleichbedeutend** zur Webseite ist das Wort **Internetseite**.

Unterschied zwischen Homepage, Webseite und Website

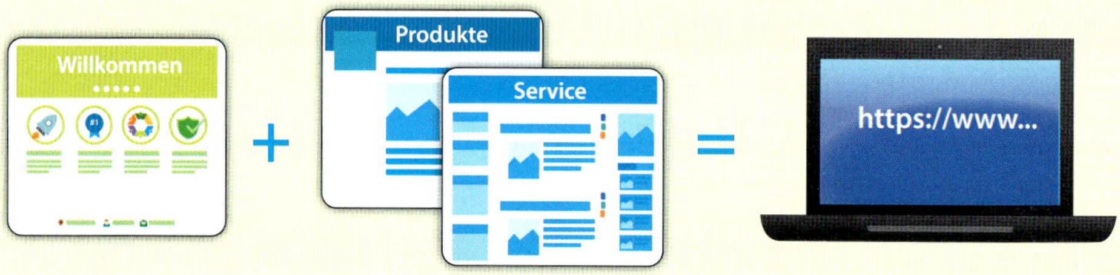

Homepage
Startseite des Internetauftritts

Webseite
einzelne Seiten
z. B. Produkte, Service

Website
kompletter Internetauftritt
z. B. eines Unternehmens

- Auf **klassischen Webseiten informiert** ein Unternehmen seine aktuellen und potenziellen **Kunden** über sein **Leistungsangebot,** seine **Preise** und seine **Serviceleistungen.**
- **Klassische Webseiten** sind der **wichtigste Teil** der **Internetpräsenz** von Unternehmen.

1 **E-Commerce**: elektronischer Handel. Siehe Kapitel 8.4.3.

2 **World Wide Web**: Das World Wide Web ist nicht mit dem Internet gleichzusetzen. Das Internet ist ein weltumspannendes Netz von vielen einzelnen Computernetzwerken. Das World Wide Web ist ein Dienst im Internet, welcher die Übertragung von Webseiten ermöglicht. Häufig werden die Begriffe jedoch synonym verwendet.

Die Webseiten sollten so gestaltet sein, dass möglichst viele Besucher über diese virtuelle Eingangstür das Unternehmen betreten und im besten Fall nach getätigter Online-Bestellung den „Laden" verlassen.

Die technischen Entwicklungen im Bereich des Internets ermöglichen interaktiv geprägte **Multimedia-Präsentationen** (z. B. virtuelles Warenhaus). Auch kann das Informationsangebot durch zusätzliche **Unterhaltungskomponenten** angereichert werden, um die Besucher zum Verweilen auf den Webseiten und zum Wiederkommen zu animieren. Dies kann beispielsweise durch Videos und Musik geschehen.

Die Erstellung und Pflege professioneller Webseiten verursacht einerseits **hohe Kosten,** leistet aber andererseits einen ganz wichtigen Beitrag zur **Imagesteigerung** und **Umsatzankurbelung** eines Unternehmens.

Ein **Problem** ist, dass die **Internetadresse** eines Unternehmens den Nachfragern **bekannt** sein muss, damit sie die Webseiten überhaupt finden können. Dies erfordert eine **Bekanntmachung** des Internetauftritts auch außerhalb des Internets, z. B. mit Werbeanzeigen in Zeitschriften. Um die Webseiten bekannt zu machen, dienen auch **Kooperationen** mit anderen Unternehmen. Die anderen Unternehmen installieren einen Link[1] auf die Webseiten des eigenen Unternehmens und umgekehrt (**Affiliate[2]-Programme** oder Partnerprogramme). Die häufigste Form von Affiliate-Programmen ist jedoch die Einrichtung eines Links auf anderen Webseiten gegen Bezahlung (eventuell in Abhängigkeit der Anzahl der Klicks auf den Link).

8.5.3.2 Suchmaschinen

Um den Internetauftritt eines Unternehmens bekannt zu machen, dienen auch **Internetsuchmaschinen** wie beispielsweise Google. Immer häufiger suchen Nachfrager im Internet nach günstigen Angeboten. Wollen Hersteller und Händler „im Geschäft" bleiben, müssen sie auf Suchmaschinenseiten präsent sein.

Ziel von Unternehmen ist die **Verbesserung** ihrer **Sichtbarkeit** auf den **Ergebnislisten** von **Suchmaschinen** im Internet.

Die **Sichtbarkeit** auf den Seiten einer **Suchmaschine** kann wie folgt **verbessert** werden:

Suchmaschinen-anzeigen	Der Unternehmer, der seine Produkte verkaufen möchte, schaltet auf der Ergebnisseite eines Suchmaschinenbetreibers eine als „Anzeige" gekennzeichnete Werbebotschaft.
Suchmaschinen-optimierung	Die Suchmaschine erzeugt organische (natürliche) Suchergebnisse. Deshalb müssen Anbieter ihre Internetpräsenz so gestalten, dass ihr Angebot auf der Liste der Suchergebnisse möglichst weit oben erscheint. Dazu müssen sie auf ihren Webseiten Schlüsselbegriffe verankern, die der Leseroboter des Suchmaschinenbetreibers erkennen kann.

1 **Link**: Verknüpfung mit einer Webseite,die per Mausklick aktiviert werden kann.

2 **Affiliate** (engl.): angliedern, aufnehmen.

In beiden Fällen gilt: Je höher die **Zahl der Klicks** (auf eine Anzeige bzw. das Suchergebnis), desto größer ist der **Werbeerfolg** für das betreffende Unternehmen. Klicks auf organische (natürliche) Suchergebnisse sind kostenfrei. Für Klicks auf **Suchmaschinenanzeigen** erhält der Suchmaschinenbetreiber ein gestaffeltes Entgelt je nach Anzahl der Klicks **(Pay-per-Click)**.

Beispiele Suchmaschinenanzeigen:

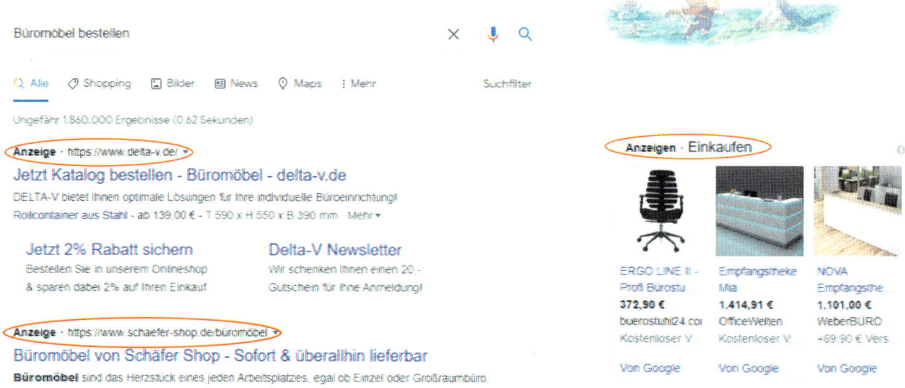

8.5.3.3 Apps

(1) Begriff App

> Der Begriff **App** ist die Abkürzung für das englische Wort „application“ und bedeutet im Deutschen Applikation, **Anwendungsprogramm** oder **Computerprogramm**.

Eine **App** hat keine systemtechnische Funktionalität für einen Computer. Das heißt, ein Computer kann auch ohne ein solches Anwendungsprogramm ordnungsgemäß arbeiten. Aus diesem Grund werden Apps auch als **Zusatzprogramme** verstanden. Mit ihnen kann die **Funktionalität** eines stationären Computers (Desktop-PC), Tablets oder Smartphones **erweitert** werden. Ein Großteil der Nutzer von mobilen Geräten schränkt den Begriff App auf Applikationen ein, die auf Smartphones oder Tablets ausgeführt werden. Dies ist jedoch nicht ganz richtig.

(2) Unterschied zwischen nativen Apps und Web-Apps

Native Apps sind kleine Programme, die speziell für ein **bestimmtes Betriebssystem** geschrieben wurden.

Im Gegensatz zu den nativen Apps handelt es sich bei **Web-Apps** lediglich um **Webseiten**, die für die **Darstellung** und **Nutzung** auf **Mobilgeräten** wie Smartphones oder Tablets optimiert wurden. Der Vorteil der **Web-Apps** ist, dass sie **systemübergreifend** sind, also auf jedem Mobilgerät genutzt werden können, da sie einen Browser[1] zur Darstellung verwenden.

Apps gibt es für viele **unterschiedliche Zielgruppen,** z. B. für Fitnessbegeisterte, um beim Laufen den Puls zu messen oder für Pollenallergiker, um den Pollenflug vorauszusagen.

Auch Unternehmen, die ihre Produkte verkaufen möchten, machen sich Apps zunutze.

Apps ermöglichen es Unternehmen, **ständig** mit ihren Kunden zu **kommunizieren** und **jederzeit** für ihre Kunden **erreichbar** zu sein. Dies gilt insbesondere für Apps, die auf mobilen Endgeräten wie Smartphones installiert werden.

(3) Bedeutung von Shopping-Apps für Unternehmen

Da gerade **junge Menschen** verstärkt über das **Handy** (Smartphone) einkaufen, setzen immer mehr Unternehmen auf eigene **Shopping-Apps.**

Beispiel:

Onlinehändler wie Zalando, Amazon oder Otto haben eigene Shopping-Apps entwickelt. Auch viele klassische stationäre Händler wie die Buchhandelskette Thalia, das Modehaus Breuninger oder der Möbelriese Ikea haben sich der Bewegung angeschlossen.

Laut Handelsblatt[2] zeigt eine Umfrage die **zunehmende Bedeutung** von **Shopping-Apps.**

So sagten bei der Umfrage 61 % der Befragten, dass sie häufiger über eine App einkaufen, als noch vor ein bis zwei Jahren. Schon 43 % aller Einkäufe am Handy werden demnach über eine App gemacht.

Doch so eindeutig, wie es auf den ersten Blick aussieht, ist der Trend nicht. Bei näherer Betrachtung zeigt sich, dass sich die Nutzung weitgehend auf die App von Amazon konzentriert. Für andere Händler ist es sehr **schwierig,** mit ihrer App überhaupt von den Konsumenten **wahrgenommen** zu werden. So gaben 43 % der Befragten an, dass sie die App von Amazon auf ihrem Handy installiert haben. Auf Platz zwei lag bereits abgeschlagen mit 25 % Ebay. Die Zalando-App auf dem dritten Platz, war nur noch auf 11 % der Smartphones überhaupt installiert. Deswegen sollte jedes Unternehmen **genau überlegen,** ob es wirklich Geld in die Programmierung einer **eigenen App** investiert.

1 **Browser**: Computerprogramm, mit dem Websites gefunden, gelesen und verwaltet werden können.

2 https://www.handelsblatt.com/unternehmen/handel-konsumgueter/e-commerce-die-shopping-app-illusion-nach-amazon-kommt-lange-nichts/23957804.html [Zugriff 25.09.2020].

8.5.4 Influencer-Marketing-Konzept beschreiben

(1) Begriff Influencer

- Beim **Influencer-Marketing-Konzept** setzen Unternehmen **Influencer**[1] **als Werbeträger** für ihre Produkte ein.
- **Influencer** sind Menschen, die **wegen** ihrer **starken Präsenz** in **sozialen Netzwerken** im Internet als Werbeträger infrage kommen.

Private Personen, die z. B. auf der Videoplattform Youtube oder der Bilderplattform Instagram viele Abonnenten und Klicks haben, sind **glaubwürdig, authentisch** und genießen ein **hohes Vertrauen** bei ihrem Publikum. Außerdem werden deren Botschaften von vielen Menschen in den sozialen Netzwerken gesehen, deshalb haben sie eine **hohe Reichweite.** Somit eignen sich diese ganz normalen Menschen hervorragend als Influencer für Unternehmen, die ihre **Produkte bekannt machen,** ihr **Unternehmensimage verbessern, Markenbekanntheit erreichen** und **Aufmerksamkeit erzeugen** möchten. Diese „normalen" Menschen können natürlich auch Prominente sein, z. B. ein Fußballer, der auf Instagram ein Produkt präsentiert.

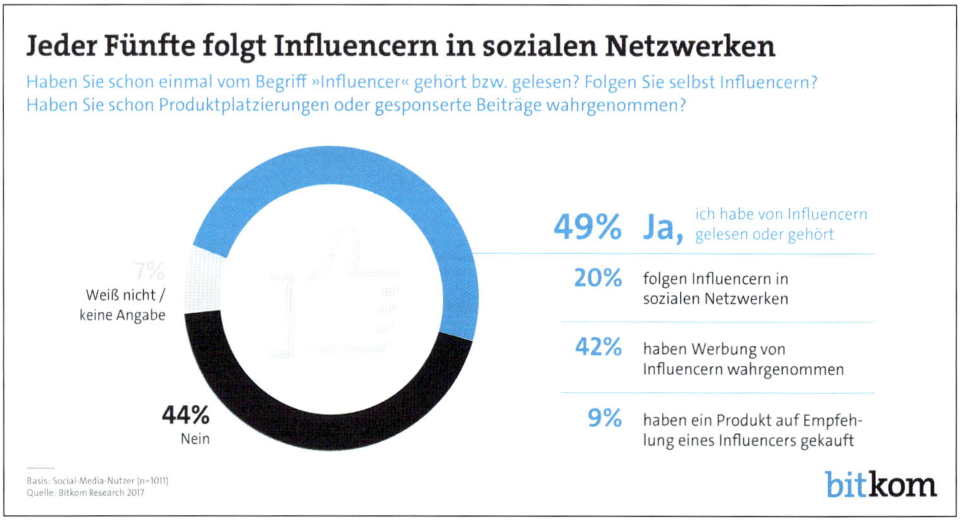

Quelle: www.bitkom.org/Presse/Presseinformation/Jeder-Fuenfte-folgt-Online-Stars-in-sozialen-Netzwerken.html [Zugriff 15. 02. 2022].

(2) Bedeutung von Influencern für Unternehmen

Wenn Unternehmen mit Influencern **Kooperationen** eingehen, dienen die Influencer den Unternehmen als eine Art **„Werbefläche"**. Die Influencer **präsentieren Produkte** oder **Dienstleistungen** und bekommen **dafür Geld**. Für jede Kooperation wird festgelegt, wie viele Beiträge und Storys die Influencer posten[2] müssen. Es können auch bestimmte Texte festgelegt werden, die veröffentlicht werden müssen.

1 **To influence** (engl.): jemanden beeinflussen.

2 **Posten**: in Internetforen schreiben; eigentlich: to post (engl.): mit der Post verschicken.

Dies ist alles **Verhandlungssache**. Die Höhe der Bezahlung richtet sich in der Regel nach der **Anzahl** der **Abonnenten** oder Klicks, die die Influencer auf den sozialen Plattformen haben.

Häufig geben Unternehmen **Rabatt-Codes** an ihre Influencer, die diese an ihr Publikum weitergeben. Mit diesen Rabatt-Codes kann das Publikum z. B. beim Einkauf im Onlineshop des Unternehmens 10 % sparen. Im Gegenzug bekommen die Influencer eine **Umsatzbeteiligung.** Oft werden Influencer auch durch **kostenlos zugeschickte Produkte** bezahlt, die sie im Internet präsentieren sollen. Zu beachten ist, dass Influencer Werbung, für die sie eine **Gegenleistung** erhalten, auch als **Werbung kennzeichnen** müssen.

Wichtig für Unternehmen ist, dass das **Publikum** der ausgewählten **Influencer** mit der **Zielgruppe** des **Produktes übereinstimmt.** Beispielsweise entsprechen die Abonnenten eines Fitness-Models auf Instagram der Zielgruppe für Sportbekleidung. Oder die Abonnenten einer Youtuberin, die regelmäßig über ihr Studium berichtet, entsprechen der Zielgruppe für einen bestimmten Laptop. So können Unternehmen genau ihre **produktspezifischen Zielgruppen** erreichen.

Nicht zu unterschätzen ist das **Risiko,** das für Unternehmen mit Influencern verbunden sein kann. Fällt beispielsweise ein Influencer beim **Publikum** in **Ungnade, leidet** darunter auch das beworbene **Produkt** bzw. **Unternehmen.** Die Verkaufszahlen können zurückgehen oder das Unternehmensimage kann sich verschlechtern.

Beispiel:

Ein Hersteller von Kosmetikprodukten sucht in den sozialen Medien nach einer geeigneten Influencerin, die seine Produkte bei jungen Frauen bekannt machen soll. Ein Mitarbeiter der Marketingabteilung entdeckt auf Instagram die 19-jährige Ella-Marie aus Überlingen, die 35 000 Abonnenten hat. Ella-Marie präsentiert auf Instagram auch schon andere Produkte, z. B. von einer großen Bekleidungskette.

Ella-Marie hat das Instagram-Profil eigentlich nur angelegt, weil alle ihre Freunde eines hatten. Nachdem sie sich nach dem Abitur intensiv mit Instagram beschäftigt hatte, bekam sie immer mehr Anfragen von professionellen Fotografen, die Bilder mit ihr machen wollten. Durch diese Bilder vergrößerte sich die Zahl ihrer Abonnenten sehr schnell. Es ging nicht lange, da hatte sie ihre erste Kooperationsanfrage im E-Mail-Postfach.

Nun möchte auch der Kosmetikhersteller sie als Influencerin gewinnen. Für das monatliche Posten eines Bildes und einer positiven Aussage über ein Kosmetikprodukt ist er bereit, jedes Mal 300,00 EUR zu bezahlen. Der Kosmetikhersteller erhofft sich, die Zielgruppe der jungen Frauen durch Ella-Maries Glaubwürdigkeit, Authentizität und hohe Reichweite gezielt zu erreichen.

8.5.5 Product-Placement beschreiben

(1) Begriff Product-Placement

Beim **Product-Placement** (Produktplatzierung) werden **Produkte werbewirksam** in die **Handlung** eines Kino- oder Fernsehfilms, eines Videos oder eines Rundfunkprogramms **integriert,**[1] wobei das Marketing verschleiert wird, der Auftraggeber dafür aber bezahlen muss.

1 **Integrieren:** einbeziehen, eingliedern.

Das platzierte Produkt wird als notwendige Requisite[1] in die Handlung z. B. eines Spielfilms eingebunden. Das Produkt wird im Gebrauch oder beim Verzehr durch bekannte Schauspieler gezeigt, wobei die Marke für den Zuschauer deutlich erkennbar ist.

Produkt-Placement ist **rechtlich** voll **zulässig.** Zu beachten ist jedoch, dass Product-Placement nur mit entsprechenden Verweisen und Kennzeichnungen verwendet werden darf.

Beispiele:

- In einem Spielfilm wurde der Hauptdarsteller irrtümlicherweise mit dem Namen Calvin Klein angesprochen, weil dieser Name auf seiner Unterwäsche steht. Diese – wie auch der Markenname – werden im Film gezeigt.
- In James-Bond-Filmen wurden als multifunktionale Instrumente eine Omega-Uhr, ein Ericsson-Mobiltelefon und ein BMW-Motorrad in die Handlung integriert. Ferner wurden die Kreditkartenmarke Visa, Smirnoff-Wodka und ein BMW 750i in Szene gesetzt.
- In der Netflix-Gruselserie „Stranger Things" sind Fertigwaffeln der Marke Eggo das Lieblingsessen der mysteriösen Hauptfigur Eleven.

(2) Ziele des Product-Placements

Bekanntmachung eines **neuen** Produktes	Erhöhung des Bekanntheitsgrades eines **vorhandenen** Produktes	Integration und mehrmalige Darstellung eines Produktes im Rahmen einer **Handlung**	Darstellung der Funktionen und Leistungen eines Produktes in der **Praxis**	**Vermeidung** einer **Abwehrhaltung** der Zuschauer gegenüber Werbung

(3) Vor- und Nachteile des Product-Placements

Vorteile	Nachteile
▪ Aufmerksamkeit für ein Produkt erzeugen, ohne dass eine kaufbeeinflussende Absicht erkennbar ist. ▪ Imagetransfer von Film und Schauspielern auf das Produkt. ▪ Lern- und Konditionierungseffekte[2] durch das fortlaufende Bemerken des Produkts im Film. ▪ Emotionale Ansprache der Zuschauer möglich, d. h., die Stimmung des Films überträgt sich auf die Marke und fördert die Kundenbindung an die Marke. ▪ Glaubwürdigkeit ist höher als bei klassischer Werbung.	▪ Erfolg ist abhängig von geeigneten Filmprojekten. ▪ Geringe Einflussnahme auf Platzierung der Produkte in den Filmen. ▪ Oftmals hohe Kosten für nur geringe Einblendzeit. ▪ Effizienz von Product-Placements ist oft schwierig zu beurteilen. ▪ Film wird auch von Personen geschaut, die nicht als Zielgruppe für das Produkt infrage kommen. ▪ Eventuell negative Interpretation als „Schleichwerbung".

1 **Requisit:** Zubehör für eine Bühnenaufführung oder Filmszene.

2 **Konditionieren:** bewirken, dass eine Reaktion auch dann eintritt, wenn an die Stelle des ursprünglich auslösenden Reizes ein anderer tritt, z. B. soll das gute Gefühl des Zuschauers beim Filmschauen auf ein Produkt in der realen Welt übertragen werden.

8.5.6 Vergleichende und irreführende Werbung nach dem Gesetz gegen den unlauteren Wettbewerb unterscheiden

8.5.6.1 Gesetz gegen den unlauteren Wettbewerb [UWG]

In Deutschland gibt es kein ausdrückliches „Werbegesetz". Die **zentralen Rahmenbedingungen** für **Werbung** sind im **Gesetz gegen den unlauteren Wettbewerb [UWG]** zusammengefasst.

- Nach dem **Gesetz gegen den unlauteren Wettbewerb** sind **unlautere geschäftliche Handlungen verboten** [§ 3 UWG].
- Unlautere geschäftliche Handlungen sind Handlungen, die geeignet sind, die **Interessen** von **Mitbewerbern, Verbrauchern** und **sonstigen Marktteilnehmern** spürbar zu **beeinträchtigen** [§ 1 UWG].

- **Mitbewerber:** Das sind alle Unternehmen, die als Anbieter oder Nachfrager von Waren oder Dienstleistungen mit anderen Unternehmen in direktem Wettbewerb stehen.
- **Verbraucher:** Das sind die Käufer, die die Produkte oder Dienstleistungen beziehen.
- **Sonstige Marktteilnehmer:** Das sind (neben den Mitbewerbern und Verbrauchern) alle Unternehmen, die als Anbieter oder Nachfrager von Waren oder Dienstleistungen tätig sind.

Das Gesetz schützt zugleich die **Interessen der Allgemeinheit** an einem unverfälschten Wettbewerb.

Das Gesetz erlaubt allerdings nur **betroffenen Konkurrenten** oder bestimmten **Institutionen** (z. B. Verbraucherschutzvereine, Industrie- und Handelskammern) eine **Klage** vor den Gerichten. Die Klageberechtigten können auf **Beseitigung** oder bei Wiederholungsgefahr auf **Unterlassung** klagen [§ 8 UWG]. Auch **Schadensersatz** ist möglich [§ 9 UWG].

Eine Klage eines einzelnen Nachfragers als **Privatperson** ist **nicht möglich.** Ein sich getäuscht fühlender Kunde muss seine Klage anhand von Ansprüchen aus dem Bürgerlichen Gesetzbuch [BGB] führen (z. B. Anfechtung eines Kaufvertrags wegen Täuschung).

Das UWG regelt insbesondere die **vergleichende** und **irreführende Werbung.**

8.5.6.2 Vergleichende Werbung

Bei der **vergleichenden Werbung** stellt ein Werbetreibender seine eigenen (besseren) **Produkte** denjenigen eines bestimmten **Konkurrenten gegenüber**. Dabei wird der **Konkurrent genannt** oder ist **erkennbar** [§ 6 UWG].

Eine vergleichende Werbung ist grundsätzlich **erlaubt.**

Die vergleichende Werbung ist jedoch **verboten,** wenn **unlauter vergleichend** geworben wird, z.B.:

Unlautere Handlungen	Beispiele
Der Vergleich bezieht sich **nicht** auf Waren oder Dienstleistungen für den **gleichen Bedarf** oder **dieselbe Zweckbestimmung.**	■ „Unser Reparaturservice ist freundlicher als bei Y." ■ „Bei jeder Reparatur erhalten Sie eine Tasse Kaffee oder Tee."
Der Vergleich umfasst **nicht objektiv nachprüfbare** und **wesentliche Eigenschaften** von Waren und Dienstleistungen. Ein **Geschmacksvergleich,** selbst wenn dieser durch Marktforschungsstudien belegbar ist, kann daher **nicht Gegenstand vergleichender Werbung** sein.	Der Apfelsafthersteller Müller wirbt damit, dass sein Apfelsaft besser schmecke als der Apfelsaft des Herstellers Maier.
Der Vergleich **schließt Verwechslungen** mit den Konkurrenten **nicht aus.** Dies kann sich etwa auf das **Design** eines **Produkts** oder das **Logo** eines Konkurrenten beziehen.	Ein Sportartikelherstellers stellt Laufschuhe mit einem Logo her, welches leicht mit dem Logo eines Konkurrenten verwechselt werden kann.
Der Vergleich **verunglimpft** oder **setzt** einen Mitbewerber bzw. dessen Produkte **herab.**	Ein Bekleidungshersteller wirbt damit, dass er im Gegensatz zu seinem Konkurrenten X keine „Ramschware" aus Billiglohnländern verkaufe.

Zu beachten ist, dass sich diese Tatbestände nur im **Einzelfall beurteilen** lassen. **Streitfälle** müssen von den **Gerichten** entschieden werden.

8.5.6.3 Irreführende Werbung

- **Unlauter** handelt, wer eine **irreführende geschäftliche Handlung** vornimmt, die geeignet ist, den Verbraucher oder sonstigen Marktteilnehmer zu einer geschäftlichen Entscheidung zu veranlassen, die er andernfalls nicht getroffen hätte.
- Eine geschäftliche **Handlung ist irreführend,** wenn sie **unwahre Angaben** oder sonstige zur **Täuschung geeignete Angaben** enthält [§ 5 I UWG].

Unlautere Handlungen	Beispiele
Es werden **unwahre und/oder irreführende Angaben** über die geschäftlichen Verhältnisse des eigenen Unternehmens verbreitet.	Die Bezeichnung „Größte Goldschmiede Deutschlands" ist dann unlauter, wenn es Konkurrenten mit höherem Umsatz gibt. Kann aber nachgewiesen werden, dass das eigene Unternehmen tatsächlich den höchsten Umsatz in der Bundesrepublik Deutschland erzielt, ist die Bezeichnung zulässig.

Unlautere Handlungen	Beispiele
Unlauter handelt auch, wer **irreführend wirbt.** Z. B. die Herabsetzung eines Preises gilt nur für eine unangemessen kurze Zeit.	Ein Schuhgeschäft bietet Wanderschuhe zu 120,00 EUR an. Nach 3 Tagen setzt es den Preis auf 99,00 EUR herab. In den Zeitungsanzeigen des Schuhgeschäfts steht zu lesen: „Wanderschuhe der Marke G&W für nur 99,00 EUR statt 120,00 EUR." Nach zwei Tagen wird der Preis der Wanderschuhe wieder auf 120,00 EUR heraufgesetzt.
Die Ware wird **nicht in angemessenem Umfang** zur Befriedigung der zu erwartenden Nachfrage **vorgehalten** („Lockvogelangebote"). Angemessen ist im Regelfall ein Vorrat von zwei Tagen.[1]	Eine Lebensmittelkette bietet in ihren Prospekten vom 15. Juli frische Pfifferlinge zum Preis von 4,99 EUR je Körbchen an. Jede Filiale erhält nur 10 Körbchen. Bereits eine halbe Stunde nach Geschäftsöffnung sind die Pfifferlinge ausverkauft.
Die Entscheidungsfähigkeit des Verbrauchers wird dadurch beeinflusst, dass ihm eine **wesentliche Information vorenthalten** wird.	Der Vertreter verschweigt dem Kunden beim Kauf einer Schlagbohrmaschine, dass in wenigen Tagen ein wesentlich verbessertes Modell auf den Markt kommt.

Nicht nur **objektiv falsche Angaben** können irreführend sein. Es können auch **objektiv korrekte Angaben** als **irreführend** gewertet werden. **Entscheidend** ist, **welche Botschaft** beim Empfänger voraussichtlich **ankommt** und wie sie verstanden wird.

Werbeaussagen **ohne Inhalt** können **keine irreführenden Aussagen** im Sinne des Gesetzes sein, z. B. „... die süßeste Versuchung..." oder „die oder keine".

Ob im **Einzelfall** eine irreführende Werbung vorliegt, ist oft **schwer** zu **beurteilen** und muss häufig von den **Gerichten entschieden** werden.

Kompetenztraining

112 Arten der Kommunikationspolitik

Entscheiden Sie, welche Art der Kommunikationspolitik in den folgenden Beispielen jeweils angesprochen wird!

1. Im Kino fährt der Held des Films einen sehr hochwertigen Audi. Das Auto wird öfter deutlich in Szene gesetzt.
2. Ein Mitarbeiter eines großen amerikanischen Zigarettenherstellers verteilt auf der Königstrasse in Stuttgart kostenlos Zigarettenproben.

1 Vgl. https://www.haufe.de/recht/weitere-rechtsgebiete/wirtschaftsrecht/uwg-bei-lockvogelangebot-ueber-mangelnden-vorrat-informieren_210_393530.html [04.02.2020].

3. In einer politischen Wochenzeitschrift wird für die Natürlichkeit von „Adelberger Mineralwasser" geworben.
4. Das Unternehmen Fenster Müller KG wirbt für seine Produkte, indem es einem bekannten Fußballverein Trainingsanzüge mit werbendem Aufdruck schenkt. Der Verein erhält zusätzlich eine hohe Geldsumme.

113 Influencer-Marketing-Konzept

Die Sportartikelhandlung Weinmann GmbH in Stuttgart möchte Kunden in ganz Deutschland gewinnen. Um für einzelne Sportartikel zu werben, soll deshalb die Youtuberin Annalena Greip eingesetzt werden. Annalena Greip zeigt Fitnessvideos und hat 150000 Abonnenten.

Aufgaben:

1. Begründen Sie, warum die Weinmann GmbH eine Influencerin für ihre Werbung einsetzen möchte!
2. Beschreiben Sie drei mögliche Nachteile bei dieser Form des Marketings!

114 Gesetz gegen den unlauteren Wettbewerb

Prüfen Sie, ob in folgenden Fällen eine vergleichende oder irreführende Werbung vorliegt! Beurteilen Sie, ob die Werbemaßnahmen erlaubt sind!

1. Ein Baumarkt wirbt in seinen Prospekten für professionelle Akkubohrer mit dem Hinweis: *„Nur noch wenige Geräte vorrätig. Abgabe nur ein Gerät pro Haushalt."* In Wirklichkeit sind umfangreiche Lagerbestände vorhanden.
2. Ein Möbelhaus mit einem mittelgroßen Lager wirbt in Zeitungsbeilagen. Darin wird eine große Lagerhalle mit dem Text *„Größtes Möbelhaus in Baden-Württemberg"* abgebildet.
3. Ein Elektromarkt wirbt für eine Spülmaschine mit dem Hinweis: *„Sonderpreis: Bei uns nur 700,00 EUR! Unverbindliche Preisempfehlung des Herstellers: 850,00 EUR!"*
4. Die Metzgerei Müller wirbt in einer Tageszeitung mit dem Satz: *„Anders als bei Metzgerei Maier wird bei uns nur frisches Fleisch verkauft."*
5. In einer Testzeitschrift für Verbraucher wird in einem Testbericht für Waschmaschinen geschrieben: *„Die Waschmaschine der Firma Stahlknecht ist aufgrund des geringen Wasserverbrauchs sehr umweltfreundlich, die Waschmaschine der Firma Meiering ist dagegen sehr komfortabel zu bedienen."*
6. Ein Hersteller von Malerfarben für Innenräume wirbt mit folgendem Slogan für seine weiße Farbe: *„Das strahlendste Weiß, das Sie je gesehen haben!"*
7. Ein Supermarkt in der Innenstadt erstattet seinen Kunden bei Einkäufen ab 5,00 EUR teilweise die Parkgebühren in einem Parkhaus.

115 Zusammenfassung

Fassen Sie die grundsätzlichen Aussagen des Kapitels 8.5 auf einer DIN-A4-Seite übersichtlich zusammen!

8.6 Bedeutsamkeit eines abgestimmten Marketing-Mixes begründen

8.6.1 Marketingmaßnahmen aus den Unternehmenszielen ableiten

Nach der Klärung der verfügbaren marketingpolitischen Instrumente stehen auf der Grundlage der Unternehmensziele die konkreten Marketingentscheidungen an. Auf die Marketingentscheidungen folgt ein abgestimmter Einsatz der verfügbaren marketingpolitischen Instrumente in einem Maßnahmenbündel.

- Ein **Marketingkonzept** umfasst die individuelle Art und Weise, wie ein Unternehmen das absatzpolitische Instrumentarium einsetzt.
- Die abgestimmte **Kombination der marketingpolitischen Instrumente** bezeichnet man als **Marketing-Mix.**

Aus den Unternehmenszielen sind geeignete konkrete Marketingentscheidungen (Unterziele, Vorgehensweisen) abzuleiten. Nachfolgende Tabelle verdeutlicht den Zusammenhang zwischen den gesetzten Unternehmenszielen und den damit verbundenen Marketingmaßnahmen:

Unternehmensziele	Marketingmaßnahmen
Gewinnmaximierung	■ Beschränkung auf gängige Standardprodukte ■ Selbstbedienung
Umsatzmaximierung	■ intensive Werbung ■ Leitzins unterbieten
Streben nach Marktmacht	■ Preiskampf ■ Massenware
Sicherung der Liquidität	■ Verkäufe in bar oder gegen Vorauskasse ■ Gewährung von Kundenskonto
Kundenzufriedenheit	■ nur Qualitätsprodukte ■ gute Beratung und guter Service
Sicherung der Arbeitsplätze	■ breites Sortiment ■ geringer Gewinnaufschlag
Förderung des gesellschaftlichen Lebens	Sponsoring von Vereinen

Beispiel:

Die Sport-Burr AG möchte auch Geräte für Trend- und Funsportarten herstellen. Ausgehend von den Produktideen und den getroffenen Marketingentscheidungen ergeben sich für die Sport-Burr AG folgende **Marketingmaßnahmen:**

- qualitätsbewusste Sortimentsgestaltung
- gute Beratung und guter Service
- Einführungskurse für Sportneulinge
- Sponsoring von Sportvereinen
- Förderung des Breitensports
- Organisieren von Sportevents

Sport-Burr AG

8.6.2 Marketing-Mix festlegen

Die Positionierung des Unternehmens gibt vor, in welche Richtung die Marketing-Aktivitäten gehen sollen:[1]

Beispiel:

Positionierung

„Wir sind ein Hersteller von Sportgeräten, der besonders innovative und hochwertige Geräte mit sehr gutem Design und exzellentem Kundendienst anbietet."

Produktpolitik	Preispolitik	Distributionspolitik	Kommunikationspolitik
■ Hoher Stellenwert der Produktinnovation, ■ große Bedeutung der Qualitätssicherung, ■ Verzicht auf das Angebot einfacher, billiger Geräte, ■ bestes Design.	Eher Hochpreispolitik ■ wegen relativ hoher Kosten, ■ um den hohen Qualitätsanspruch zu verdeutlichen, ■ um den erstklassigen Fachhandel zu motivieren.	■ Vertrieb nur über Fachhandel, der Beratung und Service gewährleistet, ■ Billig-Anbieter im Handel werden nicht eingeschaltet.	■ Darstellung als Premium-Marke, ■ Verdeutlichung der Produktvorteile, ■ eher informative Werbung.

Im letzten Schritt geht es um eine sinnvolle **Kombination der verschiedenen marketingpolitischen Instrumente,** d.h. um die Festlegung des konkret auf eine Produktidee zugeschnittenen **Marketing-Mixes**.

Beispiel:

In Bezug auf die Geräte für Trend- und Funsportarten ist für die Sport-Burr AG folgender Marketing-Mix denkbar:

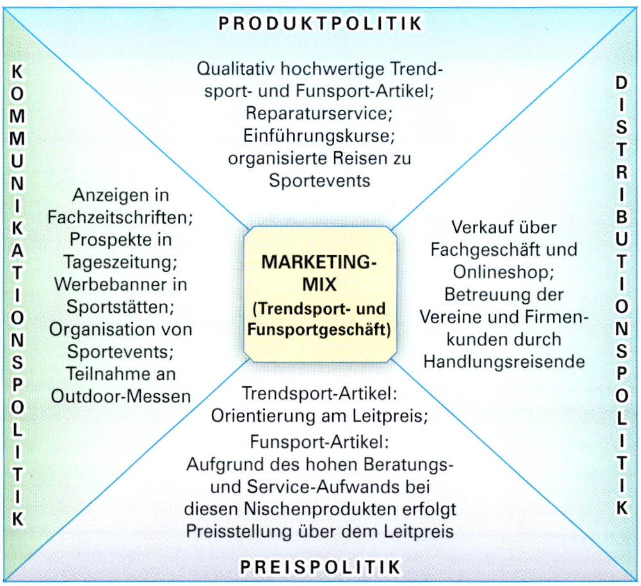

1 Vgl. Kuß/Kleinaltenkamp: Marketing-Einführung, 6. Auflage, Wiesbaden 2013, S. 288.

Kompetenztraining

116 Überblick

Fassen Sie die grundsätzlichen Aussagen des vorangegangenen Kapitels 8.6 zusammen!

117 Marketing-Mix

1. Erläutern Sie, was unter einem Marketing-Mix zu verstehen ist!
2. Nennen Sie die vier marketingpolitischen Instrumente, die in einem Marketing-Mix aufeinander abgestimmt werden müssen!
3. Erläutern Sie, welche Bedeutung die Unternehmensziele für die Gestaltung des Marketing-Mix haben!
4. Begründen Sie, welcher Marketing-Mix typisch für eine Produktgruppe ist, die sich in der Portfolio-Kategorie „Arme Hunde" befindet!
5. Entwerfen Sie je einen Marketing-Mix für eine Herren- und eine Damenseife und stellen Sie Ihre Ergebnisse in einer Tabelle mit folgender Struktur gegenüber!

Marketingpolitisches Instrument	**Herrenseife**	**Damenseife**
Produktpolitik am Beispiel Farbe und Duft		
Preispolitik		
Distributionspolitik		
Kommunikationspolitik		

Vorlage

118 Marketingpolitische Instrumente zur Zielerreichung

Gegeben sind folgende Marketingziele:

1. Erhöhung des Anteils von Bio-Produkten im Sortiment.
2. Erschließung neuer Märkte.
3. Steigerung des Umsatzwachstums um 10 % jährlich.
4. Förderung der Kundenbindung.

Aufgabe:

Unterbreiten Sie für jedes der genannten Marketingziele Vorschläge, wie die verschiedenen marketingpolitischen Instrumente für die Zielerreichung genutzt werden können!

119 Marketing-Mix für ein neues Produkt

Eine von der Ulmer Büromöbel AG durchgeführte Marktforschungsaktion für einen neuen, noch vielseitiger verstellbaren elektrischen Schreibtisch ergab, dass eine relativ große Nachfrage vorhanden wäre. Aus diesem Grund soll die Marketingabteilung einen Marketing-Mix mit geeigneten marketingpolitischen Instrumenten entwickeln und der Geschäftsleitung vorlegen.

Aufgabe:

Erstellen Sie einen Marketing-Mix für das neue Schreibtischmodell „e-Desk Vario+“!

Vorgaben bzw. Informationen, die Sie für Ihren Marketing-Mix berücksichtigen müssen, sind:
- Die Zielgruppe für den Schreibtisch „e-Desk Vario+“ sind Unternehmen, die anspruchsvolle Büromöbel benötigen.
- Die Produktgestaltung ist frei, es werden aber nur hochwertige Materialien verwendet.
- Die Herstellungskosten betragen maximal 500,00 EUR.
- Der eigene Marktanteil des alten Schreibtischmodells „e-Desk“ beträgt 9,2 %, der relative Marktanteil (bezogen auf den Marktanteil des Hauptkonkurrenten) 2,7 %.
- Das Werbebudget, das zur Verfügung steht, wurde mit Umsatzzahlen des alten Schreibtischmodells bestimmt und beträgt 480 000,00 EUR.
- Die Distribution des alten Schreibtischmodells erfolgt über einen Onlineshop und Handelsvertreter.
- Die Kommunikationspolitik muss die Zielgruppe berücksichtigen (Business-to-Business).

9 Investitionsentscheidungen

9.1 Verschiedene Arten von Sachinvestitionen unterscheiden sowie statische Investitionsrechenverfahren anwenden und daraus folgende Investitionsentscheidungen erläutern

9.1.1 Zusammenhang zwischen Investition und Finanzierung herausarbeiten

BPE 9 **Handlungssituation 1: Investition und Finanzierung voneinander abgrenzen**

Die Weber Metallbau GmbH möchte in eine neue Maschine investieren, mit der sie auch größere Stahlelemente für den Fassadenbau vollautomatisch herstellen kann. Die Investition schlägt mit 800 000,00 EUR zu Buche und soll komplett über ein Bankdarlehen der Hausbank finanziert werden.

Der Kreditberater der Hausbank meint:

Kompetenzorientierter Arbeitsauftrag:

Beurteilen Sie die Aussage des Kreditberaters!

9.1.1.1 Begriffe Investition und Finanzierung

Werden im Rahmen der Beschaffungs- und Produktionsphase **größere Beträge** für **einzelne Vermögensgegenstände** (z. B. Grundstücke, Maschinen, Beteiligungen, Patente) aufgewendet und ist die **Kapitalbindung** dabei **längerfristig** (wenigstens länger als eine Abrechnungsperiode) angelegt, so spricht man von **Investitionen.**

- **Investitionen** sind die **Verwendung von Finanzmitteln** zur Beschaffung betrieblichen Vermögens. Sie gehen mit **größeren Anschaffungsauszahlungen** und **langfristiger Kapitalbindung** einher.
- **Sachinvestitionen** sind Investitionen in Güter des Anlage- und Umlaufvermögens, die am Leistungserstellungsprozess eines Unternehmens beteiligt sind.

Zur Durchführung von Investitionen muss Kapital beschafft und bereitgestellt werden. Dies ist Aufgabe der Finanzierung.

- **Finanzierung** ist die Bereitstellung von **finanziellen Mitteln** zur Erfüllung betrieblicher Aufgaben.
- **Finanzmittel** sind Mittel, mit denen Ausgaben getätigt werden. Dazu zählen auch noch nicht in Anspruch genommene Kredite.[1]

1 Vgl. hierzu Bildungsplaneinheit 10, S. 310 ff.

9.1.1.2 Statische Betrachtung innerhalb der Bilanz

Betrachtet man die Finanzierung und Investition vom Standpunkt der Bilanz, so steht das **Kapital** auf der **Passivseite** der Bilanz. Es gibt Auskunft darüber, welche Kapitalbeträge dem Betrieb zur Nutzung überlassen worden sind und in welcher rechtlichen Form (Eigenkapital, Fremdkapital) das geschehen ist. Auf der **Aktivseite** der Bilanz ist zu erkennen, welche **Verwendung die Mittel** (Anlage- und Umlaufvermögen) gefunden haben.

PPT

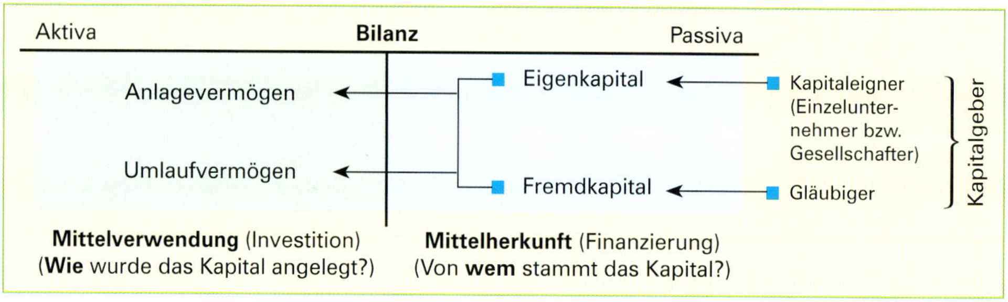

9.1.1.3 Dynamische Betrachtungsweise im Unternehmenskreislauf

Gelingt die Finanzierung des Investitionsvorhabens, wird die Investition durchgeführt, scheitert die Finanzierung, scheitert auch die Investition. Gehen wir davon aus, dass die Investition gelingt, dann stellt sich die Frage, welche **Auswirkung die Investition** auf den **Finanzfluss im Unternehmen** hat.

PDF

Investition und Finanzierung im Unternehmenskreislauf

Durch die Kapitalbeschaffung ❶ über Eigenkapital oder Kredite erhält das Unternehmen die Finanzmittel für Investitionen ❷. Die Investition (z. B. Kauf von Maschinen) ermöglicht es, Güter zu produzieren und zu verkaufen. Über die Umsatzerlöse ❸ erhält das Unternehmen Finanzmittel ❹. Diese verwendet es, um Zahlungen an die Kapitalgeber zu leisten (z. B. Zahlung von Zins und Tilgung an die Gläubiger bzw. Gewinnausschüttung an die Gesellschafter ❺). Ist der Kapitalrückfluss[1] über die Umsatzerlöse höher als die Zahlungen an die Kapitalgeber, verbleibt dieser Teil im Unternehmen und kann wieder investiert werden[2] (z. B. in den Ersatz der abgenutzten Maschinen oder in zusätzliche Investitionen). Dies führt zu einer Kapitalneubildung ❻.

- Investitionen sind durch eine **längerfristige Bindung der Finanzmittel mit nachfolgender Kapitalfreisetzung** gekennzeichnet.
- Investitionen sind **ohne Finanzierung nicht durchführbar.**

9.1.2 Verschiedene Arten von Sachinvestitionen unterscheiden

Unternehmen haben unterschiedliche Motive, Investitionen zu tätigen. Die nachfolgende Übersicht zeigt die Zusammenhänge zwischen den wichtigsten Investitionsmotiven und den entsprechenden Investitionsarten auf.

PPT

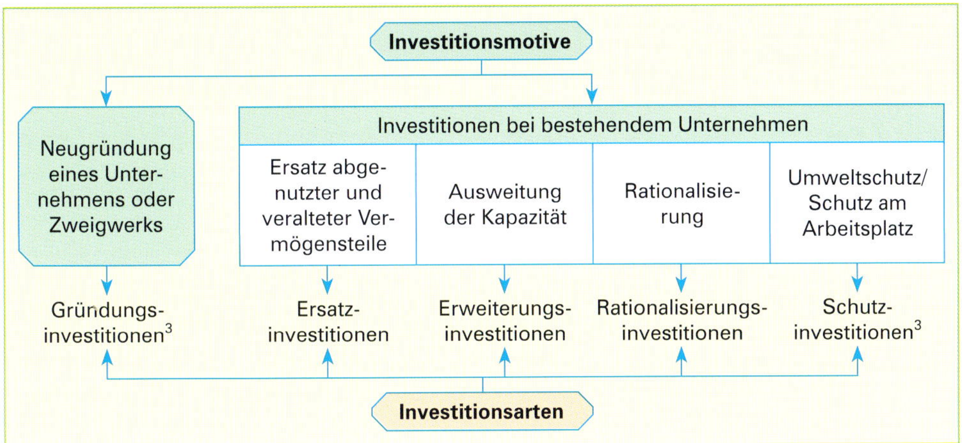

1 Voraussetzung dafür, dass das investierte Kapital in Form von Einzahlungen wieder zurückfließt, ist, dass der Wertverlust der Investition (Abschreibungen) in die Verkaufspreise einkalkuliert wurde und der Verkaufspreis am Markt durchgesetzt werden konnte.

2 Zur Finanzierung aus Abschreibungsgegenwerten vgl. Kapitel 10.3, S. 342 ff.

3 Die Gründungs- und Schutzinvestitionen gehen über den Bildungsplan hinaus und werden hier aus didaktischen Gründen dargestellt.

Erläuterungen:

	Erläuterungen	Beispiele
Gründungs-investitionen	Sie sind anlässlich der Gründung eines Unternehmens erforderlich. Dazu gehören u.a. Anlageinvestitionen.	Die CompuTec GmbH, ein Start-up-Unternehmen der Software-Branche, möchte sich im Gewerbepark Ulm ansiedeln. Dazu kauft das Unternehmen von der Stadt Ulm ein Baugrundstück mit 1 200 m^2 zu 275,00 EUR/m^2.
Ersatzinvestitionen (Reinvestitionen)[1]	Ersatzinvestitionen dienen dazu, abgenutzte Anlagegüter durch neue gleichartige zu ersetzen. Ziel von Unternehmen ist es, die Leistungsfähigkeit des Betriebs zu erhalten. Die Kapazität – bei gleichbleibendem technischen Stand – wird nicht verändert.[2]	Die Kramer GmbH ersetzt ein altes Hochregallager durch ein neues Hochregallager. Des Weiteren gibt das Unternehmen zwei Lkw in Zahlung und ersetzt sie durch zwei neue Lkw.
Erweiterungs-investitionen (Zusatzinvestionen, Nettoinvestitionen)[3]	Erweiterungsinvestitionen dienen der Ausweitung der Kapazität eines Betriebs.	Die Sport-Burr AG hat mit den im vergangenen Jahr entwickelten Nordic-Walking-Stöcken „Mountain Deluxe" einen Rekordabsatz erzielt. Um die Kapazität auszuweiten, investiert das Unternehmen in eine zusätzliche Produktionsmaschine im Wert von 150 000,00 EUR.
Rationalisierungs-investitionen	Diese Investitionen in technisch verbesserte Wirtschaftsgüter verfolgen das Ziel, die Leistungsfähigkeit zu erhöhen und/oder die Kosten zu senken.	Die Clean-Tec KG stattet fünf von ihr verwaltete Mehrfamilienhäuser in Ulm mit neuen Rasenmährobotern aus. Die bisher für die Rasenpflege zuständigen Hausmeister sparen sich so erheblich Zeit für Mähen und Beseitigung des Rasenschnittes und können für andere Tätigkeiten eingesetzt werden.
Schutzinvestitionen	Diese Investitionen dienen dem Schutz am Arbeitsplatz oder dem Umweltschutz. Sie verändern die Kapazität des Unternehmens nicht unmittelbar.	Beauty Moments Emmy Reisacher e.Kfr. bietet jedem Kunden vor jeder Behandlung einen kostenlosen Corona-Selbsttest an. Somit werden die Mitarbeiter und auch die Kunden geschützt.

1 **Reinvestieren:** wieder investieren.

2 Die Reinvestitionen sind aus der Bilanz nicht ersichtlich, da sich Preise und Qualitäten der Investitionsgüter ändern. Um dennoch bestimmte Aussagen über die Investitionstätigkeit eines Unternehmens oder der Volkswirtschaft machen zu können, behilft man sich damit, dass man die **Abschreibungen** als Ausdruck für die Abnutzung der Investitionsgüter den Reinvestitionen gleichsetzt.

3 **Bruttoinvestitionen** sind die Summe aller in einer Periode vorgenommenen Investitionen.
Bruttoinvestitionen – Ersatzinvestitionen = Nettoinvestitionen.

In der Praxis fällt eine Investition in der Regel unter mehrere Investitionsarten.

Beispiele:

Der Ersatz einer Fräsmaschine durch einen leistungsstärkeren Automaten ist eine Sach-, Ersatz-, Erweiterungs- und Rationalisierungsinvestition.

Kompetenztraining

120 Investitionsarten

1. Die Metallwarenfabrik Haller GmbH fertigt Auspuffanlagen für die Autoindustrie auf zwei Spezialmaschinen mit einer Monatskapazität von jeweils 400 Stück.

   Die Haller GmbH möchte in das Geschäft mit dem Zubehörhandel einsteigen. Deshalb soll eine alte Maschine durch eine computergesteuerte Universalmaschine ersetzt werden. Die neue Maschine hat die doppelte Kapazität der alten Maschine bei sinkenden Kosten.

   Aufgaben:

   1.1 Erläutern Sie je drei Argumente, die für und die gegen die Einführung einer anlageintensiven Fertigungsmethode sprechen!

   1.2 Nennen Sie die vorliegende Investitionsart und formulieren Sie das zugrunde liegende Investitionsziel!

2. Nennen Sie für die nachfolgenden Investitionsentscheidungen die Investitionsart!

   2.1 In der Kantine der Clean-Tec KG ist die Frischhaltetheke nach einer Nutzungsdauer von 6 Jahren ausgefallen. Die Geschäftsleitung entschließt sich, die Frischhaltetheke durch das gleiche Modell mit einem geringeren Energieverbrauch zu ersetzen.

   2.2 Die Kramer GmbH erwirbt für ihre Buchhaltung ein neues Softwareprogramm für 26800,00 EUR zur Bearbeitung der immer umfangreicheren Daten.

   2.3 Die MicroTex Technologies GmbH gründet in China ein Zweigwerk. Die Garnproduktion beliefert die asiatischen Länder.

   2.4 Aufgrund einer technischen Neuerung, muss die MicroTex Technologies GmbH ihre Garnmaschinen im Stammwerk umrüsten. Die Umrüstung verursacht Kosten in Höhe von 300000,00 EUR.

3. In einem Betrieb wurden im vergangenen Jahr 10 Fräsmaschinen zu je 160000,00 EUR angeschafft. Ausgeschieden sind 7 Fräsmaschinen zu je 160000,00 EUR Anschaffungswert.

   Aufgaben:

   3.1 Berechnen Sie die Brutto-, Netto- und Reinvestition in Stück und in EUR!

   3.2 Erläutern Sie, warum mit der Annahme konstanter Preise gerechnet werden muss, wenn die reale (wirkliche) Höhe von Brutto-, Netto- und Reinvestitionen berechnet werden soll!

4. Definieren Sie den Begriff Desinvestition in eigenen Worten!
   Hinweis: Recherchieren Sie hierzu auch im Internet!

5. Die Sport-Burr AG gewährt dem SSV Ulm 1846 einen zinslosen Kredit über 10000,00 EUR.
   Aufgabe:
   Überprüfen Sie, ob eine Investition vorliegt!

9.1.3 Grundlagen der Investitionsrechnung erläutern

Ein Investor wird sich für die Durchführung einer Investition entscheiden, wenn sich das gebundene Kapital in einer Höhe verzinst, die er im Vergleich zu alternativen Anlagemöglichkeiten als ausreichend ansieht.

- Eine **Investition** ist z.B. als **lohnend** anzusehen, wenn über den Nutzungszeitraum die aus der Investition fließenden **Einzahlungen**[1] **höher** sind als die damit verbundenen **Auszahlungen.**[2]
- Der **Überschuss der Einzahlungen** muss eine **angemessene Verzinsung** des eingesetzten Kapitals ermöglichen.[3]
- Die Schwierigkeit für den Planer liegt in der Unsicherheit begründet, dass die durch das Investitionsobjekt bedingten zukünftigen Einzahlungen und Auszahlungen nicht exakt einzuschätzen sind.

- Die **Investitionsrechnung** hat die Aufgabe, alle **zahlenmäßig erfassbaren Daten** eines Investitionsobjekts zu sammeln und daraus eine **Beurteilung des Investitionsobjekts** abzuleiten.
- Die **wichtigsten Daten** für die Erstellung einer Investitionsrechnung sind die aus den Investitionsobjekten zu erwartenden **Einzahlungen** und **Auszahlungen** bzw. die zu erwartenden **Kosten.** Die Daten sind umso unsicherer, je weiter die Planung in die Zukunft weist.

Ziel der Investitionsrechnung ist, die **Investitionsentscheidung** abzusichern. Man möchte wissen, welches von mehreren sich gegenseitig ausschließenden Investitionsobjekten das vorteilhafteste ist.

Um die Vorteilhaftigkeit von Investitionen zu bestimmen, haben Theorie und Praxis Rechenverfahren entwickelt.

1 **Einzahlungen** führen zu einer Zunahme des Zahlungsmittelbestands.

2 **Auszahlungen** führen zu einer Abnahme des Zahlungsmittelbestands.

3 Man nennt die Investitionsrechnung auch **Wirtschaftlichkeitsrechnung.**
Die Kapitel zu den Investitionsrechenverfahren stützen sich auf folgende Literatur:
Heinold, Michael: Investitionsrechnung, Studienbuch, 8. Aufl., München 1999.
Wöhe, Günter: Einführung in die Allgemeine Betriebswirtschaftslehre, 24. Aufl., München 2010.
Olfert/Reichel: Investition, 11. Auflage, Ludwigshafen 2009.

Man unterscheidet **statische** und **dynamische Investitionsrechenverfahren:**

statische Verfahren	Die statischen Verfahren beurteilen ein Investitionsobjekt aufgrund der **Einzahlungen und Auszahlungen** bzw. **der Kosten einer Nutzungsperiode.** Unterschiede im Hinblick auf den **Zeitpunkt der Ein- und Auszahlungen** werden **nicht berücksichtigt.**
dynamische Verfahren	Die dynamischen Verfahren beurteilen ein Investitionsobjekt aufgrund der **Einzahlungen und Auszahlungen während der gesamten Nutzungsdauer.** Dynamische Verfahren **berücksichtigen** zudem **zeitliche Unterschiede** im Anfall von Einzahlungen und Auszahlungen.

9.1.4 Statische Verfahren zum Vergleich von Investitionsalternativen anwenden

BPE 9 Handlungssituation 2: Eine Investitionsentscheidung mithilfe der statischen Investitionsrechnung treffen

Die Sport-Burr AG möchte eine neue Maschine zur Produktion seiner Langlauf-Skating-Ski anschaffen. Die benötigte Maschine wird von zwei Unternehmen angeboten. Von beiden Anbietern hat die Sport-Burr AG bereits in der Vergangenheit Maschinen angeschafft. Folgende Daten sind bekannt:

	Maschine 1	Maschine 2
Anschaffungskosten	220 000,00 EUR	320 000,00 EUR
geplante Nutzungsdauer	5 Jahre	6 Jahre
Restwert	0,00 EUR	35 000,00 EUR
sonstige Fixkosten pro Jahr	25 000,00 EUR	27 500,00 EUR
variable Kosten pro Stück	82,00 EUR	80,00 EUR
maximale Kapazität pro Monat	600 Stück	600 Stück

Die Maschine wird linear abgeschrieben. Die geplante Produktionsmenge beträgt 500 Stück pro Monat.

Die Sport-Burr AG legt einen Kalkulationszinssatz von 6 % zugrunde.

Kompetenzorientierte Arbeitsaufträge:

1. Zeigen Sie mithilfe der Kostenvergleichsrechnung, welche Maschine in Bezug auf die Stückkosten bei der geplanten Produktionsmenge günstiger ist!
2. Berechnen Sie die kritische Produktionsmenge und interpretieren Sie das Ergebnis!
3. Erläutern Sie zwei Kritikpunkte an der Kostenvergleichsrechnung!

9.1.4.1 Kostenvergleichsrechnung

(1) Grundlegendes

Die Kostenvergleichsrechnung beurteilt Investitionsalternativen ausschließlich nach den von ihnen **verursachten Kosten**. Dabei soll sich der Investor für das Investitionsobjekt mit den geringsten Kosten entscheiden. Der Entscheidung können die **Jahreskosten** oder die **Stückkosten** zugrunde gelegt werden.

Die Kostenvergleichsrechnung verwendet die Rechengröße **Kosten.**

Die zur Beurteilung heranzuziehenden Kosten setzen sich zusammen aus den fixen und variablen Kosten.

$$K = K_{fix} + k_v \cdot x$$

- Zu den **variablen Kosten** zählen z. B. die Fertigungslöhne und die Materialkosten.
- Die **fixen Kosten** umfassen insbesondere die kalkulatorische Abschreibung und die kalkulatorischen Zinsen.

Mithilfe der **kalkulatorischen Abschreibung** wird der Werteverzehr des Investitionsobjekts erfasst. Dabei wird im Folgenden von einer linearen Abschreibung ausgegangen.

$$\text{Kalkulatorische Abschreibung} = \frac{\text{Wiederbeschaffungskosten}^{1} - \text{Restwert}^{2}}{\text{Nutzungsdauer}}$$

Die **kalkulatorischen Zinsen** werden vom durchschnittlich gebundenen Kapital berechnet.

$$\text{Kalkulatorische Zinsen} = \frac{\text{Anschaffungskosten} + \text{Restwert}}{2} \cdot \frac{\text{Zinssatz}}{100}$$

Da der Restwert (RW) erst am Ende der Nutzungsdauer (ND) zurückfließt, ist für die Ermittlung des durchschnittlich gebundenen Kapitals der Restwert zu den Anschaffungskosten (AK) hinzuzurechnen.

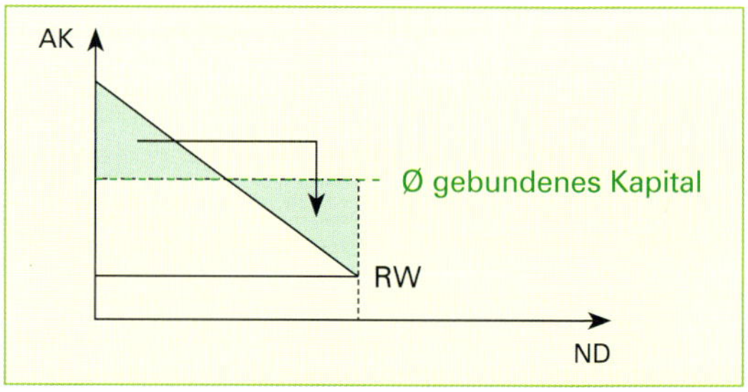

- Bei der **Kostenvergleichsrechnung** vergleicht der Investor die **investitionsbedingten Kosten** der verschiedenen Investitionsalternativen in **einer Nutzungsperiode**.
- Der Investor wird sich dann für das Investitionsvorhaben mit den **geringsten Kosten** entscheiden.

1 Bei Preisstabilität werden die Anschaffungskosten verwendet.

2 Ein Restwert wird angesetzt, wenn am Ende der Nutzungsdauer ein Liquidationserlös (z. B. Schrottwert) anfällt.

(2) Beispiel zur Kostenvergleichsrechnung

Beispiel: Excel

Die Argenbühler Kaltstahl AG möchte eine moderne Presse zur Produktion von Formteilen beschaffen. Es liegen zwei Angebote vor, die von der Abteilung Controlling ausgewertet werden:

Angebot 1 (vollautomatische Presse)

Anschaffungskosten 162 000,00 EUR, geplante Nutzungsdauer sechs Jahre, Restwert 12 000,00 EUR, geplante Leistungsmenge pro Jahr 18 000 Teile, Kapazitätsgrenze 28 000 Teile, Fixkosten pro Jahr: lineare Abschreibung, kalkulatorische Zinsen (Zinssatz 4 %) und sonstige Fixkosten in Höhe von 41 100,00 EUR, variable Kosten je Stück 9,50 EUR.

Angebot 2 (halbautomatische Presse)

Anschaffungskosten 90 000,00 EUR, geplante Nutzungsdauer vier Jahre, kein Restwert, geplante Leistungsmenge pro Jahr 18 000 Teile, Kapazitätsgrenze 27 000 Teile, gesamte Fixkosten (einschließlich Abschreibungen und Zinsen) pro Jahr 23 200,00 EUR, variable Kosten je Stück 12,00 EUR.

Der Verkaufspreis für ein Formteil liegt zurzeit bei 14,00 EUR. Die Argenbühler Kaltstahl AG schreibt linear ab.

Aufgaben:

1. Werten Sie die beiden Angebote für das erste Wirtschaftsjahr mithilfe der Kostenvergleichsrechnung aus!
2. Bestimmen Sie die kritische Produktionsmenge!
3. Begründen Sie, welche Anlage bei einer Produktionsmenge von 15 000 Stück kostengünstiger ist!

Lösungen:

Zu 1.: Auswertung mithilfe der Kostenvergleichsrechnung

- **Vergleich der Gesamtkosten für die Nutzungsperiode**

	Angebot 1	Angebot 2
Fixkosten	69 580,00 EUR	23 200,00 EUR
variable Kosten	171 000,00 EUR	216 000,00 EUR
Gesamtkosten	240 580,00 EUR	239 200,00 EUR

Nebenrechnungen zu Angebot 1:

$$\text{kalkulatorische Abschreibung} = \frac{162\,000{,}00 - 12\,000{,}00}{6} = \underline{\underline{25\,000{,}00 \text{ EUR/Jahr}}}$$

$$\text{kalkulatorische Zinsen} = \frac{162\,000{,}00 + 12\,000{,}00}{2} \cdot \frac{4}{100} = \underline{\underline{3\,480{,}00 \text{ EUR/Jahr}}}$$

$$\text{gesamte Fixkosten} = 25\,000{,}00 + 3\,480{,}00 + 41\,100{,}00 = \underline{\underline{69\,580{,}00 \text{ EUR}}}$$

Ergebnis: Unter dem Gesichtspunkt der Gesamtkosten hat die halbautomatische Presse (Angebot 2) bei einer Produktionsmenge von 18 000 Stück einen jährlichen Kostenvorteil von 1 380,00 EUR.

- **Vergleich der Stückkosten**

  Es ergeben sich folgende Stückkosten:

  240580,00 EUR : 18000 Stück = 13,37 EUR und 239200,00 EUR : 18000 Stück = 13,29 EUR.

  Ergebnis: Unter dem Gesichtspunkt der Stückkostenbetrachtung hat die halbautomatische Presse (Angebot 2) einen Kostenvorteil von 0,08 EUR.

Zu 2.: Berechnung der kritischen Produktionsmenge

Excel

Bei Unsicherheit, ob die angenommenen Absatzmengen erreicht werden können, muss die kritische Ausbringungsmenge (kritische Auslastung) ermittelt werden. Die **kritische Produktionsmenge** gibt diejenige Absatzmenge an, bei der die **Kosten für beide Anlagen gleich hoch** sind.

$$\begin{aligned} \text{Gesamtkosten Angebot 1} &= \text{Gesamtkosten Angebot 2} \\ 69\,580{,}00 + 9{,}50x &= 23\,200{,}00 + 12x \\ 2{,}5x &= 46\,380 \\ \underline{\underline{x}} &\underline{\underline{= 18\,552}} \end{aligned}$$

Ergebnis: Die kritische Produktionsmenge beträgt 18 552 Stück. Werden weniger Teile produziert, lohnt sich unter Kostengesichtspunkten die halbautomatische Presse (Angebot 2); werden mehr Teile hergestellt, lohnt sich die vollautomatische Presse (Angebot 1).

Probe: Angebot 1: 69580,00 EUR + 176244,00 EUR = 245824,00 EUR
Angebot 2: 23200,00 EUR + 222624,00 EUR = 245824,00 EUR

Zu 3.: Kostenvergleich bei einer Produktionsmenge von 15000 Stück

Angebot 1: 69580,00 EUR + 142500,00 EUR = 212080,00 EUR Kosten
Angebot 2: 23200,00 EUR + 180000,00 EUR = 203200,00 EUR Kosten.

Ergebnis: Bei 15000 Stück ist die halbautomatische Presse (Angebot 2) günstiger.

Excel

Am Schnittpunkt der Kostenkurven gilt: Ein Investitionsobjekt (hier I_1) ist für alle Auslastungen kleiner als x_0 kostengünstiger, für alle Auslastungen größer als x_0 kostenungünstiger. Der Schnittpunkt selbst ist kostenneutral.

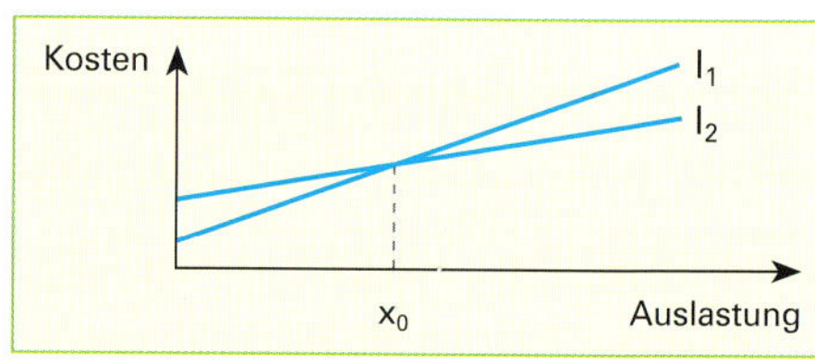

- Je größer die Produktionsmenge ist, desto geringer ist der Fixkostenanteil je Stück.
- Je niedriger die Produktionsmenge ist, desto höher ist der Fixkostenanteil je Stück.

(3) Kritische Anmerkungen zur Kostenvergleichsrechnung

- Die Kostenvergleichsrechnung lässt die **Erlöse außer Betracht.** Sie unterstellt, dass die **Erlöse** bei allen Investitionsobjekten **gleich hoch** sind.
- **Kostenentwicklungen** im Zeitablauf (z. B. Lohnerhöhungen) bleiben **unberücksichtigt.**
- Die Kostenvergleichsrechnung gibt nur die **absolute Höhe der durch die Investition verursachten Kosten** an. Da die Kosten nicht in Relation zum eingesetzten Kapital gesetzt werden, lassen sich **keine Vergleiche mit alternativen Kapitalanlagen** anstellen.
- Mithilfe der Kostenvergleichsrechnung lassen sich nur **sachlich ähnliche bzw. identische Investitionsprojekte** (z. B. Ersatzinvestitionen oder gleichartige Erweiterungsinvestitionen) **vergleichen.** D. h., **Qualitätsunterschiede** zwischen zwei Alternativen bleiben **unberücksichtigt.**

9.1.4.2 Amortisationsrechnung

(1) Grundlegendes

Die Amortisationsrechnung[1] prüft, ob sich die Auszahlungen für Investition und ein Gewinn in dem vom Investor gewünschten Zeitraum (Soll-Amortisationsdauer) erwirtschaften lassen oder nicht. Hierzu vergleicht sie, wie viele Perioden es dauert, bis sich die **Anschaffungsauszahlung** (der Kapitaleinsatz[2]) des einzelnen Investitionsobjektes durch den **Einzahlungsüberschuss (Einzahlungen – Auszahlungen)** amortisiert hat. Die Investitionsentscheidung hängt folglich von der Zeitdauer **(Amortisationszeit, Wiedergewinnungszeit, Pay-off-Periode)** ab, über die die Anschaffungsauszahlung (Anschaffungskosten) wieder zurück in das Unternehmen fließen wird.

Die Amortisationsrechnung verwendet die Rechengrößen **Einzahlungen** und **Auszahlungen**.

Die Investition hat sich amortisiert, sobald die **Einzahlungsüberschüsse** die **Anschaffungsauszahlung** und die **laufenden Betriebskosten (auszahlungswirksame Kosten)** decken. Das Investitionsobjekt mit der kürzesten Amortisationszeit ist das vorteilhafteste.

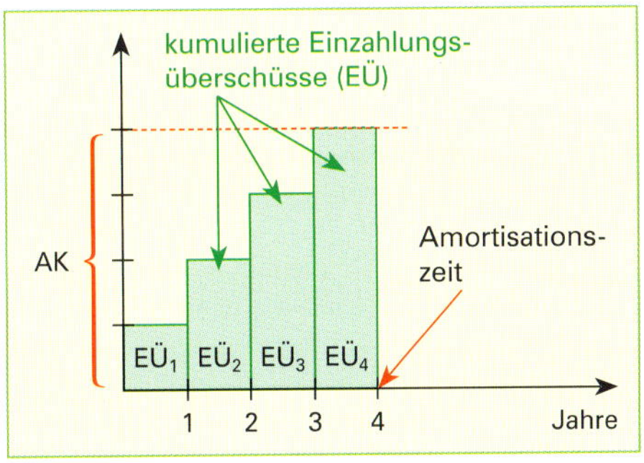

- Die Amortisationsrechnung beurteilt ein Investitionsprojekt nach der Amortisationszeit (Wiedergewinnungszeit).

$$\textbf{Amortisationszeit} = \frac{\text{Anschaffungsauszahlung} - \text{Liquidationserlös}}{\text{Ø Einzahlungsüberschuss pro Jahr}^{3}}$$

  Einzahlungsüberschuss pro Jahr =
  Jahresgewinn + jährl. kalkulatorische Abschreibungen (auszahlungsunwirksame Kosten)[4]

- Die Alternative mit der **kürzesten Amortisationszeit** gilt als die **vorteilhafteste.**

1 **Amortisation:** Tilgung, Abzahlung.

2 Erzielt das Unternehmen am Ende der Nutzungsdauer einen **Liquidationserlös,** so muss der Betrag der Anschaffungsauszahlung um den Liquidationserlös vermindert werden (Anschaffungsauszahlung – Liquidationserlös), da nur der Differenzbetrag amortisiert werden muss.

3 Weisen die Einzahlungsüberschüsse im Zeitablauf keine großen Schwankungen auf, können die Einzahlungsüberschüsse **eines Nutzungsjahres** angesetzt werden.

4 Sind die kalkulatorischen Zinsen höher als die tatsächlichen Zinsaufwendungen, kann die Differenz ebenfalls dazugezählt werden.

(2) Lösung des Beispiels von S. 293 nach der Amortisationsrechnung

	Angebot 1	Angebot 2
Amortisationszeit	$\frac{162000 - 12000}{11420 + 25000}$ = 4,12 Jahre	$\frac{90000}{12800 + 22500}$ = 2,55 Jahre

Erläuterungen am Beispiel Angebot 1:

Berechnung des Gewinns:

	Verkaufspreis 14,00 EUR · 18 000 Teile	= 252 000,00 EUR
–	variable Kosten 9,50 EUR · 18 000 Teile	= 171 000,00 EUR
–	fixe Kosten	69 580,00 EUR
=	Gewinn	11 420,00 EUR

Ergebnis: Die Amortisationszeit der halbautomatischen Presse (Angebot 2) ist deutlich geringer als die Amortisationszeit der vollautomatischen Presse (Angebot 1). Unter dem Gesichtspunkt der Amortisationsdauer sollte die Argenbühler Kaltstahl AG das Angebot 2 annehmen.

(3) Kritische Anmerkungen zur Amortisationsrechnung

- Die Amortisationsrechnung will das Risiko einer Investition berücksichtigen. Die Amortisationszeit ist jedoch nur ein **sehr grober Risikomaßstab.**
- Die Schätzung der Einzahlungsüberschüsse ist schwierig. Außerdem ist die **Zurechnung** der **kalkulatorischen Kosten** bzw. des **Gewinns** auf ein bestimmtes Investitionsobjekt oft nur **schwer möglich.**
- Da die Gewinnentwicklung eines Investitionsprojekts nur während der Amortisationszeit betrachtet wird, erlaubt die Amortisationsrechnung **keine Aussage über die Rentabilität eines Investitionsprojekts.** Vielmehr ist es möglich, dass eine Alternative mit der höheren Rentabilität die längere Amortisationszeit hat.
- Der **Zeitpunkt der Kapitalrückflüsse** wird nicht berücksichtigt.
- Auch die **Kapitalrückflüsse nach Ablauf der Amortisationszeit** werden nicht berücksichtigt, sodass unter Umständen Investitionsalternativen nicht genutzt werden, die langfristig höhere Rückflüsse erzielen.

Kompetenztraining

121 Grundlagen der Kostenvergleichsrechnung

Die Maschinenwerke Wolff GmbH plant, in eine neue Produktionsmaschine zu investieren. Auf Grundlage zweier Angebote erstellt die Geschäftsführung folgende Skizze als Entscheidungshilfe:

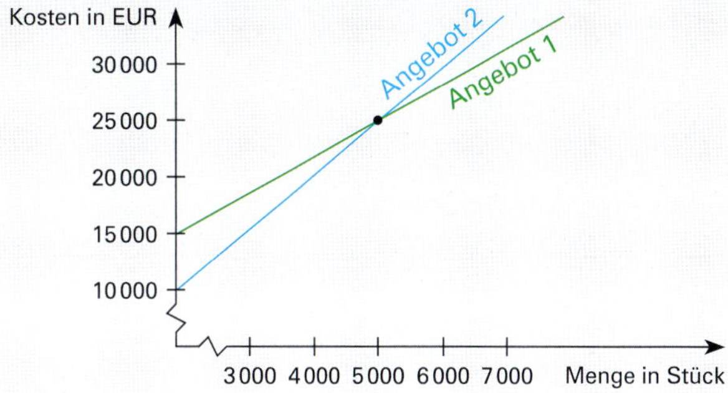

Aufgabe:

Interpretieren Sie den Sachverhalt!

122 Kostenvergleichs- und Amortisationsrechnung durchführen

1. Die Aggregatebau Lörrach GmbH beabsichtigt, eine neue Anlage anzuschaffen, um die Kapazität zu erweitern. Für die vorliegenden Angebote Halbautomat (Angebot 1) bzw. Vollautomat (Angebot 2) liegen die nachfolgenden Daten vor.

	Angebot 1	Angebot 2
Anschaffungskosten	130 000,00 EUR	364 000,00 EUR
geplante Nutzungsdauer	6 Jahre	8 Jahre
geplante Leistungsmenge	20 800 Stück/Jahr	20 800 Stück/Jahr
Kapazitätsgrenze	26 000 Stück/Jahr	26 800 Stück/Jahr
gesamte Fixkosten/Jahr	41 600,00 EUR	101 400,00 EUR
variable Kosten je Stück	11,40 EUR	8,90 EUR
Verkaufspreis je Stück	14,20 EUR	14,20 EUR

Aufgaben:

1.1 Führen Sie eine Kostenvergleichsrechnung durch!

1.2 Berechnen Sie die kritische Menge und geben Sie an, ab welcher Stückzahl sich der Halbautomat bzw. der Vollautomat lohnen würde!

1.3 Ermitteln Sie die Amortisationsdauer der beiden Angebote! (Die kalkulatorische Abschreibung erfolgt linear von den Anschaffungskosten!)

2. 2.1 Bestimmen Sie die Amortisationsdauer der folgenden Investitionsalternativen:

	Investitionsalternative 1	Investitionsalternative 2
Kapitaleinsatz	180 000,00	160 000,00
Nutzungsdauer	5	5
Gewinn 1. Periode	8 000,00	0,00
Gewinn 2. Periode	13 000,00	6 000,00
Gewinn 3. Periode	30 000,00	10 000,00
Gewinn 4. Periode	11 000,00	26 000,00
Gewinn 5. Periode	10 000,00	40 000,00

Die Abschreibung erfolgt linear.

2.2 Entscheiden Sie begründet, welche Investitionsalternative vorteilhafter ist!

2.3 Beschreiben Sie zwei Kritikpunkte an der Amortisationsrechnung!

123 Verfahren der statischen Investitionsrechnung anwenden

Die Wangener Puzzle GmbH produziert und vertreibt hochwertige 3-D-Puzzle für Kinder und Erwachsene. Im Handelsregister sind als Geschäftsführer Laura Weber und Marc Siglinger eingetragen.

Infolge der Corona-Pandemie ist der Absatzmarkt für 3-D-Puzzle stark gestiegen. Aufgrund positiver Absatzprognosen für die Zukunft planen Laura Weber und Marc Siglinger die Investition in eine zusätzliche Produktionsanlage für 3-D-Puzzle.

Zur Auswahl stehen die Investitionsalternativen Produktionsanlage Alpha und Produktionsanlage Beta. Als Anschaffungsauszahlung müssen für beide Produktionsanlagen jeweils 220000,00 EUR aufgewendet werden. Die Produktionskapazität beträgt bei beiden Anlagen jeweils 30000 Stück im Jahr.

Marc Siglinger informiert sich über die anfallenden Kosten bei einer Investitionsentscheidung für Produktionsanlage Alpha. Bei einer Produktionsmenge von 30000 Stück im Jahr wird mit folgenden jährlichen Betriebskosten gerechnet:

Fixe Betriebskosten 52 000,00 EUR
Variable Betriebskosten 300 000,00 EUR

Folgende Kapitalkosten werden angesetzt:

- Die kalkulatorischen Zinsen für das während der Nutzungsdauer durchschnittlich gebundene Kapital werden mit einem Zinssatz von 8 % berücksichtigt.
- Die kalkulatorischen Abschreibungen werden nach der linearen Abschreibungsmethode berechnet. Dabei wird angenommen, dass der Wiederbeschaffungswert dem Anschaffungswert entspricht. Der geschätzte Restwert am Ende der Nutzungsdauer von 8 Jahren beträgt 12000,00 EUR.

Aufgaben:

1. Begründen Sie, um welche Art von Sachinvestition es sich im vorliegenden Fall handelt!
2. 2.1 Ermitteln Sie die Stückkosten für Produktionsanlage Alpha bei einer Produktion von 30000 Stück im Jahr!

   2.2 Stellen Sie für die Produktionsanlage Alpha die Kostenfunktion K_{Alpha} auf!
3. Nach einer Anpassung der kalkulierten Kosten für die Produktionsanlage Alpha ergibt sich folgende Kostenfunktion:

   $$K_{Alpha}(x) = 86000 + 10{,}5x$$

   Die Kostenfunktion für die Produktionsanlage Beta lautet:

   $$K_{Beta}(x) = 35000 + 13x$$

   3.1 Treffen Sie mithilfe der Kostenvergleichsrechnung eine begründete Entscheidung, für welche Produktionsanlage sich die Wangener Puzzle GmbH bei einer jährlichen Produktion von 30000 Stück entscheiden sollte!

   3.2 Berechnen Sie die kritische Menge der beiden Investitionsalternativen und interpretieren Sie das Ergebnis!

   3.3 Nennen Sie vier Nachteile einer Investitionsentscheidung auf Basis der Kostenvergleichsrechnung!

4. Nach eingehender Prüfung weiterer Aspekte entscheiden sich die Geschäftsführer gegen Produktionsanlage Alpha als Investitionsobjekt. Laura Weber und Marc Siglinger wollen stattdessen eine Investition in die Produktionsanlage Beta anhand weiterer Kriterien überprüfen und fordern Informationen über die zu erwartenden Einzahlungsüberschüsse an.

   Schätzungen aus dem Rechnungswesen der Wangener Puzzle GmbH ergeben für die Nutzungsdauer von 8 Jahren einen jährlichen Einzahlungsüberschuss von 22 000,00 EUR.

   Ein Liquidationserlös am Ende der Nutzungsdauer wird nicht erwartet.

   4.1 Die Einzahlungsüberschüsse ergeben sich indirekt aus der Summe von Gewinnen und Abschreibungen.
   Erläutern Sie diesen Zusammenhang!

   4.2 Laura Weber erwartet, dass sich die Investition in Produktionsanlage Beta in spätestens 4 Jahren amortisiert hat.
   Überprüfen Sie, ob die Annahme von Laura Weber erfüllt werden kann!

9.2 Einsatz dynamischer Investitionsrechenverfahren beurteilen und Investitionsalternativen mithilfe der Kapitalwertmethode vergleichen sowie daraus folgende Investitionsentscheidungen begründen

BPE 9 Handlungssituation 3: Eine Investitionsentscheidung mithilfe der Kapitalwertmethode treffen

Das Kosmetikstudio Beauty Moments Emmy Reisacher e. Kfr. investiert in drei hochmoderne Massageliegen. Das Investitionsvolumen beträgt insgesamt 30 000,00 EUR. Für die kommenden fünf Jahre wird mit folgenden Einzahlungsüberschüssen gerechnet:

Jahr	Einzahlungsüberschüsse
1	5 800,00 EUR
2	6 400,00 EUR
3	6 800,00 EUR
4	7 200,00 EUR
5	7 500,00 EUR

Nach fünf Jahren sollen die Massageliegen wieder ersetzt werden. Die Nettoverkaufserlöse betragen dann noch 5 000,00 EUR.

Das Kosmetikstudio Beauty Moments Emmy Reisacher e. Kfr. legt einen Kalkulationszinssatz von 5 % zugrunde.

Kompetenzorientierter Arbeitsauftrag:

Ermitteln Sie den Kapitalwert des Investitionsvorhabens und entscheiden Sie begründet, ob die Investition durchgeführt werden sollte!

Hinweis: Entnehmen Sie die Abzinsungsfaktoren aus der Tabelle auf S. 303!

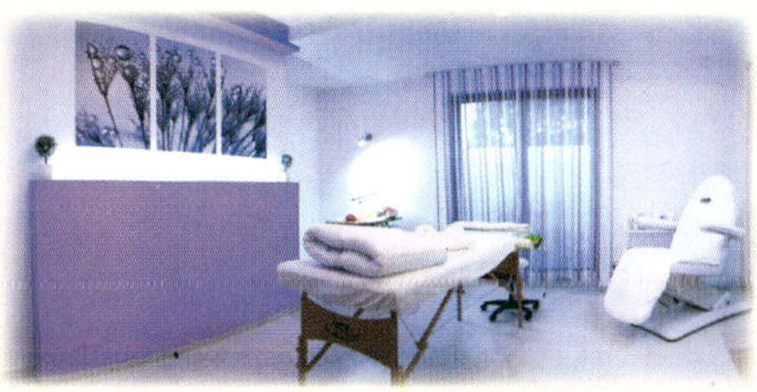

Vorlage

9.2.1 Grundlagen der dynamischen Investitionsrechenverfahren erläutern

(1) Abgrenzung der dynamischen von den statischen Verfahren

Den dynamischen Verfahren der Investitionsrechnung ist gemeinsam, dass sie nicht nur – wie die statischen Verfahren – die Einzahlungen und Auszahlungen einer Nutzungsperiode berücksichtigen, sondern darüber hinaus auch den **Zeitpunkt der Einzahlungen und Auszahlungen.** Das geschieht mithilfe von **finanzmathematischen Methoden.**

Die **dynamischen Investitionsrechenverfahren** beurteilen ein Investitionsobjekt über **alle Nutzungsjahre** hinweg und berücksichtigen hierbei den **Zeitpunkt einer Einzahlung oder Auszahlung.**

(2) Begriffe der dynamischen Investitionsrechenverfahren

Den Wert einer Einzahlung oder Auszahlung zum Zeitpunkt ihrer Entstehung bezeichnet man als **Zeitwert.** Möchte der Investor die Vorteilhaftigkeit einer Investition beurteilen, muss er alle Einzahlungen und Auszahlungen, die während der gesamten Nutzungsdauer der Investition anfallen, einander gegenüberstellen. Da die Einzahlungen und Auszahlungen während der Nutzungsdauer jedoch zu unterschiedlichen Zeiten anfallen, sind die Zeitwerte für den Investor nicht vergleichbar.

Eine Einzahlung, die im ersten Nutzungsjahr anfällt, ist höher zu bewerten, als die gleiche Einzahlung, die erst ein Jahr später eingeht, da der Investor im ersten Fall den Betrag für ein Jahr gewinn- oder zinsbringend anlegen kann.

Beispiel:

Beträgt die Einzahlung am 1. Februar des 1. Jahres 1 000,00 EUR und hat der Investor die Möglichkeit, den Betrag zu 2 % anzulegen, so haben die 1 000,00 EUR jetzt für den Investor den gleichen Wert wie 1 020,00 EUR in einem Jahr.

Analog zur Einzahlung hängt auch die Bewertung einer Auszahlung in gleicher Weise vom Zeitpunkt des Entstehens ab.

Beispiel:

Wird eine Auszahlung mit Fremdmitteln finanziert und beträgt der Darlehenszinssatz 3 %, so bedeutet dies, dass bei einer Auszahlung von 1 000,00 EUR, die, statt am 1. Februar des ersten Jahres, ein Jahr später anfällt, Zinsen in Höhe von 30,00 EUR vermieden werden.

Eine Vergleichbarkeit der Zeitwerte wird durch **Abzinsen** der Zeitwerte auf den **Anschaffungszeitpunkt** erreicht. Den Wert einer Ein- oder Auszahlung zu diesem Zeitpunkt nennt man **Barwert.**

- Wird der **Beginn der Investition als Bezugszeitpunkt** angenommen, müssen alle später anfallenden Einzahlungen und Auszahlungen **abgezinst** werden. Den Wert einer Einzahlung oder Auszahlung zu diesem Bezugszeitpunkt nennt man **Barwert.**
- Rechnerisch erfolgt die Bestimmung des Barwerts durch **Multiplikation des Zeitwerts** mit dem **Abzinsungsfaktor.**

- Die **Höhe des Barwerts** hängt neben der **Höhe des Zeitwerts** und der **Zeitdifferenz zwischen Entstehungs- und Bezugszeitpunkt** von der **Höhe des Zinsfußes** ab.

Nachfolgend wird das dynamische Investitionsrechenverfahren aufgrund des Bildungsplans am Beispiel der **Kapitalwertmethode** vorgestellt.

9.2.2 Investitionsalternativen mithilfe der Kapitalwertmethode vergleichen

9.2.2.1 Kapitalwertmethode

(1) Aufbau der Kapitalwertmethode[1]

	Barwerte aller Einzahlungen
–	Barwerte aller Auszahlungen
=	Abgezinste Einzahlungsüberschüsse (Barwertsumme)
–	Anschaffungsauszahlung
=	**Kapitalwert**

Die Kapitalwertmethode wählt als **Bezugszeitpunkt** den **Beginn der Investition,** d.h., alle zukünftigen Einzahlungen und Auszahlungen, die während des Investitionszeitraums anfallen, werden auf den Beginn der Investition abgezinst. Der **Kapitalwert einer Investition** ergibt sich dann aus der Differenz zwischen der Summe der **Barwerte aller Einzahlungen**[2] und der Summe der **Barwerte aller Auszahlungen,**[3] die mit dieser Investition zusammenhängen, abzüglich der Anschaffungsauszahlung. Die Abzinsung erfolgt mit einem **vom Investor** festgelegten **Zinssatz (Kalkulationszinsfuß).** Der Kalkulationszinsfuß stellt die Renditeerwartung (Zinserwartung) dar, die der Investor mit seiner Investition mindestens erzielen möchte. Er wird bestimmt durch

- den derzeit gegebenen Zinssatz am Kapitalmarkt zuzüglich eines Risikozuschlags,
- das zukünftig zu erwartende Zinsniveau,
- die gegenwärtige Verzinsung des vom Unternehmen bereits investierten Eigen- oder Fremdkapitals,
- die alternativen Kapitalanlagemöglichkeiten,
- das Risikoverhalten des Investors.

Je höher der Kalkulationszinsfuß angesetzt wird, desto stärker wird eine zukünftige Zahlung durch den Barwert abgezinst. Daraus folgt: Mit steigendem Kalkulationszinsfuß verringern sich die Barwertsummen und somit auch der Kapitalwert.

Alternativ kann der Kapitalwert mit folgender Formel berechnet werden:

$$\text{Kapitalwert} = -A_0 + \sum_{t=1}^{n} \frac{(E_t - A_t)}{(1+i)^n} = -A_0 + \sum_{t=1}^{n} \frac{EÜ_t}{q^n}$$

1 Synonym (gleichartig) zu dem Begriff Kapitalwertmethode werden die Begriffe **Diskontierungsmethode** oder **Barwertmethode** verwendet.
Diskontieren: eine später fällig werdende Forderung unter Abzug von Zinsen ankaufen.

2 Die **Einzahlungen** setzen sich zusammen aus den **laufenden Einzahlungen** (z.B. Umsatzerlöse) sowie dem **Liquidationserlös.**

3 Die **Auszahlungen** umfassen lediglich die **ausgabewirksamen Kosten.** Ausgabeunwirksame Kosten, wie z.B. die Abschreibungen, gehören nicht zu den Auszahlungen.

Beispiel:

Das Unternehmen Motorenbau Anton Thomalla e.Kfm. möchte in eine neue Maschine zur Herstellung des neuesten Motors HighSpeed investieren.

Die Anschaffungsauszahlung der Maschine beträgt 210 000,00 EUR. Es wird mit einem Kalkulationszinssatz von 6 % gerechnet. Folgende Einzahlungsüberschüsse werden erwartet:

1. Jahr: 60 000,00 EUR
2. Jahr: 80 000,00 EUR
3. Jahr: 100 000,00 EUR

Aufgabe:

Berechnen Sie den Kapitalwert für das Investitionsprojekt mithilfe der oben angegebenen Formel!

Lösung:

$$\text{Kapitalwert} = -210\,000{,}00 + \frac{60\,000{,}00}{1{,}06} + \frac{80\,000{,}00}{1{,}06^2} + \frac{100\,000{,}00}{1{,}06^3} = \underline{\underline{1\,765{,}42 \text{ EUR}}}$$

(2) Bedeutung des Kapitalwerts

Ist der **Kapitalwert gleich null,** so wird die vom Investor erwartete Mindestverzinsung erreicht, d.h., die Einzahlungsüberschüsse reichen aus, um das investierte Kapital zu tilgen sowie die geplanten Zinsen zu erwirtschaften.

Kapitalwert > 0 → vorteilhaft
Kapitalwert = 0 → neutral
Kapitalwert < 0 → unvorteilhaft

Bei einem **positiven Kapitalwert** übersteigt die erzielbare Rendite der Investition den Kalkulationszinsfuß.

Ein **negativer Kapitalwert** besagt, dass nur eine unter dem Kalkulationszinsfuß liegende Verzinsung erreichbar ist, und damit die Kapitalkosten des Investors nicht gedeckt werden können.

Über den **Vergleich der Kapitalwerte** hinaus ist auch die **Bewertung von Investitionsalternativen** (einschließlich **Differenzinvestition**) möglich.[1] Es gilt: Die Investition mit dem größten Kapitalwert ist die vorteilhafteste, sofern ihr Kapitalwert größer oder gleich null ist.

- Ein **positiver Kapitalwert** gibt den **Reinvermögenszuwachs** in Bezug auf den Investitionszeitpunkt an. Es ist der Betrag, der dem Investor zum Investitionszeitpunkt als **Ausgleich** für den **Verzicht auf die Investition** gezahlt werden müsste.
- Ein **negativer Kapitalwert** gibt den Betrag an, der dem Investor zum Investitionszeitpunkt als **Subvention** gezahlt werden müsste, um ihn gerade noch zur Investition zu veranlassen.

(3) Berechnung des Abzinsungsfaktors und des Barwertes

Bei der Abzinsung (Diskontierung) wird danach gefragt, wie viel eine Zahlung, die z.B. am Ende des Jahres **n** anfällt, zu Beginn des Investitionszeitraums wert ist. Wird ein positiver Kalkulationszinssatz (p > 0) angenommen, ist der gesuchte Barwert stets kleiner als der Zeitwert der Rechnung. Der Barwert wird mithilfe des Abzinsungsfaktors[2] berechnet.

1 Zu Einzelheiten siehe S. 305f.

2 In der Praxis werden die Abzinsungsfaktoren in Abzinsungstabellen vorgegeben.

Beispiel:

Die MicroTex Technologies GmbH rechnet für ein Investitionsprojekt am Ende des zweiten Jahres mit einem Einzahlungsüberschuss von 30 000,00 EUR. Die Investitionsdauer beträgt 5 Jahre. Es wird mit einem Kalkulationszinsfuß von 3,5 % gerechnet.

Aufgabe:

Berechnen Sie den Abzinsungsfaktor und den Barwert des Einzahlungsüberschusses!

Lösung:

$$\textbf{Abzinsungsfaktor} = \frac{1}{\left(1 + \frac{p}{100}\right)^n} = \frac{1}{(1+i)^n} = \frac{1}{q^n} = q^{-n}$$

$$\text{Abzinsungsfaktor} = \frac{1}{\left(1 + \frac{3{,}5}{100}\right)^2} = \underline{\underline{0{,}9335}}$$

Barwert = Einzahlungsüberschuss · Abzinsungfaktor

$$\text{Barwert} = 30\,000{,}00 \cdot 0{,}9335 = \underline{\underline{28\,005{,}00 \text{ EUR}}}$$

Abzinsungstabelle:

		Zinssatz (p)								
		2,0 %	2,5 %	3,0 %	3,5 %	4,0 %	4,5 %	5,0 %	5,5 %	6,0 %
Jahre (n)	1	0,9804	0,9756	0,9709	0,9662	0,9615	0,9569	0,9524	0,9479	0,9434
	2	0,9612	0,9518	0,9426	0,9335	0,9246	0,9157	0,9070	0,8985	0,8900
	3	0,9423	0,9286	0,5151	0,9019	0,8890	0,8763	0,8638	0,8516	0,8396
	4	0,9238	0,9060	0,8885	0,8714	0,8548	0,8396	0,8227	0,8072	0,7921
	5	0,9057	0,8839	0,8626	0,8420	0,8219	0,8025	0,7835	0,7651	0,7473
	6	0,8880	0,8623	0,8375	0,8135	0,7903	0,7679	0,7462	0,7252	0,7050
	7	0,8706	0,8413	0,8131	0,7860	0,7599	0,7348	0,7107	0,6874	0,6651
	8	0,8535	0,8207	0,7894	0,7594	0,7307	0,7032	0,6768	0,6516	0,6274
	9	0,8368	0,8007	0,7664	0,7337	0,7026	0,6729	0,6446	0,6176	0,5919
	10	0,8203	0,7812	0,7441	0,7089	0,6756	0,6439	0,6139	0,5854	0,5584

(4) Behandlung eines Liquidationserlöses

Erzielt das Unternehmen aus dem Investitionsobjekt am Ende der Nutzungsdauer einen Liquidationserlös, muss dieser – abgezinst auf den Bezugszeitpunkt – zur Barwertsumme hinzugezählt werden.

Barwertsumme
– Anfangsauszahlung
+ Liquidationserlös (abgezinst)
= Kapitalwert

(5) Beurteilung eines Investitionsprojekts[1]

Beispiel:

Die Industriewerke Böblingen AG erwägen den Kauf einer neuen Abkantmaschine. Die Anschaffungsauszahlungen hierfür betragen 600 000,00 EUR.

Mit dieser Maschine lassen sich in den kommenden 5 Jahren folgende Einzahlungsüberschüsse erzielen:

Jahr	Einzahlungsüberschüsse
1	90 000,00 EUR
2	150 000,00 EUR
3	180 000,00 EUR
4	160 000,00 EUR
5	130 000,00 EUR

Aufgaben:

1. Ermitteln Sie rechnerisch, ob die Geschäftsleitung diese Investition befürworten soll, wenn sie bei anderen Investitionen üblicherweise 2,5 % erwirtschaften kann!
2. Berechnen Sie den Kapitalwert der Investition unter der Annahme, dass mit einem Kalkulationszinsfuß von 4 % zu rechnen ist und am Ende der Nutzungsdauer ein Liquidationserlös in Höhe von 7 500,00 EUR erzielt werden kann!

Lösungen:

Zu 1.: Berechnung des Kapitalwerts mit einem Kalkulationszinsfuß von 2,5 %

Ende des	Einzahlungsüberschüsse	Abzinsungsfaktor	Barwert
1. Jahres	90 000,00 EUR	0,9756	87 804,00 EUR
2. Jahres	150 000,00 EUR	0,9518	142 770,00 EUR
3. Jahres	180 000,00 EUR	0,9286	167 148,00 EUR
4. Jahres	160 000,00 EUR	0,9060	144 960,00 EUR
5. Jahres	130 000,00 EUR	0,8839	114 907,00 EUR
Barwertsumme			657 589,00 EUR
– Anschaffungsauszahlung		1,0000	650 000,00 EUR
= Kapitalwert			7 589,00 EUR

Ergebnis: Der Kapitalwert der gesamten Investition ist positiv. Die Investition lohnt sich bei einem Kalkulationszinsfuß von 2,5 %, da die auf den Barwert abgezinsten Einzahlungsüberschüsse größer sind als die gegenwärtigen Anschaffungsauszahlungen. Der Investor erhält sein eingesetztes Kapital zurück, erzielt eine Verzinsung in Höhe des Kalkulationszinssatzes sowie einen zusätzlichen Überschuss, dessen Barwert 7 589,00 EUR beträgt.

1 Die Kapitalwertmethode geht davon aus, dass der Investor jederzeit beliebig hohe Beträge zu dem von ihm gewählten Kalkulationszinssatz verzinslich anlegen oder als Kredit beschaffen kann **(vollkommener Kapitalmarkt)**.

Zu 2.: Berechnung des Kapitalwerts mit einem Kalkulationszinsfuß von 4 %

Ende des	Einzahlungsüberschüsse	Abzinsungsfaktor	Barwert
1. Jahres	90 000,00 EUR	0,9615	86 535,00 EUR
2. Jahres	150 000,00 EUR	0,9246	138 690,00 EUR
3. Jahres	180 000,00 EUR	0,8890	160 020,00 EUR
4. Jahres	160 000,00 EUR	0,8548	136 768,00 EUR
5. Jahres	130 000,00 EUR	0,8219	106 847,00 EUR
Barwertsumme			628 860,00 EUR
– Anschaffungsauszahlung		1,0000	650 000,00 EUR
+ Liquidationserlös (7 500,00 EUR)		0,8219	6 164,25 EUR
= Kapitalwert			– 14 975,75 EUR

Ergebnis: Der Kapitalwert der gesamten Investition ist negativ. Die Investition lohnt sich unter diesen Bedingungen nicht, da die Barwertsumme sowie der abgezinste erzielbare Liquidationserlös nicht ausreichen, um die Anschaffungsauszahlungen auszugleichen.

9.2.2.2 Kapitalwertmethode einschließlich Differenzinvestition

(1) Grundlegendes

Die Kapitalwertmethode kann auch zum Vergleich von Investitionsalternativen genutzt werden. Dabei ist das Investitionsobjekt mit dem größten Kapitalwert das vorteilhafteste (sofern der Kapitalwert größer oder gleich null ist).

Die betrachteten Alternativen müssen vollständig vergleichbar sein, d.h., sie dürfen sich hinsichtlich des Kapitaleinsatzes und der Nutzungsdauer nicht unterscheiden. Da dies in der Realität selten auftritt, wird dieser Mangel durch die Berücksichtigung einer sogenannten **Differenzinvestition** ausgeglichen.

(2) Differenzinvestition bei unterschiedlichen Anschaffungsauszahlungen[1]

Sind die Anschaffungskosten von zu vergleichenden Investitionsobjekten verschieden, so kann die gesparte Anschaffungsauszahlung des günstigeren Objekts in ein weiteres Objekt investiert werden (Differenzinvestition).

Beispiel:

Die Werkzeugbau Schmied GmbH hat sich entschlossen, die bisher manuell durchgeführten Stanzarbeiten zu automatisieren. Der Stanzautomat I hat einen Anschaffungswert von 130 000,00 EUR, eine Nutzungsdauer von fünf Jahren und einen Liquidationserlös von 15 000,00 EUR.

Der Stanzautomat II hat einen Anschaffungswert von 90 000,00 EUR und ebenfalls eine Nutzungsdauer von fünf Jahren. Ein Liquidationserlös kann nicht erzielt werden. Beide Objekte sollen eine Mindestverzinsung von 4 % (Kalkulationszinssatz) erzielen.

1 Der Bildungsplan sieht ausschließlich die Differenzinvestition bei unterschiedlichen Anschaffungsauszahlungen vor. In der Praxis muss oftmals noch eine unterschiedliche Nutzungsdauer berücksichtigt werden.

Die Differenz von 40 000,00 EUR bei der Anschaffungsauszahlung wird anderweitig investiert. Aufgrund des leicht erhöhten Risikos wird hier mit einem Kalkulationszinssatz von 5 % gerechnet.

Folgende Einzahlungsüberschüsse werden erwartet (in EUR):

	1. Jahr	2. Jahr	3. Jahr	4. Jahr	5. Jahr
Anlage I	35 000,00	40 000,00	48 000,00	37 000,00	20 000,00
Anlage II	25 000,00	32 000,00	38 000,00	20 000,00	18 000,00
Differenzinvestition	9 000,00	13 000,00	18 000,00	15 000,00	10 000,00

Aufgabe:

Vergleichen Sie die Kapitalwerte der beiden Investitionsobjekte unter Einbezug der Differenzinvestition und stellen Sie das Ergebnis tabellarisch (auf ganze EUR gerundet) dar!

Lösung:

Jahr	Abzinsungsfaktor	Stanzautomat I		Stanzautomat II		Abzinsungsfaktor	Differenzinvestition	
		Überschuss in EUR	Barwert in EUR	Überschuss in EUR	Barwert in EUR		Überschuss in EUR	Barwert in EUR
1	0,9615	35 000,00	33 653,00	25 000,00	24 038,00	0,9524	9 000,00	8 572,00
2	0,9246	40 000,00	36 984,00	32 000,00	29 587,00	0,9070	13 000,00	11 791,00
3	0,8890	48 000,00	42 672,00	38 000,00	33 782,00	0,8638	18 000,00	15 548,00
4	0,8548	37 000,00	31 628,00	20 000,00	17 096,00	0,8227	15 000,00	12 341,00
5	0,8219	20 000,00	16 438,00	18 000,00	14 794,00	0,7835	10 000,00	7 835,00
Barwerte			161 375,00		119 297,00			56 087,00
– Anschaffungsauszahlung			130 000,00		90 000,00			40 000,00
+ Liquidationserlös		15 000,00	12 329,00		0,00			0,00
= Kapitalwert (einzeln)			43 704,00		29 297,00			16 087,00
= Kapitalwert (gesamt)			43 704,00			45 384,00		

Ergebnis: Der Stanzautomat I ist vorteilhafter als der Stanzautomat II, da er einen um 14 407,00 EUR (43 704,00 EUR – 29 297,00 EUR) höheren Kapitalwert erzielt. Unter Berücksichtigung der Differenzinvestition kehrt sich dieser Sachverhalt allerdings um, da der Stanzautomat II zusammen mit der Differenzinvestition einen um 1 680,00 EUR (45 384,00 EUR – 43 704,00 EUR) höheren Kapitalwert erzielt. Folglich sollte Stanzautomat II gewählt werden.

Um Investitionsobjekte mit **unterschiedlichem Kapitaleinsatz** vergleichen zu können, muss der **Kapitalwert der Differenzinvestition** berechnet und dem Investitionsobjekt mit dem **kleineren Kapitaleinsatz** zugerechnet werden.

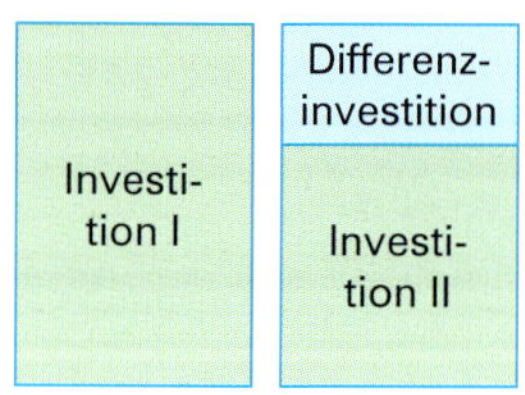

9.2.3 Bedeutung der Kapitalwertmethode diskutieren

Die Kapitalwertmethode als ein dynamisches Verfahren liefert Unternehmen genauere Ergebnisse zu Investitionsentscheidungen als statische Verfahren. Es werden Einzahlungen und Auszahlungen **aller Nutzungsperioden** erfasst und **zeitliche Unterschiede** im Anfall der Einzahlungen und Auszahlungen durch Abzinsen **berücksichtigt.**

Gegen die Kapitalwertmethode werden insbesondere folgende Argumente eingewendet:

- Es wird unterstellt, dass die künftigen Einzahlungen und Auszahlungen bekannt sind. Dies ist nicht der Fall. In der Realität ist man auf mehr oder weniger **grobe Schätzungen** angewiesen, da zukünftige Ereignisse nie mit Sicherheit vorhergesehen werden können.
- Es gibt **keinen „richtigen" Kalkulationszinsfuß.** Vielmehr hängt die Höhe des Kalkulationszinsfußes stark von subjektiven Zielvorstellungen des Investors ab. Seine Festlegung unterliegt somit einer gewissen Willkür. Dies ist insofern ein Nachteil, da wegen der Abhängigkeit des Kapitalwerts vom Kalkulationszinsfuß das Ergebnis der Rechnung in einem gewissen Rahmen willkürlich ist.
- Es wird unterstellt, dass alle Einzahlungen und Auszahlungen den jeweiligen Investitionsprojekten zugerechnet werden können. Dies ist unrealistisch, denn z. B. die Umsatzerlöse **(Einzahlungen)** können **nicht unmittelbar einem Investitionsprojekt zugerechnet werden,** sondern sind das Ergebnis einer Vielzahl gleichzeitig zusammenwirkender Faktoren (z. B. Werbung, technische Neuheit, Modetrend usw.).

Kompetenztraining

124 Grundlagen der Kapitalwertmethode

1. Definieren Sie die Begriffe
   1.1 Kapitalwert
   1.2 Kapitalwertmethode
   1.3 Kalkulationszinssatz
   in eigenen Worten!

2. Ein Industriebetrieb will in eine neue Maschine, Anschaffungswert 270 000,00 EUR, investieren. Die laufenden Einzahlungen und Auszahlungen werden für die Nutzungsdauer von 6 Jahren wie folgt geschätzt:

Jahre / Geldvorgang	1. Jahr	2. Jahr	3. Jahr	4. Jahr	5. Jahr	6. Jahr
Einzahlungen in EUR	138 000,00	155 000,00	165 000,00	150 000,00	135 000,00	180 000,00
Auszahlungen in EUR	85 000,00	105 000,00	140 000,00	130 000,00	125 000,00	25 000,00

Aufgaben:

2.1 Ermitteln Sie den Überschuss als Saldo zwischen Einzahlungen und Auszahlungen ohne Berücksichtigung der Zeit!

Vorlage

2.2 Beurteilen Sie die Zweckmäßigkeit der Investition, wenn Sie die Einzahlungen und Auszahlungen auf den Zeitpunkt zu Beginn der Investition mit einem Kalkulationszinsfuß von 4,5 % abzinsen! Zu den Abzinsungsfaktoren vgl. Tabelle S. 303.

Hinweis: Runden Sie die Abzinsungsfaktoren auf 3 Nachkommastellen!

2.3 Erläutern Sie, worin die eigentliche Problematik jeder Investitionsrechnung liegt!

2.4 Erörtern Sie, welche Vorteile die Methoden der dynamischen Investitionsrechnung gegenüber der Kostenvergleichsrechnung haben!

125 Kapitalwertmethode unter Berücksichtigung der Differenzinvestition

Bei einem Unternehmen stehen zwei Investitionsalternativen zur Auswahl. Folgende Planungsdaten stehen für die Investitionsprojekte zur Verfügung:

Jahr	geschätzte Einzahlungen in EUR	geschätzte Auszahlungen in EUR
1	2640000,00	2160000,00
2	2640000,00	2280000,00
3	3060000,00	2160000,00
4	3060000,00	2160000,00
5	3120000,00	2280000,00
6	3120000,00	2160000,00

Der Kalkulationszinssatz beträgt beim Investitionsprojekt I 4 % und beim Investitionsprojekt II 5 %. Die Anschaffungsauszahlungen betragen beim Investitionsprojekt I 3800000,00 EUR und beim Investitionsprojekt II 3740000,00 EUR. Am Ende der Nutzungsdauer erzielt der Investor beim Investitionsprojekt II einen Liquidationserlös von 16500,00 EUR.

Aufgaben:

Vorlage

1. Führen Sie einen Vergleich der beiden Investitionsprojekte nach der Kapitalwertmethode durch und beurteilen Sie die Ergebnisse! Zu den Abzinsungsfaktoren vgl. Tabelle S. 303.

   Hinweis: Runden Sie die Abzinsungsfaktoren auf 3 Nachkommastellen!

2. Untersuchen Sie, unter welcher Voraussetzung ein Vergleich der beiden Investitionsprojekte in dieser Form sinnvoll ist! Begründen Sie Ihre Meinung!

3. Beschreiben Sie zwei Nachteile der Kapitalwertmethode!

4. Erläutern Sie zwei Faktoren, die bei der Festlegung der Höhe des Kalkulationszinssatzes von Bedeutung sein können!

5. Ein Konkurrenzunternehmen, das ein ähnliches Investitionsvorhaben plant, rechnet mit einem Kalkulationszinssatz, der 1,5 % höher liegt.

   5.1 Erläutern Sie zwei Gründe, die das Unternehmen zu dieser Maßnahme veranlasst haben!

   5.2 Beschreiben Sie die Auswirkungen eines höheren Kalkulationszinssatzes auf den Kapitalwert!

6. Ein Getränkehersteller plant eine Investition in eine neue Abfüllanlage. Es wird mit folgenden Investitionskosten gerechnet: Anschaffungskosten: 1800000,00 EUR, Nutzungsdauer 8 Jahre. Die Kosten im 1. Nutzungsjahr werden wie folgt angenommen: Fertigungslöhne 180000,00 EUR, Gehälter 85000,00 EUR, Fertigungsmaterial 220000,00 EUR, fixe Kosten 370000,00 EUR, sonstige variable Kosten 45000,00 EUR. Die zu erwartenden Umsatzerlöse belaufen sich auf 850000,00 EUR. Die Abschreibung erfolgt linear. Der Kalkulationszinssatz wird vom Investor mit 4 % festgelegt.

Berechnen Sie nach der Kapitalwertmethode den Einzahlungsüberschuss und den Barwert für die erste Nutzungsperiode! Zu den Abzinsungsfaktoren vgl. Tabelle S. 303!

Hinweis: Runden Sie die Abzinsungsfaktoren auf 3 Nachkommastellen!

126 Vergleich von Investitionsalternativen einschließlich Differenzinvestition

Die PaMa AG ist ein Hersteller von Präzisionsmessgeräten für autonomes Fahren aus Oberschwaben. Die Auftragsbücher des Unternehmens sind voll. Um die große Nachfrage zu bedienen, möchte das Unternehmen in eine neue Maschine investieren. Zur Auswahl stehen folgende Investitionsobjekte:

	Investitionsobjekt I	**Investitionsobjekt II**
Anschaffungsausgaben (EUR)	140 000,00	84 000,00
Nutzungsdauer (Jahre)	5	5
Liquidationserlös	12 000,00	0,00
Kalkulationszinssatz	4 %	4 %
Einzahlungsüberschüsse		
1. Jahr	42 000,00	25 000,00
2. Jahr	56 000,00	25 000,00
3. Jahr	42 000,00	25 000,00
4. Jahr	28 000,00	25 000,00
5. Jahr	28 000,00	25 000,00

Aufgaben:

1. Ermitteln Sie tabellarisch die Kapitalwerte der beiden Investitionsobjekte! *Vorlage*

2. Der Differenzbetrag wird in eine Anlage investiert mit einer Nutzungsdauer von 5 Jahren. Der Kalkulationszinssatz beträgt 4 %. Für diese Ergänzungsinvestition (Differenzinvestition) wird mit folgenden Einzahlungsüberschüssen gerechnet: 1. Jahr: 28 000,00 EUR, 2. Jahr: 14 000,00 EUR, 3. Jahr: 14 000,00 EUR, 4. Jahr: 14 000,00 EUR, 5. Jahr: 14 000,00 EUR. *Vorlage*

   Berechnen Sie den Kapitalwert der Differenzinvestition! Zu den Abzinsungsfaktoren vgl. Tabelle S. 303!

   Hinweis: Runden Sie die Abzinsungsfaktoren auf 3 Nachkommastellen!

3. Beurteilen Sie, welches Investitionsobjekt das vorteilhaftere ist!

Jahrgangsstufe 2

10 Rechtsformunabhängige Finanzierungsentscheidungen

10.1 Im Rahmen der Außenfinanzierung einen Darlehensvertrag analysieren, Darlehensarten voneinander abgrenzen, Tilgungspläne unter Berücksichtigung der Barwertsummen vergleichen und die Vorteilhaftigkeit einzelner Darlehensarten beurteilen

10.1.1 Begriff Finanzierung und Übersicht über die Arten der Finanzierung

(1) Begriff Finanzierung

Damit ein Unternehmen notwendige Investitionen[1] durchführen kann, muss Kapital beschafft und bereitgestellt werden. Dies ist Aufgabe der Finanzierung.

- **Finanzierung** ist die Bereitstellung von **finanziellen Mitteln** zur Erfüllung betrieblicher Aufgaben.
- **Finanzmittel** sind Mittel, mit denen Ausgaben getätigt werden. Dazu zählen auch noch nicht in Anspruch genommene Kredite.
- **Finanzierungsarten** sind die verschiedenen Möglichkeiten, sich Finanzmittel zu beschaffen.

(2) Übersicht über die Arten der Finanzierung

PPT

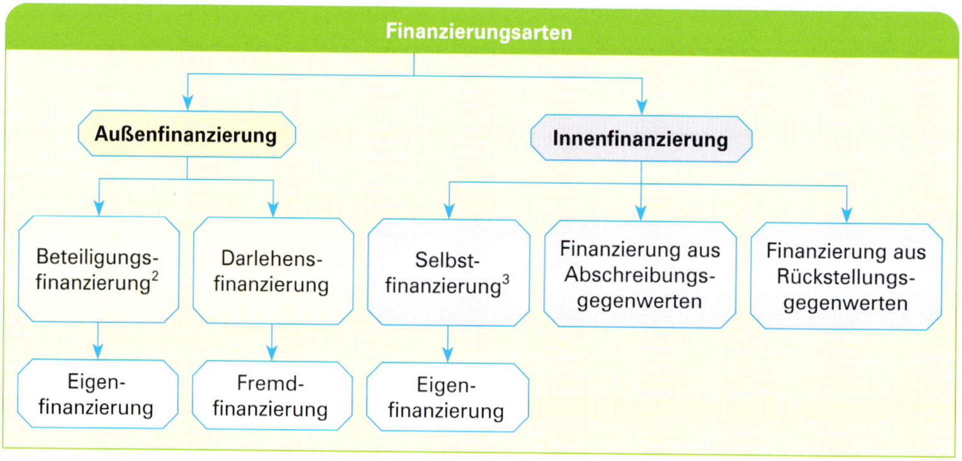

1 Vgl. hierzu Kapitel 9, S. 285 ff.
2 Vgl. hierzu Kapitel 11.3, S. 387 ff.
3 Vgl. hierzu Kapitel 11.2, S. 369 ff.

Erläuterungen:

Außenfinanzierung. Sie liegt vor, wenn dem Unternehmen Kapital von außen zufließt, also nicht aus dem betrieblichen Umsatzprozess, sondern aus **Kapitaleinlagen der Gesellschafter** und/oder **Kapitalgewährungen durch Gläubiger.**

- Wird dem Unternehmen Kapital durch den Unternehmer bzw. durch die Gesellschafter von Personengesellschaften oder durch den Erwerb von Anteilen an Kapitalgesellschaften zugeführt, so spricht man von **Beteiligungsfinanzierung.** Diese Finanzierung führt zu **Eigenkapital.**
- Eine **Darlehensfinanzierung** ist gegeben, wenn dem Unternehmen fremde Mittel (z. B. von Banken) von außen zugeführt werden. Diese Finanzierung führt zu **Fremdkapital.**

Innenfinanzierung. Bei der Innenfinanzierung stammen die **Finanzmittel aus dem Umsatzprozess,** der auf dem Leistungsprozess des Unternehmens beruht.

- Werden die Gewinne, die den Eigenkapitalgebern zustehen, nicht ausgeschüttet, sondern für zusätzliche Investitionen herangezogen, so erhöht sich das Vermögen und das Eigenkapital. Die Finanzierung aus Gewinnen bezeichnet man auch als **Selbstfinanzierung.** Diese Finanzierung führt zu **Eigenkapital.**
- Der Wertverlust der Investitionen wird durch die Abschreibungen erfasst und als Kosten in die Verkaufspreise eingerechnet. Decken die Umsatzerlöse die kalkulierten Abschreibungen, kommt es zu einer Vermögensumschichtung. Geldmittel, die für längere Zeit in Sachmitteln gebunden sind, werden schrittweise wieder in liquide Mittel überführt **(Finanzierung aus Abschreibungsgegenwerten).** Die „Wiedergeldwerdung" bereits einmal investierter Finanzmittel stellt eine Innenfinanzierung dar, die zu einer **Vermögensumschichtung** führt.
- Die **Finanzierung aus Rückstellungsgegenwerten** ist eine Form der Innenfinanzierung, aus welcher der Aufwand für Rückstellungen sofort verrechnet wird, die Auszahlungen allerdings erst später erfolgen (z. B. Pensionsrückstellungen für einen 40-jährigen Arbeitnehmer müssen erst mit dem Renteneintritt ausbezahlt werden). Die Finanzierung aus Rückstellungen führt also zu **Fremdkapital.** Voraussetzung für eine Finanzierung aus Rückstellungen ist, dass die für die Bildung erforderliche Aufwandsverrechnung nicht zu einem Bilanzverlust führt.

10.1.2 Im Rahmen der Außenfinanzierung einen Darlehensvertrag analysieren

BPE 10 Handlungssituation 1: Ausgewählte Darlehensbedingungen aus einem Darlehensvertrag herausarbeiten

Das Kosmetikstudio Beauty Moments Emmy Reisacher e. Kfr. möchte den Anbau eines kleinen Wellnessbereichs durch die Aufnahme eines Darlehens bei der Sparkasse Ulm finanzieren.

Nach dem sich Emmy Reisacher ausführlich über die Darlehensaufnahme beraten lassen hat, soll nun der Darlehensvertrag unterschrieben werden. Vor der Unterschrift prüft Emmy Reisacher, ob im Vertrag auch wirklich das steht, was sie mit ihrem Bankberater besprochen hat.

Auszug aus dem Darlehensvertrag:

Sparkasse Ulm

Darlehen mit anfänglichem Festzins

Konto-Nr.: 600 344 856
Datum 29. Juli 2023

Beauty Moments Emmy Reisacher e. Kfr., Neuwerk 10, 89079 Ulm

– nachstehend der Darlehensnehmer genannt – erhält/erhalten von der Sparkasse zu folgenden Bedingungen ein Darlehen im Nennwert von

180 500,00 EUR

Gutschriftskonto: 346 489 *Belastungskonto:* 346 489

1 Darlehenskosten, Rückzahlung

1.1 Verzinsung: Das Darlehen ist mit jährlich 2,40 v. H. zu verzinsen. Dieser Zinssatz ist bis zum 30. 07. 2028 unveränderlich. Frühestens sechs Wochen, spätestens bis zwei Wochen vor Ablauf der Zinsbindungsfrist kann jede Partei verlangen, dass über die Bedingungen für die Darlehensgewährung (Zinssatz, Disagio u. ä.) neu verhandelt wird. Werden bis zum Ablauf der Zinsbindungsfrist keine neuen Darlehensbedingungen vereinbart, so läuft das Darlehen zu veränderlichen Konditionen weiter. Es gilt der von der Sparkasse für Darlehen dieser Art festgesetzte Zinssatz. Bei Änderungen der Marktlage ist sie berechtigt, die Zinsen mit sofortiger Wirkung durch Erklärung gegenüber dem Darlehensnehmer zu senken oder zu erhöhen.

1.2 Die Sparkasse erhebt ein **Disagio** von – – – – und eine einmalige **Bearbeitungsprovision** von . Beide Beträge werden bei der ersten Auszahlung von der Sparkasse verrechnet. Die Bearbeitungsgebühr wird bei vorzeitiger Rückzahlung des Darlehens nicht – auch nicht teilweise – erstattet. Der **Nettokreditbetrag** beträgt 180 500,00 EUR .

1.3 Preisrechtliche Angaben

Der anfängliche effektive Jahreszins beträgt 2,51 v. H. . Es wurden verrechnet:

⋮ ⋮ ⋮ ⋮

1.7 Rückzahlung und Zahlungstermine: Alle fälligen Beträge werden jeweils dem oben bezeichneten Belastungskonto belastet. **Zinsen** sind erstmals an dem auf die erste Auszahlung folgenden Zahlungstermin zu zahlen.

Das Darlehen ist in einer Summe zum Ablauftermin am 30. Juli 2028 zurückzuzahlen.
Die Zinsen sind in Teilbeträgen jeweils am Quartalsende zu zahlen.

⋮ ⋮ ⋮ ⋮

8 Offenlegungs- und Auskunftspflicht

Der Darlehensnehmer hat der Sparkasse, einem von dieser beauftragten Treuhänder oder ihrer zuständigen Prüfungsstelle jederzeit Einblick in seine wirtschaftlichen Verhältnisse zu gewähren, insbesondere seine Bücher, Bilanzen, Abschlüsse und Geschäftspapiere vorzulegen oder die Einsicht und Prüfung dieser Vorgänge zu gestatten, jede gewünschte Auskunft zu erteilen und die Besichtigung seines Betriebes zu ermöglichen. Die Sparkasse ist auch aufgrund gesetzlicher Vorgaben verpflichtet, sich die wirtschaftlichen Verhältnisse des Darlehensnehmers offenlegen zu lassen.

Die Sparkasse kann die dafür erforderlichen Unterlagen direkt bei den Beratern des Darlehensnehmers in Buchführungs- und Steuerangelegenheiten nach Rücksprache mit dem Darlehensnehmer anfordern. Soweit die genannten Unterlagen auf Datenträger gespeichert sind, ist der Darlehensnehmer verpflichtet, diese in angemessener Frist lesbar zu machen.

Die Sparkasse ist berechtigt, jederzeit die öffentlichen Register sowie das Grundbuch und die Grundakten einzusehen und auf Rechnung des Darlehensnehmers einfache oder beglaubigte Abschriften und Auszüge zu beantragen, ebenso Auskünfte bei Versicherungen, Behörden und sonstigen Stellen, insbesondere Kreditinstituten, einzuholen, die sie zur Beurteilung des Darlehensverhältnisses für erforderlich halten darf.

9 Kündigung/sofortige Fälligkeit

9.1 Das Darlehen kann beiderseits mit einer Frist von einem Monat zum Ablauf der ersten oder einer folgenden Festzinsvereinbarung gem. Nr. 1.1 ganz oder teilweise gekündigt werden. Wird das Darlehen nach Ablauf der ersten oder einer folgenden Festzinsvereinbarung mit veränderlichem Zinssatz fortgeführt, so kann es jederzeit mit einer Frist von drei Monaten gegenüber dem Vertragspartner ganz oder teilweise gekündigt werden.

Die Kündigung soll schriftlich erfolgen. Eine Kündigung des Darlehensnehmers gilt als nicht erfolgt, wenn er den geschuldeten Betrag nicht binnen zweier Wochen nach Wirksamwerden der Kündigung zurückzahlt.

9.2 Unbeschadet ihres Rechts zur fristlosen Kündigung aus sonstigen wichtigen Gründen (Nr. 26 AGB) kann die Sparkasse das Kapital für sofort fällig und zahlbar erklären,

- wenn der Darlehensnehmer gegen die ihm in Nr. 8 auferlegten Pflichten verstößt;
- wenn der Darlehensnehmer mit fälligen Leistungen länger als 14 Tage in Verzug gerät und auch nach einer weiteren Nachfristsetzung durch die Sparkasse von mindestens weiteren 14 Tagen nicht zahlt.

Kompetenzorientierter Arbeitsauftrag:

Analysieren Sie den vorliegenden Darlehensvertrag hinsichtlich der

- Kosten,
- Zinszahlung,
- Rückzahlung (Tilgung),
- Kündigung durch das Kosmetikstudio Beauty Moments Emmy Reisacher e. Kfr.,
- außerordentliche Kündigung durch die Sparkasse Ulm!

10.1.2.1 Begriff Bankdarlehen

- **Darlehen** sind Kredite, die in einer Summe bereitgestellt und dem Finanzbedarf entsprechend ausbezahlt werden, und dann entweder am Fälligkeitstag in einer Summe oder während einer vorbestimmten Laufzeit in Raten getilgt werden müssen.
- Dem Kredit in Form eines Darlehens liegt ein **Darlehensvertrag** zugrunde. Darlehen sind in aller Regel mittel- oder langfristige Kredite. Rechtsgrundlagen des Darlehens sind die §§ 488 ff., 607 ff. BGB.[1]

Beispiel:

Die eigenen Mittel von Karsten Kalle und die einbehaltenen Gewinne des Autohauses reichen zur Finanzierung des Reifenlagers nicht aus. In diesem Fall ist das Unternehmen darauf angewiesen, Geld von Fremden **(Kredit)** aufzunehmen.

Darlehensfinanzierung (Außenfinanzierung mit Fremdkapital)

Reifenlager

Autohaus Karsten Kalle e. Kfm.

Auswirkungen auf die Bilanz

Aktiva	Bilanz	Passiva
+ Grundstücke + Gebäude + Vorräte		+ Fremdkapital

Bank

10.1.2.2 Zustandekommen eines Darlehensvertrages

Jeder Darlehenseinräumung gehen im Allgemeinen Vorverhandlungen zwischen Darlehensnehmer und Darlehensgeber voraus, in denen die Darlehensart und die Darlehensvertragsinhalte festgelegt werden. Das Ergebnis der Vorverhandlungen wird in der Regel in einem Darlehensvertragsformular festgehalten. Im rechtlichen Sinne handelt es sich um einen Antrag des Darlehensnehmers. Der Darlehensvertrag kommt mit der rechtzeitigen Annahme des Darlehensantrags durch die Bank zustande.

Der **Darlehensvertrag** kommt dadurch zustande, dass der **Darlehensantrag** des **Darlehensnehmers** und die **Darlehenszusage** des **Darlehensgebers** inhaltlich **übereinstimmen** und die Darlehenszusage dem Darlehensnehmer rechtzeitig zugegangen ist [§§ 145 ff. BGB].

1 Die §§ 607 ff. BGB regeln den sogenannten **Sachdarlehensvertrag,** bei dem der Darlehensgeber verpflichtet ist, dem Darlehensnehmer eine vereinbarte vertretbare Sache zu überlassen.
Im Folgenden beschränken wir uns gemäß Bildungsplan auf die Darstellung des Bankdarlehens.

10.1.2.3 Inhalte eines Darlehensvertrages

(1) Darlehenshöhe und Rückzahlungsmodus

In einem Darlehensvertrag bestimmen Darlehensnehmer (Schuldner) und Darlehensgeber (Kreditinstitut) die Darlehenssumme und den Zeitpunkt, bis wann die Schuld beglichen sein muss sowie die Höhe der Tilgung. Außerdem muss der Darlehensnehmer erklären, dass er über getilgte Beträge nicht erneut verfügt.

(2) Darlehenskosten

Sollzinsen	Der Darlehensnehmer kann wählen zwischen einem gebundenen Sollzins und einem variablen Zins. Beim gebundenen Sollzins bleibt der Zins für eine vereinbarte Laufzeit gleich, beim variablen Zins kann der Zinssatz durch Anpassungsklauseln geändert werden.
Bereitstellungszinsen	Wenn der Darlehensbetrag zum vereinbarten Auszahlungstermin vom Darlehensnehmer nicht in Anspruch genommen wird, kann die Bank vom vereinbarten bis zum tatsächlichen Auszahlungstermin einen Zinsausgleich (z.B. 3 % p.a.) beanspruchen.
Disagio[1] (Damnum)	Das Disagio stellt eine Kürzung des auszuzahlenden Darlehensbetrags dar und soll den Sollzins absenken. In der Geschäftspraxis ist das Disagio vor allem eine **Zinsvorauszahlung.**[2] Bei einem Disagio von z.B. 3 % werden dem Kreditnehmer nur 97 % der vereinbarten Kreditsumme ausbezahlt. Diese 3 % dienen als Vorauszahlung der fälligen Zinsen. Die Verzinsung steigt damit. Der Rückzahlungsbetrag des Kreditnehmers umfasst 100 % der Kreditsumme.

(3) Sicherheiten[3]

Unternehmen verwenden langfristige Darlehen insbesondere für den Kauf von Grundstücken oder den Bau neuer Fabrikanlagen. Diese Art der Darlehensgewährung wird in der Regel durch Grundpfandrechte[4] abgesichert.

Daneben werden von Banken noch kurz- und mittelfristige Darlehen zur Finanzierung von Firmenfahrzeugen oder Produktionsanlagen angeboten. Diese Darlehen werden entweder aufgrund der persönlichen Kreditwürdigkeit des Darlehensnehmers oder gegen die Verpfändung beweglicher Sachen gewährt.

1 **Damnum:** Nachteil, Abzug.
Disagio: Abschlag, Abgeld.

2 Vgl. hierzu die Ausführungen auf S. 323.

3 Der Bildungsplan sieht die Behandlung der Kreditsicherheiten nicht vor.

4 Ein **Grundpfandrecht** ist ein Pfandrecht an einem Grundstück. Das wichtigste Grundpfandrecht ist die Grundschuld. Sie muss in das Grundbuch eingetragen werden.

Beispiel:

Darlehensvertrag[1]

zwischen der Maschinenbau Müller GmbH, Böblingen – Darlehensnehmer –
und der Kreissparkasse Böblingen – Darlehensgeber –

wird folgender Darlehensvertrag geschlossen:

§ 1 Darlehensgewährung

Der Darlehensgeber gewährt dem Darlehensnehmer ein Darlehen in Höhe von 100000,00 EUR (in Worten: einhunderttausend Euro).

§ 2 Konditionen und Kosten

(1) Das Darlehen wird mit einem gebundenen Sollzinssatz[2] von 2,5% p.a. auf den Darlehensbetrag – oder bei vorzeitigen Teilrückzahlungen mit Zustimmung des Darlehensgebers auf die aktuelle Darlehensvaluta – ab Auszahlung verzinst.

(2) Die Zinsen sind jährlich zum 31. Dezember auf das Konto des Darlehensgebers mit der IBAN DE18 6035 0130 0235 8024 60 bei der Kreissparkasse Böblingen, zur Gutschrift, zu zahlen.

§ 3 Verwendungszweck

Das Darlehen wird dem Darlehensnehmer vom Darlehensgeber zum Zweck des Kaufs eines Bohrzentrums gewährt. Der Darlehensgeber ist berechtigt, die bestimmungsgemäße Verwendung des Darlehens zu überwachen.

§ 4 Auszahlung

(1) Die Darlehensvaluta in Höhe von 97000,00 EUR ist zur Auszahlung fällig am 4. April 20.. und wird auf das Konto des Darlehensnehmers mit der IBAN DE36 6035 0130 0002 0040 06 bei der Kreissparkasse Böblingen ausgezahlt.

(2) Die Abtretung oder Verpfändung der Auszahlungsansprüche ist nur mit Zustimmung des Darlehensgebers möglich.

§ 5 Laufzeit, Rückzahlung

(1) Das Darlehen wird bis zum 4. April 20.. gewährt. Eine Verlängerung der Laufzeit ist vor Fälligkeit des Darlehens zu vereinbaren.

(2) Das Darlehen ist am Ende der Laufzeit in einer Summe zurückzuzahlen. Eine vollständige oder teilweise vorzeitige Rückzahlung des Darlehens bedarf der Zustimmung des Darlehensgebers.

§ 6 Außerordentliche Kündigung

Der Darlehensgeber kann das Darlehen aus wichtigem Grund jederzeit ohne Einhaltung einer Kündigungsfrist schriftlich kündigen und die sofortige Rückzahlung der Darlehensvaluta verlangen, insbesondere in folgenden Fällen:

- Der Darlehensnehmer kommt vollständig oder teilweise mit dem von ihm zu erbringenden Leistungen länger als einen Monat mit mindestens Teilleistungen in Verzug und erbringt die rückständigen Leistungen innerhalb eines weiteren Monats nach Zugang einer schriftlichen Mahnung nicht oder nicht vollständig.
- Wesentliche Verschlechterung der Vermögensverhältnisse des Darlehensnehmers, sodass die ordnungsgemäße Erfüllung der sich nach dem Darlehensvertrag ergebenden Pflichten gefährdet erscheint. Dem Darlehensgeber steht in diesem Fall die Geltendmachung des ihm durch die vorzeitige Rückzahlung entstehenden Schadens zu.

Böblingen, den 1. April 20..

Ort, Datum

Maschinenbau Müller GmbH	Kreissparkasse Böblingen
C. Müller	R. Baldauf D. Berger
(Darlehensnehmer)	(Darlehensgeber)

1 In Anlehnung an: www.etl-rechtsanwaelte.de/zeigedoc/mustervertraege/Darlehensvertrag [30.04.2021].

2 Bis vor einigen Jahren wurde der Sollzinssatz auch als Nominalzins bezeichnet. Mittlerweile hat sich der Begriff Sollzins durchgesetzt.

10.1.3 Darlehensarten voneinander abgrenzen

BPE 10 **Handlungssituation 2: Eine Finanzierungsentscheidung aufgrund verschiedener Darlehensangebote treffen**

Das Unternehmen Motorenbau Anton Thomalla e. Kfm. tätigt eine Erweiterungsinvestition. Die Anschaffungskosten der neuen Maschine betragen 150 000,00 EUR. Die betriebsgewöhnliche Nutzungsdauer der Maschine beträgt 6 Jahre und die Abschreibung erfolgt linear.

Dem Unternehmen liegen zwei verschiedene Darlehensangebote der Sparkasse Ulm vor:

	Abzahlungsdarlehen	Annuitätendarlehen
Darlehenssumme	150 000,00 EUR	150 000,00 EUR
Auszahlung	100 %	100 %
Gebundener Sollzinssatz	2,5 %	3 %
Laufzeit	6 Jahre	5 Jahre
Zinszahlungen	jeweils am Jahresende	Annuität jeweils fällig zum Jahresende
Tilgungszahlungen	tilgungsfrei im ersten Jahr, danach in gleichbleibenden Raten zum Jahresende	

Kompetenzorientierte Arbeitsaufträge:

Vorlage

1. Ermitteln Sie für das Abzahlungsdarlehen die Liquiditätsbelastung sowie den Gesamtaufwand während der gesamten Nutzungsdauer tabellarisch nach folgendem Schema!

Jahr	Darlehen am Jahresanfang in EUR	Zinsen in EUR	Tilgung in EUR	Abschreibung in EUR	Liquiditätsbelastung in EUR	Gesamtaufwand in EUR

2. Berechnen Sie die Liquiditätsbelastung des Annuitätendarlehens über die gesamte Laufzeit!
   Hinweis: Entnehmen Sie den Annuitätenfaktor der Tabelle auf S. 320 und runden Sie den Faktor auf 3 Nachkommastellen!

3. Beurteilen Sie auf Grundlage der Liquiditätsbelastung, welches der beiden Darlehen für Anton Thomalla vorteilhafter ist!

4. Anton Thomalla möchte zusätzlich noch die Berücksichtigung von Barwerten in seine Entscheidung einfließen lassen.
   Begründen Sie ohne rechnerischen Nachweis, warum es sinnvoll sein könnte, für eine Finanzierungsentscheidung die Barwertsummen der Darlehensangebote zu vergleichen!

Vorlage

5. Überprüfen Sie Ihre Entscheidung aus Arbeitsauftrag 3, indem Sie die Barwertsummen der beiden Darlehensangebote mithilfe der Abzinsungstabelle auf S. 303 berechnen und miteinander vergleichen! Anton Thomalla geht von einem Kalkulationszinssatz von 4 % aus.

10.1.3.1 Unterschiedliche Arten von Darlehen

Nach **Art der Rückzahlung** unterscheidet man:

PPT

Fälligkeitsdarlehen (Festdarlehen)	**Abzahlungsdarlehen (Ratendarlehen)**	**Annuitätendarlehen**
■ regelmäßige (z. B. monatliche, quartalsweise oder jährliche) Liquiditätsbelastung ausschließlich mit Zinsen ■ Tilgung komplett (in einer Summe) am Ende der Laufzeit ■ hoher Zinsaufwand bezogen auf die Gesamtlaufzeit	■ Liquiditätsbelastung aus Zins und Tilgung vermindert sich monatlich, quartalsweise oder jährlich ■ Tilgung erfolgt in stets gleichbleibenden Raten ■ Zinsen werden von der Restschuld errechnet und ermäßigen sich daher von Rate zu Rate.[1]	■ gleichbleibende monatliche, quartalsweise oder jährliche Liquiditätsbelastung aus Zins und Tilgung (Annuität) ■ Tilgung nimmt im Laufe der Zeit zu (ersparte Zinsen verstärken die Tilgung) ■ Die Zinsbelastung nimmt im Laufe der Zeit ab
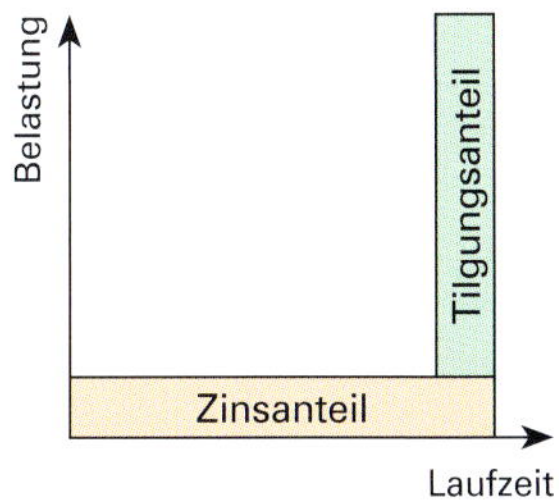 	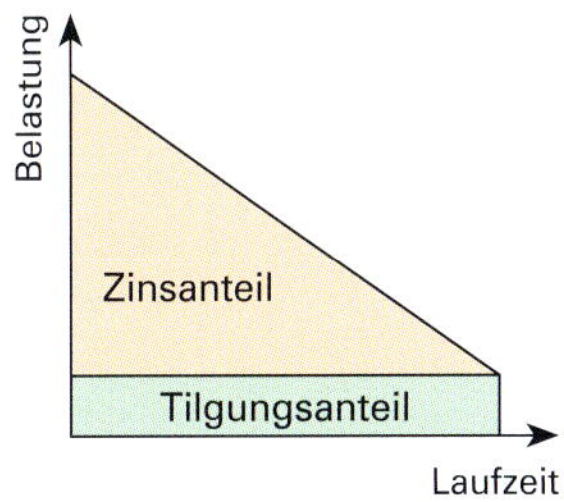 	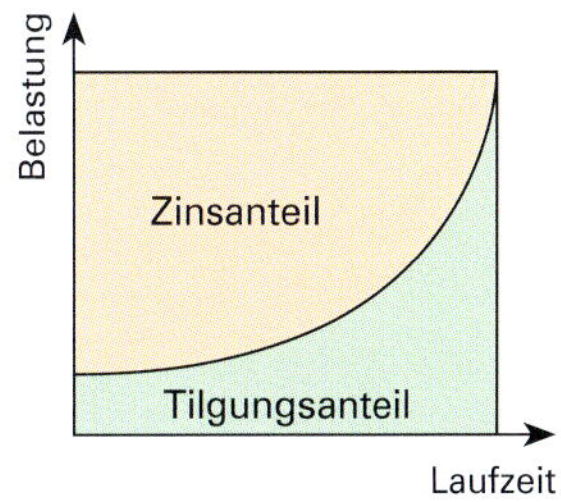

10.1.3.2 Darlehensvergleich hinsichtlich Liquiditäts- und Aufwandsbelastung

Beispiel:

Die Hans Wetzel GmbH benötigt für den Kauf einer Maschine für die Dauer von 6 Jahren ein Darlehen über 120 000,00 EUR.

Die Hausbank bietet dem Unternehmen folgende Konditionen an:

- gebundener Sollzinssatz 4 %,
- Auszahlung 100 %,
- Tilgung nach Wunsch.[2]

Aufgaben:

1. Vergleichen Sie für die Hans Wetzel GmbH die Liquiditäts- und Aufwandsbelastungen beim
   1.1 Fälligkeitsdarlehen,
   1.2 Abzahlungsdarlehen und
   1.3 Annuitätendarlehen!
2. Beurteilen Sie die Liquiditäts- und Aufwandsbelastungen der verschiedenen Darlehensarten!

1 Die Zinsen werden immer von der Restschuld berechnet.

2 Zur Vereinfachung erfolgt die gewählte Tilgung jeweils am Ende des Kalenderjahres.

Lösungen:

Zu 1.1: Fälligkeitsdarlehen (Festdarlehen)

PPT

Jahr	Darlehen Jahresanfang	Darlehen Jahresende	Tilgung	Zinsen	Liquiditäts-belastung
1	120 000,00	120 000,00	0,00	4 800,00	4 800,00
2	120 000,00	120 000,00	0,00	4 800,00	4 800,00
3	120 000,00	120 000,00	0,00	4 800,00	4 800,00
4	120 000,00	120 000,00	0,00	4 800,00	4 800,00
5	120 000,00	120 000,00	0,00	4 800,00	4 800,00
6	120 000,00	0,00	120 000,00	4 800,00	124 800,00
Summe			120 000,00	28 800,00	148 800,00

PDF

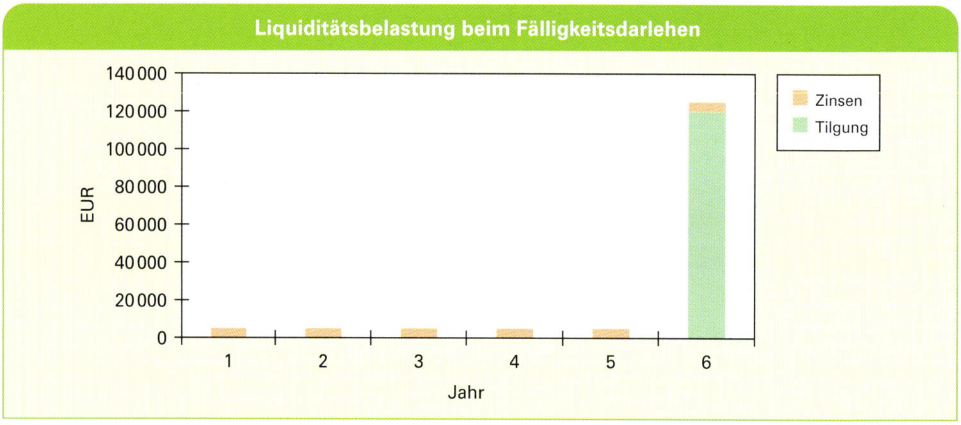

Zu 1.2: Abzahlungsdarlehen (Ratendarlehen)

PPT

Jahr	Darlehen Jahresanfang	Darlehen Jahresende	Tilgung	Zinsen	Liquiditäts-belastung
1	120 000,00	100 000,00	20 000,00	4 800,00	24 800,00
2	100 000,00	80 000,00	20 000,00	4 000,00	24 000,00
3	80 000,00	60 000,00	20 000,00	3 200,00	23 200,00
4	60 000,00	40 000,00	20 000,00	2 400,00	22 400,00
5	40 000,00	20 000,00	20 000,00	1 600,00	21 600,00
6	20 000,00	0,00	20 000,00	800,00	20 800,00
Summe			120 000,00	16 800,00	136 800,00

PDF

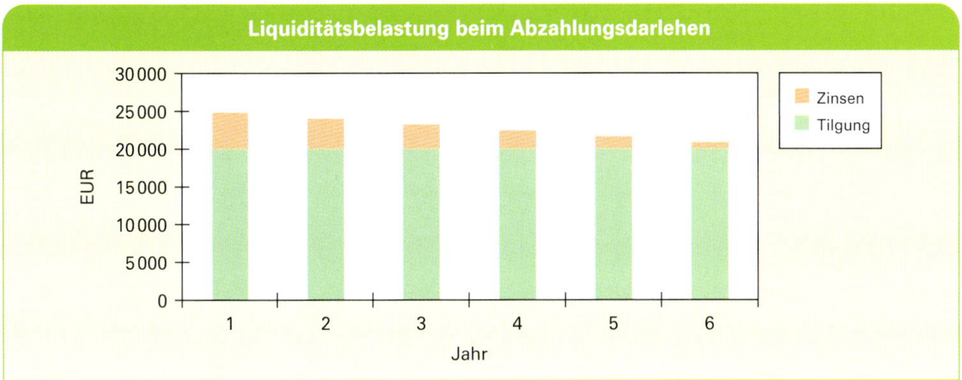

Zu 1.3: Annuitätendarlehen

PPT

Jahr	Darlehen Jahresanfang	Darlehen Jahresende	Tilgung	Zinsen	Liquiditäts-belastung (Annuität)
1	120000,00	101908,56	18091,44	4800,00	22891,44
2	101908,57	83093,46	18815,10	4076,34	22891,44
3	83093,46	63525,76	19567,70	3323,74	22891,44
4	63525,76	43175,35	20350,41	2541,03	22891,44
5	43175,35	22010,92	21164,43	1727,01	22891,44
6	22010,92	0,00	22010,92	880,44	22891,36
Summe			120000,00	17348,56	137348,56

Erläuterungen:

Die Liquiditätsbelastung entspricht hier der Annuität, d.h. der gleichbleibenden Summe aus Zinsen und Tilgung. Die Annuität wird mithilfe von **Annuitätenfaktoren** durch Multiplikation mit der Darlehenssumme errechnet. Der Faktor ist abhängig vom Zinssatz und der Laufzeit des Annuitätendarlehens und beträgt in unserem Fall 0,190762. Den Tilgungsbetrag erhält man durch Subtraktion der jeweiligen Zinsen von der Annuität.

Der Annuitätenfaktor lässt sich wie folgt berechnen:

$$\textbf{Annuitätenfaktor} = \frac{q^n(q-1)}{(q^n-1)} = \frac{\left(1+\frac{p}{100}\right)^n \cdot \left(\left[1+\frac{p}{100}\right]-1\right)}{\left(\left[1+\frac{p}{100}\right]^n-1\right)}$$

p: Zinssatz
n: Laufzeit in Jahren
q: $1 + \frac{p}{100}$

$$\text{Annuitätenfaktor} = \frac{\left(1+\frac{4}{100}\right)^6 \cdot \left(\left[1+\frac{4}{100}\right]-1\right)}{\left(\left[1+\frac{4}{100}\right]^6-1\right)} = \underline{\underline{0{,}190762}}$$

$$\textbf{Annuität} = \textbf{Darlehenssumme} \cdot \textbf{Annuitätenfaktor}$$

$$\text{Annuität} = 120000{,}00 \text{ EUR} \cdot 0{,}190762 = \underline{\underline{22891{,}44 \text{ EUR}}}$$

Der Faktor ist abhängig vom Zinssatz und der Laufzeit des Annuitätendarlehens. Den Tilgungsbetrag erhält man durch Subtraktion der jeweiligen Zinsen von der Annuität.

PDF

Liquiditätsbelastung beim Annuitätendarlehen

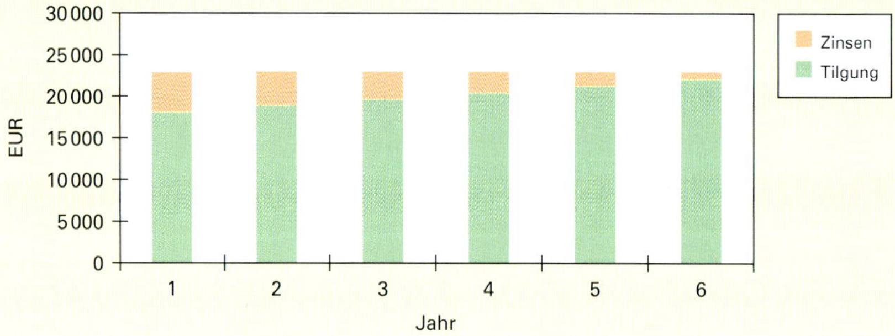

In der Praxis werden die **Annuitätenfaktoren** mittels Computerprogrammen ermittelt und dann entsprechend einer **Tabelle** entnommen:

		Zinssatz (p)							
		2,5 %	3,0 %	3,5 %	4,0 %	4,5 %	5,0 %	5,5 %	6,0 %
Jahre (n)	1	1,02500	1,03000	1,03500	1,04000	1,04500	1,05000	1,05500	1,06000
	2	0,51883	0,52261	0,52640	0,53020	0,53400	0,53780	0,54162	0,54544
	3	0,35014	0,35353	0,35693	0,36035	0,36377	0,36721	0,37065	0,37411
	4	0,26582	0,26903	0,27225	0,27549	0,27874	0,28201	0,28529	0,28859
	5	0,21525	0,21835	0,22148	0,22463	0,22779	0,23097	0,23418	0,23740
	6	0,18155	0,18460	0,18767	0,19076	0,19388	0,19702	0,20018	0,20336
	7	0,15750	0,16051	0,16354	0,16661	0,16970	0,17282	0,17596	0,17914
	8	0,13947	0,14246	0,14548	0,14853	0,15161	0,15472	0,15786	0,16104
	9	0,12546	0,12843	0,13145	0,13449	0,13757	0,14069	0,14384	0,14702
	10	0,11426	0,11723	0,12024	0,12329	0,12638	0,12950	0,13267	0,13587

Zu 2.: Ergebnisse

- Beim **Fälligkeitsdarlehen** steht das gesamte Darlehen bis zum Ende der Laufzeit zur Verfügung. Die Liquiditätsbelastung ist aber im 6. Jahr aufgrund der Tilgung des gesamten Darlehensbetrags sehr hoch. Die jährliche Aufwandsbelastung durch die Zinsen bleibt konstant.
- Beim **Abzahlungsdarlehen** sinkt die Aufwands- und Liquiditätsbelastung von Tilgungsjahr zu Tilgungsjahr.
- Eine gleichmäßige Liquiditätsbelastung gewährleistet das **Annuitätendarlehen,** wobei die Tilgungsbeträge den sinkenden Zinsaufwendungen entsprechend steigen.

- Die Aufwands- und Liquiditätsbelastung ist neben dem Zinssatz vor allem von den Tilgungsmodalitäten abhängig.
- Fälligkeitsdarlehen ermöglichen eine gleichmäßige Aufwandsverteilung, Annuitätendarlehen eine gleichmäßige Liquiditätsbelastung.
- Beim Abzahlungsdarlehen sinkt die Gesamtbelastung von Jahr zu Jahr.

10.1.3.3 Darlehensvergleich unter Berücksichtigung von Barwerten[1]

Um die verschiedenen Darlehensformen vergleichen zu können, ist es für den Darlehensnehmer nicht nur von Bedeutung, **wie viel** er insgesamt an Zins und Tilgung während der Laufzeit an den Darlehensgeber zu zahlen hat, sondern es ist für ihn auch wichtig zu wissen, zu **welchem Zeitpunkt** er die Zahlungen zu erbringen hat. Beim Fälligkeitsdarlehen hat der Darlehensnehmer z. B. während der ersten 5 Jahre keine Tilgungen zu leisten (siehe S. 318), während er z. B. beim Abzahlungsdarlehen bereits ab dem ersten Jahr das Darlehen zu tilgen hat (siehe S. 318). Beim Fälligkeitsdarlehen kann der Darlehensnehmer somit anstelle der Tilgungsbeträge die „gesparten" Beträge zinsbringend anlegen und damit seine Aufwands- und Liquiditätsbelastung verringern.

Der Zeitwert der Zahlungen, die während der Laufzeit des Darlehens zeitlich nacheinander anfallen, sind nicht vergleichbar. Um die Vergleichbarkeit herzustellen, werden die Zahlungen auf einen gemeinsamen **Bezugszeitpunkt,** im vorliegenden Fall auf den Beginn der Darlehenslaufzeit, abgezinst.

Für die Abzinsung kann der Darlehensnehmer z. B. den Zinssatz **(Kalkulationszinsfuß)** zugrunde legen, zu dem er die „ersparten" liquiden Mittel zinsbringend anlegen kann. Der Kalkulationszinsfuß stellt somit die Renditeerwartung (Zinserwartung) dar, die der Darlehensnehmer mit seiner Geldanlage erzielen möchte. Die Höhe des Kalkulationszinsfußes sowie die Zeitdifferenz zwischen der fälligen Zahlung und dem Bezugszeitpunkt sind entscheidend dafür, in welchem Umfang die künftigen Zahlungen abgezinst werden und wie hoch deren Barwerte sind.

- Bei der **Abzinsung** (Diskontierung) liegt die Fragestellung zugrunde, wie viel eine Zahlung, die zu einem Zeitpunkt *n* anfällt, zum Bezugszeitpunkt (z. B. bei der Aufnahme des Darlehens) wert ist.
- Der **Barwert** einer Zahlung ist der auf den **Bezugszeitpunkt abgezinste Wert der Zahlung.** Daher gilt:
  - je später die Zahlung erfolgt und
  - je höher der Abzinsungsfaktor (je niedriger der Kalkulationszinsfuß ist)

  desto geringer ist der Barwert der künftigen Zahlung und umgekehrt.

1 Zur Berücksichtigung steuerlicher Auswirkungen siehe S. 336 f.

Beispiel:

Wir nehmen Bezug auf das Beispiel auf S. 317 ff. Für die Barwertermittlung wird ein Kalkulationszinsfuß von 6 % angenommen (zum Abzinsungsfaktor siehe nachfolgende Tabelle).

Jahr	Formel $\frac{1}{q^n} = \frac{1}{\left(1 + \frac{p}{100}\right)^n}$	Abzinsungsfaktor	Jahr	Formel $\frac{1}{q^n} = \frac{1}{\left(1 + \frac{p}{100}\right)^n}$	Abzinsungsfaktor
1	$\frac{1}{\left(1 + \frac{6}{100}\right)^1}$	0,943396	4	$\frac{1}{\left(1 + \frac{6}{100}\right)^4}$	0,792094
2	$\frac{1}{\left(1 + \frac{6}{100}\right)^2}$	0,889996	5	$\frac{1}{\left(1 + \frac{6}{100}\right)^5}$	0,747258
3	$\frac{1}{\left(1 + \frac{6}{100}\right)^3}$	0,839619	6	$\frac{1}{\left(1 + \frac{6}{100}\right)^6}$	0,704961

Aufgaben:

1. Berechnen Sie die Barwertsummen für die Liquiditätsbelastung!
2. Interpretieren Sie die Auswirkungen des Barwertvergleichs zwischen dem Fälligkeitsdarlehen und dem Abzahlungsdarlehen!

Lösungen:

Zu 1.:

Jahr	Fälligkeitsdarlehen		Abzahlungsdarlehen		Annuitätendarlehen	
	Liquiditätsbelastung	Barwert	Liquiditätsbelastung	Barwert	Liquiditätsbelastung	Barwert
1	4 800,00	4 528,30	24 800,00	23 396,22	22 891,44	21 595,69
2	4 800,00	4 271,98	24 000,00	21 359,90	22 891,44	20 373,29
3	4 800,00	4 030,17	23 200,00	19479,16	22 891,44	19 220,09
4	4 800,00	3 802,05	22 400,00	17 742,91	22 891,44	18 132,17
5	4 800,00	3 586,84	21 600,00	16 140,77	22 891,44	17 105,81
6	124 800,00	87 979,13	20 800,00	14 663,19	22 891,36	16 137,52
Σ	148 800,00	108 198,47	136 800,00	112 782,15	137 348,56	112 564,57

Zu 2.:

Werden das Fälligkeitsdarlehen und das Abzahlungsdarlehen mit einem Kalkulationszinsfuß von 6 % auf den Beginn der Darlehenszeit abgezinst, so beträgt die Gesamtschuld beim Fälligkeitsdarlehen 108 198,47 EUR und beim Abzahlungsdarlehen 112 782,15 EUR.

Der Barwertvergleich zeigt, dass sich die Liquiditätsbelastung, bei einem angenommenen Kalkulationszinsfuß von 6 %, zwischen dem Fälligkeitsdarlehen und dem Abzahlungsdarlehen von 12 000,00 EUR (148 800,00 EUR – 136 800,00 EUR) nun zugunsten des Fälligkeitsdarlehen auf 4 583,68 EUR (112 782,15 EUR – 108 198,47 EUR) verändert.

10.1.4 Effektiven Jahreszinssatz ermitteln

Die dargestellten Darlehensarten unterscheiden sich insbesondere in ihren Abzahlungs- und Rückzahlungsmodalitäten. Oftmals liegt der Auszahlungsbetrag bei Darlehen für Unternehmen unter 100 %. Die **Differenz zu 100 %** wird als **Disagio** bezeichnet. Das Disagio stellt eine **laufzeitabhängige Zinsvorauszahlung** dar. Zur Berechnung des effektiven Jahreszinssatzes ist das Disagio anteilsmäßig auf die Laufzeit des Darlehens zu verteilen. Der effektive Jahreszinssatz ist daher höher als der Sollzinssatz (Nominalzinssatz).

- Dem Sollzinssatz **fehlen** die **individuellen Kostenbestandteile,** wie z. B. das Disagio.
- **Mithilfe** des **Effektivzinssatzes** können **verschiedene Darlehensangebote miteinander verglichen** werden. Allerdings machen solche Vergleiche nur Sinn, wenn bei allen Angeboten die Darlehenssumme und die Laufzeit identisch sind.

Beispiel:

Ein Bankdarlehen über 100 000,00 EUR mit einer Auszahlung von 97 % und einer Laufzeit von 10 Jahren soll jährlich mit 2,5 % verzinst werden. Die Tilgung erfolgt in voller Höhe am Ende der Laufzeit.

Aufgabe:

Berechnen Sie den effektiven Jahreszinssatz!

Lösung:

Bei der Berechnung des effektiven Jahreszinssatzes muss das Disagio in Höhe von 3 000,00 EUR auf die Laufzeit von 10 Jahren verteilt werden. Ferner muss berücksichtigt werden, dass der verfügbare Darlehensbetrag nur 97 000,00 EUR beträgt.

$$\textbf{Effektiver Jahreszinssatz} = \frac{\left(\textbf{Sollzinsen} + \frac{\textbf{Disagio}}{\textbf{Laufzeit}}\right) \cdot \textbf{100}}{\textbf{Auszahlungsbetrag}}$$

$$\text{Effektiver Jahreszinssatz} = \frac{\left(2\,500{,}00\text{ EUR} + \frac{3\,000{,}00\text{ EUR}}{10}\right) \cdot 100}{97\,000{,}00\text{ EUR}} = \underline{\underline{2{,}89\,\%}}$$

10.1.5 Darlehensfinanzierung beurteilen

Vorteile	Nachteile
■ Die Finanzierung von Betriebserweiterungen ist auch dann möglich, wenn die Finanzkraft des Unternehmens (Selbstfinanzierung) oder der Teilhaber (Beteiligungsfinanzierung) erschöpft ist.[1] ■ Die Rentabilität des Unternehmens kann erhöht werden. (Bedingung ist, die Verzinsung der zusätzlichen Investitionen übersteigt den Fremdkapitalzinssatz.)[2] ■ Risikoreiche Investitionen werden vermieden oder eingeschränkt, weil die Zins- und Liquiditätsbelastung des Fremdkapitals zu sorgfältiger Kalkulation und Finanzplanung zwingt. ■ Volkswirtschaftlich dann positiv, wenn die Darlehensaufnahme der Unternehmen und Haushalte in etwa der Gesamtersparnis in der Volkswirtschaft entspricht.	■ Die Mittel stehen dem Unternehmen zeitlich nicht unbegrenzt zur Verfügung. ■ Die Fremdmittel müssen i.d.R. verzinst und getilgt werden. Damit werden Kalkulation und Liquidität belastet. ■ Insbesondere bei hoher Verschuldung eines Unternehmens nehmen die Gläubiger Einfluss auf die Geschäftsleitung, um die Verwendung ihrer Mittel zu kontrollieren. ■ Mit zunehmender Darlehensfinanzierung sinkt die Kreditwürdigkeit des Unternehmens. ■ Die Darlehensaufnahme erhöht den Fremdkapitalanteil am Gesamtkapital. Dies kann dazu führen, dass sich der „gute Ruf" (Goodwill) eines Unternehmens verschlechtert.

Kompetenztraining

127 Grundlagen der Darlehensfinanzierung

1. Fassen Sie die grundlegenden Aussagen des Kapitels 10.1 in einer Mindmap zusammen!
2. Erklären Sie, wie ein Darlehensvertrag zustande kommt!
3. Nennen Sie fünf Punkte, die ein Darlehensvertrag enthalten sollte!
4. Erläutern Sie den Begriff effektiver Jahreszinssatz!
5. Nennen Sie einen Grund, warum ein Darlehensnehmer einen Darlehensvertrag mit Disagio abschließt!

1 Vgl. hierzu Kapitel 11.2, S. 369ff. und Kapitel 11.3, S. 387ff.

2 Vgl. hierzu die Ausführungen zum Leverage-Effekt, S. 466f.

6. Ordnen Sie den drei Abbildungen die drei Darlehensarten Fälligkeitsdarlehen, Abzahlungsdarlehen und Annuitätendarlehen zu!

Abb. 1:

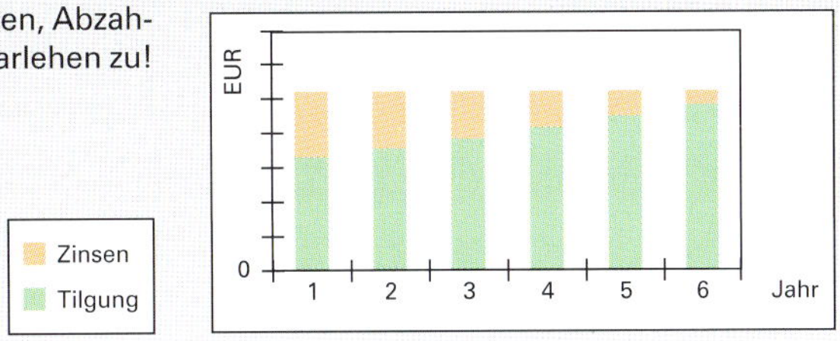

Abb. 2:

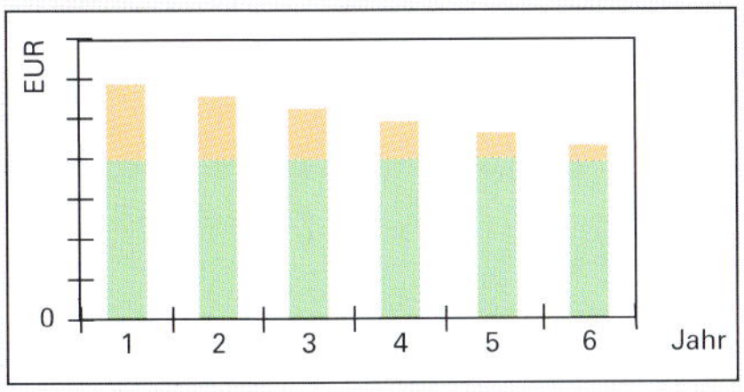

Abb. 3:

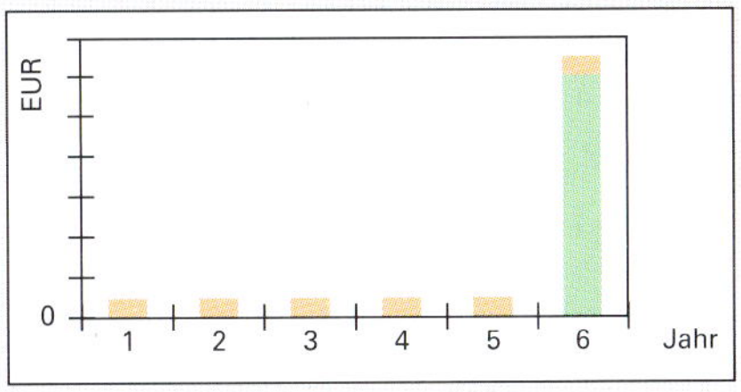

7. Definieren Sie den Begriff Barwert in eigenen Worten!

128 Abzahlungs- und Annuitätendarlehen im Barwertvergleich

Die Schneider AG möchte eine neue Lagerhalle bauen. Sie soll 576 000,00 EUR kosten und über ein Darlehen bei der langjährigen Geschäftsbank finanziert werden. Es wird mit einer Darlehenslaufzeit von 10 Jahren und einer Nutzungsdauer der Lagerhalle von 35 Jahren gerechnet. Die Bank legt folgendes Angebot vor: Auszahlung 96 %, Sollzinssatz 5 %.

Als Darlehensarten kommen für die Schneider AG ein Abzahlungs- oder Annuitätendarlehen infrage. Die Zins- und Tilgungsverrechnung erfolgt jeweils am Jahresende.

Aufgaben:

1. Erklären Sie den Unterschied zwischen einem Abzahlungs- und einem Annuitätendarlehen! Gehen Sie dabei auf die Begriffe „Tilgung“, „Zinsen“ und „Liquiditätsbelastung“ ein!
2. Ermitteln Sie, in welcher Höhe das Darlehen bei der Hausbank beantragt werden muss!
3. Berechnen Sie jeweils die Liquiditätsbelastung und den Gesamtaufwand der beiden Darlehensformen für die ersten 3 Jahre nach folgendem Schema!

   Hinweis: Der Annuitätenfaktor beträgt 0,129505.

Jahr	Darlehen am Jahresanfang	Zinsen	Tilgung	Abschreibung Disagio	Liquiditätsbelastung	Gesamtaufwand

Excel Vorlage

4. Erläutern Sie auf Grundlage Ihrer Berechnungen, für welche Darlehensart sich die Schneider AG entscheiden sollte!

Vorlage

5. Liquiditätsvergleiche werden häufig nicht auf Basis der Liquiditätsabflüsse vorgenommen, sondern aufgrund der Barwertsummen.

   Ermitteln Sie die Barwertsummen der beiden Darlehensalternativen für den betrachteten Zeitraum und beurteilen Sie, wie sich diese auf die Entscheidung der Schneider AG auswirken!

   Hinweis: Verwenden Sie jeweils nachfolgenden Tabellenkopf, einen Kalkulationszinssatz von 7 % und runden Sie Ihre Ergebnisse auf volle Euro.

Jahr	Liquiditätsbelastung	Barwert

Jahr	Abzinsungsfaktor
1	0,9346
2	0,8734
3	0,8163

129 Unterschiedliche Darlehensarten im Vergleich

1. Ein Darlehen in Höhe von 100 000,00 EUR soll wie folgt zurückgezahlt werden: Tilgung vierteljährlich 2 500,00 EUR bei einem Sollzinssatz von 4 %.

   Aufgaben:

   1.1 Nennen Sie die vorliegende Darlehensart! Begründen Sie Ihre Antwort!

   Vorlage 1.2 Erstellen Sie rechnerisch den Zins- und Tilgungsplan für die ersten 3 Jahre!

   1.3 Angenommen, das Darlehen ist vertragsgemäß in der Weise zu verzinsen und zu tilgen, dass vierteljährlich ein Betrag zu zahlen ist, der Zins und Tilgung enthält. Zins und Tilgung sollen dabei konstant bleiben.

   1.3.1 Nennen Sie die vorliegende Darlehensart! Begründen Sie Ihre Antwort!

   Vorlage 1.3.2 Erstellen Sie rechnerisch den Tilgungsplan für die ersten 3 Jahre!

   1.3.3 Beschreiben Sie je einen Vor- und Nachteil der in den Aufgaben 1.1 und 1.3.1 genannten Darlehensarten für den Darlehensnehmer!

2. 2.1 Erklären Sie die Bedeutung eines Auszahlungskurses in Höhe von 98 % bei einem Darlehen!

   2.2 Beschreiben Sie den Zweck, dem die Aufnahme eines Darlehens dienen kann!

   2.3 Erläutern Sie, weshalb es unwirtschaftlich wäre, für einen nur gelegentlich auftretenden finanziellen Bedarf ein Darlehen aufzunehmen!

   2.4 Ein Kredit wird als Abzahlungsdarlehen (Ratendarlehen) gewährt. Beschreiben Sie diese Darlehensart!

3. 3.1 Die örtliche Bank gewährt der Schwarz GmbH ein Darlehen über 120 000,00 EUR. Das Darlehen ist bei einer Auszahlung von 97 % mit 3,5 % nachschüssig zu verzinsen. Vereinbart wird eine jährliche Tilgung von 10 %, erstmals am Ende des ersten Darlehensjahres.

   Aufgaben:

   3.1.1 Berechnen Sie den effektiven Jahreszinssatz im 1. Jahr!

   Vorlage 3.1.2 Stellen Sie tabellarisch den Darlehensverlauf dar und ermitteln Sie die jährliche Aufwandsbelastung!

   3.2 Die Sparkasse bietet der Holzbau Achern GmbH folgendes Darlehen an: Kreditsumme: 80 000,00 EUR, Laufzeit 5 Jahre, Disagio 1 %, Sollzinssatz 4,0 %.

   Aufgaben:

   3.2.1 Berechnen Sie den effektiven Jahreszinssatz für das 1. Jahr!

3.2.2 Der Geschäftsführer der Holzbau Achern GmbH möchte eine gleichbleibende Liquiditätsbelastung.

3.2.2.1 Ermitteln Sie den Betrag für die jährlichen Annuitätenzahlungen! Zu den Annuitätenfaktoren vgl. Tabelle S. 320!

3.2.2.2 Bestimmen Sie die gesamte Aufwandsbelastung für dieses Darlehen!

130 Vergleich von Darlehen unter Berücksichtigung von Barwerten

Die Backnanger Sensoric GmbH benötigt für ihre Erweiterungsinvestitionen insgesamt 800 000,00 EUR. Das Unternehmen entscheidet sich für die Fremdfinanzierung. Es liegen zwei Darlehensangebote vor:

Volksbank Backnang	Landesbank Baden-Württemberg
■ Laufzeit: 4 Jahre ■ Gebundener Sollzinssatz: 3 % ■ Tilgung in gleichbleibenden Raten	■ Laufzeit: 4 Jahre ■ Gebundener Sollzinssatz: 3 % ■ Tilgungsanteil am Ende des ersten Jahres: 23,9 % ■ Zins und Tilgung als jährlich gleichbleibender Gesamtbetrag in den Jahren 1 bis 3, Ausgleichsrate im 4. Jahr
Zahlungen erfolgen jeweils zum Jahresende	

Aufgaben:

1. Ermitteln Sie für beide Finanzierungsalternativen tabellarisch die Liquiditätsbelastung für die einzelnen Jahre und insgesamt! *Vorlage*

2. Begründen Sie, weshalb trotz des identischen Zinssatzes die gesamte Zinsbelastung der beiden Darlehensalternativen voneinander abweicht!

3. Die Controlling-Abteilung plädiert dafür, die Barwerte zu berücksichtigen, und rechnet mit einem Kalkulationszinssatz von 4 %.

   3.1 Führen Sie zwei Aspekte an, die bei der Festlegung der Höhe des Kalkulationszinssatzes von Bedeutung sein können!

   3.2 Die Controller haben für die beiden Darlehen folgende Barwerte berechnet:

Volksbank Backnang	
Jahr	**Barwerte in EUR**
1	215 376,00
2	201 562,80
3	188 468,00
4	176 088,80
Summe	781 495,60

Landesbank Baden-Württemberg	
Jahr	**Barwerte in EUR**
1	206 914,80
2	198 973,92
3	191 312,80
4	184 030,34
Summe	781 231,86

   Begründen Sie mithilfe der von den Controllern des Unternehmens erstellten Tabellen, weshalb sich die Vorteilhaftigkeit der beiden Darlehensalternativen nach Berücksichtigung der Barwerte ändert!

10.2 Leasing als spezielle Finanzierungsform beurteilen und gegenüber der Darlehensfinanzierung abgrenzen sowie die steuerlichen Auswirkungen ermitteln und die Barwertsummen zur Beurteilung der Finanzierungsentscheidung vergleichen

BPE 10 Handlungssituation 3: Ein Leasingangebot mit einem Annuitätendarlehen vergleichen

Die Sport-Burr AG benötigt für den Außendienstmitarbeiter mit dem Gebiet Österreich/Schweiz einen neuen Firmenwagen. Die regelmäßige Nutzungsdauer des Fahrzeugs beträgt sechs Jahre, die Abschreibung erfolgt linear.

Zur Finanzierung des Firmenwagens hat sich die Sport-Burr AG zwei Angebote eingeholt:

Darlehensangebot von der Hausbank	
Darlehenssumme	55 000,00 EUR
Annuität	9 900,00 EUR jährlich
Zahlungsbedingung	einmal jährlich, jeweils am Ende des Jahres
Laufzeit	6 Jahre
Sollzinssatz	2,75 %

Leasingangebot vom Autohersteller	
Laufzeit	36 Monate
Fahrleistung	20 000 km im Jahr
Leasingrate	800,00 EUR monatlich
Zahlungsbedingung	einmal jährlich, jeweils zu Beginn des Jahres

Kompetenzorientierte Arbeitsaufträge:

1. Erläutern Sie, um welche Leasingart es sich in Bezug auf den Leasinggeber handelt!
2. Stellen Sie die Auswirkungen auf die Bilanz sowie die GuV-Rechnung der Sport-Burr AG dar, wenn
   2.1 das Darlehensangebot angenommen wird!
   2.2 das Leasingangebot angenommen wird!
3. Der Vorstand der Sport-Burr AG möchte das Darlehens- und Leasingangebot mithilfe einer Barwertberechnung unter Berücksichtigung der angegebenen Zahlungsbedingungen vergleichen. Der Kalkulationszinssatz wird auf 4 % festgelegt.
   3.1 Berechnen Sie tabellarisch die Summe der Barwerte der anfallenden Zahlungen für die ersten drei Jahre sowohl für das Darlehensangebot als auch für das Leasingangebot!
   Hinweise: Runden Sie auf volle Euro! Die Abzinsungsfaktoren entnehmen Sie S. 303!

Vorlage

	Darlehensangebot			Leasingangebot		
Jahr	Liquiditätsbelastung in EUR	Abzinsungsfaktor	Barwert in EUR	Liquiditätsbelastung in EUR	Abzinsungsfaktor	Barwert in EUR

   3.2 Interpretieren Sie Ihre Ergebnisse aus Arbeitsauftrag 3.1 anhand von drei Merkmalen!

10.2.1 Begriff Leasing[1] definieren

Die Idee, Anlagegüter zu mieten oder zu pachten, statt zu kaufen, gelangte in Deutschland erst nach dem Zweiten Weltkrieg zu größerer Verbreitung. Der Erfolg der Leasingidee beruht insbesondere darauf, dass die Unternehmen mit diesem Finanzierungsinstrument die Möglichkeit erhalten, technische Neuerungen in der Produktion zu nutzen. Die Anlagen können auf diese Weise auf dem neuesten technischen Stand gehalten werden, weil die Unternehmen die Möglichkeit haben, den Leasinggegenstand nach Ablauf der Miet- bzw. Pachtzeit wieder zurückzugeben und die Anlage mit dem neuesten technischen Stand zu leasen.

Als **Leasingobjekte** können sowohl unbewegliche Anlagegüter (z.B. Gebäude, Produktionsanlagen) als auch bewegliche Anlagegüter (z.B. Pkw, Lkw, Büro- und Geschäftsausstattung) dienen. Nach Beendigung der Vertragszeit hat der Leasingnehmer das Gut zurückzugeben, wenn er nicht von der Möglichkeit Gebrauch machen will, einen Verlängerungsvertrag abzuschließen oder das Leasinggut käuflich zu erwerben.

Beispiel:

Die MicroTex Technologies GmbH setzt in der Produktion insgesamt 10 Hochleistungs-PCs ein. Die Geräte werden insgesamt 36 Monate bei einer Leasinggesellschaft geleast. Nach Beendigung der Grundmietzeit hat das Unternehmen die Option, die PCs weitere zwei Jahre zu leasen oder die Geräte wieder an die Leasinggesellschaft zurückzugeben.

Leasing ist das Mieten bzw. Pachten von Anlagegütern (Maschinen, Fahrzeugen, Computern, ganzen Fabrikanlagen) gegen Zahlung einer **Leasingrate.**

10.2.2 Merkmale eines Leasingvertrages beschreiben

Leasing ist eine **Sonderform der Finanzierung.** Anstatt eines Kaufs durch Eigen- oder Fremdfinanzierung tritt beim Leasing **Miete** oder **Pacht.** Den Vermietenden nennt man **Leasinggeber,** den Mieter oder Pächter entsprechend **Leasingnehmer.** Die Finanzierung der Anschaffungskosten eines Anlagegutes wird nicht vom Leasingnehmer, sondern von einem anderen Unternehmen, dem Leasinggeber, getragen.

- Zwischen dem Leasingnehmer (Kreditnehmer) und dem Leasinggeber (Kreditgeber) wird eine **vertragliche Vereinbarung** (z.B. Pachtvertrag) geschlossen.
- Der Leasingnehmer arbeitet während der Dauer der Vertragszeit in seinem Unternehmen mit Anlagegütern, für die er **keine eigenen Finanzmittel** eingesetzt hat.
- Der Leasingnehmer **bezahlt** während der vereinbarten Nutzungsdauer die im Vertrag festgelegte **Leasingrate.**
- Nach Ablauf der Vertragszeit gibt der Leasingnehmer das **Anlagegut an den Leasinggeber zurück oder kauft das Anlagegut** zu dem im Vertrag vereinbarten Preis.

Als Leasinggeber kann auch eine **Leasinggesellschaft** handeln. Leasinggesellschaften (Leasinggeber) sind oftmals Tochtergesellschaften von Kreditinstituten mit der Rechtsform der GmbH.

Beispiel:

Die Volkswagen Leasing GmbH ist eine Tochtergesellschaft der Volkswagen Bank GmbH. Das Unternehmen übernimmt das Leasinggeschäft für Neu- und Gebrauchtwagen der unterschiedlichen Marken der Volkswagen AG.

1 **To lease** (engl.): mieten. Da die „geleasten" Wirtschaftsgüter nicht nur genutzt, sondern auch zur Gewinnerzielung („Fruchtziehung") eingesetzt werden, enthält der Leasingvertrag Elemente des Miet- wie auch des Pachtvertrags.

10.2.3 Leasingarten und Vertragsgestaltung erläutern

Leasingverträge lassen sich sehr unterschiedlich gestalten. Einige Gestaltungsmöglichkeiten werden im Folgenden aufgeführt.

(1) Unter dem Gesichtspunkt des Leasinggebers

Direktes Leasing (Direct-Leasing)

Bei dieser Leasingart erfolgt die Vermietung oder Verpachtung des Leasinggegenstandes durch den Hersteller („Hersteller-Leasing") oder dessen rechtlich ausgegliederte, aber wirtschaftlich abhängige Leasinggesellschaft.

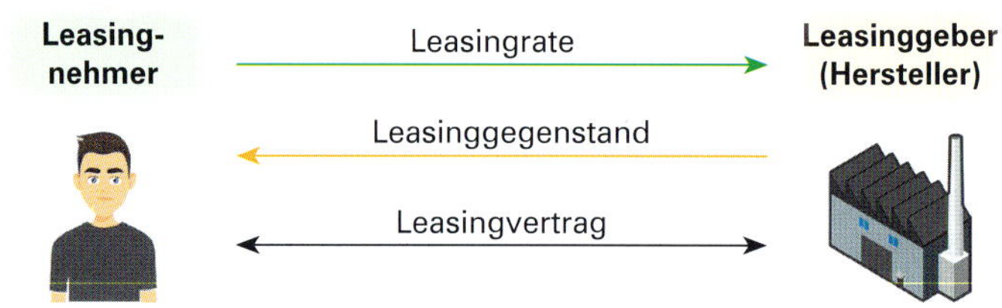

Direktes Leasing kommt in der Praxis dann vor, wenn mit dem Hersteller-Leasingvertrag noch **besondere Dienstleistungen** des Herstellers, wie beispielsweise Wartung oder die Lieferung von Betriebsstoffen, verbunden sind.

Beispiel:

Das Architekturbüro 0711-Design GmbH aus Stuttgart hat sein Großraumbüro mit insgesamt 5 Multifunktions-Kopierern inkl. Scanner und WLAN-Funktion ausgestattet. Der Leasingvertrag läuft über 60 Monate und beinhaltet regelmäßige Wartungsarbeiten sowie die Belieferung von hochwertigem Druckpapier.

Indirektes Leasing

In diesem Fall stellt eine Leasinggesellschaft den Leasinggegenstand (den sie beim Hersteller gekauft hat) dem Leasingnehmer zur Verfügung.

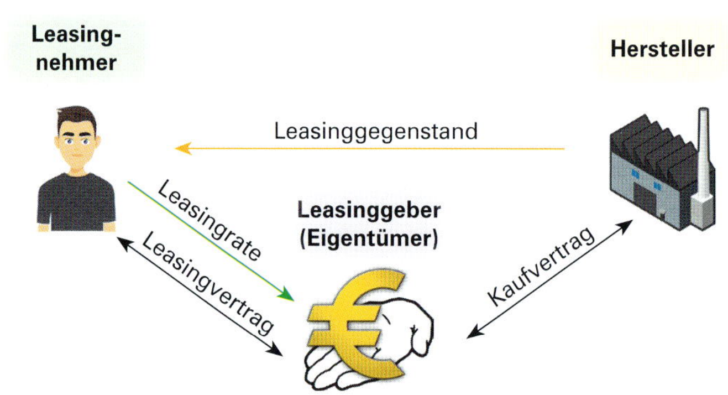

In der Praxis spielt das indirekte Leasing eine wichtige Rolle. Hier stehen sich drei Akteure gegenüber:

Der Leasinggeber (Leasinggesellschaft) schließt mit dem Leasingnehmer einen Leasingvertrag ab. Dieser Vertrag verpflichtet den Leasinggeber, einen Kaufvertrag mit dem Hersteller abzuschließen und das Eigentum an der Sache zu erwerben.

Beispiel:

Die CLEAN-TEC KG benötigt einen neuen Kleintransporter. Dem Unternehmen liegt ein Angebot der Deutschen Leasing AG vor. Die Deutsche Leasing AG wird Eigentümerin des Kleintransporters, schließt mit der CLEAN-TEC KG aber einen Leasingvertrag ab und erhält im Gegenzug die monatlichen Leasingraten.

(2) Unter dem Gesichtspunkt des Inhalts der Leasingverträge

Leasingverträge <u>ohne</u> Kauf- oder Mietverlängerungsoption

Der Leasingnehmer hat bei diesen Verträgen kein Recht auf Verlängerung der Leasingzeit bzw. keinen Anspruch darauf, den Leasinggegenstand nach Ablauf der Grundmiet- bzw. -pachtzeit kaufen zu können.

Beispiel:

Die Krüger KG aus Weinheim least einen Jahreswagen über den örtlichen Autohändler. Die Laufzeit beträgt 36 Monate ohne Option auf Kauf oder Leasingverlängerung, d. h., das Fahrzeug geht nach Ende der Laufzeit an den Autohändler zurück und wird dann entsprechend als Gebrauchtwagen weiterverkauft.

Leasingverträge <u>mit</u> Kauf- oder Mietverlängerungsoption

Der Leasingnehmer hat bei diesen Verträgen nach Ablauf der Grundmiet- bzw. -pachtzeit folgende Möglichkeiten:

- **Rückgabe des Leasinggegenstandes**
- **Anschluss-leasing**
- **Kauf des Leasinggegenstandes**

Beispiel:

Die Ellwangener Druckwerke GmbH investiert in eine vollautomatische Druckmaschine über 150 000,00 EUR. Die Private Leasing GmbH bietet eine entsprechende Maschine mit folgenden Leasingkonditionen an:

- Grundmietzeit: 48 Monate
- Leasingrate (jährlich) während der Grundmietzeit: 24 % der Anschaffungskosten
- Leasingrate (jährlich) nach Ablauf der Grundmietzeit (Verlängerungsoption): 17 % der Anschaffungskosten

(3) Unter dem Gesichtspunkt der Dauer der Leasingzeit

Operate-Leasing (kurzfristig)

Beim Operate-Leasing ist die **Grundmietzeit relativ kurz,** sodass die Leasingraten nicht für die Amortisation der Anschaffungskosten ausreichen. Die Restamortisation, die angefallenen Kosten und ein angemessener Gewinn können im Allgemeinen erst durch Folgeverträge bzw. durch den Verkaufserlös des Leasinggegenstands gedeckt werden. Der Leasinggeber bleibt **Eigentümer** und auch die **Bilanzierung** des Leasinggegenstands erfolgt beim Leasinggeber. Der Leasingnehmer kann die Leasingraten **als Betriebsausgaben absetzen.** Bei dieser Art des Leasingvertrags hat das Leasingunternehmen neben der Finanzierung der Anschaffungskosten auch für die uneingeschränkte Nutzungsfähigkeit des Leasinggegenstands zu sorgen. Wartungskosten, Reparaturkosten und Versicherungskosten gehen zu seinen Lasten. Auch für den Fall eines Totalausfalls hat die Leasinggesellschaft für einen Ersatzgegenstand zu sorgen.

Beim Operate-Leasing übernimmt der **Leasinggeber** das **gesamte Investitionsrisiko,** da der Leasinggeber, bei Kündigung vor Ablauf der Nutzungsdauer durch den Leasingnehmer, eine volle Amortisation nur durch eine oder mehrere Anschlussmiet- bzw. -pachtzahlungen erzielen kann. Infolge dieser Risikobelastung des Leasinggebers werden für derartige Verträge nur Wirtschaftsgüter herangezogen, die jederzeit erneut vermietet bzw. verpachtet werden können (z.B. Autovermietung, Vermietung von Universalmaschinen, Computer-, Telefonanlagen).

Beispiel:

Die Auto Wanninger KG aus Baden Baden least eine neue Telefonanlage mit einer Grundmietzeit von 48 Monaten. Darin enthalten sind ein Wartungsvertrag und entsprechende Reparatur- und Versicherungskosten. Die Telefonanlage wird in der Bilanz der Leasinggesellschaft bilanziert, die Auto Wanninger KG kann die Leasingraten als Aufwendungen steuerlich geltend machen.

Finance-Leasing (mittel- und langfristig)

Das Finance-Leasing ist überwiegend **langfristig** angelegt. Innerhalb der **Grundmietzeit,** die meistens bei **40 % bis 90 % der betriebsgewöhnlichen Nutzungsdauer** des Leasinggutes liegt, ist der Vertrag nicht kündbar.[1] Bei dieser Vertragsgestaltung trägt der **Leasingnehmer** das Investitionsrisiko sowie die **laufenden Betriebskosten**. Auch das Risiko eines Totalschadens trägt grundsätzlich der Leasingnehmer.

Nach Ablauf der Grundmietzeit hat der **Leasinggeber die Pflicht,** das **Leasingobjekt zurückzunehmen.** Allerdings enthalten Finance-Leasing-Verträge üblicherweise ein **Optionsrecht**[2] **des Leasingnehmers,** das nach Ablauf der Grundmietzeit wahrgenommen werden kann. Es kann sich beziehen auf eine **Kaufoption** (Recht zum Kauf des Leasingobjekts zu einem vorher vereinbarten Restwert) oder eine **Miet- bzw. Pachtverlängerungsoption** (Recht auf Verlängerung der Mietzeit bzw. Pachtzeit mit geringeren Leasingraten).

Da der **Leasingnehmer das volle Investitionsrisiko** übernimmt, eignet sich das Finance-Leasing nicht nur für marktgängige Wirtschaftsgüter, sondern auch für Verträge über Güter, die nach den besonderen Anweisungen eines Leasingnehmers gestaltet werden,

1 Bei dieser Vertragsdauer muss der Leasinggeber das Leasingobjekt bilanzieren (**Leasingerlass** für die steuerrechtliche Zurechnung des Leasingobjekts).

2 **Option**: Wahlrecht.

wobei gegebenenfalls der Leasingnehmer unmittelbar mit dem Hersteller in Verhandlungen tritt **(Spezial-Leasing)**.

Finance-Leasing-Verträge können nach der **Höhe der Leasingrate** oder nach der **Dauer der Grundmietzeit** unterschiedlich ausgestaltet sein. Zu unterscheiden sind:

Art des Finance-Leasing-Vertrags	Erläuterungen	Beispiele
Vollamortisationsverträge, Full-pay-out-Verträge	Verträge, die dem Leasinggeber innerhalb der Grundmietzeit (Grundpachtzeit) die **Erstattung der vollen Objektkosten** (Anschaffungs- und Herstellungskosten sowie sämtliche Nebenkosten wie Vertrieb, Verwaltung, Finanzierung) zuzüglich eines angemessenen Gewinnes ermöglichen.	■ Immobilien, ■ hochwertige Maschinen, ■ Anlagegüter, die speziell nach den Anweisungen des Leasingnehmers erstellt werden.
Teilamortisationsverträge, Non-pay-out-Verträge	Verträge, bei denen dem Leasinggeber innerhalb der Grundmietzeit nur ein **Teil der Objektkosten ersetzt werden.** Für diesen Fall hat der Leasingnehmer nach Ablauf der Grundmietzeit (Grundpachtzeit) das Verwertungsrisiko zu übernehmen (z.B. Verlängerung der Mietdauer, Kauf des Objekts, Weiterverkauf des Objekts an einen Dritten).	■ Kfz-Leasing, ■ Leasing von Computeranlagen, ■ Leasing von Telefonanlagen.

(4) Sale-and-lease-back

Verträge, bei denen der Leasingnehmer ein ihm gehörendes Wirtschaftsgut an die Leasinggesellschaft verkauft, die es anschließend an den Leasingnehmer verleast **(Sale-and-lease-back)**. Eine solche Vorgehensweise hat in der Regel einen steuerrechtlichen Hintergrund. Angewendet wird dieses Verfahren oftmals bei Immobilien.

Beispiel:

Die Rink GmbH aus Göppingen veräußert ein Bürogebäude mit insgesamt 500 m^2 Bürofläche an eine Leasinggesellschaft. Direkt im Anschluss wird ein Leasingvertrag mit der Leasinggesellschaft geschlossen und somit das Gebäude wieder „zurückgeleast". Die Rink GmbH kann dadurch zunächst ihre Liquidität erhöhen, zukünftig nimmt diese aber wieder nach und nach ab, da die Liquidität in der Zukunft durch die fälligen Leasingraten belastet wird.

10.2.4 Steuerliche und bilanzielle Behandlung von Leasingverträgen unterscheiden

Für die steuerliche Behandlung der Leasingverträge ist entscheidend, ob der Leasinggegenstand dem Leasingnehmer oder dem Leasinggeber zugerechnet wird.

Damit der Leasinggegenstand dem Leasinggeber zugerechnet wird, muss dieser **wirtschaftlicher Eigentümer**[1] sein.

1 Auf das rechtliche Eigentum kommt es bei der steuerrechtlichen Zuordnung nicht an.

Dem Leasinggeber wird das wirtschaftliche Eigentum bei **beweglichen Wirtschaftsgütern** unter folgenden **Voraussetzungen** zugerechnet:[1]

- Der Leasingvertrag muss über eine **bestimmte Zeit** abgeschlossen sein, die **nicht gekündigt** werden kann (Grundmietzeit). Eine Mindestdauer muss nicht eingehalten werden.
- Die Leasingraten müssen in der **Grundmietzeit alle Kosten des Leasinggebers** abdecken (Vollamortisationsvertrag).[2]
- Enthält der **Leasingvertrag ein Kauf-Optionsrecht,** so muss die Grundmietzeit mindestens 40 % und höchstens 90 % der betriebsgewöhnlichen Nutzungsdauer betragen. Außerdem darf der vorgesehene Kaufpreis nicht niedriger sein, als der sich bei linearer Abschreibung ergebende Restbuchwert des Leasingobjekts.
- Enthält der Leasingvertrag ein **Miet-Optionsrecht,** so muss die Anschlussmiete mindestens so hoch sein, dass der Werteverzehr für den Leasinggegenstand gedeckt ist. Der Werteverzehr bemisst sich dabei an der Höhe der linearen Abschreibung.

Wird der **Leasinggegenstand** dem **Leasinggeber zugerechnet,** hat dies folgende Auswirkungen:

beim Leasinggeber	■ Der Leasinggeber hat das **Wirtschaftsgut** zu **bilanzieren** und **abzuschreiben.** ■ Die Leasingzahlung stellt für den Leasinggeber eine **Betriebseinnahme** dar.
beim Leasingnehmer	Der Leasingnehmer kann die Leasingrate als direkt **abzugsfähige Betriebsausgaben**[3] (Aufwand) geltend machen und dadurch seinen **Gewinn schmälern.**

10.2.5 Finance-Leasing und Kreditfinanzierung rechnerisch vergleichen

(1) Liquiditäts- und Aufwandsvergleich ohne Berücksichtigung von Steuern

Der Vergleich zwischen Leasing und Kreditfinanzierung konzentriert sich im rechnerischen Vergleich auf die Liquiditäts- und Aufwandswirkung der beiden Finanzierungsarten.

Beispiel:

Die Backfein GmbH beabsichtigt, ihren Maschinenpark um einen Backautomaten zu erweitern. Nach den Angaben des Herstellers betragen die Anschaffungskosten 480 000,00 EUR. Die betriebsgewöhnliche Nutzungsdauer wird mit 6 Jahren angegeben. Es wird linear abgeschrieben.

1 Der Begriff **wirtschaftlicher Eigentümer** ist gesetzlich nicht geregelt. Nach der Rechtsprechung des Bundesfinanzhofes [BFH] gilt: Wirtschaftlicher Eigentümer ist, wer die Sachherrschaft an dem Vermögensgegenstand hat und der rechtliche Eigentümer in der Nutzungsdauer dauerhaft kein rechtlichen Zugriff hat.
Zu Einzelheiten siehe den Leasingerlass für bewegliche Wirtschaftsgüter vom 19. April 1971 und für unbewegliche Wirtschaftsgüter vom 21. März 1972. Aus Vereinfachungsgründen wird auf die steuerliche Behandlung des Immobilien-Leasings nicht eingegangen.

2 Unter bestimmten Voraussetzungen ist auch bei Teilamortisationsverträgen eine Zurechnung des Wirtschaftsgutes auf den Leasinggeber möglich. Näheres ist in einem Steuererlass geregelt (BMF-Schreiben vom 22. 12. 1975). Auf Einzelheiten wird hier aus Vereinfachungsgründen nicht eingegangen.

3 Bei dem Begriff Betriebsausgaben handelt es sich um einen Begriff aus dem Steuerrecht. Danach sind Betriebsausgaben alle Aufwendungen, die durch den Betrieb veranlasst werden [§ 4 IV EStG]. Beim Kauf des Wirtschaftsgutes können die Anschaffungskosten nur verteilt über die voraussichtliche Nutzungsdauer als Abschreibung geltend gemacht werden.

Da die Backfein GmbH gerade erst die Produktionshalle erweitert hat, ist eine Finanzierung mit eigenen Finanzmitteln nicht möglich. Das Unternehmen hat zwei Finanzierungsalternativen:

1. Angebot: **Leasingangebot des Herstellers:** Bei einer Grundmietzeit von 4 Jahren betragen die Leasingraten 115 000,00 EUR pro Jahr, fällig jeweils am 31. Dezember eines Jahres. Im Falle einer Vertragsverlängerung sinkt die Rate auf 54 000,00 EUR.

2. Angebot: **Kreditangebot der Hausbank:** Abzahlungsdarlehen mit 5 Jahren Laufzeit über 500 000,00 EUR, Auszahlung 96 %, Sollzinssatz 4 %, Fälligkeit der Tilgungsrate jeweils am 31. Dezember.

3. Angebot: **Kreditangebot der Hausbank:** Fälligkeitsdarlehen zu sonst gleichen Konditionen.

Aufgaben:

1. Vergleichen Sie das Leasingangebot mit dem Abzahlungsdarlehen unter den Gesichtspunkten von Liquiditäts- und Aufwandsbelastung!
2. Vergleichen Sie das Leasingangebot mit dem Fälligkeitsdarlehen unter den Gesichtspunkten von Liquiditäts- und Aufwandsbelastung!

Lösungen:

Zu 1.: Vergleich von Leasing und Abzahlungsdarlehen

1. Angebot: Liquiditäts- und Aufwandsbelastung beim Leasing

Excel

Jahr	Liquiditätsbelastung (Leasingraten)[1]	Aufwendungen
1	115 000,00 EUR	115 000,00 EUR
2	115 000,00 EUR	115 000,00 EUR
3	115 000,00 EUR	115 000,00 EUR
4	115 000,00 EUR	115 000,00 EUR
5	54 000,00 EUR	54 000,00 EUR
6	54 000,00 EUR	54 000,00 EUR
Summe	568 000,00 EUR	568 000,00 EUR

2. Angebot: Liquiditäts- und Aufwandsbelastung beim Abzahlungsdarlehen

Jahr	Restdarlehen EUR	Tilgung EUR	Zinsen EUR	Abschreibung Backautomat EUR	Abschreibung Disagio EUR	Liquiditätsbelastung EUR	Aufwendungen EUR
1	500 000,00	100 000,00	20 000,00	80 000,00	4 000,00	120 000,00	104 000,00
2	400 000,00	100 000,00	16 000,00	80 000,00	4 000,00	116 000,00	100 000,00
3	300 000,00	100 000,00	12 000,00	80 000,00	4 000,00	112 000,00	96 000,00
4	200 000,00	100 000,00	8 000,00	80 000,00	4 000,00	108 000,00	92 000,00
5	100 000,00	100 000,00	4 000,00	80 000,00	4 000,00	104 000,00	88 000,00
6	0,00	0,00	0,00	80 000,00	0,00	0,00	80 000,00
Σ						560 000,00	560 000,00

Ergebnis: Die Finanzierung durch ein Abzahlungsdarlehen ist rechnerisch sowohl hinsichtlich der Liquiditäts- als auch hinsichtlich der Aufwandsbelastung günstiger.

1 Die Leasingrate („Mietpreis") enthält folgende Finanzierungskosten:
1. den **Abschreibungsbetrag** (die Ausgaben bzw. Aufwendungen des Leasinggebers für die Beschaffung oder Herstellung des Leasinggutes werden auf die Dauer der Grundleasingzeit verteilt);
2. die **Verzinsung** (das vom Leasinggeber investierte Kapital muss sich verzinsen);
3. eine **Risikoprämie** (z. B. für schnelles Altern des Leasinggegenstandes);
4. die **sonstigen Verwaltungs- und Vertriebskosten** (einschließlich der laufenden Servicekosten);
5. den **Gewinnzuschlag**.

Zu 2.: Vergleich von Leasing und Fälligkeitsdarlehen

1. Angebot: Liquiditäts- und Aufwandsbelastung beim Leasing (siehe S. 335)

3. Angebot: Liquiditäts- und Aufwandsbelastung beim Fälligkeitsdarlehen

Jahr	Restdarlehen EUR	Tilgung EUR	Zinsen EUR	Abschreibung Backautomat EUR	Abschreibung Disagio EUR	Liquiditätsbelastung EUR	Aufwendungen EUR
1	500 000,00	0,00	20 000,00	80 000,00	4 000,00	20 000,00	104 000,00
2	500 000,00	0,00	20 000,00	80 000,00	4 000,00	20 000,00	104 000,00
3	500 000,00	0,00	20 000,00	80 000,00	4 000,00	20 000,00	104 000,00
4	500 000,00	0,00	20 000,00	80 000,00	4 000,00	20 000,00	104 000,00
5	500 000,00	500 000,00	20 000,00	80 000,00	4 000,00	520 000,00	104 000,00
6	0,00	0,00	0,00	80 000,00	0,00	0,00	80 000,00
Σ						600 000,00	600 000,00

Ergebnis: Die Finanzierung über ein Fälligkeitsdarlehen ist rechnerisch sowohl hinsichtlich der Liquiditäts- als auch hinsichtlich der Aufwandsbelastung jeweils um 32 000,00 EUR (600 000,00 EUR – 568 000,00 EUR) teurer als das Leasingangebot.

(2) Barwertvergleich unter Berücksichtigung von Steuern

Ob sich Leasing anstelle einer Kreditfinanzierung lohnt, darf nicht allein aufgrund des Liquiditäts- bzw. Aufwandsvergleichs entschieden werden. Hier würde das Leasing meistens schlechter abschneiden, weil der Leasingnehmer innerhalb der Grundmietzeit etwa 120 bis 150 % der Anschaffungskosten zahlt.

Unter Berücksichtigung der **steuerlichen Wirkung** wird der Abstand zwischen Leasing und dem Abzahlungsdarlehen deutlich geringer. Außerdem ist für den Vergleich der beiden Finanzierungsformen nicht nur von Bedeutung, **wie hoch** die jeweilige Liquiditätsbelastung ist. Wichtig ist auch, zu **welchem Zeitpunkt** die Zahlungen zu leisten sind. Aus diesem Grund werden im nachfolgenden Beispiel noch die Barwerte der Zahlungen ermittelt.

Beispiel:

Wir gehen vom Beispiel auf S. 334 aus und unterstellen, dass die Backfein GmbH einen Gewinn erzielt. Der Gewinnsteuersatz (Körperschaftsteuer sowie Gewerbesteuer) beträgt 25 %. Als Kalkulationszinsfuß (Abzinsungssatz) werden 6 % angenommen (zum Abzinsungsfaktor siehe S. 322).

Aufgaben:

1. Vergleichen Sie das Leasingangebot mit dem Abzahlungsdarlehen unter dem Gesichtspunkt der Liquiditätsbelastung, wobei der Gewinnsteuersatz und die Barwerte zu berücksichtigen sind!
2. Vergleichen Sie das Leasingangebot mit dem Fälligkeitsdarlehen unter dem Gesichtspunkt der Liquiditätsbelastung, wobei der Gewinnsteuersatz und die Barwerte zu berücksichtigen sind!
3. Erläutern Sie die Auswirkungen der Steuerersparnis auf die Liquiditätsbelastung!

Lösungen:

Zu 1.: Vergleich von Leasing und Abzahlungsdarlehen über Barwerte nach Steuern

Jahr	Leasing					Abzahlungsdarlehen					Vergleich der Barwerte
	Liquiditätsbelastung vor Steuern	Aufwendungen vor Steuern	Steuerminderung	Liquiditätsbelastung nach Steuern	Barwert	Liquiditätsbelastung vor Steuern	Aufwendungen vor Steuern	Steuerminderung	Liquiditätsbelastung nach Steuern	Barwert	
1	115000,00	115000,00	28750,00	86250,00	81367,91	120000,00	104000,00	26000,00	94000,00	88679,22	– 7311,31
2	115000,00	115000,00	28750,00	86250,00	76762,16	116000,00	100000,00	25000,00	91000,00	80989,64	– 4227,48
3	115000,00	115000,00	28750,00	86250,00	72417,14	112000,00	96000,00	24000,00	88000,00	73886,47	– 1469,33
4	115000,00	115000,00	28750,00	86250,00	68318,11	108000,00	92000,00	23000,00	85000,00	67327,99	+ 990,12
5	54000,00	54000,00	13500,00	40500,00	30263,95	104000,00	88000,00	22000,00	82000,00	61275,16	– 31011,21
6	54000,00	54000,00	13500,00	40500,00	28550,92	0,00	80000,00	20000,00	–20000,00	–14099,22	+ 42650,14
Σ	568000,00	568000,00	142000,00	426000,00	357680,19	560000,00	560000,00	140000,00	420000,00	358059,26	– 379,07

Erläuterungen:

- Berücksichtigt wird jeweils die Steuerersparnis, die sich aufgrund der Gewinnminderung durch die Aufwendungen vor Steuern ergibt.
- Vergleicht man die Barwerte der Liquiditätsbelastung, ist Leasing im Vergleich zum Abzahlungsdarlehen um 379,07 EUR (358059,26 EUR – 357680,19 EUR) günstiger.

Zu 2.: Vergleich von Leasing und Fälligkeitsdarlehen über Barwerte nach Steuern

Jahr	Leasing					Fälligkeitsdarlehen					Vergleich der Barwerte
	Liquiditätsbelastung vor Steuern	Aufwendungen vor Steuern	Steuerminderung	Liquiditätsbelastung nach Steuern	Barwert	Liquiditätsbelastung vor Steuern	Aufwendungen vor Steuern	Steuerminderung	Liquiditätsbelastung nach Steuern	Barwert	
1	115000,00	115000,00	28750,00	86250,00	81367,91	20000,00	104000,00	26000,00	– 6000,00	– 5660,38	+ 87028,29
2	115000,00	115000,00	28750,00	86250,00	76762,16	20000,00	104000,00	26000,00	– 6000,00	– 5339,98	+ 82102,14
3	115000,00	115000,00	28750,00	86250,00	72417,14	20000,00	104000,00	26000,00	– 6000,00	– 5037,71	+ 77454,85
4	115000,00	115000,00	28750,00	86250,00	68318,11	20000,00	104000,00	26000,00	– 6000,00	– 4752,56	+ 73070,67
5	54000,00	54000,00	13500,00	40500,00	30263,95	520000,00	104000,00	26000,00	494000,00	369145,45	– 338881,50
6	54000,00	54000,00	13500,00	40500,00	28550,92	0,00	80000,00	20000,00	–20000,00	–14099,22	+ 42650,14
Σ	568000,00	568000,00	142000,00	426000,00	357680,19	600000,00	600000,00	150000,00	450000,00	334255,60	+ 23424,59

Erläuterungen:

- Betrachtet man die Barwertdifferenz, verändert sich für das Leasingangebot der Liquiditätsvorteil in einen Liquiditätsnachteil, weil die Rückzahlung des Fälligkeitsdarlehens erst am Ende des 5. Jahres erfolgt.
- Für die endgültige Entscheidung, ob Darlehens- oder Leasingfinanzierung, sollten jedoch vor allem die Besonderheiten des Einzelfalles Beachtung finden. So können beispielsweise bei einer Entscheidung für das Finanzierungsleasing die eingesparten Anschaffungskosten in andere Projekte investiert werden.

Zu 3: Auswirkungen

Durch die Steuerersparnis verringert sich die Liquiditätsbelastung, da weniger Mittel für Steuerzahlungen abfließen.

10.2.6 Leasing als spezielle Finanzierungsform beurteilen

Mit dem Leasing sind für den Leasingnehmer folgende Vor- bzw. Nachteile verbunden:

Vorteile	Nachteile
▪ Aufbau, Erweiterung bzw. Rationalisierung eines Betriebs können ohne großen Geldkapitalbedarf durchgeführt werden. ▪ Das eingesparte Geldkapital kann anderweitig rentabler eingesetzt werden. ▪ Da mit der Nutzung Umsatzerlöse generiert werden, können die Kosten aus dem laufenden Ertrag bezahlt werden. ▪ Rasche Anpassung an den technischen Fortschritt ist beim kurzfristigen Leasing möglich. ▪ Leasing schafft klare Kalkulationsgrundlagen. ▪ Nutzungskonforme Finanzierungsdauer, d. h., die Laufzeit des Leasingvertrags richtet sich in der Regel an der betriebsgewöhnlichen Nutzungsdauer des Leasinggegenstands aus.	▪ Die Leasingkosten sind hoch, denn die Gesamtkosten des Leasinggebers müssen in relativ kurzer Zeit aufgebracht werden. ▪ Die Kosten fallen regelmäßig an, sodass es unter Umständen zu Liquiditätsschwierigkeiten kommen kann, wenn die Zahlungen aus Verkäufen nicht rechtzeitig eingehen. ▪ Eigentum an dem Investitionsgut wird nicht erworben. Deshalb darf der Leasinggegenstand vom Leasingnehmer ohne Zustimmung des Leasinggebers auch nicht verändert werden. ▪ Das Fehlen von Anlagevermögen mindert die Möglichkeit einer eventuell später notwendig werdenden Kreditsicherung. ▪ Ausschluss der Kündigung des Leasingnehmers während der Grundmietzeit.

Kompetenztraining

131 Grundsätzliches zu Leasing

1. Fassen Sie die grundlegenden Aussagen des Kapitels 10.2 zusammen!
2. Eine Möglichkeit, die Anschaffung eines Geschäftswagens zu finanzieren, bietet das Leasing.

   Aufgaben:

   2.1 Beschreiben Sie den Grundgedanken des Leasings!

   2.2 Definieren Sie den Begriff Leasing!

   2.3 Erklären Sie den Satz: „Stecken Sie Ihr Kapital ins Geschäft und nicht in den Geschäftswagen!"
3. „Leasing hilft Kosten sparen" – so lautet der Werbeslogan einer Leasinggesellschaft. Prüfen Sie diese Aussage!
4. „Leasing schont Ihre Liquidität" – ein anderer Werbespruch. Nehmen Sie Stellung!
5. Nennen Sie die zwei wichtigsten Vor- und Nachteile der Leasingfinanzierung aus der Sicht des Leasingnehmers und begründen Sie Ihre Wahl!

132 Vergleich von Leasing mit verschiedenen Darlehensarten

Im Industrie- und Gewerbepark Ulm hat das Unternehmen Motorenbau Anton Thomalla e. Kfm. einen neuen Hochleistungsmotor für den Betrieb von Blockheizkraftwerken entwickelt. Damit das Unternehmen diesen Motor auch in einer größeren Serie produzieren kann, benötigt es eine neue Fertigungsmaschine zum Anschaffungspreis von 90 000,00 EUR. Die Maschine hat eine betriebsgewöhnliche Nutzungsdauer von 6 Jahren und soll linear abgeschrieben werden.

Die Motorenbau Anton Thomalla e. Kfm. hat zwei Finanzierungsmöglichkeiten:

Alternative 1: Darlehensangebot der Commerzbank Ulm
- Darlehen in Höhe von 90 000,00 EUR
- Sollzinssatz 3 %
- Laufzeit 48 Monate
- Tilgung jeweils am Jahresende in gleichen Raten

Alternative 2: Leasingangebot der Deutschen Leasing AG
- Grundmietzeit 48 Monate
- jährliche Leasingrate während der Grundmietzeit (zahlbar jeweils am Jahresende): 20 % der Anschaffungskosten
- jährliche Leasingrate nach Ablauf der Grundmietzeit (zahlbar jeweils am Jahresende): 17 % der Anschaffungskosten

Aufgaben:

1. Prüfen und begründen Sie, welche Art des Leasingvertrages hinsichtlich der Dauer der Leasingzeit vorliegt!
2. Ermitteln Sie die Liquiditätsbelastung und den Gesamtaufwand für beide Finanzierungsalternativen während der gesamten Nutzungsdauer. Begründen Sie anschließend, für welche Alternative sich das Unternehmen aus dem Ulmer Industrie- und Gewerbepark entscheiden sollte!

Verwenden Sie zur Lösung folgende Schemata:

Excel Vorlage

Alternative 1:

Jahr	Darlehen Jahresanfang	Zinsen	Tilgung	Abschreibung	Liquiditätsbelastung	Gesamtaufwand

Alternative 2:

Jahr	Liquiditätsbelastung	Gesamtaufwand

3. Das Kreditangebot der Commerzbank ist auch als Annuitätendarlehen mit einem Sollzinssatz von 3 % möglich.
   3.1 Berechnen Sie die Liquiditätsbelastung während der gesamten Nutzungsdauer, wenn der Kredit als Annuitätendarlehen nach 4 Jahren vollständig getilgt sein soll. Der Annuitätenfaktor beträgt 0,269027.
   3.2 Entscheiden Sie, welches Kreditangebot unter Kostengesichtspunkten für das Unternehmen Motorenbau Anton Thomalla e.Kfm. günstiger ist!

133 Liquiditäts- und Barwertvergleich von Darlehen und Leasing unter Berücksichtigung von Steuern

Bei der Lars Biller KG ist letzte Woche eine alte Maschine endgültig ausgefallen. Eine moderne Ersatzmaschine kostet 96 000,00 EUR und hat eine Nutzungsdauer von 8 Jahren. Die Maschine soll linear abgeschrieben werden. Es stehen folgende Finanzierungsalternativen zur Wahl:

- Bankdarlehen: Laufzeit 8 Jahre; Auszahlung 100 %, Zinssatz 4,5 %, Tilgung in gleichen Raten am Jahresende.
- Leasing: Grundmietzeit 5 Jahre, Leasingrate 20 000,00 EUR/Jahr, Anschlussleasing mit einer jährlichen Leasingrate von 12 000,00 EUR möglich.

Es wird unterstellt, dass die Lars Biller KG einen Gewinn erzielt!

Aufgaben:

Excel Vorlage

1. Stellen Sie die beiden Finanzierungsalternativen einander hinsichtlich ihrer Liquiditätsbelastung unter Berücksichtigung eines Gewinnsteuersatzes von 30 % tabellarisch gegenüber!

   Dem Liquiditätsvergleich werden die Barwerte zugrunde gelegt. Als Kapitalzinsfuß (Abzinsungssatz) werden 5 % angenommen (zum Abzinsungsfaktor siehe nebenstehende Tabelle).
2. Interpretieren Sie das Ergebnis des Liquiditätsvergleichs!

Jahr	Abzinsungsfaktor
1	0,952381
2	0,907029
3	0,863838
4	0,822702
5	0,783526
6	0,746215
7	0,710681
8	0,676839

134 Aufwands- und Barwertvergleich von Darlehen und Leasing unter Berücksichtigung von Steuern

Die Württembergische Holzpress GmbH will ihr Werk modernisieren. Geplant ist die Anschaffung einer modernen Mehrzweckmaschine. Für die Finanzierung dieser Maschine mit Anschaffungskosten in Höhe von 100000,00 EUR und einer Nutzungsdauer von 5 Jahren bestehen zwei Alternativen:

Alternative 1: Angebot der Deutschen Leasing AG

Zeitspanne	Degressives Leasingentgelt/Monat für die Grundmietzeit
1.–12. Monat	4000,00 EUR
13.–24. Monat	2800,00 EUR
25.–36. Monat	2000,00 EUR
37.–48. Monat	1600,00 EUR

Alternative 2: Die Mehrzweckmaschine wird gekauft und durch die Aufnahme eines Bankdarlehens finanziert. Der Sollzinssatz beträgt 4%; die Zinszahlung erfolgt jährlich nachträglich. Tilgung entsprechend der bilanzmäßigen Abschreibung.

Aufgaben:

1. Nennen und erklären Sie die Leasingart bei Alternative 1!
2. Erläutern Sie, wer bei dieser Leasingart das Investitionsrisiko trägt!
3. Ab dem 49. Monat fällt das Leasingentgelt auf monatlich 300,00 EUR.
   Begründen Sie diese starke Abnahme!
4. Vergleichen Sie die beiden Finanzierungsmöglichkeiten hinsichtlich der Aufwendungen! Verwenden Sie zur Lösung folgendes Schema! Centbeträge sind auf volle Euro zu runden.

Jahr	Fremdkapital	Zinsen für Fremdkapital	Abschreibung	Gesamtaufwendungen	
				Alternative 1 Leasing	Alternative 2 Bankdarlehen

Vorlage

5. Ermitteln Sie, wie sich der Vergleich zwischen den beiden Finanzierungsarten verändert, wenn dem Vergleich Barwerte zugrunde gelegt werden und der Gewinnsteuersatz 30% beträgt! Vorlage
   Als Kapitalzinsfuß werden 5% angenommen (zum Abzinsungsfaktor siehe S. 340). Erstellen Sie wiederum eine geeignete Tabelle!
6. Die Leasinggesellschaft wirbt mit „Leasen steigert Ihre Rentabilität und schont Ihre Liquidität". Nehmen Sie dazu Stellung!

135 Vergleich von Darlehensfinanzierung und Leasing

Die Möhrle Design AG benötigt Textilmaschinen für die Produktion von Kleidern. Die Anschaffungskosten der Maschinen betragen 1,2 Mio. EUR. Zwei Finanzierungsmöglichkeiten sind gegeben:

- Kauf der Textilmaschinen mithilfe eines Bankdarlehens zu 4%. Ratentilgung in 4 Jahren am Ende des Jahres.
- Leasing zu einem Monatsbetrag von 2,5% des Anschaffungswerts. Die Grundmietzeit beträgt 4 Jahre. Nach deren Ablauf wird die Monatsmiete auf 10% des bisherigen Betrags gesenkt, falls der Leasingvertrag verlängert wird. Die Wartungskosten trägt der Leasingnehmer.

Die Nutzungsdauer der Textilmaschinengruppe beträgt 8 Jahre. Die Abschreibung wird linear vorgenommen.

Aufgaben:

1. Nennen Sie die Leasingart unter Berücksichtigung der Dauer der Leasingzeit!
2. Ermitteln Sie die Höhe des Zinsaufwands für das Bankdarlehen!
3. Berechnen Sie, wie viel Prozent der Zinsaufwand vom Kaufpreis der Textilmaschinen ausmacht!
4. Angenommen, die Möhrle Design AG kündigt den Leasingvertrag nach Ablauf der Grundmietzeit. Ermitteln Sie, wie viel Prozent vom Kaufpreis der jährliche Mietaufwand im Jahr der Kündigung beträgt!
5. Angenommen, die Möhrle Design AG mietet die Textilmaschinen für 8 Jahre. Stellen Sie fest, wie viel Prozent vom Kaufpreis der durchschnittliche Mietaufwand beträgt!
6. Angenommen, eine Kostenvergleichungsrechnung ergibt, dass die Finanzierung durch Leasing teurer als der Kauf ist. Arbeiten Sie heraus, welche Gründe dennoch für die Sachmittelfremdfinanzierung sprechen könnten!
7. Beurteilen Sie, welche Gründe für den Kauf der Textilmaschinen sprechen!

10.3 Im Rahmen der Innenfinanzierung die Finanzierungswirkung von Abschreibungen und Rückstellungen herausarbeiten

BPE 10

Handlungssituation 4: Die Finanzierung aus Abschreibungsgegenwerten im Rahmen der Innenfinanzierung darstellen

Die Stolz & Krug KG hat am 25.04. d.J. eine neue Hebebühne für die Reparatur von Kleintransportern in Höhe von 36000,00 EUR gekauft.

Die Abschreibung (bilanziell und kalkulatorisch) beträgt 8 Jahre. Man rechnet mit einer jährlichen Preissteigerungsrate von 1,5 %.

Kompetenzorientierte Arbeitsaufträge:

1. Erklären Sie, worin sich in der Zielsetzung die bilanzielle und die kalkulatorische Abschreibung unterscheiden!
2. Ermitteln Sie die bilanziellen und kalkulatorischen Abschreibungen für das aktuelle Geschäftsjahr!
3. Begründen Sie, ob die Stolz und Krug KG im vorliegenden Fall stille Reserven bilden oder einen Scheingewinn ausweisen kann!
4. Erläutern Sie, weshalb die Berücksichtigung der kalkulatorischen Abschreibungen im Rahmen der Preiskalkulation im vorliegenden Fall die Substanzerhaltung im Unternehmen nicht gewährleistet!

10.3.1 Finanzierung aus Abschreibungsgegenwerten herausarbeiten

(1) Notwendigkeit von Abschreibungen

Betriebliche Sachanlagevermögen, wie beispielsweise Maschinen, werden **verbraucht.** Durch Nutzung, kaufmännische und technische Überholung sowie den Zeitablauf kommt es zum **Wertverlust**. Dieser Tatsache wird durch die **Abschreibung** Rechnung getragen.

Auch das Umlaufvermögen muss abgeschrieben werden (z. B. Abschreibungen auf Forderungen bei Zahlungsunfähigkeit [Insolvenz] der Kunden; Abschreibungen auf Wertpapiere des Umlaufvermögens, wenn der Börsenkurs am Bilanzstichtag unter den Anschaffungskosten liegt [§ 253 IV HGB]).

(2) Kalkulatorische und bilanzielle Abschreibungen[1]

Kalkulatorische Abschreibungen

- Die **kalkulatorischen Abschreibungen** erfassen die **kostenwirksamen Wertminderungen.**
- Die kalkulatorischen Abschreibungen können von den **Anschaffungs-** bzw. **Herstellungskosten** eines Wirtschaftsgutes oder vom voraussichtlichen (geschätzten) höheren **Wiederbeschaffungswert** vorgenommen werden.

Die kalkulatorischen Abschreibungen werden in die **Verkaufspreise eingerechnet** und erwirtschaften damit – sofern die **Preise für die Produkte kostendeckend** sind – die Beträge, die zur Ersatzbeschaffung der Anlagegüter am Ende der Nutzungsdauer erforderlich sind. Sie dienen somit der **Substanzerhaltung**.

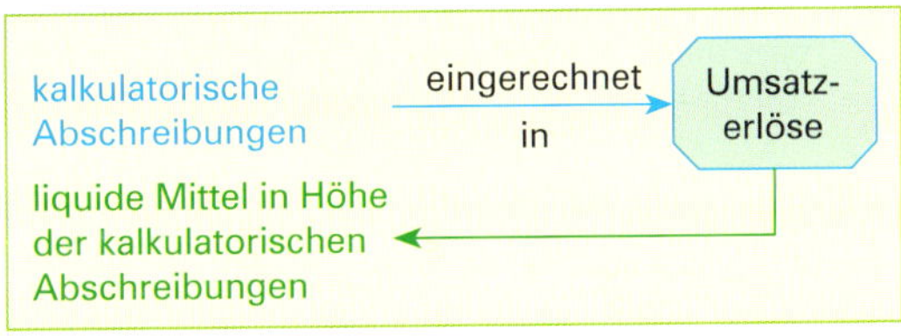

Bilanzielle Abschreibungen

- Die **bilanziellen Abschreibungen** erfassen die **erfolgswirksamen Wertminderungen.**
- Berechnungsgrundlage der bilanziellen Abschreibungen sind aufgrund der handelsrechtlichen Bestimmungen die **Anschaffungs- und Herstellungskosten.**

Die bilanziellen Abschreibungen erscheinen in der Gewinn- und Verlustrechnung als Aufwand und verhindern, dass die mit den Umsatzerlösen rückfließenden kalkulierten Abschreibungsbeträge – **bis zur Höhe der bilanziellen Abschreibungen** – zu Gewinn werden.

Soll	GuV-Konto Haben
bilanzielle Abschreibungen 10000,00 EUR	in die Umsatzerlöse eingerechnete kalkulatorische Abschreibungen 12000,00 EUR
Gewinn 2000,00 EUR	

1 Vgl. hierzu auch Kapitel 7.2.3.1, S. 87f.

- Die bilanziellen Abschreibungen haben **keinen Einfluss auf die Zahlungsfähigkeit** des Unternehmens, da für sie **keine Auszahlungen anfallen.**
- Die bilanziellen Abschreibungen bewirken, dass nur der **Teil der kalkulatorischen Abschreibungen zu Gewinn** wird, der den **Betrag der bilanziellen Abschreibungen übersteigt.**

(3) Abschreibungskreislauf

Decken die Umsatzerlöse die kalkulierten Abschreibungen (man spricht in diesem Zusammenhang von **„verdienten Abschreibungen"**), so verändert sich der Aufbau des Vermögens. Geldmittel, die für längere Zeit in Sachmittel gebunden sind, werden schrittweise wieder in die liquide Form überführt. Der Bilanzwert des Anlagevermögens nimmt ab, der Bestand an Zahlungsmitteln erhöht sich, wobei die teilabgeschriebenen Anlagen weiterhin produktiv sind **(Kapitalfreisetzungseffekt).** Der Vorgang ist erfolgsneutral, wenn die kalkulatorischen Abschreibungen durch die Umsatzerlöse gedeckt und nicht höher als die bilanziellen Abschreibungen sind.

Damit die Abschreibungswerte zur Verfügung stehen, müssen folgende Voraussetzungen erfüllt sein:

- Finanzierung des abzuschreibenden Anlagegutes mit Eigenkapital.
- Zufluss liquider Mittel mindestens in Höhe des Abschreibungsbetrags.
- Durch den Ansatz der Abschreibungen darf kein Verlust entstehen.

PPT

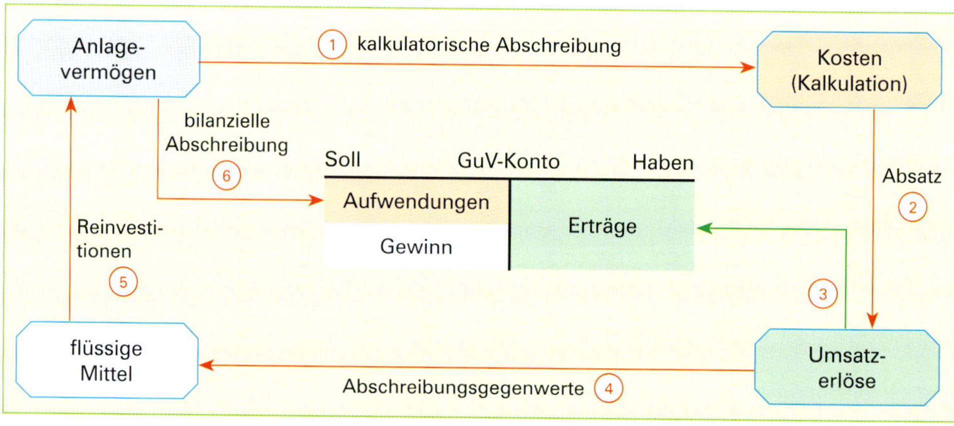

Die **Abschreibungsrückflüsse** sind in der Periode ihrer Erwirtschaftung **nicht mit Ausgaben verbunden** und sind daher zunächst frei verfügbar.

Der Unternehmer hat somit die Möglichkeit,

- die während der Nutzungszeit hereinfließenden Abschreibungserlöse zu „speichern", d.h. auf **Geldkonten zu sparen,**

- die angesparten Gelder nach Ablauf der Nutzungszeit zu investieren und die Vermögensgegenstände wiederzubeschaffen **(Ersatzinvestitionen)** oder
- die eingehenden Abschreibungserlöse sofort in neue Anlagegüter zu investieren, um damit das Anlagevermögen zu erweitern **(Erweiterungsinvestitionen)**.[1]

(4) Kalkulatorische und bilanzielle Abschreibungen sind gleich hoch (nominale Kapitalerhaltung)

Die bilanzielle Abschreibung darf handelsrechtlich höchstens von den Anschaffungs- oder Herstellungskosten berechnet werden. Wird die kalkulatorische Abschreibung ebenfalls von den Anschaffungs- oder Herstellungskosten berechnet, so steht am Ende der Nutzungsdauer der ursprüngliche Anschaffungsbetrag wieder zur Verfügung **(nominale Kapitalerhaltung)**. Eine Ersatzbeschaffung des Anlagegutes ist in diesem Fall nur möglich, wenn in der Zwischenzeit keine Preissteigerungen eingetreten sind.

Beispiel:

Die Anschaffungskosten für eine Maschine betragen 40 000,00 EUR. Die Nutzungsdauer der Maschine beträgt 4 Jahre. Die Abschreibung erfolgt linear. Die kalkulatorische und die bilanzielle Abschreibung sind gleich hoch. Die Abschreibungsbeträge werden über den Verkauf der Erzeugnisse verdient.

Aufgabe:

Ermitteln Sie die durch Abschreibungsfinanzierung erwirtschafteten liquiden Mittel am Ende der Nutzungsdauer!

Lösung:

Jahr	Buchwert der Maschine	Abschreibungsbetrag	Abschreibungsfinanzierung		Restbuchwert der Maschine
			liquide Mittel pro Jahr	liquide Mittel insgesamt	
1.	40 000,00	10 000,00	10 000,00	10 000,00	30 000,00
2.	30 000,00	10 000,00	10 000,00	20 000,00	20 000,00
3.	20 000,00	10 000,00	10 000,00	30 000,00	10 000,00
4.	10 000,00	10 000,00	10 000,00	40 000,00	0,00

1 Auf den Kapazitätserweiterungseffekt, der mithilfe von Abschreibungsrückflüssen erzielt werden kann, wird im Folgenden nicht eingegangen. Der Bildungsplan sieht die Behandlung dieser Thematik nicht vor.

(5) Kalkulatorische und bilanzielle Abschreibungen sind nicht gleich hoch (substanzielle Kapitalerhaltung und stille Selbstfinanzierung)

Substanzielle Kapitalerhaltung

In der Regel weichen die Anschaffungs- oder Herstellungskosten von den Wiederbeschaffungskosten ab. Üblicherweise liegen die **Wiederbeschaffungskosten** für das Anlagegut aufgrund von Preissteigerungen **über den Anschaffungs- oder Herstellungskosten.** In diesem Fall ist es sinnvoll, für die Berechnung der kalkulatorischen Abschreibung die **Wiederbeschaffungskosten** als Bezugsgrundlage zu wählen, denn nur dann steht der Betrag bereit, der für die Wiederbeschaffung des Anlagegutes benötigt wird **(substanzielle Kapitalerhaltung).**

Allerdings wird die Differenz zwischen der bilanziellen und der höheren kalkulatorischen Abschreibung auf dem GuV-Konto als Gewinn ausgewiesen.[1] Man bezeichnet ihn als **Scheingewinn** bzw. **Preissteigerungsgewinn.** Der Gewinn unterliegt zum einen der **Besteuerung** und zum anderen besteht die Gefahr, dass **Teile des Gewinns ausgeschüttet** werden. Insofern wird das Ziel der Substanzerhaltung auch dann nicht vollständig erreicht, wenn kalkulatorisch von den Wiederbeschaffungskosten abgeschrieben wird.

Stille Selbstfinanzierung

In seltenen Fällen liegen die **Wiederbeschaffungskosten** für das Anlagegut **unter den ursprünglichen Anschaffungs- oder Herstellungskosten.** In diesem Fall wird nicht der gesamte Abschreibungsbetrag zur Ersatzbeschaffung benötigt, d.h., die Differenz zwischen den Wiederbeschaffungskosten und den erwirtschafteten Abschreibungsbeträgen steht für andere Investitionen bereit. Diese zusätzlichen Mittel fallen dadurch an, dass durch die (zu hohen) Abschreibungen ein zu niedriger Gewinn ausgewiesen wird. Dieser nicht ausgewiesene Teil des Gewinns stellt eine **stille Selbstfinanzierung** dar.

Fall 1:	Die **bilanzielle Abschreibung ist größer als die kalkulatorische Abschreibung,** d.h., der in der Buchführung verrechnete Abschreibungsaufwand ist größer als die verrechneten Abschreibungskosten in der Kosten- und Leistungsrechnung. Der Finanzierungseffekt wird in diesem Fall durch die **Bildung stiller Reserven (stille Rücklagen)** erweitert.

Fall 2:	Die **bilanzielle Abschreibung ist kleiner als die kalkulatorische Abschreibung,** d.h., der in der Buchführung verrechnete Abschreibungsaufwand ist kleiner als die verrechneten Abschreibungskosten in der Kosten- und Leistungsrechnung. Der nicht berücksichtigte Aufwand wird als **Scheingewinn** ausgewiesen, muss versteuert werden und kann ausgeschüttet werden. Ein Teil der Abschreibungsgegenwerte ist in diesem Fall für Investitionen verloren.

1 Siehe auch S. 344.

Beispiel:

10 Maschinen mit Gesamtanschaffungskosten zu Beginn des Geschäftsjahres von 800 000,00 EUR, einer Nutzungsdauer von 8 Jahren und geschätzten Wiederbeschaffungskosten von 880 000,00 EUR werden wie folgt abgeschrieben:

Fall 1:

bilanzielle Abschreibung: 20 % degressiv von den Anschaffungskosten	160 000,00 EUR
– kalkulatorische Abschreibung: linear von den Wiederbeschaffungskosten	110 000,00 EUR
= Differenz	50 000,00 EUR

Geht man davon aus, dass die kalkulatorische Abschreibung dem tatsächlichen Werteverzehr entspricht, sind in der Buchführung die Aufwendungen um 50 000,00 EUR zu hoch angesetzt. In dieser Höhe entstehen stille Reserven, weil die Maschinen unterbewertet werden.

Neben der **Abschreibungsfinanzierung** in Höhe von 110 000,00 EUR erfolgt hier im ersten Abschreibungsjahr noch eine **stille (verdeckte) Selbstfinanzierung** in Höhe von 50 000,00 EUR.

Fall 2:

kalkulatorische Abschreibung: linear von den Wiederbeschaffungskosten	110 000,00 EUR
– bilanzielle Abschreibung: linear von den Anschaffungskosten	100 000,00 EUR
= Differenz	10 000,00 EUR

Geht man davon aus, dass die kalkulatorische Abschreibung den wirklichen Wertverlust erfasst, sind in der Buchführung die Aufwendungen um 10 000,00 EUR zu niedrig angesetzt. In dieser Höhe entsteht ein **Scheingewinn.** Ein Teil der Abschreibungsgegenwerte fließt dadurch wieder ab (z. B. über die Zahlung von Gewinnsteuern bzw. über eine Gewinnausschüttung). Dies führt hinsichtlich der Ersatzbeschaffungen zu einer **Substanzauszehrung,** weil für die Reinvestition zu wenig Mittel angespart werden können.

- Ist die **bilanzielle Abschreibung größer** als die **kalkulatorische Abschreibung,** werden **stille Reserven** gebildet.
- Ist die **bilanzielle Abschreibung kleiner** als die **kalkulatorische Abschreibung,** entsteht in Höhe der Differenz ein **Scheingewinn,** der zu einer **Substanzauszehrung** führt. Die Höhe der Finanzierung aus Abschreibungsgegenwerten **verringert** sich entsprechend.
- Die **Substanzerhaltung** benötigt über die Finanzierung aus Abschreibungsgegenwerten hinaus noch **zusätzliche Finanzierungsmaßnahmen.**

Kompetenztraining

136 Finanzierung aus Abschreibungsgegenwerten

1. Erläutern Sie, dass die „Finanzierung aus Abschreibungsgegenwerten" im Grunde eine Uminvestierung ist!
2. Erklären Sie den Kapitalfreisetzungseffekt am Beispiel der Abschreibungsfinanzierung!
3. Nennen Sie je drei Vor- und Nachteile der Abschreibungsfinanzierung im Vergleich zur Darlehensfinanzierung!
4. Das Sägewerk Hans Seeger GmbH investiert in die Abteilung „Zuschnittservice" in vier aufeinanderfolgenden Jahren je eine Sägemaschine im Wert von 2000,00 EUR, deren Nutzungsdauer jeweils vier Jahre beträgt. Die Abschreibung erfolgt linear. Sie entspricht dem tatsächlichen Wertverlust und wird über den Markt verdient. Im 5. Jahr wird die 1. Maschine durch den Kauf einer neuen Maschine ersetzt, im 6. Jahr die 2. Maschine usw.

   Der Sachverhalt führt zu folgender Finanzierungstabelle:

Jahr (Ende) / Maschine	1	2	3	4	5	6	7	8
1	500	500	500	500	500	500	500	500
2		500	500	500	500	500	500	500
3			500	500	500	500	500	500
4				500	500	500	500	500
jährliche Abschreibung	500	1000	1500	2000	2000	2000	2000	2000
freigesetzte Mittel	500	1500	3000	5000	5000	5000	5000	5000
– Reinvestitionen				2000	2000	2000	2000	2000
= freiverfügbare Mittel	500	1500	3000	3000	3000	3000	3000	3000

   Aufgaben:

   4.1 Erläutern Sie, wie die freigesetzten Mittel bei dem gegebenen Sachverhalt genutzt werden!

   4.2 Beschreiben Sie weitere Verwendungsmöglichkeiten der freigesetzten Mittel!

   4.3 Arbeiten Sie heraus, welche Voraussetzungen gegeben sein müssen, damit die in der Tabelle dargestellte Art der Finanzierung umgesetzt werden kann!

5. Erläutern Sie die Begriffe nominale und substanzielle Kapitalerhaltung!

137 Abschreibungsfinanzierung und Thesaurierung liquider Mittel

1. Die Anschaffungskosten für ein Anlagegut betragen 48000,00 EUR. Die Nutzungsdauer beläuft sich auf 5 Jahre. Die kalkulatorische und die bilanzielle Abschreibung sind gleich hoch. Die Abschreibungsbeträge werden über den Verkauf der Erzeugnisse verdient.

   Aufgabe:

   Berechnen Sie die liquiden Mittel am Ende der Nutzungsdauer, wenn das Anlagegut linear abgeschrieben wird und die Geldmittel thesauriert[1] werden!

1 **Thesaurieren:** sammeln, aufbewahren.

2. Ein Anlagegut wird kalkulatorisch mit 85 000,00 EUR und bilanziell mit 70 000,00 EUR abgeschrieben.

   Aufgaben:

   2.1 Erläutern Sie den Finanzierungseffekt der Abschreibung!

   2.2 Begründen Sie, ob mit diesem Finanzierungseffekt der volle Substanzerhalt des Anlageguts gesichert ist!

   2.3 Erklären Sie den Begriff „Scheingewinn", der bei der Finanzierung aus Abschreibungsgegenwerten entstehen kann!

138 Abschreibungsfinanzierung unter Berücksichtigung von Scheingewinnen und stillen Reserven

1. In der Exklusiv-Näherei GmbH sind zu Beginn des Geschäftsjahres 400 gleichartige Arbeitsplätze mit neuen Nähmaschinen für je 16 000,00 EUR ausgestattet worden. Die Nähmaschinen haben eine betriebsgewöhnliche Nutzungsdauer von 10 Jahren. Sie werden kalkulatorisch linear, bilanziell degressiv mit 20 % mit Übergang zur linearen Abschreibung im 6. Jahr abgeschrieben.

   Aufgaben:

   1.1 Entscheiden Sie, welche der beiden Abschreibungen die Grundlage für die beschriebene Abschreibungsfinanzierung ist!

   1.2 Stellen Sie mithilfe folgender Tabelle fest, in welchen Jahren durch überhöhte bilanzielle Abschreibungen stille Reserven entstanden sind! *Vorlage*

Jahr	kalkulatorische Abschreibungen	bilanzielle Abschreibungen	entstandene stille Reserven

2. Die Münch GmbH aus Karlsruhe ist spezialisiert auf Sonderlackierungen von hochwertigen Autos und Motorrädern. Das Unternehmen investiert in eine vollautomatische Lackstraße im Gesamtwert von 1 400 000,00 EUR. Laut AfA-Tabelle wird eine Nutzungsdauer von 8 Jahren angesetzt. Es wird mit Wiederbeschaffungskosten von 1 500 000,00 EUR gerechnet. Der Hersteller der Lackstraße rechnet mit einer tatsächlichen Lebensdauer von ebenfalls 8 Jahren.

   Aufgaben:

   2.1 Ermitteln Sie die bilanziellen und kalkulatorischen Abschreibungen für die gesamte Nutzungsdauer! *Vorlage*

   2.2 Erläutern Sie, ob die Münch GmbH stille Reserven bildet oder einen Scheingewinn ausweisen kann!

   2.3 Ermitteln Sie, wie viel Geldmittel dem Unternehmen für die Ersatzinvestition zur Verfügung stehen, wenn es mit einem Gewinnsteuersatz von 25 % rechnet!

10.3.2 Finanzierung aus Rückstellungsgegenwerten herausarbeiten

BPE 10

Handlungssituation 5: Ein Unternehmen nutzt den Finanzierungseffekt von Rückstellungen im Rahmen der Innenfinanzierung

Die Sport-Burr AG befindet sich aktuell mit einem ihrer Lieferanten aufgrund mangelhafter Lieferung von Vorprodukten in einem Rechtsstreit.

Für die Prozess- und Gerichtskosten rechnet das Unternehmen mit 50000,00 EUR. Hierfür wird in der Bilanz eine entsprechende Rückstellung gebildet. Mit einem abschließenden Gerichtsurteil wird frühestens im nächsten Geschäftsjahr gerechnet.

Des Weiteren bildet die Sport-Burr AG Rückstellungen für die Pensionsverpflichtungen aufgrund der betrieblichen Altersvorsorge.

Kompetenzorientierte Arbeitsaufträge:

1. Begründen Sie, wie die Sport-Burr AG die Rückstellung für die Prozesskosten zur Finanzierung einsetzen kann!
2. Erläutern Sie das Grundprinzip der Finanzierung aus Rückstellungsgegenwerten aufgrund von Pensionszusagen!

10.3.2.1 Begriff Rückstellungen

- Rückstellungen sind **Verbindlichkeiten für künftige Aufwendungen,** die dem alten Geschäftsjahr zuzurechnen sind, deren genaue **Höhe** und (oder) **Fälligkeit** am Jahresende aber noch **nicht feststehen.**
- Die **Bildung von Rückstellungen** bedeutet den **Ausweis einer Verbindlichkeit** in der Bilanz und gleichzeitig eine **Aufwandserfassung in entsprechender Höhe** in der Gewinn- und Verlustrechnung.

Für folgende (ungewisse) Aufwendungen besteht handelsrechtlich eine Passivierungspflicht [§ 249 I HGB]:[1]

- **ungewisse Verbindlichkeiten.** Hierzu zählen, neben Garantieverpflichtungen, zu erwartende Steuernachzahlungen, Prozesskosten und Jahresabschlusskosten, auch laufende Pensionen bzw. Pensionsanwartschaften;
- **drohende Verluste aus schwebenden Geschäften** (z. B. Preisänderungen bei noch nicht gelieferten Waren, bei denen ein Festpreis vereinbart wurde);
- im Geschäftsjahr **unterlassene Instandhaltungsaufwendungen,** die **innerhalb** der ersten **drei Monate** des neuen Geschäftsjahres nachgeholt werden;
- **Gewährleistungen,** die **ohne rechtliche Verpflichtung** erbracht werden (Kulanz);
- **unterlassene Abraumbeseitigung,** die im folgenden Geschäftsjahr nachgeholt wird.

1 Passivierungspflicht bedeutet für Unternehmen, dass z.B. Verbindlichkeiten auf der Passivseite der Bilanz ausgewiesen werden müssen.
Die Bewertung von Rückstellungen sind allerdings nicht Gegenstand des Bildungsplanes und werden daher an dieser Stelle auch nicht weiter vertieft.

Für andere als die im § 249 I HGB bestimmten Zwecke dürfen Rückstellungen nicht gebildet werden [§ 249 II, S. 1 HGB]. Rückstellungen dürfen nur aufgelöst werden, soweit der Grund hierfür entfallen ist [§ 249 II, S. 2 HGB].

Rückstellungen sind Verbindlichkeiten. Sie sind daher auf der **Passivseite der Bilanz** auszuweisen. Im § 266 III B. HGB wird folgende Aufgliederung der Rückstellungen vorgeschrieben:

- Rückstellungen für Pensionen und ähnliche Verpflichtungen
- Steuerrückstellungen
- Sonstige Rückstellungen (z. B. für Gewährleistungen)

10.3.2.2 Finanzierungseffekt aufgrund von Rückstellungen

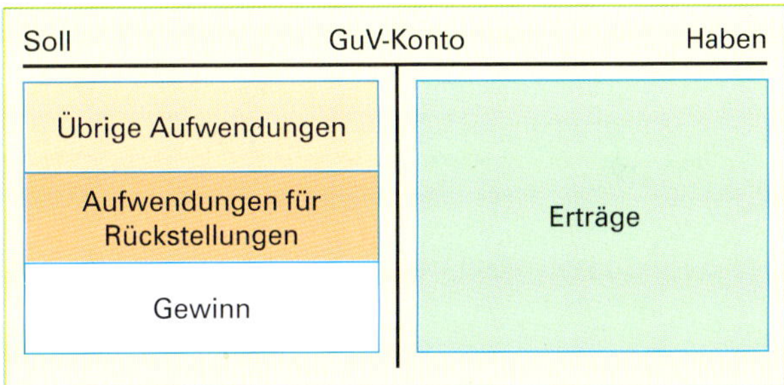

Die Bildung von Rückstellungen stellt einen Aufwand dar. Der gebuchte Aufwand schmälert den Gewinn und damit die Gewinnausschüttung.[1] Ein **Finanzierungseffekt** aufgrund von Rückstellungen ergibt sich dadurch, dass **Aufwendungen und Auszahlungen auseinanderfallen**: Die Bildung der Rückstellung wird in der Gegenwart als Aufwand erfasst, die Auszahlung erfolgt aber erst in der Zukunft. Für diese Zeitspanne bleibt der gebildete Rückstellungsbetrag an das Unternehmen gebunden und steht für betriebliche Aktivitäten zur Verfügung. Voraussetzung hierfür ist aber, dass durch die Bildung der Rückstellung kein Bilanzverlust entsteht.

Die Mittel zur Bildung von Rückstellungen (z. B. für Pensionen, Steuern, Gewährleistungen) stammen aus dem betrieblichen Umsatzprozess und werden nicht von außen zugeführt, vorausgesetzt, dass die Umsatzerlöse die Aufwendungen abdecken. Insoweit ist die **Finanzierung aus Rückstellungsgegenwerten** eine **Innenfinanzierung.** Eine Fremdfinanzierung ist es deshalb, weil Rückstellungen für zu erwartende Verbindlichkeiten gebildet werden.

Beispiel:

Aufgrund eines Rechtsstreites wird am 15. 12. 2023 eine Rückstellung in Höhe von 4 000,00 EUR gebildet. Der Rechtsstreit wird am 10. 11. 2024 entschieden. Es wird eine Zahlung von Rechts- und Gerichtskosten in Höhe von 4 000,00 EUR fällig.

Durch die Rückstellung stehen dem Unternehmen für die Zeit vom 15. 12. 2023 bis 10. 11. 2024 4 000,00 EUR zur Verfügung.

- Die **Bildung von Rückstellungen** führt dazu, dass **finanzielle Mittel** vom **Zeitpunkt der Bildung der Rückstellung** bis zum **Zeitpunkt der Auszahlung** im Unternehmen verbleiben.
- Es handelt sich um eine **Fremdfinanzierung,** da die aus dem Umsatzprozess zurückgestellten Vermögenswerte zur Zahlung von (noch nicht feststehenden) Verbindlichkeiten angesammelt werden.

1 Auf die Auswirkungen der Bildung von Rückstellungen auf die Gewinnsteuern wird im Folgenden nicht eingegangen.

Kompetenztraining

139 Finanzierung aus Rückstellungsgegenwerten

Die Heinrich Schlick GmbH in Heidenheim weist folgende vereinfachte GuV-Rechnung (Zahlen in Mio. EUR) aus:

Soll		GuV-Rechnung	Haben
Werkstoffe	28	Umsatzerlöse	100
Personalkosten	22		
Abschreibungen	18		
Einstellungen in Rückstellungen	12		
Gewinn	20		
	100		100

Hinweise:

- An Zahlungen aus Rückstellungen fallen 4,8 Mio. EUR an.
- Im folgenden Geschäftsjahr sind Ersatzinvestitionen in Höhe von 3,2 Mio. EUR geplant.

Aufgaben:

1. Berechnen Sie, welcher Betrag für zusätzliche Ersatzinvestitionen zur Verfügung steht!
2. Beurteilen Sie, welche generellen Auswirkungen Preissteigerungen auf die geplanten Erweiterungsinvestitionen haben!

140 Finanzierung aus Rückstellungsgegenwerten, Aufdeckung stiller Reserven

1. Die Fahrradwerke Breu KG erzielte im vergangenen Geschäftsjahr einen Gewinn in Höhe von 1,5 Mio. EUR. Es werden den Rückstellungen 2 Mio. EUR zugeführt.

   Aufgabe:

   Beschreiben Sie die Auswirkungen, die sich für die Finanzierung ergeben!

2. Für einen Rechtsstreit werden von der Hansa AG Rückstellungen in Höhe von 200 000,00 EUR gebildet. Durch die Zuführung zu den Rückstellungen entsteht kein Verlust. Nach zwei Jahren wird der Rechtsstreit rechtskräftig entschieden.

   Aufgaben:

   Beschreiben Sie den Finanzierungseffekt, wenn

   2.1 der Rechtsstreit für die Hansa AG verlorengeht und die Gerichts- und Anwaltskosten 200 000,00 EUR betragen!

   2.2 der Rechtsstreit von der Hansa AG gewonnen wird und dadurch keine Gerichts- und Anwaltskosten anfallen!

3. Nennen Sie zwei Faktoren, die Einfluss auf den Finanzierungseffekt einer Rückstellungsbildung haben!

4. 4.1 Erläutern Sie, in welchen Bilanzposten einer AG Sie stille Reserven vermuten! Begründen Sie Ihre Meinung!

   4.2 Erklären Sie anhand eines Vermögenspostens, wie stille Reserven aufgedeckt werden können und in welcher Höhe dadurch Finanzierungsmittel zur Verfügung stehen!

   4.3 Erklären Sie an zwei Beispielen, wofür eine AG Rückstellungen bildet!

   4.4 In einem Zeitungsartikel findet sich folgendes Zitat:

   „Bei der Einschätzung der Bonität eines Unternehmens werten die Banken Pensionsrückstellungen als graues Eigenkapital.“

   Aufgabe:

   Erläutern Sie, wie die Banken zu dieser Einschätzung kommen!

11 Aktiengesellschaft mit rechtsformabhängiger Finanzierung

11.1 Rechtliche und wirtschaftliche Fragestellungen einer Aktiengesellschaft bei Gründung und Finanzierungsanlässen analysieren, die Kapitalaufbringung ermitteln sowie Aktienarten unterscheiden und die Aufgaben der Organe einer AG herausarbeiten

BPE 11 Handlungssituation 1: Gründung einer AG analysieren

Die Sport-Burr AG, Herstellerin von Sportartikeln, wurde im Industrie- und Gewerbepark Ulm von den Geschwistern Markus und Vanessa Burr gegründet. Das Grundkapital beträgt 1 Mio. EUR, die Aktien haben einen Nennwert von 5,00 EUR.

Markus Burr hat bei der Gründung Aktien im Nennwert von 600 000,00 EUR übernommen, davon 400 000,00 EUR gegen Bareinlage und 200 000,00 EUR gegen Einbringung eines Grundstücks. Vanessa Burr hat Aktien im Nennwert von 300 000,00 EUR gegen Bareinlage übernommen. Außerdem hat die Hausbank Aktien im Nennwert von 100 000,00 EUR bar übernommen und ein Agio von 1,00 EUR je Aktie bezahlt.

Die Aktiengesellschaft wurde am 1. März 20.. ins Handelsregister eingetragen. Sie beschäftigt 251 Arbeitnehmer. Die Satzung enthält keine vom Gesetz abweichenden Regelungen.

Kompetenzorientierte Arbeitsaufträge:

1. Nennen Sie sechs Merkmale einer Aktiengesellschaft!
2. Nennen Sie das Datum, an dem die Sport-Burr AG entstanden ist, und beurteilen Sie, ob die Firmierung zulässig ist!
3. Die Sport-Burr AG hat Nennwertaktien ausgegeben. Unterscheiden Sie zwischen Nennwert- und Stückaktien! Berechnen Sie, wie viele Aktien die Sport-Burr AG ausgegeben hat!
4. Begründen Sie, ob bei der Sport-Burr AG eine Bar- oder Sachgründung vorliegt!
5. Ermitteln Sie, in welcher Höhe die Einlagen vor der Anmeldung zum Handelsregister von jedem Gründer mindestens eingezahlt werden müssen!
6. Erklären Sie, warum die Hausbank bereit ist, ein Agio zu bezahlen!
7. Die Gründer Markus und Vanessa Burr möchten die Geschäfte der AG führen. Erläutern Sie, wie sie dies erreichen können!
8. Markus und Vanessa Burr werden vom Aufsichtsrat zu Vorständen gewählt. Markus Burr pachtet für die AG ein angrenzendes Grundstück. Vanessa Burr ist damit nicht einverstanden. Beurteilen Sie, ob der Pachtvertrag wirksam ist!
9. Die Satzung der Sport-Burr AG legt fest, dass der Aufsichtsrat aus neun Mitgliedern besteht. Angenommen, die Zahl der Arbeitnehmer verdoppelt sich. Erläutern Sie die Mitbestimmung der Arbeitnehmer im Aufsichtsrat!

23 Merkur-Nr. 0454

11.1.1 Merkmale und Firmierung einer Aktiengesellschaft beschreiben

(1) Merkmale einer Aktiengesellschaft (AG)

Die Aktiengesellschaft ist eine **juristische Person** [§ 1 AktG], die ab ihrer Eintragung in das Handelsregister **rechtsfähig** ist [§ 6 HGB, § 41 AktG]. Sie schließt Rechtsgeschäfte ab, klagt oder kann verklagt werden. Die Aktionäre statten die AG mit Eigenkapital aus, indem sie sich mit Einlagen (Aktien) am Grundkapital der AG beteiligen. Für die Aktiengesellschaft gelten die Vorschriften des **Aktiengesetzes [AktG]** und des **Handelsgesetzbuchs [HGB].**

- Die **Aktiengesellschaft** ist eine **Handelsgesellschaft** [§ 3 AktG] mit **eigener Rechtspersönlichkeit (juristische Person),** deren **Gesellschafter (Aktionäre)** mit Einlagen an dem in Aktien zerlegten **Grundkapital** beteiligt sind.
- Die Aktiengesellschaft ist eine **Kapitalgesellschaft**
- Die Aktiengesellschaft ist immer **Kaufmann** (Formkaufmann, § 6 HGB).

Die **juristischen Folgerungen** aus dieser Ausgangssituation sind:

- die Verselbstständigung des angesammelten Eigenkapitals in einer **juristischen Person mit Ausschluss der persönlichen Haftung der Gesellschafter,**
- die Zerlegung des Eigenkapitals in **standardisierte Anteile (Aktien)** und deren rechtlich erleichterte Übertragbarkeit,
- die **Verwaltung der Aktiengesellschaft durch Organe** und eine daran anknüpfende **komplizierte Unternehmensverfassung,**
- mannigfaltige **Schutzvorschriften für Aktionäre und Gläubiger.**

Die genannten Begriffsmerkmale machen die Aktiengesellschaft zur geeigneten Unternehmungsform zur Sammlung einer Vielzahl kleinerer Kapitalien. Die Beteiligung an einer Aktiengesellschaft wird von einem Großteil der Aktionäre als eine (zeitweilige) Kapitalanlage angesehen, mit der Aussicht, einen Anteil am Gewinn der Aktiengesellschaft (Dividende) zu erhalten bzw. einen Kursgewinn zu erzielen. Dies ist möglich, weil die Aktionäre über die Wertpapierbörse[1] bei Bedarf die Aktien wieder verkaufen können, ohne dass dadurch der Aktiengesellschaft Kapital entzogen wird. Durch den Verkauf verändert sich lediglich die Zusammensetzung der Aktionäre.

(2) Firmierung

Die **Firma** ist der **Name** der Aktiengesellschaft. Die Firma der Aktiengesellschaft muss sich von anderen Firmen **unterscheiden.** Außerdem darf die Firma der Aktiengesellschaft **nicht irreführend** sein und muss der **Wahrheit** entsprechen. Es ist eine **Personen-, Sach-** oder **Fantasiefirma** möglich. Eine Mischung daraus ist ebenfalls zulässig **(Mischfirma).** Die Firma hat den **Zusatz „Aktiengesellschaft"** oder eine allgemein verständliche Abkürzung wie „AG" oder „Akt.ges." zu führen [§ 4 AktG].

Beispiele:

Firma	Art der Firmierung
Sport-Burr AG	Mischfirma
Volkswagen AG	Sachfirma
Bit und Byte AG	Fantasiefirma
Egon Holzmann Akt.ges.	Personenfirma

1 Die Wertpapierbörse ist der Markt für vertretbare Kapitalwertpapiere (Effekten).

11.1.2 Kapitalaufbringung und Haftung erläutern

11.1.2.1 Kapitalaufbringung

(1) Grundkapital

Das **Grundkapital** der Aktiengesellschaft ist der Teil des Eigenkapitals, der der Summe der Nennwerte der ausgegebenen Aktien entspricht.

Die **Höhe** des Grundkapitals wird in der **Satzung** (Gesellschaftsvertrag der AG) festgelegt. Es muss **mindestens 50 000,00 EUR** betragen. In der Bilanz einer Aktiengesellschaft wird das Grundkapital entsprechend den HGB-Vorschriften in der Bilanzposition **„Gezeichnetes Kapital"** ausgewiesen. Das Grundkapital einer Aktiengesellschaft ist **in Aktien zerlegt**. Die ersten Aktionäre sind die Gründer der Aktiengesellschaft. Die **Gründer übernehmen** die **Aktien** gegen Einlagen. Einlagen können in Geld- oder Sachwerten bestehen. Leisten die Gründer ihre Einlagen **nicht vollständig**, sind auf der Aktiva **ausstehende Einlagen** zu bilanzieren.

Aktiva	**Bilanz einer AG** Passiva
Anlagevermögen	**Eigenkapital** – Gezeichnetes Kapital – Rücklagen[1]
Umlaufvermögen	**Fremdkapital**

(2) Aktien

Die Aktie verbrieft eine Beteiligung am Eigenkapital und ein Mitgliedschaftsrecht an einer Aktiengesellschaft. Der Aktionär ist **nominal** (mit dem Nennwert)[2] mit einem bestimmten **Anteil am Grundkapital** und **real** am gesamten **Eigenkapital** beteiligt.

Aktien sind **vertretbare Kapitalwertpapiere (Effekten),** die ein Anteilsrecht (Mitgliedschaftsrecht) an einer Aktiengesellschaft verbriefen **(Teilhaberpapiere).**

Erläuterungen:

- **Wertpapiere** sind Urkunden, die ein privates Recht in der Weise verbriefen, dass zur Ausübung dieses Rechts die Innehabung der Urkunde erforderlich ist. Das Recht aus dem Papier folgt dem Recht am Papier.
- **Kapitalwertpapiere** sind Wertpapiere, die einen Ertrag abwerfen und langfristige Forderungen oder Beteiligungen verbriefen.
- **Effekten** sind vertretbare (fungible) Kapitalwertpapiere mit Ertragsanspruch.

1 Die Rücklagen werden im Rahmen der offenen Selbstfinanzierung, Kapitel 11.2.1, S. 370 ff., näher erläutert.

2 Nennwert ist der auf einem Wertpapier genannte, aufgedruckte Betrag.

Der Aktionär ist über das Grundkapital am Eigenkapital der Aktiengesellschaft beteiligt. Dies bedeutet, dass der Wert der Aktie die Rücklagen und den Gewinnvortrag mit einschließt. Der **Preis (Kurs),** der für die Aktie bezahlt wird, hängt von der Nachfrage nach Aktien und vom Angebot von Aktien ab. Angebot und Nachfrage werden bestimmt durch die Höhe des Eigenkapitals einer AG, die Gewinnerwartungen der Anbieter und Nachfrager, den Konjunkturverlauf, die politische Lage und durch die spekulativen Überlegungen der Aktienanbieter und -nachfrager.

- Die Aktien der meisten Aktiengesellschaften werden an der Wertpapierbörse gehandelt. Der **Marktpreis (Kurs)** für diese Aktien bildet sich an der Wertpapierbörse. Die Notierung erfolgt in Euro, bezogen auf die kleinste Stückelung (Stückkurs).
- Der **Kurswert** ist der Preis, der für die gekauften Aktien bezahlt werden muss.

Kurswert = Stückkurs · Anzahl der gekauften Aktien

11.1.2.2 Haftung

- Als juristische Person **haftet** die **Aktiengesellschaft** für ihre Verbindlichkeiten. Die Haftung ist auf das Gesellschaftsvermögen beschränkt [§ 1 I AktG].
- Die Aktionäre **haften Gläubigern** der Aktiengesellschaft gegenüber **nicht.**

Aktionäre können Kursverlust erleiden bzw. im Extremfall den **Wert** ihrer **Aktien verlieren.** Dies kann beispielsweise der Fall sein, wenn die Aktiengesellschaft zahlungsunfähig ist und die Aktien deshalb nichts mehr wert sind.

Hat der Aktionär seinen Anteil am Grundkapital noch **nicht** voll **eingezahlt, haftet** er mit dem noch **ausstehenden Betrag.**

11.1.3 Aktienarten unterscheiden

(1) Arten der Aktien nach ihrer Übertragbarkeit

Inhaberaktien	■ Bei Inhaberaktien kann jeweils der Besitzer das in der Urkunde verbriefte Recht geltend machen. Der Eigentümer (Inhaber) der Aktien bleibt für die Aktiengesellschaft in der Regel unbekannt. ■ Die Übertragung erfolgt durch **Einigung und Übergabe** [§§ 929 ff. BGB].
Namensaktien	■ Auf ihnen ist bei **effektiven Stücken (Urkunden)** der Name des Anteilseigners (Aktionärs) eingetragen.

	■ Bei **nicht verbrieften Namensaktien (ohne Urkunde)** werden z.B. die Namen der Aktionäre, der Wohnort und die Geburtsdaten der Aktionäre im **Aktienregister** der AG eingetragen [§ 67 I AktG].[1] ■ Die Übertragung erfolgt durch **Löschung und Neueintragung im Aktienregister** [§ 67 III AktG].[2]
Vinkulierte Namensaktien[3]	Sie stellen Namensaktien dar, bei denen die Übertragung an die **Zustimmung der AG** gebunden ist [§ 68 II AktG].

(2) Arten der Aktien nach ihrem Ausgabezeitpunkt

Alte Aktien	Sind die zum Zeitpunkt einer Grundkapitalerhöhung bereits vorhandenen Aktien. Sie gewähren ein Bezugsrecht auf „junge Aktien".
Junge Aktien	Sind Aktien, die bei einer Grundkapitalerhöhung den Aktionären zum Kauf angeboten werden.

(3) Arten der Aktien nach der Angabe der Beteiligungshöhe

Nennbetragsaktien (Nennwertaktien)	Sie müssen auf einen bestimmten Nennbetrag (Nennwert) in EUR lauten. Dieser ist auf den Aktien aufgedruckt. Der **Mindestnennbetrag** einer Aktie beträgt **einen Euro.** Höhere Aktiennennbeträge müssen auf volle Euro lauten [§ 8 II AktG]. Die Summe der Nennwerte aller ausgegebenen Aktien ergibt das Grundkapital. **Grundkapital = Aktienanzahl · Nennwert je Aktie**
Stückaktien	Stückaktien **(nennwertlose Aktien)** repräsentieren einen anteiligen Betrag am Grundkapital. Der Anteil steht auf der Aktie aufgedruckt, z.B. 1 Aktie der X-AG. Der Anteilswert **(fiktiver**[4] **Nennwert)** wird berechnet: $\text{Fiktiver Nennwert (Stückaktien)} = \frac{\text{Grundkapital}}{\text{Aktienanzahl}}$ **Beispiel:** Hat eine Aktiengesellschaft ein Grundkapital von 10 Mio. EUR und gibt sie 2 Mio. Stückaktien aus, so ist jede Stückaktie mit einem zweimillionstel Teil am Grundkapital der AG beteiligt. Der auf die einzelne Aktie entfallende Betrag des Grundkapitals darf **einen** Euro nicht unterschreiten [§ 8 III AktG]. Eine Ausgabe mit einem höheren Betrag ist zulässig [§ 9 II AktG].

1 **Effektive (gedruckte) Namensaktien** werden durch Indossament (Übertragungsvermerk mit Unterschrift) übertragen.
2 Nicht voll eingezahlte Aktien (Mindesteinzahlung 25 % des Nennwerts) sind immer Namensaktien [§ 10 II AktG].
3 **Vinkulieren:** das Recht der Übertragung eines Wertpapiers an die Genehmigung des Emittenten (Aussteller) binden.
4 **Fiktiv:** angenommen.

(4) Arten der Aktien nach den verbrieften Rechten

Stammaktien	Diese Aktien gewähren dem Aktionär die nach dem Aktiengesetz oder der Satzung zustehenden Rechte.
Vorzugsaktien	▪ Vorzugsaktien sind gegenüber Stammaktien mit bestimmten Vorzügen ausgestattet. Diese Vorzüge können im **Ertrag** (z. B. Vorzugsdividende), **Bezugsrecht** und/oder bei der **Liquidation** der Gesellschaft liegen. ▪ Von praktischer Bedeutung sind vor allem die **stimmrechtlosen Vorzugsaktien.** Ihre Inhaber erhalten z. B. eine höhere Dividende, verzichten dafür jedoch auf ihr Stimmrecht. Für die Stammaktionäre kann die Ausgabe stimmrechtloser Vorzugsaktien bei einer Kapitalerhöhung vorteilhaft sein, da sich dadurch das Stimmrechtsverhältnis in der Hauptversammlung nicht verändert. ▪ Die Ausgabe von **Mehrstimmrechtsaktien** ist nach § 12 II AktG **unzulässig.**

11.1.4 Gründung und Entstehung der AG darstellen

1 Erster Schritt: Festsstellung der Satzung

Die Gründung der AG beginnt mit der Feststellung der Satzung. Sie ist das Grundgesetz der zu gründenden AG.

- Die Satzung kann von einer Person oder von mehreren **natürlichen** oder **juristischen Personen,** die Aktien übernehmen, festgestellt werden. Sie heißen **Gründer.**
- Vom Gründer bzw. von den Gründern muss ein **Gesellschaftsvertrag (Satzung)** abgeschlossen werden, der von einem **Notar zu beurkunden** ist [§ 23 I AktG].

2 Zweiter Schritt: Übernahme der Aktien durch die Gründer (Errichtung der AG)

Das Grundkapital kann in Form von Bargeld oder Buchgeld (Bargründung) oder in Form von Sachen oder Rechten (Sachgründung) eingezahlt werden (siehe Kapitel 11.1.5, S. 359 ff.).

Mit der Übernahme aller Aktien durch die Gründer ist die **Aktiengesellschaft errichtet.**

3 Dritter Schritt: Wahl von Aufsichtsrat, Vorstand, Erstellen und Prüfung des Gründungsberichts

- Die Gründer bestellen den ersten **Aufsichtsrat** sowie den **Abschlussprüfer** für das erste Geschäftsjahr.
- Der Aufsichtsrat bestellt den ersten **Vorstand.**
- Die Gründer erstellen einen Bericht über den Hergang der Gründung **(Gründungsbericht).** Der Gründungsbericht ist durch den Vorstand und den Aufsichtsrat sowie durch einen außenstehenden Gründungsprüfer zu prüfen **(Gründungsprüfung).**

4 Vierter Schritt: Eintragung in das Handelsregster (Entstehung der AG)

Nachdem die Gründer den Vorstand, den Aufsichtsrat sowie den Abschlussprüfer gewählt und einen Gründungsbericht (mit Prüfungsvermerk) erstellt haben, wird die Gesellschaft ins **Handelsregister eingetragen.** Mit der Eintragung ist die Aktiengesellschaft entstanden **(konstitutive Wirkung der Eintragung)** [§ 41 I AktG].

11.1.5 Bargründung und Sachgründung einer AG unterscheiden

Die Anmeldung zum Handelsregister muss von allen Gründern sowie den Mitgliedern des Vorstandes und des Aufsichtsrates vorgenommen werden. Sie darf erst erfolgen, wenn die erforderlichen Einzahlungen (bzw. bei einer Sachgründung die Sacheinlagen) auf das Grundkapital erfolgt sind.

(1) Bargründung

Bei der Bargründung erfolgt die Übernahme der Aktien gegen Geldeinzahlungen. Gesetzlich ist ein Mindestnennbetrag des Grundkapitals (Summe der Nennbeträge aller Aktien) von 50 000,00 EUR vorgeschrieben [§ 7 AktG].

- Bei **Bareinlagen** müssen **vor der Anmeldung** einer AG zum Handelsregister **mindestens 25 %** des **Nennwertes** der Aktien **eingezahlt** worden sein.
- Ein **Agio**[1] (Aufgeld) muss **in voller Höhe eingezahlt** worden sein [§§ 36, 36 a AktG].

(2) Sachgründung

Bei der Sachgründung bringen die Aktionäre statt der Geldeinlagen Sacheinlagen (z. B. Patente, Grundstücke, Maschinen) ein. Die Sacheinlagen müssen mit einem bestimmten Eurobetrag bewertet und in der Satzung festgehalten werden [§ 27 AktG].

Sacheinlagen müssen **vor der Anmeldung** einer AG zum Handelsregister **in voller Höhe geleistet** worden sein.

1 **Agio (Aufgeld)** ist der Betrag, um den der Kurswert einer Aktie über dem Nennwert liegt. Beispiel: Eine Aktie mit einem Nennwert von 5,00 EUR wird für 32,50 EUR an die Ersterwerber verkauft. Das Agio beträgt hier 27,50 EUR.

(3) Beispiele

Beispiel 1:

Die Maschinenbauingenieure Lisa Ahrens, Norbert Bauer, und Leon Czerny möchten zur Fertigung von Industrierobotern eine Aktiengesellschaft gründen. Das Grundkapital soll 3 Mio. EUR betragen und in 600 000 Nennwertaktien (Nennwert je Aktie: 5,00 EUR) aufgeteilt werden.

Jeder der drei Gründer übernimmt 150 000 Aktien gegen Bareinlage. Außerdem ist die Hausbank wegen der guten Zukunftsaussichten bereit, bei der Gründung 150 000 Aktien mit einem Aufpreis (Agio) von 1,50 EUR je Aktie zu 6,50 EUR je Aktie gegen Bareinlage zu übernehmen.

Aufgabe:

Berechnen Sie, in welcher Höhe die Einlagen **vor** der Anmeldung der AG zum Handelsregister mindestens geleistet werden müssen!

Lösung:

Gemäß §§ 36, 36 a I, II AktG gilt: Bei Bareinlagen müssen vor der Anmeldung mindestens 25 % des Nennwerts zuzüglich des vollen Agios geleistet sein.	**Mindesteinlagen**
1. Gründer Lisa Ahrens, Norbert Bauer und Leon Czerny 450 000 Aktien zu je 5,00 EUR Nennwert gegen Bareinlage = 2 250 000,00 EUR, davon müssen mindestens 25 % (562 500,00 EUR) eingezahlt worden sein.	562 500,00 EUR
2. Hausbank 150 000 Aktien zu je 5,00 EUR Nennwert gegen Bareinlage = 750 000,00 EUR, davon müssen mindestens 25 % (187 500,00 EUR) eingezahlt worden sein.	187 500,00 EUR
Auf die von der Hausbank übernommenen 150 000 Aktien entfällt ein Agio in Höhe von 1,50 EUR je Aktie (225 000,00 EUR). Dieses muss voll eingezahlt worden sein.	225 000,00 EUR
Summe der vor der Anmeldung einzubringenden Einlagen	**975 000,00 EUR**

Da im vorliegenden Beispiel die Aktionäre ihre Einlagen zunächst nicht in voller Höhe leisten, müssen die Aktien gemäß § 10 II AktG auf die Namen der Aktionäre lauten (**Namensaktien**).

Das **Agio** (hier: 225 000,00 EUR) gehört zum Eigenkapital. Es ist aber nicht Bestandteil des Gezeichneten Kapitals (Grundkapital). Das Gezeichnete Kapital umfasst lediglich die Summe der Nennwerte aller Aktien (hier: 3 Mio. EUR). In der Bilanz wird das Agio daher in einer gesonderten Eigenkapitalposition **Kapitalrücklage** ausgewiesen.

Das gesamte Eigenkapital der AG beträgt bei der Gründung somit 3 225 000,00 EUR (3 Mio. EUR Gezeichnetes Kapital + 225 000,00 EUR Agio).

Beispiel 2:

Berechnen Sie, welche Änderungen sich gegenüber Beispiel 1 ergeben würden, wenn die Gründerin Lisa Ahrens statt einer Bareinlage ein Patent[1] im Wert von 750 000,00 EUR einbringen würde (**Sacheinlage** in Form eines immateriellen Vermögensgegenstandes)!

Lösung:

Gemäß § 36 a II AktG gilt: Sacheinlagen müssen vor der Anmeldung vollständig geleistet sein.

	Mindesteinlagen
1. Gründerin Lisa Ahrens 150 000 Aktien zu je 5,00 EUR Nennwert gegen Sacheinlage = 750 000,00 EUR. Die Sacheinlage muss voll geleistet worden sein.	750 000,00 EUR
2. Gründer Norbert Bauer und Leon Czerny 300 000 Aktien zu je 5,00 EUR Nennwert gegen Bareinlage = 1 500 000,00 EUR, davon müssen mindestens 25 % (375 000,00 EUR) eingezahlt worden sein.	375 000,00 EUR
3. Hausbank 150 000 Aktien zu je 5,00 EUR Nennwert gegen Bareinlage = 750 000,00 EUR, davon müssen mindestens 25 % (187 500,00 EUR) eingezahlt worden sein.	187 500,00 EUR
Auf die von der Hausbank übernommenen 150 000 Aktien entfällt ein Agio in Höhe von 1,50 EUR je Aktie (225 000,00 EUR). Dieses muss voll eingezahlt worden sein.	225 000,00 EUR
Summe der vor der Anmeldung einzubringenden Einlagen	**1 537 500,00 EUR**

11.1.6 Organe der AG herausarbeiten

Da die Aktiengesellschaft als juristische Person nicht wie ein Mensch handeln kann, braucht sie, um handlungsfähig zu sein, Organe. Diese Organe sind: der **Vorstand,** der **Aufsichtsrat** und die **Hauptversammlung.**

Organe der AG		
Vorstand (leitendes Organ)	**Aufsichtsrat** (überwachendes Organ)	**Hauptversammlung** (beschließendes Organ)

11.1.6.1 Vorstand

(1) Wahl und Anzahl der Vorstandsmitglieder

Der Vorstand als leitendes Organ wird vom **Aufsichtsrat** auf **höchstens 5 Jahre bestellt** [§ 84 I AktG]. Er kann aus einer Person oder aus mehreren Personen (den Vorstandsmitgliedern, Direktoren) bestehen [§ 76 III AktG]. Bei Gesellschaften mit einem Grundkapital von

1 **Patent:** Recht zur alleinigen Benutzung und gewerblichen Verwertung einer Erfindung. Näheres vgl. Kapitel 8.2.2.2, S. 224.

mehr als 3 Mio. EUR muss er, soweit die Satzung nicht ausdrücklich anderes bestimmt, aus mindestens zwei Personen bestehen [§ 76 II AktG].

(2) Aufgaben des Vorstands

Geschäftsführung/ Vertretung	■ Der Vorstand hat die AG in eigener Verantwortung zu leiten [§ 76 II AktG]. Er hat die **Geschäftsführung nach innen** und die **Vertretung der AG nach außen,** z. B. Abschluss von Verträgen, Ernennung von Bevollmächtigten, Verkehr mit Behörden. ■ Nach dem Gesetz besteht, sofern der Vorstand mehrere Mitglieder hat, **Gesamtgeschäftsführungsbefugnis** und **Gesamtvertretungsmacht** [§§ 77, 78 AktG]. Abweichende Bestimmungen müssen in der Satzung niedergelegt sein und im Handelsregister eingetragen werden [§ 81 AktG].
Unterrichtung des Aufsichtsrats	Der Vorstand hat den Aufsichtsrat über die **Geschäftslage der AG** [§ 90 AktG] regelmäßig zu unterrichten.
Erstellung des Jahresabschlusses[1]	Der Jahresabschluss besteht aus der **Bilanz** mit der **Gewinn- und Verlustrechnung** [§ 242 HGB] und dem **Anhang.** Daneben hat der Vorstand mittlerer und großer Aktiengesellschaften einen **Lagebericht** aufzustellen [§ 264 I, S. 1 HGB].
Einberufung der ordentlichen Hauptversammlung[2]	■ Einberufung der **ordentlichen Hauptversammlung** mindestens einmal jährlich [§ 121 AktG] sowie einer **außerordentlichen Hauptversammlung** bei hohen Verlusten, Überschuldung oder Zahlungsunfähigkeit [§ 92 AktG]. ■ Die ordentliche Hauptversammlung hat in den **ersten acht Monaten des Geschäftsjahres** zur Entgegennahme des Jahresabschlusses und des Lageberichts sowie zur Beschlussfassung über die Verwendung des Bilanzgewinns stattzufinden [§ 175 I AktG]. ■ Die Hauptversammlung ist mindestens 30 Tage vor dem Tage der Versammlung einzuberufen [§ 123 I AktG]. Die Tagesordnung ist bei Einberufung in den Gesellschaftsblättern bekanntzumachen. Außerdem werden die Daten an die Banken weitergeleitet, die diese dann an die betroffenen Depotkunden weitergeben (in den Depots der Banken werden die Aktien aufbewahrt).

(3) Einhaltung des Wettbewerbsverbots

Die Vorstandmitglieder dürfen ohne Einwilligung des Aufsichtsrats weder ein Handelsgewerbe betreiben noch im Geschäftszweig der AG für eigene oder fremde Rechnung Geschäfte machen. Sie dürfen ohne Einwilligung auch nicht Mitglied des Vorstands oder Geschäftsführer oder persönlich haftender Gesellschafter einer anderen Handelsgesellschaft sein. Verstößt ein Vorstandsmitglied gegen dieses Verbot, so kann die Gesellschaft z. B. Schadensersatz fordern (Näheres siehe § 88 II AktG).

1 Der Jahresabschluss der AG wird in Kapitel 12.1, S. 407 ff. behandelt.

2 Die Hauptversammlung kann unter bestimmten Bedingungen auch auf Verlangen der Aktionäre einberufen werden (siehe § 122 AktG).

(4) Vergütung

Die Bezüge der Vorstandsmitglieder können sich zusammensetzen aus dem Gehalt, einer Gewinnbeteiligung, Aufwandsentschädigungen, Versicherungsentgelte, Provisionen und Nebenleistungen jeder Art. Der Aufsichtsrat hat dafür zu sorgen, dass die Gesamtbezüge in einem angemessenen Verhältnis zu den Aufgaben des Vorstandsmitglieds und zur Lage der Gesellschafter stehen (Näheres siehe § 87 AktG).

(5) Öffentlichkeit

Die Zusammensetzung des Vorstands sowie jede Änderung des Vorstands oder der Vertretungsbefugnis eines Vorstandsmitglieds hat der Vorstand zur Eintragung ins Handelsregister anzumelden [§ 81 I AktG]. Die neuen Vorstandsmitglieder haben ihre Namensunterschrift zur Aufbewahrung beim Gericht zu zeichnen [§ 81 IV AktG]. Der Vorsitzende des Vorstands ist zu benennen. Die Namen der Vorstandsmitglieder sind auf den Geschäftsbriefen der AG anzugeben [§ 80 I, S. 1 AktG].

11.1.6.2 Aufsichtsrat

(1) Anzahl der Aufsichtsratsmitglieder und Amtszeit

Der Aufsichtsrat der Aktiengesellschaften besteht aus **drei Mitgliedern** [§ 95 AktG]. Die Satzung kann eine höhere Zahl festsetzen; diese muss **durch drei teilbar** sein. Die **Höchstzahl** der Aufsichtsratsmitglieder nach Aktienrecht beträgt bei Gesellschaften mit einem **Grundkapital**

- bis zu 1,5 Mio. EUR **neun,**
- von mehr als 1,5 Mio. EUR **fünfzehn,**
- von mehr als 10 Mio. EUR **einundzwanzig.**

Für Aktiengesellschaften, die den Aufsichtsrat nach dem **Mitbestimmungsgesetz** von **1976** bestimmen gelten **andere Vorschriften** (siehe Kapitel 11.1.6.3, S. 364 f.).

Die Aufsichtsratsmitglieder werden für **vier Geschäftsjahre** gewählt [§ 102 AktG].

(2) Aufgaben des Aufsichtsrats

Die Aufgaben des Aufsichtsrats sind vor allem:

- **Bestellung des Vorstands,** Abberufung des Vorstands, wenn wichtige Gründe (z. B. Pflichtverletzungen) vorliegen, Überwachung des Vorstands, Einsicht und Prüfung der Geschäftsbücher [§§ 84, 111 AktG].
- **Prüfung des Jahresabschlusses,** des Lageberichts und des Vorschlags für die Verwendung des Bilanzgewinns [§ 171 I AktG].
- **Einberufung einer außerordentlichen Hauptversammlung,** wenn es das Wohl der Gesellschaft erfordert (z. B. bei Eintritt hoher Verluste [§ 111 III AktG]).

(3) Persönliche Voraussetzungen für Aufsichtsratsmitglieder

Im eigenen Unternehmen kann ein Aufsichtsratsmitglied nicht zugleich Vorstandsmitglied, dauernder Stellvertreter von Vorstandsmitgliedern, Prokurist oder zum gesamten Geschäftsbetrieb ermächtigter Handlungsbevollmächtigter der Gesellschaft sein [§ 105 I AktG].

Grundsätzlich kann ein Vorstandsmitglied einer AG bei einer anderen Kapitalgesellschaft Aufsichtsratsmitglied sein. Allerdings ist eine Höchstzahl zu beachten. Mitglied eines Aufsichtsrats kann nicht sein, wer bereits in zehn Handelsgesellschaften, die gesetzlich einen Aufsichtsrat zu bilden haben, Aufsichtsratsmitglied ist [§ 100 II, S. 1, Nr. 1 AktG]. Auf die Höchstzahl werden aber bis zu fünf Aufsichtsratssitze bei Konzerntochtergesellschaften nicht angerechnet [§ 100 II, S. 2 AktG].

Um die Überwachungsfunktion des Aufsichtsrats über den Vorstand zu sichern, sind folgende zwei Fälle verboten:

- Der **Vorstand eines abhängigen Unternehmens** (Tochterunternehmen) kann **nicht Aufsichtsratsmitglied bei herrschenden Unternehmen** (Muttergesellschaft) sein [§ 100 II, S. 1, Nr. 2 AktG].
- Die Entsendung von gesetzlichen Vertretern (Vorstandsmitgliedern, Geschäftsführern) anderer Kapitalgesellschaften in den Aufsichtsrat einer AG ist nicht möglich, wenn ein Vorstandsmitglied dieser AG bereits dem Aufsichtsrat der anderen Kapitalgesellschaft angehört **(Überkreuzverflechtung)** [§ 100 II, S. 1, Nr. 3 AktG].

PPT

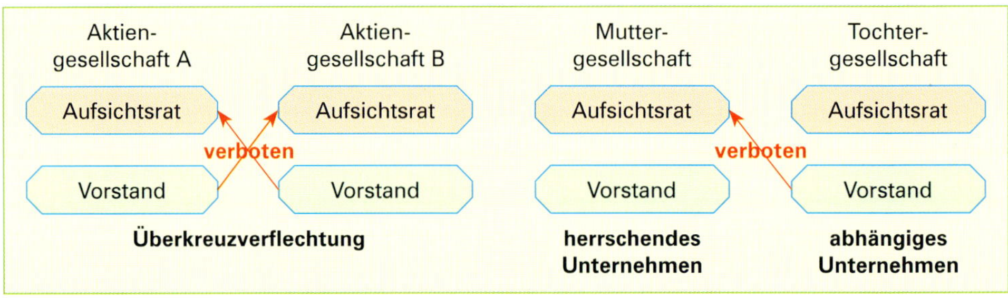

(4) Vergütung

Für seine Tätigkeit erhält der Aufsichtsrat in der Regel eine Vergütung **(Tantieme),** deren Höhe entweder in der Satzung festgelegt ist oder durch die Hauptversammlung beschlossen wird [§ 113 AktG]. Da die Aufsichtsratsmitglieder keine Angestellten der AG sind, erhalten sie **kein Gehalt.**

11.1.6.3 Hauptversammlung

Die Hauptversammlung als **beschließendes Organ** der Aktiengesellschaft ist die **Versammlung der Gesellschafter (Aktionäre).** In der Hauptversammlung nehmen die **Aktionäre ihre Rechte**[1] durch **Ausübung des Stimmrechts** wahr [§ 118 I AktG].

---

1 Eine detaillierte Darstellung der Rechte und Pflichten der Aktionäre erfolgt in Kapitel 11.1.7, S. 365f.

Wichtige **Aufgaben der Hauptversammlung** sind z. B.:

Wahl der AR-Mitglieder der Anteilseigner [§§ 101, 102 I, 119 AktG] **Abberufung der AR-Mitglieder** [§ 103 AktG]	**Beschließt über Grundfragen der AG** (z. B. Satzungsänderung, Kapitalerhöhung und -herabsetzung, Verschmelzung, Auflösung) [§§ 118 ff., 179 ff. AktG]	**Entlastung der Vorstands- und AR-Mitglieder** (Entlastung: nachträgliche Billigung der Tätigkeit des Vorstands und des AR) [§ 120 AktG]	**Entgegennahme des Jahresabschlusses, des Lageberichts und des Berichts des Aufsichtsrats** [§ 120 III AktG] **Beschluss über die Verwendung des Bilanzgewinns.** Sie ist hierbei an den festgestellten Jahresabschluss gebunden [§ 174 AktG]

Jedem Aktionär ist auf Verlangen in der Hauptversammlung vom Vorstand Auskunft über Angelegenheiten der Gesellschaft zu geben, soweit sie zur sachgemäßen Beurteilung des Gegenstands der Tagesordnung erforderlich ist [§ 131 I, S. 1 AktG]. Allerdings darf die Auskunft verweigert werden, wenn dadurch der Gesellschaft oder einem verbundenen Unternehmen ein nicht unerheblicher Nachteil zugefügt würde (zu Einzelheiten vgl. § 131 III AktG). Im Zweifelsfall entscheidet das Gericht über die Berechtigung einer Auskunftsverweigerung.

Die **ordentliche Hauptversammlung** muss jährlich in den ersten 8 Monaten des Geschäftsjahres zur Entgegennahme des Jahresabschlusses und des Lageberichts sowie zur Beschlussfassung über die Verwendung des Bilanzgewinnes einberufen werden.

Gründe für die Einberufung der **außerordentlichen Hauptversammlung** sind: hohe Verluste, Überschuldung oder Zahlungsunfähigkeit.

11.1.7 Pflichten und Rechte der Aktionäre darstellen

(1) Pflichten des Aktionärs

Leistung der übernommenen Kapitaleinlage [§ 54 AktG]	■ Bei **Bareinlagen** müssen mindestens 25 % des Nennwerts der Aktien eingezahlt werden. Werden die Aktien zu einem Betrag ausgegeben, der höher ist als der Nennwert, so muss das Aufgeld (Agio) voll einbezahlt werden. ■ **Sacheinlagen** sind (vor allem zum Gläubigerschutz) vollständig zu leisten.
Übernahme der Risikohaftung in Höhe des Aktienwerts [§ 1 I AktG]	■ Wer Aktien bei einer Gründung übernimmt oder über die Wertpapierbörse kauft, haftet nicht für die Verbindlichkeiten der Gesellschaft. Als juristische Person haftet einzig die Aktiengesellschaft selbst. ■ Das Risiko, das der Aktionär eingeht, ist, dass er einen Kursverlust erleidet oder dass er im Extremfall den Wert der gesamten Aktien verliert. Das Letztere ist der Fall, wenn die Aktiengesellschaft z. B. wegen Überschuldung aufgelöst wird, also kein Eigenkapital mehr übrig bleibt. Man sagt daher, dass die Aktionäre lediglich eine „Risikohaftung" übernehmen.

(2) Rechte des Aktionärs

Dividendenrecht [§§ 58 IV, 60 I AktG]	■ Die Aktionäre haben – im Verhältnis zu ihrem Anteil am Grundkapital – Anspruch auf den Bilanzgewinn. Der **Gewinnanteil je Aktie** wird **Dividende** genannt. ■ Das Anrecht auf Dividende wird in der Regel in einem Eurobetrag je Aktie ausgedrückt. Beträgt z. B. die Dividende 0,20 EUR je 1-EUR-Aktie, so schüttet die AG bei einem Grundkapital von 30 Mio. EUR 6 Mio. EUR Gewinn aus (vgl. Kapitel 11.2.3, S. 374ff.).
Bezugsrecht [§§ 186 I, III AktG]	■ Der Aktionär hat das Recht, dass ihm bei einer Kapitalerhöhung, gemäß seinem Anteil am bisherigen Grundkapital, junge Aktien angeboten werden. ■ Das Bezugsrecht kann durch Beschluss der Hauptversammlung ganz oder teilweise ausgeschlossen werden (vgl. Kapitel 11.3.4, S. 396ff.).
Anteil am Liquidationserlös [§ 271 AktG]	Wird eine Aktiengesellschaft aufgelöst, so wird das Vermögen nach Abzug der Verbindlichkeiten anteilmäßig unter den Aktionären verteilt.
Recht auf Teilnahme an der Hauptversammlung [§§ 118, 175 AktG]	Jedem Aktionär steht das Recht zu, an der Hauptversammlung teilzunehmen und dort seine Aktionärsrechte wahrzunehmen.
Stimmrecht in der Hauptversammlung [§§ 133ff. AktG]	■ In der Hauptversammlung entscheiden die Aktionäre über die vom Gesetz bzw. in der Satzung festgelegten Fälle. ■ Das Stimmrecht der Aktionäre richtet sich an dem Aktiennennwert oder der Anzahl der Stückaktien aus, die sich im Eigentum des Aktionärs befinden [§ 134 I AktG]. Grundsätzlich gewährt jede Aktie das Stimmrecht [§ 12 I AktG].[1] Zur Ausübung des Stimmrechts muss der Aktionär nicht persönlich an der Hauptversammlung teilnehmen. Das Stimmrecht kann auch durch eine schriftlich beauftragte Person oder Institution (z. B. eine Bank) ausgeübt werden. ■ Jeder Beschluss der Hauptversammlung muss bei börsennotierten Aktiengesellschaften notariell beurkundet werden. Bei nicht börsennotierten Gesellschaften reicht eine vom Vorsitzenden des Aufsichtsrats zu unterzeichnende Niederschrift aus, soweit keine Beschlüsse gefasst werden, für die das AktG eine Dreiviertel- oder größere Mehrheit bestimmt (z. B. bei Satzungsänderungen) [§ 130 I AktG].

1 Ein Aktionär mit einem „Aktienpaket" zum Nennwert von 10000,00 EUR hat also das fünffache Gewicht gegenüber einem Aktionär, dem nur Aktien im Nennwert von 2000,00 EUR gehören. Da für die Beschlüsse der Hauptversammlung grundsätzlich die einfache Mehrheit der abgegebenen Stimmen genügt [§ 133 AktG], kann ein Großaktionär mit 50%igem Aktienbesitz über den von ihm mitbestimmten Aufsichtsrat erheblichen Einfluss auf die Aktiengesellschaft gewinnen.

Praktisch genügt eine geringere Mehrheit, weil bei der Hauptversammlung in aller Regel nicht alle Aktionäre erscheinen oder ihr Stimmrecht an andere (z. B. an ihre Bank) abtreten.

Kompetenztraining

141 Überblick

Fassen Sie das Kapitel 11.1 zusammen, indem Sie die Kernaussagen auf einer DIN-A4-Seite zusammenstellen!

142 Grundlegendes zur Aktie

1. Erkären Sie den Begriff Wertpapier!
2. Erläutern Sie den Begriff Effekten und begründen Sie, warum nur Effekten börsenmäßig handelbare Wertpapiere sein können!
3. Zeigen Sie auf, warum die Aktien zu den Teilhaberpapieren gehören!
4. Der Kaufmann Friedrich Haber möchte 30000,00 EUR anlegen. Da Friedrich Haber gute wirtschaftliche Kenntnisse hat, rät ihm der Anlageberater zum Kauf von Aktien.

   Aufgaben:

   4.1 Begründen Sie, warum ihm der Anlageberater raten könnte, Aktien zu kaufen!

   4.2 Erläutern Sie, wodurch der Kurs von Aktien beeinflusst werden kann!
5. Aktiengesellschaften können sich durch Ausgabe von Aktien Finanzmittel beschaffen.

   Aufgaben:

   5.1 Erklären Sie die Begriffe Nennwert und Kurs!

   5.2 Nennen Sie fünf Rechte, die eine Aktie verbrieft. Belegen Sie Ihre Aussage jeweils mit der Angabe der Gesetzesquelle!

   5.3 Begründen Sie, warum eine Aktie mit einem Nennwert von 5,00 EUR auf 98,00 EUR steigen kann!

   5.4 Recherchieren Sie die Vor- und Nachteile der Namensaktien!

   5.5 Notieren Sie, in welchem Fall die Ausgabe von Namensaktien zwingend vorgeschrieben sind!

   5.6 Erläutern Sie die „Funktion" der Aktie!

143 Gründung einer AG

Peter Kaiser, alleiniger Inhaber (Gesellschafter) einer Maschinenfabrik, hat ein neues patentiertes Verfahren zur Wiederaufbereitung (Recycling) von Kunststoffen entwickelt und möchte zur Auswertung seiner Erfindung eine Aktiengesellschaft gründen.

Aufgaben:

1. Erläutern Sie mögliche Gründe für die Rechtsformwahl der AG!
2. Nennen Sie zwei wichtige wirtschaftliche Entscheidungen, die Peter Kaiser bei der Gründung dieser AG neben der Wahl der Rechtsform treffen muss!
3. Geben Sie an, wie viele Personen zur Gründung einer Aktiengesellschaft erforderlich sind und nennen Sie den Mindestnennbetrag des Grundkapitals!
4. Bei der Gründerversammlung wird über eine Bargründung und/oder Sachgründung sowie über die Firma der zu gründenden AG gesprochen.

   4.1 Erklären Sie kurz die beiden Gründungsarten!

   4.2 Unterbreiten Sie einen Firmierungsvorschlag und erklären Sie kurz drei Grundsätze, die bei der Wahl der Firma berücksichtigt werden müssen!

5. Nachdem die Gründervoraussetzungen erfüllt sind, wird die Satzung am 28. Juli 20.. unterschrieben und die Aktiengesellschaft am 14. August 20.. beim Handelsregister angemeldet. Am 8. Oktober 20.. erfolgt die Handelsregistereintragung.
   5.1 Begründen Sie, in welcher Form der Gesellschaftsvertrag abgeschlossen werden muss!
   5.2 Nennen Sie zwei Stellen, bei denen die neu gegründete AG angemeldet werden muss und begründen Sie kurz diese Anmeldepflicht!
   5.3 Nennen Sie die Aufgaben des Handelsregisters und wo es geführt wird![1] Erläutern Sie die Rechtswirkung der erfolgten Handelsregistereintragung für die AG!
   5.4 Nennen Sie zwei eintragungspflichtige Tatsachen der AG!
   5.5 Begründen Sie, an welchem Tag die AG als juristische Person entstanden ist!
   5.6 Erklären Sie, warum eine AG sogenannte Organe haben muss! Stellen Sie die Organe einer AG und ihre Aufgaben in einer Tabelle dar!
   5.7 Beschreiben Sie zwei Rechte und Pflichten eines Aktionärs!

144 Gründung und Organe der AG

Karl Schwarzbauer aus Neustadt hatte vor 20 Jahren eine Idee: Er nahm den Großunternehmen der pharmazeutischen und kosmetischen Industrie die teure Aufgabe ab, Pröbchen zu verpacken und zu versenden. Sechs Jahre später holte er von namhaften Herstellern immer mehr Aufträge herein, sodass er neue Verpackungsmaschinen kaufte und von Jahr zu Jahr mehr Mitarbeiter einstellen konnte. Zurzeit beschäftigt Karl Schwarzbauer 620 Arbeitskräfte. Die Zukunftsaussichten sind so gut, dass Karl Schwarzbauer eine Aktiengesellschaft gründet, um die Eigenkapitalbasis des Unternehmens zu erweitern.

Aufgaben:

1. Das Grundkapital der neu zu gründenden Aktiengesellschaft soll 10 Mio. EUR betragen. Die Aktien sollen auf den gesetzlichen Mindestnennwert lauten und zum Ausgabekurs von 1,70 EUR emittiert (ausgegeben) werden. Die Hälfte der Aktien will Karl Schwarzbauer übernehmen, indem er sein Unternehmen in die AG einbringt.
   1.1 Erörtern Sie die Vorteile, die Karl Schwarzbauer durch die Gründung einer AG hat!
   1.2 Die neue AG soll „Verpackungs-Logistik AG" heißen. Prüfen Sie, ob diese Firma den Erfordernissen des Aktiengesetzes entspricht!
   1.3 Zeigen Sie auf, warum Karl Schwarzbauer ausgerechnet 50 % der Aktien übernehmen will!
   1.4 Geben Sie die rechtlichen Erfordernisse an, die Karl Schwarzbauer erfüllen muss, bevor die neue Aktiengesellschaft ins Handelsregister eingetragen wird!
   1.5 In der von Karl Schwarzbauer und seinem Rechtsanwalt Herrn Dr. Winterhalder verfassten Satzung wird festgelegt, dass die AG von einem Vorstand geleitet und vertreten werden soll. Beurteilen Sie, ob diese Regelung rechtlich möglich ist!
2. Die Aktiengesellschaft wird zum 1. April 20.. in das Handelsregister eingetragen. Sie wird damit Kaufmann[2] kraft Rechtsform. Erläutern Sie, was hierunter zu verstehen ist!
3. Sämtliche Aktien wurden termingerecht untergebracht (verkauft). Zur ersten Hauptversammlung erscheinen 36 Aktionäre, die 80 % des Grundkapitals vertreten.
   3.1 Nennen Sie die Höhe des eingezahlten Eigenkapitals!
   3.2 Untersuchen Sie, wie viel Stimmen Karl Schwarzbauer hat und wie viel Stimmen die in der Hauptversammlung erschienenen Aktionäre haben!

1 Zum Handelsregister siehe Band 1 (Merkurbuch 0453), Kapitel 4.4.1.2, S. 297.

2 Zur Kaufmannseigenschaft siehe Band 1 (Merkurbuch 0453), Kapitel 4.4.1.1, S. 295.

4. Der Aufsichtsrat der Verpackungs-Logistik AG wird nach dem DrittelbG gewählt. Die Satzung sieht für den Aufsichtsrat keine höhere Mitgliederzahl als das Aktiengesetz vor.
   4.1 Stellen Sie fest, wie viele Aufsichtsratsmitglieder zu wählen sind!
   4.2 Geben Sie an, wer den Aufsichtsrat wählt!
   4.3 Begründen Sie, warum der Aufsichtsrat kein Gehalt erhält, i.d.R. jedoch eine Tantieme!
5. Karl Schwarzbauer wird vom Aufsichtsrat zum Vorstand bestimmt. Erläutern Sie, welche Aufgaben Karl Schwarzbauer dadurch übertragen werden! (Nennen Sie fünf Beispiele!)
6. Aufgrund eines Buchungsfehlers wird die Eingangsrechnung des langjährigen Lieferers Karl Baumann, Verpackungsmaschinen GmbH, in Freiburg nicht beglichen. Karl Baumann wendet sich daher an Karl Schwarzbauer persönlich und verlangt Zahlung. Beurteilen Sie die Rechtslage!

11.2 Im Zuge der Innenfinanzierung die Höhe der offenen Selbstfinanzierung ermitteln und hierbei die Eigenkapitalpositionen in der Bilanz einer AG unterscheiden sowie die Gewinnverwendung in unterschiedlichen Unternehmenssituationen gestalten

BPE 11 Handlungssituation 2: Gewinnverwendungsrechnung einer AG durchführen

Die Sport-Burr AG kann nach einem Vorjahr mit Verlusten nun wieder einen Jahresüberschuss ausweisen. Zum 31.12.20.. wurde die folgende verkürzte Jahresbilanz erstellt:

Aktiva		Bilanz zum 31. Dez. 20.. in EUR	Passiva
Anlagevermögen	954 800,00	Gezeichnetes Kapital	1 000 000,00
Umlaufvermögen	401 200,00	Kapitalrücklage	100 000,00
		Gewinnrücklagen	
		– Gesetzliche Rücklage	0,00
		– Andere Gewinnrücklagen	50 000,00
		Verlustvortrag	– 4 000,00
		Jahresüberschuss	180 000,00
		Verbindlichkeiten	30 000,00
	1 356 000,00		1 356 000,00

Vorstand und Aufsichtsrat stellen den Jahresabschluss fest. Die Gewinnverwendung richtet sich ausschließlich nach den Vorschriften des Aktiengesetzes. Das Grundkapital der AG ist in Aktien zu je 5,00 EUR Nennwert aufgeteilt. Für das Geschäftsjahr 20.. wird eine möglichst hohe offene Selbstfinanzierung angestrebt.

Kompetenzorientierte Arbeitsaufträge:

1. Erklären Sie, was man unter offener Selbstfinanzierung versteht!
2. Excel — Berechnen Sie den Bilanzgewinn, die Dividendenzahlung und den Gewinnvortrag! Stellen Sie die Berechnung in einer Übersicht dar! Die Hauptversammlung beschließt, dass eine Dividende von je 0,40 EUR je Aktie ausgeschüttet wird.
3. Ermitteln Sie die Höhe der offenen Selbstfinanzierung!
4. Stellen Sie die Bilanzen nach teilweiser und vollständiger Gewinnverwendung auf!

11.2.1 Offene Selbstfinanzierung als eine Form der Innenfinanzierung beschreiben

Der Gewinn wird im Rahmen der Ergebnisrechnung als Saldo der Erträge und Aufwendungen ermittelt. Verbleibt der Gewinn ganz oder teilweise im Unternehmen, erhöht sich das Eigenkapital. Dies ist ein von dem Unternehmen selbst erwirtschafteter Zuwachs an Finanzmitteln.

	Ausgewiesener Gewinn	**300 TEUR**
–	**Gewinnausschüttung**	**200 TEUR**
=	**Einbehaltener Gewinn (Selbstfinanzierung)**	**100 TEUR**

Durch den Ausschüttungsverzicht

- **erhöht** sich das **Eigenkapital** und
- der **Bestand an Zahlungsmitteln** wird **nicht geschmälert**.

Reingewinn	Gewinnausschüttung an die Gesellschafter
	Einbehaltener Gewinn (Selbstfinanzierung)

- **Selbstfinanzierung** ist die Bereitstellung von **Finanzmitteln** aus dem **Gewinn** des Unternehmens **(Eigenfinanzierung).**
- Die Selbstfinanzierung ist eine **Innenfinanzierung** und führt zu **Eigenkapital.**
- Bei der **offenen Selbstfinanzierung** wird der von der Buchführung **ausgewiesene Gewinn** ganz oder teilweise **nicht ausgeschüttet**. Die **Erhöhung** des **Eigenkapitals** ist in der **Bilanz sichtbar.**[1]

1 Die **stille Selbstfinanzierung** ist in der Bilanz **nicht** sichtbar. Bei der stillen Selbstfinanzierung wird der tatsächlich erzielte Gewinn durch Unterbewertung des Vermögens (z. B. erhöhte Abschreibungen) oder Überbewertung der Schulden (z. B. überhöhte Rückstellungen) verdeckt und so vor der Ausschüttung bewahrt. Den verdeckten Gewinn bezeichnet man als stille Reserven. Die stille Selbstfinanzierung wird aufgrund des Bildungsplans nicht dargestellt.

11.2.2 Eigenkapitalgliederung einer AG vor Gewinnverwendung erläutern

Für Kapitalgesellschaften ist der Ausweis des Eigenkapitals im § 266 III HGB, ergänzt durch § 272 HGB geregelt. Danach müssen große und mittelgroße Kapitalgesellschaften folgende Posten als **Untergliederung des Eigenkapitals** in die Bilanz aufnehmen:

Aktiva	Ausschnitt aus der Bilanz nach § 266 II, III HGB Passiva
	A. Eigenkapital: I. Gezeichnetes Kapital II. Kapitalrücklage III. Gewinnrücklagen 1. Gesetzliche Rücklage 2. Rücklage für Anteile an einem herrschenden oder mehrheitlich beteiligten Unternehmen 3. Satzungsmäßige Rücklagen 4. Andere Gewinnrücklagen IV. Gewinnvortrag/Verlustvortrag V. Jahresüberschuss/Jahresfehlbetrag

Die Bilanz gemäß § 266 III HGB zeigt die Eigenkapitalgliederung **vor Gewinnverwendung.** Im Folgenden werden die Bilanzposten einer AG erläutert.

11.2.2.1 Gezeichnetes Kapital

Der Begriff **gezeichnetes Kapital** wird bei allen Kapitalgesellschaften zum Ausweis des **in der Satzung festgelegten Kapitals** verwendet (z.B. des Grundkapitals bei der AG). Das gezeichnete Kapital ist stets zum Nennwert auszuweisen **(Nominalkapital).** Das gezeichnete Kapital bleibt so lange in der Bilanz unverändert, bis z.B. die Hauptversammlung bei einer AG eine Kapitalerhöhung oder eine Kapitalherabsetzung beschließt.

Das Grundkapital einer AG ist die Summe der Nennwerte der ausgegebenen (emittierten) Aktien. Der Mindestnennbetrag des Grundkapitals ist 50000,00 EUR. Der Mindestnennbetrag einer Aktie beträgt einen Euro.

11.2.2.2 Rücklagen[1]

Rücklagen stellen das **variable Eigenkapital der Aktiengesellschaft** dar. Sie dienen insbesondere zwei Zwecken:

- Die Eigenkapitalbasis der AG wird erhöht und
- die Höhe der Haftungsmasse der AG gegenüber ihren Gläubigern wird gestärkt.

Die in der Bilanz ausgewiesenen Rücklagen gliedern sich in Kapital- und Gewinnrücklagen.

1 Da diese Rücklagen in der Bilanz ausgewiesen werden, bezeichnet man diese auch als **offene Rücklagen.**

(1) Kapitalrücklage

In die Kapitalrücklage[1] werden **Zuzahlungen der Kapitalgeber** (z.B. Agio bei der Ausgabe von Aktien, Zuzahlungen für Vorzugsrechte) eingestellt. Es handelt sich um eine Form der **Beteiligungsfinanzierung.**

Beispiel:

Kapitalerhöhung: 10 Mio. EUR, Nennwert junge Aktie 1,00 EUR, Ausgabekurs: 1,50 EUR.
Kapitalrücklage: 10 Mio. EUR · 0,50 = 5 Mio. EUR

(2) Gewinnrücklage

Als **Gewinnrücklagen** dürfen nur Beträge ausgewiesen werden, die im Geschäftsjahr oder in einem früheren Geschäftsjahr aus dem Gewinn gebildet worden sind [§ 272 III HGB]. Bei den Gewinnrücklagen handelt es sich um Mittel, die im Unternehmen durch die **Einbehaltung eines Teils des Jahresüberschuss** gebildet werden. Nach dem Gliederungsschema des § 266 III HGB sind die Gewinnrücklagen in

- **gesetzliche Rücklage,**
- **Rücklage für Anteile an einem herrschenden oder mehrheitlich beteiligten Unternehmen,**[2]
- **satzungsmäßige Rücklagen**[2] und
- **andere Gewinnrücklagen** zu untergliedern.

Gesetzliche Rücklage

Aktiengesellschaften sind nach § 150 I AktG zur Bildung einer gesetzlichen Rücklage verpflichtet **(gesetzlich erzwungene Selbstfinanzierung).** Der zwanzigste Teil (das sind 5%) vom Jahresüberschuss (vermindert um einen Verlustvortrag aus dem Vorjahr) ist so lange in die gesetzliche Rücklage einzustellen, bis diese zusammen mit der Kapitalrücklage nach § 272 II HGB den zehnten (oder den in der Satzung bestimmten höheren) Teil des Grundkapitals erreicht hat [§ 150 II AktG].

Jahresüberschuss
– Verlustvortrag
= bereinigter Jahresüberschuss
– 5 % gesetzliche Rücklage*
= Zwischensumme

* **Höchstgrenze:** gesetzliche Rücklage + Kapitalrücklage betragen 10 % des Grundkapitals.

Beachte:

Haben die **Kapitalrücklagen und die gesetzlichen Rücklagen** zusammen den **zehnten** oder den in der **Satzung bestimmten höheren Teil des Grundkapitals noch nicht überschritten,** können sie nach § 150 III AktG z.B. zum Ausgleich eines Jahresfehlbetrags nur verwandt werden, wenn dieser nicht durch einen Gewinnvortrag aus dem Vorjahr gedeckt ist und nicht durch Auflösung anderer Gewinnrücklagen ausgeglichen werden kann.

1 Zu Einzelheiten siehe S. 393ff.

2 Der Bildungsplan sieht die Behandlung der Rücklage für Anteile an einem herrschenden oder mehrheitlich beteiligten Unternehmen und der satzungsmäßigen Rücklage nicht vor.

Andere Gewinnrücklagen

Stellen **Vorstand und Aufsichtsrat** den Jahresabschluss fest (Normalfall), dann **können** sie bis zur Hälfte des um den Verlustvortrag und um die Einstellung in die gesetzliche Rücklage verminderten Teils des Jahresüberschusses in die anderen Gewinnrücklagen einstellen [§ 58 II, S. 1, 4 AktG]. Ein Gewinnvortrag aus dem Vorjahr bleibt unberücksichtigt. Eine Einstellung in die anderen Gewinnrücklagen ist unabhängig von der bereits erreichten Höhe der anderen Gewinnrücklagen.

	Zwischensumme
–	**höchstens 50 % andere Gewinnrücklagen**
=	**restlicher Jahresüberschuss**

Besteht ein Gewinnvortrag aus dem Vorjahr, so wird dieser zum restlichen Jahresüberschuss hinzugezählt. Diese Summe wird dann als Bilanzgewinn ausgewiesen.

	restlicher Jahresüberschuss
+	**Gewinnvortrag aus dem Vorjahr**
=	**Bilanzgewinn**[1]

Über die Verwendung des Bilanzgewinns entscheidet anschließend die Hauptversammlung [§ 58 III, IV AktG].

Beachte:

- Andere Gewinnrücklagen können für **beliebige Zwecke** verwendet werden, z. B. zur Erhöhung der Gewinnausschüttung.
- Die Einstellung in die **anderen Gewinnrücklagen** ist eine freiwillige Rücklagenbildung **(freiwillig vorgenommene Selbstfinanzierung).**

- Die **Bildung von Kapitalrücklagen** ist eine **Form der Beteiligungsfinanzierung.**
- Die **Bildung von Gewinnrücklagen** ist eine **Form der Selbstfinanzierung.**

(3) Gewinn-/Verlustvortrag und Jahresüberschuss/-fehlbetrag

Bei der Eigenkapitalgliederung vor Gewinnverwendung erscheinen die Posten

- IV. Gewinnvortrag/Verlustvortrag (wenn vorhanden) und
- V. Jahresüberschuss/Jahresfehlbetrag.

- Ein **Gewinnvortrag/Verlustvortrag** stammt aus dem **vorhergehenden Geschäftsjahr.**[2]
- Ein **Jahresüberschuss/Jahresfehlbetrag** ist der Gewinn oder Verlust aus dem **Berichtsjahr** (laufendes Geschäftsjahr) der Bilanz.

1 Liegt aus dem Vorjahr kein Gewinnvortrag vor, stellt der restliche Jahresüberschuss den Bilanzgewinn dar.

2 Zur Berechnung des Gewinnvortrags/Verlustvortrags siehe folgendes Kapitel 11.2.3.1 „Rechnerischer Ablauf der Gewinnverwendung".

11.2.3 Eigenkapitalgliederung einer AG nach Gewinnverwendung erläutern

11.2.3.1 Rechnerischer Ablauf der Gewinnverwendung

Beispiel:

Die Baustoffe Sigmaringen AG hat ein Grundkapital in Höhe von 6 000 000,00 EUR. Der Jahresüberschuss des laufenden Geschäftsjahres beträgt 2 500 000,00 EUR. Aus dem Vorjahr wurde ein Verlust in Höhe von 100 000,00 EUR vorgetragen. Am Ende des laufenden Geschäftsjahres ergaben sich folgende Rücklagen:

Kapitalrücklage	100 000,00 EUR
Gesetzliche Rücklage	400 000,00 EUR
Andere Gewinnrücklagen	2 400 000,00 EUR

Die Baustoffe Sigmaringen AG hat 120 000 Stückaktien ausgegeben.

Die Hauptversammlung beschließt, dass eine Dividende in Höhe von 18 % ausgeschüttet werden soll und der Restbetrag als Gewinnvortrag verbleibt.

Aufgaben:

1. Berechnen Sie den Betrag, der noch in die gesetzliche Rücklage einzustellen ist!
2. Ermitteln Sie den Betrag, der in die anderen Gewinnrücklagen eingestellt werden kann, wenn der Vorstand und der Aufsichtsrat den Jahresabschluss nach § 58 II AktG feststellen!
3. Berechnen Sie den Betrag der Dividendenausschüttung und den Gewinnvortrag!
4. Stellen Sie den rechnerischen Ablauf der Gewinnverwendung in einer Übersicht dar!

Lösungen:

Zu 1.: Berechnung der gesetzlichen Rücklage

Erforderliche Rücklagenbildung:

10 % von 6 000 000,00 EUR =	600 000,00 EUR
bisher gebildet (Kapitalrücklage + gesetzliche Rücklage)	500 000,00 EUR
noch zu bilden	100 000,00 EUR

Rücklagenbildung im laufenden Geschäftsjahr:

Jahresüberschuss	2 500 000,00 EUR
– Verlustvortrag	100 000,00 EUR
= Bereinigter Jahresüberschuss	2 400 000,00 EUR

5 % von 2 400 000,00 EUR = 120 000,00 EUR

Ergebnis: Es sind noch 100 000,00 EUR in die gesetzliche Rücklage einzustellen [§ 150 II AktG].

Zu 2.: Berechnung der anderen Gewinnrücklagen

Jahresüberschuss	2 500 000,00 EUR
– Verlustvortrag aus dem Vorjahr	100 000,00 EUR
= Bereinigter Jahresüberschuss	2 400 000,00 EUR
– Einstellung in gesetzliche Rücklage	100 000,00 EUR
= Zwischensumme	2 300 000,00 EUR
Einstellung in die anderen Gewinnrücklagen 50 % =	1 150 000,00 EUR

Zu 3.: Berechnung der Dividende und des Gewinnvortrags

6 000 000,00 EUR Grundkapital : 120 000 Aktien = 50,00 EUR Grundkapital/Aktie

18 % von 50,00 EUR = 9,00 EUR Dividende/Aktie

120 000 Aktien · 9,00 EUR = 1 080 000,00 EUR Gesamtdividende

	Bilanzgewinn	1 150 000,00 EUR
–	Dividendenausschüttung	1 080 000,00 EUR
=	Gewinnvortrag aus dem Berichtsjahr	70 000,00 EUR

Zu 4.: Zusammenfassende Übersicht

	Jahresüberschuss	2 500 000,00 EUR
–	Verlustvortrag aus dem Vorjahr	100 000,00 EUR
=	Bereinigter Jahresüberschuss	2 400 000,00 EUR
–	Einstellung in gesetzliche Rücklage	100 000,00 EUR
=	Zwischensumme	2 300 000,00 EUR
–	Einstellung in andere Gewinnrücklagen	1 150 000,00 EUR
=	Bilanzgewinn	1 150 000,00 EUR
–	Dividendenausschüttung	1 080 000,00 EUR
=	Gewinnvortrag	70 000,00 EUR

- Einbehaltene Gewinnanteile werden in der Bilanz der AG unter der Position **„Gewinnrücklagen"** ausgewiesen.
- In diesem Schulbuch wird auf **zwei Arten von Gewinnrücklagen** eingegangen:
  - die **gesetzliche Rücklage** (die **gesetzlich erzwungene Selbstfinanzierung** nach § 150 AktG) und
  - die **andere Gewinnrücklagen** (die **freiwillig vorgenommene Selbstfinanzierung** nach § 58 AktG).

PPT

Überblick: Rechnerischer Ablauf der Gewinnverwendung bei der AG

Für die Verwendung des Jahresüberschusses bestimmt das Gesetz [§ 158 AktG] nachstehende Reihenfolge:

	Jahresüberschuss
–	Verlustvortrag aus dem Vorjahr
=	bereinigter Jahresüberschuss
–	Einstellung in die gesetzliche Rücklage
=	Zwischensumme
–	Einstellung in andere Gewinnrücklagen
=	restlicher Jahresüberschuss
+	Gewinnvortrag aus dem Vorjahr
+	Entnahmen aus Gewinnrücklagen oder aus Kapitalrücklage[1]
=	Bilanzgewinn (bzw. Bilanzverlust)
–	evtl. Einstellung in andere Gewinnrücklagen durch die Hauptversammlung
–	Dividendenausschüttung
=	Gewinnvortrag des laufenden Geschäftsjahres

1 Aufgrund des Bildungsplans wird nur die Entnahme aus anderen Gewinnrücklagen behandelt, siehe Kapitel 11.2.4.1, S. 379.

11.2.3.2 Eigenkapitalgliederung nach teilweiser Gewinnverwendung

Üblicherweise erfolgt die Bilanzaufstellung bei der AG unter Berücksichtigung der teilweisen Gewinnverwendung. Der rechnerische Ablauf bei **teilweiser Gewinnverwendung** wird bis zum Bilanzgewinn durchgeführt:

Jahresüberschuss
– Verlustvortrag aus dem Vorjahr
= bereinigter Jahresüberschuss
– Einstellung in die gesetzliche Rücklage
= Zwischensumme
– Einstellung in andere Gewinnrücklagen
= restlicher Jahresüberschuss
+ Gewinnvortrag aus dem Vorjahr
+ Entnahmen aus Gewinnrücklagen oder aus Kapitalrücklage
= Bilanzgewinn (bzw. Bilanzverlust)

Beispiel 1:

Die Württembergische Autowerke AG (WAW AG) kann nach einem Vorjahr mit Verlusten für das Berichtsjahr wieder einen Jahresüberschuss ausweisen. Hier die Zahlen der vorläufigen Bilanz:

Aktiva	Bilanz der WAW AG vor der Gewinnverwendungsrechnung		Passiva
Anlagevermögen	388 000 000,00	**Eigenkapital**	
Umlaufvermögen	1 359 000 000,00	Gezeichnetes Kapital*	492 000 000,00
		Kapitalrücklage	16 000 000,00
		Gesetzliche Rücklage	28 000 000,00
		Andere Gewinnrücklagen	61 000 000,00
		Verlustvortrag	– 3 000 000,00
		Jahresüberschuss	68 000 000,00
		Rückstellungen	213 000 000,00
		Verbindlichkeiten	872 000 000,00
	1 747 000 000,00		1 747 000 000,00

* Die WAW AG hat 98,4 Mio. Stückaktien ausgegeben.

Aufgaben:

1. Ermitteln Sie den Bilanzgewinn! Die Einstellung in die gesetzliche Rücklage erfolgt nach § 150 AktG. In die anderen Gewinnrücklagen werden lt. Beschluss von Vorstand und Aufsichtsrat 30 875 000,00 EUR eingestellt.
2. Erstellen Sie die Bilanz unter Berücksichtigung der teilweisen Verwendung des Jahresüberschusses!

Lösungen:

Zu 1.: Ermittlung des Bilanzgewinnes durch Vorstand und Aufsichtsrat

	Jahresüberschuss	68 000 000,00 EUR
–	Verlustvortrag aus dem Vorjahr	3 000 000,00 EUR
=	Bereinigter Jahresüberschuss	65 000 000,00 EUR
–	Einstellung in die gesetzliche Rücklage (5 %)	3 250 000,00 EUR
=	Zwischensumme	61 750 000,00 EUR
–	Andere Gewinnrücklagen	30 875 000,00 EUR
=	Bilanzgewinn	30 875 000,00 EUR

Zu 2.: Bilanz nach der teilweisen Verwendung des Jahresüberschusses

Bilanz der WAW AG
nach teilweiser Verwendung des Jahresüberschusses

Aktiva		Passiva	
Anlagevermögen	388 000 000,00	**Eigenkapital**	
Umlaufvermögen	1 359 000 000,00	Gezeichnetes Kapital	492 000 000,00
		Kapitalrücklage	16 000 000,00
		Gesetzliche Rücklage	31 250 000,00
		Andere Gewinnrücklagen	91 875 000,00
		Bilanzgewinn	30 875 000,00
		Rückstellungen	213 000 000,00
		Verbindlichkeiten	872 000 000,00
	1 747 000 000,00		1 747 000 000,00

Erläuterung:

In der Eigenkapitalgliederung **nach teilweiser Gewinnverwendung** erscheint der Bilanzposten **Bilanzgewinn** statt der Bilanzposten Gewinnvortrag/Verlustvortrag und Jahresüberschuss/Jahresfehlbetrag.

11.2.3.3 Eigenkapitalgliederung nach vollständiger Gewinnverwendung

Über den Bilanzgewinn entscheidet die Hauptversammlung. Sie hat vier Möglichkeiten:

- der Bilanzgewinn wird völlig ausgeschüttet,
- die Aktionäre verzichten teilweise auf eine Ausschüttung und stellen diesen Betrag in andere Gewinnrücklagen ein,
- die Aktionäre verzichten ganz auf eine Dividende und stellen den Bilanzgewinn in andere Gewinnrücklagen ein,
- die Aktionäre verzichten ganz auf eine Dividende und belassen den Bilanzgewinn als Gewinnvortrag für das nächste Jahr im Unternehmen.

Der folgende rechnerische Ablauf der Gewinnverwendung wird der **Entscheidung** der **Hauptversammlung angepasst:**

= Bilanzgewinn
– evtl. Einstellung in andere Gewinnrücklagen durch die Hauptversammlung
Dividendenausschüttung
= Gewinnvortrag des laufenden Geschäftsjahres

Bis zur **Auszahlung** stellt der für die Ausschüttung vorgesehene **Dividendenbetrag** eine **Verbindlichkeit** der Aktiengesellschaft gegenüber den Aktionären dar.

Beispiel 2:

Wir erweitern das Beispiel 1 von S. 376 in der folgenden Weise:

Die Hauptversammlung genehmigt die Rücklagenbildung und beschließt, dass eine Dividende in Höhe von 6 % ausgeschüttet werden soll und der Restbetrag als Gewinnvortrag verbleibt.

Aufgaben:

1. Berechnen Sie den Betrag der Dividendenausschüttung und den Gewinnvortrag!
2. Erstellen Sie die Bilanz nach der vollständigen Verwendung des Jahresüberschusses, wobei unterstellt werden soll, dass die Dividende bereits ausgezahlt wurde!
3. Ermitteln Sie die Höhe der Selbstfinanzierung!

Lösungen:

Zu 1.: Berechnung der Dividende und des Gewinnvortrags

492 000 000,00 EUR Grundkapital : 98 400 000 Aktien = 5,00 EUR Grundkapital/Aktie

6 % von 5,00 EUR = 0,30 EUR Dividende/Aktie

98 400 000 Aktien · 0,30 EUR = 29 520 000,00 EUR Dividende

	Bilanzgewinn	30 875 000,00 EUR
–	Dividendenausschüttung	29 520 000,00 EUR
=	Gewinnvortrag aus dem Berichtsjahr	1 355 000,00 EUR

Zu 2.: Bilanz nach der vollständigen Verwendung des Bilanzgewinns

Bilanz der WAW AG nach vollständiger Verwendung des Bilanzgewinns

Aktiva		Passiva	
Anlagevermögen	388 000 000,00	**Eigenkapital**	
Umlaufvermögen	1 329 480 000,00	Gezeichnetes Kapital	492 000 000,00
		Kapitalrücklage	16 000 000,00
		Gesetzliche Rücklage	31 250 000,00
		Andere Gewinnrücklagen	91 875 000,00
		Gewinnvortrag	1 355 000,00
		Rückstellungen	213 000 000,00
		Verbindlichkeiten	872 000 000,00
	1 717 480 000,00		1 717 480 000,00

Erläuterung:

Bei der Eigenkapitalgliederung **nach vollständiger Gewinnverwendung** erscheint als Bilanzposten ein (eventuell vorhandener) **Gewinnvortrag/Verlustvortrag** statt des Bilanzpostens Bilanzgewinn.

Zu 3.: Berechnung der Selbstfinanzierung

	Ausgleich des Verlustvortrags	3 000 000,00 EUR
+	Einstellung in die gesetzliche Rücklage	3 250 000,00 EUR
+	Andere Gewinnrücklagen	30 875 000,00 EUR
+	Gewinnvortrag aus dem Berichtsjahr	1 355 000,00 EUR
=	Höhe der Selbstfinanzierung	38 480 000,00 EUR

Alternative Berechnung:

	Jahresüberschuss	68 000 000,00 EUR
–	Dividendenausschüttung	29 520 000,00 EUR
=	Höhe der Selbstfinanzierung	38 480 000,00 EUR

- Der Ausgleich eines **Verlustvortrags** und die Zuführung zur **gesetzlichen Rücklage** stellen eine **gesetzlich erzwungene offene Selbstfinanzierung** dar.
- Die Zuführung zu den **anderen Gewinnrücklagen** und der **Gewinnvortrag** für das nächste Jahr stellen eine **freiwillig vorgenommene offene Selbstfinanzierung** dar.

11.2.4 Gewinnverwendung bei einer AG in unterschiedlichen Unternehmenssituationen gestalten und dabei die Interessen und Rechte von Aktionären, Gläubigern und Unternehmensleitung erläutern

11.2.4.1 Auflösung von anderen Gewinnrücklagen[1] zum Ausgleich eines Jahresfehlbetrags

Erzielt eine AG im Geschäftsjahr statt eines Jahresüberschusses einen **Jahresfehlbetrag,** so ist es möglich, **andere Gewinnrücklagen aufzulösen** und zur **Gewinnausschüttung** heranzuziehen. Soll ein Jahresfehlbetrag durch Auflösung von Rücklagen verschleiert werden, sodass ein Bilanzgewinn entsteht, der für eine Dividendenausschüttung und einen eventuellen Gewinnvortrag zur Verfügung stehen soll, dann **ändert** sich das **Berechnungsschema** für die Ermittlung des Bilanzgewinnes mit anschließender Gewinnverwendung wie folgt:

	Jahresfehlbetrag (negativ)
+	**evtl. Gewinnvortrag aus dem Vorjahr (bzw. – Verlustvortrag aus dem Vorjahr)**
=	**korrigierter Jahresfehlbetrag**
+	**Entnahmen aus anderen Gewinnrücklagen**
=	**Bilanzgewinn**
–	**Dividendenausschüttung**
=	**Gewinnvortrag aus dem Berichtsjahr**

1 Aufgrund des Bildungsplans wird die Auflösung von Kapitalrücklage und gesetzlicher Rücklage nicht behandelt.

Beispiel:

Die AKS Computer AG weist in ihrer Gewinn- und Verlustrechnung Aufwendungen in Höhe von 13670000,00 EUR und Erträge in Höhe von 13495000,00 EUR aus, woraus sich ein Jahresfehlbetrag von 175000,00 EUR ergibt. Aus der Bilanz des Vorjahres ergeben sich auf der Passivseite folgende Werte:

Gezeichnetes Kapital	3000000,00 EUR
Kapitalrücklage	1000000,00 EUR
Gewinnrücklagen	
1. Gesetzliche Rücklage	180000,00 EUR
2. Andere Gewinnrücklagen	300000,00 EUR
Gewinnvortrag	17000,00 EUR

Um die vielen Kleinaktionäre bei Laune zu halten, möchte der Vorstand Rücklagen in Höhe von 280000,00 EUR auflösen, sodass wenigstens eine Dividende von 0,20 EUR je 5-EUR-Aktie ausgeschüttet werden kann und ein kleiner Gewinnvortrag für das folgende Geschäftsjahr verbleibt.

Aufgabe:

Führen Sie aufgrund der Angaben die Berechnung vom Jahresfehlbetrag bis zum Gewinnvortrag durch!

Lösung:

	Jahresfehlbetrag	– 175000,00 EUR
+	Gewinnvortrag aus dem Vorjahr	17000,00 EUR
=	korrigierter Jahresverlust	– 158000,00 EUR
+	Entnahmen aus den anderen Gewinnrücklagen	280000,00 EUR
=	Bilanzgewinn	122000,00 EUR
–	Dividendenausschüttung (600000 Aktien · 0,20 EUR)	120000,00 EUR
=	Gewinnvortrag aus dem Berichtsjahr	2000,00 EUR

11.2.4.2 Dividendenzahlungen bei minimalem und maximalem Bilanzgewinn

Bei der Gewinnverwendung tritt ein **Interessenkonflikt** zwischen der **Unternehmensleitung** bzw. den **Gläubigern,** die eine möglichst **hohe Selbstfinanzierung** wünschen, und den **Dividendenansprüchen** der **Aktionäre** auf. Deshalb betont der Gesetzgeber in § 58 IV AktG ausdrücklich das **Recht** der **Aktionäre** auf einen **Anteil am Bilanzgewinn** (auf Dividende).

Großaktionäre haben oft die gleichen Interessen wie Unternehmensleitung und Gläubiger.

Interessen der ...	Erläuterungen	Folgen
Unternehmensleitung, Gläubiger und Großaktionäre	Möglichst hohe Selbstfinanzierung zur Erhöhung des Eigenkapitals als Haftungsgrundlage und zur Stärkung der Finanzkraft.	■ kein Liquiditätsabfluss ■ keine Finanzierungskosten für Fremdkapital ■ Kapital steht unbefristet zur Verfügung ■ Kreditwürdigkeit steigt ■ Wert des Unternehmens steigt: möglicherweise Kurssteigerung
(Klein-)Aktionäre	Auszahlung einer Dividende als Verzinsung der Kapitalanlage in Aktien.	■ positive Stimmung der Aktionäre ■ Aktie wird möglicherweise wegen Dividendenzahlung attraktiv (Kurssteigerung)

Je nachdem, welche Gruppe sich beim Interessenkonflikt um die Gewinnverwendung durchsetzen kann, sind folgende Extremlösungen denkbar:

- Die **Unternehmensleitung setzt sich durch** und erreicht die **Ausweisung des kleinstmöglichen Bilanzgewinns** und damit eine **möglichst kleine Dividendenzahlung.**
- Die **Aktionäre setzen sich durch** und erreichen die Ausweisung des **größtmöglichen Bilanzgewinns** und damit eine **möglichst hohe Dividendenzahlung.**

Beispiel:

Das Eigenkapital der EXTREM AG weist bei einem Jahresüberschuss von 455 000,00 EUR vor der Gewinnverwendungsrechnung folgende Positionen auf:

Gezeichnetes Kapital	4 500 000,00 EUR
Kapitalrücklage	110 000,00 EUR
Gesetzliche Rücklage	170 000,00 EUR
Andere Gewinnrücklagen	280 000,00 EUR
Gewinnvortrag	1 625,00 EUR

Der kleinste Aktiennennwert beträgt 5,00 EUR.

Aufgaben:

1. Ermitteln Sie den minimalen Bilanzgewinn, den Vorstand und Aufsichtsrat mindestens ausweisen müssen, den Gewinnvortrag sowie die für diesen Fall größtmögliche Dividendenausschüttung und den sich dabei ergebenden Betrag, der zur Selbstfinanzierung zur Verfügung steht! *Excel*
2. Bestimmen Sie den maximalen Bilanzgewinn, den Vorstand und Aufsichtsrat höchstens ausweisen können, den Gewinnvortrag sowie die für diesen Fall größtmögliche Dividendenausschüttung und den sich dabei ergebenden Betrag, der zur Selbstfinanzierung zur Verfügung steht! *Excel*

Lösungen:

Zu 1.: Situation bei Ermittlung eines minimalen Bilanzgewinns

Soll ein minimaler Bilanzgewinn ermittelt werden, können neben der gesetzlichen Rücklage im Fall, dass Vorstand und Aufsichtsrat den Jahresabschluss feststellen (Normalfall), noch zusätzlich Beträge in andere Gewinnrücklagen eingestellt werden. Im Folgenden wird unterstellt, dass Vorstand und Aufsichtsrat die höchstmöglichen Beträge nach § 58 II, S. 1 AktG in die anderen Gewinnrücklagen einstellen.

	Jahresüberschuss	455 000,00 EUR
–	Einstellung in die gesetzliche Rücklage	22 750,00 EUR
=	Zwischensumme	432 250,00 EUR
–	Einstellung in andere Gewinnrücklagen	216 125,00 EUR
=	restlicher Jahresüberschuss	216 125,00 EUR
+	Gewinnvortrag aus dem Vorjahr	1 625,00 EUR
=	Bilanzgewinn	217 750,00 EUR
–	Dividendenausschüttung (900 000 Aktien · 0,24 EUR)	216 000,00 EUR
=	Gewinnvortrag	1 750,00 EUR

Die Selbstfinanzierung errechnet sich wie folgt:

	Einstellung in die gesetzliche Rücklage	22 750,00 EUR
+	Einstellung in andere Gewinnrücklagen	216 125,00 EUR
+	neuer Gewinnvortrag	1 750,00 EUR
=	Zwischensumme	240 625,00 EUR
–	alter Gewinnvortrag	1 625,00 EUR
=	gesamte neue Selbstfinanzierung	239 000,00 EUR

Alternative Berechnung:

	Jahresüberschuss	455 000,00 EUR
–	Dividende	216 000,00 EUR
=	gesamte neue Selbstfinanzierung	239 000,00 EUR

Erläuterung: Da der alte Gewinnvortrag im Bilanzgewinn enthalten ist, ist er in die Dividendenausschüttung eingerechnet und steht daher zur Selbstfinanzierung nicht mehr zur Verfügung. Dagegen bleibt der neue Gewinnvortrag des Unternehmens zur Selbstfinanzierung erhalten.

Zu 2.: Situation bei der Ermittlung eines maximalen Bilanzgewinns

Soll ein maximaler Bilanzgewinn ermittelt werden, wird der Jahresüberschuss nur um die gesetzliche Rücklage gekürzt. Um den Bilanzgewinn möglichst hoch auszuweisen, können die vorhandenen anderen Rücklagen aufgelöst werden.

	Jahresüberschuss	455 000,00 EUR
–	Einstellung in die gesetzliche Rücklage	22 750,00 EUR
=	Zwischensumme	432 250,00 EUR
+	Entnahme aus den anderen Gewinnrücklagen	280 000,00 EUR
+	Gewinnvortrag aus dem Vorjahr	1 625,00 EUR
=	Bilanzgewinn	713 875,00 EUR
–	Dividendenausschüttung (900 000 Aktien · 0,79 EUR)	711 000,00 EUR
=	Gewinnvortrag des laufenden Geschäftsjahres	2 875,00 EUR

Die Selbstfinanzierung errechnet sich wie folgt:

	Einstellung in die gesetzliche Rücklage	22 750,00 EUR
+	Einstellung in andere Gewinnrücklagen	0,00 EUR
+	Gewinnvortrag des laufenden Geschäftsjahres	2 875,00 EUR
=	Zwischensumme	25 625,00 EUR
–	Entnahme aus anderen Gewinnrücklagen	280 000,00 EUR
–	Gewinnvortrag aus dem Vorjahr	1 625,00 EUR
=	Verringerung der Selbstfinanzierung insgesamt	– 256 000,00 EUR

Alternative Berechnung:

	Jahresüberschuss	455 000,00 EUR
–	Dividende	711 000,00 EUR
=	Verringerung der Selbstfinanzierung insgesamt	– 256 000,00 EUR

Erläuterung: Aus dem Jahresüberschuss bleiben 22 750,00 EUR (Einstellung gesetzliche Rücklage) + 2 875,00 EUR (Gewinnvortrag laufendes Geschäftsjahr) = 25 625,00 EUR in der AG. Aus früheren Jahren wird die Selbstfinanzierung in Höhe von 280 000,00 EUR (Entnahme andere Gewinnrücklagen) + 1 625,00 EUR (Gewinnvortrag Vorjahr) = 281 625,00 EUR rückgängig gemacht. Die Selbstfinanzierung verringert sich im Berichtsjahr um insgesamt 25 625,00 EUR – 281 625,00 EUR = – 256 000,00 EUR.

Zur Entschärfung des Interessenkonflikts hat sich in der Praxis das sogenannte **Schütt-aus-Hol-zurück-Verfahren** herausgebildet. Die AG schüttet dabei eine hohe Dividende an die Aktionäre aus (allerdings ohne Rücklagen aufzulösen), gestaltet dabei gleichzeitig die Konditionen für eine Wiederanlage der erhaltenen Dividenden in junge Aktien so, dass sie für die Aktionäre attraktiv ist.

Die Höhe des für die **Dividendenausschüttung** bereitgestellten Bilanzgewinns **beeinflusst** den Umfang der **Selbstfinanzierung** in starkem Maße.

Kompetenztraining

145 Überblick

Fassen Sie die grundlegenden Aussagen des vorangegangenen Kapitels 11.2 übersichtlich auf einer DIN-A4-Seite zusammen!

146 Bildung von Gewinnrücklagen bei der AG

1.

Grundkapital	18 750 000,00 EUR	Gewinnvortrag	8 145 000,00 EUR
Kapitalrücklage	375 000,00 EUR	Andere Gewinnrücklagen	105 000,00 EUR
Gesetzliche Rücklage	1 305 000,00 EUR	Jahresüberschuss	2 250 000,00 EUR

Einstellung in die gesetzliche Rücklage nach § 150 AktG, in die anderen Gewinnrücklagen nach § 58 II AktG.

Aufgabe:

Berechnen Sie die Rücklagen!

2.

Grundkapital	12,0 Mio. EUR	Gewinnvortrag	0,5 Mio. EUR
Gesetzliche Rücklage	0,4 Mio. EUR	Jahresüberschuss	1,8 Mio. EUR
Kapitalrücklage	0,72 Mio. EUR		

Einstellung in die gesetzliche Rücklage nach § 150 AktG, in die anderen Gewinnrücklagen 50 % des Jahresüberschusses nach Einstellung in die gesetzliche Rücklage. Die Einstellung erfolgt durch Vorstand und Aufsichtsrat.

Aufgabe:

Berechnen Sie die Rücklagen!

3. Erklären Sie, welche Möglichkeit die Hauptversammlung hat, zur Selbstfinanzierung beizutragen!

4. Formulieren Sie zwei Argumente, die gegen eine maximale offene Selbstfinanzierung von Vorstand und Aufsichtsrat sprechen!

5. Prüfen Sie, wer den Jahresabschluss feststellt, wenn der Aufsichtsrat den Jahresabschluss des Vorstands ablehnt!

6.

Grundkapital	80,0 Mio. EUR	Andere Gewinnrücklagen	38,2 Mio. EUR
Gesetzliche Rücklage	4,5 Mio. EUR	Verlustvortrag	0,5 Mio. EUR
Kapitalrücklage	1,2 Mio. EUR	Jahresüberschuss	6,5 Mio. EUR

Einstellung in die gesetzliche Rücklage nach § 150 AktG. Einstellung in die anderen Gewinnrücklagen: Höchstbetrag nach § 58 II AktG.

Ausgegebene Stückaktien: 1 600 000

Aufgabe:

Ermitteln Sie die gesetzliche Rücklage und die anderen Gewinnrücklagen!

147 Verwendung des Bilanzgewinns und offene Selbstfinanzierung

1. Nennen Sie die Bilanzposten, die zum Eigenkapital einer Aktiengesellschaft gehören!
2. Geben Sie die Bilanzposten einer Aktiengesellschaft an, die die Selbstfinanzierung zeigen!
3. Stellen Sie eine allgemeingültige Berechnungsregel für die Ermittlung der gesetzlichen Gewinnrücklage auf!

4. Stellen Sie unter der Annahme, dass ein Verlustvortrag vorliegt, ein allgemeingültiges Berechnungsschema für die Ermittlung des Bilanzgewinns auf!

5. Nennen Sie den Zweck der Rücklagenbildung!

6. Am Ende des Geschäftsjahres hat die Triberger Uhren AG ein Anlagevermögen in Höhe von 75 400 000,00 EUR und ein Umlaufvermögen in Höhe von 45 500 000,00 EUR. Das gezeichnete Kapital beträgt 50 000 000,00 EUR. Die Verbindlichkeiten betragen 44 700 000,00 EUR. Vor dem Beschluss über die Verwendung des Jahresüberschusses in Höhe von 10 300 000,00 EUR wurden folgende Rücklagen ausgewiesen:

Kapitalrücklage	550 000,00 EUR,
Gewinnrücklagen:	
– Gesetzliche Rücklage	3 200 000,00 EUR,
– Andere Gewinnrücklagen	11 650 000,00 EUR.

Es liegt ein Gewinnvortrag aus dem Vorjahr in Höhe von 500 000,00 EUR vor.

Aufgaben:

6.1 Berechnen Sie den Bilanzgewinn aufgrund folgender Angaben:
Nach Einstellung des erforderlichen Betrags in die gesetzliche Gewinnrücklage sollen 3 000 000,00 EUR in andere Gewinnrücklagen eingestellt werden.

6.2 Erstellen Sie die Schlussbilanz unter Berücksichtigung der teilweisen Verwendung des Jahresüberschusses durch Vorstand und Aufsichtsrat!

6.3 Ermitteln Sie die höchstmögliche Dividende! Die Triberger Uhren AG hat 50 000 000 Stückaktien ausgegeben.

6.4 Erstellen Sie die Bilanz nach der vollständigen Verwendung des Jahresüberschusses, wobei unterstellt werden soll, dass die Stückdividende von der Hauptversammlung beschlossen und bereits ausbezahlt wurde!

6.5 Notieren Sie die Summe

6.5.1 der gesetzlich erzwungenen Selbstfinanzierung,

6.5.2 der freiwillig vorgenommenen Selbstfinanzierung,

6.5.3 der Selbstfinanzierung insgesamt!

7. Der Vorstand der Textil AG erwartet für das kommende Geschäftsjahr ein schwieriges Geschäftsjahr, sodass Vorstand und Aufsichtsrat beschließen, die Dividende möglichst gering zu halten.

Für die Gewinnverwendung liegen für das alte Geschäftsjahr folgende Daten vor:

Gezeichnetes Kapital	3 000 000,00 EUR
Kapitalrücklage	750 000,00 EUR
Gesetzliche Rücklage	400 000,00 EUR
Andere Gewinnrücklagen	450 000,00 EUR
Gewinnvortrag	150 000,00 EUR
Jahresüberschuss	510 000,00 EUR

Aufgaben:

7.1 Führen Sie die Gewinnverwendungsrechnung bis zum Bilanzgewinn für das alte Geschäftsjahr durch!

7.2 Die Hauptversammlung beschließt eine Dividende von 10 Cent pro Aktie. Es sind 3 Mio. Stückaktien im Umlauf. Der verbleibende Rest wird auf neue Rechnung vorgetragen. Erstellen Sie den Eigenkapitalausweis nach vollständiger Gewinnverwendung!

7.3 Berechnen Sie den Betrag der Selbstfinanzierung für das alte Geschäftsjahr!

148 Ermittlung des Jahresüberschusses durch Rückrechnung und Verwendung des Bilanzgewinns

Die verkürzte Jahresbilanz der Hoffmann Bautechnik AG hat folgendes Aussehen:

Aktiva	Bilanz zum 31. Dez. 20.. in Mio. EUR		Passiva
Anlagevermögen	15,4	Gezeichnetes Kapital	8,8
Umlaufvermögen	26,8	Kapitalrücklage	4,9
		Andere Gewinnrücklagen	3,2
		Bilanzgewinn	1,6
		Rückstellungen	4,2
		Verbindlichkeiten	19,5
	42,2		42,2

Vorstand und Aufsichtsrat stellen den Jahresabschluss fest. Die Gewinnverwendung richtet sich ausschließlich nach den Vorschriften des Aktiengesetzes.

Für das Geschäftsjahr 20.. wird eine möglichst hohe Selbstfinanzierung angestrebt.

Aufgaben:

1. Errechnen Sie den Jahresüberschuss für das Geschäftsjahr 20.. Berücksichtigen Sie dabei einen Gewinnvortrag aus dem Vorjahr in Höhe von 50 000,00 EUR.
2. 2.1 Berechnen Sie die höchstmögliche Dividende für eine 5-EUR-Aktie in Euro!
   2.2 Bestimmen Sie den neuen Gewinnvortrag!
3. Ermitteln Sie die Höhe der Selbstfinanzierung!
4. Nennen Sie zwei Gründe, die gegen die maximale Ausschöpfung der offenen Selbstfinanzierung sprechen!

149 Rücklagenbildung und Verwendung des Bilanzgewinns

Die Franz Heine AG legt für das laufende Geschäftsjahr folgende vereinfachte Bilanz vor:

Aktiva	Bilanz zum 31. Dez. 20.. in Mio. EUR		Passiva
Anlagevermögen	583,0	Gezeichnetes Kapital	200,0
Umlaufvermögen	170,0	Kapitalrücklage	10,0
		Gewinnrücklagen	
		– Gesetzliche Rücklage	9,0
		– Andere Gewinnrücklagen	290,5
		Jahresüberschuss	60,0
		Verlustvortrag	– 1,5
		Rückstellungen	90,0
		Verbindlichkeiten	95,0
	753,0		753,0

Die Franz Heine AG hat seit ihrer Gründung 40 Mio. Stückaktien ausgegeben.

Aufgaben:

1. Zeigen Sie in einer übersichtlichen Darstellung unter Berücksichtigung aktienrechtlicher Bestimmungen die Ermittlung und die Verwendung des Bilanzgewinns sowie den maximalen Betrag der Selbstfinanzierung der AG, wenn eine Stückdividende von 0,15 EUR ausgeschüttet wird! Excel
2. Geben Sie an, welche Organe der AG für die notwendigen Entscheidungen jeweils zuständig sind!

150 Dividendenzahlung trotz Jahresfehlbetrag

Die Berndi-Jeans AG weist für das laufende Geschäftsjahr einen Jahresfehlbetrag von 472500,00 EUR auf. Aus der Bilanz des Vorjahres ergeben sich auf der Passivseite folgende Werte:

Grundkapital	8100000,00 EUR
Kapitalrücklage	2700000,00 EUR
Gesetzliche Rücklage	486000,00 EUR
Andere Gewinnrücklagen	892000,00 EUR
Gewinnvortrag	45900,00 EUR

Der Vorstand der Berndi-Jeans AG möchte trotz des Jahresfehlbetrags eine Dividende in Höhe von 0,25 EUR je 5-EUR-Aktie ausschütten.

Aufgaben:

1. Prüfen Sie, welche Rücklagen für eine Dividendenausschüttung zur Verfügung stehen!
2. Führen Sie aufgrund der Angaben die Berechnung vom Jahresfehlbetrag bis zum Gewinnvortrag durch! Es soll ein Gewinnvortrag von 42000,00 EUR ausgewiesen werden.
3. Zeigen Sie die Folgen auf, die dieses Vorgehen für die Selbstfinanzierung der AG hat!

151 Spielräume der Selbstfinanzierung der AG

Die Schwarzwald-Pharma AG hat einen deutlichen Aufschwung zu verzeichnen. Sie schließt das Geschäftsjahr 20.. mit der nachstehend vereinfacht wiedergegebenen Bilanz ab:

Aktiva — Bilanz zum 31. Dez. 20.. in Mio. EUR — Passiva

Aktiva		Passiva	
Fertigungsanlagen	9700	Gezeichnetes Kapital	8000
Verpackungsanlagen	300	Kapitalrücklage	30
Sonstiges Vermögen	8700	Gesetzliche Rücklage	750
		Andere Gewinnrücklagen	680
		Verlustvortrag	– 26
		Verbindlichkeiten	8610
		Jahresüberschuss	656
	18700		18700

Aufgaben:

Vorlage

1. Ermitteln Sie für das abgeschlossene Geschäftsjahr mit rechnerischem Nachweis
   1.1 die Untergrenze der Selbstfinanzierung,
   1.2 die Obergrenze der Selbstfinanzierung, soweit Vorstand und Aufsichtsrat hierüber beschließen,
   1.3 die Obergrenze der Selbstfinanzierung, soweit die Zustimmung der Hauptversammlung hierfür erreicht werden könnte!
2. Nennen Sie jeweils zwei Gesichtspunkte in den genannten drei Fällen (von 1.), die für eine derartige Verwendung des Jahresüberschusses sprechen würden!
3. Erklären Sie den Fall, dass die gesetzliche Rücklage zusammen mit der Kapitalrücklage 800000,00 EUR übersteigt!

11.3 Kapitalerhöhung gegen Einlagen als Form der Außenfinanzierung darstellen, rechnerischen Mittelkurs und Wert des Bezugsrechts ermitteln und beurteilen sowie Auswirkungen der Ausgabe von Aktien herausarbeiten

BPE 11 **Handlungssituation 3: Kapitalerhöhung einer AG erläutern und beurteilen**

Die Sport-Burr AG möchte ein benachbartes Betriebsgrundstück erwerben, um darauf eine neue Lagerhalle zu bauen. Der Kapitalbedarf in Höhe von 400 000,00 EUR soll durch eine Kapitalerhöhung gegen Einlagen gedeckt werden.

Bisher hat die Sport-Burr AG ein Grundkapital von 1 Mio. EUR, welches in Aktien zu je 5,00 EUR Nennwert aufgeteilt ist. Der Kurs der alten Aktie beträgt 12,00 EUR, der Ausgabekurs der jungen Aktien wird auf 10,00 EUR festgelegt. Außerdem fallen Emissionskosten in Höhe von 50 000,00 EUR an, die auch durch die Kapitalerhöhung gedeckt werden sollen.

Kompetenzorientierte Arbeitsaufträge:

1. Geben Sie die Höhe des Kapitalbedarfs an!
2. Ermitteln Sie die Anzahl der auszugebenden jungen Aktien!
3. Ermitteln Sie den Gesamtnennbetrag der Grundkapitalerhöhung!
4. Berechnen Sie den Wert des Bezugsrechts!
5. Berechnen Sie den Mittelkurs der Aktien nach der Kapitalerhöhung!
6. Begründen Sie, ob in der vorliegenden Situation eine genehmigte Kapitalerhöhung sinnvoll wäre und welche Änderungen sich in den Aufgaben 1.–5. ergeben würden!
7. Der Ausgabekurs (Emissionskurs) der jungen Aktien beträgt 10,00 EUR. Erläutern Sie, wie der Ausgabekurs im Rahmen des Bookbuilding-Verfahrens festgelegt wird!
8. Lisa Scholz hat 100 alte Aktien der Sport-Burr AG. Sie möchte an der Kapitalerhöhung nicht teilnehmen. Zeigen Sie, dass Lisa Scholz durch die Kapitalerhöhung keinen Vermögensverlust erleidet!

11.3.1 Wichtige Formen der Kapitalerhöhung unterscheiden

11.3.1.1 Ordentliche Kapitalerhöhung

Benötigt eine Aktiengesellschaft frisches Kapital, hat sie die Möglichkeit, sich dieses durch die **Emission** (Ausgabe) junger Aktien zu beschaffen. Die ausgebende Aktiengesellschaft bezeichnet man als **Emittent.**

Die **ordentliche Kapitalerhöhung** dient der Aktiengesellschaft zur **Beschaffung neuen Kapitals** durch die **Ausgabe junger (neuer) Aktien.**[1]

1 Um das Eigenkapital zu erhöhen, stehen der AG verschiedene Formen der Kapitalerhöhung zur Verfügung. Aufgrund des Bildungsplans werden in diesem Schulbuch die ordentliche und die genehmigte Kapitalerhöhung (siehe Kapitel 11.3.1.2, S. 389 f.) dargestellt.

Die **ordentliche Kapitalerhöhung** ist eine Form der **Außenfinanzierung,** da dem Unternehmen von außen Kapital zugeführt wird. Es handelt sich auch um eine Form der **Beteiligungsfinanzierung,** da bisherige oder neue Gesellschafter (Aktionäre) Einlagen leisten (Kapitalerhöhung gegen Einlagen). Außerdem liegt eine **Eigenfinanzierung** vor, da Kapital durch Gesellschafter (Aktionäre) aufgebracht wird.

Die aus der ordentlichen Kapitalerhöhung stammenden Mittel bezeichnet man bilanzrechtlich als **Eigenkapital.**

Die ordentliche Kapitalerhöhung bedarf einer Satzungsänderung, wozu ein **Beschluss der Hauptversammlung mit qualifizierter Mehrheit** (drei Viertel des bei der Beschlussfassung vertretenen Grundkapitals) notwendig ist.

Ablauf einer ordentlichen Kapitalerhöhung:

- Satzungsänderung durch die Hauptversammlung (Mehrheit von drei Vierteln des bei der Beschlussfassung vertretenen Grundkapitals [§ 182 AktG])
- Eintragung des Beschlusses ins Handelsregister [§ 184 AktG]
- Zeichnung der neuen Aktien [§ 185 AktG; § 36a Abs. 2 AktG]
- Eintragung der Durchführung der Kapitalerhöhung ins Handelsregister [§ 188 AktG]. Die Kapitalerhöhung ist damit wirksam [§ 189 AktG]
- Ausweis des erhöhten Kapitals in der Bilanz

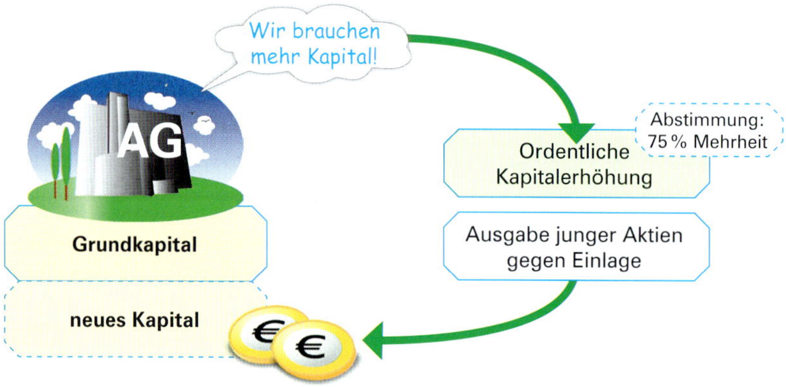

Bei der ordentlichen Kapitalerhöhung [§§ 182–191 AktG] erfolgt die Beschaffung der liquiden Mittel gegen **Ausgabe junger (neuer) Aktien.** Ob **Nennwertaktien** oder **Stückaktien** ausgegeben werden, wird in der **Satzung** der AG **bestimmt.**[1]

- Der **Emissionskurs** (Ausgabekurs, Bezugskurs) **der jungen Aktien** darf bei **Nennwertaktien** nicht unter dem Nennwert (unter pari) liegen.
- Bei **Stückaktien** darf der Emissionskurs **nicht unter dem Beteiligungswert einer Aktie** (dem „fiktiven Nennwert") liegen.

Eine Überpari-Emission (Ausgabekurs über dem Nennwert) ist zulässig. Sie hat zur Folge, dass der Nennwert der Kapitalerhöhung wesentlich geringer sein kann als der erforderliche Kapitalbedarf. Beispielsweise werden Aktien, die einen Nennwert von je 5,00 EUR haben, für 7,50 EUR je Aktie ausgegeben.

1 Zu den Aktienarten vgl. Kapitel 11.1.3, S. 356ff.

11.3.1.2 Genehmigte Kapitalerhöhung

Eine weitere Form der Kapitalerhöhung ist die genehmigte Kapitalerhöhung. Hierbei wird der Vorstand einer AG dazu ermächtigt, das **Grundkapital** der AG über **maximal fünf Jahre** hinweg auf **bis zu 50 %** des aktuellen Grundkapitals zu erhöhen. Das heißt, der Vorstand kann dann in diesem Zeitraum eine Kapitalerhöhung ohne weitere Zustimmung durchführen.

Der Beschluss der Hauptversammlung bedarf einer **Mehrheit** von **mindestens Dreiviertel** des bei der Beschlussfassung vertretenen Grundkapitals [§ 202 II, S. 2 AktG]. Der Beschluss der Hauptversammlung führt zu einer Satzungsänderung.[1]

Diese Art der Kapitalerhöhung ermöglicht es dem Vorstand, innerhalb von fünf Jahren einen sich **ergebenden Kapitalbedarf** schnell durch Ausgabe junger Aktien zu **decken.** Der Vorstand kann hierdurch eine **günstige Kapitalmarktlage** (z. B. Emission neuer Aktien zu hohen Börsen- bzw. Emissionskursen) ohne größere Formalitäten ausnutzen. Die neuen Aktien sollen jedoch nur mit **Zustimmung** des **Aufsichtsrats** ausgegeben werden [§ 202 III S. 2 AktG].

- Durch **Beschluss der Hauptversammlung** oder durch **Satzung** (bei Gründung) kann der Vorstand für **längstens fünf Jahre** ermächtigt werden, das gezeichnete Kapital (Grundkapital) durch Ausgabe junger Aktien gegen Einlagen bis zu einem bestimmten Nennbetrag zu erhöhen [§ 202 I, II AktG]. Dieser Nennbetrag wird als **genehmigtes Kapital** bezeichnet.
- Das genehmigte Kapital darf die **Hälfte** des zur Zeit der Ermächtigung **vorhandenen Grundkapitals nicht übersteigen** [§ 202 III AktG].

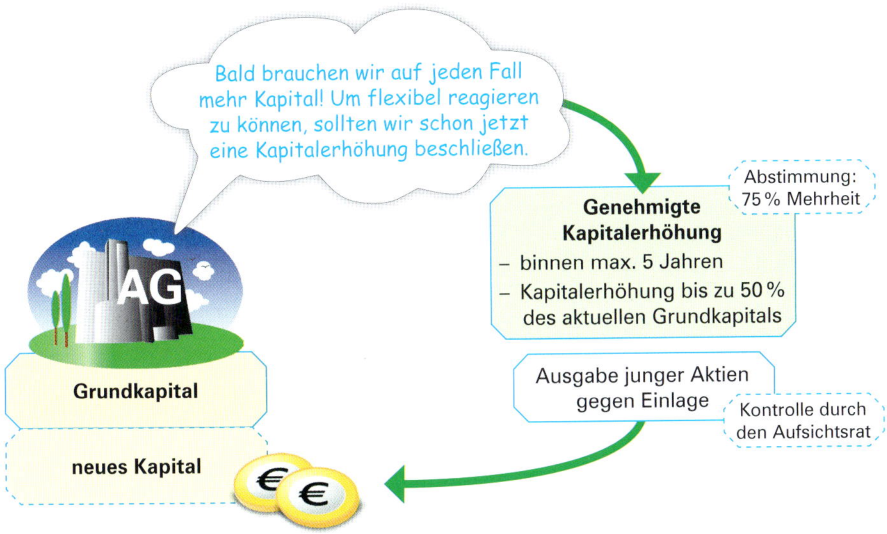

1 Die Satzung kann auch eine größere Kapitalmehrheit und weitere Erfordernisse bestimmen [§ 202 II, S. 3 AktG]. Zur Ausgabe von Aktien gegen **Sacheinlagen** siehe §§ 205 f. AktG.

Das genehmigte Kapital selbst stellt noch kein Grundkapital dar. Das Grundkapital ist erst dann erhöht, wenn die Einlagen geleistet und die Durchführung der Kapitalerhöhung in das Handelsregister eingetragen worden sind.

Das genehmigte Kapital wird entweder im Anhang oder in einer Vorspalte der Bilanz ausgewiesen.

Für die Ausgabe der neuen Aktien aufgrund der genehmigten Kapitalerhöhung **gelten sinngemäß** die **Vorschriften** zur **ordentlichen Kapitalerhöhung** (vgl. S. 387 f.).

11.3.2 Bookbuilding-Verfahren als Emissionsverfahren von Aktien erläutern

11.3.2.1 Begriff Emission von Aktien

- Die **Ausgabe** von **Wertpapieren** wird als Emission bezeichnet.
- **Emittenten** von Aktien sind Aktiengesellschaften.

Die Emission von Aktien erfolgt in den meisten Fällen unter **Mitwirkung** von **Banken,** die die Beratung, Vorbereitung und Unterbringung (Platzierung) der Aktien übernehmen (Fremdemission). Schaltet der Emittent **mehrere Banken** bei der Ausgabe von Aktien ein, bilden diese ein **Emissionskonsortium**.

Bei einem **Emissionskonsortium** handelt es sich um eine **zeitlich begrenzte Zusammenarbeit mehrerer Banken** zur Durchführung eines bestimmten Emissionsgeschäfts.

Innerhalb eines Konsortiums übernimmt in der Regel eine Bank (bei großen Emissionskonsortien unter Umständen auch mehrere Banken) die Führungsrolle als Konsortialführer.

Die Möglichkeiten der Unterbringung (Platzierung) der jungen Aktien hängen maßgeblich ab von der Bonität des Unternehmens, der Anzahl und dem Preis (Emissionskurs) der jungen Aktien. Die Zahl der im Rahmen der Kapitalerhöhung auszugebenden jungen Aktien wird durch den Hauptversammlungsbeschluss bestimmt. Der **Ausgabekurs** muss dagegen in **Abhängigkeit** von den **Absatzmöglichkeiten** am **Kapitalmarkt** festgelegt werden. In welchem Umfang der AG Finanzierungsmittel durch die Kapitalerhöhung zufließen, zeigt sich erst, wenn die Emission abgeschlossen ist und festgestellt werden kann, zu welchem Kurs wie viele Aktien verkauft wurden.

11.3.2.2 Festlegung des Emissionskurses im Bookbuilding-Verfahren

(1) Festlegung des Emissionskurses (Ausgabekurses)

Die **Untergrenze** des Emissionskurses ist gesetzlich festgelegt, da Aktien **nicht unter** ihrem **(fiktiven) Nennwert** ausgegeben werden dürfen. Die **Obergrenze** des Emissionskurses bildet zwangsläufig der **Börsenkurs** der **alten Aktien** zum Zeitpunkt der Kapitalerhöhung. Kein Kapitalanleger würde junge Aktien zu einem höheren Preis kaufen, als er für die gleichwertigen alten Aktien derzeit an der Börse bezahlen muss.

Die **Bestimmung** des **Emissionskurses** stellt ein **wichtiges Entscheidungsproblem** dar. Der Emittent bevorzugt wegen des möglichst großen Zuflusses an Finanzierungsmitteln einen hohen Emissionskurs. Für die Anleger ist der Kauf junger Aktien dagegen umso attraktiver, je geringer der Emissionskurs ist.

(2) Bookbuilding-Verfahren

Die Festlegung des Emissionskurses erfolgt inzwischen in den meisten Fällen nach dem **Bookbuilding-Verfahren.** Beim Bookbuilding-Verfahren orientiert sich die Festlegung des Emissionskurses vorrangig an der **Nachfrage** der **Kapitalanleger.**

Das Bookbuilding-Verfahren läuft in fünf verschiedenen Phasen ab.

Phasen des Bookbuildings	Erläuterungen
① **Pre-Marketing**	In der ersten Phase erkunden die Konsortialbanken vorab das Interesse möglicher (Groß-)Anleger an den neuen Aktien.
② **Marketing**	In Anlehnung an deren unverbindliche Preisangebote wird eine **Preisspanne** festgelegt und öffentlich bekannt gegeben.
③ **Ordertaking** (eigentliches Bookbuilding)	■ Danach haben alle interessierten Anleger innerhalb einer **Zeichnungsfrist** (z. B. 10 Tage) die Möglichkeit, ihre **Kaufaufträge abzugeben.** ■ Die Kaufaufträge werden in einem Orderbuch erfasst und beinhalten einen **Preis** (der innerhalb der Preisspanne liegen muss) und die **gewünschte Anzahl** an jungen Aktien, die der Anleger zu dem von ihm genannten Preis erwerben möchte.
④ **Preisfixierung**	Anschließend wird aus den vorliegenden Zeichnungswünschen ein **Emissionspreis festgelegt.**
⑤ **Zuteilung**	■ Alle unter dem festgelegten Emissionspreis abgegebenen Gebote werden von der Aktienvergabe ausgeschlossen. ■ Anleger, die bereit gewesen wären, einen höheren Preis als den endgültigen Emissionspreis zu zahlen, erhalten die jungen Aktien nun zum günstigeren Emissionspreis. ■ Sollte die vorgesehene Menge der auszugebenden jungen Aktien dabei überschritten werden (Nachfrageüberhang durch Überzeichnung), muss die tatsächliche Zuteilung vom Emissionskonsortium festgelegt oder die Anzahl der auszugebenden Aktien erhöht werden (**Mehrzuteilungsoption,** auch „Greenshoe"[1] genannt).

Beim Bookbuilding-Verfahren werden die **möglichen Aktienkäufer** unmittelbar in die **Ermittlung** des **Emissionskurses einbezogen,** indem sie **Kaufangebote** für die neuen Aktien zu einem von ihnen **innerhalb** einer vorgegebenen **Preisspanne** bestimmten **Preis** abgeben können.

1 Die Bezeichnung Greenshoe geht auf die amerikanische Firma Green Shoe Manufacturing Company zurück, die dieses Verfahren 1963 zuerst nutzte.

Beispiel:

Die Stuttgarter Erneuerbare Energien AG ist ein in ganz Deutschland tätiges Unternehmen, welches sich auf die Energieerzeugung durch Wind- und Wasserkraft spezialisiert hat. Um die Eigenkapitalbasis zu stärken und damit die Voraussetzungen für weiteres Wachstum zu legen, beschließt das Unternehmen eine ordentliche Kapitalerhöhung.

Im Rahmen der Kapitalerhöhung sollen **2 Mio. junge Aktien** zuzüglich einer **Mehrzuteilungsoption (Greenshoe) von 200000 jungen Aktien** platziert (ausgegeben) werden. In Abstimmung mit dem Emissionskonsortium wird für das **Bookbuilding-Verfahren** eine **Preisspanne von 30,00 EUR bis 36,00 EUR** festgelegt.

In den beiden folgenden Tabellen sind zwei Szenarien dargestellt, die nach Abgabe der Kaufaufträge (Zeichnungsaufträge) eintreffen könnten.

Szenario 1: Geringere Nachfrage		
Preis (EUR)	Aktiennachfrage (Stück)	Kumulierte Aktiennachfrage (Stück)
36,00	300000	300000
35,00	350000	650000
34,00	450000	1100000
33,00	400000	1500000
32,00	300000	1800000
31,00	**200000**	**2000000**
30,00	350000	2350000

Szenario 2: Höhere Nachfrage		
Preis (EUR)	Aktiennachfrage (Stück)	Kumulierte Aktiennachfrage (Stück)
36,00	800000	800000
35,00	550000	1350000
34,00	500000	1850000
33,00	**350000**	**2200000**
32,00	400000	2600000
31,00	450000	3050000
30,00	500000	3550000

Beide Szenarien gehen davon aus, dass die Emission der Erneuerbare Energien AG überzeichnet sein wird (die nachgefragte Menge ist höher als die vorgesehene Menge auszugebender junger Aktien). Im Vergleich zu Szenario 1 unterstellt Szenario 2 eine höhere Aktiennachfrage.

Aufgabe:

Ermitteln Sie für beide Szenarien den Ausgabekurs (Emissionskurs), zu dem die geplanten 2 Mio. jungen Aktien jeweils ausgegeben werden können! Berechnen Sie jeweils den erzielten Mittelzufluss![1]

Lösung:

- **Szenario 1**

Es liegen Kaufaufträge über 300000 Aktien vor, die einen Ausgabekurs von maximal 36,00 EUR zahlen würden. Weitere Kaufaufträge mit einem Umfang von 350000 Aktien sind mit einem Limit von 35,00 EUR versehen. Bei einem Preis von 35,00 EUR könnten also insgesamt 650000 junge Aktien (300000 + 350000) ausgegeben werden usw.

Damit das Unternehmen das geplante Emissionsvolumen von 2 Mio. jungen Aktien vollständig platzieren (ausgeben) kann, muss im Szenario 1 ein **Ausgabekurs von 31,00 EUR** festgelegt werden,

Das Unternehmen erzielt einen Mittelzufluss (Emissionsvolumen) von 62 Mio. EUR.

Mittelzufluss = 2 Mio. junge Aktien · 31,00 EUR = 62 Mio. EUR

1 Emissionskosten (z. B. für Werbung, Druck, Verkaufsprovisionen) verringern den Mittelzufluss; diese wurden in diesem Beispiel aus Vereinfachungsgründen weggelassen.

- **Szenario 2**

  Das zweite Szenario zeichnet sich durch eine höhere Nachfrage aus. Es liegen insgesamt mehr Kaufaufträge vor und die Anleger signalisieren darüber hinaus ihre Bereitschaft, tendenziell höhere Ausgabekurse zu bezahlen.

  Aus der Tabelle für das Szenario 2 ergibt sich ein **Ausgabekurs von 33,00 EUR.** Angesichts der vergleichsweisen hohen Nachfrage entscheidet sich die Erneuerbare Energien AG in diesem Fall dazu, die Mehrzuteilungsoption in Höhe von 200000 jungen Aktien zu nutzen und insgesamt 2,2 Mio. junge Aktien zu einem Preis von 33,00 EUR auszugeben.

  Der Mittelzufluss beträgt in diesem Szenario 72,6 Mio. EUR.

  Mittelzufluss = 2,2 Mio. junge Aktien · 33,00 EUR = 72,6 Mio. EUR

11.3.3 Veränderungen der Bilanzpositionen bei einer Kapitalerhöhung darstellen

(1) Kapitalerhöhung durch Ausgabe von Nennwertaktien

In **Höhe des Nennbetrags der gezeichneten Aktien** erhöht sich das **gezeichnete Kapital (Grundkapital)** der Gesellschaft. Bei einer AG mit Stückaktien muss sich die Zahl der Aktien in demselben Verhältnis wie das Grundkapital erhöhen [§ 182 I S. 5 AktG].

Der über den Nennbetrag hinausgehende Mittelzufluss, das sogenannte **Agio,** wird als **Kapitalrücklage ausgewiesen** [§ 272 II Nr. 1 HGB]. In Höhe des gesamten Mittelzuflusses erhöht sich das **bilanzierte Eigenkapital** der AG.

Beispiel:

Die Poggo AG weist vor der ordentlichen Kapitalerhöhung folgende (vereinfachte) Bilanz auf:

Bilanz der Poggo AG (vereinfacht)

Aktiva		Passiva	
A. Anlagevermögen	10000000,00	**A. Eigenkapital**	
B. Umlaufvermögen		I. Gezeichnetes Kapital	6000000,00
1. Vorräte	3000000,00	II. Kapitalrücklage	400000,00
2. Forderungen	1800000,00	III. Gewinnrücklagen	
3. Bank/Kasse	200000,00	1. Gesetzliche Rücklage	600000,00
		2. And. Gewinnrückl.	2000000,00
		B. Fremdkapital	6000000,00
	15000000,00		15000000,00

Das bisherige Grundkapital der Poggo AG ist aufgeteilt in 1,2 Mio. Aktien mit einem Nennwert von je 5,00 EUR. Es wird eine Kapitalerhöhung um 2 Mio. EUR mit einem Ausgabekurs von 8,00 EUR durchgeführt.[1]

Aufgaben:

1. Berechnen Sie den Mittelzufluss!
2. Ermitteln Sie das neue Eigenkapital!
3. Erstellen Sie die Bilanz nach Abschluss der ordentlichen Kapitalerhöhung!
4. Berechnen Sie den Bilanzkurs vor und nach der ordentlichen Kapitalerhöhung!

1 Aus Vereinfachungsgründen wird auf die Angabe von Emissionskosten verzichtet.

Lösungen:

Zu 1.:

Kapitalerhöhung (Geldmittelzufluss) 0,4 Mio. Aktien · 8,00 EUR =	3 200 000,00 EUR

Zu 2.:

Bisheriges Gezeichnetes Kapital		6 000 000,00 EUR
+ Erhöhung des Gezeichneten Kapitals 0,4 Mio. Aktien · 5,00 EUR =		2 000 000,00 EUR
= neues Gezeichnetes Kapital		8 000 000,00 EUR
+ bisherige Kapitalrücklage	400 000,00 EUR	
+ Erhöhung der Kapitalrücklage 0,4 Mio. Aktien · 3,00 EUR =	1 200 000,00 EUR	
= neue Kapitalrücklage		1 600 000,00 EUR
+ Gewinnrücklagen		2 600 000,00 EUR
= neues Eigenkapital		12 200 000,00 EUR

Zu 3.:

Bilanz der Poggo AG nach Abschluss der ordentlichen Kapitalerhöhung (vereinfacht)

Aktiva		Passiva	
A. Anlagevermögen	10 000 000,00	**A. Eigenkapital**	
B. Umlaufvermögen		I. Gezeichnetes Kapital	8 000 000,00
1. Vorräte	3 000 000,00	II. Kapitalrücklage	1 600 000,00
2. Forderungen	1 800 000,00	III. Gewinnrücklagen	
3. Bank/Kasse	3 400 000,00	1. Gesetzliche Rücklage	600 000,00
		2. And. Gewinnrückl.	2 000 000,00
		B. Fremdkapital	6 000 000,00
	18 200 000,00		18 200 000,00

Zu 4.:

Durch die Kapitalerhöhung hat sich das Verhältnis bilanziertes Eigenkapital zum Grundkapital verändert. Dieses Verhältnis bezeichnet man als **Bilanzkurs.**

	vor der Kapitalerhöhung	**nach der Kapitalerhöhung**
Bilanzkurs =	$\frac{9\,000\,000 \cdot 100}{6\,000\,000} = \underline{\underline{150\,\%}}$	$\frac{12\,200\,000 \cdot 100}{8\,000\,000} = \underline{\underline{152{,}50\,\%}}$

Der **Bilanzkurs** ist das Verhältnis des bilanzierten Eigenkapitals zum Grundkapital.

$$\text{Bilanzkurs} = \frac{\text{bilanziertes Eigenkapital} \cdot 100}{\text{Grundkapital}}$$

Erläuterungen zum Bilanzkurs:

Der Bilanzkurs zeigt auf, wie viel Prozent des in der Bilanz ausgewiesenen Eigenkapitals auf die Rücklagen entfallen (Bilanzkurs – 100 %). Da im Bilanzkurs die angenommenen stillen Rücklagen nicht berücksichtigt sind, ist der Börsenkurs in der Regel wesentlich höher als der Bilanzkurs.

(2) Kapitalerhöhung durch Ausgabe von Stückaktien

Beispiel:

Die Brauerei AG weist vor der ordentlichen Kapitalerhöhung folgende (vereinfachte) Bilanz auf:

Aktiva	Bilanz der Brauerei AG (vereinfacht)		Passiva
A. Anlagevermögen	8 000 000,00	**A. Eigenkapital**	
B. Umlaufvermögen		I. Gezeichnetes Kapital	4 000 000,00
1. Vorräte	1 000 000,00	II. Kapitalrücklage	300 000,00
2. Forderungen	500 000,00	III. Gewinnrücklagen	
3. Bank/Kasse	150 000,00	1. Gesetzliche Rücklage	100 000,00
		2. And. Gewinnrückl.	700 000,00
		B. Fremdkapital	4 550 000,00
	9 650 000,00		9 650 000,00

Das bisherige Grundkapital der Brauerei AG ist aufgeteilt in 2 Mio. Stückaktien. Es wird eine Kapitalerhöhung um 1 Mio. EUR mit einem Ausgabekurs von 3,00 EUR durchgeführt.

Aufgaben:

1. Berechnen Sie den Mittelzufluss!
2. Ermitteln Sie das neue Eigenkapital!
3. Erstellen Sie die Bilanz nach Abschluss der ordentlichen Kapitalerhöhung!
4. Berechnen Sie den Bilanzkurs vor und nach der ordentlichen Kapitalerhöhung!

Lösungen:

Zu 1.:

- Fiktiver Nennwert alte Aktien $= \frac{\text{Gezeichnetes Kapital}}{\text{Anzahl Stückaktien}} = \frac{\text{4 Mio. EUR}}{\text{2 Mio.}} = \text{2,00 EUR je Aktie}$
- Die Kapitalerhöhung entspricht dem Verhältnis $= \frac{\text{altes Gez. Kapital}}{\text{Erhöhung Gez. Kapital}} = \frac{\text{4 Mio. EUR}}{\text{1 Mio. EUR}} = 4:1$
- Die Zahl der Aktien muss im selben Verhältnis wie das Grundkapital erhöht werden:

  Anzahl junge Aktien $= \frac{\text{2 Mio. alte Aktien}}{4} \cdot 1 = \text{500 000 Stück}$
- Nach der Kapitalerhöhung beträgt der fiktive Nennwert weiterhin 2,00 EUR $\left(\frac{\text{5 Mio. EUR Gezeichnetes Kapital}}{\text{2,5 Mio. Aktien}}\right)$.
- Geldmittelzufluss = 500 000 junge Aktien · 3,00 EUR Ausgabekurs = 1,5 Mio. EUR

Zu 2.:

Bisheriges Gezeichnetes Kapital		4 000 000,00 EUR
+ Erhöhung des Gezeichneten Kapitals 0,5 Mio. junge Aktien · 2,00 EUR =		1 000 000,00 EUR
= neues Gezeichnetes Kapital		5 000 000,00 EUR
+ bisherige Kapitalrücklage	300 000,00 EUR	
+ Erhöhung der Kapitalrücklage 0,5 Mio. Aktien · 1,00 EUR =	500 000,00 EUR	
= neue Kapitalrücklage		800 000,00 EUR
+ Gewinnrücklagen		800 000,00 EUR
= neues Eigenkapital		6 600 000,00 EUR

Zu 3.:

Bilanz der Brauerei AG nach Abschluss der ordentlichen Kapitalerhöhung (vereinfacht)

Aktiva		Passiva	
A. Anlagevermögen	8 000 000,00	**A. Eigenkapital**	
B. Umlaufvermögen		I. Gezeichnetes Kapital	5 000 000,00
1. Vorräte	1 000 000,00	II. Kapitalrücklage	800 000,00
2. Forderungen	500 000,00	III. Gewinnrücklagen	
3. Bank/Kasse	1 650 000,00	1. Gesetzliche Rücklage	100 000,00
		2. And. Gewinnrückl.	700 000,00
		B. Fremdkapital	4 550 000,00
	11 150 000,00		11 150 000,00

Zu 4.:

Durch die Kapitalerhöhung hat sich der Bilanzkurs verändert:

	vor der Kapitalerhöhung	**nach der Kapitalerhöhung**
Bilanzkurs =	$\frac{5\,100\,000 \cdot 100}{4\,000\,000} = \underline{\underline{127{,}5\,\%}}$	$\frac{6\,600\,000 \cdot 100}{5\,000\,000} = \underline{\underline{132\,\%}}$

11.3.4 Zweck des Bezugsrechts erläutern und den Wert des Bezugsrechts berechnen

11.3.4.1 Begriff Bezugsrecht

Damit die bisherigen Aktionäre bei der Ausgabe junger (neuer) Aktien nicht benachteiligt werden, muss nach § 186 I AktG jedem Altaktionär auf sein Verlangen ein seinem Anteil an dem bisherigen Grundkapital entsprechender Teil der jungen Aktien zugeteilt werden.

Bezugsrecht ist das dem Aktionär zustehende Recht, bei einer Kapitalerhöhung einen seinem Anteil am bisherigen Grundkapital entsprechenden Teil der jungen Aktien zu beziehen.

Das Bezugsrecht kann von der Hauptversammlung mit qualifizierter Mehrheit **ausgeschlossen** werden. Ein Ausschluss kommt z. B. infrage, wenn

- die Übernahme eines Unternehmens mit den jungen Aktien der Kapitalerhöhung bezahlt werden.
- die jungen Aktien ausschließlich der Belegschaft angeboten werden.
- der Emissionskurs nahe am Börsenkurs festgelegt wird, und somit der Wert des Bezugsrechts gering ist.

Wird das Bezugsrecht ausgeschlossen, führt dies bei den Altaktionären zu einem Verlust, es sei denn, die jungen Aktien werden zum Börsenkurs emittiert.

11.3.4.2 Bezugsverhältnis

Das Bezugsverhältnis drückt das Verhältnis zwischen dem Nennwert des bisherigen Grundkapitals und dem Nennwert der Kapitalerhöhung aus.

Beispiel:

Die Poggo AG mit einem Grundkapital in Höhe von 6 000 000,00 EUR beschließt eine Kapitalerhöhung auf 8 000 000,00 EUR. Sie gibt hierzu Aktien im Nennwert von 2 000 000,00 EUR aus (siehe S. 393).

Aufgabe:

Berechnen Sie das Bezugsverhältnis!

Lösung:

$$\text{Bezugsverhältnis} = \frac{6\,000\,000 \text{ EUR}}{2\,000\,000 \text{ EUR}} = \frac{3}{1}$$

Ergebnis: Das Bezugsverhältnis beträgt 3 : 1 und besagt, dass drei Altaktien (Bezugsrechte) erforderlich sind, um eine junge Aktie erwerben zu können.

$$\textbf{Bezugsverhältnis} = \frac{\textbf{Nennwert des bisherigen Grundkapitals}}{\textbf{Nennwert der Kapitalerhöhung}}$$

11.3.4.3 Zweck des Bezugsrechts

Die Einräumung von Bezugsrechten für Altaktionäre **bewirkt zweierlei:**

- **Aufrechterhaltung** der bisherigen **Stimmrechtsverhältnisse** der Altaktionäre.
- **Ausgleich** von **Vermögensnachteilen** infolge der Kurssenkung in unterschiedlichen Vermögenssituationen.

(1) Aufrechterhaltung der bisherigen Stimmrechtsverhältnisse der Altaktionäre

Beispiel:

Die Karlsruher Chemie AG mit einem Grundkapital in Höhe von 4 000 000,00 EUR beschließt eine ordentliche Kapitalerhöhung auf 6 000 000,00 EUR. Sie gibt hierzu Aktien im Nennwert von 2 000 000,00 EUR aus. Der Altaktionär Franz Wohlhaben besitzt ein Aktienpaket im Nennwert von 1 000 000,00 EUR an dieser AG. Der Mindestnennwert der Aktie beträgt 5,00 EUR.

Aufgaben:

1. Berechnen Sie das Bezugsverhältnis!
2. Ermitteln Sie, mit wie viel Prozent Franz Wohlhaben am Grundkapital vor der Grundkapitalerhöhung beteiligt ist!
3. Ermitteln Sie, auf wie viel Prozent der Anteil von Franz Wohlhaben am Grundkapital absinken könnte, wenn kein Bezugsrecht besteht!

4. Bestimmen Sie, wie viel junge Aktien[1] Franz Wohlhaben erwerben muss, um nach der Grundkapitalerhöhung den gleichen Anteil am erhöhten Grundkapital der Karlsruher Chemie AG zu haben wie vor der Grundkapitalerhöhung!

Lösungen:

Zu 1.:

$$\text{Bezugsverhältnis} = \frac{4\,000\,000 \text{ EUR}}{2\,000\,000 \text{ EUR}} = \underline{\underline{\frac{2}{1}}}$$

Zu 2.:

Franz Wohlhaben ist mit $^1/_4$ (1 Mio. EUR : 4 Mio. EUR), das sind 25 %, an der AG beteiligt.

Zu 3.:

Ohne die Einräumung eines Bezugsrechts sinkt der Anteil von Franz Wohlhaben am Grundkapital der AG auf $^1/_6$ (1 Mio. EUR : 6 Mio. EUR), das sind $16^2/_3$ %, ab.

Zu 4.:

Das Aktienpaket von Franz Wohlhaben muss nach der Kapitalerhöhung $^1/_4$ des neuen Grundkapitals (6 Mio. EUR : 4), also 1,5 Mio. EUR betragen, d. h., er müsste 100 000 junge Aktien erwerben.

Probe: Franz Wohlhaben besitzt 200 000 Aktien (Bezugsrechte) und kann damit 100 000 junge Aktien (100 000 Aktien · 5,00 EUR = 500 000,00 EUR Nennwert) kaufen.

(2) Ausgleich von Vermögensnachteilen infolge der Kurssenkung in unterschiedlichen Vermögenssituationen

Die Ausgabe junger Aktien findet nur dann das Interesse von Kapitalanlegern, wenn der Ausgabekurs unter dem bisherigen Börsenkurs der Aktien der betreffenden Gesellschaft liegt. Niedrige Emissionskurse erleichtern zwar die Emission, haben für das Unternehmen jedoch den Nachteil, dass ihr weniger Mittel zufließen. Ein hoher Emissionskurs erschwert zwar die Emission, hat aber den Vorteil für das Unternehmen, dass ihm mehr Mittel zufließen. Die richtige Wahl des **Emissionskurses** der jungen Aktien ist somit ein wesentlicher Faktor für das Gelingen einer Kapitalerhöhung.

Nach der Emission der jungen Aktien sinkt der Börsenkurs meist auf den „Mittelkurs". Rechnerisch ist das der gewogene Durchschnitt des alten Börsenkurses und des Emissionskurses der jungen Aktien. Dem dabei entstehenden Wertverlust einer Altaktie entspricht rein rechnerisch der Wert des Bezugsrechts.

Für die Ermittlung des Mittelkurses (gewogener Durchschnitt) sind der Kurswert der alten Aktien (Anzahl alter Aktien · Kurs alte Aktien), der Kurswert der jungen Aktien (Anzahl junger Aktien · Emissionskurs), die Anzahl der alten Aktien und die Anzahl der jungen Aktien maßgebend. Der Mittelkurs ergibt sich aufgrund folgender Berechnungsformel:

$$\text{Mittelkurs} = \frac{\text{Anzahl alter Aktien} \cdot \text{Kurs alte Aktien} + \text{Anzahl junger Aktien} \cdot \text{Emissionskurs}}{\text{Anzahl alter Aktien} + \text{Anzahl junger Aktien}}$$

1 **Junge Aktien** sind Aktien, die bei einer Grundkapitalerhöhung [§§ 182 ff. AktG] den Aktionären zum Kauf angeboten werden. Die alten Aktionäre können ihr Bezugsrecht verkaufen, sodass auch Dritte die jungen Aktien erwerben können.

Beispiel: Ergänzung zum Beispiel auf S. 397

Der Börsenkurs der Aktien der Karlsruher Chemie AG mit einem Grundkapital von 4 000 000,00 EUR (800 000 Aktien zu je 5,00 EUR) beträgt vor der Kapitalerhöhung 25,00 EUR je Stück.

Der Emissionskurs von 400 000 Stück jungen Aktien im Nennwert von 5,00 EUR je Stück wird auf 22,00 EUR je Stück festgesetzt.

Aufgaben:

1. Ermitteln Sie den Mittelkurs!
2. Berechnen Sie den Vermögensverlust der Altaktionäre je Aktie!
3. Ermitteln Sie den rechnerischen Wert des Bezugsrechts!
4. Weisen Sie rechnerisch nach, dass Franz Wohlhaben, der ein Aktienpaket im Nennwert von 1 000 000,00 EUR an der Chemie AG hält, durch die Kapitalerhöhung rechnerisch keinen Vermögensnachteil erleidet, wenn er an der Kapitalerhöhung **nicht** teilnimmt!
5. Weisen Sie unter den Bedingungen zu 4. rechnerisch nach, dass Franz Wohlhaben auch keinen Vermögensnachteil erleidet, wenn er an der Kapitalerhöhung **teilnimmt!**

Lösungen:

Zu 1.:

$$\text{Mittelkurs} = \frac{800\,000 \cdot 25 + 400\,000 \cdot 22}{800\,000 + 400\,000} = \underline{\underline{24{,}00 \text{ EUR}}}$$

$$\text{Verkürzt über das Bezugsverhältnis: } \frac{2 \cdot 25 + 1 \cdot 22}{3} = \underline{\underline{24{,}00 \text{ EUR}}}$$

Ergebnis: Der Mittelkurs beträgt 24,00 EUR.

Zu 2.:

Der Vermögensverlust der Altaktionäre beträgt damit 1,00 EUR je Aktie (bisheriger Börsenkurs 25,00 EUR – Mittelkurs 24,00 EUR). Da das Bezugsrecht einen marktfähigen Wert für sich darstellt, muss diesem Vermögensverlust der rechnerische Wert des Bezugsrechts entsprechen.

Zu 3.:

Allgemein lässt sich der Wert des Bezugsrechts mithilfe folgender Berechnungsformel ermitteln:

$$\textbf{Wert des Bezugsrechts} = \frac{\textbf{Kurs der alten Aktien} - \textbf{Kurs der jungen Aktien}}{\dfrac{\textbf{Anzahl}^{1}\textbf{ der alten Aktien}}{\textbf{Anzahl}^{1}\textbf{ der jungen Aktien}} + 1}$$

Auf die Daten unseres Beispiels angewandt, ergibt das folgenden Wert:

$$\text{Wert des Bezugsrechts} = \frac{25 - 22}{\dfrac{800\,000}{400\,000} + 1} = \frac{3}{3} = \underline{\underline{1{,}00 \text{ (EUR/Stück)}}}$$

Alternative Berechnung des Werts des Bezugsrechts:

$$\textbf{Wert des Bezugsrechts} = \textbf{Kurs der alten Aktie} - \textbf{Mittelkurs}$$

Auf die Daten unseres Beispiels angewandt, ergibt das folgenden Wert:

$$\text{Wert des Bezugsrechts} = 25{,}00 \text{ EUR} - 24{,}00 \text{ EUR} = \underline{\underline{1{,}00 \text{ EUR/Stück}}}$$

1 Hierbei handelt es sich um das Bezugsverhältnis, d. h., der Bruch kann auch durch das Bezugsverhältnis ersetzt werden. Die Formel lautet dann:

$$\text{Wert des Bezugsrechts} = \frac{\text{Kurs der alten Aktien} - \text{Kurs der jungen Aktien}}{\text{Bezugsverhältnis} + 1}$$

Der rechnerisch ermittelte Wert des Bezugsrechts entspricht damit dem Wert des Vermögensverlusts, den der Altaktionär durch die Ausgabe neuer Aktien zu einem unter dem Börsenkurs liegenden Emissionskurs erleidet. Falls der Altaktionär von seinem Bezugsrecht keinen Gebrauch macht, muss der neue Aktionär den Wert des Bezugsrechts mitbezahlen.

Zu 4.:

Wert des Aktienpakets vor der Kapitalerhöhung	200 000 Aktien · 25,00 EUR = 5 000 000,00 EUR
Wert des Aktienpakets nach der Kapitalerhöhung	200 000 Aktien · 24,00 EUR = 4 800 000,00 EUR + Wert des Bezugsrechts 200 000 Aktien zu je 1,00 EUR = 200 000,00 EUR 5 000 000,00 EUR

Ergebnis: Wenn ein Altaktionär an der Kapitalerhöhung nicht teilnimmt, kann er seine Bezugsrechte verkaufen. Durch den Erlös wird der Kursverlust seiner alten Aktien ausgeglichen.

Da an der Börse die Nachfrage- und Angebotsverhältnisse den Wert des Bezugsrechts bestimmen, weicht der tatsächliche Wert meist etwas vom rechnerischen Wert ab.

Zu 5.:

Franz Wohlhaben hat vor der Kapitalerhöhung 200 000 alte Aktien (1 000 000,00 EUR Nennwert : 5,00 EUR Nennwert je Aktie). Das Bezugsverhältnis beträgt 2:1, d. h., er bekommt für zwei alte Aktien eine neue Aktie. Franz Wohlhaben kann 100 000 junge Aktien kaufen (200 000 alte Aktien : 2). Für jede junge Aktie muss er den Ausgabekurs von 22,00 EUR bezahlen. Nach der Kapitalerhöhung stellt sich der Kurs aller Aktien auf den Mittelkurs von 24,00 EUR ein.

	Kurswerte der Aktien vor der Kapitalerhöhung	**Kurswerte der Aktien nach der Kapitalerhöhung**	**Differenz der Kurswerte**
Alte Aktien	25,00 EUR alter Kurs · 200 000 alte Aktien = 5 Mio. EUR	24,00 EUR Mittelkurs · 200 000 alte Aktien = 4,8 Mio. EUR	− 200 000,00 EUR
Junge Aktien	22,00 EUR Emissionskurs · 100 000 junge Aktien = 2,2 Mio. EUR	24,00 EUR Mittelkurs · 100 000 junge Aktien = 2,4 Mio. EUR	+ 200 000,00 EUR
Insgesamt	7,2 Mio. EUR	7,2 Mio. EUR	= **0,00 EUR**

Ergebnis: Wenn ein Altaktionär an der Kapitalerhöhung teilnimmt, erleidet er keinen Vermögensnachteil. Der Kursverlust der alten Aktien wird durch den Kursgewinn der jungen Aktien genau ausgeglichen.

11.3.5 Zusammenfassendes Beispiel für die Durchführung einer ordentlichen Kapitalerhöhung

Beispiel:

Die ordentliche Hauptversammlung der Maschinenfabrik Hempel AG hat am 15. Mai 20.. beschlossen, das Grundkapital von 90 Mio. EUR auf 150 Mio. EUR durch Ausgabe von 12 Mio. junger Aktien im Nennwert von 60 Mio. EUR zu erhöhen. Der Emissionskurs der jungen Aktien beträgt 26,00 EUR je 5-EUR-Aktie. Der Börsenkurs der alten Aktien beträgt 32,00 EUR je 5-EUR-Aktie. Die Emissionskosten betragen 1,42 Mio. EUR. Die stark vereinfachte Bilanz weist vor der Kapitalerhöhung folgende Werte aus:

Bilanz der Maschinenfabrik Hempel AG in TEUR

Aktiva		Passiva	
Verschiedene Aktivposten	3682000	Gezeichnetes Kapital	90000
Liquide Mittel	48000	Übrige Passiva	3640000
	3730000		3730000

Aufgaben:

1. Berechnen Sie den Vermögenszuwachs der Maschinenfabrik Hempel AG! Ermitteln Sie die Höhe des Agios!
2. Stellen Sie die Bilanz nach der Kapitalerhöhung auf!
3. Ermitteln Sie das Bezugsverhältnis!
4. Berechnen Sie den Mittelkurs und den rechnerischen Wert des Bezugsrechts!
5. Bestimmen Sie den Betrag, den der Aktionär Sigi, der 150 Aktien besitzt, aufzubringen hat, wenn er an der Kapitalerhöhung teilnimmt![1]
6. Prüfen Sie, ob der Aktionär Sigi einen Vermögensverlust erleidet, wenn er an der Kapitalerhöhung nicht teilnimmt![1]

Lösungen:

Zu 1.: Kapitalfluss

60 Mio. EUR : 5,00 EUR = 12000000 Aktien · 26,00 EUR =	312,00 Mio. EUR
– Emissionskosten:	1,42 Mio. EUR
= Vermögenszuwachs	310,58 Mio. EUR
Agio: 12000000 Aktien · (26,00 EUR – 5,00 EUR) =	252,00 Mio. EUR

Zu 2.:

Bilanz der Maschinenfabrik Hempel AG in TEUR nach der Kapitalerhöhung

Aktiva		Passiva	
Verschiedene Aktivposten	3682000	Gezeichnetes Kapital (90000 + 60000)	150000
Liquide Mittel (48000 + 312000 – 1420)	358580	Kapitalrücklage	252000
Aktive Jahresabgrenzung*	1420	Übrige Passiva	3640000
	4042000		4042000

* Die Emissionskosten werden bis zum folgenden Jahresabschluss aktiviert. Im Rahmen des Jahresabschlusses werden sie dann als Aufwand in die GuV-Rechnung übernommen.

1 Kauf- und Verkaufsspesen bleiben unberücksichtigt.

Zu 3.:

$$\text{Bezugsverhältnis} = \frac{90}{60} = \underline{\underline{\frac{3}{2}}}$$

Zu 4.:

$$\text{Mittelkurs} = \frac{18\,000\,000 \cdot 32 + 12\,000\,000 \cdot 26}{18\,000\,000 + 12\,000\,000} = \underline{\underline{29{,}60 \text{ EUR}}}$$

$$\text{Wert des Bezugsrechts} = \frac{32 - 26}{\frac{3}{2} + 1} = \underline{\underline{2{,}40 \text{ EUR}}}$$

Zu 5.:

Der Aktionär Sigi besitzt 150 Bezugsrechte, d. h., er kann 100 junge Aktien beziehen. Er muss hierzu 100 · 26,00 EUR = 2600,00 EUR aufwenden.

Zu 6.:

Vermögensverlust des Aktionärs Sigi: 150 · (32,00 EUR – 29,60 EUR) =	360,00 EUR
Erlös aus dem Verkauf von Bezugsrechten: 150 · 2,40 EUR =	360,00 EUR

Der Vermögensverlust wird durch den Erlös aus dem Verkauf der Bezugsrechte ausgeglichen.

Kompetenztraining

152 Überblick

Fassen Sie die grundlegenden Aussagen des vorangegangenen Kapitels 11.3 übersichtlich auf einer DIN-A4-Seite zusammen!

153 Grundlagen zur Kapitalerhöhung

1. Die Ulmer Baustoffe AG gibt 500 000 Stück junge Aktien im Nennwert von 5,00 EUR je Stück zum Kurs von 180,00 EUR/Stück heraus. An Emissionskosten fallen 9 000 000,00 EUR an.

   Aufgaben:

   1.1 Berechnen Sie die Erhöhung des gezeichneten Kapitals der AG!

   1.2 Ermitteln Sie die Höhe des Finanzmittelzuflusses bei der AG!

   1.3 Bestimmen Sie den Betrag, um den sich das Eigenkapital der AG erhöht und schlüsseln Sie den Betrag auf die entsprechenden Bilanzposten auf!

2. Eine AG weist auf der Passivseite der Bilanz u. a. folgende Positionen aus:

Gezeichnetes Kapital	8 000 000,00 EUR	Gewinnvortrag	28 000,00 EUR
Kapitalrücklage	700 000,00 EUR	Jahresfehlbetrag	750 000,00 EUR
Gesetzliche Rücklage	800 000,00 EUR		

   Aufgaben:

   2.1 Geben Sie die Höhe des bilanzierten Eigenkapitals an!

   2.2 Erläutern Sie, welchen Betrag das Haftungskapital der AG umfasst!

   2.3 Ermitteln Sie, wie viel Aktien die Aktionäre besitzen, wenn die Aktien einen Nennwert von 5,00 EUR je Stück aufweisen!

2.4 Berechnen Sie, welchen Vermögenswert die Aktien repräsentieren, wenn ihr Kurs 85,00 EUR je Stück beträgt!

154 Bezugsrecht und Mittelzufluss

1. Die Hauptversammlung der Kolbinger Mineral AG beschließt mit qualifizierter Mehrheit eine ordentliche Kapitalerhöhung um 36 Mio. EUR auf 96 Mio. EUR. Der Börsenkurs der Altaktien wird mit 200,00 EUR notiert. Der Emissionskurs beträgt 150,00 EUR je 10-EUR-Aktie.

   Aufgaben:

   1.1 Ermitteln Sie das Bezugsverhältnis und den rechnerischen Wert des Bezugsrechts!

   1.2 Bestimmen Sie den Mittelzufluss der Kolbinger Mineral AG! Ermitteln Sie die Höhe des Agios und geben Sie an, in welchem Bilanzposten das Agio ausgewiesen wird!

   1.3 Prüfen Sie, ob die AG auch einen höheren Emissionskurs für die jungen Aktien hätte festlegen können!

2. Nennen Sie zwei Nachteile, die ein Altaktionär hat, wenn das Bezugsrecht ausgeschlossen wird!

3. Die Wagner Tiefbau AG plant eine Investition über 27 Mio. EUR. Der erzielbare Emissionskurs je 5-EUR-Aktie liegt bei 70,00 EUR.

   Aufgabe:

   Ermitteln Sie, wie hoch die Kapitalerhöhung mindestens sein muss, damit das Investitionsvorhaben durchgeführt werden kann! (Emissionskosten 1 Mio. EUR)

155 Umsetzung einer odentlichen Kapitalerhöhung

Die Lörracher Feintechnik AG stellt hochwertige Präzisionswerkzeuge her. Die zusammengefasste Bilanz des Unternehmens weist folgende Werte aus:

Aktiva — Zusammengefasste Bilanz am 31. Dez. 20.. in TEUR — Passiva

Aktiva		Passiva	
Sachanlagen	222 000	Gezeichnetes Kapital	50 000
Vorräte	272 000	Kapitalrücklage	20 000
Forderungen und flüssige Mittel	240 000	Gesetzliche Rücklage	5 000
		Rückstellungen	380 200
		Verbindlichkeiten	278 800
	734 000		734 000

Die 10 Mio. Stückaktien der Lörracher Feintechnik AG befinden sich zu 70 % im Besitz der Gründerfamilie. Im Vorjahr ging die AG an die Börse. Seither sind 30 % der Aktien, die früher auch im Familienbesitz waren, breit gestreut.

Aufgaben:

1. Geben Sie zwei Gründe an, die die Lörracher Feintechnik AG zum Schritt an die Börse veranlasst haben könnten!

2. Die Expansion des Unternehmens macht die Zuführung von weiterem Eigenkapital notwendig. Im Folgejahr soll eine Kapitalerhöhung gegen Einlagen von 10 Mio. EUR durchgeführt werden. Die Emissionskosten betragen 750 000,00 EUR. Die Börse notiert die Lörracher Feintechnik-Aktie vor der Kapitalerhöhung mit 42,00 EUR.

   2.1 Die Lörracher Feintechnik AG muss für die jungen Aktien den Emissionskurs festlegen. Nennen Sie Gesichtspunkte, die hierbei zu berücksichtigen sind! Gehen Sie dabei auch auf den höchstmöglichen und den theoretisch niedrigsten Emissionskurs ein!

2.2 Der Börsenkurs wird nach der Kapitalerhöhung mit 39,00 EUR notiert.

2.2.1 Bestimmen Sie den Emissionskurs rechnerisch in EUR!

2.2.2 Geben Sie an, wie sich die entsprechenden Bilanzposten verändert haben!

2.3 Berechnen Sie den Bilanzkurs vor und nach der Kapitalerhöhung und beschreiben Sie die Aussagekraft des Bilanzkurses!

3. Die Ravensburger Baumaschinen AG, die in gutem Geschäftskontakt mit der Lörracher Feintechnik AG steht, möchte ihre Kapazität deutlich erhöhen. Dazu benötigt sie 20 Mio. EUR, die durch eine Kapitalerhöhung im Verhältnis 8 : 1 beschafft werden sollen. Das bisherige gezeichnete Kapital beträgt 80 Mio. EUR. Die Aktien haben einen Nennwert von 100,00 EUR/Aktie. Der Kurs der alten Aktie liegt bei 239,25 EUR.

3.1 In der Hauptversammlung sind 60 Mio. EUR des Grundkapitals vertreten. Ermitteln Sie, wie viele Stimmen mindestens für die Kapitalerhöhung abgegeben werden müssen! (Gesetzliche Grundlage: § 182 I AktG)

3.2 Begründen Sie die Ober- und Untergrenze für den Ausgabekurs einer jungen Aktie! (Gesetzliche Grundlage: § 9 AktG)

3.3 Ermitteln Sie den tatsächlichen Ausgabekurs einer jungen Aktie, wenn durch den Mittelzufluss zusätzlich die sofort fälligen Emissionskosten in Höhe von 5 % des Kapitalbedarfs gedeckt werden sollen!

3.4 Geben Sie an, welche Bilanzposten sich in welcher Höhe ändern!

3.5 Berechnen Sie den Mittelkurs, der sich nach Ausgabe der jungen Aktien ergibt!

3.6 Aktionär Müller, der 150 alte Aktien besitzt und nicht an der Kapitalerhöhung teilgenommen hat, ist über den Kursrückgang seiner Papiere sehr verärgert.

Weisen Sie rechnerisch nach, dass er insgesamt keinen Vermögensverlust erleidet! Gehen Sie davon aus, dass die Bezugsrechte zum rechnerischen Wert an der Börse verkauft werden.

156 Genehmigte Kapitalerhöhung

Die Baumarkt AG hat ein Grundkapital von 30 Mio. EUR. Sie plant, durch Übernahme bestehender Baumärkte zu expandieren. Dafür will der Vorstand im geeigneten Augenblick die erforderlichen Finanzmittel verfügbar haben. Er möchte deshalb einen Beschluss der Hauptversammlung herbeiführen, der ihm den notwendigen Handlungsspielraum gibt.

Aufgaben:

1. Erläutern Sie, warum eine sofortige Kapitalerhöhung gegen Einlagen für diesen Zweck nicht geeignet ist!

2. Der Vorstand möchte für die vorgesehene Expansion einen finanziellen Verfügungsrahmen von 15 Mio. EUR schaffen. Er schlägt deshalb der Hauptversammlung vor, ihn zu ermächtigen, im Bedarfsfall das Grundkapital bis zum Nennbetrag von 10 Mio. EUR durch Ausgabe neuer Nennwertaktien gegen Einlagen zu erhöhen. Die Festlegung der Ausgabebedingungen soll ihm überlassen bleiben.

2.1 Erklären Sie, warum der Vorstand das Grundkapital nur um 10 Mio. EUR erhöhen möchte, obwohl er sich einen Verfügungsrahmen von 15 Mio. EUR schaffen will!

2.2 Formulieren Sie ein Argument, mit welchem der Vorstand seinen Vorschlag begründen könnte, dass ihm die Ausgabebedingungen der jungen Aktien überlassen bleiben sollen!

3. Die Hauptversammlung stimmt dem Vorschlag des Vorstandes zu. Geben Sie an, welche Mehrheit dazu erforderlich ist!

4. Der Vorstand benötigt zum Kauf zweier Baumärkte 8 Mio. EUR. Zur Finanzierung will er aus dem genehmigten Kapital Aktien zum Kurs von 2,00 EUR je 1,00 EUR Nennwert ausgeben.
   4.1 Erläutern Sie, welche Absicht die AG mit der Ausgabe von Aktien mit 1,00 EUR Nennwert verfolgt!
   4.2 Berechnen Sie, welchem Gesamtnennwert die auszugebenden jungen Aktien entsprechen!

157 Bookbuilding-Verfahren

Die Maschinenbau AG in Friedrichshafen hat ein Grundkapital von 100 Mio. EUR, welches auf 5 Mio. Stückaktien aufgeteilt ist. Um weitere Absatzmärkte außerhalb Europas erschließen zu können, werden finanzielle Mittel in Höhe von 18 Mio. EUR benötigt. Diese sollen durch eine Kapitalerhöhung gegen Einlagen beschafft werden. Dazu wird das Grundkapital um 10 % erhöht. Emissionskosten in Höhe von 500 000,00 EUR sollen ebenfalls durch die Kapitalerhöhung abgedeckt werden. Der Kurs der alten Aktie liegt bei 43,00 EUR.

Aufgaben:

1. Nennen Sie die Gesichtspunkte, die bei der Festlegung des Ausgabekurses berücksichtigt werden müssen!
2. Geben Sie die Ober- und Untergrenze für den Ausgabekurs an!
3. Berechnen Sie den Kurs, zu dem die jungen Aktien mindestens ausgegeben werden müssen, um den Finanzbedarf zu decken!
4. Die Maschinenbau AG hat ein Bankenkonsortium unter Führung der Deutschen Investmentbank AG beauftragt, die Kapitalerhöhung zu begleiten.
   4.1 Erläutern Sie, welche Aufgabe dem Bankenkonsortium bei der Kapitalerhöhung zukommt!
   4.2 Erklären Sie, warum für die Ausgabe der jungen Aktien kein fester Ausgabekurs festgelegt wurde!
   4.3 Nachdem die Deutsche Investmentbank AG den Mindestausgabekurs ermittelt hat (siehe 3.), führt sie zusammen mit den anderen Konsortialbanken Gespräche mit potenziellen Investoren. Auf Basis dieser Gespräche und in Absprache mit der Maschinenbau AG, legt die Deutsche Investmentbank AG im Rahmen des Bookbuilding-Verfahrens eine Zeichnungsspanne von 37,00 EUR bis 43,00 EUR pro Aktie fest. Während der Zeichnungsfrist sammelt die Deutsche Investmentbank AG die in der nachfolgenden Tabelle dargestellten Zeichnungsaufträge interessierter Käufer. Vorlage

Zwischen der Maschinenbau AG und der Deutschen Investmentbank AG ist vereinbart, dass sämtliche zur Platzierung vorgesehenen Aktien den Investoren nach der Höhe ihrer Gebote zugeteilt werden sollen.

Preis der jungen Aktien (EUR)	Nachfrage nach Aktien (Stück)
43,00	100 000
42,00	150 000
41,00	250 000
40,00	200 000
39,00	100 000
38,00	150 000
37,00	100 000

Aufgabe:
Ermitteln Sie die Höhe des Emissionskurses und den Mittelzufluss!

158 Auswirkungen einer Kapitalerhöhung

Die Göppinger Maschinenbau-AG plant, ihr Produktprogramm um den Bereich Umwelttechnologie zu erweitern. Der Vorstand rechnet mit einem Investitionsvolumen im Anlagenbereich von 250 Mio. EUR.

Auszug aus der vereinfachten Bilanz:

Aktiva — Bilanz am 31. Dez. 20.. (in Mio. EUR) — Passiva

Aktiva		Passiva	
Bebaute Grundstücke	520	Gezeichnetes Kapital	210
Technische Anlagen	455	Kapitalrücklage	295
Betriebs- und Geschäftsausstattung	205	Gesetzliche Rücklage	21
Wertpapiere des Anlagevermögens	70	Jahresüberschuss	47
Roh-, Hilfs- u. Betriebsstoffe	150	Pensionsrückstellungen	149
Unfertige Erzeugnisse	42	Sonstige Rückstellungen	58
Fertigerzeugnisse	78	Langfristige Verbindlichkeiten	582
Forderungen a. Lief. u. Leist.	125	Kurzfristige Verbindlichkeiten	316
Bank	29		
Kassenbestand	4		
	1678		1678

Die Göppinger Maschinenbau-AG hat bisher 42 Mio. Stückaktien ausgegeben. Der Vorstand schlägt der Hauptversammlung vor, eine Kapitalerhöhung gegen Einlagen im Verhältnis 3 : 2 durchzuführen. Der gegenwärtige Kurs der Aktie beträgt 14,50 EUR.

Aufgaben:

1. Berechnen Sie, zu welchem Emissionskurs die jungen Aktien ausgegeben werden müssen, wenn der Mittelzufluss den Kapitalbedarf und die Emissionskosten von 10,4 Mio. EUR decken soll!
2. Stellen Sie die Auswirkungen der Kapitalerhöhung auf die Bilanzposten dar!
3. Aktionär Häberle, der über 10,2 Mio. Stückaktien verfügt, wendet sich in der Hauptversammlung gegen die vorgeschlagene Kapitalerhöhung. Prüfen Sie, ob sich Häberle durchsetzen kann!
4. Aktionär Sieber, der keine jungen Aktien kaufen will, ist über den zu erwartenden Kursrückgang seiner siebzig Altaktien als Folge der Kapitalerhöhung empört. Weisen Sie rechnerisch nach, dass er insgesamt keinen Vermögensnachteil erleidet!

159 Kapitalerhöhung aus der Sicht der Aktionäre

Der Vorstand einer AG schlägt der Hauptversammlung zur Finanzierung von Erweiterungsinvestitionen eine Erhöhung des Grundkapitals um 50 Mio. EUR auf 550 Mio. EUR vor. Der Börsenkurs der alten Stückaktien mit einem Grundkapitalanteil von 5,00 EUR je Aktie beträgt 26,00 EUR. Die jungen Aktien sollen in Stücken mit je 5,00 EUR Grundkapitalanteil zum Emissionskurs von 18,00 EUR ausgegeben werden.

Aufgaben:

1. Berechnen Sie den Geldmittelzufluss für die AG und das dabei erzielte Agio (ohne Berücksichtigung von Emissionskosten)!
2. Bestimmen Sie den rechnerischen Wert des Bezugsrechts in EUR!
3. Ermitteln Sie, wie hoch der Emissionskurs für die emittierten jungen Aktien sein müsste, um bei einem Bezugsverhältnis von 5 : 1 und dem bisherigen (alten) Grundkapital nicht 50 Mio. EUR, sondern 250 Mio. EUR beschaffen zu können!
4. Im Zusammenhang mit der Kapitalerhöhung will ein Aktionär, der 40 alte Aktien besitzt, Auskunft darüber haben, wie viel Bezugsrechte er zum Erwerb von 9 jungen Aktien noch kaufen muss. Geben Sie Auskunft!
5. Stellen Sie fest, wie viel junge Aktien ein anderer Aktionär, der 70 alte Aktien zu je 5,00 EUR Nennwert besitzt, kaufen kann, wenn er noch insgesamt 960,00 EUR anlegen will (Kosten bleiben unberücksichtigt)!

12 Jahresabschluss der Aktiengesellschaft

12.1 Handelsrechtliche Vorschriften zur Erstellung von Jahresabschlüssen und deren Zielsetzung erklären und diese anhand einer großen Aktiengesellschaft analysieren sowie die Bedeutung der Grundsätze ordnungsmäßiger Bilanzierung beschreiben

BPE 12 **Handlungssituation 1: Bestandteile des Jahresabschlusses einer großen AG darstellen**

Die mittlerweile an der Börse notierte Sport-Burr AG aus dem Ulmer Industriepark verschickt an ihre Aktionäre nebenstehende Tagesordnung zur Hauptversammlung:

Sport-Burr AG

TAGESORDNUNG
zur
ORDENTLICHEN HAUPTVERSAMMLUNG

der Sport-Burr AG
am 10. April 20..

Ort: City-Centre Ulm
Beginn: 11.00 Uhr

TOP 1: Vorlage des festgestellten Jahresabschlusses mit Lagebericht für das vergangene Geschäftsjahr

⋮

TOP 6: Sonstiges

Kompetenzorientierte Arbeitsaufträge:

1. Nennen Sie die gesetzlichen Bestandteile, aus denen der Jahresabschluss der Sport-Burr AG besteht!
2. Erläutern Sie, wer bei einer AG den Jahresabschluss erstellt und welche Bedeutung die Feststellung des Jahresabschlusses hat!
3. Beschreiben Sie die wesentlichen Unterschiede im Informationsgehalt von Anhang und Lagebericht!

12.1.1 Handelsrechtliche Vorschriften hinsichtlich Aufstellung, Prüfung und Offenlegung des Jahresabschlusses erklären

12.1.1.1 Begriff und Aufgabe des Jahresabschlusses[1]

Der Jahresabschluss einer Kapitalgesellschaft soll einen möglichst sicheren Einblick in die Vermögens-, Ertrags- und Finanzlage des Unternehmens gewährleisten. Deshalb stellt der Gesetzgeber hohe Anforderungen an den Inhalt und die Form des Jahresabschlusses.

1 Zu den Adressaten des Jahresabschlusses siehe Kapitel 12.3.1, S. 450.

Zum Jahresabschluss zählt man alle Maßnahmen, Arbeiten und Aufstellungen, die nötig sind, um die Vermögens- und Kapitallage des Unternehmens, seinen Erfolg sowie alle sonstigen Verhältnisse darzustellen.

Der **Jahresabschluss** ist ein **Dokument** (Beweisstück) und eine **Rechnungslegung** für eine bestimmte Rechnungsperiode.

12.1.1.2 Aufstellungs-, Prüfungs- und Offenlegungspflicht

(1) Abhängigkeit der Rechnungslegungsvorschriften von der Größe der Kapitalgesellschaft

Maßgebend für den Zeitpunkt der Aufstellungspflicht, den Umfang der Prüfungspflicht und die Art der Offenlegungspflicht ist die Größe der Kapitalgesellschaft (KapG). Es wird zwischen kleinsten, kleinen, mittelgroßen und großen Kapitalgesellschaften unterschieden [§ 267 I bis III HGB].

Merkmal / Größenklasse	Bilanzsumme Mio. EUR	Umsatzerlöse Mio. EUR	durchschnittliche Anzahl der Arbeitnehmer
Kleinst-KapG	bis einschl. 0,35	bis einschl. 0,7	bis einschl. 10
kleine KapG	über 0,35 bis 6	über 0,7 bis 12	über 10 bis 50
mittelgroße KapG	über 6 bis 20	über 12 bis 40	über 50 bis 250
große KapG	über 20	über 40	über 250

Für die Einordnung in eine der vier Größenklassen müssen zwei der drei angegebenen Merkmale an zwei aufeinanderfolgenden Bilanzstichtagen erfüllt sein [§ 267 IV HGB]. Außerdem gelten Kapitalgesellschaften auch dann als groß, wenn sie einen organisierten Markt[1] durch von ihnen ausgegebene Wertpapiere[2] in Anspruch nehmen oder die Zulassung derartiger Wertpapiere zum Handel an einem organisierten Markt beantragt haben [§§ 267 III, 264d HGB].

(2) Aufstellungs- und Prüfungspflicht

Für die Erstellung (Aufstellung) des Jahresabschlusses bei Kapitalgesellschaften sind deren gesetzliche Vertreter (Vorstand bei der AG, Geschäftsführer bei der GmbH) verantwortlich.

1 **Organisierte Märkte** im Sinne des Wertpapierhandelsgesetzes sind Märkte, die von staatlich anerkannten Stellen [vor allem durch die „Bundesanstalt für Finanzdienstleistungsaufsicht (Bafin)"] geregelt und überwacht werden, regelmäßig stattfinden und für das Publikum (z. B. Käufer und Verkäufer der Effekten) unmittelbar oder mittelbar zugänglich sind.

2 Hierzu gehören z. B. Aktien, Zertifikate, die Aktien vertreten, Schuldverschreibungen und Investmentzertifikate der Kapitalanlagegesellschaften.

Arten	Aufstellungspflicht	Prüfungspflicht
große und mittelgroße Kapitalgesellschaften	Sie haben den Jahresabschluss und den Lagebericht in den **ersten drei Monaten des Geschäftsjahres** für das vergangene Geschäftsjahr aufzustellen [§ 264 I, S. 3 HGB].	Sie müssen ihren Jahresabschluss mit Lagebericht durch einen **Abschlussprüfer** prüfen lassen [§ 316 I, S. 1 HGB]. Der Jahresabschluss ist unter **Einbeziehung der Buchführung** zu prüfen [§ 317 I, S. 1 HGB].
kleine Kapitalgesellschaften und Kleinstkapitalgesellschaften	Sie können ihren Jahresabschluss innerhalb der **ersten sechs Monate** des Geschäftsjahres aufstellen [§ 264 I, S. 4 HGB].	Sie sind von der **Abschlussprüfung befreit** [§ 316 I, S. 1 HGB].

Billigt der Aufsichtsrat den Jahresabschluss, so ist dieser offiziell festgestellt und somit rechtsverbindlich [§ 172 AktG]. Folglich ist auch die Höhe des Bilanzgewinns festgestellt, welcher der Hauptversammlung zur Beschlussfassung über die genaue Verwendung vorgelegt wird [§ 174 AktG].

(3) Offenlegungspflicht

Für die Speicherung und Veröffentlichung des Jahresabschlusses eines Unternehmens ist der **Betreiber des Bundesanzeigers**[1] zuständig [§ 325 I, S. 2 HGB]. Veröffentlichungspflichtig sind:

- **Kapitalgesellschaften** (z. B. AG, GmbH) und
- **Personengesellschaften,** bei denen nicht wenigstens ein persönlich haftender Gesellschafter eine natürliche Person ist (z. B. GmbH & Co. KG). Sobald eine **natürliche Person unbeschränkt** für die Verbindlichkeiten der Personengesellschaft haftet, zählt die Personengesellschaft **nicht** zu den veröffentlichungspflichtigen Unternehmen.

Welche Unterlagen beim Betreiber des Bundesanzeigers einzureichen sind, hängt von der **Größenklasse** der Gesellschaft ab.

	Große Kapitalgesellschaft	Mittelgroße Kapitalgesellschaft	Kleine Kapitalgesellschaft
Bilanz, GuV	Ungekürzte Gliederung ■ Bilanz [§ 266 II, III HGB] ■ GuV [§ 275 HGB]	■ Ungekürzte Bilanz [§ 266 II, III HGB] ■ Verkürzte GuV [§ 276 HGB]	Verkürztes Schema ■ Bilanz [§ 266 I HGB] ■ GuV [§ 276 HGB]
Anhang[2]	Alle Erläuterungen und Ergänzungen nach § 284 II, III HGB	Teilweise Freistellung von Berichtspflicht [§ 276 II HGB]	Weitgehende Freistellung [§ 288 I HGB]
Lagebericht[2]	Berichtspflicht nach § 289 HGB		Keine Berichtspflicht

1 Der **Bundesanzeiger** ist die zentrale Plattform für amtliche Verkündungen und Bekanntmachungen sowie für rechtlich relevante Unternehmensnachrichten (www.bundesanzeiger.de).

2 Zu Einzelheiten siehe S. 415 ff.

Die Unterlagen müssen spätestens **ein Jahr nach dem Abschlussstichtag des Geschäftsjahres elektronisch** beim Betreiber des Bundesanzeigers eingereicht werden. Ein Verstoß gegen die Offenlegungspflicht gilt als Ordnungswidrigkeit und kann mit einem Bußgeld geahndet werden.

Hinweis:

Kapitalmarktorientierte Kapitalgesellschaften, deren Wertpapiere jeglicher Art auf einem organisierten Kapitalmarkt zugelassen sind, müssen

- zusätzlich noch einen **Eigenkapitalspiegel** (siehe S. 415 f.) und eine **Kapitalflussrechnung** (siehe S. 416) erstellen [§ 264 I, S. 2 HGB] sowie
- den **Jahresabschluss innerhalb von vier Monaten** des neuen Geschäftsjahres offenlegen [§ 325 IV HGB].

Ansonsten gelten unabhängig von der Größe die Vorschriften für große Kapitalgesellschaften.

12.1.2 Bestandteile des Jahresabschlusses einer großen AG nach HGB darstellen

12.1.2.1 Bilanz

Die **Bilanz** ist grundsätzlich in **Kontoform** aufzustellen. Das gilt unabhängig von der Rechtsform für alle Unternehmen. Für große und mittelgroße Kapitalgesellschaften gelten uneingeschränkt die durch § 266 HGB vorgegebenen **Gliederungsgesichtspunkte**: Grobgliederung (nach großen Buchstaben A bis C), Untergliederung (in römischen Ziffern) und weitere Untergliederung (mit arabischen Ziffern) sowie die Bezeichnungen und die Reihenfolge der einzelnen Bilanzposten.

Große Kapitalgesellschaften müssen ihre Bilanzen veröffentlichen. Außerdem schreibt das HGB zur Erhöhung der Bilanzklarheit noch folgende **Angaben** vor:

- Für jeden einzelnen **Bilanzposten des Anlagevermögens** muss dessen Entwicklung im Anhang dargestellt werden [§ 284 III HGB]. Eine mögliche Darstellungsform ist der Anlagespiegel (vgl. S. 415).
- Die **Höhe der Forderungen** mit einer **Restlaufzeit von mehr als einem Jahr** muss bei dem jeweiligen Bilanzposten gesondert ausgewiesen werden [§ 268 IV HGB].
- Der **Betrag der Verbindlichkeiten** mit einer **Restlaufzeit bis zu einem Jahr** und der Betrag der Verbindlichkeiten mit einer **Restlaufzeit von mehr als einem Jahr** ist bei dem jeweiligen Bilanzposten anzugeben oder in Form eines Verbindlichkeitenspiegels[1] darzustellen [§ 268 V, S. 1 HGB]. Unabhängig von dieser die Bilanz betreffenden Vorgabe bleibt die Verpflichtung bestehen, **im Anhang** Verbindlichkeiten mit einer **Laufzeit von mehr als fünf Jahren anzugeben** [§ 285 Nr. 1 HGB].
- **Eventualverbindlichkeiten** (z. B. aus Bürgschaften oder aus Gewährleistungsverträgen) müssen unter der Bilanz [§ 251 HGB] oder im Anhang [§ 268 VII HGB] gesondert ausgewiesen werden.

1 Der Bildungsplan sieht die Behandlung des Verbindlichkeitenspiegels nicht vor.

PDF

Gliederung der Bilanz [§ 266 II, III HGB]

Aktiva — Bilanz — Passiva

A. Anlagevermögen:

I. Immaterielle Vermögensgegenstände:
1. selbst geschaffene gewerbliche Schutzrechte und ähnliche Rechte und Werte;
2. entgeltlich erworbene Konzessionen, gewerbliche Schutzrechte und ähnliche Rechte sowie Lizenzen an solchen Rechten und Werten;
3. Geschäfts- oder Firmenwert;
4. geleistete Anzahlungen;

II. Sachanlagen:
1. Grundstücke, grundstücksgleiche Rechte und Bauten einschl. der Bauten auf fremden Grundstücken;
2. technische Anlagen und Maschinen;
3. andere Anlagen, Betriebs- und Geschäftsausstattung;
4. geleistete Anzahlungen u. Anlagen im Bau;

III. Finanzanlagen:
1. Anteile an verbundenen Unternehmen;
2. Ausleihungen an verbundene Unternehmen;
3. Beteiligungen;
4. Ausleihungen an Unternehmen, mit denen ein Beteiligungsverhältnis besteht;
5. Wertpapiere des Anlagevermögens;
6. sonstige Ausleihungen.

B. Umlaufvermögen:

I. Vorräte:
1. Roh-, Hilfs- und Betriebsstoffe;
2. unfertige Erzeugnisse, unfertige Leistungen;
3. fertige Erzeugnisse und Waren;
4. geleistete Anzahlungen;

II. Forderungen und sonstige Vermögensgegenstände:
1. Forderungen a. Lieferungen u. Leistungen;
2. Forderungen gegen verbundene Unternehmen;
3. Forderungen gegen Unternehmen, mit denen ein Beteiligungsverhältnis besteht;
4. sonstige Vermögensgegenstände;

III. Wertpapiere:
1. Anteile an verbundenen Unternehmen;
2. sonstige Wertpapiere;

IV. Kassenbestand, Bundesbankguthaben, Guthaben bei Kreditinstituten und Schecks.

C. Rechnungsabgrenzungsposten.

D. Aktive latente Steuern.

E. Aktiver Unterschiedsbetrag aus der Vermogensverrechnung.

A. Eigenkapital:

I. Gezeichnetes Kapital;

II. Kapitalrücklage;

III. Gewinnrücklagen:
1. gesetzliche Rücklage;
2. Rücklage für Anteile an einem herrschenden oder mehrheitlich beteiligten Unternehmen;
3. satzungsmäßige Rücklagen;
4. andere Gewinnrücklagen;

IV. Gewinnvortrag/Verlustvortrag;

V. Jahresüberschuss/Jahresfehlbetrag.

B. Rückstellungen:
1. Rückstellungen für Pensionen und ähnliche Verpflichtungen;
2. Steuerrückstellungen;
3. sonstige Rückstellungen.

C. Verbindlichkeiten:
1. Anleihen, davon konvertibel;
2. Verbindlichkeiten gegenüber Kreditinstituten;
3. erhaltene Anzahlungen auf Bestellungen;
4. Verbindlichkeiten aus Lieferungen und Leistungen;
5. Verbindlichkeiten aus der Annahme gezogener Wechsel und der Ausstellung eigener Wechsel;
6. Verbindlichkeiten gegenüber verbundenen Unternehmen;
7. Verbindlichkeiten gegenüber Unternehmen, mit denen ein Beteiligungsverhältnis besteht;
8. sonstige Verbindlichkeiten, davon aus Steuern, davon im Rahmen der sozialen Sicherheit.

D. Rechnungsabgrenzungsposten.

E. Passive latente Steuern.

Beispiele und Hinweise zu ausgewählten Bilanzpositionen:

Aktivposten	Passivposten
A I 1.: eigene Patente A I 2.: erworbene Lizenzen A I 3.: der bei einem Unternehmenskauf über den Wert der Vermögensgegenstände gezahlte Preisanteil für Kundenstamm, Image des Unternehmens usw. A II 4.: Vorauszahlung für eine bestellte, aber noch nicht gelieferte Maschine A III 1.–4. nur langfristige Finanzanlagen in Aktien, Anleihen oder gewährte Darlehen dürfen im Anlagevermögen stehen B III 1.–2.: kurzfristige Anlagen von liquiden Mitteln gehören zum Umlaufvermögen C.: aktive Abgrenzung von Auszahlungen, die Aufwendungen des nächsten Jahres betreffen D.: Posten wird angesetzt, wenn der Gewinn in der Handelsbilanz kleiner ist als in der Steuerbilanz[1] E.: bei Insolvenz geschütztes Sondervermögen, z. B. für Betriebsrente	A I: Nennwert der ausgegebenen Aktien A III 2.: zweckgebundene Rücklage zum Kauf von Aktien der Muttergesellschaft C I.: konvertible Anleihen werden nicht zurückgezahlt, sondern in Aktien umgetauscht C 8.: noch nicht überwiesene Zahllast oder Sozialversicherungsbeiträge D.: passive Abgrenzung von Einzahlungen, die Erträge des nächsten Jahres betreffen E.: Posten wird angesetzt, wenn der Gewinn in der Handelsbilanz größer ist als der in der Steuerbilanz[1]

12.1.2.2 Gliederung der Gewinn- und Verlustrechnung

Nach § 275 HGB müssen Kapitalgesellschaften ihre Gewinn- und Verlustrechnung in der **Staffelform** gliedern. Eine Darstellung in der Kontoform ist ihnen nicht gestattet. Sofern in der Buchführung eine GuV-Rechnung in der Kontoform aufgestellt wird, ist diese für den zu veröffentlichenden Jahresabschluss in die Staffelform zu übertragen. Wie bei der Bilanz ist auch hier zu jedem Posten der Vorjahresbetrag anzugeben.

Die Gewinn- und Verlustrechnung darf wahlweise nach dem **Gesamtkostenverfahren** oder nach dem **Umsatzkostenverfahren**[2] gegliedert werden.

Nach § 285 HGB sind verschiedene Posten der GuV-Rechnung im Anhang zum Jahresabschluss zu erläutern (vgl. Kapitel 12.1.2.3, S. 415).

- **Kapitalgesellschaften** müssen ihre GuV-Rechnung in **Staffelform** erstellen.
- Das **Gesamtkostenverfahren** [§ 275 II HGB] geht von den angefallenen Gesamtkosten aus und passt diese durch Berücksichtigung der Bestandsveränderungen an unfertigen und fertigen Erzeugnissen an die erzielten Umsatzerlöse an.

1 Die **Steuerbilanz** ist eine aus der Handelsbilanz abgeleitete Bilanz. Wichtigstes Ziel der Steuerbilanz ist die Ermittlung der steuerrechtlichen Bemessungsgrundlage für die Berechnung der Körperschaftsteuer, der Einkommensteuer und der Gewerbeertragsteuer. Im Bildungsplan ist die Behandlung der Steuerbilanz nicht vorgesehen.

2 Auf die Darstellung des Umsatzkostenverfahrens wird verzichtet, da es in der Praxis geringe Bedeutung hat.

Gliederung der GuV-Rechnung in Staffelform nach dem Gesamtkostenverfahren [§ 275 II HGB]

PDF

1. Umsatzerlöse
2. Erhöhung oder Verminderung des Bestands an fertigen und unfertigen Erzeugnissen
3. andere aktivierte Eigenleistungen
4. sonstige betriebliche Erträge
5. Materialaufwand:
   a) Aufwendungen für Roh-, Hilfs- und Betriebsstoffe und für bezogene Waren
   b) Aufwendungen für bezogene Leistungen
6. Personalaufwand:
   a) Löhne und Gehälter
   b) soziale Abgaben und Aufwendungen für Altersversorgung und für Unterstützung, davon für Altersversorgung
7. Abschreibungen:
   a) auf immaterielle Vermögensgegenstände des Anlagevermögens und Sachanlagen
   b) auf Vermögensgegenstände des Umlaufvermögens, soweit diese die in der Kapitalgesellschaft üblichen Abschreibungen überschreiten
8. sonstige betriebliche Aufwendungen
9. Erträge aus Beteiligungen, davon aus verbundenen Unternehmen
10. Erträge aus anderen Wertpapieren und Ausleihungen des Finanzanlagevermögens, davon aus verbundenen Unternehmen
11. sonstige Zinsen und ähnliche Erträge, davon aus verbundenen Unternehmen
12. Abschreibungen auf Finanzanlagen und auf Wertpapiere des Umlaufvermögens
13. Zinsen und ähnliche Aufwendungen, davon an verbundene Unternehmen
14. Steuern vom Einkommen und vom Ertrag
15. **Ergebnis nach Steuern**
16. sonstige Steuern
17. **Jahresüberschuss/Jahresfehlbetrag**

Erläuterungen:

Die **Umsatzerlöse** nach § 277 I HGB umfassen

- die Erlöse aus dem **Verkauf und der Vermietung oder Verpachtung von Produkten** abzüglich der Erlösschmälerungen, der Umsatzsteuer sowie sonstiger direkt mit dem Umsatz verbundenen Steuern (z. B. Zölle und Verbrauchssteuern wie Energie- oder Tabaksteuer).
- Erlöse aus der **Erbringung von Dienstleistungen** nach Abzug von Erlösschmälerungen, der Umsatzsteuer sowie sonstiger direkt mit dem Umsatz verbundenen Steuern. Hierzu zählen beispielsweise Erträge aus dem Abverkauf überzähliger Roh-, Hilfs- und Betriebsstoffe, Erlöse aus dem Schrottwert von Ausschussprodukten, Mieteinnahmen aus Werkswohnungen, Patent- und Lizenzerträge, Kantinenerlöse und Erträge aus der Betriebskindertagesstätte.
- Dadurch, dass die Umsatzerlöse nicht mehr auf die typischen Erzeugnisse und Dienstleistungen beschränkt sind, sondern auch die außergewöhnlichen Geschäftstätigkeiten einbezogen werden, wurden in der GuV-Rechnung die Posten **außerordentliche Aufwendungen und Erträge aufgehoben.**

Nicht unter den Umsatzerlösen, sondern unter den **sonstigen betrieblichen Erträgen** werden z. B. Erträge aus dem Abgang von Anlagevermögen, Erträge aus der Auflösung von Rückstellungen und Erträge aus Währungsumrechnungen ausgewiesen.

Beispiel zum Gesamtkostenverfahren:

Die Überlinger Bootsbau AG bereitet den handelsrechtlichen Jahresabschluss vor. Aus der Buchführung liegt folgende zusammengefasste GuV-Rechnung vor:

GuV-Konto zum 31. Dez. 20.. (TEUR)

Aufwendungen		Erträge	
Aufwendungen für Rohstoffe	2450	Umsatzerlöse f. eigene Erz.	9400
Aufwendungen für Betriebsstoffe	240	Bestandsveränderungen FE	75
Frachten und Fremdlager	270	Nebenerlöse a. Verm. u. Verp.	380
Löhne	2010	Erträge a. Beteiligungen	150
Gehälter	1300	Zinserträge	105
Soz.-Vers.-Beiträge	595		
Abschreibungen a. Sachanlagen	490		
Leasingaufwendungen	30		
Mieten, Pachten	190		
Büromaterial	78		
Versicherungsbeiträge	9		
Sonstige betriebliche Steuern	10		
Zinsaufwendungen	143		
Gewerbesteuer	106		
Körperschaftsteuer	606		
Jahresüberschuss	1583		
	10110		10110

Aufgabe:

Erstellen Sie eine GuV-Rechnung in Staffelform nach § 275 II HGB!

Lösung:

Nr. lt. HGB[1]	Bezeichnung	Betrag in TEUR	
1.	Umsatzerlöse	+ 9400	
2.	Erhöhung des Bestands an fertigen Erzeugnissen	+ 75	
4.	sonstige betriebliche Erträge	+ 380	
5.	Materialaufwand:		
	a) Aufwendungen für Roh-, Hilfs- und Betriebsstoffe	– 2690	
	b) Aufwendungen für bezogene Leistungen	– 270	
6.	Personalaufwand:		
	a) Löhne und Gehälter	– 3310	
	b) soziale Abgaben	– 595	
7.	Abschreibungen:		
	a) auf Sachanlagen	– 520	
8.	sonstige betriebliche Aufwendungen	– 277	
9.	Erträge aus Beteiligungen	+ 150	
11.	sonstige Zinsen und ähnliche Erträge	+ 105	
13.	Zinsen und ähnliche Aufwendungen	– 143	
14.	Steuern vom Einkommen und vom Ertrag	– 712	
15.	**Ergebnis nach Steuern**		**1593**
16.	sonstige Steuern		– 10
17.	**Jahresüberschuss**		**1583**

1 Es werden nur die benötigten Positionen aus dem HGB übernommen. In der Praxis wird fortlaufend nummeriert.

12.1.2.3 Anhang

Bei Kapitalgesellschaften gehört zum Inhalt des Jahresabschlusses neben der Bilanz und der Gewinn- und Verlustrechnung außerdem noch der Anhang [§ 264 I HGB].

Der **Anhang** soll zusätzlich zur Bilanz und Gewinn- und Verlustrechnung dazu beitragen, das **Bild über die tatsächlichen Verhältnisse** der Vermögens-, Finanz- und Ertragslage einer Kapitalgesellschaft zu verdeutlichen (Informationsfunktion).

Die §§ 284–288 HGB regeln die erforderlichen Pflichtangaben im Anhang der Kapitalgesellschaften sowie die verschiedenen Ausnahmen, die gewährt werden.

Nach § 284 II, III HGB sind im Anhang **Erläuterungen zur Bilanz und Gewinn- und Verlustrechnung** anzuführen.

Beispiele:

- Angabe der Bilanzierungs- und Bewertungsmethoden.
- Angaben zu Abweichungen von den Bilanzierungs- und Bewertungsmethoden und deren Einfluss auf die Vermögens-, Finanz- und Ertragslage.
- Höhe der Abschreibungen zu Beginn und Ende des Geschäftsjahres.
- Änderungen in den Abschreibungen bei Zu- und Abgängen sowie Umbuchungen im Laufe des Geschäftsjahres.

Zur Erläuterung werden folgende Tabellen und Auflistungen verwendet:[1]

(1) Anlagespiegel

Der **Anlagespiegel** hat das Ziel, die im Geschäftsjahr **getätigten Investitionen** einschließlich der bereits **vorgenommenen Abschreibungen** sichtbar zu machen.

Beispiel:

	Anlagespiegel (in TEUR)								
Bilanzposten	(1) AHK Vorjahr	(2) Zugänge	(3) Abgänge	(4) Umbuchungen	(5) AHK Berichtsjahr	(6) Kum. Abschr. Vorjahr	(7) lfd. Abschr.	(8) Kum. Abschr. Berichtsjahr	(9) Restbuchwert Berichtsjahr
Gebäude	46468	+ 121	0	0	46589	27176	+ 1161	28337	18252
Maschinen	117652	+ 4179	– 231	+ 175	121775	41704	+ 4150	45854	75921

(2) Eigenkapitalspiegel

Der Eigenkapitalspiegel zeigt eine **detaillierte Aufschlüsselung der Eigenkapitalbestandteile** und stellt deren **Veränderungen innerhalb eines Geschäftsjahres** dar.

1 Im Bildungsplan wird die **Erstellung** von Anlagespiegel, Eigenkapitalspiegel und Kapitalflussrechnung **nicht** verlangt.

Im Eigenkapitalspiegel werden sämtliche Positionen des Eigenkapitals aufgelistet, u. a.

- Gezeichnetes Kapital,
- Kapitalrücklage,
- Gewinnrücklagen,
- Gewinn-/Verlustvortrag,
- Jahresüberschuss.

Beispiel:

Die Mannheimer Metallwerke AG erstellt im Rahmen des Jahresabschlusses 20.. folgenden Eigenkapitalspiegel (in Tsd. EUR):

	Gezeichnetes Kapital	Kapitalrücklage	Gewinnrücklagen	Gewinn-/Verlustvortrag, Jahresüberschuss lfd. Jahr	Gesamt
Eigenkapital zum 01.01.20..	20 000	15 100	80 000	1 000	116 100
Jahresüberschuss vom 01.01.20.. bis 31.12.20..	–	–	–	–	5 000
Einstellung in die Gewinnrücklagen 20..	–	–	+ 2 500	– 2 500	0
Dividendenausschüttung 20..	–	–	–	– 2 500	– 2 500
Eigenkapital zum 31.12.20..	20 000	15 100	82 500	1 000	118 600

(3) Kapitalflussrechnung

Die Kapitalflussrechnung soll die **Zahlungsströme (Cashflows[1])** der Berichtsperiode übersichtlich **darstellen.** Sie liefert damit **wichtige Informationen** im Hinblick auf die **Finanzlage,** insbesondere der **liquiden Mittel** und der **Veränderung der Kapital- und Vermögensstruktur** eines Unternehmens.

Nach § 285, Nr. 1–34 HGB u. a., sind **weitere Pflichtangaben** im Anhang anzugeben.

Beispiele:

- Gesamtbetrag der Verbindlichkeiten mit einer Restlaufzeit von mehr als fünf Jahren sowie die Verbindlichkeiten, die durch Pfandrecht oder ähnliche Rechte gesichert sind, unter Angabe von Art und Form der Sicherheit (Nr. 1).
- Art und Zweck sowie Risiken, Vorteile und finanzielle Auswirkungen von nicht in der Bilanz einbehaltenen Geschäften (Nr. 3).
- Aufgliederung der Umsatzerlöse nach Tätigkeitsbereichen sowie geografisch bestimmten Märkten soweit sich diese erheblich unterscheiden (Nr. 4).
- Jeweils der Betrag und die Art der einzelnen Aufwendungen und Erträge von außergewöhnlicher Größenordnung oder außergewöhnlicher Bedeutung (Nr. 31).
- Aufwendungen und Erträge, die einem anderen Geschäftsjahr zuzurechnen sind (Nr. 32).
- Der Beschluss über die Ergebnisverwendung ist in den Anhang aufzunehmen und als Anhangangabe offenzulegen (Nr. 34).

1 Zum Cashflow siehe auch Kapitel 12.3.3.5, S. 468 f.

12.1.3 Inhalt des Lageberichts beschreiben

Mittelgroße und große Kapitalgesellschaften müssen neben dem Jahresabschluss **zusätzlich einen Lagebericht erstellen** [§ 264, S. 1 HGB]. Von der Aufstellung eines Lageberichts sind kleine und kleinste Kapitalgesellschaften befreit [§ 264 I, S. 4 HGB].

Der **Lagebericht** gehört **nicht zu den Bestandteilen des Jahresabschlusses** einer Kapitalgesellschaft.

Im **Lagebericht** ist nach § 289 II HGB auf folgende Punkte einzugehen:

- die Risikomanagementziele und -methoden der Gesellschaft,
- auf besondere Vorgänge nach Schluss des Geschäftsjahres (z. B. Ausfall- und Liquiditätsrisiken),
- auf die voraussichtliche Entwicklung der Kapitalgesellschaft,
- auf den Bereich Forschung und Entwicklung,
- auf bestehende Zweigniederlassungen der Gesellschaft.

Im Gegensatz zum Anhang enthält der Lagebericht auch **zukunftsorientierte Angaben**.

Kompetenztraining

160 Vorschriften zur Aufstellung des Jahresabschlusses

1. Fassen Sie die grundlegenden Aussagen des vorangegangenen Kapitels zum Jahresabschluss einer großen AG in einer Mindmap zusammen!
2. Nennen Sie die einzelnen Bestandteile des Jahresabschlusses bei einer börsennotierten Kapitalgesellschaft!
3. Geben Sie an, in welcher Form Kapitalgesellschaften lt. HGB
   3.1 die Bilanz,
   3.2 die Gewinn- und Verlustrechnung aufstellen!
4. Beschreiben Sie die Aufgabe, die der Jahresabschluss zu erfüllen hat!
5. „Für Kapitalgesellschaften wird vom Gesetzgeber für die GuV-Rechnung die Staffelform vorgeschrieben, weil sie den Ausweis von Zwischensummen und Zwischenergebnissen ermöglicht, was bei einer Kontoform nicht möglich wäre." Erläutern Sie mit eigenen Worten, was dieser Satz über den Vorteil der Staffelform ausdrücken möchte!
6. Nennen Sie die Fristen, die Kapitalgesellschaften für die Aufstellung ihres Jahresabschlusses einhalten müssen:
   6.1 für kleine Kapitalgesellschaften,
   6.2 für große und mittelgroße Kapitalgesellschaften.

161 Offenlegung des Jahresabschlusses

Die Alb-Milch AG hatte in den beiden letzten Jahren einen Umsatz von 145 Mio. EUR bzw. 153 Mio. EUR, eine durchschnittliche Mitarbeiterzahl von 300 und Bilanzsummen von 29 Mio. EUR bzw. 32 Mio. EUR.

Aufgabe:

Geben Sie an, in welchem Umfang und in welcher Form der Jahresabschluss offengelegt werden muss!

162 Aufstellung des Jahresabschlusses

Zum 31. Dezember 20.. ergaben sich für die Wilken AG aus Bad Urach folgende Beträge:

Konten	
Sachanlagen	12800000,00 EUR
Finanzanlagen	600000,00 EUR
flüssige Mittel	800000,00 EUR
Roh-, Hilfs- und Betriebsstoffe	4200000,00 EUR
unfertige und fertige Erzeugnisse	3200000,00 EUR
Forderungen aus Lieferungen und Leistungen	2300000,00 EUR
gezeichnetes Kapital	9000000,00 EUR
gesetzliche Rücklage	1000000,00 EUR
andere Gewinnrücklagen	4140000,00 EUR
Ergebnisvortrag aus früheren Perioden (Verlustvortrag)	60000,00 EUR
Pensionsrückstellungen	2700000,00 EUR
andere Rückstellungen	300000,00 EUR
Anleihen	2900000,00 EUR
Bankschulden	720000,00 EUR
Verbindlichkeiten aus Lieferungen und Leistungen	2220000,00 EUR
Umsatzerlöse für Erzeugnisse und Leistungen	18390000,00 EUR
Bestandsmehrungen Fertigerzeugnisse	100000,00 EUR
Bestandsminderungen unfertige Erzeugnisse	20000,00 EUR
aktivierte Eigenleistungen	10000,00 EUR
sonstige betriebliche Erträge	380000,00 EUR
Verbrauch an Roh-, Hilfs- und Betriebsstoffen	6200000,00 EUR
Personalaufwand	5900000,00 EUR
bilanzielle Abschreibungen	700000,00 EUR
sonstige betriebliche Aufwendungen	4660000,00 EUR
Körperschaftsteuer	320000,00 EUR
sonstige Steuern	100000,00 EUR

Aufgaben:

1. Erstellen Sie nach § 266 HGB die vorläufige Jahresbilanz vor Feststellung des Jahresabschlusses!
2. Errechnen Sie nach dem Gesamtkostenverfahren [§ 275 II HGB] den vorläufigen Jahresüberschuss!

163 Erstellen der Gewinn- und Verlustrechnung sowie Aufstellung der Bilanz vor Gewinnverwendung

Die Böhme AG, Stuttgart, stellt den Jahresabschluss zum 31. Dezember auf. Folgende Zahlen aus der Buchhaltung stehen zur Verfügung:

Konten (Beträge in TEUR)	Soll	Haben
Grundstücke und Gebäude	40000	2000
technische Anlagen und Maschinen	68600	6500
Roh-, Hilfs- und Betriebsstoffe	39000	
unfertige Erzeugnisse	4800	
Forderungen aus Lieferungen und Leistungen	115000	111000
flüssige Mittel	131600	124000
gezeichnetes Kapital		80000
Kapitalrücklage		3000
gesetzliche Rücklage		2200
andere Gewinnrücklagen		3800
Gewinn/Verlustvortrag	100	
Anleihen		5000
Verbindlichkeiten aus Lief. u. Leist.	38000	42700
sonstige Verbindlichkeiten	2000	6000
Umsatzerlöse für Erzeugnisse u. Leistungen	1700	112900
Bestandsveränderungen	?	
aktivierte Eigenleistungen		600
Zinserträge		300
Roh-, Hilfs- und Betriebsstoffaufwendungen	?	
Personal-/Sozialaufwand	42900	
Abschreibungen auf Sachanlagen	5000	
Zinsen und ähnliche Aufwendungen	800	
sonstige betriebliche Aufwendungen	2700	
betriebliche Steuern	2200	
Steuern vom Einkommen und vom Ertrag	5600	

Inventurbestände am 31. Dezember:

unfertige/fertige Erzeugnisse	3800 TEUR
Roh-, Hilfs- und Betriebsstoffe	1800 TEUR

Aufgaben:

1. Erstellen Sie die Gewinn- und Verlustrechnung in der Staffelform nach § 275 II HGB!
2. Erstellen Sie die Bilanz vor der Gewinnverwendung nach § 266 HGB!

12.1.4 Bedeutung der Grundsätze ordnungsmäßiger Bilanzierung beschreiben

12.1.4.1 Überblick

Nach § 243 HGB hat der Jahresabschluss den **Grundsätzen ordnungsmäßiger Buchführung** (GoB) zu entsprechen. Es handelt sich hierbei um **allgemeingültige Regeln der Buchführung** für Unternehmer. Aus den GoB werden u.a. die **Grundsätze ordnungsmäßiger Bilanzierung** (GoBil) abgeleitet.

Mit den **Grundsätzen ordnungsmäßiger Bilanzierung** (GoBil) soll der **Informationswert des Jahresabschlusses** (d.h. Verständlichkeit, Klarheit und inhaltliche Richtigkeit der Bilanz) im Interesse der Adressaten (z.B. Anteilseigner, Gläubiger, Staat) **erhöht** werden.

Die Grundsätze ordnungsmäßiger Bilanzierung legen folgende Vorgaben zur Bilanzführung im Rahmen der doppelten Buchführung fest:

Bilanzklarheit	**Bilanzwahrheit**	**Bilanzkontinuität**	**Bilanzidentität**[1]
Eindeutige und klare Gliederung der Bilanz	Vollständige (wahre) Bilanz	Gliederung der Bilanz auf dieselbe Art und Weise	Identische Schlussbilanz des letzten Jahres und der Eröffnungsbilanz des neuen Jahres

12.1.4.2 Bilanzklarheit

- Die Buchführung und der Jahresabschluss sind **klar und übersichtlich** aufzustellen [§ 243 II HGB].
- Verschiedenartige Aktiva und Passiva dürfen nicht zusammengezogen oder miteinander verrechnet werden [§ 246 II HGB].

Das heißt, die Posten des Jahresabschlusses **müssen** inhaltlich genau bestimmt sein und sich gegen andere Posten abgrenzen. Bei Kapitalgesellschaften wird die Bilanzklarheit durch den **Anhang** vergrößert, weil Erläuterungen zu den einzelnen Posten sowie zusätzliche Angaben (z.B. Restlaufzeiten, Sicherung von Verbindlichkeiten) zu machen sind.

Beispiel:

Die Bike Solution AG weist auf der Aktivseite der Bilanz u.a. folgende Bilanzpositionen auf:

- Forderungen aus Lieferungen und Leistungen 280 000,00 EUR
- Kassenbestand 110 000,00 EUR

Die beiden Bilanzpositionen müssen zwingend getrennt und unter der jeweiligen Bilanzposition [§ 266 HGB] ausgewiesen werden und dürfen nicht miteinander verrechnet werden.

1 Die Bilanzidentität ist nicht Gegenstand des Bildungsplans.

12.1.4.3 Bilanzwahrheit

- **Alle Werte,** die im Rahmen der Bilanzierung ausgewiesen werden, **müssen zwingend richtig** sein [§ 239 II HGB].
- Alle Bilanzansätze sollen nicht nur rechnerisch richtig, sondern auch geeignet sein, den jeweiligen **Bilanzzweck** zu erfüllen.

In der Praxis entsteht allerdings ein **Zielkonflikt** zwischen **absoluter** und **relativer Bilanzwahrheit.**

Beispiel:

Die ebenfalls aus den GoB abgeleiteten Bewertungsgrundsätze (vgl. hierzu Kapitel 12.2) verlangen u.a. die Anwendung des strengen Niederstwertprinzips, d.h., dass die tatsächlichen Anschaffungs- oder Herstellungskosten eines Vermögenswerts bilanziert werden müssen, sofern der am Bilanzstichtag vorhandene Wert höher ist. Im umgekehrten Fall sind die Anschaffungs- oder Herstellungskosten bedeutungslos, wenn der entsprechende Stichtagswert niedriger ist.

Aufgrund einer Vielzahl solcher Bewertungswahlrechte, kann folglich nur von einer **relativen Bilanzwahrheit** ausgegangen werden.

12.1.4.4 Bilanzkontinuität

Der **Grundsatz der Bilanzkontinuität** besagt, dass die im vorhergehenden Jahr angewandte Bilanzgliederung **(formale Bilanzkontinuität)** und Bewertungsmethode **(materielle Bilanzkontinuität)** beizubehalten sind.

Formale Bilanzkontinuität bedeutet die **Beibehaltung der Bilanzgliederung,** damit die Bilanzen mehrerer Wirtschaftsjahre miteinander vergleichbar sind. Abweichungen in der Gliederung sind nur „wegen besonderer Umstände" in Ausnahmefällen zulässig.

Die **materielle (inhaltliche) Bilanzkontinuität** verlangt, dass die in früheren Bilanzen verwendeten **Bewertungsgrundsätze** beizubehalten sind. Damit wird gewährleistet, dass die **Gewinnermittlung nach gleichen Grundsätzen** erfolgt. Durch den Vergleich der Bilanzen über mehrere Perioden kann die betriebliche Entwicklung des Unternehmens beurteilt werden.

Kompetenztraining

164 Grundsätze ordnungsmäßiger Bilanzierung

1. Nennen Sie die Regeln, die bei der Erstellung eines Jahresabschlusses nach den Grundsätzen ordnungsmäßiger Bilanzierung (GoBil) zu beachten sind!
2. Formulieren Sie zwei Beispiele, bei denen Unternehmen gegen den Grundsatz der Bilanzwahrheit verstoßen!
3. Erläutern Sie die Folgen, wenn ein Unternehmen gegen den Grundsatz der Bilanzwahrheit verstößt und recherchieren Sie hierzu nach einem aktuellen Beispiel aus der Unternehmenspraxis!

12.2 Aus dem Grundsatz der kaufmännischen Vorsicht abgeleitete Bewertungsprinzipien erklären sowie handelsrechtliche Vorschriften der Zugangs- und Folgebewertung auf ausgewählte Bilanzpositionen anwenden und Bewertungsspielräume beurteilen

12.2.1 Grundsätze ordnungsmäßiger Bewertung darstellen

12.2.1.1 Begriff Bewertung

- **Bewerten** ist eine **Tätigkeit,** die das Ziel hat, den **Wert einer Sache** festzustellen.
- Feststellen bedeutet, dass der **Bewertende** entweder eine Entscheidung treffen kann, indem er **selbst den Wert zumisst,** oder dass er den **vorgefundenen Wert festhält und überträgt.**

Zwei wichtige Bewertungsprinzipien der Handelsbilanz sind die **Informationspflicht** und der **Gläubigerschutz.**

- Die **Informationspflicht** wird durch Bewertungsgrundsätze präzisiert, die insbesondere darauf abzielen, die **Nachhaltigkeit** der Informationen und die **periodengerechte Abgrenzung** des Erfolgs aufzuzeigen.
- Der **Gläubigerschutz** wird durch den **Grundsatz der Vorsicht** repräsentiert und mittels Bewertungsprinzipien präzisiert.

12.2.1.2 Grundsätze zur Erfüllung der Informationsfunktion

Mit diesen Grundsätzen will der Gesetzgeber einen möglichst uneingeschränkten und vergleichbaren Einblick in die Vermögens-, Finanz- und Ertragslage sicherstellen. Die in der nachfolgenden Tabelle zusammengestellten **Bilanzierungsgrundsätze** sollen die **Informationsfunktion des Jahresabschlusses** erleichtern.

PDF

Informationsfunktion	**Grundsatz der Unternehmensfortführung** [§ 252 I, Nr. 2 HGB]	Bei der Bewertung ist grundsätzlich davon auszugehen, dass die Unternehmenstätigkeit fortgeführt wird **(Going-concern-Prinzip).**
	Grundsatz der Ansatzstetigkeit [§ 246 III HGB]	Die **auf den vorhergehenden Jahresabschluss angewandten Ansatzmethoden sind beizubehalten.** Daraus folgt, dass ein einmal in Anspruch genommenes Ansatzwahlrecht in den Folgejahren für diesen Fall nicht geändert werden darf.
	Grundsatz der Einzelbewertung und das Stichtagsprinzip [§ 252 I, Nr. 3 HGB]	Die Vermögensgegenstände und Schulden sind **einzeln** zu bewerten. Die Bewertung ist auf den **Bilanzstichtag** zu beziehen.
	Grundsatz der Bewertungsstetigkeit [§ 252 I, Nr. 6 HGB]	Die auf den vorhergehenden Jahresabschluss angewandten **Bewertungsmethoden sind beizubehalten.**
	Grundsatz der Periodenabgrenzung [§ 252 I, Nr. 5 HGB]	Danach sind Aufwendungen und Erträge **dem Geschäftsjahr zuzuordnen, in dem sie entstanden sind.** Der Zeitpunkt der Zahlung ist nicht zu berücksichtigen.

12.2.1.3 Grundsatz zur Sicherstellung des Gläubigerschutzes (Bewertungsprinzipien)

Der in der Handelsbilanz[1] im Vordergrund stehende **Gläubigerschutz** wird mit dem **Bewertungsgrundsatz der kaufmännischen Vorsicht** und **den daraus abgeleiteten Prinzipien** erreicht.

PDF

Gläubigerschutz	**Grundsatz der kaufmännischen Vorsicht** [§ 252 I, Nr. 4 HGB]	Es sind alle vorhersehbaren Risiken und Verluste zu berücksichtigen, die zum Abschlussstichtag entstanden sind.
	Aus dem Grundsatz der kaufmännischen Vorsicht lassen sich folgende Bewertungsprinzipien ableiten:	

Bewertungsprinzipien				
Anschaffungs-prinzip	Realisations-prinzip	Imparitäts-prinzip	Niederstwert-prinzip	Höchstwert-prinzip

Niederstwertprinzip → Gemildertes Niederstwertprinzip
Niederstwertprinzip → Strenges Niederstwertprinzip

1 Neben der Handelsbilanz gibt es noch die Steuerbilanz und die IAS/IFRS-Bilanz. Der Bildungsplan sieht ausschließlich die Behandlung der Handelsbilanz vor.

(1) Anschaffungskostenprinzip

Neue **Vermögensgegenstände** sind **höchstens** mit den **Anschaffungs- oder Herstellungskosten**[1] anzusetzen [§ 253 I, S. 1 HGB].

Die **Anschaffungskosten** bestimmen sich nach § 255 I HGB. Sie werden danach wie folgt berechnet:

	Anschaffungspreis:	Nettopreis ohne Umsatzsteuer[2]
+	Anschaffungsnebenkosten:	Typische Beispiele sind: Transport-, Umbau-, Montagekosten, Aufwendungen für Provisionen, Notariats-, Gerichts-, Makler- und Registerkosten, Grunderwerbsteuer
–	Anschaffungspreisminderungen[3]:	z. B. Rabatte, Skonti, Boni, Gutschriften, Zuschüsse, Subventionen
=	Anschaffungskosten	

Finanzierungskosten (z. B. Kreditzinsen, Diskont, Gebühren) gehören **nicht** zu den Anschaffungsnebenkosten.

Beispiel:

Die Hans Fricker KG kauft Lagerregale bei der Stelzer GmbH gegen Rechnungsstellung. Nettopreis: 18 500,00 EUR zuzüglich 19 % USt. Der Montagebetrieb Robert Heer KG berechnet an Transportkosten: 410,00 EUR zuzüglich 19 % USt und an Montagekosten: 820,00 EUR zuzüglich 19 % USt.

Die Rechnung der Stelzer GmbH wird durch Banküberweisung unter Abzug von 3 % Skonto beglichen, die Rechnung des Montagebetriebs Robert Heer KG wird ohne Abzug bar bezahlt.

Aufgabe:

Berechnen Sie die Anschaffungskosten!

Lösung:

	Anschaffungspreis			18 500,00 EUR
+	Anschaffungsnebenkosten:	Transportkosten	410,00 EUR	
		Montagekosten	820,00 EUR	1 230,00 EUR
=	vorläufige Anschaffungskosten			19 730,00 EUR
–	3 % Skonto aus 18 500,00 EUR			555,00 EUR
=	**Anschaffungskosten**			**19 175,00 EUR**

1 Zur Ermittlung der Herstellungskosten siehe Kapitel 12.2.4, S. 436 ff.

2 Der Vorsteuerbetrag, soweit er bei der Umsatzsteuer abgezogen werden kann, gehört nach § 9b EStG i. V. m. § 10 I UStG nicht zu den Anschaffungskosten (dem „aufgewendeten Entgelt des Leistungsempfängers").

3 **Anschaffungspreisminderungen** sind nur dann von den Anschaffungskosten abzusetzen, wenn sie diesen **einzeln zugeordnet** werden können. Andernfalls sind sie als Umsatzerlöse zu erfassen (z. B. mengen- oder umsatzabhängige Boni) [§ 255 I HGB].

(2) Realisationsprinzip

Nach dem **Realisationsprinzip** dürfen **Gewinne erst dann ausgewiesen** werden, wenn sie auch über den Markt, d.h. **durch einen Verkauf, tatsächlich realisiert** sind. **Gewinne,** die bis zum Abschlussstichtag **noch nicht realisiert** sind, dürfen nach dem Grundsatz der Vorsicht auch **nicht berücksichtigt** werden.

Beispiel:

Die Weber Metallbau GmbH hat im Ulmer Gewerbepark vor zwei Jahren ein unbebautes Grundstück für insgesamt 250 000,00 EUR erworben. Aufgrund der steigenden Nachfrage nach Baugrundstücken und des gleichzeitig knappen Angebots an Gewerbeflächen schätzt ein unabhängiger Gutachter den Wert des Grundstücks auf mittlerweile 325 000,00 EUR.

Aufgabe:

Begründen Sie, mit welchem Bilanzansatz das Grundstücks zum 31. 12. d. J. zu bewerten ist!

Lösung:

- Das unbebaute Grundstück ist in der Bilanz mit den **Anschaffungskosten von 250 000,00 EUR** anzusetzen.
- Die Differenz von 75 000,00 EUR stellt einen noch nicht realisierten Gewinn nach § 252 I Nr. 4 HGB dar.
- Erst bei einem Verkauf des Grundstücks sind die Erträge bilanzierungspflichtig.

(3) Imparitätsprinzip

- Nach dem **Imparitätsprinzip**[1] sind **drohende Verluste zu bilanzieren,** wenn **vermutet wird,** dass sie eintreten können.
- Da noch nicht realisierte Verluste zu berücksichtigen sind, nicht realisierte Gewinne jedoch nicht, kommt es zu einer **ungleichen Behandlung** von nicht realisierten Verlusten einerseits und nicht realisierten Gewinnen andererseits.

Beispiel:

Die Konstanzer Logistics AG hat im vergangenen Geschäftsjahr ein Grundstück außerhalb der Stadt für ein geplantes Warenlager – unter der Annahme der Entstehung einer Autobahnausfahrt in unmittelbarer Nähe – im Gesamtwert von 500 000,00 EUR erworben. Mittlerweile ist politisch entschieden, dass die Autobahnausfahrt nicht gebaut wird und folglich ist das Grundstück für das Unternehmen uninteressant. Es wird mit einem Wiederverkaufswert von 400 000,00 EUR gerechnet.

Aufgabe:

Begründen Sie, mit welchem Bilanzansatz das Grundstück zum 31. 12. d. J. zu bewerten ist!

Lösung:

- Das unbebaute Grundstück ist in der Bilanz mit **400 000,00 EUR** anzusetzen.
- Der drohende Verlust von 100 000,00 EUR muss ausgewiesen werden, weil **dauerhaft** ein **niedriger Wert** anzunehmen ist. Das unbebaute Grundstück muss nach § 252 I Nr. 4 HGB außerplanmäßig abgeschrieben werden.

1 **Imparität:** Ungleichheit.

(4) Niederstwertprinzip

Das **Niederstwertprinzip** schreibt vor, dass bei einer Auswahl von verschiedenen Vermögenswerten **grundsätzlich der niedrigere Wert in der Bilanz anzusetzen** ist.

Es lassen sich zwei Varianten des Niederstwertprinzips darstellen:

gemildertes Niederstwertprinzip	■ Das gemilderte Niederstwertprinzip gilt bei der **Bewertung von Anlagevermögen**. ■ Bei einer **vorübergehenden Wertminderung** von Finanzanlagen wird dem Unternehmen ein **Bewertungswahlrecht**[1] eingeräumt [§ 253 III, S. 6 HGB]. ■ Bei einer **voraussichtlich dauernden Wertminderung** sind außerplanmäßige Abschreibungen vorzunehmen, um die Gegenstände des Anlagevermögens mit dem niedrigeren Wert anzusetzen, der ihnen am Abschlussstichtag beizulegen ist.
strenges Niederstwertprinzip	Das strenge Niederstwertprinzip bezieht sich auf die **Bewertung des Umlaufvermögens.** Hier ist zwingend der niedrigste der drei möglichen Wertansätze (Anschaffungs-, Herstellungskosten, Marktpreis) am Bilanzstichtag anzusetzen [§ 253 IV HGB].

Beispiel:

Gemildertes Niederstwertprinzip

Die Oberschwäbische Glasfabrik AG ist an der Hohenloher Glasmanufaktur AG insgesamt mit 750000,00 EUR beteiligt [Bilanzposition nach § 266 II A III Nr. 3 HGB].

Da der Hohenloher Glasmanufaktur im aktuellen Geschäftsjahr das schwierige Marktumfeld zu schaffen macht, ist der Wert der Beteiligung vorübergehend um 15 % gesunken.

Aufgabe:

Begründen Sie, mit welchem Bilanzansatz die Beteiligung zum 31. 12. d. J. zu bewerten ist!

Lösung:

Bei Finanzanlagevermögen gilt das gemilderte Niederstwertprinzip und folglich besteht nach § 253 III, S. 4 HGB ein Bewertungswahlrecht, d. h., die Beteiligung kann entweder mit

- 750000,00 EUR oder mit
- 637500,00 EUR

angesetzt werden.

Beispiel:

Strenges Niederstwertprinzip

Die Oberschwäbische Glasfabrik AG hat zur kurzfristigen Geldanlage ein Aktienpaket der Deluxe AG über insgesamt 90000,00 EUR erworben [Bilanzposition nach § 266 B III Nr. 2 HGB].

Zum 31. 12. d. J. weist das Aktienpaket nur noch einen Wert über 77000,00 EUR aus. Allerdings ist davon auszugehen, dass der Kurseinbruch nur vorübergehend ist und sich die Wertpapiere im kommenden Jahr wieder erholen.

Aufgabe:

Begründen Sie, mit welchem Bilanzansatz das Aktienpaket zum 31. 12. d. J. zu bewerten ist!

Lösung:

Bei der Bewertung von Umlaufvermögen gilt das strenge Niederstwertprinzip nach § 253 IV HGB, d. h., es muss zwingend der niedrigere Wert von 77000,00 EUR angesetzt werden.

1 Vgl. hierzu auch Kapitel 12.2.3, S. 434 f.

(5) Höchstwertprinzip

- Das **Höchstwertprinzip** gibt den **Bewertungsmaßstab für Verbindlichkeiten** vor. Kommen für den **Erfüllungsort** verschiedene Bewertungsansätze infrage, so ist **immer der höhere Wert anzusetzen.**
- Es bildet quasi das **Spiegelbild zum strengen Niederstwertprinzip** beim Umlaufvermögen.

Beispiel:[1]

Die STownTech AG aus Bad Cannstatt bezieht den Rohstoff Lithium von einem Lieferanten aus Chile für insgesamt 50 000,00 USD auf Ziel. Der Kurs beträgt zum Kaufzeitpunkt 1,25 USD/EUR. Zum Bilanzstichtag ist der Kurs auf 1,10 USD/EUR gesunken.

Aufgabe:

Begründen Sie, mit welchem Bilanzansatz die Verbindlichkeit zum 31. 12. d. J. zu bewerten ist!

Lösung:

Wert des Lithiums beim Kauf:	50 000,00 USD	:	1,25 USD/EUR	=	40 000,00 EUR
Wert des Lithiums am Bilanzstichtag:	50 000,00 USD	:	1,10 USD/EUR	=	45 454,54 EUR

Aufgrund des Höchstwertprinzips muss der höhere Wert von 45 454,54 EUR zum 31. 12. d. J. in der Bilanz ausgewiesen werden.

Kompetenztraining

165 Ziele und Prinzipien der Bewertung und Darstellung von Bewertungsgrundsätzen

1. Geben Sie den Zweck der Bewertung an!
2. Erklären Sie, aus welchem Grund der Staat handelsrechtliche Bewertungsvorschriften erlässt!
3. Zeigen Sie an einem selbst gewählten Beispiel den Zusammenhang von Bewertung, Eigenkapital und Erfolg auf!
4. Das strenge Niederstwertprinzip besagt, dass bei der Bilanzierung von bestimmten Vermögensgegenständen immer der niedrigere Wert angesetzt werden muss.

   Das Höchstwertprinzip besagt, dass bei der Bilanzierung von Schulden immer der höhere Wert angesetzt werden muss.

   Aufgaben:

   4.1 Nennen Sie den allgemeinen Bewertungsgrundsatz, von welchem beide Bewertungsvorschriften jeweils ausgehen!

   4.2 Begründen Sie Ihre Meinung!

1 Die Bewertung von Fremdwährungsverbindlichkeiten wird ausführlich im Kapitel 12.2.5, S. 441 ff. dargestellt. Das hier dargestellte Beispiel soll den grundlegenden Ansatz des Höchstwertprinzips widerspiegeln.

5. Die Bilanzwerte der Deluxe AG werden nach dem Grundsatz der kaufmännischen Vorsicht ermittelt.

Aufgaben:

5.1 Nennen Sie zwei wesentliche Ziele des Vorsichtsprinzips!

5.2 Beschreiben Sie die Absicht, welche hinter diesem Bewertungsprinzip steht!

12.2.2 Bewegliches Sachanlagevermögen bewerten

BPE 12 Handlungssituation 2: Maschine bewerten

Die Weber Metallbau GmbH hat eine neue Metallschneidemaschine für insgesamt 36000,00 EUR angeschafft. Die Maschine hat eine Nutzungsdauer von 8 Jahren, wird linear abgeschrieben und soll am Ende des 3. Nutzungsjahres mit dem entsprechenden Buchwert bewertet werden.

Weber Metallbau GmbH

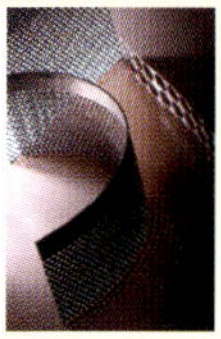

Der Geschäftsführer des Unternehmens gibt zu bedenken, dass eine technisch neu entwickelte Metallschneidemaschine auf den Markt gekommen sei, die zu 30 % Kostenersparnis führen solle. Nach seiner Kenntnis seien die Altmaschinen dieses Typs im Wert um 40 % gesunken.

Kompetenzorientierte Arbeitsaufträge:

1. Nehmen Sie die Bewertung der Metallschneidemaschine aufgrund der entsprechenden gesetzlichen Bestimmungen vor!
2. Erläutern Sie die zugrunde liegenden Bewertungsprinzipien!
3. Ermitteln und erklären Sie die Auswirkungen dieses Bewertungsvorgangs auf das Unternehmensergebnis!

12.2.2.1 Zugangsbewertung

Zum **beweglichen Sachanlagevermögen** zählen

- die **technischen Anlagen** und **Maschinen** für die Produktion,
- die nicht der Produktion dienenden **anderen Anlagen** (z. B. Fuhrpark) sowie
- die **Betriebs- und Geschäftsausstattung** (z. B. Schreibtische, Computer, Werkstätten, Kantine).

Die **Nutzung** der beweglichen Anlagegüter ist **zeitlich begrenzt** und unterliegt der **Abnutzung.**

Für den Zugang der beweglichen Anlagegüter gilt folgende gesetzliche Bewertungsvorschrift:

> **Vermögensgegenstände** sind **höchstens** mit ihren **Anschaffungs- oder Herstellungskosten**[1] anzusetzen [§ 253 I, S. 1 HGB].

1 Zur Ermittlung der Herstellungskosten siehe Kapitel 12.2.4, S. 436 ff.

Beispiel:

Die Sport-Burr AG kauft eine neue Bespannungsmaschine für Tennisschläger, Nettopreis 3750,00 EUR zuzüglich 19 % Umsatzsteuer. Das Unternehmen zahlt den Rechnungsbetrag unter Abzug von 2 % Skonto.

Aufgabe:

Berechnen Sie die Anschaffungskosten!

Lösung:

	Anschaffungspreis (netto)	3750,00 EUR
–	2 % Skonto	75,00 EUR
=	Anschaffungskosten	3675,00 EUR

12.2.2.2 Folgebewertung

(1) Bilanzwerte auf der Grundlage planmäßiger Abschreibungen

- Die **abnutzbaren Anlagegegenstände** sind **planmäßig** nach ihrer betriebsgewöhnlichen Nutzungsdauer **abzuschreiben**[1] [§ 253 III, S. 1 und S. 2 HGB].
- Zum **Bilanzstichtag** sind die Anlagegüter grundsätzlich mit den **fortgeführten Anschaffungskosten** anzusetzen. Für die Folgebewertung des Anlagevermögens gilt das gemilderte Niederstwertprinzip.

Beispiel:

Die Kramer GmbH kauft am Anfang des Geschäftsjahres eine Büroeinrichtung für 78000,00 EUR zuzüglich 19 % USt; betriebsgewöhnliche Nutzungsdauer: 13 Jahre; lineare Abschreibung.

Aufgabe:

Bestimmen Sie den Wert, mit dem die Büroeinrichtung am Ende des 1. Nutzungsjahres (Nj.) bilanziert werden muss!

Lösung:

	Anschaffungskosten	78000,00 EUR
–	planmäßige Abschreibung	6000,00 EUR
=	**fortgeführte Anschaffungskosten zum 31. Dezember des 1. Nj.**	**72000,00 EUR**

1 Als Abschreibungsverfahren sind sowohl **zeitbezogene** (z. B. lineare oder degressive Abschreibung) als auch **leistungsbezogene Abschreibungen** (Abschreibung nach Leistungseinheiten) zulässig. Die Abschreibung beginnt mit dem **Zeitpunkt der Lieferung** bzw. mit der **Betriebsbereitschaft**. Bei **selbst hergestellten Anlagen** mit deren Fertigstellung. Entscheidend für den **Beginn der Abschreibung** ist der **Abschluss des Anschaffungs- bzw. Herstellungsvorgangs** und nicht der Beginn der Nutzung.

(2) Bilanzwerte auf der Grundlage außerplanmäßiger Abschreibung

Außerplanmäßige Abschreibung bei vorübergehender Wertminderung

- Eine außerplanmäßige Abschreibung **darf** bei einer **vorübergehenden Wertminderung nicht** vorgenommen werden. Der **nicht realisierte Verlust** darf **nicht erfasst** werden.
- Es gilt das **gemilderte Niederstwertprinzip.**

Beispiel: Vorübergehende Wertminderung beim Anlagevermögen

Die Clean-Tec KG kauft zu Beginn der Geschäftsperiode einen Kleintransporter für 48000,00 EUR zuzüglich 19% USt; betriebsgewöhnliche Nutzungsdauer: 6 Jahre; lineare Abschreibung.

Infolge einer kurzfristigen Wirtschaftsflaute sind die Marktpreise für Kleintransporter allgemein gesunken. Der Marktpreis für den Kleintransporter liegt am Ende des 2. Nutzungsjahres bei ca. 30000,00 EUR.

Aufgabe:

Ermitteln Sie den Wert, mit welchem der Kleintransporter am Ende des 2. Nutzungsjahres bilanziert werden muss!

Lösung:

Eine außerplanmäßige Abschreibung darf nicht vorgenommen werden. Bilanziert wird mit den fortgeführten Anschaffungskosten in Höhe von 32000,00 EUR.

	Anschaffungskosten	48000,00 EUR
–	planmäßige Abschreibung zum 31. Dez. des 1. Nj.	8000,00 EUR
=	fortgeführte Anschaffungskosten zum 31. Dez. des 1. Nj.	40000,00 EUR
–	planmäßige Abschreibung zum 31. Dez. des 2. Nj.	8000,00 EUR
=	**fortgeführte Anschaffungskosten zum 31. Dez. des 2. Nj.**	**32000,00 EUR**

Außerplanmäßige Abschreibung bei voraussichtlich dauernder Wertminderung

- Eine außerplanmäßige Abschreibung **muss** vorgenommen werden, wenn es sich um eine voraussichtlich **dauernde Wertminderung** handelt [§ 253 III, S. 5 HGB]. Der noch **nicht realisierte Verlust ist zu erfassen.**[1]
- Es gilt das **gemilderte Niederstwertprinzip.**[2]

Beispiel:

Die Ulmer Büromöbel AG kauft für ihren Außendienstmitarbeiter zu Beginn der Geschäftsperiode einen Pkw für 30000,00 EUR zuzüglich 19% USt; betriebsgewöhnliche Nutzungsdauer: 6 Jahre; lineare Abschreibung.

Da inzwischen ein neues Modell mit erheblichen technischen Verbesserungen auf den Markt gebracht wurde, ist der Marktwert des alten Modells nachweislich gesunken. Der Pkw hat daher am Ende des 2. Nutzungsjahres einen Wert von ca. 9900,00 EUR.

1 Es gilt das **Vorsichtsprinzip**. Durch die außerplanmäßige Abschreibung sinkt das Vermögen und der Aufwand steigt.

2 Gemildertes Niederstwertprinzip, weil es auch ein Zuschreibungsgebot gibt. Vgl. Kapitel 12.2.2.3, S. 431f.

Aufgaben:

1. Berechnen Sie den Wert, mit dem der Pkw am Ende des 2. Nutzungsjahres zu bilanzieren ist!
2. Beurteilen Sie die Auswirkungen dieser Bewertung auf das Unternehmensergebnis!

Lösungen:

Zu 1.:

	Anschaffungskosten	30 000,00 EUR
–	planmäßige Abschreibung zum 31. Dez. des 1. Nj.	5 000,00 EUR
=	fortgeführte Anschaffungskosten zum 31. Dez. des 1. Nj.	25 000,00 EUR
–	planmäßige Abschreibung zum 31. Dez. des 2. Nj.	5 000,00 EUR
–	außerplanmäßige Abschreibung zum 31. Dez. des 2. Nj.	10 100,00 EUR
=	**Wertansatz zum 31. Dez. des 2. Nj.**	**9 900,00 EUR**

Zu 2.:

Das Unternehmensergebnis verschlechtert sich zusätzlich um 10 100,00 EUR.

Obwohl der Pkw noch nicht zu dem niedrigen Wert verkauft ist, muss der Wert wegen der dauernden Wertminderung und aus Gründen kaufmännischer Vorsicht herabgesetzt werden. Das **Niederstwertprinzip** führt somit zum **Ausweis** eines **noch nicht realisierten** (entstandenen) **Verlustes.**

12.2.2.3 Zuschreibung (Wertaufholungsgebot)

Werden beim **Sachanlagevermögen** außerplanmäßige Abschreibungen vorgenommen und stellt sich später heraus, dass die Gründe für diese Abschreibung nicht mehr bestehen, dann **muss** eine **Zuschreibung,** maximal bis zu den **(fortgeführten) Anschaffungskosten,** erfolgen. Eine Beibehaltung des niedrigeren Wertes ist nicht möglich [§ 253 V, S. 1 HGB].

Mit dieser generellen Zuschreibungspflicht besteht für den Bilanzierenden zu jedem Bilanzstichtag die Verpflichtung, die Voraussetzungen für eine Wertaufholung zu prüfen.

Beispiel:

Das Unternehmen Motorenbau Anton Thomalla e. Kfm. hat eine Eloxiermaschine, deren Anschaffungskosten zu Beginn des Geschäftsjahres 20 000,00 EUR betrugen, bei einer Nutzungsdauer von 10 Jahren am Ende des 3. Geschäftsjahres nach der Anschaffung mit den fortgeführten Anschaffungskosten in Höhe von 14 000,00 EUR bilanziert.

Im Laufe des 4. Jahres nach der Anschaffung kommt eine neue Maschine auf den Markt, die bei gleichen Anschaffungskosten doppelt so schnell arbeitet. Dadurch verliert die alte Maschine nachweislich 50 % ihres Wertes.

Im 5. Jahr wird die Verwendung der neuen Maschine wegen umweltgefährdender und gesundheitsschädlicher Substanzen verboten.

Aufgaben:

1. Stellen Sie die zulässige Bewertung am Ende des 4. Geschäftsjahres nach der Anschaffung der Maschine fest!
2. Begründen Sie die Bewertung am Ende des 5. Geschäftsjahres nach der Anschaffung!

Lösungen:

Zu 1.: Bewertung am Ende des 4. Geschäftsjahres nach der Anschaffung

Wert zu Beginn des 4. Jahres	14 000,00 EUR
− planmäßige Abschreibung	2 000,00 EUR
= Zwischensumme	12 000,00 EUR
− außerplanmäßige Abschreibung	6 000,00 EUR
= Bilanzansatz am Ende des 4. Jahres	**6 000,00 EUR**

Begründung:

Da davon auszugehen war, dass es sich um eine voraussichtlich dauernde Wertminderung handelte, muss eine außerplanmäßige Abschreibung erfolgen.

Zu 2.: Bewertung am Ende des 5. Geschäftsjahres nach der Anschaffung

Bewertung zu Beginn des 5. Geschäftsjahres nach der Anschaffung	6 000,00 EUR
− planmäßige Abschreibung	1 000,00 EUR
= Zwischensumme	5 000,00 EUR
+ Zuschreibung	5 000,00 EUR
= Bilanzansatz am Ende des 5. Geschäftsjahres nach der Anschaffung	**10 000,00 EUR**

Begründung:

Da der Grund für die Wertminderung weggefallen ist, besteht eine **Zuschreibungspflicht.**

Überblick: Bewertung bewegliches Sachanlagevermögen

1. Zugang	§ 253 I HGB	Anschaffungs- und Herstellungskosten
2. am Bilanzstichtag	§ 253 III, S. 1 und S. 2 HGB	planmäßige Abschreibung, Bilanzansatz fortgeführte Anschaffungskosten
3. vorübergehende Wertminderung	–	nur planmäßige Abschreibung. Eine außerplanmäßige Abschreibung darf nicht vorgenommen werden.
4. dauernde Wertminderung	§ 253 III, S. 5 HGB	Pflicht zur außerplanmäßigen Abschreibung (gemildertes Niederstwertprinzip)[1]
5. Wegfall der Wertminderung	§ 253 V, S. 1 HGB	Pflicht zur Zuschreibung, maximal bis zu den fortgeführten Anschaffungskosten

1 Im Gegensatz zum strengen Niederstwertprinzip für das Umlaufvermögen ist beim gemilderten Niederstwertprinzip eine spätere Zuschreibung möglich (siehe 5.).

Kompetenztraining

166 Bewertung des beweglichen Sachanlagevermögens

1. Die Werkzeugfabrik Böhler KG kauft zu Beginn des Geschäftsjahres 20.. einen neuen Lkw. Der Lkw mit einer Nutzungsdauer von 9 Jahren wird nach dreimaliger linearer Abschreibung vor dem Abschluss in der Buchführung mit den fortgeführten Anschaffungskosten in Höhe von 52 800,00 EUR ausgewiesen. Inzwischen ist der gleiche Typ mit verbesserter Technik auf den Markt gekommen. Dadurch ist der Marktwert für vergleichbare Altmodelle um 25 % gesunken.

   Aufgaben:

   1.1 Geben Sie den jährlichen Abschreibungsbetrag an!

   1.2 Berechnen Sie die Anschaffungskosten!

   1.3 Bestimmen und begründen Sie den Wert, mit dem der Lkw beim Jahresabschluss des vierten Geschäftsjahres zu bilanzieren ist!

2. Die Hans Lemmer GmbH kauft zu Beginn des Jahres einen Kombiwagen:

Listeneinkaufspreis netto	32 376,00 EUR
+ Überführungskosten	600,00 EUR
	32 976,00 EUR
+ 19 % USt	6 265,44 EUR
= Kaufpreis	39 241,44 EUR

   Aufgaben:

   2.1 Ermitteln Sie die Anschaffungskosten!

   2.2 Die Nutzungsdauer des Autos beträgt 6 Jahre (lineare Abschreibung). Berechnen Sie den Wertansatz zu Beginn des 2. Jahres!

   2.3 Durch einen selbst verschuldeten Unfall tritt im 2. Jahr ein Wertverlust von 2 500,00 EUR ein. Ermitteln Sie den Wertansatz am Ende des 2. Jahres!

3. Die Allgäuer Getränke AG weist ihre Abfüllanlage, deren Nutzungsdauer 10 Jahre beträgt, zu Beginn des 7. Geschäftsjahres bei planmäßiger linearer Abschreibung mit den fortgeführten Anschaffungskosten in Höhe von 280 000,00 EUR aus. Inzwischen ist eine technisch wesentlich verbesserte Anlage auf den Markt gekommen. Dadurch ist der Wert der alten Anlage um 50 % gesunken.

   Aufgaben:

   3.1 Berechnen Sie die Anschaffungskosten!

   3.2 Bestimmen Sie den Wert, mit dem die Anlage beim Jahresabschluss im 7. Jahr zu bilanzieren ist!

4. Die fortgeführten Anschaffungskosten einer Nietmaschine der Kontakt AG, deren Nutzungsdauer mit 10 Jahren anzusetzen ist, betragen zu Beginn des 4. Jahres nach der Anschaffung 49 000,00 EUR. Aufgrund einer Konjunkturschwäche ist das Preisniveau für derartige Maschinen nachweislich um 20 % gesunken.

   Aufgabe:

   Stellen Sie den zulässigen Bilanzansatz am Ende des 4. Geschäftsjahres nach der Anschaffung fest!

12.2.3 Finanzanlagevermögen bewerten

BPE 12 Handlungssituation 3: Finanzanlagevermögen bewerten

Die Ulmer Büromöbel AG hat 25 000,00 EUR in Aktien der börsennotierten MiLi AG angelegt. Die Aktien sollen langfristig für mehrere Jahre gehalten werden. Folgende Aspekte sind bei der Bewertung zu beachten:

- Der Kaufkurs betrug am 08.08. d.J. 5,00 EUR je Aktie.
- Am 31.12. d.J. notierten die Aktien bei 4,80 EUR je Aktie.
- Der Vorstand der Ulmer Büromöbel AG rechnet damit, dass der Kurs in Zukunft wieder steigen wird, da die Aktie der MiLi AG des Öfteren eine hohe Volatilität[1] aufweist.
- Die Ulmer Büromöbel AG möchte im laufenden Geschäftsjahr einen möglichst niedrigen Gewinn ausweisen.

Kompetenzorientierte Arbeitsaufträge:

1. Geben Sie an, unter welcher Bilanzposition die Ulmer Büromöbel AG das Aktienpaket in der Bilanz aufführt!
2. Ermitteln Sie den Wert, mit welchem die Aktien zum 31. 12. d. J. bilanziert werden können!
3. Begründen Sie den unter Teilaufgabe 2 dargelegten Bewertungsansatz!

12.2.3.1 Zugangsbewertung

Zu den Finanzanlagen zählen [§ 266 II HGB]:

- **Anteile an verbundenen Unternehmen** (z. B. ein Zweigwerk ist am Mutterkonzern mit 20 % beteiligt).
- **Ausleihungen an verbundene Unternehmen** (z. B. Gewährung eines Darlehens an eine Tochtergesellschaft).
- **Beteiligungen** (z. B. Beteiligung am Unternehmen eines Zulieferers).
- **Wertpapiere des Anlagevermögens** (z. B. Geldanlage in festverzinsliche Wertpapiere, Bundesanleihen).

Ziel einer Finanzanlage ist eine Vermögensmehrung über Zinsen, Dividenden oder Mieten.

- **Finanzanlagen** sind Werte, die **auf Dauer** finanziellen Anlagezwecken dienen.
- Finanzanlagen sind **nicht abnutzbare** Vermögensgegenstände. Eine **planmäßige Abschreibung** ist daher nicht möglich.

Für Finanzanlagen gilt folgende **Bewertungsregel:**

Die **Bewertung von Finanzanlagen** erfolgt bei deren Zugang zu **Anschaffungskosten.**

1 **Volatilität:** Schwankung.

12.2.3.2 Folgebewertung

- Bei Finanzanlagen **können** außerplanmäßige Abschreibungen bei einer **vorübergehenden Wertminderung** vorgenommen werden [§ 253 III, S. 6 HGB].
- Es handelt sich um ein **Bewertungswahlrecht (gemildertes Niederstwertprinzip).**

Beispiel:

Die Fritz Hulter GmbH kauft zur langfristigen Anlage Aktien im Nennwert von 80 000,00 EUR zum Kurs von 14,20 EUR. Der Nennwert je Aktie beträgt einen Euro. Am Bilanzstichtag notiert die Aktie mit 12,50 EUR.

Aufgabe:

Ermitteln Sie den Wert, mit welchem die Aktien am Bilanzstichtag bilanziert werden können!

Lösung:

In der Bilanz können die Aktien weiterhin mit den **Anschaffungskosten** bilanziert werden: 80 000,00 EUR · 14,20 EUR = 1 136 000,00 EUR.

Wird das **Bewertungswahlrecht genutzt** und eine außerplanmäßige Abschreibung vorgenommen, werden die Wertpapiere mit 80 000,00 EUR · 12,50 EUR = 1 000 000,00 EUR bilanziert.

Überblick: Bewertung Finanzanlagevermögen

1. Zugang	§ 253 I HGB	Anschaffungs- und Herstellungskosten
2. vorübergehende Wertminderung	§ 253 III, S. 6 HGB	Bewertungswahlrecht
3. dauernde Wertminderung	§ 253 III, S. 5 HGB	Pflicht zur außerplanmäßigen Abschreibung
4. Wegfall der Wertminderung	§ 253 V, S. 1 HGB	Pflicht zur Zuschreibung (Wertaufholung)

Kompetenztraining

167 Bewertung von Finanzanlagen

1. Die Textilwerke Walter Wetzel GmbH besitzen in ihrem Anlagevermögen 5 000 Stückaktien der Patrik Weibel AG. Kurs am Anschaffungstag 14,25 EUR/Stück.

   Aufgabe:

   Geben Sie die möglichen Bilanzansätze an, wenn der Kurs der Aktien am 31. Dezember 2022 auf 13,05 EUR/Stück gesunken und zu Beginn des Jahres 2023 wieder auf 14,55 EUR/Stück gestiegen ist!

2. Die Streich AG aus Freiburg hat unter den Wertpapieren des Anlagevermögens 1 500 Stückaktien der Lörracher Cycling AG. Das Aktienpaket wurde am 05. 05. 20.. für 27,50 EUR je Aktie gekauft. Die Aktie unterliegt erheblichen Kursschwankungen und notiert am 31. 12. 20.. mit 22,25 EUR je Aktie.

Die Streich AG möchte einen möglichst hohen Jahresüberschuss ausweisen.

Aufgabe:

Begründen Sie mithilfe des Gesetzes, mit welchem Wert das Aktienpaket zum 31. 12. 20.. bei der Streich AG bilanziert wird!

3. Die Druck-Zuck KG hat in der Bilanz des Geschäftsjahres 2021 bei den Finanzanlagen ein Aktienpaket in Höhe der Anschaffungskosten von 150 000,00 EUR ausgewiesen. Beim Abschluss des Geschäftsjahres 2022 beträgt der Kurswert der Aktien 170 000,00 EUR, beim Abschluss 2023 ergibt sich ein Wert von 120 000,00 EUR und beim Abschluss 2024 haben die Aktien einen Kurswert von 160 000,00 EUR.

   Aufgabe:

   Diskutieren Sie über die Möglichkeit der Bewertung der Aktien bei den Jahresabschlüssen 2022, 2023 und 2024!

4. Die börsennotierte Bavatex AG mit Sitz in Konstanz erstellt zum Jahresende ihren Jahresabschluss nach den Vorschriften des HGB. Unter Beachtung der Bewertungsstetigkeit soll ein möglichst hoher Jahresüberschuss ausgewiesen werden.

   4.1 Am 24. Februar wurden 5 000 Stückaktien der Heidelberger Stahl AG zur langfristigen Anlage gekauft. Die Aktien der Heidelberger Stahl AG notierten an der Börse zu folgenden Kursen:

   Kurs am 24. Februar: 26,50 EUR/Aktie
   Kurs am 31. Dezember: 24,00 EUR/Aktie

   Der Vorstand der Bavatex AG erwartet trotz des Kursrückgangs zum Jahresende eine positive Entwicklung des Aktienkurses der Heidelberger Stahl AG.

   Begründen und ermitteln Sie den Wertansatz dieser Aktien im Jahresabschluss! (Spesen und Gebühren bleiben unberücksichtigt!)

   4.2 Begründen Sie den Wertansatz der 10 000 Aktien der Heidelberger Stahl AG im Jahresabschluss zum 31. Dezember des folgenden Jahres, wenn der Börsenkurs an diesem Bilanzstichtag auf 33,00 EUR steigen würde.

12.2.4 Unfertige und fertige Erzeugnisse bewerten

BPE 12 Handlungssituation 4: Erzeugnisse bewerten

Bei der Sport-Burr AG liegen zum 31. 12. d. J. für die Bewertung des Lagerbestandes an Snow-Swingern folgende Daten vor:

Fertigungsmaterial	12 000,00 EUR
Materialgemeinkosten	12 %
Fertigungslöhne	13 000,00 EUR
Fertigungsgemeinkosten	80 %
Sondereinzelkosten der Fertigung	2 500,00 EUR
Verwaltungsgemeinkosten des Material- und Fertigungsbereichs	15 %
Vertriebsgemeinkosten	8 %
Allgemeine Verwaltungsgemeinkosten	10 %

Zu beachten ist, dass die Sport-Burr AG im aktuellen Geschäftsjahr einen möglichst niedrigen Jahresüberschuss ausweisen möchte.

Kompetenzorientierte Arbeitsaufträge:

1. Geben Sie an, unter welcher Bilanzposition die Sport-Burr AG die Snow-Swinger in der Bilanz aufführt!
2. Ermitteln Sie den Bilanzansatz des Lagerbestands an Snow-Swingern zum 31.12. d.J.!

12.2.4.1 Zugangsbewertung

(1) Begrifflichkeiten Erzeugnisse und Waren

Begrifflichkeiten	Erläuterungen	Bilanzposition
Fertige Erzeugnisse	Als **fertige Erzeugnisse** bezeichnet man **Vorräte,** deren **Herstellung** im eigenen Unternehmen **bereits abgeschlossen ist** und die folglich verkaufsfertig sind.	Fertige Erzeugnisse und Waren werden aufgeführt unter der Bilanzposition § 266 II B I Nr. 3 HGB.
Waren	**Waren** sind Güter, die **von extern** (also von Dritten) **bezogen** wurden und **direkt weiterveräußert** werden.	
Unfertige Erzeugnisse	Als **unfertige Erzeugnisse** bezeichnet man verarbeitete **Roh- oder Hilfsstoffe,** die **noch nicht endgültig** zu einem fertigen Erzeugnis **verarbeitet** wurden.	Unfertige Erzeugnisse werden aufgeführt unter der Bilanzposition § 266 II B I Nr. 2 HGB.

(2) Bewertungsmaßstab

Grundsätzlich sind unfertige und fertige Erzeugnisse mit den **Anschaffungs- oder Herstellungskosten** zu bewerten.

!

(3) Begriff Herstellungskosten

Herstellungskosten sind die **Aufwendungen,** die durch den **Verbrauch von Gütern** und die **Inanspruchnahme von Diensten** für die **Herstellung, Erweiterung** oder **wesentliche Verbesserung** eines Vermögensgegenstands entstehen [§ 255 II HGB].

!

Bei der Berechnung der Herstellungskosten unterscheidet das HGB in Kosten,

- die pflichtgemäß zu den Herstellungskosten zählen **(Aktivierungspflicht),**
- die wahlweise zu den Herstellungskosten gerechnet werden können **(Bewertungswahlrecht in Form des Aktivierungswahlrechts)** und
- die nicht einbezogen werden dürfen **(Aktivierungsverbot).**

(4) Ermittlung der Herstellungskosten

PPT

Kostenarten	Bewertung
Materialeinzelkosten + Fertigungseinzelkosten + Sondereinzelkosten der Fertigung + Materialgemeinkosten[1] + Fertigungsgemeinkosten + Verwaltungsgemeinkosten des Material- u. Fertigungsbereichs[2] + Abschreibung des (sonstigen) Anlagevermögens, soweit dieser durch die Fertigung veranlasst ist	**Aktivierungspflicht**
= Herstellungskosten (Wertuntergrenze)	
+ Kosten der allgemeinen Verwaltung + Aufwendungen für freiwillige soziale Leistungen + Aufwendungen für die betriebliche Altersversorgung + Aufwendungen für soziale Einrichtungen des Betriebs + Fremdkapitalzinsen[3] (unter bestimmten Voraussetzungen) [§ 255 III, S. 2 HGB]	**Bewertungswahlrecht (Aktivierungswahlrecht)**
= Herstellungskosten (Wertobergrenze)	
Forschungskosten Vertriebskosten	**Aktivierungsverbot**

Beim **Bewertungswahlrecht** überlässt der Gesetzgeber dem Unternehmen einen Spielraum hinsichtlich der Höhe des zu bilanzierenden Postens.

Beispiel:

Excel

Aus der KLR einer Maschinenfabrik ergeben sich folgende Kosten für die Herstellung von 800 Stichsägen pro Jahr bei normaler Kapazitätsauslastung:

Verbrauch von Fertigungsmaterial 42500,00 EUR, Fertigungslöhne 44700,00 EUR, Sondereinzelkosten der Fertigung 10900,00 EUR, Materialgemeinkosten 20900,00 EUR, Fertigungsgemeinkosten 44620,00 EUR, Verwaltungsgemeinkosten des Material- und Fertigungsbereichs 2100,00 EUR, Abschreibungen, die durch die Fertigung veranlasst sind 14100,00 EUR, allgemeine Verwaltungskosten 4100,00 EUR, Aufwendungen für soziale Einrichtungen des Betriebs 550,00 EUR, Aufwendungen für freiwillige soziale Leistungen 50,00 EUR, Aufwendungen für betriebliche Altersversorgung 5100,00 EUR, Fremdkapitalzinsen nach § 255 III, S. 2 HGB 995,00 EUR, Vertriebskosten 8800,00 EUR. Die anteiligen Forschungskosten sind mit 9400,00 EUR anzusetzen.

Aufgaben:

1. Ermitteln Sie den Mindestwertansatz (Wertuntergrenze)!
2. Ermitteln Sie den Höchstwertansatz (Wertobergrenze)!

1 In die Herstellungskosten einzubeziehen sind nur Gemeinkosten, deren Zurechnung sich klar nachvollziehen lässt. **Nicht** zu aktivieren sind außerordentliche, betriebsfremde, periodenfremde und unangemessen hohe Aufwendungen.

2 Falls nicht in den Material- oder Fertigungskosten bereits enthalten.

3 Sofern Zinsen für Fremdkapital in aktivierte Herstellungskosten einbezogen werden, ist der aktivierte Betrag an Zinsen für jeden Posten des Anlagevermögens im Anhang anzugeben [§ 284 III, S. 4 HGB].

3. Bestimmen Sie den Höchstwertansatz eines Lagerbestands von 60 Stichsägen am Ende des Geschäftsjahres!

4. Begründen Sie, welcher Ansatz zu wählen ist, um einen möglichst geringen Gewinnausweis zu erzielen!

Lösungen:

Zu 1.–3.:

Materialeinzelkosten	42 500,00 EUR	
Fertigungseinzelkosten	44 700,00 EUR	
Sondereinzelkosten der Fertigung	10 900,00 EUR	
Materialgemeinkosten	20 900,00 EUR	
Fertigungsgemeinkosten	44 620,00 EUR	
Verwaltungsgemeinkosten des Material- u. Fertigungsbereichs	2 100,00 EUR	
Abschreibungen des Anlagevermögens	14 100,00 EUR	
Herstellungskosten Mindestwertansatz		179 820,00 EUR
Allgemeine Verwaltungskosten	4 100,00 EUR	
Aufwendungen für freiwillige soziale Leistungen	50,00 EUR	
Aufwendungen für betriebliche Altersversorgung	5 100,00 EUR	
Aufwendungen für soziale Einrichtungen des Betriebs	550,00 EUR	
Fremdkapitalzinsen (Herstellungsfinanzierung)	995,00 EUR	10 795,00 EUR
Herstellungskosten Höchstwertansatz/800 Stück		190 615,00 EUR
Herstellungskosten Höchstwertansatz/Stück		238,27 EUR
Herstellungskosten Höchstwertansatz/60 Stück		14 296,20 EUR

Zu 4.:

In diesem Fall sollte jeweils nur der Mindestwert aktiviert werden. Dadurch wird in der Bilanz ein niedrigeres Eigenkapital ausgewiesen und damit auch ein niedrigerer Gewinn.

12.2.4.2 Folgebewertung

- Ist der Börsen- oder Marktpreis am Abschlussstichtag **niedriger** als die Anschaffungs- oder Herstellungskosten, so **muss** – unabhängig von der Dauer der Wertminderung – nach dem **gemilderten Niederstwertprinzip** der **niedrigere Wert** angesetzt werden [§ 253 IV, S. 1 HGB].
- Fallen die Gründe für eine vorgenommene Abschreibung später weg, so besteht ein **Zuschreibungsgebot (Wertaufholungsgebot),** maximal bis zu den **Anschaffungs- oder Herstellungskosten** [§ 253 V, S. 1 HGB].

Überblick: Bewertung von fertigen und unfertigen Erzeugnissen

§ 253 I, S. 1 HGB § 253 IV, S. 1 und 2 HGB	▪ Anschaffungs- bzw. Herstellungskosten < als Markt- oder Börsenwert bzw. beizulegender Zeitwert → Anschaffungs- bzw. Herstellungskosten. ▪ Anschaffungs- bzw. Herstellungskosten > als Markt- oder Börsenwert bzw. beizulegender Zeitwert → Bewertung zu Markt- oder Börsenwert bzw. beizulegender Zeitwert.
§ 253 V, S. 1 HGB	Bei späterem Wegfall der Abschreibungsgründe besteht ein Zuschreibungsgebot.

Kompetenztraining

168 Bewertung von unfertigen und fertigen Erzeugnissen

1. In einem Industriebetrieb entfallen auf den durch Inventur festgestellten Bestand an unfertigen Erzeugnissen folgende Kosten:

   Excel

   Fertigungsmaterial 12000,00 EUR, Prüfung des Fertigungsmaterials 800,00 EUR, Lagerung 510,00 EUR, Fertigungslöhne 7100,00 EUR, planmäßige Abschreibung auf Maschinen der Fertigung 1280,00 EUR, Gehälter in der Einkaufsabteilung 1400,00 EUR, Forschungskosten 700,00 EUR, Lohnkosten für die Lohnabrechnung des Fertigungsbereichs 580,00 EUR, sonstige Fertigungsgemeinkosten 8480,00 EUR, sonstige Materialgemeinkosten 4420,00 EUR, freiwillige Sozialleistungen 1080,00 EUR, betriebliche Altersversorgung 1720,00 EUR, allgemeine Verwaltungskosten 2940,00 EUR.

   Aufgaben:

   Ermitteln Sie, zu welchem Wert die unfertigen Erzeugnisse zu bilanzieren sind, wenn

   1.1 ein möglichst niedriges Jahresergebnis,

   1.2 ein möglichst hohes Jahresergebnis

   angestrebt wird!

2. Die Maschinenfabrik Kluge KG hat als Fertigerzeugnis einen größeren Posten Motoren im Wert von 10000,00 EUR auf Lager. Am Ende des Geschäftsjahres kommt eine neue Generation Motoren auf den Markt, wobei der Preis der bisherigen Motoren schlagartig um 40 % am Markt sinkt.

   Aufgabe:

   Ermitteln Sie den Bilanzansatz!

3. Die Ravensburger Industriewerke GmbH haben als Fertigerzeugnis 20 Heizkessel zu je 1500,00 EUR auf Lager. Durch eine Preissteigerung steigt der Wert eines Heizkessels am Jahresende auf 1800,00 EUR an. Restbestand: 12 Stück.

   Aufgabe:

   Ermitteln Sie den Bilanzansatz!

4. Die Betriebsschlosserei Mikolitsch KG fertigt für einen Getränkehersteller drei kleine Verpackungsmaschinen. Die Verpackungsmaschinen werden im Januar ausgeliefert. Folgende Werte liegen aus der Kostenrechnung vor:

   Verbrauch von Fertigungsmaterial 5000,00 EUR, Fertigungslöhne 6600,00 EUR, Kosten für Spezialwerkzeuge 1120,00 EUR, Materialgemeinkosten 400,00 EUR, Fertigungsgemeinkosten 5820,00 EUR, planmäßige Abschreibung auf die Fertigungsanlagen 3100,00 EUR, außerplanmäßige Abschreibung auf die Fertigungsanlagen 2700,00 EUR, allgemeine Verwaltungskosten 2050,00 EUR, Kosten für Jubiläumsgeschenke 700,00 EUR, Aufwendungen für Kantine und sonstige soziale Einrichtungen des Betriebs 3020,00 EUR, Zuwendungen an Pensionskassen 1600,00 EUR, Fremdkapitalzinsen, die direkt der Herstellungsfinanzierung dienen, für den Herstellungszeitraum 1940,00 EUR, Forschungskosten 4200,00 EUR, Vertriebskosten 1190,00 EUR.

   Aufgaben:

   Excel

   4.1 Geben Sie die höchstmöglichen Herstellungskosten an!

   4.2 Erläutern Sie, wie sich die Wahl des höchstmöglichen Ansatzes auf den Gewinn des laufenden Geschäftsjahres auswirkt!

12.2.5 Fremdwährungsverbindlichkeiten bewerten

BPE 12 **Handlungssituation 5: Fremdwährungsverbindlichkeiten bewerten**

Die Ulmer Büromöbel AG hat bei einer Schweizer Bank ein 10-jähriges Fälligkeitsdarlehen aufgenommen, welches in fünf Jahren zur Rückzahlung ansteht. Die Darlehenssumme beträgt 500 000,00 Schweizer Franken (CHF). Folgende Daten liegen zu den Wechselkursen vor:

CHF	Geldkurs	Briefkurs
31. 12. vor 5 Jahren	1,254	1,258
31. 12. d. J.	1,103	1,107

Kompetenzorientierte Arbeitsaufträge:

1. Begründen Sie, welches Bewertungsprinzip zur Anwendung kommt!
2. Ermitteln Sie den Bilanzansatz des Fälligkeitsdarlehens zum 31. 12. d. J.!

12.2.5.1 Zugangsbewertung

Werden Waren oder Werkstoffe aus dem Ausland importiert und diese in der Währung des exportierenden Landes fakturiert,[1] so muss der Anschaffungswert durch Umrechnung der Fremdwährung in EUR zum **Devisenkassamittelkurs**[2] des Anschaffungstages ermittelt werden.

Für die Bewertung von Fremdwährungsverbindlichkeiten gilt folgende gesetzliche Bewertungsvorschrift:

Verbindlichkeiten, die auf eine **fremde Währung lauten,** sind mit dem **Devisenkassamittelkurs des Bilanzstichtags** umzurechnen und der **ermittelte Wert** ist in der **Bilanz auszuweisen** [§ 256a, S. 1 HGB].

Beispiel:

Die Textilfabrik Impex AG kauft in England Stoffe für 20 000,00 GBP gegen Rechnungsstellung. Der Devisenkassamittelkurs beträgt GBP 0,7208.

Aufgabe:

Berechnen Sie den Rechnungsbetrag in EUR!

Lösung:

20 000,00 GBP : 0,7208 = 27 746,95 EUR

1 **Fakturieren:** berechnen, in Rechnung stellen.

2 **Devisenkäufe** von Bankkunden werden von den Banken zum **Geldkurs** abgerechnet. Der Kunde zahlt mit EUR und erhält dafür Fremdwährung. Verkaufen die Bankkunden dagegen Fremdwährung gegen EUR, dann berechnen die Banken den **Briefkurs**. Der **Devisenkassamittelkurs** ist der Kurs, der genau zwischen dem Geld- und dem Briefkurs liegt.

Da keine amtlichen Devisenkurse mehr festgestellt werden, haben sich alternative Systeme zur Ermittlung von „Tageskursen" entwickelt. Dabei werden zu einem bestimmten Zeitpunkt von verschiedenen Kreditinstituten die aktuellen Geld- und Briefkurse an eine zentrale Stelle gemeldet. Diese errechnet für jede in dieses Fixing einbezogene Währung einen **Durchschnittskurs.** Dieser Kurs wird als Referenzkurs oder **Devisenkassamittelkurs** bezeichnet. **Beispiele:** EZB-Referenzkurs, EuroFX.

Hinweis:

Der Kurs gibt an, welchen **Betrag an Fremdwährung** man für einen bestimmten **Betrag inländischer Währung** erhält bzw. bezahlt. Es wird immer von einem Euro ausgegangen. Im vorliegenden Fall bedeutet dies, für einen Euro erhält man 0,7208 GBP.

12.2.5.2 Folgebewertung

Am Bilanzstichtag bestehende Fremdwährungsverbindlichkeiten sind zum **Devisenkassamittelkurs** der entsprechenden Währung an diesem Tag zu bewerten. Dabei sind zwei Fälle zu unterscheiden:

- **Fremdwährungsverbindlichkeiten** mit einer **Restlaufzeit** von **mehr als einem Jahr.**
- **Fremdwährungsverbindlichkeiten** mit einer **Restlaufzeit** von **einem Jahr oder weniger.**

(1) Fremdwährungsverbindlichkeiten mit einer Restlaufzeit von mehr als einem Jahr

- Die **Fremdwährungsverbindlichkeit** ist mit dem **Devisenkassamittelkurs des Abschlussstichtags** umzurechnen [§ 256a, S. 1 HGB] und mit dem Wertansatz zum **Zahlungszeitpunkt** zu vergleichen.
- Nach dem **Höchstwertprinzip** muss die **Verbindlichkeit** mit dem **höheren Wert** bilanziert werden [§ 253 I, S. 2 HGB].

Aus der gesetzlichen Bewertungsvorschrift ergeben sich **zwei Bewertungsmöglichkeiten**:

- Ist der **Devisenkassamittelkurs (Tageskurs)** am Bilanzstichtag **niedriger als der Zugangskurs,** führt das zu einem höheren Eurowert der Verbindlichkeiten. Daher muss der **Wert des Bilanzstichtags** in der Bilanz ausgewiesen werden. Währungsverluste müssen auch vor ihrer Realisation ausgewiesen werden **(Imparitätsprinzip).**
- Liegt der **Devisenkassamittelkurs (Tageskurs)** am Bilanzstichtag **höher als der Zugangskurs,** führt das zu einem niedrigeren Eurowert der Verbindlichkeiten. Daher muss aus Gründen der kaufmännischen Vorsicht die Verbindlichkeit in der Bilanz mit dem **Zugangswert** ausgewiesen werden **(Höchstwertprinzip).** Währungsgewinne dürfen vor der Realisation nicht ausgewiesen werden **(Realisationsprinzip).**

Beispiel:

Am 20. November 20.. nimmt ein Industrieunternehmen ein Liefererdarlehen in Höhe von 60 000,00 USD in Anspruch. Die Laufzeit beträgt 2 Jahre. Es wird nach der Umrechnung in EUR mit 54 800,00 EUR gebucht.

Aufgabe:

Bewerten Sie die Verbindlichkeiten beim Jahresabschluss zum 31. Dezember 20.., wenn im 1. Fall der Wert am Bilanzstichtag 54 200,00 EUR und im 2. Fall der Wert am Bilanzstichtag 56 100,00 EUR beträgt!

Lösung:

1. Fall: Das Liefererdarlehen darf nicht mit dem niedrigeren Tageswert bewertet werden, da sonst ein noch nicht realisierter Gewinn von 600,00 EUR ausgewiesen würde. Der Ansatz bleibt unverändert mit dem höheren **Zugangswert.**

Bilanzansatz = 54800,00 EUR

2. Fall: Nach dem **Höchstwertprinzip** ist der höhere Rückzahlungsbetrag anzusetzen. Noch nicht realisierte Verluste sind zum Bilanzstichtag auszuweisen. Der Ansatz erfolgt zum höheren **Tageswert.**

Bilanzansatz = 56100,00 EUR

Der höhere Bilanzansatz führt zu einer Verschlechterung des Unternehmensergebnisses, weil durch die Passivierung der Differenz zwischen dem bisherigen Wert und dem Wert des Bilanzansatzes der sonstige betriebliche Aufwand steigt.

(2) Fremdwährungsverbindlichkeiten mit einer Restlaufzeit von einem Jahr oder weniger

- Die **Fremdwährungsverbindlichkeit** ist mit dem **Devisenkassamittelkurs des Bilanzstichtags** umzurechnen [§ 256a, S. 1 HGB] und der **ermittelte Wert in der Bilanz auszuweisen.**
- Die § 253 I, S. 2 HGB (Verbindlichkeiten sind zu ihrem Erfüllungsbetrag anzusetzen) und § 252 I, Nr. 4 Halbsatz 2 (Gewinne sind nur zu berücksichtigen, wenn sie am Abschlusstag realisiert sind) sind **nicht anzuwenden** [§ 256a, S. 2 HGB].

Die gesetzliche Bewertungsvorschrift bedeutet, das **Höchstwertprinzip** sowie das **Realisations- und Imparitätsprinzip** sind **nicht anzuwenden.** Es ist somit möglich, dass der Bilanzansatz zum **Ausweis eines nicht realisierten Kursgewinns** führt.

Beispiel:

Die Franz Weise GmbH nimmt am 31.05.20.. einen Liefererkredit in Höhe von 60000,00 CHF für 8 Monate in Anspruch. Devisenkassamittelkurs zum Zugangszeitpunkt 1,10 CHF/EUR.

Aufgaben:

1. Berechnen Sie die Anschaffungskosten zum Zugangszeitpunkt!
2. Bewerten Sie die Verbindlichkeiten beim Jahresabschluss, wenn im 1. Fall der Devisenkassamittelkurs 1,08 CHF/EUR und im 2. Fall der Devisenkassamittelkurs 1,12 CHF/EUR beträgt!

Lösungen:

Zu 1.:

60000,00 CHF : 1,10 CHF/EUR = 54545,45 EUR

Zu 2.:

1. Fall: 60000,00 CHF : 1,08 CHF/EUR = 55555,56 EUR

Bilanzansatz: 55 555,56 EUR. Es entsteht ein Währungsverlust in Höhe von 1010,11 EUR.

2. Fall: 60 000,00 CHF : 1,12 CHF/EUR = 53 571,43 EUR

Bilanzansatz: 53 571,43 EUR. Es entsteht ein Währungsgewinn in Höhe von 974,02 EUR. Das Höchstwertprinzip sowie das Imparitäts- und Realisationsprinzip dürfen nicht beachtet werden.

Beachte:

Erträge aus der Währungsumrechnung sind in der Gewinn- und Verlustrechnung gesondert unter dem Posten **„Sonstige betriebliche Erträge"** und **Aufwendungen aus der Währungsumrechnung** unter dem Posten **„Sonstige betriebliche Aufwendungen"** auszuweisen.

Überblick: Bewertung von Fremdwährungsverbindlichkeiten

Zeitpunkt der Bewertung	HGB	Inhalt
Zugangsbewertung	§ 256 a HGB	Umrechnung zum Devisenkassamittelkurs
Folgebewertung: ■ Restlaufzeit von mehr als einem Jahr	§ 256 a, S. 1 HGB § 253 I, S. 1 HGB § 252 I, Nr. 4 HGB	■ Umrechnung am Abschlussstichtag zum Devisenkassamittelkurs ■ Anwendung des – Höchstwertprinzips – Realisations- bzw. Imparitätsprinzips
■ Restlaufzeit von einem Jahr oder weniger	§ 256 a, S. 2 HGB	■ Umrechnung am Abschlussstichtag zum Devisenkassamittelkurs ■ Keine Anwendung des Höchstwertprinzips und des Realisations- bzw. Imparitätsprinzips

Kompetenztraining

169 Bewertung von Fremdwährungsverbindlichkeiten

1. Erklären Sie, wie sich ein in der Fremdwährung vereinbarter Preis einer Importware auf den Europreis auswirkt, wenn
   1.1 der Kurs für den Euro steigt,
   1.2 der Kurs für den Euro sinkt!

2. Erklären Sie, wie bei einer vereinbarten Fremdwährungsverbindlichkeit mit einer Restlaufzeit von 18 Monaten zu reagieren ist, wenn sich am Bilanzstichtag herausstellt, dass im Vergleich zum Rechnungseingang
   2.1 der Kurs für einen Euro gestiegen ist,
   2.2 der Kurs für einen Euro gesunken ist!

3. Eine Liefererverbindlichkeit in Höhe von 22000,00 CHF und mit einer Restlaufzeit von 24 Monaten wurde am 31. Dezember 2022 (Bilanzstichtag) zum damaligen Devisenkassamittelkurs von 1,1205 bilanziert.

   Aufgaben:

   Bewerten Sie die Lieferverbindlichkeiten, wenn

   3.1 am 31. Dezember 2023 der Devisenkassamittelkurs 1,1413 beträgt!

   3.2 am 31. Dezember 2023 der Devisenkassamittelkurs 1,1140 beträgt!

4. In dem Posten Verbindlichkeiten aus Lieferungen und Leistungen sind zwei Rechnungen eines Lieferers mit einem Ziel von 4 Monaten enthalten:

Rechnung 1 vom 12. September 20..:	120000,00 GBP
Rechnung 2 vom 12. November 20..:	100000,00 GBP.

   Für GBP wurden folgende Devisenkassamittelkurse notiert:

12. September 20..:	EUR 0,7269
12. November 20..:	EUR 0,7558
31. Dezember 20..:	EUR 0,7351

   Aufgaben:

   4.1 Ermitteln Sie den Rechnungsbetrag der beiden Rechnungen!

   4.2 Berechnen Sie, mit welchem Wert die beiden Rechnungen in der Bilanz zum 31. Dezember 20.. ausgewiesen werden müssen!

   4.3 Beschreiben Sie, wie das Unternehmensergebnis durch die Bewertung beeinflusst wird!

   4.4 Erläutern Sie, ob in dem vorliegenden Fall das Höchstwertprinzip und das Realisationsprinzip zur Anwendung kommen!

5. Eine Maschinenfabrik hat Fertigteile aus Schweden im Wert von 15200 SEK bezogen. Vereinbart ist ein Zahlungsziel von 60 Tagen. Der Devisenkassamittelkurs am Buchungstag der Rechnung (15. November) beträgt 8,6213 SEK/EUR. Am 31. Dezember (Bilanzstichtag) beträgt der Devisenkassamittelkurs 8,6425 SEK/EUR.

   Aufgabe:

   Bestimmen Sie, mit welchem Wert die Verbindlichkeiten am 31. Dezember zu bilanzieren sind! Begründen Sie Ihre Entscheidung!

6. Die Zip-Zap AG bezieht am 2. August 20.. (Eingang der Ware und Rechnung) Tackergeräte aus Norwegen zu einem vereinbarten Preis von 80000,00 NOK. Das Zahlungsziel beträgt 90 Tage.

   Aufgaben:

   6.1 Berechnen Sie, mit welchem Wert die Eingangsrechnung zu erfassen ist, wenn zum Zeitpunkt des Rechnungseingangs der Devisenkassamittelkurs wie folgt lautet: NOK 9,2939!

   6.2 Bestimmen Sie, wie die noch ausstehende Rechnung zu bewerten ist, wenn am Bilanzstichtag folgender Devisenkassamittelkurs gilt: NOK 9,0256! Begründen Sie Ihre Entscheidung!

12.2.6 Auswirkungen der Bewertungswahlrechte auf den Jahresabschluss

12.2.6.1 Überblick über wichtige Bewertungswahlrechte

Ziel des Bilanzrechts ist es, **Bewertungswahlrechte,** welche die Aussagekraft, Verlässlichkeit und die Vergleichbarkeit des Jahresüberschusses beeinträchtigen, **stark einzuschränken.** Gleichwohl hat der Gesetzgeber einige **Wahlrechte** belassen, die **verschiedene bilanzpolitische Möglichkeiten** eröffnen.

Beim **Bewertungswahlrecht** überlässt der Gesetzgeber dem Unternehmen einen **Spielraum** hinsichtlich der Höhe des zu bilanzierenden Bilanzpostens.

- Es gilt ein **Bewertungswahlrecht** für die Bewertung von **Finanzanlagen.** Auf sie können **außerplanmäßige Abschreibungen** bei voraussichtlich **nicht dauernder Wertminderung** vorgenommen werden [§ 253 III, S. 6 HGB].
- Bei der Ermittlung der **Herstellungskosten der unfertigen und fertigen Erzeugnisse** besteht ein **Bewertungswahlrecht** für Kosten der allgemeinen Verwaltung, Aufwendungen für soziale Leistungen, Aufwendungen für betriebliche Altersversorgung sowie Aufwendungen für soziale Einrichtungen des Betriebs [§ 255 II, S. 3 HGB]. Zinsen für Fremdkapital, das zur Finanzierung der Herstellung eines Vermögensgegenstandes verwendet wird, dürfen angesetzt werden, soweit sie auf den Zeitraum der Herstellung entfallen [§ 255 III HGB].
- Beim **beweglichen Anlagevermögen** ist im HGB lediglich eine planmäßige Abschreibung vorgeschrieben [§ 253 III, S. 1 HGB]. Es besteht handelsrechtlich somit ein **Methodenwahlrecht,** d.h., es darf zwischen linearem, degressivem und leistungsabhängigem Verfahren gewählt werden.

Im Folgenden wird exemplarisch aufgezeigt, wie sich die Nutzung der Bewertungswahlrechte auf den Jahresüberschuss einer Kapitalgesellschaft auswirkt.

12.2.6.2 Auswirkungen auf den Jahresüberschuss

(1) Auswirkungen des Bewertungswahlrechts am Beispiel der vorübergehenden Wertminderungen bei Finanzanlagen [§ 253 III, S. 6 HGB]

Beispiel:

Wir greifen auf das Beispiel von S. 435 zurück. Es wurden zur langfristigen Anlage 80 000 Aktien zum Kurs von 14,20 EUR gekauft. Am Bilanzstichtag weist die Aktie eine vorübergehende Kursschwäche auf und notiert mit 12,50 EUR.

Aufgaben:

Zeigen Sie die Auswirkungen auf den Jahresüberschuss auf, wenn

1. die Anschaffungskosten beibehalten werden und
2. vom Wahlrecht der außerplanmäßigen Abschreibung Gebrauch gemacht wird!

Lösungen:

Zu 1.:

Bei Verzicht auf die außerplanmäßige Abschreibung wird der Jahresüberschuss nicht beeinflusst.

Zu 2.:

	Anschaffungskosten (80 000 Stück · 14,20 EUR)	1 136 000,00 EUR
–	Kurswert am 31. 12. (80 000 Stück · 12,50 EUR)	1 000 000,00 EUR
=	außerplanmäßige Abschreibung	136 000,00 EUR

Bei Ausübung des Bewertungswahlrechts sinkt der Jahresüberschuss um 136 000,00 EUR.

(2) Auswirkungen des Bewertungswahlrechts am Beispiel der Herstellungskosten [§ 255 II, S. 3 und III HGB]

Beispiel:

Für die Bewertung von Fertigerzeugnissen stellt das Rechnungswesen folgende zusammengefasste Werte zur Verfügung:

■ Materialeinzelkosten	2 500,00 EUR
■ Materialgemeinkosten	500,00 EUR
■ Fertigungseinzelkosten	20 000,00 EUR
■ Fertigungsgemeinkosten	33 000,00 EUR
■ Abschreibungen aufgrund der Fertigung	7 500,00 EUR
■ Kosten der allgemeinen Verwaltung	1 400,00 EUR
■ Aufwendungen für freiwillige soziale Leistungen	2 100,00 EUR
■ Aufwendungen betrieblicher Altersversorgung	1 000,00 EUR

Es wird ein Jahresüberschuss unterstellt.

Aufgabe:

Excel

Stellen Sie dar, wie sich das Bewertungswahlrecht bei Fertigerzeugnissen auf den Erfolg auswirkt!

Lösung:

(1) Ausgangspunkt sind die aktivierungspflichtigen Aufwendungen. Danach wird der Wert der Fertigerzeugnisse mit 63 500,00 EUR ausgewiesen **(Wertuntergrenze).**

(2) Durch die Ausnutzung des Bewertungswahlrechts steigt der Wert der Fertigerzeugnisse auf 68 000,00 EUR **(Wertobergrenze).**

Das Vermögen und damit das Eigenkapital erhöhen sich jeweils um den Unterschiedsbetrag zwischen Wertobergrenze und Wertuntergrenze. Im vorliegenden Beispiel um 4 500,00 EUR. Die Erhöhung des Jahresüberschusses von 4 500,00 EUR ist ausschließlich auf die unterschiedliche Bewertung der Fertigerzeugnisse zurückzuführen.

Wird das **Bewertungswahlrecht** bei den **Herstellungskosten** der fertigen und unfertigen Erzeugnissen **genutzt, erhöht** sich der Jahresüberschuss der Kapitalgesellschaft um die **Differenz zwischen der Wertobergrenze und der Wertuntergrenze.**

!

(3) Auswirkungen des Bewertungswahlrechts am Beispiel der Abschreibungen [§ 253 III, S. 1 HGB]

Beispiel:

Eine Spezialmaschine mit Anschaffungskosten in Höhe von 750 000,00 EUR hat eine geschätzte Nutzungsdauer von 10 Jahren. Folgende Abschreibungsmöglichkeiten stehen zur Wahl: lineare Abschreibung und degressive Abschreibung mit einem Abschreibungssatz von 15 %.

Aufgaben:

1. Berechnen Sie den Bewertungsspielraum im ersten Jahr!
2. Stellen Sie die Auswirkungen auf den Jahresüberschuss dar!

Lösungen:

Zu 1.:

Linearer Abschreibungsbetrag:	10 % von 750 000,00 EUR =	75 000,00 EUR
Degressiver Abschreibungsbetrag:	15 % von 750 000,00 EUR =	112 500,00 EUR
Der Bewertungsspielraum beträgt:		37 500,00 EUR

Zu 2.:

Bei der degressiven Abschreibungsmethode verringert sich der Jahresüberschuss um 37 500,00 EUR.

12.2.6.3 Bildung stiller Rücklagen

- **Stille Rücklagen** (stille Reserven) entstehen durch **Unterbewertung von Vermögensposten** (Aktiva) bzw. durch **Überbewertung von Schuldposten** (Passiva) innerhalb der gesetzlich zulässigen Bewertungsspielräume.
- Die Bildung stiller Rücklagen führt zu **verdeckten Gewinnen,** d.h., ein Teil der erzielten Gewinne wird nicht in der Bilanz ausgewiesen.

Beispiel:

Die zu Jahresbeginn neu angeschafften Maschinen für 10 Mio. EUR werden aus steuerlichen Gründen mit 20 % abgeschrieben. Der tatsächliche Wertverlust verteilt sich gleichmäßig auf die Nutzungsdauer von 10 Jahren. Der in der Bilanz ausgewiesene Gewinn beträgt 2 Mio. EUR.

Aufgabe:

Berechnen Sie die stillen Rücklagen!

Lösung:

Aktiva — Bilanzsituation am Jahresende (Mio. EUR) — Passiva

Aktiva		Passiva	
Maschinen	8	Verbindlichkeiten	
sonstiges Anlagevermögen		Eigenkapital	
Umlaufvermögen		Gewinn	2
Unterbewertung Maschinen	1	stille Rücklagen	1

} tatsächlicher Gewinn 3 Mio.

Erläuterung:

Durch eine zu hohe Abschreibung wird ein „Gewinn" in Höhe von 1 Mio. EUR verdeckt.

So still und heimlich wie die stillen Rücklagen entstehen, werden sie häufig auch wieder aufgelöst. Die Dauer der verdeckten Rücklagen ist sehr verschieden:

- Am längsten stehen stille Rücklagen zur Verfügung, die in nicht abnutzbarem Anlagevermögen (z. B. Grundstücke) stecken. Häufig treten sie erst zutage, wenn das Unternehmen selbst aufgelöst wird.
- Beim abnutzbaren Anlagevermögen nehmen vorhandene stille Rücklagen naturgemäß mit den Abschreibungen ab.
- Beim Umlaufvermögen werden die stillen Rücklagen zwangsläufig mit dem Verbrauch der Vorräte aufgelöst.
- Bei überbewerteten Schulden endet die Finanzierungswirkung mit der Auflösung der Rückstellung bzw. mit der Begleichung der Verbindlichkeit. Die in Pensionsrückstellungen enthaltenen stillen Rücklagen stehen den Unternehmen in der Regel langfristig zur Verfügung.

Zusammenfassendes Kompetenztraining

zur Bewertung nach Handelsrecht

170 Bewertung von Vermögen und Schulden, Auswirkung von Bewertungswahlrechten

Für die Allgäuer Käserei AG sind folgende Bewertungsfragen zu klären:

1. Das Unternehmen hat am 15.03.20.. Aktien zur langfristigen Anlage gekauft:
   50000 Stückaktien der Solarwelt AG, Kurs 21,50 EUR.

   Aufgaben:

   1.1 Weisen Sie nach, mit welchem Wert die Aktien am Ende des Geschäftsjahres 20.. bilanziert wurden, wenn der Kurs der Aktien auf 16,40 EUR gefallen ist! Begründen Sie den Bilanzansatz!

   1.2 Im Folgejahr ist der Kurs der Aktien auf 26,80 EUR gestiegen. Ermitteln Sie den Bilanzansatz!

2. Um die Qualität der Produkte zu steigern, wurde am 2. August 20.. eine neue Schneide- und Verpackungsmaschine für netto 390000,00 EUR zuzüglich 19% Umsatzsteuer angeschafft. Die betriebsgewöhnliche Nutzungsdauer beträgt 8 Jahre. Der Rechnungsbetrag wurde unter Abzug von 2% Skonto beglichen. Für die Skontozahlung wurde ein Kontokorrentkredit aufgenommen. Die Bank berechnet 5040,00 EUR Zinsen.

   Aufgabe:

   Bewerten Sie die Schneide- und Verpackungsmaschine!

3. Die fortgeführten Anschaffungskosten eines Verpackungsautomaten der Allgäuer Käserei AG, dessen Nutzungsdauer mit 8 Jahren anzusetzen ist und der linear abgeschrieben wird, betragen zu Beginn des 4. Jahres nach der Anschaffung 73500,00 EUR. Aufgrund einer Konjunkturschwäche ist das Preisniveau für derartige Automaten nachweislich um 30% gesunken.

   Aufgabe:

   Stellen Sie den zulässigen Bilanzansatz am Ende des 4. Geschäftsjahres nach der Anschaffung fest!

4. Die Allgäuer Käserei AG bezog von einem Schweizer Hersteller eine neue Einrichtung für das Reifelager. Die Rechnung vom 15. November 20.. lautet über 45000,00 CHF, fällig am 15. Januar des folgenden Jahres.

   Devisenkassamittelkurs am 15. November 20..: 1,0820
   Devisenkassamittelkurs am 31. Dezember 20..: 1,0650

   Aufgaben:

   4.1 Führen Sie die Zugangsbewertung der Verbindlichkeit durch!

   4.2 Bewerten Sie die Verbindlichkeit am 31. Dezember 20..!

12.3 Anhand von Strukturbilanz und aufbereiteter Ergebnisrechnung ausgewählte Kennzahlen ermitteln und beurteilen

12.3.1 Grundlagen und Ziele der Jahresabschlussanalyse beschreiben

(1) Adressaten des Jahresabschlusses und deren Interessen

Der Jahresabschluss hat die Aufgabe, den Interessen bestimmter Personen **(Bilanzadressaten)** zu dienen. Sein zentrales Ziel ist – mindestens einmal jährlich – die Adressaten über die wirtschaftliche Lage des Unternehmens zu informieren. Die verschiedenen Bilanzadressaten (z.B. Anteilseigner, Gläubiger, Investoren, Finanzverwaltung) verfolgen dabei unterschiedliche Interessen.

Aktionäre	■ Sie erwarten aus dem Jahresabschluss Informationen über den **aktuellen Gewinn** bzw. die **zukünftigen Gewinnerwartungen** und sie möchten aus dem Jahresabschluss Hinweise entnehmen, wie das **Kursentwicklungspotenzial** ihrer Aktien zu beurteilen ist. ■ Kleinaktionäre haben dabei insbesondere die Ertrags- und Kursentwicklung des Unternehmens im Blick, während die Großaktionäre vor allem auf den Fortbestand des Unternehmens achten.
Gläubiger	Sie richten ihr vorrangiges Informationsinteresse darauf, die **Kreditwürdigkeit des Unternehmens** sachgerecht beurteilen zu können. Sie wollen Informationen über die Haftungssubstanz (das Vermögen und die Zahlungsfähigkeit, d.h. die Liquidität) des Unternehmens erhalten.
Investoren	■ Sie möchten mithilfe des Jahresabschlusses **entscheidungsnützliche Informationen** über die Vermögens-, Finanz- und Ertragslage sowie deren Entwicklung im Zeitablauf erhalten. ■ Sie erwarten insbesondere, dass der Jahresabschluss **alle relevanten Informationen** aufweist, die ihre wirtschaftlichen Entscheidungen beeinflussen können. ■ Sie möchten die Sicherheit haben, dass das Unternehmen über die Zeit hinweg die Vermögens-, Finanz- und Ertragslage nach denselben Kriterien bilanziert und bewertet, sodass sie die Chance haben, **Tendenzen zu erkennen.**
Finanzverwaltung	■ Sie hat ein Interesse daran, dass die steuerpflichtigen Unternehmen ihre **Steuerbemessungsgrundlage** (z.B. zur Berechnung der Einkommensteuer) richtig ermitteln. ■ Sie achtet daher insbesondere darauf, dass das **Prinzip der periodengerechten Gewinnermittlung** eingehalten wird. Sie möchte damit zum einen eine möglichst **hohe Gewinnsteuerzahlung** erzielen und zum anderen möchte sie eine **Gleichbehandlung** aller steuerpflichtigen Unternehmen erreichen **(Problem der Steuergerechtigkeit).**

(2) Begriff und Ziele der Jahresabschlussanalyse

Nach Aufstellung des Jahresabschlusses ist der Unternehmer in der Lage, die wirtschaftlichen Verhältnisse seines Unternehmens zu beurteilen. Allerdings sagen die absoluten Zahlenwerte eines einzelnen Jahresabschlusses relativ wenig aus. Mit der Aussage, dass laut Jahresabschluss z.B. das Vermögen 1320000,00 EUR oder der Gewinn 235000,00 EUR betrug, ist wenig anzufangen. Um Abschlusszahlen eines Unternehmens beurteilen zu können, benötigt man **Vergleichswerte** als **Vergleichsmaßstab.**

- Nimmt man als Vergleichswerte die Abschlusszahlen des Vorjahres bzw. mehrerer vorangegangener Jahre desselben Unternehmens, spricht man von einem **Zeitvergleich.** Mit ihm lassen sich Entwicklungstendenzen des eigenen Betriebes feststellen **(innerbetrieblicher Vergleich).**
- Werden die Abschlusszahlen eines Jahres mit denen anderer Betriebe derselben Branche verglichen – im Allgemeinen wählt man als Vergleichsmaßstab die ermittelten Durchschnittswerte dieser Branche –, dann handelt es sich um einen **Betriebsvergleich.** Auf diese Weise lässt sich die Situation des zu beurteilenden Unternehmens im Vergleich zu anderen Unternehmen der Branche abschätzen **(zwischenbetrieblicher Vergleich).**

Innerbetriebliche und zwischenbetriebliche Vergleiche zu betrieblichen Entwicklungen setzen voraus, dass **einheitlich definierte und berechnete Kennzahlen** vorliegen. Die Beurteilung eines Unternehmens aufgrund solcher Kennzahlen wird als **Jahresabschlussanalyse** bezeichnet.

- Die **Jahresabschlussanalyse** ist die Aufbereitung und Auswertung des Jahresabschlusses. Sie ist ein Instrument, mit dem die Datenmengen eines Jahresabschlusses zu aussagekräftigen Informationen zusammengefasst werden.
- Die Jahresabschlussanalyse besteht aus einem **System von Kennzahlen,** die aus der **Bilanz** und der **Gewinn- und Verlustrechnung** abgeleitet werden.

Im Rahmen der **Auswertung der Bilanz (Bilanzanalyse)** werden Kennzahlen ermittelt, die Aussagen treffen über

- **Vermögensaufbau** (Konstitution),[1]
- **Kapitalausstattung** (Finanzierung),
- **Anlagefinanzierung** (Investition),
- **Zahlungsfähigkeit** (Liquidität).

Im Rahmen der **Auswertung der Gewinn- und Verlustrechnung (Erfolgsanalyse)** werden Kennzahlen ermittelt, die Aussagen treffen über

- **Eigen- und Gesamtkapitalrentabilität,**
- **Leverage-Effekt,**
- **Umsatzrentabilität,**
- **Cashfllow.**

Ziel der Jahresabschlussanalyse ist die **Beurteilung** der gegenwärtigen und künftigen Unternehmenssituation **(Finanzlage, Kreditwürdigkeit, Ertragslage).** Sie ist gleichermaßen **Informations-, Kontroll- und Steuerungsinstrument** für Gläubiger und Anteilseigner.

Neben der Erfassung der finanz- und erfolgswirtschaftlichen Vorgänge versuchen derzeit viele Unternehmen, auch ihre **ökologische Situation** (z. B. hinsichtlich der verwendeten Einsatzstoffe, der Umweltverträglichkeit des Produktionsprozesses, der Lärmerzeugung, des Energieaufwands usw.) in einer **Öko-Bilanz** festzuhalten und sie mithilfe von **Öko-Kennzahlen** zu analysieren.[2] Diese Unternehmen möchten damit die von ihnen verursachte **Umweltbeanspruchung** ermitteln, um sie anschließend durch den gezielten Aufbau eines Umweltmanagements (man spricht auch von **Umweltcontrolling**) reduzieren zu können.

1 Aufgrund des Bildungsplans wird die Vermögensstruktur im Folgenden nicht dargestellt.

2 Aufgrund des Bildungsplans werden die Öko-Bilanz und die Öko-Kennzahlen im Folgenden nicht dargestellt.

12.3.2 Anhand einer vorgegebenen Strukturbilanz ausgewählte Bilanzkennzahlen errechnen und beurteilen

BPE 12

Handlungssituation 6: Ein Unternehmen mithilfe der Kennzahlen der finanzwirtschaftlichen Analyse beurteilen

Die Anlagen- und Maschinenbau AG, Ulm, hat ihren Jahresabschluss im Bundesanzeiger veröffentlicht. Nachfolgend werden die aufbereiteten Strukturbilanzen der letzten beiden Geschäftsjahre dargestellt:

Aktiva — Strukturbilanzen der Anlagen- und Maschinenbau AG (in Tsd. EUR) — Passiva

Aktiva	Berichtsjahr	Vorjahr	Passiva	Berichtsjahr	Vorjahr
I. Anlagevermögen	67137	87463	**I. Eigenkapital**	43519	43419
II. Umlaufvermögen			**II. Fremdkapital**		
1. Vorräte	2194	4707	1. Langfristiges Fremdkapital	15320	19028
2. Forderungen	27339	16759	2. Kurzfristiges Fremdkapital	42120	50276
3. Liquide Mittel	4289	3794			
	100959	112723		100959	112723

Kompetenzorientierte Arbeitsaufträge:

Excel

1. Berechnen und beurteilen Sie für die letzten beiden Geschäftsjahre die Kennzahlen zur Kapitalstruktur!
   1.1 Eigenkapitalquote
   1.2 Fremdkapitalquote
   1.3 Verschuldungsgrad
2. Ermitteln und bewerten Sie für die letzten beiden Geschäftsjahre die Kennzahlen zur Anlagefinanzierung!
   2.1 Anlagedeckungsgrad I
   2.2 Anlagedeckungsgrad II
3. Bestimmen und beurteilen Sie für die letzten beiden Geschäftsjahre die Kennzahlen zur Zahlungsfähigkeit!
   3.1 Liquidität 1. Grades
   3.2 Liquidität 2. Grades

12.3.2.1 Aufbereitung der Bilanz zur Strukturbilanz

Für die Bilanzanalyse erweist sich die nach handelsrechtlichen Vorschriften aufgestellte Bilanz als ungeeignet. Die Bildung von Kennzahlen und deren Auswertung verlangt eine größere **Gruppenbildung** und eine **Neuzuordnung** einzelner Bilanzposten.

Für die Ermittlung der Kennzahlen ist folgende Strukturierung hilfreich:[1]

Aktiva	Strukturbilanz Passiva
I. Anlagevermögen	**I. Eigenkapital**
II. Umlaufvermögen	**II. Fremdkapital**[2]
1. mittelfristig z. B. Vorräte	**1. langfristig** z. B. Bankdarlehen
2. kurzfristig z. B. Ford. a. Lief. u. Leist.	**2. kurzfristig** z. B. Kontokorrentkredit
3. sofort flüssig z. B. Geldmittel	

Die vorgegebene Bilanzstruktur macht deutlich, dass bestimmte Bilanzposten zusammengefasst werden müssen. So zählen aktive Rechnungsabgrenzungsposten zu den Forderungen und passive Rechnungsabgrenzungen zu den kurzfristigen Verbindlichkeiten. Rückstellungen können je nach Art zu den lang- oder kurzfristigen Verbindlichkeiten gerechnet werden.

Beispiel:

Die zu beurteilende Metallwerke Neumann AG legt folgenden handelsrechtlichen Jahresabschluss vor:

Bilanz der Metallwerke Neumann AG zum 31. Dezember 20..

Aktiva		Passiva	
A. Anlagevermögen		**A. Eigenkapital**	
II. Sachanlagen		I. Gezeichnetes Kapital	4 000 000,00
1. Grundstücke und Bauten	2 750 000,00	III. Gewinnrücklage	
2. Technische Anlagen und Maschinen	6 325 000,00	1. Gesetzliche Rücklage	1 666 540,00
3. Andere Anlagen, Betr.- u. Geschäftsausst.	1 221 000,00	4. Andere Rücklagen	600 000,00
B. Umlaufvermögen		IV. Gewinn-/Verlustvortrag	16 480,00
I. Vorräte		V. Jahresüberschuss/ Jahresfehlbetrag	424 325,00
1. Roh-, Hilfs- und Betriebsstoffe	2 640 000,00	**B. Rückstellungen**	
2. Unfertige Erzeugnisse	550 000,00	1. Pensionsrückstellungen	880 000,00
3. Fertige Erz. und Waren	660 000,00	3. Andere Rückstellungen	132 000,00
II. Forderungen u. sonstige Vermögensgegenstände		**C. Verbindlichkeiten**	
1. Forderungen a. Lief. u. Leist.	624 360,00	2. Verbindlichkeiten gegenüber Kreditinst.	4 400 000,00
2. Sonstige Vermögensgegenst.	13 200,00	4. Verbindlichkeiten a. Lief. u. Leist.	2 395 430,00
IV. Kassenbestand, Guthaben bei Kreditinstituten, Schecks	211 475,00	8. Sonstige Verbindlichkeiten	354 300,00
C. Rechnungsabgrenzungsposten	22 440,00	**D. Rechnungsabgrenzungsposten**	148 400,00
	15 017 475,00		15 017 475,00

1 Zur Erleichterung des Verständnisses wird die Herleitung der Strukturbilanz aufgezeigt. Beim Kompetenztraining wird die Strukturbilanz bildungsplangemäß jeweils vorgegeben.

2 Für die Auswertung der Bilanz verwenden wir auf der Passivseite statt des handelsrechtlichen Begriffs Verbindlichkeiten den betriebswirtschaftlichen Begriff Fremdkapital.

Erläuterungen zur Bilanz:

- Bei den Verbindlichkeiten gegenüber Kreditinstituten handelt es sich um langfristige Darlehen.
- Die Verbindlichkeiten aus Lieferungen und Leistungen sowie die sonstigen Verbindlichkeiten sind kurzfristig fällig.
- Die Pensionsrückstellungen sind dem langfristigen Fremdkapital, die anderen Rückstellungen dem kurzfristigen Fremdkapital zuzurechnen.
- Vom Jahresüberschuss werden 400 000,00 EUR als Dividende ausgeschüttet. Dieser Teil stellt eine Verbindlichkeit gegenüber den Aktionären dar und zählt deshalb zum kurzfristigen Fremdkapital.
- Aktive Rechnungsabgrenzungsposten zählen zum kurzfristigen Umlaufvermögen.
- Passive Rechnungsabgrenzungsposten zählen zum kurzfristigen Fremdkapital.

Aufgabe:

Erstellen Sie als Grundlage für die Bilanzanalyse eine aufbereitete Strukturbilanz!

Lösung:

Aktiva — Strukturbilanz der Metallwerke Neumann AG zum 31. Dezember 20.. — Passiva

Aktiva		Passiva	
I. Anlagevermögen	10 296 000,00	**I. Eigenkapital**	6 307 345,00
II. Umlaufvermögen		**II. Fremdkapital**	
1. mittelfristig	3 850 000,00	1. langfristig	5 280 000,00
2. kurzfristig	660 000,00.	2. kurzfristig	3 430 130,00
3. sofort flüssig	211 475,00		
	15 017 475,00		15 017 475,00

Die **Strukturbilanz** ist eine im Hinblick auf die Jahresabschlussanalyse aufbereitete und zusammengefasste Bilanz.

Mit den Werten der Strukturbilanz lassen sich bestimmte Verhältniszahlen bilden, die für die Beurteilung eines Unternehmens von Wichtigkeit sind.

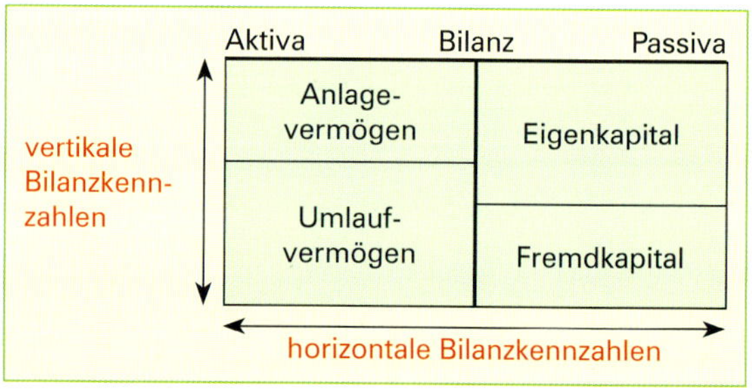

Grundsätzlich lassen sich solche Zahlenverhältnisse aus Posten derselben Bilanzseite bilden **(vertikale Bilanzkennzahlen)**, oder aber es werden Posten von verschiedenen Bilanzseiten ins Verhältnis gesetzt **(horizontale Bilanzkennzahlen)**.

Von der Fülle der möglichen Bilanzkennzahlen – auch **Quoten** genannt – werden hier nur die wichtigsten gebildet. Die folgenden Zahlenverhältnisse ergeben sich aus den Zahlen der vorangestellten, aufbereiteten und bereinigten Bilanz. Um den Aussagewert zu verallgemeinern, sind die Ergebnisse auf 100 bezogen, sodass sich jeweils Prozentsätze ergeben.

12.3.2.2 Beurteilungsgrundlagen

Grundlage für die Beurteilung eines Unternehmens bilden **Branchen- und Zeitvergleiche.**

Für die beispielhafte **Bilanzanalyse** der Neumann AG und das entsprechende Kompetenztraining werden die von der Deutschen Bundesbank veröffentlichten durchschnittlichen **Branchenkennzahlen** der vergangenen Jahre als Beurteilungsgrundlage herangezogen.

Branche	Eigenkapitalquote	Verschuldungsgrad	Deckungsgrad I	Deckungsgrad II	Liquiditätsgrad I	Liquiditätsgrad II
Chemische Industrie	39,1 %	164 %	103 %	134%	8 %	106 %
Elektroindustrie	29,5 %	141 %	95 %	107 %	14 %	88 %
Metallindustrie	32,1 %	147 %	99 %	134 %	7,3 %	85 %
Textilindustrie	34,8 %	154 %	87 %	164 %	16 %	86 %

12.3.2.3 Kennzahlen zur Kapitalstruktur

Die **Analyse der Kapitalstruktur** gibt Auskunft über die **Quellen** des Kapitals und seine **Zusammensetzung nach Art und Fristigkeit.**

Gläubiger, Lieferer, Kunden sowie Arbeitnehmer erhalten dadurch die Möglichkeit, das Risiko einzuschätzen, inwieweit etwa eine finanzielle Instabilität des „Schuldner-Unternehmens" die planmäßige Erfüllung seiner eingegangenen Leistungsverpflichtungen (z. B. termingerechte Begleichung von Schulden aus Darlehensaufnahmen und Warengeschäften; termingerechte Zahlung von Löhnen und Gehältern) gegenüber den angesprochenen Adressaten beeinträchtigt (Illiquiditätsrisiko, Insolvenzrisiko).[1]

$$\text{Eigenkapitalquote} = \frac{\text{Eigenkapital} \cdot 100}{\text{Gesamtkapital}}$$

$$\text{Fremdkapitalquote} = \frac{\text{Fremdkapital} \cdot 100}{\text{Gesamtkapital}}$$

$$\text{Verschuldungsgrad} = \frac{\text{Fremdkapital} \cdot 100}{\text{Eigenkapital}}$$

Beispiel:

Zugrunde gelegt wird die Strukturbilanz der Metallwerke Neumann AG (siehe S. 454).

Aufgaben:

1. Ermitteln Sie Eigenkapitalquote, Fremdkapitalquote und Verschuldungsgrad!
2. Beurteilen Sie die errechneten Kennzahlen allgemein sowie im Branchen- und Zeitvergleich, wenn die Eigenkapitalquote im Vorjahr 39,5 % betrug!

---

1 **Illiquidität** bedeutet, dass ein Unternehmen nicht in der Lage ist, seinen zwingend fälligen Zahlungsverpflichtungen termin und betragsgenau nachzukommen.
Insolvenz bedeutet, dass ein Unternehmen **endgültig** nicht mehr in der Lage ist, seinen fälligen Zahlungsverpflichtungen nachzukommen (Zahlungsunfähigkeit).

Lösungen:

Zu 1.:

$$\text{Eigenkapitalquote} = \frac{6\,307\,345 \cdot 100}{15\,017\,475} = \underline{\underline{42{,}0\,\%}}$$

$$\text{Fremdkapitalquote} = \frac{8\,710\,130 \cdot 100}{15\,017\,475} = \underline{\underline{58{,}0\,\%}}$$

$$\text{Verschuldungsgrad} = \frac{8\,710\,130 \cdot 100}{6\,307\,345} = \underline{\underline{138{,}1\,\%}}$$

Zu 2.: Auswertung:

Eine allgemeingültige Regel über das Verhältnis von Eigen- und Fremdkapital gibt es nicht; die Angaben schwanken von 2 : 1 über 1 : 1 bis 1 : 3.

Es kann jedoch festgestellt werden: Je höher ein Unternehmen mit Eigenkapital ausgestattet ist, desto weniger krisenanfällig ist es. Ein hoher Fremdkapitalanteil bedeutet eine hohe Liquiditätsbelastung durch Zins- und Tilgungszahlungen. Zudem besteht die Gefahr, dass die Gläubiger (Fremdkapitalgeber) Einfluss auf Entscheidungen der Unternehmensleitung nehmen.

Die vorliegenden Kennzahlen zeigen, dass die Eigenkapitalausstattung bei 42 % und das Fremdkapital somit bei 58 % liegt. Das Verhältnis Fremdkapital zu Eigenkapital beträgt 138 %, d. h., das Fremdkapital übersteigt das Eigenkapital um 38 %.

Vergleicht man die Kapitalkennzahlen der Neumann AG mit den Branchenkennzahlen (siehe S. 455), ist festzuhalten, dass sowohl die Eigenkapitalquote als auch der Verschuldungsgrad über den Branchenkennzahlen liegen. Bezogen auf die Kennzahlen der Kapitalstruktur ist die Neumann AG gut aufgestellt.

Alle Kennzahlen haben sich im Vergleich zum Vorjahr (Eigenkapitalquote 39,5 %, Fremdkapitalquote 60,5 %, Verschuldungsgrad 153,2 %) verbessert.

- Je **höher die Eigenkapitalquote,** desto größer ist die **finanzielle Unabhängigkeit** und desto krisenfester ein Unternehmen.
- Ein **hoher Verschuldungsgrad** bedeutet eine **hohe Liquiditätsbelastung**[1] durch Zins- und Tilgungszahlungen.

12.3.2.4 Kennzahlen zur Anlagefinanzierung

Die **Anlagedeckungsgrade**[2] beantworten die Frage, in welchem Umfang das Anlagevermögen durch langfristig verfügbares Kapital gedeckt ist.

Den Kennzahlen liegt der **Grundsatz der Fristengleichheit** zugrunde, der sich in der **goldenen Finanzierungsregel (Bilanzregel)** ausdrückt. Sie besagt, dass die **Dauer der Investition (Bindung der Finanzmittel)** mit der **Dauer ihrer Finanzierung (Verfügbarkeit der Finanzmittel)** übereinstimmen muss. Danach gilt:

- **Anlagevermögen** (z. B. Grundstücke, Gebäude, Beteiligungen, technische Anlagen und Maschinen), das das Unternehmen **langfristig nutzt,** ist **langfristig zu finanzieren.**

Beispiel:

Der Bau einer Fabrikhalle mit einer geschätzten Nutzungsdauer von 30 Jahren ist mit Eigenkapital oder mit einem Darlehen mit einer Laufzeit von 30 Jahren zu finanzieren.

1 Vgl. S. 458f.

2 Für den Begriff Anlagedeckungsgrad wird auch der Begriff **Deckungsgrad** verwendet.

Die **Grundregel** besagt, dass das **Anlagevermögen** möglichst mit **Eigenkapital** zu finanzieren ist. Kann das Unternehmen dies nicht voll erfüllen, ist die benötigte **Restsumme** mit **langfristigem Fremdkapital** zu finanzieren **(goldene Bilanzregel).**

- **Umlaufvermögen** (z. B. Werkstoffe, fertige und unfertige Erzeugnisse) ist **kurzfristig zu finanzieren,** da die dort gebundenen Finanzmittel durch den Verkauf der Erzeugnisse in **absehbarer Zeit** wieder zurückfließen.

  Die **Grundregel** besagt, dass das **Umlaufvermögen** mit **kurzfristigem Fremdkapital** zu finanzieren ist.

Beispiel:

Der Kauf von Rohstoffen mit einem Ziel von 30 Tagen ist so zu finanzieren, dass zum Zahlungszeitpunkt das erforderliche Bankguthaben bereitsteht bzw. dass kurzfristige Forderungen zu diesem Zeitpunkt fällig sind.

Es sind zwei Formen des Anlagedeckungsgrades zu unterscheiden:

$$\text{Anlagedeckungsgrad I} = \frac{\text{Eigenkapital} \cdot 100\,\%}{\text{Anlagevermögen}}$$

$$\text{Anlagedeckungsgrad II} = \frac{(\text{Eigenkapital} + \text{langfristiges Fremdkapital}) \cdot 100\,\%}{\text{Anlagevermögen}}$$

Beispiel:

Zugrunde gelegt wird die Strukturbilanz der Metallwerke Neumann AG (siehe S. 454).

Aufgaben:

1. Ermitteln Sie die Anlagedeckungsgrade I und II!
2. Beurteilen Sie die errechneten Kennzahlen!

Lösungen:

Zu 1.:

$$\text{Anlagedeckungsgrad I} = \frac{6\,307\,345 \cdot 100\,\%}{10\,296\,000} = \underline{\underline{61\,\%}}$$

$$\text{Anlagedeckungsgrad II} = \frac{(6\,307\,345 + 5\,280\,000) \cdot 100\,\%}{10\,296\,000} = \underline{\underline{113\,\%}}$$

Zu 2.: Auswertung:

Aus dem **Anlagedeckungsgrad I** ist erkennbar, dass die Grundregel, nach der das Anlagevermögen möglichst mit Eigenkapital finanziert sein sollte, nicht erfüllt ist. Das Anlagevermögen ist nur zu 61 % mit Eigenkapital finanziert und liegt damit unter dem Branchendurchschnitt.

Bezieht man in die Deckung (Finanzierung) des Anlagevermögens das langfristig verfügbare Fremdkapital mit ein, erhält man den **Anlagedeckungsgrad II.** Bei dieser Kennzahl ergibt sich für die Finanzierung des Anlagevermögens eine Überdeckung von 13 %.

Vergleicht man die Kennzahlen der Neumann AG mit den Branchenzahlen (vgl. S. 455), wird das Defizit in der Anlagefinanzierung deutlich. Die Branchenwerte sind sowohl beim Anlagedeckungsgrad I (38 % geringer) als auch beim Anlagedeckungsgrad II (21 % geringer) verfehlt worden. Bezogen auf die Finanzstruktur ist die Neumann AG nicht gut aufgestellt.

Die **Anlagedeckungsgrade** zeigen, inwieweit das langfristig gebundene Vermögen durch Eigenkapital (und langfristiges Fremdkapital) gedeckt ist.

12.3.2.5 Kennzahlen zur Zahlungsfähigkeit (Liquidität)

(1) Begriff Liquidität und Liquiditätsgrade

Liquidität ist die Fähigkeit eines Unternehmens, jederzeit die Zahlungsverpflichtungen fristgerecht erfüllen zu können.

Wird die Liquidität auf einzelne Vermögensgegenstände bezogen, ist die Liquidität eines Vermögensgegenstandes umso größer, je enger die Geldnähe ist. Der Kassenbestand bzw. das Bankguthaben steht als Zahlungsmittel unmittelbar bereit, während bei den Forderungen auf den Zahlungseingang bis zum Fälligkeitstag gewartet werden muss. Allgemein gilt: der Liquiditätsgrad eines Vermögensgegenstandes ist umso geringer, je später der Rückfluss als Zahlungsmittel erfolgt.

Beispiel:

Die Anschaffungskosten einer Maschine betragen 60 000,00 EUR, die Nutzungsdauer 10 Jahre. Bei linearer Abschreibung werden, sofern die Umsatzerlöse kostendeckend sind, 10 000,00 EUR in Zahlungsmittel umgewandelt. Der gesamte Umfinanzierungsprozess des Anlagevermögens in Zahlungsmittel wird erst am Ende der Nutzungsdauer erreicht.

Zu unterscheiden sind **zwei Liquiditätskennzahlen**:

$$\text{Liquidität 1. Grades (Barliquidität)} = \frac{(\text{Barmittel} + \text{Bankguthaben}) \cdot 100}{\text{kurzfristiges Fremdkapital}}$$

Bei der Liquidität 1. Grades, auch **Barliquidität** genannt, werden als Deckungsmittel nur die unmittelbar flüssigen Mittel (Bargeld, Bankguthaben) in die Berechnung einbezogen.

Eine Norm zur Beurteilung der Barliquidität ist die **„One-to-five-Rate"**. Sie besagt, dass die kurzfristigen Verbindlichkeiten mindestens zu 20 % durch flüssige Mittel gedeckt sein sollten.

Zur Liquidität 2. Grades gehören Vermögensposten, die derzeit noch keinen Geldcharakter haben, deren Umwandlung in Geldmittel jedoch unmittelbar bevorsteht. Da das Geld, wie etwa bei den Forderungen, noch eingezogen werden muss, spricht man auch von **einzugsbedingter Liquidität.**

$$\begin{array}{l}\text{Liquidität 2. Grades}\\ \text{(einzugsbedingte Liquidität)}\end{array} = \frac{(\text{kurzfristige Forderungen} + \text{liquide Mittel}) \cdot 100}{\text{kurzfristiges Fremdkapital}}$$

Eine Norm zur Beurteilung der einzugsbedingten Liquidität ist die **„One-to-one-Rate"**. Nach dieser Norm soll diese Liquiditätszahl mindestens 100 % betragen.

Beispiel:

Zugrunde gelegt wird die Strukturbilanz der Metallwerke Neumann AG (siehe S. 454).

Aufgaben:

1. Ermitteln Sie die Liquiditätskennzahlen 1. und 2. Grades!
2. Beurteilen Sie die errechneten Kennzahlen!

Hinweis: Im Vorjahr lagen die Werte der Liquidität 1. und 2. Grades bei 9,3 % bzw. 30,1 %.

Lösungen:

Zu 1.:

$$\text{Liquidität 1. Grades} = \frac{211\,475 \cdot 100\,\%}{3\,430\,130} = \underline{\underline{6{,}2\,\%}}$$

$$\text{Liquidität 2. Grades} = \frac{871\,475 \cdot 100\,\%}{3\,430\,130} = \underline{\underline{25{,}4\,\%}}$$

Zu 2.:

Zur Liquidität im vorliegenden **Beispiel** lassen sich folgende Aussagen treffen:

Auch wenn man berücksichtigt, dass die ermittelte Barliquidität wegen der fehlenden Fälligkeitstermine für das kurzfristige Fremdkapital ungenau ist, kann das krasse Missverhältnis zwischen den liquiden Mitteln und den kurzfristigen Verbindlichkeiten nicht übersehen werden (**One-to-five-Rate** nicht erreicht). Das gilt auch für die gesamte Metallbranche.

Die Summe von kurzfristigen Forderungen und liquiden Mitteln 1. Grades bezeichnet man auch als **monetäres Umlaufvermögen.** Für das monetäre Umlaufvermögen gilt nach der **„One-to-one-Rate“,** dass es genauso hoch sein sollte wie die kurzfristigen Verbindlichkeiten. Auch die „One-to-one-Rate“ wird nicht erreicht. Nach dem Liquiditätsgrad 2 ist das kurzfristige Fremdkapital nur zu 25 % mit monetärem Umlaufvermögen gedeckt.

Vergleicht man die Liquiditätskennzahlen der Neumann AG mit den Branchenkennzahlen (vgl. S. 455), ist festzuhalten, dass beide Liquiditätsgrade unter den Branchenkennzahlen liegen. Bezogen auf die Liquiditätskennzahlen ist die Neumann AG schlecht aufgestellt. Im Vergleich zum Vorjahr haben sie sich nochmals verschlechtert. Eine Verbesserung der Liquidität zur Sicherung einer ständigen Zahlungsbereitschaft ist für die Neumann AG unumgänglich.

(2) Aussagekraft der Liquiditätskennzahlen

- Die Bilanz kann nur die **Situation** am **Bilanzstichtag** wiedergeben. Liquidität ist aber eine sich täglich, ja sogar sich mehrmals täglich verändernde Größe, deren Aussagewert nur für diesen Augenblick der Feststellung von Bedeutung ist.
- Die Liquiditätskennzahlen treffen **keine Aussage** über die **künftige Liquidität,** d.h. über zukünftige Zahlungseingänge und Zahlungsausgänge.
- Es liegen nur **Abschlusszahlen der Vergangenheit** vor.

Beispiel:

Die Bilanz gibt keine Auskunft über die Fälligkeitstermine der in ihr ausgewiesenen Posten. Auch der Kreditspielraum eines Unternehmens ist aus der Bilanz nicht unmittelbar ablesbar. Laufende Zahlungsverpflichtungen für Personalkosten, Miete, Steuern usw. gehen aus der Bilanz nicht hervor.

- Der **Zielkonflikt** zwischen **Liquidität und Rentabilität**[1] wird nicht berücksichtigt. (Eine hohe Liquidität geht zulasten der Rentabilität, da die überschüssigen liquiden Mittel nicht zinsbringend angelegt sind und umgekehrt.)

Die Liquiditätsanalyse ist eine **Zeitpunktaufnahme.** Die eingeschränkte Aussagekraft dieser Kennzahl hat dazu geführt, die Liquiditätsanalyse zeitraumbezogen mithilfe der **Cashflow-Analyse** zu erweitern.[2]

1 Vgl. hierzu Kapitel 12.3.3, S. 462 ff.

2 Vgl. hierzu Kapitel 12.3.3, S. 462 ff.

Kompetenztraining

171 Zusammenfassung

Fassen Sie in einer Tabelle die Bilanzkennzahlen, die entsprechenden Formeln und die allgemeinen Regeln für die Beurteilung zusammen!

172 Bilanzkennzahlen zur Kapitalstruktur

1. Aktiva — Strukturbilanz — Passiva

Aktiva		Passiva		
I. Anlagevermögen	1 860 000,00	**I. Eigenkapital**		2 610 000,00
II. Umlaufvermögen	4 650 000,00	**II. Fremdkapital**		
		1. langfristig	1 908 000,00	
		2. kurzfristig	1 992 000,00	3 900 000,00
	6 510 000,00			6 510 000,00

Aufgabe:

Berechnen Sie aufgrund der aufbereiteten Bilanz die Bilanzkennzahlen zur Kapitalstruktur!

2. Beurteilen Sie ein Unternehmen, dessen Verschuldungsgrad
   2.1 unter 100 % liegt,
   2.2 100 % beträgt,
   2.3 300 % oder darüber beträgt!

3. Aktiva — Strukturbilanz — Passiva

Aktiva	Berichtsjahr	Vorjahr	Passiva	Berichtsjahr	Vorjahr
I. Anlagevermögen	3 101 000,00	2 549 120,00	**I. Eigenkapital**	2 900 800,00	2 729 720,00
II. Umlaufvermögen	2 079 000,00	2 042 880,00	**II. Fremdkapital**		
			1. langfristig	1 701 000,00	1 206 240,00
			2. kurzfristig	578 200,00	656 040,00
	5 180 000,00	4 592 000,00		5 180 000,00	4 592 000,00

Aufgaben:

3.1 Berechnen Sie für das Vorjahr und das Berichtsjahr die Bilanzkennzahlen zur Kapitalstruktur!

3.2 Beurteilen Sie die wirtschaftliche Lage des Unternehmens unter Berücksichtigung der Vorjahreszahlen!

173 Bilanzkennzahlen

1. 1.1 Erläutern Sie, wie viel Prozent der Anlagedeckungsgrad I eines Unternehmens betragen sollte!

   1.2 Nehmen Sie kritisch Stellung zu Liquiditätskennzahlen!

   1.3 Erläutern Sie die nachfolgenden Bilanzkennzahlen und geben Sie an, was die Zahlenwerte aussagen!

Eigenkapitalquote	45 %
Liquidität 2. Grades	120 %
Anlagedeckungsgrad II	150 %

1.4 Notieren Sie die Ziffer(n), bei der (denen) der Grundsatz der Fristengleichheit eingehalten ist!

1.4.1 EK < AV
1.4.2 EK + langfr. FK ≥ AV
1.4.3 EK ≥ AV
1.4.4 EK + langfr. FK ≤ AV + langfr. UV
1.4.5 EK + langfr. FK ≤ AV
1.4.6 EK + langfr. FK ≥ AV + langfr. UV

2. Ein Industrieunternehmen legt für die beiden letzten Geschäftsjahre die folgenden bereinigten Abschlusszahlen vor:

Aktiva — Strukturbilanz — Passiva

Aktiva	Berichtsjahr	Vorjahr	Passiva	Berichtsjahr	Vorjahr
I. Anlagevermögen	2 146 500,00	2 070 000,00	**I. Eigenkapital**	1 218 600,00	910 350,00
II. Umlaufvermögen			**II. Fremdkapital**		
1. mittelfristig	500 400,00	344 700,00	1. langfristig	1 350 000,00	1 170 000,00
2. kurzfristig	366 755,00	211 500,00	2. kurzfristig	700 200,00	767 250,00
3. sofort flüssig	255 150,00	221 400,00			
	3 268 800,00	2 847 600,00		3 268 800,00	2 847 600,00

Aufgaben:

2.1 Berechnen Sie die folgenden Kennzahlen (auf eine Dezimale): die Anlagedeckungsgrade I und II und die Liquidität 1. und 2. Grades!

2.2 Beurteilen Sie die Kennzahlen unter Berücksichtigung der Vorjahreszahlen!

174 Ermittlung und Beurteilung von Bilanzkennzahlen

Die Elastomer AG ist ein bedeutender Hersteller von dauerelastischen Werkstoffen. Das Unternehmen plant umfangreiche Investitionen für den Umweltschutz. Zur Vorbereitung der Finanzierung legt die Elastomer AG ihrer Hausbank folgende zusammengefasste Bilanz vor:

Aktiva — Zusammengefasste Bilanz der Elastomer AG (Mio. EUR) — Passiva

Aktiva		Passiva	
Sachanlagevermögen	111,5	Grundkapital	46,0
Finanzanlagevermögen	9,2	Rücklagen	22,9
Vorräte	38,1	Bilanzgewinn	4,8
Forderungen a. Lief. u. Leist.	45,6	Langfristige Bankkredite	77,1
Sonstiges Umlaufvermögen	2,9	Kurzfristige Bankkredite	12,4
Kasse, Bank	11,7	Verbindlichkeiten a. Lief. u. Leist.	55,8
	219,0		219,0

Der Bilanzgewinn ist zur Ausschüttung vorgesehen.

Aufgaben:

1. Ermitteln Sie die Eigenkapitalquote und beurteilen Sie das Ergebnis mithilfe der Branchenkennzahl aus der Tabelle von S. 455!
2. Überprüfen Sie anhand der Anlagedeckungsgrade und der Liquidität 1. und 2. Grades die Erfüllung der goldenen Bilanzregel und die Zahlungsbereitschaft der Elastomer AG!

12.3.3 Anhand einer aufbereiteten Ergebnisrechnung ausgewählte Ergebniskennzahlen ermitteln und beurteilen

BPE 12 **Handlungssituation 7: Gewinn- und Verlustrechnung mithilfe geeigneter Kennzahlen beurteilen**

Die Anlagen- und Maschinenbau AG, Ulm, hat im Rahmen ihres Jahresabschlusses auch die Gewinn- und Verlustrechnungen der letzten beiden Geschäftsjahre veröffentlicht.

AM AG ANLAGEN- UND MASCHINENBAU

Gewinn- und Verlustrechnung zum 31.12.20.. (in TEUR)

	Berichtsjahr	Vorjahr
1. Umsatzerlöse	85623	109233
2. Erhöhung oder Verminderung des Bestands an fertigen und unfertigen Erzeugnissen	–1498	72
3. Andere aktivierte Eigenleistungen	0	0
4. Sonstige betriebliche Erträge	2984	6399
5. Materialaufwand	20532	28984
6. Personalaufwand	30249	29390
7. Abschreibungen auf immaterielle Vermögensgegenstände des Anlagevermögens und Sachanlagen	10211	10021
8. Sonstige betriebliche Aufwendungen	20606	36255
davon Einstellung in langfristige Rückstellungen	*518*	*305*
9. Erträge aus Beteiligungen	1677	1812
10. Erträge aus anderen Wertpapieren und Ausleihungen des Finanzanlagevermögens	0	57
11. Sonstige Zinsen und ähnliche Erträge	7	180
12. Abschreibungen auf Finanzanlagen	0	85
13. Zinsen und ähnliche Aufwendungen	967	1206
14. Steuern vom Einkommen und vom Ertrag	1803	1467
14. Ergebnis nach Ertragssteuern	**4425**	**10345**
16. Sonstige Steuern	191	9868
17. Jahresüberschuss	**4234**	**477**

Kompetenzorientierte Arbeitsaufträge:

Excel

1. Ermitteln und beurteilen Sie die Finanz- und Ertragskraft der Anlagen- und Maschinenbau AG mithilfe folgender Kennzahlen: Eigen- und Gesamtkapitalrentabilität, Umsatzrentabilität und Cashflow!

   Hinweis: Ergänzend zur Bilanz (Handlungssituation 6, S. 452) stellten sich das Eigen- und Fremdkapital der Anlagen- und Maschinenbau AG wie folgt dar: Eigenkapital (AB Vorjahr) 43290 TEUR, Gesamtkapital (AB Vorjahr) 109866 TEUR.

2. Erläutern Sie den Leverage-Effekt und prüfen Sie, ob bei einem Kapitalmarktzins von 3 % ein positiver Leverage-Effekt erzielbar wäre!

12.3.3.1 Ausgangsdaten einer aufbereiteten Ergebnisrechnung

Die Ergebniskennzahlen werden beispielhaft anhand der Metallwerke Neumann AG aufgezeigt. Es ist von folgender Gewinn- und Verlustrechnung auszugehen:

Gewinn- und Verlustrechnung der Metallwerke Neumann AG	
1. Umsatzerlöse	17 050 000,00 EUR
2. Erhöhungen des Bestands an fertigen und unfertigen Erzeugnissen	568 520,00 EUR
4. Sonstige betriebliche Erträge	36 480,00 EUR
5. Materialaufwand	
a) Aufwendungen an Roh-, Hilfs- und Betriebsstoffen	8 210 310,00 EUR
6. Personalaufwand	
a) Löhne und Gehälter	3 197 300,00 EUR
b) Soz. Abgaben und Aufw. für Altersversorgung und Unterstützung	1 120 200,00 EUR
7. Abschreibungen	
a) auf immaterielle Vermögensgegenstände	330 365,00 EUR
b) auf Sachanlagen	473 000,00 EUR
8. Sonstige betriebliche Aufwendungen (davon Zuführung zu langfr. Rückstellungen 171 600,00 EUR)	2 452 000,00 EUR
13. Zinsen und ähnliche Aufwendungen	522 500,00 EUR
14. Steuern vom Einkommen und vom Ertrag	640 000,00 EUR
15. Ergebnis nach Ertragssteuern	**709 325,00 EUR**
16. Sonstige Steuern	65 000,00 EUR
17. Jahresüberschuss	**644 325,00 EUR**

12.3.3.2 Beurteilungsgrundlagen

Grundlage für die Beurteilung eines Unternehmens bilden auch hier **Branchen- und Zeitvergleiche.**

Für die beispielhafte **Ergebnisanalyse** der Neumann AG und das entsprechende Kompetenztraining werden die von der Deutschen Bundesbank veröffentlichten durchschnittlichen **Branchenkennzahlen** der vergangenen Jahre als Beurteilungsgrundlage herangezogen.

Branche	Eigenkapital-rentabilität	Gesamtkapital-rentabilität	Umsatzrentabilität	Cashflow-Umsatz-Relation
Chemische Industrie	12,3 %	8,1 %	6,3 %	9,1 %
Elektro-industrie	15,4 %	5,5 %	3,0 %	7,7 %
Metall-industrie	19,6 %	7,1 %	3,0 %	6,5 %
Textil-industrie	16,7 %	8,0 %	3,9 %	5,6 %

12.3.3.3 Rentabilitätskennzahlen

(1) Begriff Rentabilität

Bei den Kennzahlen der Rentabilität werden Größen der Gewinn- und Verlustrechnung in die Beurteilung des Unternehmens einbezogen. Die wichtigste Größe dabei ist der Gewinn. Da jedes Unternehmen in Bezug auf Rechtsform, Kapitalausstattung, Wirtschaftsbranche und Größe andere Bedingungen aufweist, sagt die absolute Höhe des Gewinnes nur wenig aus. Um eine vergleichbare Aussage über den Erfolg eines Unternehmens treffen zu können, muss der Gewinn prozentual in Beziehung zu jenen Größen gebracht werden, die ihn ermöglicht haben. Solche messbaren Größen sind z. B. das **Kapital** oder der **Umsatz**.

Die **Rentabilität** ist eine Messgröße für die Ergiebigkeit eines Mitteleinsatzes.

(2) Kapitalrentabilität

Hierbei wird der erzielte Gewinn zum Kapital in Beziehung gesetzt. Je nachdem, ob man als Bezugsgröße das Eigenkapital oder das Gesamtkapital wählt, erhält man als Kennzahl die **Eigenkapitalrentabilität** oder die **Gesamtkapitalrentabilität**. Die Eigenkapitalrentabilität wird häufig auch als Unternehmerrentabilität und die Gesamtkapitalrentabilität als Unternehmensrentabilität bezeichnet.

Eigenkapitalrentabilität (Unternehmerrentabilität)

Bei der Eigenkapitalrentabilität wird der erzielte Jahresüberschuss in Prozenten zum durchschnittlichen Eigenkapital ausgedrückt. Es soll festgestellt werden, welche Rendite das durchschnittlich eingesetzte Eigenkapital insgesamt erbracht hat.

$$\text{Eigenkapitalrentabilität} = \frac{\text{Jahresüberschuss} \cdot 100}{\text{Ø Eigenkapital}^{1}}$$

Beispiel:

Zugrunde gelegt wird die Strukturbilanz (S. 454) und die Gewinn- und Verlustrechnung (S. 463) der Metallwerke Neumann AG. Das Eigenkapital lag im Vorjahr bei 5 227 750,00 EUR.

Aufgabe:

Ermitteln Sie die Eigenkapitalrentabilität und beurteilen Sie diese!

Lösung:

$$\text{Durchschnittswert für das Eigenkapital} = \frac{5\,227\,750 + 6\,307\,345}{2} = 5\,767\,547{,}50 \text{ EUR}$$

$$\text{Eigenkapitalrentabilität} = \frac{644\,325 \cdot 100}{5\,767\,547{,}50} = \underline{\underline{11{,}17\,\%}}$$

Diese Eigenkapitalrentabilität ist im Vergleich zum derzeitigen Kapitalmarktzinssatz durchaus befriedigend. Die Aktionäre erwarten jedoch häufig Werte von über 15 %.

Gesamtkapitalrentabilität (Unternehmensrentabilität)

Wählt man als Bezugsgröße das durchschnittliche Gesamtkapital, dann muss der Jahresüberschuss um die angefallenen Zinsen („Ertrag des Fremdkapitalgebers“) für das Fremdkapital erhöht werden. Erst durch die Hinzurechnung der Zinsen für das Fremdkapital sind die in Beziehung zu setzenden Größen (Bruttogewinn und durchschnittliches Gesamtkapital) miteinander vergleichbar.

$$\text{Bruttogewinn} = \text{Jahresüberschuss} + \text{Fremdkapitalzinsen}$$

$$\text{Gesamtkapitalrentabilität} = \frac{\text{Bruttogewinn} \cdot 100}{\text{Ø Gesamtkapital}}$$

1 Ist das **Eigenkapital vom Jahresanfang** nicht bekannt, wird mit dem in der Bilanz ausgewiesenen Eigenkapital gerechnet.

Beispiel:

Zugrunde gelegt wird die Strukturbilanz (S. 454) und die Gewinn- und Verlustrechnung (S. 463) der Metallwerke Neumann AG. Das Gesamtkapital lag im Vorjahr bei 14 252 645,00 EUR.

Aufgabe:

Ermitteln Sie die Gesamtkapitalrentabilität und beurteilen Sie diese, wenn der Zinssatz für Fremdkapital bei 4 % liegt und die Gesamtkapitalrentabilität im Vorjahr 8,5 % betrug!

Lösung:

$$\text{Bruttogewinn} = 644\,325 + 522\,500 = 1\,166\,825{,}00 \text{ EUR}$$

$$\text{Durchschnittskapital} = \frac{14\,252\,645 + 15\,017\,475}{2} = 14\,635\,060{,}00 \text{ EUR}$$

$$\text{Gesamtkapitalrentabilität} = \frac{1\,166\,825 \cdot 100}{14\,635\,060} = \underline{\underline{7{,}97\,\%}}$$

Die Gesamtkapitalrentabilität sagt dem Unternehmer, ob sich die Investierung von Fremdkapital in seinem Unternehmen lohnt. Dies ist dann gegeben, wenn der Zinssatz für Fremdkapital unter der Gesamtkapitalrentabilität liegt. Im Vergleich zum Vorjahr hat sie sich um 0,53 % verschlechtert. Da der Zinssatz für Fremdkapital bei nur 4 % liegt, verdient das Unternehmen bei einer Gesamtkapitalrentabilität von knapp 8 % immer noch fast 4 % am Einsatz des Fremdkapitals, d. h., die Eigenkapitalrentabilität steigt.[1]

(3) Umsatzrentabilität (Return on Sales)

Bei dieser Kennzahl wird der Jahresüberschuss auf den Umsatz bezogen. Die Umsatzrentabilität lässt erkennen, wie viel das Unternehmen in Bezug auf einen Euro verdient hat. Eine Umsatzrendite von 10 % z. B. besagt, dass mit jedem Euro Umsatz ein Jahresüberschuss von 10 Cent erwirtschaftet wurde. In Prozenten ausgedrückt lautet die Formel:

$$\textbf{Umsatzrentabilität} = \frac{\textbf{Jahresüberschuss} \cdot \textbf{100}}{\textbf{Umsatz}}$$

Beispiel:

Zugrunde gelegt wird die Gewinn- und Verlustrechnung (S. 463) der Metallwerke Neumann AG.

Aufgabe:

Ermitteln Sie die Umsatzrentabilität und beurteilen Sie diese!

Lösung:

$$\text{Umsatzrentabilität} = \frac{644\,325 \cdot 100}{17\,050\,000} = \underline{\underline{3{,}78\,\%}}$$

Vergleicht man die Rentabililtätskennzahlen der Neumann AG mit den **Branchendaten** (vgl. S. 463), stellt man fest, dass die Eigenkapitalrentabilität um rund 8,5 % unter dem Branchendurchschnitt liegt. Da die Gesamtkapitalrentabilität leicht über dem Branchendurchschnitt liegt, ist zu vermuten, dass die Neumann AG verstärkt mit Eigenkapital arbeitet und gegebenenfalls die Fremdkapitalquote erhöhen müsste, um die Eigenkapitalrentabilität zu steigern.

Die Umsatzrentabilität liegt ebenfalls über dem Branchendurchschnitt. Dies deutet auf eine höhere Produktivität hin bzw. eine günstigere Kostensituation bei der Neumann AG als im Branchendurchschnitt.

1 Vgl. hierzu das Kapitel 12.3.3.4 Leverage-Effekt.

12.3.3.4 Leverage-Effekt

Für die Gesellschafter ist der risikoreiche Einsatz von Eigenkapital nur interessant, wenn seine Rentabilität deutlich über der am Kapitalmarkt erzielbaren Verzinsung liegt. Sie gilt es, bei der Festlegung der optimalen Kapitalstruktur zu berücksichtigen.

Die Rentabilitätsanalyse der Metallwerke Neumann AG hat folgende Ergebnisse gebracht (siehe S. 464f.):

Kennzahl	Ergebnis	Beurteilung[1]
Eigenkapitalrentabilität	11,17 %	Schlechter als der Branchendurchschnitt
Gesamtkapitalrentabilität	7,97 %	Besser als der Branchendurchschnitt

Dem Ziel der **Verbesserung der Eigenkapitalrentabilität** kann ein **höherer Fremdkapitaleinsatz** (Erhöhung des Verschuldungsgrades) dienen, sofern die **Gesamtkapitalrentabilität höher als der Fremdkapitalzinsfuß** ist.

Beispiel:

Zugrunde gelegt wird die Strukturbilanz der Metallwerke Neumann AG (vgl. S. 454). Angenommen, die Metallwerke Neumann AG hätten 3 Mio. EUR Eigenkapital weniger investiert und stattdessen durch zusätzliches langfristiges Fremdkapital finanziert, das mit 4 % zu verzinsen ist.

Aufgrund des höheren Fremdkapitals steigt der jährliche Zinsaufwand um 120 000,00 EUR auf 642 500,00 EUR. Der Gewinn sinkt damit unter sonst gleichen Bedingungen auf 524 325,00 EUR.

Aktiva — Alternative Strukturbilanz der Metallwerke Neumann AG — Passiva

Aktiva		Passiva	
I. Anlagevermögen	10 296 000,00	**I. Eigenkapital**	3 307 345,00
II. Umlaufvermögen	4 721 475,00	**II. Fremdkapital**	11 710 130,00
	15 017 475,00		15 017 475,00

Das durchschnittliche Eigenkapital der Periode wird mit 3 185 182,50 EUR angenommen, während das durchschnittliche Gesamtkapital unverändert bei 14 635 060,00 EUR bleibt (vgl. S. 465).

Aufgaben:

1. Berechnen Sie die neue Eigenkapitalrentabilität!
2. Beurteilen Sie den Einfluss des Sachverhalts auf die Gesamtkapitalrentabilität!

Lösungen:

Zu 1.:

$$\text{Eigenkapitalrentabilität (neu)} = \frac{524\,325 \cdot 100}{3\,185\,182{,}50} = \underline{\underline{16{,}46\,\%}}$$

Ergebnis: Die Eigenkapitalrentabilität steigt von 11,17 % auf 16,46 % an.

Zu 2.:

$$\text{Gesamtkapitalrentabilität (neu)} = \frac{(524\,325 + 642\,500) \cdot 100}{14\,635\,060} = \underline{\underline{7{,}97\,\%}}$$

Ergebnis: Die Kapitalstruktur hat keinen Einfluss auf die Gesamtkapitalrentabilität.

1 Siehe Branchendurchschnittswerte der Metallindustrie (S. 463).

Der Leverage-Effekt lässt sich in einer **Formel** darstellen:

$$R_{EK} = R_{GK} + (R_{GK} - i)\,\frac{FK}{EK}$$

R_{EK} = erwartete Rendite auf das Eigenkapital
R_{GK} = erwartete Rendite auf das Gesamtkapital
i = Fremdkapitalzinssatz
EK = Eigenkapital
FK = Fremdkapital

Aus der Gleichung kann gefolgert werden, je höher der Verschuldungsgrad, desto höher ist die erwartete Eigenkapitalrentabilität, sofern der Zinssatz für das gesamte Fremdkapital niedriger ist als die Gesamtkapitalrentabilität. Umgekehrt gilt: Liegt die erwartete Gesamtkapitalrentabilität unter dem Fremdkapitalzinssatz, sinkt die erwartete Eigenkapitalrentabilität entsprechend dem Verschuldungsgrad.

- Der **Leverage-Effekt** zeigt die Hebelwirkung auf, wie durch den Einsatz von Fremdkapital (anstelle von Eigenkapital) die Eigenkapitalrentabilität für die Eigentümer gesteigert werden kann.
- Voraussetzung für die Wirksamkeit des Leverage-Effekts ist: „Fremdkapitalzinsfuß < Gesamtkapitalrentabilität".

Eine **Maximierung der Eigenkapitalrentabilität** ist aufgrund des Konflikts mit den Zielen „Stabilität" und „Liquidität" **unmöglich.** Möglich ist lediglich ein Kompromiss durch die **Optimierung des Verschuldungsgrades**:

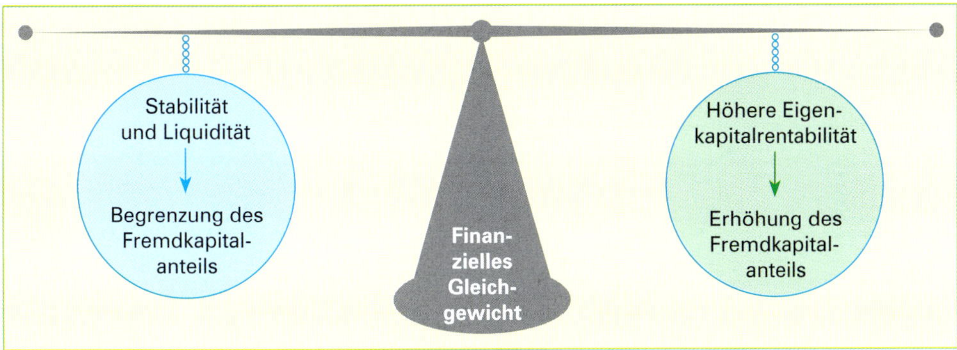

PDF

Ein Unternehmen befindet sich in einem **finanziellen Gleichgewicht,** wenn sowohl die Erfüllung der finanziellen **Ansprüche der Kapitalgeber** als auch die **Existenz des Unternehmens** kurz- und langfristig gesichert sind.

12.3.3.5 Cashflow

Grundvoraussetzung für eine unternehmerische Tätigkeit ist die Aufrechterhaltung der Zahlungsbereitschaft. Um die Finanzkraft eines Unternehmens einzuschätzen, stellt man den Einzahlungen einer Rechnungsperiode die Auszahlungen gegenüber. Ein Unternehmen ist dann erfolgreich, wenn ein **Einzahlungsüberschuss** entsteht. Diesen Einzahlungsüberschuss bezeichnet man als **Cashflow.** Durch einen positiven Cashflow erhöht sich der Bestand an Zahlungsmitteln. Dieser steht dem Unternehmen zur Finanzierung von Investitionen, zur Schuldentilgung und für die Gewinnausschüttung zur Verfügung.

Um extern Interessierten eine Analyse der Finanzkraft eines Unternehmens zu ermöglichen, wird in der Praxis der Cashflow aus dem **Jahresabschluss** ermittelt. Dies geschieht dadurch, dass man zum **Jahresüberschuss** die **nicht ausgabewirksamen Aufwendungen** hinzurechnet **(indirekte Cashflow-Ermittlung)** und die **nicht ausgabewirksamen Erträge** abzieht.

	Jahresüberschuss
+/–	**Abschreibungen/Zuschreibungen**[1]
+/–	**Erhöhung/Minderung langfristiger Rückstellungen**
=	**Brutto-Cashflow**[2]

Der Cashflow ist ein Indikator[3] für die **Finanzkraft des Unternehmens.** Er gibt Aufschluss über den **Innenfinanzierungsspielraum** und die **Kreditwürdigkeit** des Unternehmens.

- Der **Cashflow** gibt die Höhe der im Geschäftsjahr **selbst erwirtschafteten Finanzmittel** an, die dem Unternehmen zur **freien Verfügung** stehen.
- Die freien Finanzmittel können für die **Finanzierung von Investitionen,** zur **Schuldentilgung** und für die **Gewinnausschüttung** verwendet werden.
- Mithilfe des Cashflows kann eine **Aussage** über die **Ertrags- und Finanzkraft des Unternehmens** gemacht werden, die vor allem für Kreditgeber und potenzielle Investoren sowie Aktieninhaber von großer Bedeutung ist.

Beispiel:

Zugrunde gelegt wird die Gewinn- und Verlustrechnung (S. 463) der Metallwerke Neumann AG.

Aufgabe:

Ermitteln Sie den Brutto-Cashflow!

Lösung:

	Jahresüberschuss	644 325,00 EUR
+	Abschreibungen	803 365,00 EUR
+	Zuführung zu den langfristigen Rückstellungen	171 600,00 EUR
=	**Brutto-Cashflow**	**1 619 290,00 EUR**

1 **Zuschreibungen** erfassen die Korrektur überhöhter Abschreibungen früherer Rechnungsperioden. Sie werden vom Jahresüberschuss subtrahiert, da sie nicht zahlungswirksame Erträge darstellen.

2 Wird vom **Brutto-Cashflow** die Gewinnausschüttung subtrahiert, erhält man den **Netto-Cashflow,** der insbesondere für neue Investitionen zur Verfügung steht.

3 **Indikator:** Merkmal, das als (beweiskräftiges) Anzeichen oder als Hinweis auf etwas anderes dient.

Für Branchenvergleiche kann neben der Angabe in absoluten Zahlen auch die Cashflow-Umsatz-Relation ermittelt werden.

$$\text{Cashflow-Umsatz-Relation} = \frac{\text{Brutto-Cashflow} \cdot 100}{\text{Umsatzerlöse}}$$

Beispiel:

Zugrunde gelegt wird die Gewinn- und Verlustrechnung (S. 463) der Metallwerke Neumann AG.

Aufgabe:

Ermitteln Sie die Cashflow-Umsatz-Relation auf der Basis des Brutto-Cashflows!

Lösung:

$$\frac{1\,619\,290{,}00 \cdot 100}{17\,050\,000{,}00} = \underline{\underline{9{,}50\,\%}}$$

Der Metallwerke Neumann AG stehen 9,50 % der Umsatzerlöse frei zur Verfügung. Dieser Wert liegt deutlich über dem Branchendurchschnitt (vgl. S. 463).

12.3.4 Zur Aussagekraft der Jahresabschlussanalyse kritisch Stellung nehmen

(1) Unvollständige Daten

Stehen für die Analyse nur die Geschäftsberichte mit **Jahresabschluss** und **Lagebericht** zur Verfügung **(externe Analyse)**, so fehlen in der Regel wichtige Informationen für die Beurteilung einer Unternehmung.

Beispiele für **unvollständige Daten** im Rahmen der externen Jahresabschlussanalyse:

- Die **genaue Fristigkeit von Forderungen und Verbindlichkeiten.** Beispielsweise stehen die kurzfristig ausgewiesenen Kontokorrentkredite in der Praxis durch stillschweigende Prolongation langfristig zur Verfügung. Andererseits sind viele langfristige Kredite kündbar.
- Die **Eigentumsverhältnisse** der ausgewiesenen Vermögensgegenstände. Einerseits werden auch unter Eigentumsvorbehalt gekaufte oder sicherungsübereignete Rohstoffe bilanziert. Andererseits erscheint gepachtetes oder geleastes Anlagevermögen nicht in jedem Fall in der Bilanz.
- Vorhandene **Unter- und Überbewertungen von Bilanzposten (stille Reserven).** Aus dem Jahresabschluss ist es schwierig, entsprechende Wertkorrekturen bezüglich der ausgeübten Bilanzierungswahlrechte (z. B. bei den Herstellungskosten) oder der bestehenden Bilanzierungsverbote (z. B. für Forschungskosten) vorzunehmen.
- **Latente**[1] **Verpflichtungen aus schwebenden Geschäften.** Hierzu gehören beispielsweise Kaufverträge, deren Erfüllungsgeschäfte noch nicht abgeschlossen sind.
- **Nicht bilanzierte Finanzierungsformen,** z. B. Leasing.
- Die Aussagekraft der Umsatzkennzahlen ist begrenzt, da die Umsatzerlöse **nicht nur** die für die Geschäftstätigkeit des Unternehmens **typischen Erlöse** enthalten.

1 **Latent:** versteckt, verborgen.

(2) Stichtagsbezogenheit der Daten

Eine erhebliche Einschränkung der Aussagekraft erfährt die Jahresabschlussanalyse auch durch die **Stichtagsbezogenheit der Daten.** Insbesondere die **bestandsorientierten Kennzahlen** (Deckungs- und Liquiditätsgrade) dürfen aus Gründen der oben genannten Informationsdefizite nicht überbewertet werden. Für die Beurteilung der Kennzahlen der Liquidität ist z. B. Folgendes festzuhalten:

- Zur **Sicherung der Liquidität** bedarf es der Beobachtung zukünftiger Zahlungseingänge und Zahlungsausgänge des Unternehmens, was ohne die Kenntnis der internen Vorgänge nicht möglich ist. Laufende Zahlungsverpflichtungen für Personalkosten, Miete, Steuern usw. gehen aus der Bilanz nicht hervor. Im Rahmen der Analyse liegen nur **Abschlusszahlen** vor.
- Die Bilanz kann nur die **Situation am Bilanzstichtag** wiedergeben, also zu einer Zeit, in der diese bereits der Vergangenheit angehört. Liquidität ist aber eine sich täglich, ja sogar sich mehrmals täglich verändernde Größe, deren Aussagewert nur für diesen Augenblick der Feststellung von Bedeutung ist. Außerdem ist darauf hinzuweisen, dass eine Reihe von Faktoren, welche die Liquidität eines Unternehmens wesentlich beeinflussen, aus der Bilanz nicht hervorgehen. Die Bilanz gibt z. B. keine Auskunft über die Fälligkeitstermine der in ihr ausgewiesenen Posten.
- Der **Kreditspielraum eines Unternehmens** ist aus der Bilanz sehr schwer ablesbar.
- Wenn im Rahmen einer externen Bilanzanalyse dennoch **Liquiditätskennzahlen** aufgestellt werden, muss mit allem Nachdruck auf ihren **eingeschränkten Aussagewert** hingewiesen werden.

Kompetenztraining

175 Zusammenfassung

Fassen Sie in einer Tabelle die Kennzahlen der Ergebnisanalyse, die entsprechenden Formeln und die allgemeinen Regeln für die Beurteilung zusammen!

176 Eigenkapital- und Umsatzrentabilität

Die Buchführung bzw. die Kosten- und Leistungsrechnung einer Maschinenfabrik liefert uns folgende Zahlenwerte:

Eigenkapital:		Sonstige Aufwendungen	105 Mio. EUR
– am Anfang	350 Mio. EUR	davon Fremdkapitalzinsen	8 Mio. EUR
– am Ende	400 Mio. EUR	Umsatzerlöse netto	850 Mio. EUR
Aufwend. für Rohstoffe	700 Mio. EUR	Jahresüberschuss	45 Mio. EUR

Aufgaben:

1. Berechnen Sie die Umsatzrentabilität und die Unternehmerrentabilität!
2. Beurteilen Sie die Kennzahlen unter Berücksichtigung der entsprechenden Branchendurchschnittswerte (vgl. S. 463)!

177 Gesamtkapitalrentabilität

Die Buchführung bzw. die Kosten- und Leistungsrechnung der Nova Caravan AG liefert uns folgende Quartalszahlen:

Umsatzerlöse netto	1 114 640,00 EUR
Aufwendungen für Roh-, Hilfs- und Betriebsstoffe	870 000,00 EUR
Sonstige Aufwendungen	215 000,00 EUR
Durchschnittl. Eigenkapital	380 000,00 EUR
Durchschnittl. Fremdkapital	597 500,00 EUR

In den sonstigen Aufwendungen sind 16 430,00 EUR Fremdkapitalzinsen enthalten.

Aufgabe:

Berechnen und beurteilen Sie die Gesamtkapitalrentabilität, wenn der Branchenwert im Fahrzeugbau 3,2 % beträgt!

178 Bilanz- und Ergebniskennzahlen

Die Textilfabrik Sonja Fröhlich AG hat sich mit Kindermoden eine Marktnische geschaffen. Um das Unternehmen auf dem neuesten Stand zu halten, wurde im letzten Jahr viel investiert. Der Aktionär Gebauer ist nicht sicher, ob das Unternehmen noch ordentlich finanziert ist. Er hat sich deshalb die Bilanz und einige Zahlen der GuV-Rechnung geben lassen:

Aktiva — Vereinfachte Bilanz der Sonja Fröhlich AG — Passiva

Aktiva		Passiva	
Anlagevermögen	515 000,00	Grundkapital	158 000,00
Vorräte	331 000,00	Rücklage	50 000,00
Forderungen a. Lief. u. Leist.	485 000,00	Langfristige Grundschuld	726 000,00
Kasse, Bank	117 000,00	Kurzfristige Bankkredite	156 000,00
		Verbindlichkeiten a. Lief. u. Leist.	358 000,00
	1 448 000,00		1 448 000,00

Laut GuV-Rechnung wurde ein Gewinn in Höhe von 39 650,00 EUR erwirtschaftet. Ihm steht eine Belastung durch Fremdkapitalzinsen in Höhe von 57 964,00 EUR gegenüber.

Aufgabe:

Ermitteln und beurteilen Sie für Herrn Gebauer die Eigenkapitalquote, den Verschuldungsgrad, die Liquiditätsgrade, die Eigenkapitalrentabilität und die Rentabilität des Unternehmens!

Hinweis: Ziehen Sie zur Beurteilung die auf S. 455 und S. 463 angegebenen Branchenkennzahlen zurate.

179 Rentabilitätskennzahlen

Die Fritz Lang AG möchte am Ende der Rechnungsperiode die Rentabilitätsentwicklung des Industriebetriebs (Textilbranche) feststellen. Aus der Buchführung liegt dazu folgendes Zahlenmaterial vor:

Zahlen der Buchführung (in TEUR)	Vor 2 Jahren	Vorjahr	Berichtsjahr
Eigenkapital	210 000	292 000	308 000
Bankkredite	53 000	60 000	58 000
Zinsbelastung der Bank	5 600	6 300	5 800
Jahresüberschuss	21 000	21 900	31 000
Umsatzerlöse netto	499 000	514 000	560 000

Aufgaben:

1. Berechnen Sie für das Berichtsjahr und das Vorjahr die Eigenkapitalrentabilität und die Umsatzrentabilität!
2. Vergleichen Sie Ihre Ergebnisse mit folgenden Branchenkennzahlen der Bekleidungsindustrie: Eigenkapitalrentabilität 16,0 % und Umsatzrentabilität 4,2 %.

180 Abhängigkeiten der Eigenkapitalrentabilität

Vervollständigen und beurteilen Sie unter der Voraussetzung, dass die Gesamtkapitalrentabilität 7 % beträgt, folgende Tabellen,

1. indem Sie den Fremdkapitalanteil bei einem Zinssatz von 4 % wie angegeben erhöhen:

Vorlage

Excel

Eigenkapital	Fremdkapital	FK-Zinsen	Jahresüberschuss	EK-Rentabilität
1000000,00 EUR	0,00 EUR			
900000,00 EUR	100000,00 EUR			
700000,00 EUR	300000,00 EUR			
500000,00 EUR	500000,00 EUR			
300000,00 EUR	700000,00 EUR			

2. indem Sie bei einem Verschuldungsgrad von 100 % und einer Gesamtkapitalrentabilität von 7 % den Fremdkapitalzinssatz wie angegeben variieren:

Vorlage

Excel

Eigenkapital	Fremdkapital	FK-Zinssatz	FK-Zinsen	Jahresüberschuss	EK-Rentabilität
500000,00 EUR		4,0 %			
500000,00 EUR		5,0 %			
500000,00 EUR		6,0 %			
500000,00 EUR		7,0 %			
500000,00 EUR		8,0 %			
500000,00 EUR		9,0 %			

181 Leverage-Effekt

1. Die Buchführung bzw. die Kosten- und Leistungsrechnung liefert uns folgende Zahlenwerte:

Ø Fremdkapital	4213000,00 EUR	Zinsaufwendungen	160270,00 EUR
Ø Gesamtkapital	12273000,00 EUR	Jahresüberschuss	785850,00 EUR
Umsatzerlöse netto	15198500,00 EUR		

Aufgaben:

1.1 Berechnen Sie die Unternehmer- und die Umsatzrentabilität!

1.2 Prüfen Sie, ob sich eine Erhöhung des Fremdkapitals bei einem Kreditzinssatz von 10 % hinsichtlich der Eigenkapitalrentabilität lohnen würde!

2. Für die Einrichtung einer Automatenstraße zur Produktion eines neuen Produkts besteht ein Kapitalbedarf von 5 Mio. EUR. Die Finanzierung erfolgt mit 40 % Eigenkapital und 60 % Fremdkapital. Der Fremdkapitalzinssatz beträgt 6 %. Durch die Investition soll ein Gewinn nach Abzug der Fremdkapitalzinsen von 0,6 Mio. EUR erzielt werden.

Aufgaben:

2.1 Berechnen Sie die Eigen- und Gesamtkapitalrentabilität!

2.2 Überprüfen Sie die Eigenkapitalrentabilität mithilfe der Leverage-Formel!

2.3 Begründen Sie, ob es sinnvoll ist, den Anteil an Fremdkapital zu erhöhen, um die Eigenkapitalrentabilität zu erhöhen!

182 Cashflow

1. Zeigen Sie Vorteile der Cashflow-Kennzahlen gegenüber den Liquiditätsgraden auf!

2. Formulieren Sie eine allgemein gehaltene Aussage, aus der hervorgeht, was der Cashflow inhaltlich darstellt und wozu er im Unternehmen verwendet werden kann!

3. Ein Industrieunternehmen weist in den letzten drei Geschäftsjahren folgende Zahlen aus:

	1. Geschäftsjahr	2. Geschäftsjahr	3. Geschäftsjahr
Umsatzerlöse	28850000,00 EUR	33280000,00 EUR	35500000,00 EUR
Jahresüberschuss	1780000,00 EUR	2420000,00 EUR	2740000,00 EUR
Abschreibungen auf Sachanlagen	450000,00 EUR	640000,00 EUR	730000,00 EUR
Erhöhung langfristiger Rückstellungen	60000,00 EUR	–	–
Minderung langfristiger Rückstellungen	–	90000,00 EUR	–
Zuschreibungen auf Sachanlagen	–	–	30000,00 EUR
Zinsaufwand	200000,00 EUR	220000,00 EUR	2210000,00 EUR

Aufgaben:

3.1 Ermitteln Sie aufgrund der vorliegenden Daten den Brutto-Cashflow! Vorlage

3.2 Erläutern Sie, worüber der Brutto-Cashflow Auskunft gibt!

3.3 Stellen Sie dar, warum die Minderung langfristiger Rückstellungen vom Jahresüberschuss subtrahiert und die Abschreibungen addiert werden!

3.4 Drücken Sie den Brutto-Cashflow in Prozenten zu den Umsatzerlösen aus!

3.5 Geben Sie aufgrund der vorliegenden Daten eine kurze Beurteilung über das Unternehmen ab!

183 Bilanz- und Erfolgskennzahlen und deren Beurteilung

Aktiva — Strukturbilanz der Windkraft Winterloh AG — Passiva

Aktiva		Passiva	
I. Anlagevermögen	2088100,00	**I. Eigenkapital**	1712290,00
II. Umlaufvermögen		**II. Fremdkapital**	
1. Vorräte	1773200,00	1. Langfr. Fremdkapital	1910500,00
2. Forderungen a. L. u. L.	390550,00	2. Kurzfr. Fremdkapital	949710,00
3. Liquide Mittel	320650,00		
	4572500,00		4572500,00

Aus der Gewinn- und Verlustrechnung liegen folgende Zahlen vor:

Umsatzerlöse 1785900,00 EUR, Jahresüberschuss 111300,00 EUR, Zinsen für Fremdkapital 145000,00 EUR, Eigenkapital zu Beginn der Geschäftsperiode 1600990,00 EUR, Fremdkapital zu Beginn der Geschäftsperiode: langfristig 2040700,00 EUR, kurzfristig 789910,00 EUR.

Aufgaben:

Berechnen Sie folgende Kennzahlen und orientieren Sie sich bei der Beurteilung an den angegebenen Branchendurchschnittswerten (siehe S. 455 und S. 463)!

1. Kennzahlen zur Kapitalstruktur und zur Finanzstruktur:
   1.1 Eigenkapitalquote,
   1.2 Verschuldungsgrad,
   1.3 Anlagedeckungsgrad I,
   1.4 Anlagedeckungsgrad II
2. Kennzahlen zur Liquidität:
   2.1 Liquiditätsgrad I,
   2.2 Liquiditätsgrad II
3. Kennzahlen zur Rentabilität:
   3.1 Eigenkapitalrentabilität,
   3.2 Umsatzrentabilität,
   3.3 Gesamtkapitalrentabilität,
4. Erläutern Sie die Grenzen der Aussagekraft der berechneten Kennzahlen!

184 Komplette Jahresabschlussanalyse

Die Werkzeugfabrik Esslingen AG legt die Jahresabschlüsse der beiden letzten Geschäftsjahre vor.

Strukturbilanz der Werkzeugfabrik Esslingen AG für die beiden letzten Geschäftsjahre

Aktiva	Vorjahr	Berichtsjahr	Passiva	Vorjahr	Berichtsjahr
I. Anlagevermögen	3654750,00	4051450,00	**I. Eigenkapital**	3602500,00	3930000,00
II. Umlaufvermögen			**II. Fremdkapital**		
1. Vorräte	1394020,00	1645250,00	1. langfristig	1424500,00	1500000,00
2. Ford. a. L. u. L.	233575,00	245120,00	2. kurzfristig	390025,00	639200,00
3. Liquide Mittel	134680,00	127380,00			
	5417025,00	6069200,00		5417025,00	6069200,00

Gewinn- und Verlustrechnung der Werkzeugfabrik Esslingen AG für die beiden letzten Geschäftsjahre		
	Vorjahr	**Berichtsjahr**
1. Umsatzerlöse	67 259 200,00	84 014 280,00
2. Erhöhung oder Verminderung des Bestands an fertigen und unfertigen Erzeugnissen	+ 875 000,00	+ 320 000,00
3. Andere aktivierte Eigenleistungen	10 500,00	45 300,00
4. Sonstige betriebliche Erträge	45 810,00	36 480,00
5. Materialaufwand a) Aufwendungen an Roh-, Hilfs- und Betriebsstoffen	21 382 745,00	32 989 410,00
6. Personalaufwand a) Löhne und Gehälter	35 675 900,00	34 448 920,00
b) Soziale Abgaben und Aufwendungen für Altersversorgung und Unterstützung	8 210 400,00	10 320 200,00
7. Abschreibungen a) auf immaterielle Vermögensgegenstände und Sachanlagen	487 150,00	500 000,00
8. Sonstige betriebliche Aufwendungen (davon Zuführung zu langfristigen Rückstellungen 50 500,00 EUR)	1 768 278,00	4 962 360,00
9. Erträge aus Beteiligungen	–	–
10. Erträge aus anderen Wertpapieren und Ausleihungen des Finanzanlagevermögens	17 800,00	18 900,00
11. Sonstige Zinsen und ähnliche Erträge	285 910,00	176 480,00
12. Abschreibungen auf Finanzanlagen und Wertpapiere des Umlaufvermögens	18 500,00	–
13. Zinsen und ähnliche Aufwendungen	41 500,00	44 750,00
14. Steuern vom Einkommen und vom Ertrag	318 167,00	456 410,00
15. Ergebnis nach Ertragssteuern	**591 580,00**	**889 390,00**
16. Sonstige Steuern	24 580,00	39 390,00
17. Jahresüberschuss	**567 000,00**	**850 000,00**

Aufgaben:

1. Ermitteln Sie die in diesem Buch dargestellten Bilanzkennzahlen und werten Sie diese aus! *Excel*
2. Erstellen Sie anhand von Kennzahlen eine ertragswirtschaftliche Analyse (einschl. Brutto-Cashflow) mit Beurteilung Ihrer Ergebnisse!
3. Die Werkzeugfabrik Esslingen AG beantragt für eine Betriebserweiterung ein Darlehen über 1,5 Mio. EUR. Versetzen Sie sich in die Rolle des Verantwortlichen für die Darlehensvergabe und entscheiden Sie über den Darlehensantrag der Werkzeugfabrik Esslingen AG!

185 Gründung, Rechnungslegung und Auswertung des Jahresabschlusses bei der AG

1. **Sachverhalt**

Die BRILLIANT COLOR AG produziert und vertreibt mit zunehmendem Erfolg ihr Farbensortiment auch über das Internet direkt an die Do-it-yourself-Maler. Vorstand und Aufsichtsrat beschließen, zum Jahresanfang 2021 ein eigenständiges Unternehmen für den Internetvertrieb zu gründen. Das Unternehmen erhält die Rechtsform einer AG und wird mit einem Grundkapital von 6 Mio. EUR ausgestattet. Das Grundkapital wird in nennwertlose Namensaktien aufgeteilt. Diese werden zum 1. November 2021 mit einem Agio von 200 % durch die BRILLIANT COLOR AG übernommen. Bis zum 15. November 2021 müssen die gesetzlichen Mindestbeträge bar geleistet werden. Das Vertriebsunternehmen wird unter der Firma „BRILLIANT-COLOR.net" ins Handelsregister eingetragen. Alleiniger Vorstand der neuen AG wird der Aufsichtsratsvorsitzende der BRILLIANT COLOR AG, Werner Behr.

Aufgaben:

1.1 Erläutern Sie zwei wirtschaftliche Erwägungen der BRILLIANT COLOR AG, die zur Gründung einer neuen Unternehmung geführt haben könnten, sowie zwei rechtliche Erwägungen, die für die Rechtsform der AG sprechen!

1.2 Berechnen Sie die Höhe der finanziellen Mittel, die der neuen AG nach Übernahme und Mindesteinzahlung der Aktien durch die BRILLIANT COLOR AG zur Verfügung stehen (ohne Berücksichtigung von Gründungs- und Emmissionskosten).

1.3 Das Registergericht lehnt die Eintragung ins Handelsregister wegen Verstößen gegen das Aktiengesetz zunächst ab.

Nennen Sie zwei aus dem Sachverhalt erkennbare Mängel unter Angabe der entsprechenden Paragraphen des Aktiengesetzes und schlagen Sie für jedes der Probleme eine geeignete Lösung vor!

1.4 Begründen Sie, warum bei der Ausgabe junger Aktien immer häufiger die Form der Namensaktie gewählt wird!

1.5 Weisen Sie nach, wie viele Aktien im vorliegenden Fall höchstens ausgegeben werden dürfen, wenn satzungsmäßig diesbezüglich nichts bestimmt ist!

2. **Sachverhalt**

Der Jahresabschluss der BRILLIANT COLOR AG wird für das Geschäftsjahr 2022 erstellt. Die vereinfachte Bilanz zum 31. Dezember 2022 und die Gewinn- und Verlustrechnung weisen dabei die folgenden vorläufigen Werte aus:

Aktiva — Bilanz 2022 der BRILLIANT COLOR AG (in Mio. EUR) — Passiva

Aktiva		Passiva	
I. Anlagevermögen		**I. Eigenkapital**	
Sachanlagen	120,00	Gezeichnetes Kapital	95,00
Finanzanlagen	70,00	Kapitalrücklage	6,00
II. Umlaufvermögen		Gesetzliche Rücklage	4,00
Vorräte und Erzeugnisse	50,00	Andere Gewinnrücklagen	61,00
Forderungen	25,00	Jahresüberschuss	20,00
Wertpapiere des UV	10,00	**II. Rückstellungen**	
Sonstige liquide Mittel	20,00	Pensionsrückstellungen	25,00
		III. Verbindlichkeiten	
		Langfristige Verbindlichkeiten	20,00
		Kurzfristige Verbindlichkeiten	64,00
	295,00		295,00

Der Jahresüberschuss wird zur Hälfte an die Aktionäre ausgeschüttet.

Im Jahr 2022 sind Pensionsrückstellungen in Höhe von 4 Mio. EUR gewinnerhöhend aufgelöst worden. Die Bilanzsumme hat sich im Geschäftsjahr 2022 gegenüber dem Vorjahr um 45 Mio. EUR erhöht.

Unvollständige GuV-Rechnung 2022 der BRILLIANT COLOR AG (in Mio. EUR)		
1.	Umsatzerlöse	?
3.	Andere aktivierte Eigenleistungen	0,80
4.	Sonstige betriebliche Erträge	5,00
5.	Materialaufwand	109,00
6.	Personalaufwand	82,00
7.	Abschreibungen auf Sachanlagen	35,00
8.	Sonstige betriebliche Aufwendungen	20,00
11.	Sonstige Zinsen und ähnliche Erträge	2,50
12.	Abschreibungen auf Finanzanlagen	20,00
13.	Zinsen und ähnliche Aufwendungen	6,50
14.	Steuern vom Einkommen und vom Ertrag	27,10
15.	**Ergebnis nach Steuern**	**25,20**
16.	Sonstige Steuern	5,20
17.	**Jahresüberschuss**	**20,00**

Aufgaben:

2.1 Vervollständigen Sie die GuV-Rechnung!

2.2 Beurteilen Sie mithilfe von Bilanzkennzahlen die Einhaltung der Finanzierungsregel für das langfristig gebundene Vermögen und die Liquidität 2. Grades! **Excel**

2.3 2.3.1 Berechnen Sie die Eigenkapitalquote und den Verschuldungsgrad!

2.3.2 Erklären Sie (ohne rechnerischen Nachweis), inwiefern dieser Verschuldungsgrad unter sonst unveränderten Bedingungen langfristig Auswirkungen auf den Liquiditätsgrad II und den Anlagedeckungsgrad II hat!

2.3.3 Der Vorstand der BRILLIANT COLOR AG hält eine weitere Fremdfinanzierung, die zu einer Erhöhung des Verschuldungsgrads führt, für den Fall eines Konjunkturabschwungs grundsätzlich für problematisch, weil er einen negativen Leverage-Effekt befürchtet. Erläutern Sie, unter welchen Voraussetzungen die Bedenken des Vorstandes zutreffend sind!

2.4 2.4.1 Berechnen Sie die Höhe des Brutto-Cashflow 2022 und beurteilen Sie daraus seinen Beitrag zur Finanzkraft des Unternehmens im Jahr 2022!

2.4.2 Erläutern Sie, warum der Brutto-Cashflow als Entscheidungshilfe für die Beurteilung der Investitionsfähigkeit und der Kreditwürdigkeit einer Unternehmung besser geeignet ist als der Jahresüberschuss allein!

2.5 Beurteilen Sie anhand von drei Argumenten kritisch die Aussagekraft von Bilanz- und Rentabilitätskennzahlen!

13 Automatisierung und Digitalisierung im Unternehmen[1]

13.1 Digitale Transformationsprozesse in der Industrie darstellen und bewerten

BPE 13 Handlungssituation 1: Automatisierungs- und Digitalisierungstechnologien beschreiben

Hans-Jörg Weber, einer der Gesellschafter der Weber Metallbau GmbH, ist in einem Fachportal auf einen Artikel über die Digitalisierungsstrategie des Stahlherstellers ArcelorMittal gestoßen.

Weber Metallbau GmbH

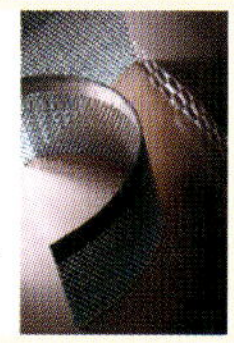

In dem Artikel wird beschrieben, dass das Bremer Stahlwerk ein Team eingesetzt hat, dessen Aufgabe es ist, neue Digital-Technologien im Konzern einzuführen.[2]

> [...] Im Warmwalzwerk, einem kilometerlangen Gebäude, in dem Stahlblöcke zu Bändern gewalzt werden, sind RFID-Sender im Einsatz. Mit den RFID-Sendern kann der Weg der Bänder drahtlos und automatisiert verfolgt werden. Das spart Zeit, Arbeitsaufwand und vermeidet potenzielle Verwechslungen.
>
> Notwendig ist dazu ein Funknetzwerk mit einer hohen Reichweite. Es eignet sich perfekt, um Sensoren auf dem weitläufigen Firmengelände zu verteilen, die regelmäßig Statusmeldungen liefern. Das könnte der Standort eines Containers, der Stand eines Stromzählers oder die Höhe des Wasserstands in einem Schacht sein. Eine einzelne Antenne reicht für das gesamte Außengelände und tausende von Sensoren. Mit der Technik hat das Unternehmen so einen besseren Überblick über das Gelände und eine hohe Reaktivität. [...]

Hans-Jörg Weber ist elektrisiert und möchte mehr zu diesen neuen Technologien erfahren. Er beauftragt seine Sekretärin Nina Eberle mit der Recherche.

Kompetenzorientierte Arbeitsaufträge:

1. Versetzen Sie sich in die Rolle von Nina Eberle.
   1.1 Beschreiben Sie die Merkmale der RFID-Technologie allgemein und geben Sie ein Beispiel!
   1.2 Erläutern Sie die Möglichkeiten der Datenerfassung und -vernetzung mithilfe von cyberphysischen Systemen!
2. Stellen Sie dar, welche Bedeutung cyberphysische Systeme im Rahmen von Industrie 4.0 haben!
3. Stellen Sie die wichtigsten Auswirkungen der Digitalisierung auf Produktion und Logistik dar!

---

1 Laut Bildungsplan kann im Unterricht zwischen der BPE 13 und der BPE 14 gewählt werden.

2 Vgl. https://www.bremen-innovativ.de/2019/07/auf-stippvisite-im-bremer-digital-lab-von-arcelormittal/ [Zugriff 08.08.2021].

13.1.1 Automatisierungs- und Digitalisierungsstrategien erläutern

13.1.1.1 Industrie 4.0

(1) Begriff Industrie 4.0

Durch die rasant zunehmende **Digitalisierung** von Wirtschaft und Gesellschaft wird sich die Fertigungsorganisation in Deutschland nachhaltig verändern.

Der Begriff **Industrie 4.0** steht für die **vierte industrielle Revolution** und beschreibt eine neue Stufe der Fertigungsorganisation und Steuerung der gesamten Wertschöpfungskette über den Lebenszyklus von Produkten. Grundlage sind **intelligente, digital vernetzte Systeme,** mit deren Hilfe eine weitestgehend selbstorganisierte Produktion ermöglicht wird.

!

Die nachfolgende Grafik stellt die vier Stufen der industriellen Revolution dar.

Nach Dampfmaschine, Fließband, Elektronik und IT bestimmen in der Zukunft intelligente Fabriken („Smart Factories") die Fertigungsorganisation und den Fertigungsprozess.

Mithilfe von intelligenten, digital vernetzten Systemen kommunizieren und kooperieren Menschen, Maschinen, Produktionsanlagen, Logistik und Produkte in der Industrie 4.0 direkt miteinander. Dadurch wird eine weitestgehend **selbstorganisierte Produktion** ermöglicht und die Produktion noch effizienter und flexibler gestaltet.

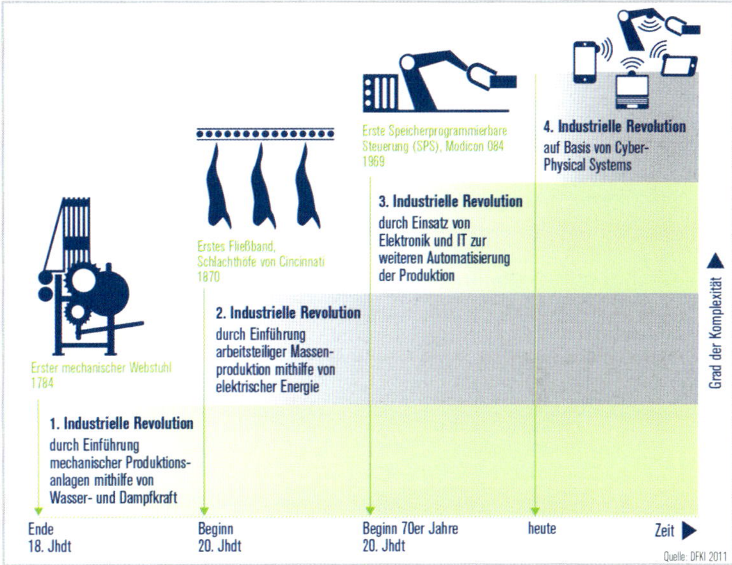

Quelle: https://www.bmbf.de/files/Umsetzungsempfehlungen_Industrie4_0.pdf, S. 17.

(2) Fertigung in der Smart Factory

Durch die fortschreitende Digitalisierung und den gestiegenen Individualansprüchen der Konsumenten hat die Komplexität der Fertigungsorganisation stark zugenommen. Mit der herkömmlichen Fließbandfertigung ist diesen Herausforderungen nicht mehr beizukommen. Auf **Grundlage** der **Inselfertigung** erfolgt eine **Weiterentwicklung** der Fertigungsorganisation zur **modularen Fertigung** innerhalb einer intelligenten Fabrik, der sogenannten **Smart Factory.** Noch befindet sich die modulare Fertigung in der Smart Factory in den „Kinderschuhen".

Beispiel: Die Automobilfabrik der Zukunft

Heute verlässt kein Automobil mehr das Band, das einem anderen Automobil gleicht. Unzählige Ausstattungsvarianten bestimmen das Bild und natürlich damit auch die Anforderungen an flexiblere Produktionsplanungen. Die Automobilhersteller müssen auf schnell drehende Marktwünsche reagieren, Produktionszahlen anpassen und Montageabläufe umstellen.

Wie dieses Fertigungsverfahren im Jahr 2035 aussehen könnte, verdeutlicht die Ideensammlung des Automobilherstellers Audi. Die folgende Abbildung zeigt die **modulare Fertigung** in einer Fabrik der Zukunft:[1]

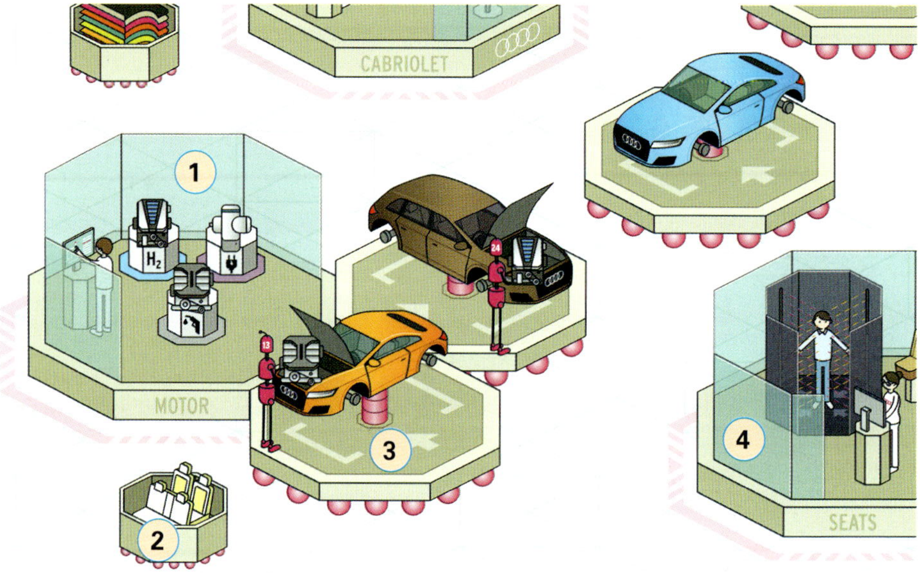

1. Die Fertigungsinsel (Kompetenzinsel) – organisiert wie eine kleine Werkstatt – wird von einem oder zwei Mitarbeitern bedient. Den Einbau der Komponenten übernimmt ein Roboter. Hier werden z. B. Elektromotoren, Brennstoffzellensysteme und auch noch Verbrennungsmotoren eingebaut. Die Fertigung wird nicht mehr nach dem Zeittakt der Fließbandfertigung strukturiert, sondern nach Arbeitsinhalten.
2. Autonom fahrende Transportfahrzeuge oder selbstfahrende Regallager bringen die benötigten Komponenten und Materialien „just in time" zur jeweiligen Fertigungsinsel.
3. Autonom fahrende Transportfahrzeuge bringen das Automobil zur jeweiligen frei verfügbaren Fertigungsinsel. Das Transportsystem weiß, dass „sein" Automobil als nächstes beispielsweise das Lenkrad und die Sitze braucht, und es fragt die Kompetenzinseln für Innenausstattung ab, wo gerade Kapazitäten frei werden. So folgt das Automobil zwar keiner äußerlich erkennbaren, wohl aber einer „inneren", virtuellen Fertigungslinie: Das Auto wandert von Station zu Station und wird dort jeweils mit allen notwendigen Materialien und Arbeiten „versorgt".
4. Der künftige Fahrer wird in einem Bodyscanner vermessen. Der passgenaue Sitz kommt aus dem 3D-Drucker.

Durch computergesteuerte und per Internet verknüpfte Prozesse „denken" die Maschinen mit. Alle Maschinen und Produkte stehen miteinander in einem ständigen Kontakt bzw. Datenaustausch.

Wie in einem Flughafen wird die Smart Factory von einem Tower gesteuert.

1 Quelle: AUDI AG: http://v1.audi-dialoge.de/magazin/smart-factory/2015/148-smart-faction [Zugriff 04.04.2017].

(3) Bewertung

Bei der Bewertung der Industrie 4.0 und der damit verbundenen Smart Factory nach ökonomischen, ökologischen und sozialen Gesichtspunkten ist zu beachten, dass sich die Umsetzung dieser Fertigungsorganisation in den Anfängen befindet und dass es noch wenig Praxiserfahrung zu diesem Fertigungsverfahren gibt.

Ökonomische Bewertung der Industrie 4.0

Vorteile und Chancen	■ Industrie 4.0 hat das Potenzial, über Innovationen bei Produkten, Prozessen, Geschäftsmodellen sowie durch flexibleres Reagieren auf Kundenwünsche zusätzliches Wirtschaftswachstum in Deutschland zu erreichen. ■ Stärkung der Wettbewerbsfähigkeit der deutschen Unternehmen auf dem Weltmarkt. ■ Steigerung der Produktionseffizienz um bis zu 20 % durch die Erhöhung der Produktivität und durch die effizientere Nutzung der Ressourcen (Maschinen, Energie etc.). ■ Durch die Vernetzung der Unternehmen im Rahmen der Industrie 4.0 kann nicht nur die Fertigungsorganisation, sondern die gesamte Wertschöpfungskette verbessert werden.
Nachteile und Risiken	■ Industrie-4.0-Anwendungen sind attraktive Ziele für Hacker. Gegen Datendiebstahl oder Sabotage der Produktion gibt es noch keinerlei Sicherheitsstandards. ■ Anfälligkeit der komplizierten und komplexen Automatisierung und Vernetzung kann zum Produktionsstillstand führen.

Ökologische Bewertung der Industrie 4.0

Vorteile und Chancen	■ Aufgrund der Echtzeitplanung kann ressourceneffizienter produziert und der CO_2-Ausstoß verringert werden. ■ Eine effizientere Produktion vermindert den Energie- und Wasserverbrauch. ■ Durch die Digitalisierung wird wesentlich weniger Papier verbraucht. Dies schont den Regenwald.
Nachteile und Risiken	■ Das ökologische Potenzial der Industrie 4.0 (z. B. Einbau einer „ökologischen Intelligenz" in die Maschinen und Roboter) ist bei Weitem noch nicht ausgeschöpft bzw. erforscht.

Soziale Bewertung der Industrie 4.0

Vorteile und Chancen	■ Durch den mit der Umsetzung der Industrie 4.0 erzielten Wettbewerbsvorteilen der Unternehmen in Deutschland können viele Arbeitsplätze langfristig gesichert werden. ■ Neue Stellen entstehen in den Bereichen Softwareentwicklung und Datenanalyse. ■ Industrie 4.0 bietet die Chance, das Aufgabenspektrum der Mitarbeiter zu erweitern und ihre Qualifikationen deutlich zu verbessern. ■ Mitarbeiter können durch die stärkere Einbindung in die Personaleinsatzplanung, ihre Arbeit besser mit Familie und Freizeit in Einklang bringen. Sie müssen ihre Arbeit nicht mehr an die Fließbandgeschwindigkeit anpassen. ■ Mitarbeiter können sich auf kreative, wertschöpfende Arbeiten konzentrieren.
Nachteile und Risiken	■ Aufgrund des Einsatzes intelligenter Maschinen und Roboter gibt es weniger Arbeitsplätze in der Fertigung. ■ Wegfall von Arbeitsplätzen mit einfachen Tätigkeiten, auf die viele Menschen mit geringerer Ausbildung angewiesen sind.

13.1.1.2 Cyberphysische Systeme (CPS)

Cyberphysische Systeme repräsentieren die angestrebte **Einheit von Realität und digitalem Abbild** und sind die Weiterentwicklung der mechatronischen Systeme[1] zu einer symbiotischen[2] informationstechnischen Vernetzung aller Komponenten.

Cyberphysische Systeme sind als zentrales Element der vierten industriellen Revolution anzusehen. Sie sind die Voraussetzung für die durch Industrie 4.0 entstehenden Potenziale für Unternehmen, wie etwa Flexibilisierung der Produktion, Produktivitätssteigerung oder auch die Entwicklung neuer Geschäftsmodelle.

Durch die Technologieintegration können cyberphysische Systeme die physikalischen Daten, wie z. B. die Zustandsdaten einer Werkzeugmaschine oder die Dimensionen eines Bauteils, lokal erfassen und digital verarbeiten. Die potenzialstiftende Eigenschaft ist vor allem die ständige **plattformbasierte Vernetzung** der in die technischen Systeme integrierten Sensoren. Sie ermöglicht neue Funktionalitäten (z. B. die dynamische Navigation von fahrerlosen Transportsystemen). Cyberphysische Netzwerke stellen eine Fusion von realer und digitaler Welt dar.

Beispiel:

Eine Werkzeugmaschine mit CPS hat Kenntnis darüber, ob sie ein bestimmtes Produkt fertigen kann, und kommuniziert dies entsprechend an das intelligent vernetzte Produkt. Der vernetzte fahrerlose Gabelstapler nimmt dann den Transport vor.

13.1.2 Gesellschaftliche und betriebswirtschaftliche Folgen der Automatisierungs- und Digitalisierungskonzepte analysieren

13.1.2.1 Gestaltung von Arbeitsplätzen

Moderne **Industrieroboter** erlauben eine weitgehend automatisierte Fertigung, in der der Mensch in erster Linie Kontrollaufgaben übernimmt.

Unter **Automation** versteht man die vollständige mechanisierte Durchführung von Arbeiten mithilfe von Maschinen, die in der Lage sind, **selbsttätig** einen oder mehrere Arbeitsgänge ohne menschliches Zutun durchzuführen.

1 **Mechatronik** ist die Kombination aus Maschinenbau, Elektrotechnik und Informatik.

2 **Symbiotisch**: zusammenlebend, sich gegenseitig begünstigend.

Die in der Fertigung (z. T. auch in der Verwaltung) eingesetzten Automaten verrichten nicht nur eine bestimmte Arbeit, sondern sie kontrollieren und korrigieren sich selbst.

Beispiel:

Eine Maschine in einer Zwirnerei ist so konstruiert, dass die gewünschte Stärke des Wollfadens vollkommen gleichmäßig und selbsttätig hergestellt wird. Da das Material der Maschine in unterschiedlichen Mengen zugeführt wird, kann eine gleichbleibende Stärke des Fadens nur erreicht werden, indem die Maschine langsamer läuft (weniger Material ansaugt), wenn die Materialmenge zu groß ist. Dagegen wird bei zu knapper Materialzufuhr ein Ausgleich durch erhöhte Geschwindigkeit (größere Ansaugmenge) herbeigeführt.

Die Automation stellt an den arbeitenden Menschen **andere Anforderungen** als die Maschinenarbeit:

- Die Kontrollen (z.B. Ablesen der Instrumente, Proben) können in unregelmäßigen Abständen erfolgen. Der Arbeitstakt wird von der Maschine vorgegeben.
- Die Kontrollaufgaben erfordern Konzentration und Wachsamkeit, um bei Störungen sofort eingreifen zu können.
- Die Verantwortung für Mensch und Maschine ist größer als bei manueller oder maschineller Fertigung.

Immer häufiger kommen in Zusammenarbeit mit Menschen im Produktionsprozess sogenannte **kollaborative Roboter** zum Einsatz. Diese Roboter sind nicht mehr wie der herkömmliche Industrieroboter durch Schutzeinrichtungen von ihren menschlichen Kollegen getrennt und sind kompakter, flexibler einsetzbar und leichter zu programmieren.

13.1.2.2 Genutzte Technologien

(1) RFID-Sender

RFID (Radio Frequency Identification) ist eine Technik, die Gegenstände berührungslos erkennt.

Beispiel:

Ist eine Ware mit einem RFID-Chip ausgestattet, so kann der Lagerarbeiter mithilfe eines RFID-Lesegerätes automatisch und drahtlos über Radiofrequenzen die auf dem RFID-Chip gespeicherten Daten ermitteln. Die gespeicherten Daten können z.B. Informationen über Hersteller, Charge, Größe, Farbe, Qualität, Preis, Haltbarkeitsdatum u.Ä. liefern. Damit ist es beim Wareneingang möglich – ohne Entladen der Palette – alle Artikel stapelweise und berührungslos zu lesen. Diese Art der Erfassung bezeichnet man als Pulklesung.

RFID-System

Das RFID-System besteht aus einem RFID-Transponder und einem RFID-Lesegerät (Hand- bzw. fest installiertes Lesegerät).

(2) 3D-Drucker[1]

Der **3D-Druck** ist eine umfassende Bezeichnung für alle Fertigungsverfahren, bei denen Material Schicht für Schicht aufgetragen und so dreidimensionale Gegenstände (Werkstücke) erzeugt werden.

Es handelt sich um eine **additive Fertigung.** Dabei erfolgt der schichtweise Aufbau computergesteuert aus einem oder mehreren flüssigen oder festen Werkstoffen nach vorgegebenen Maßen und Formen. Beim Aufbau finden physikalische oder chemische Härtungs- oder Schmelzprozesse statt.

Geeignete Werkstoffe für das 3D-Drucken sind Kunststoffe, Kunstharze, Keramiken und speziell aufbereitete Metalle. Trotz des formgebenden Prozesses sind für ein konkretes Erzeugnis außer dem 3D-Drucker keine speziellen Werkzeuge (z. B. Gussformen) erforderlich. Nebenstehende Abbildung zeigt einen 3D-Drucker.

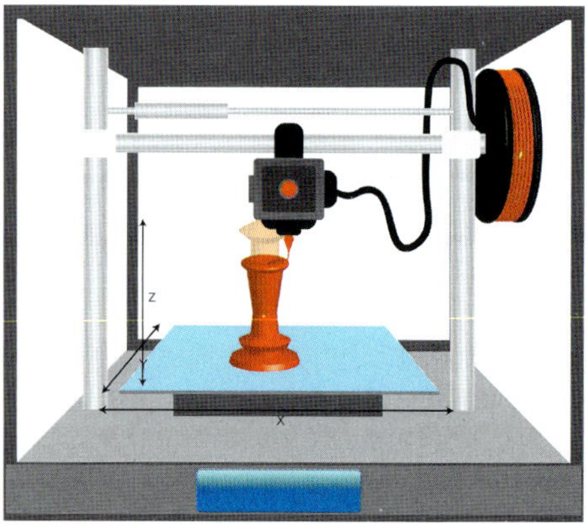

Im Gegensatz zum Gussformen oder subtraktiven Fertigungsverfahren (z. B. Bohren, Fräsen) erhöht sich beim 3D-Druck die Wirtschaftlichkeit mit steigender Komplexität der Bauteilgeometrie und sinkender benötigter Stückzahl. Es entstehen nahezu keine Abfälle.

Beispiel:

Es wird ein 3D-Drucker mit der Fähigkeit entwickelt, jeden Schuh individuell nach den ermittelten Maßen der Füße und nach eigenen Wünschen zu fertigen.

1 Vgl. https://www.sueddeutsche.de/wirtschaft/3-d-druck-wie-der-3-d-druck-die-welt-verbessern-soll-1.3104410 [Zugriff 04. 12. 2021].

13.1.2.3 Auswirkungen auf Produktion und Logistik

(1) Losgröße 1

Die Kunden wollen Produkte bestellen, die genau zu ihren Vorstellungen passen, und auf deren Zustellung sie trotz Sonderanfertigung nicht länger warten müssen als bei der Bestellung von Standardprodukten. Die Zahl der Hersteller, die solche individualisierten Produkte anbieten, stieg die letzten Jahre enorm an.

Eine Fertigung mit der **Losgröße 1,** also eine Sonderanfertigung bzw. Einzelfertigung, zu den Kosten einer Massenfertigung ist nur mit hochautomatisierten und digitalisierten Fertigungsverfahren realisierbar.

Die maßgeschneiderte Einzelfertigung im Zeitalter von Industrie 4.0 beeinflusst sowohl die Produktions- als auch die Distributionslogistik. Um schnell liefern zu können, müssen bei der Produktion alle Materialien für die individuell gefertigten Teile just in time bereitgestellt werden, wodurch die innerbetriebliche Logistik und die Datenverarbeitung wesentlich komplexer werden.

(2) Logistik

In der Logistik müssen neben der digitalen Verfolgung und Berechnung von Güterströmen auch physische Vorgänge mithilfe von Robotik und Sensorik automatisiert werden – ähnlich wie in der Industrie.

Beispiel für den Einsatz einer Datenbrille:[1]

Eine typische Aufgabe in der Logistik ist das Verpacken und Transportieren von sperrigen Anlagenteilen, die über keine standardmäßigen Behältnisse verfügen. Während bisher der Techniker am Bauteil misst und sich dann ans Reißbrett setzt, um eine Kiste zu entwerfen, kann dies zukünftig in einem einzigen Schritt geschehen. Die Datenbrille erkennt dank ihrer räumlichen Kameras die Maße des Bauteils und simuliert in Echtzeit eine Verpackung. Der Brillenträger stellt dann die Details, wie Schwerpunkt und die Bodenkonstruktion, manuell ein, noch während er vor dem unverpackten Bauteil steht.

Die Digitalisierung krempelt alle Bereiche der Logistik um: Transportroboter im Lager, automatische Tourenplanung, Blockchain-Technologie[2] für Frachtbriefe, KI-basierte[3] Systeme zur Simulation von Liefernetzen. Sie eröffnet aber auch die Chance stabiler Logistikprozesse aufgrund transparenter Lieferketten.

1 https://www.wfb-bremen.de/de/page/stories/digitalisierung-industrie40/hololens-in-der-industrie-augmented-reality-in-der-logistik [Zugriff 08.08.2021].

2 **Blockchain** ist eine Datenbank, die sich von einer gängigen Datenbank dadurch unterscheidet, dass sie Daten in Blöcken speichert, die dann in chronologischer Reihenfolge miteinander verkettet werden.

3 **KI**: Künstliche Intelligenz.

Kompetenztraining

186 Digitalisierung von Produktionsprozessen – modulare Fertigung

Der Automobilhersteller Audi plant die Umsetzung des modularen Fertigungsverfahrens in seinem Werk in Ingolstadt.

Aufgabe:

Beschreiben Sie anhand der folgenden Bilder[1] die wesentlichen Merkmale der modularen Fertigung:

187 Zusammenfassung

Fassen Sie die grundlegenden Aussagen des Kapitels 13.1 in einer Übersicht zusammen!

1 **Bildquelle:** Audi AG: https://www.audi-mediacenter.com/de/fotos/album/techday-smart-factory-721.

13.2 Vernetzung und Datenaustausch vor dem Hintergrund des Datenschutzes beurteilen

BPE 13 **Handlungssituation 2: Möglichkeiten und Auswirkungen der Datenvernetzung und des Datenschutzes erarbeiten**

Auch die Vorstände der Sport-Burr AG sind noch auf der Suche nach der richtigen Digitalisierungsstrategie für ihr Unternehmen.

Auf einer Digitalisierungsmesse bekommen sie Einblick in die Möglichkeiten eines Data-Warehouse. Kopfzerbrechen bereiten ihnen in diesem Zusammenhang neben der Beschaffung der Daten und der Datenschutz-Grundverordnung vor allem die Auswirkungen auf die Arbeitsplätze der Mitarbeiter.

Kompetenzorientierte Arbeitsaufträge:

1. Recherchieren Sie im Internet, wie sich die Arbeitsplätze in der Industrie verändern werden und wie dieser Wandel bewältigt werden kann!
2. Begründen Sie, welche Daten als Grundlage für ein Data-Warehouse der Sport-Burr AG geeignet sind!
3. Beschreiben Sie die Möglichkeiten einer datenschutzkonformen Gestaltung des Data-Warehouse!

13.2.1 Auswirkungen auf den Arbeitsplatz und die Unternehmensführung diskutieren

13.2.1.1 Neue und veränderte Arbeitsplätze

(1) Ausgangslage

Die Gegebenheiten des Standortes Deutschland mit seinem starken Mittelstand, der dualen Ausbildung, einer starken Industrie, der hohen Exportorientierung, dem schwachen Dienstleistungssektor und der geringen Gründungsrate führen zu anderen Analyseergebnissen im Vergleich zur stark digital ausgerichteten Volkswirtschaft der USA mit Unternehmen wie Apple, Amazon, Microsoft, Oracle, Facebook, Alphabet usw.[1]

Für Deutschland kommen die Analyseergebnisse des Bundesministeriums für Arbeit und Soziales auf etwa 12–15 % der Beschäftigten, deren Arbeit gefährdet sein könnte.[2] Darüber hinaus gibt es hier strengere rechtliche, gesellschaftliche und wirtschaftliche Hürden, die einen wirksamen Schutz bieten vor den unkontrollierten Auswirkungen der Digitalisierung. Die Beschäftigten passen ihre Qualifikation kontinuierlich den sich verändernden Anforderungen des Arbeitsprozesses an, verknüpfen neues Wissen mit den bereits

1 Thorben Albrecht und Andreas Ammermüller, Kein Ende der Arbeit in Sicht, in Digitalisierung der Arbeitswelt, Werkheft 01, herausgegeben vom Bundesministerium für Arbeit und Soziales, Berlin, März 2016, S. 40 ff.

2 Die Ergebnisse dieser Untesuchungen sind weit entfernt von den 50 % gefährdeten Arbeitsplätzen aus der Studie von Frey/Osborne. Quelle: Klaus Schwab, Die Vierte Industrielle Revolution, S. 61. https://www.oxfordmartin.ox.ac.uk/downloads/academic/The_Future_of_Employment.pdf [Zugriff 20.01.2020].

vorhandenen Fähigkeiten und Fertigkeiten und übernehmen komplexere Aufgaben. Der Arbeitsplatz ist gleichzeitig der Ort des Lernens.

(2) Basisszenario: stetiger digitaler Wandel

Der Forschungsbericht des Instituts für Arbeitsmarkt- und Berufsforschung kommt zu folgenden Schlussfolgerungen (Auszüge):[1]

Werden sämtliche Annahmen in die Betrachtung mit einbezogen, wird eine künftig vollständig digitalisierte Arbeitswelt mit einer Welt verglichen, in der sich der technische Fortschritt am bisherigen Entwicklungspfad orientieren wird (Basisszenario). Bei diesem Vergleich zeigt sich, dass die Auswirkungen der Digitalisierung auf das Gesamtniveau der Arbeitsnachfrage mit minus 30 000 Arbeitsplätzen **relativ gering** ausfallen. Allerdings werden sich diese beiden Arbeitswelten hinsichtlich ihrer Branchen-, Berufs- und Anforderungsstruktur **deutlich unterscheiden.** In der digitalisierten Welt wird es in naher Zukunft einerseits 1,5 Mio. Arbeitsplätze nicht mehr geben, die im Basisszenario noch vorhanden sein werden. Andererseits werden im Wirtschaft-4.0-Szenario ebenfalls 1,5 Mio. Arbeitsplätze entstanden sein, die im Basisszenario nicht existieren.

Branchen- und berufsspezifischer Strukturwandel

Die Digitalisierung wird nicht nur eine „neue" Arbeitswelt schaffen. Auf dem Weg dorthin führt sie auch zu einer **Beschleunigung des Strukturwandels.** So verliert das produzierende Gewerbe bezogen auf die Zahl der Erwerbstätigen weiterhin an Bedeutung, während vor allem die Branchen „Information und Kommunikation" und „Erziehung und Unterricht" vom Übergang in eine Wirtschaft 4.0 profitieren. Letztere gewinnt vor allem aufgrund der zentralen Rolle von Weiterbildung: Bei sich ändernden und erhöhten Anforderungen wird nach der Erstausbildung die Weiterbildung entscheidend werden, um Kompetenzen laufend weiterzuentwickeln.

Aber nicht nur der branchenspezifische Strukturwandel wird beschleunigt. Innerhalb jeder Branche hat die Digitalisierung durch den Abbau von Routinetätigkeiten auch großen Einfluss auf die aktuelle Berufsstruktur. Wie sich gezeigt hat, kann die Digitalisierung damit ein Weg sein, drohende Ungleichgewichte zu beheben. So werden in den produzierenden Berufen (einschließlich der „Technischen Berufe"), wo sich im Basisszenario aufgrund des demografischen Wandels Engpässe ergeben, weniger Arbeitskräfte eingesetzt. In den Dienstleistungsberufen werden dagegen mehr Arbeitskräfte benötigt als im Basisszenario ermittelt.

Neue Anforderungen am Arbeitsplatz

Infolge des branchen- und berufsspezifischen Strukturwandels ergeben sich auch neue Anforderungen am Arbeitsplatz. Allerdings sind von der Digitalisierung zahlenmäßig weniger die Helfertätigkeiten betroffen. Hauptsächlich werden im Vergleich zum Basisszenario **weniger Fachkrafttätigkeiten und mehr hochkomplexe Tätigkeiten nachgefragt.** Diese Entwicklung sollte jedoch nicht als Risiko betrachtet werden, sondern vielmehr als Chance. So werden bereits heute über 35 Prozent aller hoch komplexen Tätigkeiten von Personen ausgeübt, die keine akademische Ausbildung haben. Trotz des weiter steigenden Anteils an Akademikern wird es auch langfristig Fachkräfte geben, die hoch komplexen Tätigkeiten nachgehen werden – vorausgesetzt, sie entwickeln ihre Kompetenzen laufend weiter.

Die Szenario-Rechnungen und die getroffenen Annahmen machen eines deutlich: **Letztlich gibt es keinen anderen Weg** – wenn Deutschland nicht in der Lage ist, eine Umsetzung der Wirtschaft 4.0 durchzuführen, dann werden andere Länder dies dennoch tun. Und die Annahmen, die sich im obigen Szenario positiv auf Deutschland auswirken (Vorreiter, zusätzliche Nachfrage im Ausland, Wettbewerbsvorteile) richten sich dann gegen den hiesigen Wirtschaftsstandort. Produktionsrückgänge und zusätzliche Arbeitslosigkeit sind die Folgen. Jene werden ausgelöst durch den Verlust an Wettbewerbsfähigkeit und die Verschiebung der inländischen Nachfrage hin zu importierten Produkten. Die Aufgabe kann also nur sein, den Übergang möglichst nachhaltig zu gestalten.

---

1 Institut für Arbeitsmarkt- und Berufsforschung, Forschungsbericht 13/2016: Wirtschaft 4.0 und die Folgen für Arbeitsmarkt und Ökonomie vom 09.11.2016, S. 62ff. http://doku.iab.de/forschungsbericht/2016/fb1316.pdf [Zugriff 20.01.2020]. (Geringfügige Anpassungen durch Autor)

Durch eine **stetige Digitalisierung** der Wirtschaft gehen per Saldo kaum Jobs verloren. Viele müssen sich aber **umfassend fortbilden,** um eine neue Beschäftigung zu finden.

Betroffen sind weniger die Hilfskräfte, sondern vor allem der klassische Facharbeiter, etwa in der Maschinensteuerung. Mit dem Einzug sich selbst steuernder digitaler Systeme und Roboter steigt bei dieser Gruppe vorübergehend das Risiko, arbeitslos zu werden.

Gute Zukunftsperspektiven in der digitalen Arbeitswelt von morgen haben in erster Linie IT-Experten und Naturwissenschaftler, wenn sie zwischen der digitalen und der realen Welt wandern können. Kreative und soziale Intelligenz, innovatives und prozessübergreifendes Denken sind Qualifikationen, die einen guten Schutz bieten. Aber auch Lehrberufe haben gute Perspektiven, da Fachleute gebraucht werden, die die Mitarbeiter auf ihre neuen Aufgaben und die Zusammenarbeit mit Robotern vorbereiten.

(3) Szenario einer beschleunigten Digitalisierung

Zu bedenken ist, dass der Betrachtungszeitraum des obigen Forschungsberichts nur einen sehr kurzen Zeitraum umfasst. Die neueste Studie **„Arbeitsmarktprognose 2030"**[1] enthält Schlussfolgerungen für eine erfolgreiche Gestaltung des digitalen Wandels. Im Szenario einer beschleunigten Digitalisierung[2] kann dank der Produktivitätseffekte mit deutlich positiven Auswirkungen auf Wachstum und Beschäftigung gerechnet werden. Eine aktive Gestaltung der Digitalisierung zahlt sich demnach aus. Nach Einschätzung der Autoren zieht vor allem ab 2025 das Produktivitätswachstum an und führt zu einem Anstieg des Bruttoinlandsproduktes und des Pro-Kopf-Einkommens um 4 % im Jahr 2030 im Vergleich zum Basisszenario.

Bei einer beschleunigten Digitalisierung würde ein Beschäftigungsverlust von insgesamt 750 000 Jobs in 27 Wirtschaftssektoren (z. B. Einzelhandel, Papier und Druckgewerbe, öffentliche Verwaltung) mehr als ausgeglichen durch einen Beschäftigungsgewinn von insgesamt 1 Million Jobs in 13 Sektoren (z. B. Maschinenbau, IT-Dienste, Forschung und Entwicklung). Voraussetzung ist, dass die Verschiebung zwischen den Branchen durch eine erfolgreiche Qualifizierung und aktive Arbeitsmarktpolitik begleitet wird. Gelingt diese Höherqualifizierung auf allen Ebenen, dann ist keine Polarisierung mit einem starken Rückgang im mittleren Qualifikationsbereich zu erwarten. Angesichts der zuletzt hohen Zuwanderung von vielfach gering qualifizierten Personen ist die sinkende Nachfrage nach Arbeitskräften ohne Berufsschulabschluss eine enorme Herausforderung für die Bildungs- und Arbeitsmarktpolitik.

Bei der **Bewältigung einer beschleunigten Digitalisierung** stehen zwei Dinge im Mittelpunkt:

- die wachsende Bedeutung der Höher- und Weiterqualifizierung und
- die soziale Sicherung.

1 Thorben Albrecht und Andreas Ammermüller, Arbeitsmarktprognose 2030, in: Wie wir arbeiten wollen, Werkheft 02, herausgegeben vom Bundesministerium für Arbeit und Soziales, Berlin, August 2016, S. 30 ff.

2 Bei einer beschleunigten Digitalisierung setzen Politik und Wirtschaft auf technologische Führerschaft und richten die Bildungs- und Infrastrukturpolitik systematisch auf dieses Thema aus.

Obwohl eine gewisse Unsicherheit über die Verlässlichkeit der Prognosen besteht, scheinen folgende grundsätzliche **Tendenzen** plausibel:

- Der Wechsel zwischen Arbeitslosigkeit und Beschäftigung wird zunehmen. Daher erfordert der digitale Wandel eine aktive Gestaltung der Arbeitswelt durch die Politik.
- Der Fachkräfteengpass wird durch den digitalen Wandel zwar gemildert, aber nicht beseitigt.
- Zwischen den Berufsgruppen ergeben sich deutliche Verschiebungen.
- Hohe Beschäftigungsverluste sind bei einer beschleunigten Digitalisierung in Verbindung mit einer engagierten Bildungs- und Infrastrukturpolitik in der näheren Zukunft nicht zu erwarten.
- In den Bereichen Informationstechnik und Naturwissenschaften werden sich die Engpässe noch erhöhen.
- Viele Tätigkeiten (Pflege- und Gesundheitsberufe, Lehrberufe) sind in absehbarer Zeit nicht automatisierbar.
- Strengere rechtliche, gesellschaftliche und wirtschaftliche Hürden bieten einen wirksamen Schutz vor den unkontrollierten Auswirkungen der Digitalisierung.
- Die Unternehmen müssen ihren Bestand an Fachkräften aktiv sichern. Eine Schlüsselrolle spielt dabei die fortlaufende Qualifizierung der Mitarbeiter. Darüber hinaus ist die Erwerbsquote bei älteren Arbeitnehmern und bei Frauen zu steigern, damit die Reserven des Arbeitsmarktes besser ausgeschöpft werden.
- Bestehende Geschäftsmodelle müssen angepasst und neue erschlossen werden – insbesondere durch hochwertige Produkte und kundenorientiere Dienstleistungen, z. B. durch predictive maintenance.[1]
- Neue, flexible und mobile Arbeitsformen bringen Vorteile für beide Seiten – dem Unternehmen und dem Mitarbeiter.
- Berufsbilder und Ausbildungsinhalte müssen an die neuen Tätigkeiten angepasst werden.

Nicht nur an hoch qualifizierten Roboterbedienern dürfte in Zukunft ein Mangel herrschen, sondern generell an Fachkräften. Bis 2040 werden dem Arbeitsmarkt in Deutschland aufgrund des demografischen Wandels im Vergleich zu heute zehn Millionen Menschen fehlen. Um die Folgen auszugleichen, setzen 77 % der Industrieentscheider bereits auf „Kollege" Roboter.[2] Von dieser Entwicklung sind neben großen Unternehmen zunehmend auch kleinere Firmen betroffen.

13.2.1.2 St. Gallener Managementmodell

Das St. Gallener Managementmodell wurde in den 1960er-Jahren als systemorientierter Ansatz entwickelt, der sich nicht nur an der Theorie orientiert, sondern auch an den **Anforderungen der Realität.** Das Modell wurde immer wieder überarbeitet. Der Grund für die letzte große Erneuerung war einerseits das Streben nach Integration und **Ganzheitlichkeit** und andererseits die Notwendigkeit des Einbezugs von Überlegungen zur Weiterbildung.

1 **Predictive maintenance**: Weiterentwicklung der traditionellen vorausschauenden Wartung zur vorausschauenden Instandhaltung mittels intelligenter Datenanalysen.

2 Quelle: https://www.industry-of-things.de/roboter-werden-immer-kollegialer-intelligenter-und-digitaler-a-907858/ [Zugriff 06. 08. 2021].

Im neuen St. Gallener Managementmodell werden **sechs zentrale Kategorien** unterschieden:

- Auf der **externen Ebene,** die sich auf das gesellschaftliche und ökologische Umfeld bezieht, stehen die Kategorien **Umweltsphären, Anspruchsgruppen und Interaktionsthemen.** Merkmal dieser Ebene ist der intensive Austausch über Normen und Werte, Anliegen und Interessen sowie Ressourcen und Umweltprobleme.
- Auf der **internen Ebene,** die sich auf die Unternehmensorganisation bezieht, stehen die Kategorien **Ordnungsmomente, Prozesse und Entwicklungsmodi.** Die Alltagsroutine mit den ablaufenden Prozessen verlangt nach einer Sinngebung durch Ordnungsmomente (z.B. für die Mitarbeiter klar erkennbare Strukturen und Strategien sowie eine Unternehmenskultur). Gerade im Zusammenhang mit der Digitalisierung ist die Kategorie der Entwicklungsmodi hilfreich. Sie bietet Raum für kontinuierliche Verbesserungen, aber auch disruptive[1] Erneuerungen. Hier spielen Weiterbildungsangebote eine wichtige Rolle.

Die sechs Grundkategorien des St. Gallener Managementmodells[2]

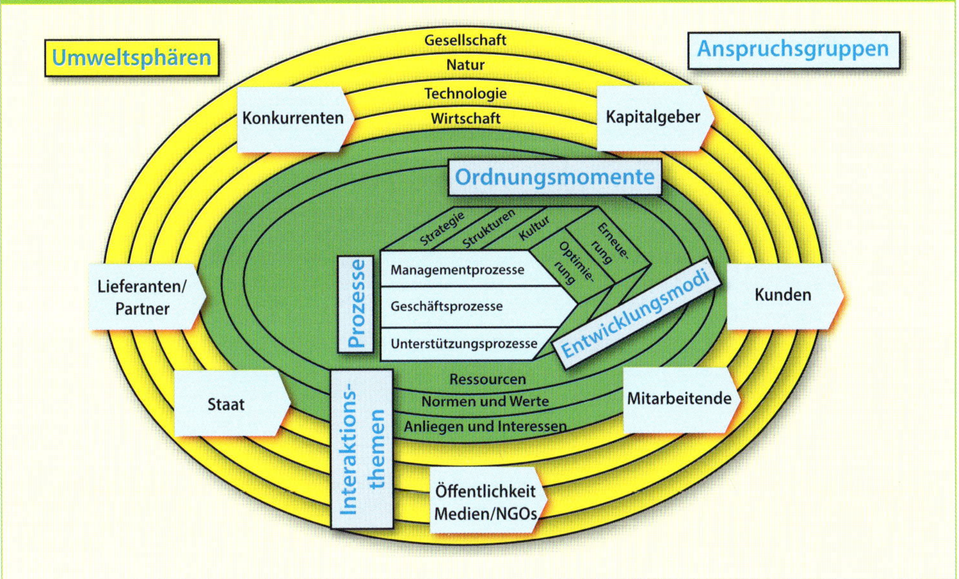

Das **St. Gallener Managementmodell** ist ein offenes System, das auf Rückmeldung und **Kommunikation** setzt, um daraus Schwachstellen aufzudecken und diese zu optimieren. Es bietet für Führungskräfte einen Gestaltungsrahmen, um das eigene Unternehmen als **ganzheitlich-vernetztes System** zu erfassen und die anstehenden Probleme zu identifizieren und zu lösen.

Die Grenzen des Modells stellen die vielfältigen und nicht ohne Weiteres überschaubaren Beziehungen und Wechselwirkungen dar.

1 **Disruptiv**: unterbrechend, zerstörend (um Neuem Platz zu schaffen).

2 Quelle: Rüegg-Stürm, Johannes: Das neue St. Galler Management-Modell, Grundkategorien einer integrierten Managementlehre: Der HSG-Ansatz, 2. Auflage, Bern 2003, S. 22.

13.2.2 Folgen für die Organisation und die Geschäftsstrategien eines Unternehmens nennen

13.2.2.1 ERP-Systeme und Data-Warehouse

(1) ERP-Systeme

Ein **ERP-System (Enterprise Resource Planning System)** ist ein unternehmensweites Informationssystem, das den **Informationsfluss zwischen einzelnen Unternehmensbereichen** durch spezielle Software unterstützt und die Aktivitäten und Ressourcen in diesen Bereichen koordinieren hilft.

Die typischerweise unterstützten **Geschäftsbereiche** (Funktionen) eines ERP-Systems waren anfangs die Bereiche Herstellung/Fertigung, Bestandsverwaltung, Logistik, Verkauf und Vertrieb, Rechnungstellung und Rechnungslegung. Später kamen weitere Bereiche hinzu, wie Finanzkontrolle, Personalwirtschaft, Materialwirtschaft, Anlagenwartung, Produktplanung, Qualitätskontrolle.

Während **ERP-System-Software** als funktionsübergreifende Standardsoftware **branchenübergreifend** eingesetzt werden kann, ist **Branchensoftware** auf die speziellen Anforderungen einer bestimmten Branche abgestimmt.

Beispiel: ERP-System-Module eines Warenwirtschaftssystems (WWS)

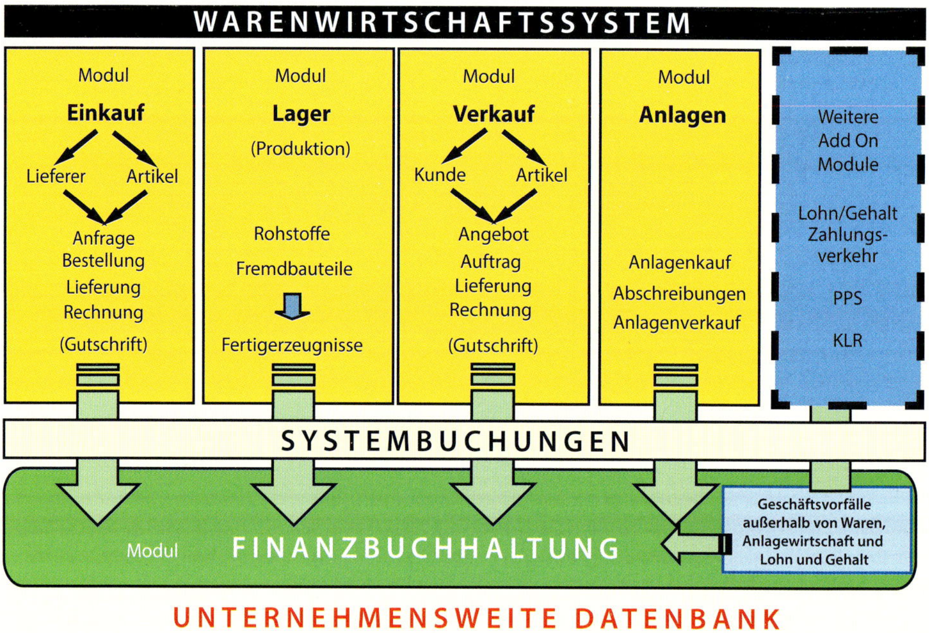

Quelle: H.-J. Hahn: Geschäftsprozesse – praxisorientierte Übungen mit einem ERP-Programm, 7. Aufl., Rinteln 2016, S. 19.

In der Datenbank einer **i**ntegrierten **U**nternehmens**s**oftware (IUS) sind nicht nur die **betrieblichen Daten,** sondern auch die **Anwendungsprogramme (Applikationen),** die der Abwicklung der verschiedenen Prozessabläufe dienen, gespeichert.[1] Die Applikationen innerhalb der integrierten Unternehmenssoftware (ERP-System) sind in einzelne funktionale Module (Bausteine), gegliedert.

Untereinander sind die Module datentechnisch verbunden (integriert). Sie basieren auf einer unternehmensweiten Datenbank. Dadurch wird auch vermieden, dass die einzelnen Module jeweils eine undurchlässige „Dateninsel" darstellen.

Welche Vorteile bietet ein ERP-System?

- Die betrieblichen Geschäftsprozesse können besser koordiniert und gesteuert werden.
- Alle Mitarbeiter in allen Bereichen des Unternehmens arbeiten mit einer gemeinsamen, zentralen Datenbasis mit stets aktuellen Daten.
- Problemsituationen werden frühzeitig erkannt.
- Der Materialbedarf kann mengenmäßig und zeitlich besser disponiert (geplant) werden.
- Bereichsübergreifend kann in verschiedenen, miteinander integrierten Modulen ein Geschäftsprozess (z.B. Kundenauftragsabwicklung), der sich in weitere Teilprozesse aufgliedert, bearbeitet werden.

(2) Date-Warehouse

Ein **Data-Warehouse** ist eine Sammlung aller in einem Unternehmen oder Unternehmensbereich vorhandenen Daten. In diesen **Datenpool** fließen interne und externe Daten ein, die analysiert und zur Entscheidungsfindung aufbereitet werden.[2]

Data-Warehouse-Aufbau[3]

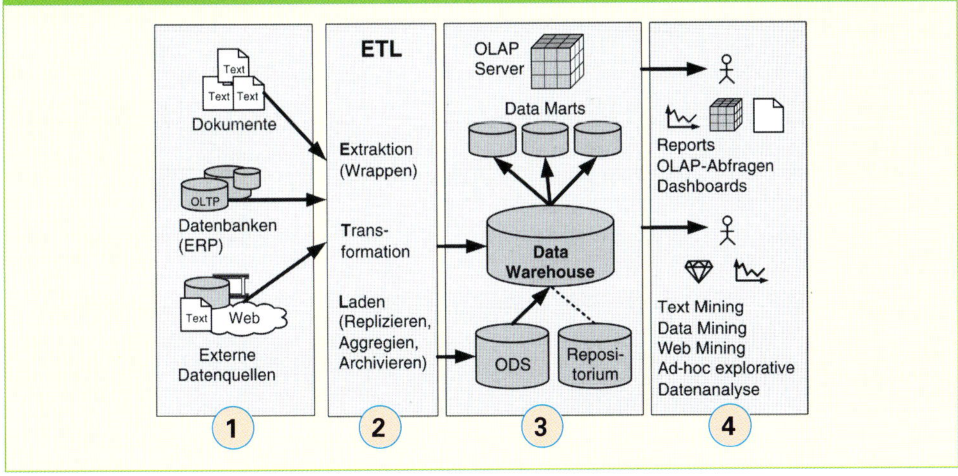

1 Vgl. hier und im Folgenden H.-J. Hahn: Geschäftsprozesse praxisorientierte Übungen mit einem ERP Programm, 7. Aufl., Rinteln 2016, S. 19f.

2 Vgl. https://www.controlling-wiki.com/de/index.php/Data_Warehouse [Zugriff 07.08.2021].

3 Quelle: Müller, R. M.; Lenz, H.-J.: Business Intelligence, Berlin 2013, S. 19.

In einem ersten Schritt werden Daten aus Quellsystemen erschlossen. Anschließend werden sie mittels ETL-Prozessen (Extraktion, Transformation, Laden) in den Datenpool des Data-Warehouse geladen und dort verwaltet. Im letzten Schritt können Nutzende mit verschiedenen Anwendungen auf die gewonnenen Daten zugreifen und diese für Analysezwecke nutzen:[1]

(1) Datenquellen

Voraussetzung für ein Data-Warehouse bilden verschiedene interne und externe Quellsysteme, aus welchen die zu analysierenden Daten stammen:

- **Interne Systeme** können hierbei z. B. Systeme aus dem Enterprise-Resource-Planning (ERP), der Personalwirtschaft oder der Rechnungslegung sein.
- **Externe Quellen** sind beispielsweise Daten aus dem Web, von Wirtschaftsforschungsinstitutionen, Lieferanten oder Kunden.

Die Daten können strukturiert oder unstrukturiert vorliegen:

- **Strukturierte Daten** (z. B. Excel-Tabellen) werden in Zeilen oder Spalten dargestellt.
- **Unstrukturierte Daten** (z. B. Videos, Bilder oder E-Mails) bieten den Entscheidungstragenden auch Hinweise, welche aus strukturierten Daten nicht ersichtlich sind.

(2) ETL-Prozess und (3) Datenverwaltung

Die Daten aus den Quellsystemen werden mittels **ETL-Prozessen** ins Data-Warehouse importiert. ETL steht für **E**xtraktion, **T**ransformation, **L**aden. Bei der Extraktion werden die relevanten Daten in den Quellsystemen identifiziert und in einem Arbeitsbereich des Data-Warehouse abgelegt. Danach werden die extrahierten Daten im Teilschritt Transformation zusammengeführt, harmonisiert, mit zusätzlichen Informationen angereichert und von syntaktischen Mängeln bereinigt, damit sie in die einheitliche Datenstruktur des Data-Warehouse passen. Beim dritten Teilschritt, dem Laden, werden die extrahierten und transformierten Daten in der **Zieldatenbank des Data-Warehouse** gespeichert.

Aus dem Kern-Data-Warehouse werden die Daten dann gezielt in kleinere Data-Marts überführt. Die **Data-Marts** enthalten für spezielle Einsatzgebiete sinnvoll aufbereitete Daten.

(4) Datenauswertung und -nutzung

Liegen die Datenbestände im Kern-Data-Warehouse oder den Data-Marts bereit, so kann das Unternehmen sie mithilfe unterschiedlicher **Analyse-, Präsentations- und Planungstools** auswerten und zur Informationsgewinnung nutzen. Die Auswertungsmöglichkeiten im Data-Warehouse sind deutlich umfangreicher und flexibler als z. B. in einem ERP-System. Außerdem beeinträchtigen komplexe Abfragen dank der Trennung von Data-Warehouse und Quellsystemen die Performance der operativen Quellsysteme nicht.

Typische **deskriptive**[2] **Analyseanwendungen** sind z. B. SQL-basierte freie Datenrecherchen, die Analyse von Daten mittels OLAP-Berichtsgeneratoren (Online Analytical Processing) oder visuell gestaltete Dashboards, die als Reporting-Tools für das Management dienen.

Typische **explorative**[3] **Analyseanwendungen** beantworten vor allem prädikative (Was wird passieren?) und präskriptive (Was ist zu tun?) Fragestellungen. Dazu gehört z. B. Data-Mining bei welchem mittels ausgeklügelten mathematischen Modellen und Algorithmen in riesigen Datenmengen nach Mustern und Auffälligkeiten gesucht wird.

1 Vgl. Schön, D.: Planung und Reporting im BI-gestützten Controlling, 3. Aufl., Wiesbaden 2018 sowie https://wiki.hslu.ch/controlling/Data_Warehouse [Zugriff 07.08.2021].

2 **Deskriptiv**: beschreibend.

3 **Explorativ**: erforschend.

13.2.2.2 Datenschutz

Der Schutz der persönlichen Daten durch die **Datenschutz-Grundverordnung [DSGVO]** stellt hohe Anforderungen an das Data-Warehouse.[1]

Nach der DSGVO hat das datenverarbeitende Unternehmen eine Informationspflicht über die Erhebung und Verarbeitungen personenbezogener Daten. Ferner haben die Betroffenen folgende Rechte:

- **Recht auf Auskunft** über die verarbeiteten personenbezogenen Daten
- **Recht auf Berichtigung** der personenbezogenen Daten
- **Recht auf Löschung** (Recht auf Vergessenwerden) der personenbezogenen Daten
- **Recht auf Datenportierung**[2] der personenbezogenen Daten zu anderen Verantwortlichen
- **Recht auf Widerspruch** gegen die Verarbeitung der personenbezogenen Daten

Da in fast allen Prozessen im Data-Warehouse personenbezogene Daten eine tragende Rolle spielen, ist eine **datenschutzkonforme Verarbeitung der Daten** zwingend notwendig. Ein datenschutzkonformes Data-Warehouse hat in der Regel folgende **Bausteine bzw. Software-Module**:

- **Consent-Management-Platform**

  Das Consent[3]-Management **dokumentiert** die **Einwilligungen, Speicherung und Verarbeitung** der Daten von Kunden und anderen Kontaktpersonen und ordnet sie den unterschiedlichen Datenkategorien im Data-Warehouse zu. Die Dokumentation von Einwilligungen ermöglicht somit die DSGVO-konforme Durchführung von sonst kritischen personenbezogenen Datenverarbeitungsprozessen.

- **Pseudonymisierungsengine**[4]

  Eine Pseudonymisierung ist das **Ersetzen des Namens und anderer Identifikationsmerkmale** durch bestimmte Zeichen, um eine Zuordnung deutlich zu erschweren. Bei der Verarbeitung personenbezogener Daten ist eine Pseudonymisierung ein geeignetes Mittel, um die Verarbeitung personenbezogener Daten mit einem gewissen Schutzniveau durchzuführen. Eine Absicherung der Pseudonymisierung durch Verschlüsselung ist dabei zwingend notwendig, um eine Reidentifikation zu erschweren. Die Pseudonymisierung ermöglicht nützliche gesamtheitliche Datenanalysen.

- **Anonymisierungs-/Löschengine**

  Die Anonymisierung ist das **Verändern personenbezogener Daten** derart, dass diese Daten nicht mehr einer bestimmten natürlichen Person zugeordnet werden können.

  Datenschutzrechtlich ist eine Anonymisierung einer Löschung gleichzusetzen. Eine Anonymisierung wird im Data-Warehouse meist einer physischen Löschung vorgezogen, da die durch die Löschung verursachten Folgen für Reporting- und Analyseabteilungen oft gravierend und irreversibel[5] sind. Mithilfe der Anonymisierungsengine können alle relevanten personenbezogenen Daten identifiziert und automatisiert anonymisiert werden. Zeitaufwendige manuelle Prozesse werden so vermieden.

---

1 Vgl. zu diesem Kapitel: https://www.btelligent.com/blog/datenschutz-im-dwh/ [Zugriff 07.08.2021].

2 **Portierung**: Übertragung.

3 **Consent** (engl.): Zustimmung, Einwilligung.

4 **Engine** (engl.): Maschine.

5 **Irreversibel**: nicht rückgängig zu machen.

- **Auskunftsengine**

  Die Auskunftsengine dient zur automatisierten, vollständigen und **schnellen Lokalisierung** der mit Zustimmung der Betroffenen gespeicherten personenbezogenen Daten und generiert Reports entsprechend dem jeweiligen Auskunftswunsch. Da die personenbezogenen Daten einzelner Personen oft über das gesamte Data-Warehouse verteilt sind, ist die Vollständigkeit der Auskunft ein großer Pluspunkt.

- **Verzeichnis der Verarbeitungstätigkeiten**

  Das Verzeichnis der Verarbeitungstätigkeiten dokumentiert alle Verarbeitungen mit personenbezogenen Daten. Gerade im Data-Warehouse ist ein aktuelles und dynamisches Verfahrensverzeichnis unverzichtbar, um der **Dokumentations- und Informationspflicht** gemäß den gesetzlichen Vorgaben nachzukommen. Am besten gelingt dies durch die Verknüpfung des Verzeichnisses mit dem Freigabeprozess der Verarbeitungen.

All diese Bausteine sind geeignete Mittel, um den vermeintlichen Gegensatz zwischen Datenschutz und Data-Warehouse aufzubrechen. Die richtige Data-Warehouse-Architektur hilft einem Unternehmen nicht nur, gesetzeskonform zu handeln, sondern gleichzeitig Kosten zu minimieren und einen maximalen Nutzen aus den vorhandenen Daten zu ziehen.

Zusätzlich muss sich das Unternehmen mit geeigneten **Firewalls gegen Hackerangriffe** schützen.

Kompetenztraining

188 Veränderungen durch Automatisierung und Digitalisierung

1. Nennen Sie die Vor- und Nachteile der Automation für den Betrieb, die Belegschaftsmitglieder und die Verbraucher!

2. Der Volkswirt Carl Benedikt Frey und der Experte für maschinelles Lernen Michael Osborne von der Oxford Martin School haben 702 verschiedene Berufe nach ihrem Risiko eingestuft, automatisiert zu werden. 0 bezeichnet geringstes Automatisierungsrisiko, 1 dagegen höchstes Risiko. Sie kamen ferner zu dem Schluss, dass in den nächsten 10 bis 20 Jahren fast 50 % aller Arbeitskräfte in den USA der Automatisierung zum Opfer fallen könnten.

   Die nachfolgende Tabelle listet eine Auswahl an Berufen auf mit dem höchsten bzw. niedrigsten Automatisierungsrisiko.[1]

1 Quelle: Klaus Schwab, Die Vierte Industrielle Revolution, S. 61. Zur vollständigen Liste mit allen 702 Berufen siehe: https://www.oxfordmartin.ox.ac.uk/downloads/academic/The_Future_of_Employment.pdf [Zugriff 20.09.2021].

Beispiele für Berufe mit dem höchsten und dem geringsten Automatisierungsrisiko	
Höchstes Automatisierungsrisiko	
Wahrscheinlichkeit	Beruf
0,99	Telefonverkäufer
0,99	Steuerberater
0,98	Versicherungssachverständiger, Kfz-Schäden
0,98	Schiedsrichter und andere Sportoffzielle
0,98	Anwaltsgehilfen
0,97	Servicekräfte in Restaurant, Bar und Café
0,97	Immobilienmakler
0,97	Zeitarbeiter im Agrarsektor
0,96	Sekretäre und Verwaltungsassistenten, außer in den Bereichen Recht, Medizin und Führungsebene von Unternehmen
0,94	Kuriere und Boten
Geringstes Automatisierungsrisiko	
Wahrscheinlichkeit	Beruf
0,0031	Sozialarbeiter im Bereich psychische Gesundheit und Substanzmissbrauch
0,0040	Choreographen
0,0042	Mediziner
0,0043	Psychologen
0,0055	Personalmanager
0,0065	Computer-Systemanalytiker
0,0077	Anthropologen und Archäologen
0,0100	Schiffs- und Schiffbauingenieure
0,0130	Vertriebsleiter
0,0150	Leitende Angestellte

Aufgabe:

Geben Sie an, welche persönlichen Entscheidungen und Schlussfolgerungen sich für Sie daraus ergeben!

189 ERP-System und Date-Warehouse

1. Nennen Sie die Aufgabenbereiche, die am häufigsten mit ERP-Systemen erledigt werden!
2. Erläutern Sie Verbesserungsvorschläge bzw. Leistungen, die Sie in den dargestellten Softwarelösungen noch aufnehmen würden!
3. Recherchieren Sie, welche Schulungs- und Übungsmöglichkeiten es für das Erlernen von Softwareanwendungen gibt!
4. Erläutern Sie Möglichkeiten, den Entwicklungsstand der Software weiterzuverfolgen und Kenntnisse und Fähigkeiten praxisgerecht einzusetzen!
5. Erläutern Sie den Unterschied zwischen einem ERP-System und einem Data-Warehouse!
6. Diskutieren Sie die Anforderungen der Datenschutz-Grundverordnung!
7. Beschreiben Sie die wichtigsten Software-Module für die Umsetzung der DSGVO in einem Data-Warehouse!

190 Zusammenfassung

Fassen Sie die grundlegenden Aussagen des Kapitels 13.2 in einer Übersicht zusammen!

14 UNTERNEHMENSFÜHRUNG[1]

14.1 Rahmenbedingungen moderner Unternehmensführung beschreiben

14.1.1 Begriff Unternehmensführung

Unternehmensführung (Management)[2] bedeutet Führung einer wirtschaftlichen Organisation (z. B. einer Unternehmung).

Die Unternehmensführung ist unter drei Fragestellungen zu betrachten:

- Wer führt (institutionelle Sicht)?
- Wie wird geführt (prozessorientierte Sicht)?
- Wodurch wird geführt (aufgabenorientierte Sicht)?

14.1.2 Wachsende Bedeutung der Unternehmensführung in einem sich verändernden Unternehmensumfeld begründen

Unternehmerisches Handeln muss sich immer schneller an neuen Rahmenbedingungen orientieren. Sehr aufmerksam muss das Management eines Unternehmens Veränderungen im

- technologischen Bereich (z. B. Erfindungen),
- kommunikativen Bereich (z. B. Internet),
- Transportwesen (z. B. riesige Containerschiffe),
- politischen Bereich (z. B. Erweiterung der EU, Erleichterung des Welthandels),
- gesellschaftlichen Bereich (z. B. Wertewandel),
- gesundheitlichen Bereich (z. B. Corona-Pandemie),
- ökologischen Bereich (z. B. Klimawandel) und im
- Bereich der Konkurrenzsituation

verfolgen und geeignete Strategien entwickeln.

Der Wandel der Grundlagen unternehmerischen Handelns in den letzten 100 Jahren wird in folgender Übersicht besonders deutlich:[3]

Merkmal / Zeit	1900	1925	1950	1975	2000	2025
Bekanntheitsgrad von Ereignissen	bekannt	Orientierung an Erfahrungswerten	Schwankungen, aber erfahrungsbezogen	starke Schwankungen und viele Neuheiten		hohe mediale Präsenz, z. B. Corona, Klimawandel
Geschwindigkeit von Änderungen	langsamer als Reaktion der meisten Unternehmen	vergleichbar mit Reaktion der meisten Unternehmen		schneller als Reaktion der meisten Unternehmen		sehr schnelle Anpassung notwendig
Voraussehbarkeit der Zukunft	periodische Wiederkehr	Voraussage durch Fortschreibung des Trends	voraussagbare Chancen und Risiken	teilweise voraussagbare, aber schwache Signale		deutliche Trends zu Digitalisierung und CO_2-Vermeidung

1 Laut Bildungsplan kann im Unterricht zwischen der BPE 13 und der BPE 14 gewählt werden.

2 Unternehmensführung und Management werden im Folgenden synonym (gleichartig) verwendet.

3 Vgl. Baus, Josef: Controlling, Berlin 1996, S. 7; für 2025 fortgeschrieben.

Beispiel:

Nehmen wir die raschen Innovationszyklen im Digital Business, in dem eine Welle die andere jagt:[1] Waren die Unternehmen bisher damit beschäftigt, das Internet zur Optimierung der elektronischen Marktplätze (Business-to-Consumer [B2C], Business-to-Business [B2B]) zu nutzen, installieren fortschrittliche Unternehmen bereits das Mobile Business (M-Business), das schnelle Transaktionen zwischen den Kunden und dem Unternehmen sowie zwischen mehreren Unternehmen erlaubt. In einigen Jahren wird es normal sein, dass ganze Wirtschaftszweige im Collaborative Business (C-Business)[2] zusammenarbeiten.

Um erfolgreich zu sein, muss jedes Unternehmen den Wandel seines Umfeldes jederzeit verfolgen und bewerten, inwieweit das eigene Unternehmen von den Veränderungen betroffen ist. Wird das Unternehmen von den Veränderungen des Umfeldes tangiert,[3] gilt es, Gegenmaßnahmen zu entwickeln, die vor allem das **unternehmerische Handeln (das Management)** betreffen.

14.1.3 Ansprüche verschiedener Gruppen an das Unternehmen analysieren

In der nachfolgenden Tabelle sind die Anspruchsgruppen, der Anspruch gegenüber der Unternehmung und der Beitrag zur Unternehmung aufgelistet.[4]

Anspruchsgruppen	Anspruch gegenüber der Unternehmung	Beitrag zur Unternehmung
Eigenkapitalgeber (Eigentümer, Anteilseigner)	Mehrung des eingesetzten Kapitals (Gewinnausschüttung und Kapitalzuwachs)	Eigenkapital
Fremdkapitalgeber	Zeitlich und betragsmäßig festgelegte Tilgung und Verzinsung des eingesetzten Kapitals	Fremdkapital
Arbeitnehmer	Leistungsgerechte Entlohnung, motivierende Arbeitsbedingungen, Arbeitsplatzsicherheit	Ausführende Arbeit
Management	Gehalt, Macht, Einfluss, Prestige	Dispositive Arbeit
Kunden	Preisgünstige und qualitative Güter	Abnahme hochwertiger Güter
Lieferanten	Zuverlässige Bezahlung, langfristige Lieferbeziehungen	Lieferung hochwertiger Güter
Allgemeine Öffentlichkeit	Steuerzahlungen, Einhaltung der Rechtsvorschriften, schonender Umgang mit der Umwelt	Infrastruktur, Rechtsordnung, Umweltgüter

1 Vgl. Sander, Jörg: Double Loop: Wie Sie mit einer dynamischen Strategie die Zukunft im Digital Business vorausdenken, Dresden o.J.

2 **Collaborative Business**: Mitarbeit bzw. Zusammenarbeit mit dem Ziel einer gemeinsamen Wertschöpfung in z.B. Newsgroups, Onlinemeetings oder durch Outsourcing von Aufgaben an externe Spezialisten.

3 **Tangieren**: berühren, betreffen, beeindrucken.

4 Wöhe, Günter; Döring, Ulrich: Einführung in die Allgemeine Betriebswirtschaft, 24. Aufl., München 2010, S. 51.

14.1.4 Konzepte zur Erfüllung der Ansprüche an das Unternehmen analysieren

BPE 14 **Handlungssituation 1: Grundlagen des Ordnungsrahmens für die Unternehmensführung analysieren**

Der Aufsichtsrat der Sport-Burr AG, Ulm, hat vor Kurzem einen neuen Vorstand bestellt. Dieser möchte den Ordnungsrahmen für die Unternehmensführung überarbeiten und beschäftigt sich mit den gängigen Konzepten. Dabei kommt es zu heftigen Diskussionen um die richtigen Schwerpunkte.

Kompetenzorientierte Arbeitsaufträge:

1. Die Aktionäre fordern die Umsetzung des Shareholder-Value-Konzepts. Begründen Sie, warum der Vorstand dieser Forderung nicht ohne Weiteres nachkommen sollte!
2. Das Vorstandsmitglied Benjamin Meyer argumentiert, dass bei einem Hersteller von Sportartikeln die Beachtung der Regeln der Corporate Social Responsibility (CSR) bestimmt gut ankommen.

   Prüfen Sie, ob Sie dieser Ansicht zustimmen können!
3. Ferner möchte der neue Vorstand die Umsetzung des Führungsregelkreises auf allen Ebenen etablieren.

   Erläutern Sie den Ablauf im Führungsregelkreis und die damit verbundenen Vorteile!

14.1.4.1 Shareholder-Value-Konzept

Nach dem Shareholder-Value-Konzept[1] (auch Shareholder-Konzept) hat die Unternehmensleitung – Eigentümer bzw. angestellte Manager – die Aufgabe, die unternehmerischen Entscheidungen so zu treffen, dass der (Markt-) **Wert des Eigenkapitals (Shareholder-Value)** erhöht wird. Durch eine langfristige Gewinnmaximierung soll die Einkommens- und Vermögensposition der Eigenkapitalgeber verbessert werden.

Das **Shareholder-Konzept** ist durch **drei Kriterien** gekennzeichnet:

- Ziel der Unternehmensleitung muss es sein, für die **Eigenkapitalgeber** eine **langfristige Gewinnmaximierung** zu erreichen.
- Die **unternehmerische Entscheidungsgewalt** liegt bei den **Eigenkapitalgebern** bzw. bei den von ihnen eingesetzten Führungskräften (z. B. Vorstand, Geschäftsführer).
- Der **Unternehmenserfolg (Gewinn oder Verlust)** trifft in vollem Umfang die **Eigenkapitalgeber**.

Die einseitige Ausrichtung des Shareholder-Konzepts auf die Interessen der Eigenkapitalgeber wird häufig abgelehnt, weil der Vorrang der Gewinnerzielung zu einer Vernachlässigung sozialer Ziele führt.

- Beim **Shareholder-Konzept** sind vorrangig die Unternehmensziele zu verfolgen, die langfristig den Marktwert des Eigenkapitalanteils erhöhen.
- Den Marktwert des Eigenkapitals bezeichnet man als **Shareholder-Value.**

1 **Shareholder** (engl.): Aktionär; **value** (engl.): Wert, Nutzen.

14.1.4.2 Stakeholder-Ansatz

Nach Auffassung der Vertreter des Stakeholder-Konzepts haben alle Personen oder Personengruppen, die von den Entscheidungen des Unternehmens betroffen sind, Ansprüche an das Unternehmen. Eine Begründung für die Ansprüche leiten die Vertreter des Stakeholder-Konzepts von der Tatsache ab, dass die Anspruchsgruppen einen **Beitrag zum Unternehmen** leisten.[1]

Jedes Unternehmen ist auf die Kooperation mit den in Kapitel 14.1.3 genannten Anspruchsgruppen angewiesen, um dauerhaft existieren zu können. Deshalb versucht es, die Ansprüche der Stakeholder zu erfüllen.

Beispielhaft sind nebenstehend die Ansprüche zweier wichtiger Stakeholder – die Arbeitnehmer und die allgemeine Öffentlichkeit – aufgeführt.[2]

Arbeitnehmer	▪ gerechte Entlohnung ▪ gute Arbeitsbedingungen ▪ betriebliche Sozialleistungen ▪ Arbeitsplatzsicherheit ▪ Mitbestimmung ▪ ...
Allgemeine Öffentlichkeit	▪ Ressourcenschonung ▪ Begrenzung von Schadstoffemissionen ▪ Abfallvermeidung ▪ Abfallrecycling ▪ ...

Seit den 1970er-Jahren hat sich insbesondere in den angelsächsischen Ländern die Erkenntnis durchgesetzt, dass die Unternehmen nicht nur auf gesellschaftliche Erwartungen reagieren, sondern sie aktiv mitgestalten sollten. Daraus entwickelte sich der in Kapitel 14.1.4.5 dargestellte **Corporate-Social-Responsibility-Gedanke,** der das Stakeholder-Konzept ergänzt.

14.1.4.3 Vergleich von Shareholder- und Stakeholder-Konzept

	Shareholder-Konzept	Stakeholder-Konzept
Unternehmensziel	Wertorientierte Unternehmensführung; Maximierung des Aktionärsnutzens (Kurssteigerung, Dividende)	Nachhaltige Unternehmensführung, sinnvolles Überleben des Unternehmens
Hauptanspruchsgruppe	Aktionäre (Anteilseigner)	Sämtliche Anspruchsgruppen (Management, Aktionäre, Kreditgeber, Arbeitnehmer, Kunden, Lieferanten, Öffentlichkeit, Staat)
Erfolgsmaßstab	Wertsteigerung des Eigenkapitals	Befriedigung sämtlicher Anspruchsgruppen
Hauptprobleme	▪ kurzfristige Manipulation der Gewinnsituation ▪ Vernachlässigung sozialer und ökologischer Ziele ▪ schlechtes Image	▪ Heterogenität der Ansprüche ▪ Unübersichtlichkeit/Komplexität der Ziele ▪ Akzeptanzprobleme im Management

1 Vgl. Kapitel 14.1.3, S. 500.

2 Angelehnt an Wöhe, Günter; Döring, Ulrich: Einführung in die Allgemeine Betriebswirtschaft, 24. Aufl., München 2010, S. 70.

In der öffentlichen Meinung wird der Stakeholder-Ansatz meistens positiver dargestellt als der Shareholder-Ansatz. Die Ansätze sind bei genauer Betrachtung jedoch gar nicht so unversöhnlich: So liegt es auch in der Natur des Shareholder-Ansatzes, dass – wenngleich der Aktionär unbestritten im Vordergrund steht – die Interessen anderer Gruppierungen nicht vernachlässigt werden dürfen, wenn langfristig Gewinne für die Aktionäre erwirtschaftet werden sollen. Kein Unternehmen kann in gesättigten Käufermärkten langfristig überleben, wenn es nicht die Wünsche seiner Kunden nach qualitativ hochwertiger Ware zu erschwinglichen Preisen verbunden mit hoher Lieferbereitschaft, guter Verfügbarkeit und zufriedenstellendem Kundendienst erfüllt. In ähnlicher Weise ist es für innovative Technologieunternehmen, die auf hoch qualifizierte Arbeitnehmer angewiesen sind, ein Muss, ihre Mitarbeiter durch ein angenehmes Betriebsklima, hohe Löhne und gute Aufstiegschancen im Unternehmen zu halten, wenn weiterhin erfolgreiche Produkte entwickelt und auf den Markt gebracht werden sollen.

14.1.4.4 Corporate Governance

Das Shareholder-Konzept geht davon aus, dass alle **unternehmerische Entscheidungsgewalt** beim **Eigenkapitalgeber** liegt. Bei Großunternehmen (z. B. einer Aktiengesellschaft) übergeben jedoch die Eigenkapitalgeber die Leitungsfunktion an einen Geschäftsführer (z. B. Vorstand einer Aktiengesellschaft), der dann unter eigener Verantwortung die Gesellschaft leitet **(Principal-Agent-Ansatz[1])**. Verfolgt der Vorstand aber Ziele, die von denen der Eigentümer abweichen **(Opportunismus)**, oder ist er der Führungsaufgabe nicht gewachsen **(Unfähigkeit)**, haben die Aktionäre die Schwierigkeit, dies zu erkennen, da sie die Ziele und Handlungen des Vorstands erst im Nachhinein beurteilen können.

Die Eigenkapitalgeber versuchen daher einen **Ordnungsrahmen** für eine **verantwortungsvolle Unternehmensführung** zu schaffen. Er findet seinen Niederschlag in den Regelungen der Corporate Governance.

- Der Begriff **Corporate Governance** umfasst **Grundsätze verantwortungsvoller Unternehmensleitung** und **-überwachung**.
- **Ziel** guter Corporate Governance ist es, die **Wettbewerbsfähigkeit** des Unternehmens zu sichern und seinen **Wert nachhaltig zu steigern**.
- Die **Steuerungs- und Kontrollmechanismen** sollen durchschaubar gemacht werden, um so das Vertrauen von Investoren und Öffentlichkeit in die Führungskräfte der Wirtschaft zu stärken.[2]

1 Vgl. Kapitel 14.2.2.3, S. 513.

2 Die OECD weitet diese Definition aus, indem sie eine gute Unternehmensführung verlangt, die verantwortungsvoll und ethisch einwandfrei geführt werden soll. International bezeichnet man diese Unternehmensführung als „Corporate Behavior".

Wichtige **Instrumente** der Corporate Governance sind:

Instrumente	Erläuterungen	Beispiele
Gewalten-teilung	▪ Die Leitungsaufgaben werden auf mehrere Beteiligte aufgeteilt und Grundsatzentscheidungen ständig überwacht.	Zustimmung des Aufsichtsrats zu Grundsatzentscheidungen.
	▪ Durch ein Anreizsystem soll die Geschäftsführung dazu gebracht werden, die Ziele der Eigentümer zu verfolgen.	Erfolgsabhängige Entlohnung; Haftung bei Nichtbeachtung der Eigentümervorgaben.
	▪ Früherkennung von Fehlentscheidungen durch eine zeitnahe Risikoüberwachung.	Ständige Informationspflicht des Vorstands gegenüber Aufsichtsrat und Wirtschaftsprüfern.
Umfassende Information und Kontrolle	Die Geschäftsführung ist verpflichtet, sowohl den Shareholdern als auch den Stakeholdern (z. B. Mitarbeiter, Kreditgeber, Staat) ständig über Risiken und Chancen des Unternehmens Bericht zu erstatten. Dadurch soll das Vertrauen der Investoren in die Zuverlässigkeit der Unternehmensführung gestärkt werden.	Bereitstellen von Informationen über die Unternehmensentwicklung sowie umfassende Risikoberichterstattung, z. B. an Aktienanalysten, Ratingagenturen, Banken, interessierte Öffentlichkeit. Kontrolle über die Jahresabschlussprüfer und den Aufsichtsrat.

Das **Corporate-Governance-Konzept** stellt eine wichtige **Ergänzung des Shareholder-Ansatzes** dar.

In der Bundesrepublik Deutschland besteht mit dem **„Deutschen Corporate Governance Kodex (DCGK)“**[1] ein Regelwerk, das sich primär an börsennotierte Aktiengesellschaften richtet. Nach § 161 AktG müssen sich Vorstand und Aufsichtsrat in einer Erklärung **(Compliance-Erklärung)** dazu äußern, inwieweit sie die Empfehlungen des DCGK befolgen. Da es nach § 161 AktG den Unternehmen freigestellt ist, ob sie den Regelungen des DCGK folgen oder nicht, kann der Vorstand bzw. Aufsichtsrat z. B. erklären, dass sie den Kodex in Teilen oder in Gänze ablehnen. Die Erklärung ist auf der Internetseite der Gesellschaft dauerhaft öffentlich zugänglich zu machen.

1 Zu Einzelheiten siehe: https://www.dcgk.de/de/kodex.html [Zugriff am 04.12.2021].

14.1.4.5 Corporate Social Responsibility

Corporate Social Responsibility (CSR)[1] ist ein Konzept **gesellschaftlicher Verantwortung** von Unternehmen, das sich am Prinzip **Nachhaltigkeit** orientiert, sich auf die Bereiche **Ökonomie, Ökologie** und **Soziales** erstreckt, verantwortungsbewusste Beziehungen unterhält zu den **Mitarbeitern** und den **relevanten Anspruchsgruppen,** die einen Beitrag zum Unternehmen leisten.

In welchen Bereichen sich ein Unternehmen im Einzelnen engagiert, hängt ab von Besonderheiten des Unternehmens, von der Branche und von den Märkten, in denen es tätig ist. Zur Förderung von CSR haben sich Unternehmen zu Netzwerken zusammengeschlossen.

Nach dem gemeinsamen Verständnis von CSR in Deutschland[2] nehmen Unternehmen die **gesellschaftliche Verantwortung** wahr, indem sie beispielsweise

- Mitarbeiterinnen und Mitarbeiter fair behandeln,
- Menschenrechte wahren und durchzusetzen helfen,
- verstärkt in Bildung investieren,
- kulturelle Vielfalt und Toleranz innerhalb des Betriebs fördern,
- mit natürlichen Ressourcen schonend und effizient umgehen,
- darauf achten, in der Wertschöpfungskette sozial und
- ökologisch verantwortungsvoll zu produzieren,
- für einen fairen Wettbewerb eintreten,
- Maßnahmen zur Korruptionsbekämpfung unterstützen,
- Transparenz hinsichtlich der Unternehmensführung herstellen und
- die Verbraucherinteressen beachten.

Die entsprechende Vereinbarung auf internationaler Ebene ist der sogenannte **Global Compact.** Um dieser Verantwortung Nachdruck zu verleihen, hat der Bundestag 2021 das „Gesetz über die unternehmerischen Sorgfaltspflichten in Lieferketten" verabschiedet.

CSR-Maßnahmen sind heute bei großen Unternehmen verstärkt Gegenstand strategischer Planung und werden eng mit anderen Aktivitäten der Öffentlichkeitsarbeit abgestimmt. Die Unternehmen haben erkannt, dass die Übernahme sozialer und ökologischer Verantwortung mittel- und langfristig zur **Steigerung des Unternehmenserfolgs** beiträgt.

Dass sich das Stakeholder-Konzept aufgrund der stark divergierenden[3] Interessen der Anspruchsgruppen (siehe Tabelle auf S. 502) in der Realität durchsetzen kann, ist kaum zu erwarten. Derzeit überwiegt in der Unternehmenspraxis eindeutig das Shareholder-Konzept.

---

1 Vgl. https://www.csr-in-deutschland.de/DE/Was-ist-CSR/Grundlagen/Nachhaltigkeit-und-CSR/csr-grundlagen.html [Zugriff 28.07.2021].

2 Vgl. http://www.bmas.de/Share/Docs/Downloads/DE/PDF-Publikationen/a397-csr-empfehlungsbericht.pdf?__blob=publicationFile [Zugrif 11.06.2018].

3 **Divergieren:** auseinandergehen, auseinanderstreben.

14.1.5 Aufgaben der Unternehmensführung anhand des Regelkreislaufs erklären

14.1.5.1 Phasen des Regelkreises[1]

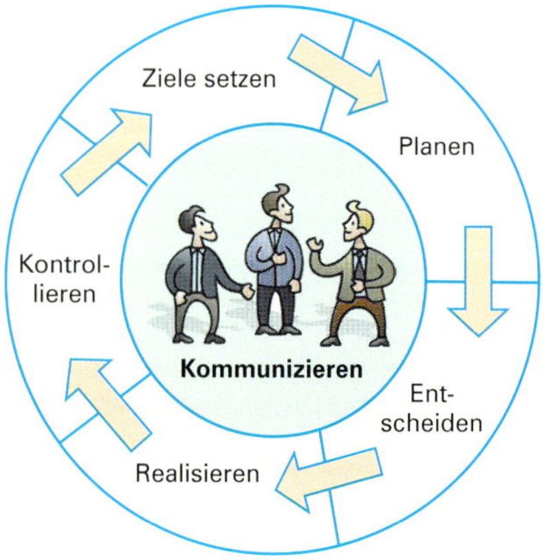

Die Ausübung der Unternehmensführung umfasst prinzipiell vier Phasen:

- Ziele setzen und planen,
- Entscheidungen treffen,
- Entscheidungen realisieren,
- Ergebnisse kontrollieren.

Bindeglied der vier Phasen ist die **Kommunikation.**

(1) Ziele setzen und planen

- **Ziele setzen**

Jedes Unternehmen braucht klare Zielsetzungen, um den Erfolg messbar und den Fortschritt sichtbar zu machen. Ziele schaffen automatisch Ordnungsprinzipien und Prioritäten für alle Mitarbeiter und entfachen bei den Mitarbeitern eine Auseinandersetzung mit der Zukunft. Sie führen zum Agieren anstelle eines bloßen Reagierens. Insbesondere die Delegation von Aufgaben und Verantwortung bedarf der Steuerung durch Ziele.

Als wichtige **Funktionen von Zielsetzungen** sind zu nennen:

- Rechtfertigung von Handlungen,
- Information von Unternehmensmitgliedern und Außenstehenden über den Sinn des Unternehmens,
- Handlungsanleitung,
- Motivation und
- Maßstab der Leistungsbeurteilung.

- **Planen**

Planen nimmt zukünftiges Handeln gedanklich vorweg, indem verschiedene Handlungsalternativen abgewogen und eine Entscheidung für den günstigsten Weg getroffen werden. Durch die Erstellung eines Plans wird ein zukünftiger Prozessablauf als Ganzes und in all seinen Teilen festgelegt.

Ein Plan hat somit die Aufgabe, unter Berücksichtigung der Rahmenbedingungen und Ressourcen bestimmte Ziele zu verwirklichen. Geplant wird, um die in der Zukunft liegenden Unsicherheiten zu verringern. Zur Managementfunktion des Planens gehört daher immer auch die Bereitschaft, Risiken zu tragen.

!

- Die **Zielsetzung** ist der entscheidende, den gesamten weiteren Führungsprozess bestimmende Ansatzpunkt.
- **Planen** ist ein Prozess, in dem verschiedene Alternativen durchgespielt werden, um die für die festgelegten Ziele günstigste Möglichkeit auszuwählen.

1 Im Folgenden werden die Begriffe Regelkreis und Regelkreislauf synonym (gleichartig) verwendet.

(2) Entscheidungen treffen

Entscheiden ist das Auswählen einer von zwei oder mehreren Handlungsmöglichkeiten (Alternativen), die dem Entscheidungsträger zur Realisierung eines Ziels zur Verfügung stehen. Entscheidet der Entscheidungsträger rational, so wird er sich für die Alternative entscheiden, die unter den verschiedenen Möglichkeiten die beste Zielerreichung gewährleistet. Mit der Entscheidung verbunden muss immer auch die verbindliche Zuteilung der zur Verfügung stehenden Mittel sein.

Managemententscheidungen sind häufig nur begrenzt rational, da Informationen subjektiv interpretiert, Situationen vor dem Hintergrund eigener Erfahrungen bewertet und teilweise auch intuitiv[1] beurteilt werden.

Entscheiden bedeutet Auswahl einer von zwei oder mehreren Handlungsmöglichkeiten (Alternativen), die dem Entscheidungsträger zur Verwirklichung (Realisierung) eines Ziels zur Verfügung stehen.

(3) Entscheidungen realisieren

Realisieren bedeutet Umsetzen einer bestimmten Entscheidung. Eine wichtige Managementaufgabe beim Umsetzungsprozess ist das Organisieren. Es müssen der Aufbau verschiedener Abteilungen sowie die Arbeitsabläufe organisiert, Aufgaben und Verantwortung delegiert und ein funktionierendes Kommunikationssystem aufgebaut werden. Ebenso wichtig ist die aktuelle Einwirkung des Managements auf die Mitarbeiterin oder den Mitarbeiter, indem es Anstöße gibt (initiiert), informiert und anweist, um konkrete Arbeitsschritte auszulösen.

Beim **Realisieren** handelt es sich um die Übertragung von konkreten Aufgaben im Rahmen des Umsetzungsprozesses.

(4) Ergebnisse kontrollieren

Durch Kontrollieren wird überprüft, ob auch tatsächlich das gesetzte Ziel erreicht wurde. Ergeben sich beim Soll-Ist-Vergleich Abweichungen, muss eine Analyse der Abweichungsursachen erfolgen.

Soll-Ist-Abweichungen können zur Umformulierung von Zielen führen und/oder neue Entscheidungen einfordern, wenn sich beispielsweise bestimmte Anforderungen während der Umsetzung als unerreichbar herausstellen. Damit schließt sich der Kreis der prozessorientierten Unternehmensführung.

Durch die **Vernetzung** der **einzelnen Funktionen** im Managementkreis ist die **Lösung komplexer Zusammenhänge** nur **gemeinsam** mit allen Betroffenen möglich.

1 **Intuition:** Eingebung.

14.1.5.2 Verknüpfung der Phasen durch Kommunikation

Die Phasen der prozessorientierten Unternehmensführung werden über **Kommunikationsprozesse** miteinander verknüpft. Ohne Kommunikation und – daran anknüpfend – ohne Motivation und ohne die Bereitschaft der Beschäftigten zur Selbstentwicklung können wertschöpfende Potenziale (Fähigkeiten) wie Engagement, Kooperationsbereitschaft, Lernwilligkeit oder Veränderungsbereitschaft nicht erschlossen werden. Es ist das Ziel einer modernen Unternehmensführung, diese Potenziale für den Arbeitsbereich zu nutzen. Die prozessorientierte Unternehmensführung wird daher heute mitarbeiterorientiert interpretiert.

> Erfolgreiche **Unternehmensführung** bedarf einer **intensiven Kommunikation** mit allen am Wertschöpfungsprozess Beteiligten.

Die prozessorientierte Unternehmensführung hat neben der intensiven Kommunikation mit allen Beteiligten den Vorteil, dass die Zielsetzung immer auch den Maßstab für die Kontrolle bietet und so Prozessoptimierungen beim nächsten Durchlauf berücksichtigt werden können.

Kompetenztraining

191 Zusammenfassung

Fassen Sie die grundlegenden Aussagen des Kapitel 14.1 in einer Mindmap zusammen!

192 Shareholder- und Stakeholder-Konzept

1. Stellen Sie die Grundzüge des Shareholder-Konzepts dar!
2. 2.1 Nennen Sie die Stakeholder einer Personengesellschaft!
   2.2 Erläutern Sie, welchen wichtigen Anspruch ein Stakeholder, abgesehen von den finanziellen Ansprüchen, hat!
   2.3 Nehmen Sie Stellung, inwiefern Stakeholder das Unternehmen beeinflussen können!
3. Erläutern Sie die nebenstehende Abbildung!

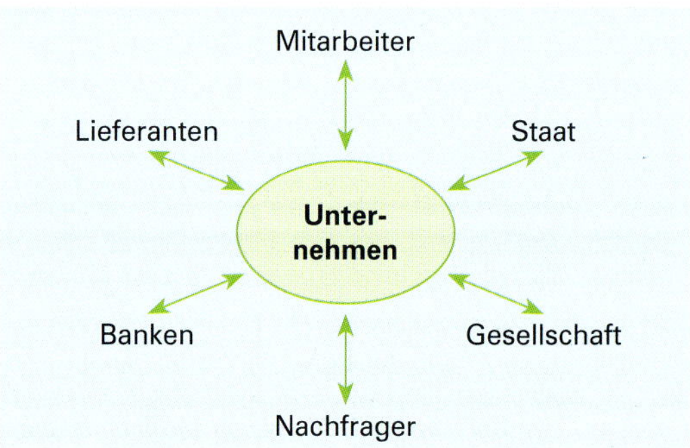

4. Zitat eines Verfechters des Shareholder-Konzepts, dem liberalen Ökonomen Milton Friedman:

   „Die einzige soziale Verantwortung der Unternehmung ist es, im Rahmen geltender Gesetze Gewinne zu erzielen. Jedes weitere Verfolgen sozialer Ziele ist Diebstahl an den Aktionären. Die Geschäftsleitungen sind nicht gewählte Volksvertreter und haben deshalb auch kein soziales Mandat. Sie dürften sich deshalb auch nicht anmaßen, das Geld des Aktionärs im Namen der sozialen Verantwortung nach nicht-ökonomischen Kriterien auszugeben."

   Aufgabe:

   Nehmen Sie zu Kernaussagen des Textes Stellung!

5. 5.1 Erklären Sie, warum die Eigenkapitalgeber großer Unternehmen gezwungen sind, einen Ordnungsrahmen für die Unternehmensführung zu schaffen!

   5.2 Erläutern Sie die wesentliche Zielsetzung der Corporate Governance!

6. 6.1 Beschreiben Sie die Grundidee des Stakeholder-Konzepts!

   6.2 Zeigen Sie auf, inwiefern der Corporate-Social-Responsibility-Ansatz das Stakeholder-Konzept unterstützt!

   6.3 Erläutern Sie Gründe, die ein Unternehmen zu CSR-Aktivitäten veranlasst!

14.2 Führungstechniken beschreiben und vor dem Hintergrund ausgewählter ökonomischer Theorien diskutieren

BPE 14 Handlungssituation 2: Ökonomische Theorien im Zusammenhang mit den Führungstechniken diskutieren

Im Vorstand der Sport-Burr AG wird heftig darüber diskutiert, in welchen Bereichen des Unternehmens die Führungstechniken ihre Berechtigung haben. Die Vorstandsvorsitzende Angela Häusler gibt zu bedenken, dass das Gremium auch klären sollte, welcher ökonomischen Theorie die Unternehmensführung künftig den Vorzug geben will.

Kompetenzorientierte Arbeitsaufträge:

1. Stellen Sie die verschiedenen Führungstechniken gegenüber!
2. Diskutieren Sie die verschiedenen ökonomischen Ansätze vor dem Hintergrund, dass die Sport-Burr AG ein expandierendes Unternehmen ist, das sich künftig der Nachhaltigkeit und den Regeln der CSR verpflichtet sieht!
3. Prüfen Sie, welche Führungstechniken sich mit den ökonomischen Ansätzen kombinieren lassen!

14.2.1 Verschiedene Führungstechniken im Überblick darstellen

Bei den Führungstechniken (auch Führungsprinzipien oder Führungsmethoden genannt) geht es darum, wie das Delegationsproblem gelöst werden kann. Unter **Delegation** ist das Abgeben von Aufgaben und Zuständigkeiten an nachgeordnete Abteilungen und Stellen zu verstehen.

14.2.1.1 Management by exception

Beim **Führen nach dem Ausnahmeprinzip** (Management by exception) beschränkt die Unternehmensführung ihre Entscheidungen auf **außergewöhnliche Fälle,** d. h., sie greift in den Kompetenzbereich (Zuständigkeitsbereich) eines Mitarbeiters nur dann ein, wenn Abweichungen von den angestrebten Zielen eintreten und/oder in besonderen Situationen wichtige Entscheidungen getroffen werden müssen.

Vorteile[1]	▪ motivationssteigernder Freiraum für die Mitarbeiter ▪ Verwirklichung eigener Ideen der Mitarbeiter möglich ▪ deutliche Entlastung der Führungskraft von Routineaufgaben
Nachteile	▪ Mitarbeiter können Misserfolge verschleiern ▪ funktionierendes Kontroll- und Berichtswesen notwendig

14.2.1.2 Management by objectives

Beim **Führen durch Zielvereinbarung** (Management by objectives) erarbeiten die Führungskräfte gemeinsam mit dem jeweiligen Mitarbeiter Ziele für seinen Arbeitsbereich. Der Aufgaben- und Verantwortungsbereich richtet sich nach den vereinbarten Zielen. Der **Grad der Zielerfüllung** ist die Grundlage der Leistungsbewertung des Mitarbeiters.

Vorteile[2]	▪ Einbindung der Mitarbeiter bei der Festlegung der Ziele ▪ Umsetzung der Ziele mit großem Gestaltungsfreiraum möglich ▪ Steigerung der Motivation der Mitarbeiter und der Identifikation mit dem Unternehmen ▪ Stärkung von Eigenverantwortung und Eigeninitiative der Mitarbeiter ▪ Aufteilung der großen Unternehmensziele in viele kleine individuelle Ziele möglich ▪ Entlastung der Führungskräfte

1 Zu den Vor- und Nachteilen vgl. https://www.bwl-lexikon.de/wiki/management-by-exception/ [Zugriff 28.07.2021].
2 Zu den Vor- und Nachteilen vgl. https://www.bwl-lexikon.de/wiki/management-by-objectives/ [Zugriff 28.07.2021].

Nachteile	■ Kontrolle der Mitarbeiter aufgrund der Freiräume zur Zielerreichung aufwendig ■ Erhöhung des Stresses der Mitarbeiter durch Leistungsdruck zur Erreichung des individuellen Ziels ■ Anreize zur Erreichung des Ziels erforderlich, z.B. Bonuszahlungen oder Incentives[1] ■ Verringerung der Qualität der Arbeit bei nur formaler Zielerreichung

14.2.1.3 Management by delegation

Beim **Führen durch die Übertragung von Verantwortung** (Management by delegation) werden **klar abgegrenzte Aufgabenbereiche** mit entsprechender Verantwortung und Kompetenz auf **nachgeordnete Mitarbeiter** übertragen, damit die übergeordneten Führungsstellen von Routinearbeiten (immer wiederkehrende Arbeiten) entlastet werden und andererseits schnelle Entscheidungen getroffen werden können.

Vorteile[2]	■ Förderung von Motivation, Eigeninitiative und Verantwortungsgefühl der Mitarbeiter ■ Auflockerung von starren und einengenden Hierarchien ■ Entlastung der Führungskräfte
Nachteile	■ späte Feststellung von Fehlern, sofern Kontrollen nur bei den gesetzten Meilensteinen erfolgen ■ sinkende Motivation, falls ausschließlich Routineaufgaben delegiert werden ■ evtl. Verringerung der Autorität von Führungskräften

14.2.2 Einsatz der Führungstechniken vor dem Hintergrund ausgewählter ökonomischer Theorien diskutieren

14.2.2.1 Überblick

Aufgrund der verschiedenen, zum Teil widersprüchlichen Erwartungen der Anspruchsgruppen an das Unternehmen[3] benötigt das Management eine stimmige **Unternehmensverfassung mit klaren Regeln für die Zielprioritäten**. Die Unternehmensverfassung muss sich daher im Dienste einer effektiven und effizienten **Regulierung von Interessenskonflikten** bewähren.

In einer **Unternehmensverfassung** werden **interne Regelungen** eines Unternehmens festgehalten, die das **Verhalten des Unternehmens gegenüber den Anspruchsgruppen** festlegen.

1 **Incentive** (engl.). Ansporn, Anreiz, meist in Form von kostenlosen Erlebnisreisen oder der Teilnahme an herausragenden Kulturveranstaltungen

2 Zu den Vor- und Nachteilen vgl. https://www.bwl-lexikon.de/wiki/management-by-delegation/ [Zugriff 28.07.2021].

3 Vgl. Kapitel 14.1.3, S. 500.

Je nach Schwerpunktsetzung haben sich folgende **Ansätze** herausgebildet:[1]

Ökonomische Ansätze

Transaktionskostenansatz	**Property-Rights-Ansatz**	**Principal-Agent-Ansatz**
Stellt die Frage nach der ökonomisch optimalen Aus- und Eingliederung von einzelnen betrieblichen Funktionen aus oder in Unternehmen (zwischenbetriebliche Arbeitsteilung) und verlangt insbesondere …	Stellt die Frage nach der ökonomisch optimalen Ausgestaltung und Bewertung von Verfügungsrechten (Herrschafts- und Nutzungsteilung) und verlangt insbesondere …	Stellt die Frage nach der ökonomisch optimalen Aufteilung von Rechten und Pflichten der Interaktionspartner (innerbetriebliche Arbeitsteilung) und verlangt insbesondere …
↓	↓	↓
schuldrechtliche Regelungen	gesellschafts- und sachenrechtliche Regelungen	arbeitsrechtliche Regelungen

und bestimmen bei dauerhafter Gestaltung:
Unternehmensverfassung

14.2.2.2 Property-Rights-Ansatz

Der für die Unternehmensverfassung wichtigste Ansatz ist der Property-Rights-Ansatz.

!

Beim **Property-Rights-Ansatz** geht es um die Analyse der gesetzlich geregelten, satzungsmäßig bestimmten und vertraglich vereinbarten **Eigentums- und Verfügungsrechte (property rights)** über die Produktionsfaktoren und die erwirtschafteten Ergebnisse sowie deren **Einschränkungen.**

Die Verfügungsrechte bestehen stets zugunsten einer Partei gegenüber wenigstens einer anderen Partei. Die Rechtsbasis für die Verfügungsrechte bilden Eigentum, Pacht, Besitz, Patentrechte, Lizenzen, Arbeitsverträge, Abbaurechte oder Kreditverträge. Die Produktionsfaktoren (Sachmittel, Patente, Arbeitskräfte, Material und Kapital) stellen den Input der Verfügung dar. Die Ergebnisse (Gewinne oder Verluste, Zinsen oder Einkünfte) sind der Output der Verfügung. Bei klar definierten Verfügungsrechten ist ein **Management by objectives** oder **Management by exception** denkbar.

Mit dieser Teilung von Herrschafts- und Nutzungsrechten bezieht sich der Property-Rights-Ansatz auf das Interaktionsproblem zwischen der Unternehmung und ihren Interaktionspartnern (den Anspruchsgruppen der Unternehmung). Die Verfügungsrechte sind vielfältig gestaltbar, um den unterschiedlichen Interessen und Machtpotenzialen der Beteiligten Rechnung zu tragen.

Beispiele:

- Vereinbarungen bei Kauf-, Pacht- und Kreditverträgen,
- Ausgestaltung des Bebauungsplans für ein Gründstück,
- Tarifverhandlungen.

1 Vgl. zu Grafik und nachfolgendem Text: Hauschildt, Jürgen: Unternehmensverfassung als Instrument des Konfliktmanagements – jenseits von rechtlichen, institutionenökonomischen und soziologischen Überlegungen, Manuskripte aus den Instituten für Betriebswirtschaftslehre der Universität Kiel, No. 500.

14.2.2.3 Principal-Agent-Ansatz

Der **Principal-Agent-Ansatz** beschreibt die sich aus den **Informationsasymmetrien**[1] ergebenden **Kooperations- und Abhängigkeitsprobleme** zwischen Auftraggeber (Principal) und Beauftragtem (Agent). Das Modell ist für die Gestaltung der Beziehungen zwischen den **Unternehmenshierarchien** maßgeblich.

Der Principal-Agent-Ansatz geht von der Annahme aus, dass der Beauftragte in der Regel einen Wissensvorsprung besitzt, der in unterschiedlicher Weise entweder zu Gunsten oder Ungunsten des Auftraggebers eingesetzt werden kann. Ferner wird davon ausgegangen, dass die Interessen von Auftraggeber und Beauftragtem nicht deckungsgleich sind.

Der Principal-Agent-Ansatz ergänzt den Property-Rights-Ansatz, indem er sich auf die **innerbetriebliche Arbeitsteilung** bezieht, d. h., die Rechte und Pflichten von hierarchisch angeordneten Organen der Unternehmensleitung über die untergeordneten Abteilungsleiter bis hin zu den Arbeitnehmern beschreibt. Es liegt ein **Management by delegation** vor, dessen Sinn darin liegt, dass der Auftraggeber den Informationsvorsprung des Beauftragten nutzen will. Aus dieser Informationsasymmetrie ergibt sich jedoch das Problem, dass der Beauftragte seinen Informationsvorsprung dazu nutzen kann, um persönliche Ziele – auch zum Nachteil des Auftraggebers – zu verfolgen.

Der Auftraggeber kann dieses Informationsdefizit vor Vertragsschluss reduzieren, indem er in das Personalauswahlverfahren z.B. ein Assessment-Center[2] einbezieht. Er selbst muss auch für Transparenz sorgen, um seine Attraktivität als Arbeitgeber darzustellen.

Umgekehrt kann ein eigentlicher Agent an einen Prinzipal mit verborgenen Eigenschaften geraten.

Beispiel:

Ein Bauunternehmer bezahlt den Lohn seiner ausländischen Arbeiter nicht oder unvollständig.

Die Konsequenz für die Ausgestaltung der Unternehmensverfassung ist der Aufbau und Ausbau von Informations-, Berichts- und Kontrollsystemen, durch die der Auftraggeber in die Lage versetzt wird, die Tätigkeit des Beauftragten zu überwachen, und/oder die Ausgestaltung von Anreizsystemen, durch die der Beauftragte veranlasst wird, im Sinne seines Auftraggebers zu handeln.

Beispiele:

- Der Principal-Agent-Ansatz liegt in seiner einfachen Form als Kontrollmechanismus im Verhältnis von Gesellschafterversammlung zu Geschäftsführer in einer GmbH vor.
- In der Aktiengesellschaft ist die Situation komplizierter, da zwischen Eigenkapitalgeber (Principal) und Vorstand (Agent) der Aufsichtsrat tritt. Man kann darin eine doppelte Principal-Agent-Konstellation sehen. Die Hierarchie kann über das Verhältnis des Vorstandes zu den ihm untergeordneten Abteilungsleitern oder anderen Arbeitnehmern fortgeführt werden.
- Anreizsysteme können Bonuszahlungen und Incentives sein.

1 **Asymmetrie:** Missverhältnis, Ungleichförmigkeit.

2 **Assessment-Center:** Personalauswahlverfahren, das in erster Linie darauf abzielt, die überfachlichen Kompetenzen (Soft Skills) der Bewerbenden zu prüfen.

14.2.2.4 Transaktionskostenansatz

Beim **Transaktionskostenansatz** geht es um die zwischenbetriebliche Arbeitsteilung, d.h. um das Problem, welche Tätigkeiten innerhalb einer Unternehmung zu erbringen sind und welche Tätigkeiten an Marktpartner ausgegliedert werden könnten **(Make or Buy)**.

Zu den Transaktionskosten zählen die Kosten der

- Vertragsanbahnung, z. B. Lieferantenauswahl,
- Vertragsgestaltung und Entscheidung,
- Vertragsüberwachung und Vertragsanpassung,
- Durchsetzung von Leistungsverpflichtungen.

Maßgeblich für eine Ausgliederungsentscheidung ist der Vergleich von hierarchiebedingten, innerbetrieblichen Koordinationskosten mit den Transaktionskosten bei einer Beschaffung über den Markt. In der betriebswirtschaftlichen Diskussion beschränkt man sich aber nicht allein auf die Kostenseite,[1] sondern betrachtet in der Make-or-Buy-Diskussion auch die entsprechenden Erlösverschiebungen.

Der Transaktionskostenansatz liefert einen ständigen Anlass darüber nachzudenken, wo die Grenzen der Unternehmung liegen sollen. Er stellt die Unternehmensführung laufend vor die Frage, ob bestimmte Funktionen nicht effizienter durch Marktpartner erbracht werden können und deshalb aus der Unternehmung auszugliedern sind. Der Transaktionskostenansatz eignet sich ebenfalls, um über die Frage nachzudenken, ob die Ausgliederung von Funktionen möglicherweise nur auf wirtschaftlich selbstständige, nicht aber rechtlich selbstständige Teilbetriebe vorgenommen werden soll. Solche Entscheidungen sind dem **Mangement by exception** zuzuordnen, d. h., die Unternehmensführung muss in diesen außergewöhnlichen Fällen einbezogen werden.

Der Transaktionskostenansatz **ergänzt** insoweit den **Property-Rights-Ansatz.** Er führt die Diskussion um die richtige Unternehmensverfassung wieder auf ökonomische Größen zurück, nämlich auf das Abwägen von unterschiedlichen Gewinnen bei unterschiedlichen Unternehmensverfassungen.

Kompetenztraining

193 Führungstechniken

1. Prüfen Sie, welche der drei besprochenen Führungstechniken die Unternehmensführung am meisten entlastet!
2. Begründen Sie, warum beim Management by objectives der Grat zwischen höchster Motivation und Frust ziemlich schmal ist!
3. In den Unternehmen gewinnt die Delegation immer mehr an Bedeutung. Erläutern Sie, welche Ziele die Delegation von Aufgaben verfolgt!

1 Vgl. hierzu Kapitel 7.5, S. 152 ff.

4. Lesen Sie zunächst folgenden Text:

„Potenzial wird nicht genutzt"

Prof. Christian Dormann rät Chefs, Verantwortung zu übertragen

Prof. Christian Dormann ist Arbeitspsychologe in Mainz.
Bild: Gutenberg-Universität

Prof. Dr. Christian Dormann ist Leiter der Abteilung für Arbeits-, Organisations- und Wirtschaftspsychologie am Psychologischen Institut der Johannes Gutenberg-Universität in Mainz. Er beschäftigt sich seit Jahren mit dem Thema Arbeitszufriedenheit.

Herr Dormann, wie verbreitet ist das Phänomen der Unterforderung am Arbeitsplatz?

Das ist ein Thema, das man sicherlich beachten muss – allerdings ist es facettenreicher, als man häufiger annimmt. Eine Ausprägung ist etwa die Überforderung durch Unterforderung wie sie etwa bei Überwachungstätigkeiten auftritt. Stellen Sie sich einen Wachmann im Atomkraftwerk vor, dessen einzige Aufgabe es ist, eine Zustandsanzeige zu beobachten. Seine Aufmerksamkeit ist stark gebunden, aber es passiert nur wenig, der Wachmann wird trotzdem ermüden.

Welche Gründe für Langeweile im Job gibt es noch?

Ein häufiger Grund ist, dass vor allem in Deutschland die Arbeitnehmer zu wenig Autonomie, zu wenig Handlungsspielraum, zu wenig Einflussmöglichkeiten haben. Das ist ein Potenzial, das von der Wirtschaft einfach nicht genutzt wird. Viele Arbeitnehmer werden nicht angeregt, selbst Probleme zu lösen, sie verfallen in eine Art „Augen-zu-und-durch"-Haltung. Sie entfremden sich von der Arbeit, weil sie nicht selbst gestalten.

Das erinnert an die Karl-Marx-These von der Entfremdung von der Arbeit . . .

Ja, das ist richtig. Und genau da müssten Arbeitgeber ansetzen, wenn ihre Mitarbeiter gelangweilt und desinteressiert sind: mehr Handlungsspielräume schaffen, Feedback geben und die Aufgaben abwechslungsreich gestalten – das sind die drei Grundsätze zur Motivation.

Warum fällt es vielen Menschen schwer, sich aus dem unbefriedigenden Arbeitsalltag zu befreien?

Das ist größtenteils die Angst vor Veränderung. Zunächst einmal ist es ja belastend, sich in neue Aufgaben einzuarbeiten. Untersuchungen haben aber gezeigt, dass langfristig die Zufriedenheit derer wächst, die diesen Schritt wagen. Interessant ist auch noch, dass sich gezeigt hat, dass diejenigen, die im Beruf gefordert sind, eine positive intellektuelle Entwicklung durchmachen. Das gilt natürlich auch im Umkehrschluss.

Fragen: M. Hufnagel

Quelle: Südkurier vom 19. 04. 2007, S. 15.

Aufgabe:

Nennen Sie die Gründe, warum für Prof. Dormann die Übertragung von Verantwortung auf die Arbeitnehmer wichtig ist!

194 Ökonomische Theorien

1. Erklären Sie, weshalb gerade beim Property-Rights-Ansatz die Transaktionskosten nicht außer Acht bleiben dürfen!
2. Begründen Sie, warum der Property-Rights-Ansatz auch die Basis der beiden anderen ökonomischen Ansätze darstellt!
3. Die Sport-Burr AG stößt an ihre Kapazitätsgrenze und überlegt, ob eine Erweiterungsinvestition oder die Vergabe von Aufträgen an Zulieferer sinnvoller ist.

   Erläutern Sie, welcher ökonomische Ansatz hier weiterhelfen kann!

195 Zusammenfassung

Fassen Sie die grundlegenden Aussagen des Kapitel 14.2 in einer Mindmap oder Tabelle zusammen!

14.3 Unterschiedliche Führungsstile und psychologische Ansätze beschreiben und deren Praxisrelevanz diskutieren

BPE 14 **Handlungssituation 3: Den Führungsstil unter Berücksichtigung der Motivationstheorien begründen**

Nachdem sich die Führungskräfte der Sport-Burr AG, Ulm, mit den Motivationstheorien beschäftigt haben, schlägt die Personalleiterin Anja Stark bei der Führungskräfteschulung vor, den Führungsstil und die Möglichkeiten der Motivationsförderung im Unternehmen zu überprüfen und gegebenenfalls zu ändern.

Anja Stark erörtert in ihrem Statement, dass die Sport-Burr AG zwar mit guter Entlohnung, kooperativem Führungsstil und attraktiven Arbeitszeitregelungen aufwarten könne, diese jedoch von den Mitarbeitern als Selbstverständlichkeiten betrachtet werden.

Sie fährt fort: *„Damit haben wir aber unsere Führungsinstrumente noch nicht ausgeschöpft. Wir können und müssen die Motivation unserer Mitarbeiter fördern! Mündige Mitarbeiter erwarten mehr: Entscheidungsfreiheit, Möglichkeit zur persönlichen Weiterentwicklung, nachvollziehbare Beurteilungen, Verantwortung. Werden diese Bedürfnisse erfüllt, dann entwickeln sich motivierte und leistungsstarke Mitarbeiter. Ich nenne das immer ‚Billard mit Bande', weil die Erfüllung der Ziele in den Köpfen der Mitarbeiter die Erfüllung der Ziele unseres Unternehmens unterstützt. Ich denke, wir sollten alle Möglichkeiten der Motivationssteigerung unserer Mitarbeiter ausschöpfen."*

Kompetenzorientierte Arbeitsaufträge:

1. Begründen Sie, weshalb der kooperative Führungsstil bevorzugt werden sollte!
2. Erläutern Sie die Position der Personalleiterin Anja Stark mithilfe der Motivationstheorien!
3. Entwerfen Sie für die Sport-Burr AG ein tragfähiges Motivationskonzept zur Reduzierung von Fehlzeiten und Kündigungen!

14.3.1 Begriffe Leitung und Führung abgrenzen

(1) Leitung und Führung

Führungsfragen im Unternehmen sind auf zwei Ebenen angesiedelt. Die erste Ebene ist der Bereich der **Unternehmensführung.** In diesem Fall steht die Steuerung der Organisation im Blickpunkt (Fokus) der Betrachtung. Die zweite Ebene ist der Bereich der **Personalführung,** der sich auf die Steuerung des Verhaltens von Mitarbeitern bezieht. Eine Verbindung zwischen den beiden Ebenen besteht darin, dass sich Personalführung immer in einem von Entscheidungen der Unternehmensleitung verantworteten Rahmen vollzieht. Im Folgenden beschränken wir uns auf die Darstellung der Personalführung.

Bei der **Personalführung** ist zwischen den Begriffen Leitung und Führung zu unterscheiden.

Leitung (Headship)	Leitung (Headship) beruht auf einer formalistischen Positionsmacht und drückt ein Auftraggeber- und Auftragnehmerverhältnis aus. Die Personen stehen dabei in einem Über- bzw. Unterordnungsverhältnis. Der Übergeordnete gibt eine Anweisung, der Untergeordnete hat diese auszuführen. Es handelt sich um eine Arbeitsbeziehung, bei der der Führende seine Interessen wahrnimmt.
Führung (Leadership)	Führung (Leadership) bedeutet, dass der Führende von anderen (den potenziell Geführten) anerkannt wird. Er überzeugt, schafft Einsicht und freiwillige Gefolgschaft. Zwang, Überredung, Befehl oder Gehorsam haben mit Führung nichts zu tun.

- **Führung (Leadership)** heißt, andere durch **eigenes sozial akzeptiertes Verhalten zielgerichtet** zu **aktivieren,** zu **steuern** und zu **kontrollieren** und hierbei deren Interessen zu wahren.
- Die Führung erfolgt über **persönliche Kontakte** oder über **vorgegebene generelle (organisatorische) Regelungen.**

Da mit Personalführung jede Führungskraft betraut ist, verbleibt der **Personalabteilung** nur eine unterstützende und beratende Aufgabe, indem sie z.B. personalpolitische Grundsätze zur Personalorganisation (z.B. Einstellung, Entlohnung, Versetzung, Beförderung, Entlassung), zur Personalführung und zur Personalbetreuung erlässt.

(2) Führungskonzepte im Wandel

Tiefgreifende Veränderungen im Aufgabenumfeld schaffen neue, teilweise kritische Anforderungen an das Management. Unternehmensführer müssen das vorherrschende Führungskonzept hinterfragen, neue Quellen der Wirtschaftlichkeit erschließen, ihre Unternehmen beweglicher und lernfähiger gestalten sowie neue Strategiehebel einsetzen.[1] Das ist mit einem klassischen Management in Form des Headship nicht zu leisten. Die neuen Herausforderungen sind nur mit einem partnerschaftlichen Leadership zu bewältigen, das den Mitarbeiter in den Mittelpunkt stellt.

Gegenüberstellung der beiden Führungskonzepte	
Leitung/Management (Headship)	**Moderne Führung (Leadership)**
■ Steuerung ■ Klare Vorgaben ■ Optimierung ■ Besser machen ■ Prozesse definieren ■ Komplexität reduzieren ⟶ Arbeit **im** System	■ Entwicklung ■ Offenheit ■ Innovation ■ Neu denken ■ Kultur hervorbringen ■ Mehrperspektivität ⟶ Arbeit **am** System

Eine moderne Führungskraft versteht sich als Motivator in einer lernenden Organisation.

1 Vgl. Bullinger/Warnecke/Westkämper/Niemann/Balve/Bauer/Gerlach: Neue Organisationsformen im Unternehmen. Ein Handbuch für das moderne Management, 2. Aufl., Berlin 2003.

14.3.2 Ausgewählte Führungsstile im Überblick darstellen und bewerten

14.3.2.1 Führungsstile im Überblick

Autoritärer Führungsstil	Die Vorgesetzten treffen ihre Entscheidungen allein, ohne Begründung und häufig willkürlich. Sie erwarten von ihren Untergebenen Gehorsam.
Kooperativer Führungsstil	Die Vorgesetzten beziehen ihre Mitarbeiter in den Entscheidungsprozess mit ein. Sie erwarten sachliche Unterstützung bei der Verwirklichung der gemeinsam gesetzten Ziele.
Laissez-faire-Stil[1]	Bei diesem Stil werden die Mitarbeiter als isolierte Individuen betrachtet. Ihnen wird ein hohes Maß an Entscheidungsfreiheit zugebilligt. Die Informationen fließen zufällig und bei individuellem Bedarf.

14.3.2.2 Entscheidungsspielräume in Abhängigkeit vom Führungsstil

Unterscheidet man die Führungsstile in die beiden extremen Merkmalausprägungen **autoritär** und **nicht autoritär,** so kann das Verhalten eines Vorgesetzten dann im Rahmen einer Skala als mehr oder weniger autoritär oder nicht autoritär beschrieben werden.[2]

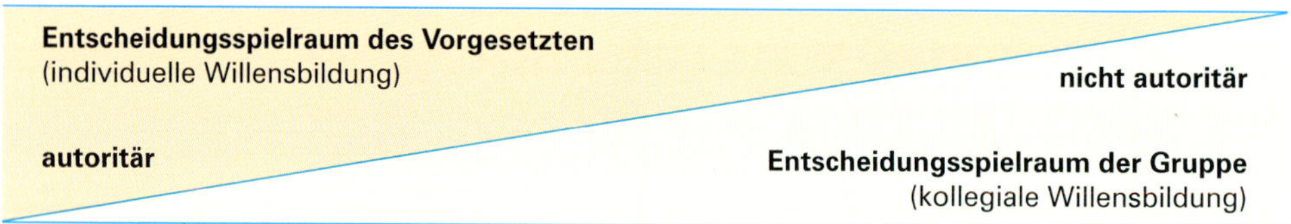

Der Vorgesetzte entscheidet alleine und ohne jede Konsultation.	Der Vorgesetzte entscheidet, ist jedoch bestrebt, seine Untergebenen von seinen Entscheidungen zu überzeugen.	Der Vorgesetzte entscheidet, erlaubt jedoch Fragen, um durch Erläuterungen die Akzeptanz zu erhöhen.	Der Vorgesetzte informiert die Mitarbeiter, die Möglichkeiten zu Stellungnahmen haben, bevor der Vorgesetzte entscheidet.	Die Gruppe entwickelt Vorschläge, aus denen sich der Vorgesetzte nach seinen Präferenzen entscheidet.	Die Gruppe entscheidet autonom innerhalb der vom Vorgesetzten vorgegebenen Grenzen.	Die Gruppe entscheidet. Der Vorgesetzte ist nur Vermittler nach innen und außen.

14.3.2.3 Kooperativer Führungsstil moderner Führungskräfte

Erfolgreiche Vorgesetzte wählen einen **kooperativen Führungsstil,** gehen auf die Ängste der Mitarbeiter ein und nehmen deren Anliegen ernst. Hieraus lassen sich bestimmte **Grundsätze der Personalführung** ableiten.

1 **Laissez faire** (frz.): lasst machen.

2 Zingel, Harry: Führung und Management, BWL-CD 2006, S. 8.

Beispiele für eine solche Vorgehensweise von Vorgesetzten sind:

Anerkennung geben

Leistung, insbesondere Mehrleistung und/ oder umsichtiges Verhalten sollen die Vorgesetzten anerkennen und nicht immer als selbstverständlich hinnehmen. (In der Praxis stehen Lob und Tadel im Verhältnis 1 : 40!)

Entscheidungsräume belassen

Die Vorgesetzten müssen ihren unterstellten Mitarbeitern etwas zutrauen, ihnen Entscheidungsspielräume lassen und sie ausreichend über Sinn und Zweck der Arbeitsaufgabe informieren.

Kooperativer Führungsstil

Ermutigen statt Tadeln

Es ist besser, einen Mitarbeiter zu ermutigen, wenn er einmal einen Fehler macht, als ihn zu tadeln.

Verständnis zeigen

Vorgesetzte sollten ein gewisses Verständnis für die beruflichen und privaten Belange ihrer Mitarbeiter aufbringen, Beschwerden anhören und auf jeden Fall eine ungleiche und ungerechte Behandlung vermeiden.

Kritik vor anderen Personen vermeiden

Kritik, vor allem in Gegenwart von Fremden und Kollegen, ist unbedingt zu vermeiden. Laufende Kritik, Tadel und Rügen vor anderen sind ein Hauptgrund der Kündigungen durch die Mitarbeiter.

Abweichende Meinung anhören

Begründete abweichende Meinungen der Mitarbeiter sollten angehört werden! Die Vorgesetzten können nicht immer alles wissen. Sie sollten deswegen auch nicht alles besser wissen wollen.

14.3.3 Ausgewählte psychologische Ansätze in der Unternehmensführung hinsichtlich ihres Beitrags zur Mitarbeitermotivation und ihrer Praxisrelevanz überprüfen

14.3.3.1 Begriffe Motivation und Motivationstheorien

(1) Begriff Motivation

Motivation[1] kann als zielgerichtetes Verhalten verstanden werden. Jemand ist motiviert, wenn er als Ergebnis seines Handelns die Erreichung eines bestimmten Ziels erwartet.

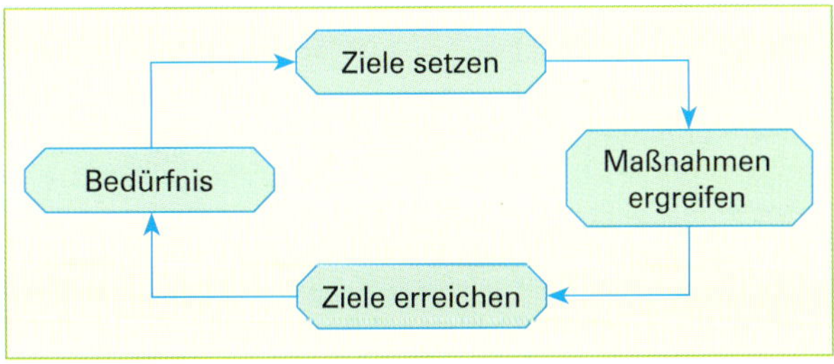

1 **Motivation:** Summe der Beweggründe, die jemandes Entscheidungen und Handlungen beeinflussen.

Die Motivation setzt sich aus den drei Komponenten Richtung (Ziel), Aufwand und Ausdauer zusammen.

- **Richtung:** was jemand erreichen will.
- **Aufwand:** wie hart jemand an der Erreichung seines Ziels arbeitet.
- **Ausdauer:** wie lange jemand dieses Bemühen aufrechterhält.

Motivation bestimmt **Richtung, Stärke** und **Dauer** des menschlichen Handelns. Sie ist die **Energie,** die ein Individuum für eine bestimmte Handlung aufbringt.

Welche Beweggründe das Handeln und Verhalten eines Menschen beeinflussen, versuchen **Motivationstheorien** herauszufinden.

(2) Motivationstheorien

Motivationstheorien versuchen, den Aufbau, die Aufrechterhaltung und den Abbau von menschlichem Verhalten sowie dessen Richtung, Stärke und Dauerhaftigkeit zu beschreiben und zu erklären.

14.3.3.2 Theorie X/Theorie Y der Menschenbilder nach McGregor

Ausschlaggebend für die Art der Personalführung – besonders was den Führungsstil und die Führungstechniken betrifft – ist das Bild vom Menschen, das Unternehmer und Mitarbeiter voneinander haben.

Douglas McGregor stellt in seiner Theorie X und Theorie Y zwei unterschiedliche Menschenbilder gegenüber.

(1) Menschenbild der Theorie X

Die Theorie X geht von einem **negativen Menschenbild** aus:

- Der Mensch hat eine angeborene Abneigung gegen Arbeit und versucht, ihr aus dem Weg zu gehen.
- Der Mensch zieht es vor, an die Hand genommen zu werden, drückt sich vor Verantwortung, besitzt wenig Ehrgeiz und ist vor allem auf Sicherheit aus.
- Der Mensch hat nur begrenzte Fähigkeiten, deren Weiterentwicklung sich nicht lohnt.

Auf der Grundlage der Theorie X sind folgende **Führungsmerkmale** typisch:

- Es besteht ein starkes Bildungsgefälle zwischen Vorgesetztem und Mitarbeiter.
- Der Mitarbeiter muss gezwungen, gelenkt und mit Strafe bedroht werden, damit die Unternehmensziele erreicht werden.
- Es erfolgt nur die Delegation von Routineaufgaben bei zentraler Entscheidungsmacht.
- Das Verhältnis von Vorgesetztem und Mitarbeiter ist durch ein klares Über-/Unterordnungsverhältnis gekennzeichnet.

(2) Menschenbild der Theorie Y

Die Theorie Y geht von einem **positiven Menschenbild** aus:

- Der Mensch ist von Natur aus kreativ und fleißig.
- Die persönlichen Fähigkeiten und die Möglichkeiten der Zusammenarbeit können weiterentwickelt werden.
- Der Mensch ist unter geeigneten Bedingungen bereit, Verantwortung zu übernehmen.
- Ein Mensch, der sich den gesteckten Zielen verpflichtet fühlt, wird sie mit Selbstdisziplin und Selbstkontrolle zu erreichen versuchen.

Auf der Grundlage der Theorie Y sind folgende **Führungsmerkmale** typisch:

- Es besteht ein geringes Bildungsgefälle zwischen Vorgesetztem und Mitarbeiter.
- Die Mitarbeiter lassen sich auch durch Freude an der Arbeit oder Erfolgserlebnisse motivieren.
- Die Delegation aller Arten von Aufgaben und dezentrale Entscheidungsmacht sind selbstverständlich.
- Das Verhältnis des Vorgesetzten zum Mitarbeiter ist durch Aufgeschlossenheit, Vertrauen und Verzicht auf Vorrechte gekennzeichnet.

(3) Gegenüberstellung[1]

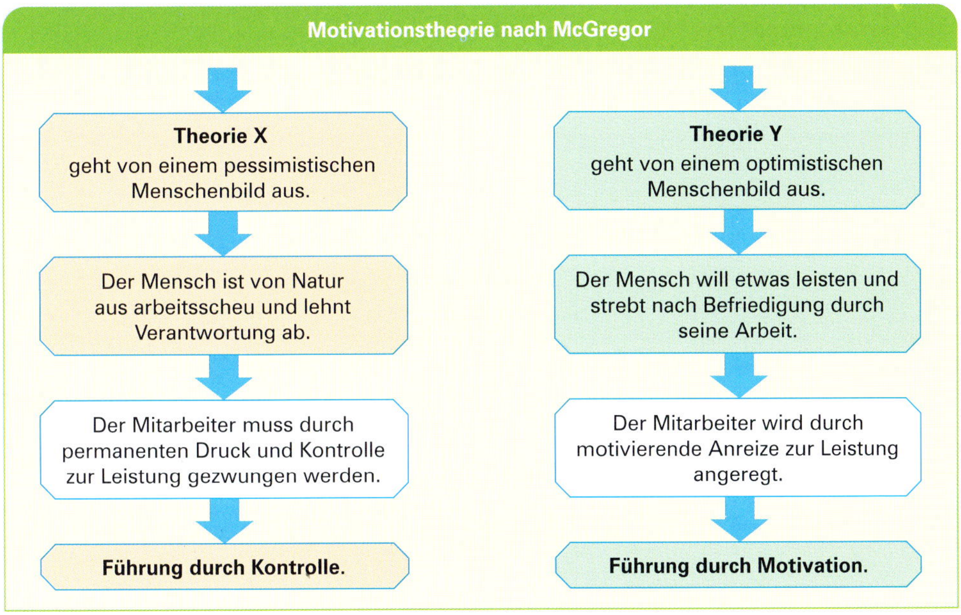

1 In Anlehnung an: Landesinstitut für Schulentwicklung (Hrsg.): Existenzgründung, Handreichung H-05/28, Stuttgart 2005.

14.3.3.3 Bedürfnispyramide nach Maslow

Der Mensch wird, wenn er vernünftig (rational) handelt, zunächst die Bedürfnisse zu befriedigen suchen, die ihm am dringlichsten erscheinen. Der amerikanische Psychologe Abraham Maslow hat deshalb das Konzept einer Bedürfnispyramide entwickelt. Nach Maslow wird der Wunsch zur Befriedigung der Bedürfnisse einer höheren Pyramidenstufe erst dann erreicht, wenn die Bedürfnisse der Vorstufe weitestgehend befriedigt sind.

Diese Annahme hat konkrete Auswirkungen auf die „Motivierbarkeit" der Mitarbeiter:

A. Maslow

Pyramidenstufen	Motivationsmöglichkeiten
	Beispiele:
Bedürfnisse nach Selbstverwirklichung	Freiräume für eigene Kreativität
Geltungsbedürfnisse	Beförderungen
Soziale Bedürfnisse	Betriebssportgruppe
Sicherheitsbedürfnisse	Unfallschutz, Betriebsrente
Grundbedürfnisse	angemessenes Gehalt

Eine Führungskraft wird daher nach dem Ansatz von Maslow nur dann besonders erfolgreich motivieren können, wenn sie die Bedürfnisse ihrer Mitarbeiter kennt.

Kompetenztraining

196 Menschenbilder und Führungsstile

1. Stellen Sie die beiden Theorien von McGregor zu den Menschenbildern dar!
2. Theorie X kann man durch nebenstehenden Kreislauf beschreiben:[1]

   Aufgabe:

   Prüfen Sie, ob es sich hierbei um einen Teufelskreis handelt!

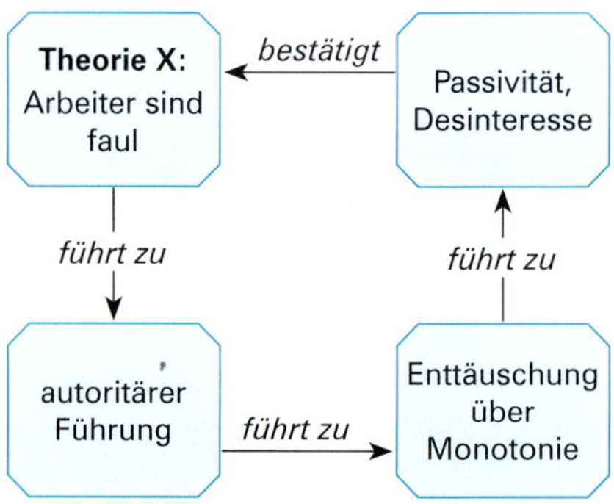

3. Nennen Sie die Grundsätze des kooperativen Führungsstils und beurteilen Sie aus Ihrer Sicht, wie sich ihre Einhaltung bzw. Nichteinhaltung auf das Arbeitsverhalten der Arbeitskräfte auswirkt!

1 Vgl. Zingel, Harry: Führung und Management, BWL-CD 2006, S. 8.

4. Gegeben sind folgende Verhaltensweisen von Führungskräften (Zitate):

   Situation A: „Wir brauchen überhaupt nicht lange zu diskutieren. Ich habe mir die Situation reiflich überlegt und mich entschieden: Das Produktionsprogramm wird geändert!"

   Situation B: „Ich will mich da nicht einmischen. Ihr überseht den Sachverhalt besser... Ihr werdet es schon richtig machen..."

   Aufgabe:

   Ordnen Sie den beiden Situationen die entsprechenden Führungsstile zu!

197 Bedürfnispyramide nach Maslow

1. Erläutern Sie, welche Rolle die Stufen der Bedürfnispyramide für die Erwartungshaltung eines Mitarbeiters gegenüber seinem Arbeitgeber haben!

2. Anna Renner arbeitet als Industriekauffrau bei der Sport-Burr AG. Die Entlohnung erfolgt entsprechend dem gültigen Tarifvertrag. Außerdem kann sie später eine angemessene Betriebsrente erwarten.

   Unterbreiten Sie konkrete Vorschläge, wie der Abteilungsleiter Anna Renner zusätzlich motivieren kann!

198 Zusammenfassung

Fassen Sie die grundlegenden Aussagen des Kapitel 14.3 in einer Mindmap oder Tabelle zusammen!

Stichwortverzeichnis

BPE 11 „Aktiengesellschaft mit rechtsformabhängiger Finanzierung“

Fiktiver Nennwert (Stückaktien) $= \dfrac{\text{Grundkapital}}{\text{Aktienanzahl}}$

Gewinnverwendung bei der AG:

  Jahresüberschuss
− Verlustvortrag aus dem Vorjahr
= bereinigter Jahresüberschuss
− Einstellung in die gesetzliche Rücklage
= Zwischensumme
− Einstellung in die andere Gewinnrücklagen
= restlicher Jahresüberschuss
+ Gewinnvortrag aus dem Vorjahr
+ Entnahmen aus Gewinnrücklagen oder aus Kapitalrücklage
= Bilanzgewinn (bzw. Bilanzverlust)
− evtl. Einstellung in andere Gewinnrücklagen durch die Hauptversammlung
− Dividendenausschüttung
= Gewinnvortrag des laufenden Geschäftsjahres

Ausweis Gewinnverwendung Bilanz:

Teilweise Berücksichtigung:

  Jahresüberschuss
− neue Gewinnrücklagen
+ alter Gewinnvortrag
= Bilanzgewinn

Vollständige Berücksichtigung:

  Bilanzgewinn
− weitere Gewinnrücklagen
− Dividende
= neuer Gewinnvortrag

Selbstfinanzierung bei der AG:

  Einstellung in die gesetzliche Rücklage
+ Einstellung in andere Gewinnrücklagen
+ neuer Gewinnvortrag
= Zwischensumme
− alter Gewinnvortrag
= gesamte neue Selbstfinanzierung

oder:

  Jahresüberschuss
− Dividende
= gesamte neue Selbstfinanzierung

Ausgleich Jahresfehlbetrag:

  Jahresfehlbetrag (negativ)
+ evtl. Gewinnvortrag aus dem Vorjahr (bzw. − Verlustvortrag aus dem Vorjahr)
= korrigierter Jahresfehlbetrag
+ Entnahmen aus anderen Gewinnrücklagen
= Bilanzgewinn
− Dividendenausschüttung
= Gewinnvortrag aus dem Berichtsjahr

$$\textbf{VerwGK-Zuschlagssatz} = \frac{\text{Verwaltungsgemeinkosten} \cdot 100}{\text{Herstellkosten der Produktion}}$$

$$\textbf{VertrGK-Zuschlagssatz} = \frac{\text{Vertriebsgemeinkosten} \cdot 100}{\text{Herstellkosten der Produktion}}$$

Liegen Bestandsveränderungen vor, wird die Berechnung wie folgt erweitert:

Herstellkosten der Produktion
− Bestandsmehrungen FE/UE
+ Bestandsminderungen FE/UE
= Herstellkosten des Umsatzes

$$\textbf{VertrGK-Zuschlagssatz} = \frac{\text{Vertriebsgemeinkosten} \cdot 100}{\text{Herstellkosten des Umsatzes}}$$

Maschinenstundensatz = Summe der maschinenabhängigen Kosten

$$\textbf{Abschreibungsbetrag je Maschinenstunde} = \frac{\text{Wiederbeschaffungswert}}{\text{Nutzungsdauer} \cdot \text{Laufzeit/Jahr}}$$

$$\textbf{Zinskosten je Maschinenstunde} = \frac{\tfrac{1}{2}\,\text{Anschaffungskosten} \cdot \text{kalk. Zinssatz}}{100 \cdot \text{Laufzeit/Jahr}}$$

$$\textbf{Instandhaltungskosten je Maschinenstunde} = \frac{\text{gesamte Instandhaltungskosten}}{\text{Nutzungsdauer} \cdot \text{Laufzeit/Jahr}}$$

$$\textbf{Raumkosten je Maschinenstunde} = \frac{\text{Raumbedarf je Maschinen} \cdot \text{Raumkostensatz je Maschine}}{\text{Laufzeit/Jahr}}$$

$$\textbf{Energiekosten je Maschinenstunde} = \text{Energieverbrauch pro Std.} \cdot \text{Preis je Energieeinheit}$$

Kostenträgerstückrechnung (Zuschlagskalkulation)

- **Vorkalkulation zur Ermittlung des Listenverkaufspreises mit Normalkosten**
- **Nachkalkulation zur Ermittlung der Kostenabweichungen mit Istkosten**

Normalkosten − Istkosten = Kostenabweichung

Umsatzergebnis + Kostenüberdeckung = Betriebsergebnis

Umsatzergebnis − Kostenunterdeckung = Betriebsergebnis

Variable Stückkosten (k_v) $= \dfrac{\text{Kostendifferenz } (\Delta K)}{\text{Mengenänderung } (\Delta x)}$ oder $\dfrac{K_2 - K_1}{x_2 - x_1}$

Fixe Gesamtkosten (K_{fix}) = Gesamtkosten − (Ausbringungsmenge · variable Stückkosten)

Variable Gesamtkosten (K_v) $= k_v \cdot x$

Gesamtkosten (K) $= K_{fix} + K_v = K_{fix} + k_v \cdot x$

Gesamterlös (E) $= e \cdot x$

Gewinn (G) $= E - K$

Gewinnschwelle x_0 $= \dfrac{K_{fix}}{e - k_v} = \dfrac{K_{fix}}{db}$

Gewinnschwellenumsatz E_0 $= x_0 \cdot e$

Abgrenzungstabelle:

Unternehmensergebnis:	Erträge − Aufwendungen
Neutrales Ergebnis:	Neutrale Erträge − Neutrale Aufwendungen
Betriebsergebnis:	Leistungen − Kosten

Bilanzielle Abschreibung (linear) $= \dfrac{\text{Anschaffungskosten}}{\text{Nutzungsdauer}}$

Kalkulatorische Abschreibung $= \dfrac{\text{Wiederbeschaffungskosten} - \text{Restwert}}{\text{Nutzungsdauer}}$

Kalkulatorische Zinsen $= \dfrac{\text{Anschaffungskosten} + \text{Restwert}}{2} \cdot \dfrac{\text{Zinssatz}}{100}$

Selbstkosten der Produktion:

	Verbrauch von Fertigungsmaterial (Einzelkosten)
+	Materialgemeinkosten (MGK) lt. BAB
=	Materialkosten
+	Fertigungslöhne (Einzelkosten)
+	Fertigungsgemeinkosten (FGK) lt. BAB
=	Fertigungskosten
=	Herstellkosten der Produktion
+	Verwaltungsgemeinkosten (VerwGK) lt. BAB
+	Vertriebsgemeinkosten (VertrGK) lt. BAB
=	Selbstkosten der Produktion

MGK-Zuschlagssatz $= \dfrac{\text{Materialgemeinkosten} \cdot 100}{\text{Verbrauch von Fertigungsmaterial}}$

FGK-Zuschlagssatz $= \dfrac{\text{Fertigungsgemeinkosten} \cdot 100}{\text{Fertigungslöhne}}$

Beteiligungsfinanzierung AG:

$$\textbf{Bezugsverhältnis} = \frac{\text{Nennwert des bisherigen Grundkapitals}}{\text{Nennwert der Kapitalerhöhung}}$$

$$\textbf{Mittelkurs} = \frac{\text{Anzahl alter Aktien} \cdot \text{Kurs alte Aktien} + \text{Anzahl junger Aktien} \cdot \text{Emissionskurs}}{\text{Anzahl alter Aktien} + \text{Anzahl junger Aktien}}$$

$$\textbf{Rechnerischer Wert des Bezugsrechts} = \frac{\text{Kurs der alten Aktien} - \text{Kurs der jungen Aktien}}{\frac{\text{Anzahl der alten Aktien}}{\text{Anzahl der jungen Aktien}} + 1}$$

$$\textbf{Bilanzkurs} = \frac{\text{bilanziertes Eigenkapital} \cdot 100}{\text{Grundkapital}}$$

BPE 12 „Jahresabschluss der Aktiengesellschaft"

Anschaffungskosten von beweglichem Sachanlagevermögen:

	Anschaffungspreis:	Nettopreis ohne Umsatzsteuer
–	Anschaffungspreisminderungen:	z. B. Rabatte, Skonti
+	Anschaffungsnebenkosten:	z. B. Transport-, Umbau-, Montagekosten
=	Anschaffungskosten	

Fortgeführte Anschaffungskosten:

  Anschaffungskosten
– planmäßige Abschreibung
= fortgeführte Anschaffungskosten zum 31. 12. des 1. Nj.

Herstellungskosten von fertigen und unfertigen Erzeugnissen:

  Materialeinzelkosten
+ Fertigungseinzelkosten
+ Sondereinzelkosten der Fertigung
+ Materialgemeinkosten
+ Fertigungsgemeinkosten
+ Verwaltungsgemeinkosten des Material- u. Fertigungsbereichs
+ Werteverzehr des (sonstigen) Anlagevermögens, soweit dieser durch die Fertigung veranlasst ist
= **Herstellungskosten (Wertuntergrenze)**
+ Kosten der allgemeinen Verwaltung
+ Aufwendungen für freiwillige soziale Leistungen
+ Aufwendungen für die betriebliche Altersversorgung
+ Aufwendungen für soziale Einrichtungen des Betriebs
+ Fremdkapitalzinsen (unter bestimmten Voraussetzungen) [§ 255 III, S. 2 HGB]
= **Herstellungskosten (Wertobergrenze)**

Deckungsbeitragsrechnung:

Grundschema:

Nettoverkaufserlöse
– variable Kosten
= Deckungsbeitrag

Periodenrechnung:

Erzeugnis A	**Erzeugnis B**	**usw.**
Nettoverkaufserlöse	Nettoverkaufserlöse	
– variable Kosten	– variable Kosten	
= Deckungsbeitrag von Erzeugnis A	= Deckungsbeitrag von Erzeugnis B ⟶	Summe der Deckungsbeiträge
		– fixe Kosten
		= Betriebsergebnis (Betriebsgewinn/Betriebsverlust)

Kurzfristige Preisuntergrenze: $e = k_v$

Langfristige Preisuntergrenze: $e = \frac{K_{fix}}{\text{erzeugte Menge}} + k_v$

Zusatzauftrag:

Deckungsbeitrag > 0 ⟶ Annahme des Zusatzauftrages

Deckungsbeitrag < 0 ⟶ Ablehnung des Zusatzauftrages

Eigenfertigung oder Fremdbezug bei freier Kapazität:

Kosten bei Fremdbezug = Kosten bei Eigenfertigung

$$k \cdot x = k_v \cdot x + K_{fix}$$

Relativer Deckungsbeitrag: $\frac{\text{absoluter Deckungsbeitrag (db)}}{\text{verbrauchte Engpasseinheit (z. B. Stunde, Stück)}}$

BPE 8 „Absatzmarketing"

Marktanteil $= \frac{\text{Absatzvolumen (pro Zeiteinheit)} \cdot 100}{\text{Marktvolumen (pro Zeiteinheit)}}$

Relativer Marktanteil $= \frac{\text{Marktanteil des eigenen Unternehmens}}{\text{Marktanteil des stärksten Konkurrenten}}$

Kostenvergleich Außendienstmitarbeiter – Handelsvertreter:

$$\text{Fixum}_{AM} + \text{Provision}_{AM} = \text{Provision}_{HV}$$

BPE 9 „Investitionsentscheidungen"

Kostenvergleichsrechnung:

Kalkulatorische Abschreibung $= \dfrac{\text{Wiederbeschaffungskosten} - \text{Restwert}}{\text{Nutzungsdauer}}$

Kalkulatorische Zinsen $= \dfrac{\text{Anschaffungskosten} + \text{Restwert}}{2} \cdot \dfrac{\text{Zinssatz}}{100}$

Kritische Produktionsmenge: Kosten Angebot 1 = Kosten Angebot 2

$$K_{fix1} + (k_{v1} \cdot x) = K_{fix2} + (k_{v2} \cdot x)$$

Amortisationsrechnung:

Amortisationszeit $= \dfrac{\text{Anschaffungsauszahlung} - \text{Liquidationserlös}}{\text{ØEinzahlungsüberschuss pro Jahr (jährlicher Gewinn)} + \text{jährliche Abschreibungen}}$

Amortisationszeit der Rationalisierungsinvestition $= \dfrac{\text{Anschaffungskosten der neuen Anlage} - \text{Restwert der alten Anlage}}{\text{Kosteneinsparungen} + \text{zusätzliche Abschreibungen}}$

Kapitalwertmethode:

Aufbau:

Abgezinste Einzahlungsüberschüsse (Barwertsumme)
– Anschaffungsauszahlung
= Kapitalwert

Kapitalwert: $- A_0 + \sum_{t=1}^{n} \dfrac{EÜ_t}{q^n}$

Bedeutung:

Kapitalwert > 0 ⟶ vorteilhaft
Kapitalwert = 0 ⟶ neutral
Kapitalwert < 0 ⟶ unvorteilhaft

Abzinsungsfaktor: $\dfrac{1}{\left(1 + \dfrac{p}{100}\right)^n} = \dfrac{1}{(1+i)^n} = \dfrac{1}{q^n} = q^{-n}$

BPE 10 „Rechtsformunabhängige Finanzierungsentscheidungen"

Annuitätenfaktor $= \dfrac{q^n(q-1)}{(q^n-1)} = \dfrac{\left(1 + \dfrac{p}{100}\right)^n \cdot \left(\left[1 + \dfrac{p}{100}\right] - 1\right)}{\left(\left[1 + \dfrac{p}{100}\right]^n - 1\right)}$

p: Zinssatz
n: Laufzeit in Jahren
q: $1 + \dfrac{p}{100}$

Abzinsungsfaktor $= \dfrac{1}{q^n} = \dfrac{1}{\left(1 + \dfrac{p}{100}\right)^n}$

Barwert K_0 $= K \cdot \text{Abzinsungsfaktor}$

Darlehensfinanzierung:

Effektiver Jahreszinssatz $= \dfrac{(\text{Sollzinsen} + \text{Disagio/Laufzeit}) \cdot 100}{\text{Auszahlungsbetrag}}$

Formelsammlung

BPE 6 „Beschaffung"

$$\textbf{Servicegrad} = \frac{\text{Anzahl der bedienten Lageranforderungen} \cdot 100}{\text{Gesamtzahl der Lageranforderungen}}$$

Optimale Bestellmenge (Andler-Formel):

$$Q_{opt} = \sqrt{\frac{200 \cdot F \cdot M}{P \cdot L}}$$

Q_{opt}: Optimale Bestellmenge
F: Fixe Bestellkosten
M: Jahresbedarf
P: Einstandspreis je Stück
L: Lagerhaltungskosten in Prozent

$$\textbf{Durchschnittlicher Lagerbestand} = \frac{\text{Anfangsbestand am 01.01.} + \text{Endbestand am 31.12.}}{2}$$

oder

$$\textbf{Durchschnittlicher Lagerbestand} = \frac{\text{Anfangsbestand am 01.01.} + \text{12 Monatsendbestände}}{13}$$

$$\textbf{Durchschnittlicher Lagerbestandswert} = \text{durchschnittlicher Lagerbestand} \cdot \text{Selbstkosten}$$

$$\textbf{Durchschnittliche Lagerdauer in Tagen} = \frac{360}{\text{Lagerumschlagshäufigkeit}}$$

$$\textbf{Lagerumschlagshäufigkeit} = \frac{\text{Lagerabgang in Mengeneinheiten}}{\text{durchschnittlicher Lagerbestand in Mengeneinheiten}}$$

oder

$$\textbf{Lagerumschlagshäufigkeit} = \frac{\text{Lagerabgang bewertet zu Selbstkosten}}{\text{durchschnittlicher Lagerbestand bewertet zu Selbstkosten}}$$

$$\textbf{Lagerzinssatz} = \frac{\text{Marktzinssatz} \cdot \text{durchschnittliche Lagerdauer}}{360}$$

BPE 7 „Internes Rechnungswesen"

$$\textbf{Beschäftigungsgrad} = \frac{\text{tatsächliche Ausbringungsmenge} \cdot 100}{\text{Kapazität}}$$

$$\textbf{Fixkosten je Ausbringungseinheit } (k_{fix}) = \frac{\text{Fixkosten der Periode } (K_{fix})}{\text{Ausbringungsmenge}}$$

$$\textbf{Variable Kosten je Ausbringungseinheit } (k_v) = \frac{\text{Summe der variablen Kosten } (K_v)}{\text{Ausbringungsmenge}}$$

Bilanzanalyse:

$$\textbf{Eigenkapitalquote} = \frac{\text{Eigenkapital} \cdot 100}{\text{Gesamtkapital}}$$

$$\textbf{Fremdkapitalquote} = \frac{\text{Fremdkapital} \cdot 100}{\text{Gesamtkapital}}$$

$$\textbf{Verschuldungsgrad} = \frac{\text{Fremdkapital} \cdot 100}{\text{Eigenkapital}}$$

$$\textbf{Anlagedeckungsgrad I} = \frac{\text{Eigenkapital} \cdot 100}{\text{Anlagevermögen}}$$

$$\textbf{Anlagedeckungsgrad II} = \frac{(\text{Eigenkapital} + \text{langfristiges Fremdkapital}) \cdot 100}{\text{Anlagevermögen}}$$

$$\textbf{Liquidität 1. Grades (Barliquidität)} = \frac{(\text{Barmittel} + \text{Bankguthaben}) \cdot 100}{\text{kurzfristiges Fremdkapital}}$$

Liquidität 2. Grades (einzugsbedingte Liquidität)

$$= \frac{(\text{kurzfristige Forderungen} + \text{liquide Mittel}) \cdot 100}{\text{kurzfristiges Fremdkapital}}$$

Ergebnisanalyse:

$$\textbf{Eigenkapitalrentabilität} = \frac{\text{Jahresüberschuss} \cdot 100}{\text{Ø Eigenkapital}}$$

Bruttogewinn = Jahresüberschuss + Fremdkapitalzinsen

$$\textbf{Gesamtkapitalrentabilität} = \frac{\text{Bruttogewinn} \cdot 100}{\text{Ø Gesamtkapital}}$$

$$\textbf{Umsatzrentabilität} = \frac{\text{Jahresüberschuss} \cdot 100}{\text{Umsatz}}$$

Leverage-Effekt: $R_{EK} = R_{GK} + \frac{FK}{EK} \cdot (R_{GK} - i)$

Cashflow:

	Jahresüberschuss
+/–	Abschreibungen/Zuschreibungen
+/–	Erhöhung/Minderung langfristiger Rückstellungen
=	Brutto-Cashflow

$$\textbf{Cashflow-Umsatz-Relation} = \frac{\text{Brutto-Cashflow} \cdot 100}{\text{Umsatzerlöse}}$$